Psychotherapeutische Medizin

Klinische Psychologie und Psychopathologie

Herausgeber: Prof. Dr. med. Dr. phil. Helmut Remschmidt

Band 59

Psychotherapeutische Medizin

Ein einführendes Lehrbuch auf psychodynamischer Grundlage

Von Gerd Rudolf
und den Mitarbeitern der Heidelberger
Psychosomatischen Klinik

45 Tabellen

Ferdinand Enke Verlag Stuttgart 1993

Prof. Dr. med. Gerd Rudolf
Klinikum der Universität Heidelberg
Psychosomatische Klinik
Thibautstraße 2
D-69115 Heidelberg

Die Deutsche Bibliothek - CIP-Einheitsaufnahme

Rudolf, Gerd:
Psychotherapeutische Medizin: ein einführendes Lehrbuch auf psychodynamischer Grundlage / von G. Rudolf. - Stuttgart: Enke, 1993
(Klinische Psychologie und Psychopathologie; Bd. 59)
ISBN 3-432-25801-1
NE: GT

Printed in Germany
Druck: Gruner Druck GmbH, D-91058 Erlangen

Für Meike und Bastian

-'stellvertretend für alle Studierenden

Geleitwort

Als ich im Jahre 1990 GERD RUDOLF den Vorschlag machte, "die eigene Sicht des Faches in Form eines Lehrbuchs unter die Leute zu bringen", war noch nicht absehbar, daß sich dieses Fach in bedeutsamer Weise verändern würde. Im Mai 1992 hat der Deutsche Ärztetag beschlossen, als neue Gebietsbezeichnung den "Facharzt für psychotherapeutische Medizin" einzuführen, und so ist dieses Buch wohl das erste Lehrbuch dieser neuen Facharztdisziplin geworden, was auch im Titel zum Ausdruck kommt. Die eigene Sicht des Verfassers zeigt sich darin, daß er, zusammen mit seinen Mitarbeitern, psychosomatisches Denken und psychotherapeutisches Handeln unter dem Gesichtspunkt der **Interaktion** und auf psychodynamischer Grundlage darstellt. Dabei ist es GERD RUDOLF und seinem Team meines Erachtens in hervorragender Weise gelungen, unterschiedliche Perspektiven von psychosomatischer und psychiatrischer Krankheit, von Psychotherapie und Versorgung miteinander in Verbindung zu bringen und zielorientiert auf ein psychotherapeutisches Handeln auszurichten, das von einem umfassenden Verständnis des Kranken und seiner Umgebung getragen ist. Insofern dient das Buch nicht nur der Orientierung und Wissensvermittlung; es stellt zugleich eine bewundernswerte Integrationsleistung dar, sowohl im Hinblick auf die Abhandlung heterogener Themen unter den übergeordneten Gesichtspunkten der Psychodynamik und Interaktion als auch durch die Einbeziehung aller Mitarbeiter der Heidelberger Klinik.

So ist ein Buch entstanden, das schon deshalb überzeugend ist, weil es aus der klinischen Praxis und den Lehrerfahrungen vieler erwachsen ist, weil es enzyklopädische Überfrachtung vermeidet und weil es persönliche Stellungnahmen nicht scheut, die zwar angreifbar machen, aber den eigenen Standpunkt zeigen und überzeugend verteidigen.

Es ist mir daher eine große Freude, diesem Buch zwei Wünsche mit auf den Weg zu geben: Ich wünsche ihm viele Leser unter den Studierenden, den Lehrenden, den in der Praxis Tätigen und allen Interessierten sowie Erfolg in Form weiterer Auflagen.

Helmut Remschmidt
Marburg, im August 1993

... Bücher, die uns zum Widerspruch reizen, mindestens zum Ergänzen: - es fallen uns hundert Dinge ein, die der Verfasser nicht einmal erwähnt, obwohl sie immerzu am Wege liegen, und vielleicht gehört es überhaupt zum Genuss des Lesens, daß der Leser vor allem den Reichtum seiner eigenen Gedanken entdeckt.

Max Frisch (Tagebuch)

Vorwort

Dieses Buch versucht, einen **einführenden Überblick zu geben über psychosomatisches Denken und psychotherapeutisches Handeln;** es wendet sich damit an Studenten der Medizin und Psychologie, an Assistenten psychosomatisch-psychotherapeutischer und psychiatrischer Kliniken, an Teilnehmer psychotherapeutischer Weiterbildungen und praktizierende Therapeuten. Im Kern enthält es den Stoff, der für den neu geschaffenen **Facharzt für Psychotherapeutische Medizin** von Bedeutung ist.

Viele Entwürfe und Übersichten wurden in Vorlesungen und Seminaren mit Angehörigen der genannten Berufsgruppen entwikkelt; entsprechend ihrem Wunsch wurden die in der Literatur mitgeteilten komplizierten Zusammenhänge auf ihre Grundmuster reduziert, die Details gebündelt und praxisnah dargestellt. Als Ordnungsprinzip haben wir ein **psychodynamisches Konzept** zugrundegelegt. Das bedeutet keine entwertende Abgrenzung gegen andere Denkmodelle; vieles, was hier gesagt ist, ließe sich auch in behaviorale oder andere Konzepte übersetzen. Jedoch würde ein solches Nebeneinander den Text unnötig komplizieren und dem Leser wenig praktische Anleitung geben.

Die psychodynamische Perspektive, aus der heraus wir das Thema abhandeln, hat den Vorteil, daß sie ein **weitreichendes Verstehen** der menschlichen Persönlichkeit mit ihren individuellen, zwischenmenschlichen und soziokulturellen Bezügen gestattet und damit eine Grundlage für effektives **psychotherapeutisches Handeln** schafft. Überhaupt sind alle Darstellungen des Buches auf die praktische Psychotherapie als zentrales Thema ausgerichtet. Die Psychotherapieverfahren finden in Kap. 4 eine eigene Darstellung, zugleich werden bereits die einzelnen Krankheitsbilder (Kap. 2) unter therapeutischen Aspekten beschrieben. Auch die theoretischen Abschnitte (Kap. 1) sollen in erster Linie Voraussetzungen schaffen für den praktisch-therapeutischen Umgang mit Patienten. Das Spannungsfeld zwischen dem intrapsychischen Geschehen der einzelnen Persönlichkeit auf der einen Seite und den zwischenmenschlichen Interaktionsvorgängen auf der anderen Seite bildet im Hinblick auf Gesundheit und Krankheit den zentralen Gegenstand unserer Darstellung.

Wir haben von dem Versuch abgesehen, ein enzyklopädisches Buch zu schreiben, in welchem möglichst viel des verfügbaren Wissens durch zahlreiche Fachleute zusammengetragen wird. Ein solches Buch böte zwar einen Überblick, aber wenig Handlungsanweisung. Der vorliegende Text ist gegenüber einer objektivierenden lexikalischen Zusammenfassung einseitiger und subjektiver, er enthält mehr persönliche Stellungnahmen. Gerade diese wollten wir riskieren in der Hoffnung, daß die Praxis- und Unterrichtserfahrung im Team einer traditionsreichen wissenschaftlichen Institution sich dem Leser vermitteln; so beteiligen sich an der Erstellung der Texte alle wissenschaftlichen Mitarbeiter der Psychosomatischen Universitätsklinik Heidelberg (und im Bereich der Kinderpsychotherapie ein Lehrbeauftragter der Klinik). Durch ausführliche Diskussionen wurden die einzelnen Abschnitte auf die Hauptlinie des Buches hin ausgerichtet.

Dem Interesse unserer beiden Zielsetzungen - Übersichtlichkeit und Praxisrelevanz - haben wir den Umgang mit der **Literatur** untergeordnet. Wir verzichten im Text darauf, alle Autoren zu nennen, die für die Entwicklung einer Theorie oder Behandlungstechnik von Bedeutung sind oder waren. Stattdessen beschränken wir uns in den einzelnen Literaturverzeichnissen auf eine Auswahl von jeweils ca. 20 Literaturhinweisen, die den Leser - wir verwenden hier wie im Folgenden das transsexuelle Maskulinum "der Leser, der Patient, der Therapeut" - auf wichtige Quellen, Zusammenfassungen oder weiterführende Arbeiten hinweisen und ihm damit bei seinen eigenen Studien behilflich sein können.

Unsere herzliche Danksagung gilt dem Enke Verlag, speziell Frau Dr. Kuhlmann und Herrn Prof. Remschmidt als Herausgeber, ganz besonders aber auch Frau Deffaa, die zusammen mit Frau Wörner die Texte erstellt hat, Herrn Kocevar und Herrn Weber, die sie druckgerecht gestalteten.

Wir würden uns besonders freuen, wenn sich unsere Leser durch Hinweise, Vorschläge oder andere Mitteilungen an der künftigen Gestaltung des Buches beteiligen würden.

G. Rudolf
Heidelberg, im Frühjahr 1993

Psychotherapeutische Medizin

1 Konzepte von Persönlichkeit und Krankheit 1

1.1 Psychosomatische Perspektiven 1

1.1.1 Die biologische Ebene 1
1.1.2 Die personale Ebene 3
1.1.3 Die interpersonelle Ebene 5
1.1.4 Die soziokulturelle Ebene 8
1.1.5 Interdisziplinäre Aufgaben der Psychosomatik 10

1.2 Körperlichkeit 14

1.2.1 Soma und Psyche 14
1.2.2 Der Patient - Objekt der Medizin, Subjekt in der Medizin 15
1.2.3 Das Erleben des Körpers in Gesundheit und Krankheit 17
1.2.4 Die Bewältigung des Krankseins (coping) 19
1.2.5 Körperlichkeit aus naturwissenschaftlicher Sicht (P. Henningsen) 21

1.3 Geschichtlichkeit 25

1.3.1 Die lebensgeschichtliche Entwicklung der menschlichen Persönlichkeit 25
1.3.2 Das erste Vierteljahr: Grundlagen des Kommunikationssystems 26
1.3.3 Das erste Lebensjahr: Aufbau des Bindungssystems 29
1.3.4 Zweites und drittes Lebensjahr: Der Aufbau des Autonomiesystems 33
1.3.5 Das dritte bis sechste Lebensjahr: Aufbau der psychosexuellen und sozialen Identität 37
1.3.6 Störungen der Frühgenese und ihre Folgen 42
1.3.7 Typisch männlich - typisch weiblich: Die geschlechtsspezifische Entwicklung 45
1.3.8 Latenzphase und Adoleszenz 49
1.3.9 Die Entwicklungsstufen des Erwachsenenalters 52

1.4 Struktur der Persönlichkeit 55

1.4.1 Die Struktur des Ich 55
1.4.2 Kognitive Ich-Leistungen (Ich-Funktionen) 57
1.4.3 Steuernde Ich-Leistungen 59
1.4.4 Die Struktur des Ich als Ganzes 60
1.4.5 Abwehr - das interne Regulationssystem des Ich 61
1.4.6 Die Struktur des Selbst 64
1.4.7 Selbstbild und Identität 65
1.4.8 Selbstwert und narzißtische Regulation 66
1.4.9 Bestandteile des Selbstwerterlebens 68
1.4.10 Objektbeziehung 70
1.4.11 Strukturelle und beziehungsdynamische Gesichtspunkte 70
1.4.12 Triebdynamische Gesichtspunkte 73
1.4.13 Interaktionelle Gesichtspunke 74
1.4.14 Synopsis: Das Wechselspiel von intrapsychischen und interpersonellen Vorgängen 77

1.5 **Motiviertheit - Die Grundbedürfnisse des Menschen** 84

1.5.1 Bedürfnisse, Bedürfnislosigkeit und Systematik der Bedürfnisse 84
1.5.2 Beziehungswünsche in der Kind-Eltern-Beziehung 86
1.5.3 Beziehungswünsche in der Eltern-Kind-Beziehung 87
1.5.4 Beziehungswünsche in der Partnerbeziehung 87
1.5.5 Beziehungswünsche des Einzelnen gegenüber der Gemeinschaft 88
1.5.6 Bedürfnisse des Selbst 89
1.5.7 Beziehungswünsche und Triebwünsche 90
1.5.8 Die Triebwelt und das Böse 92
1.5.9 Die triebhafte Ausrichtung auf das Objekt: Oralität 94
1.5.10 Aggressivität und Analität: Entwicklungsgeschichtliche Aspekte 95
1.5.11 Gesellschaftliche Aspekte der Aggression 97
1.5.12 Sexualität 99

1.6 **Emotion** 102

1.6.1 Intrapsychische Aspekte des Emotionalen 102
1.6.2 Kommunikative Aspekte der Emotion 103
1.6.3 Emotionale Aspekte psychischer Störungen 104

1.7 **Unbewußtheit** 107

1.7.1 Inhalte des Unbewußten 107
1.7.2 Gestaltungsprinzipien und Ausformungen des Unbewußten 108

2 **Krankheit** 112

2.1 **Krankheitsdisposition und Symptombildung** 112

2.1.1 Die Psychodynamik der Symptombildung 112
2.1.2 Der unbewußte Konflikt 112
2.1.3 Die strukturelle Vulnerabilität 117
2.1.4 Bewältigungsmuster und ihre Krisen 118

2.2 **Der depressive Grundkonflikt und seine Verarbeitungen** 122

2.2.1 Der depressive Grundkonflikt: Objektivierbares Ereignis oder subjektives Erleben 122
2.2.2 Der depressive Grundkonflikt und seine Auswirkungen auf die Persönlichkeitsentwicklung 122
2.2.3 Die Auswirkungen des depressiven Grundkonflikts im Leben des Erwachsenen 125
2.2.4 Die Verarbeitung des depressiven Grundkonflikts 126
2.2.5 Die altruistische Verarbeitung des depressiven Grundkonflikts 128
2.2.6 Die narzißtische Verarbeitung des depressiven Grundkonflikts 132
2.2.7 Die schizoide Verarbeitung des depressiven Grundkonflikts 136
2.2.8 Die oral-regressive Verarbeitung des depressiven Grundkonflikts 141
2.2.9 Die philobatische Verarbeitung des depressiven Grundkonflikts 142
2.2.10 Die Bewältigung des depressiven Grundkonflikts durch Humor 143

2.3 Krankheitsbilder in der Folge des depressiven Grundkonflikts ... 147

2.3.1 Die Depression ... 147
2.3.2 Suizidalität ... 151
2.3.3 Abhängigkeit und Sucht ... 155
2.3.4 Die depressive Somatisierung ... 161
2.3.5 Die unfallreaktive Somatisierungsstörung ... 167

2.4 Persönlichkeitsstörungen ... 170

2.4.1 Borderline-Persönlichkeitsstörung ... 171
2.4.2 Narzißtische Persönlichkeitsstörung ... 172
2.4.3 Antisoziale Persönlichkeitsstörung ... 173

2.5 Angstkrankheiten ... 176

2.5.1 Das Phänomen der Angst ... 176
2.5.2 Entwicklungsgeschichtliche Aspekte der Angst ... 177
2.5.3 Gesunde Aspekte der Angst ... 178
2.5.4 Angst als Symptom ... 179
2.5.5 Psychodynamik der Angst ... 181
2.5.6 Reife und frühe Angst ... 182
2.5.7 Bewältigung von Angst ... 184

2.6 Zwangsneurose ... 189

2.6.1 Symptomatik ... 189
2.6.2 Struktur und Dynamik ... 189

2.7 Hysterie (J. Küchenhoff) ... 192

2.7.1 Geschichte und Begriffsbestimmung ... 192
2.7.2 Klinische Bilder ... 193
2.7.3 Zur Psychodynamik hysterischer Störungen ... 195
2.7.4 Psychotherapeutische Aspekte hysterischer Störungen ... 196

2.8 Eßstörungen: Anorexia und Bulimia nervosa (A. Hußmann) ... 199

2.8.1 Häufigkeit und soziokultureller Hintergrund ... 199
2.8.2 Anorexia nervosa: Symptomatik und diagnostische Kriterien ... 201
2.8.3 Psychodynamik der Anorexie ... 203
2.8.4 Zur Ätiologie und Pathogenese der Anorexia nervosa ... 206
2.8.5 Therapie der Anorexia nervosa ... 207
2.8.6 Bulimia nervosa: Symptomatik und diagnostische Kriterien ... 209
2.8.7 Psychodynamik der Bulimie ... 210
2.8.8 Zur Ätiologie und Pathogenese der Bulimie ... 213
2.8.9 Therapie der Bulimie ... 214

2.9 Posttraumatische Störungen (C. Öri) ... 218

2.9.1 Begriffsbestimmung und klinisches Bild der posttraumatischen Störung ... 218
2.9.2 Geschichte: Von der traumatischen Neurose zur posttraumatischen Störung ... 220
2.9.3 Psychodynamik des Traumas und seine Verarbeitung ... 221
2.9.4 Einige Bemerkungen zur Therapie posttraumatischer Störungen ... 225

2.10 **Klinische Konzepte der Psychosomatik am Beispiel gastroenterologischer Krankheitsbilder** (J. Küchenhoff) 229

2.10.1 Einleitung 229
2.10.2 Funktionelle Störungen im gastrointestinalen Bereich 203
2.10.3 Magen- und Duodenalulcus 233
2.10.4 Colitis ulcerosa 237
2.10.5 Morbus Crohn 239
2.10.6 Therapeutische Maßnahmen bei chronisch-entzündlichen Darmerkrankungen 240

2.11 **Psychosomatische Bewegungsstörungen** 244

2.11.1 Körper und Bewegung 244
2.11.2 Psychosomatische Konzepte 244
2.11.3 Körperorientierte Psychotherapie 247

2.12 **Somatopsychische Störungen** (H. Schmidt) 251

2.12.1 Das klinische Erscheinungsbild 251
2.12.2 Person und Krankheit 254
2.12.3 Sinnentnahme und Krankheitserleben 256
2.12.4 Der Schmerz 258
2.12.5 Psychotherapeutische Behandlung 259

2.13 **Die psychotherapeutische Relevanz von neurologischen Krankheitsbildern** (P. Henningsen) 264

2.13.1 Einleitung: Die Beziehung zwischen Neurologie und Psychotherapie 264
2.13.2 Ein erstes psychogenes Krankheitsbild: Die Konversionsstörung 265
2.13.3 Somatisierungsstörungen 268
2.13.4 Fokale Dystonien und Tics 268
2.13.5 Einige "klassisch" neurologische Krankheitbilder 269

2.14 **Funktionelle Sexualstörungen** (U. Clement) 275

2.14.1 Sexuelle Störungen in der medizinischen und psychotherapeutischen Praxis 275
2.14.2 Funktionelle Sexualstörungen bei Männern 275
2.14.3 Störungen bei Frauen 276
2.14.4 Ursachen und Psychodynamik 276
2.14.5 Therapie 278
2.14.6 Das Thema Sexualität im diagnostischen Gespräch 280
2.14.7 Diagnostisches Gespräch bei Patienten mit sexuellen Störungen 281

3 **Diagnostik** 284

3.1 **Das diagnostische Gespräch aus der Sicht des Patienten** 284

3.2 **Ziele des diagnostischen Gesprächs aus der Sicht des Therapeuten** 287

3.2.1 Persönlichkeitsstruktur und symptomauslösende Konfliktsituation 287
3.2.2 Innere Struktur und äußere Realität 289
3.2.3 Die biographische Wirklichkeit 289

3.2.4 Die Patient-Therapeut-Beziehung ... 290
3.2.5 Der Verlauf des diagnostischen Gesprächs ... 290
3.2.6 Synopsis: Psychodynamische Interpretation ... 291
3.2.7 Diagnostische Klassifikation ... 292

3.3 Befundschema für diagnostische Gespräche ... 293

4 Psychotherapie ... 297

4.1 Allgemeine Prinzipien ... 297

4.1.1 Gegenstand und Voraussetzung der Psychotherapie ... 297
4.1.2 Therapiesetting und theoretische Fundierung ... 298
4.1.3 Grundlagen und Techniken der Gesprächsführung ... 299
4.1.4 Zielsetzungen des Gesprächs ... 301
4.1.5 Die therapeutische Beziehung ... 302
4.1.6 Prognose und Indikation ... 306
4.1.7 Therapeutischer Veränderungsprozeß ... 309
4.1.8 Therapieziele und Therapieeffekte ... 311
4.1.9 Kriterien therapiebedingter Veränderungen ... 312

4.2 Dynamische Psychotherapie ... 316

4.2.1 Zur Entwicklung von Psychotherapieverfahren auf psychoanalytischer Grundlage ... 316
4.2.2 Indikation und Therapieziel ... 318
4.2.3 Therapeutische Themen und Techniken ... 319

4.3 Interaktionelle Psychotherapie ... 323

4.3.1 Zur Entwicklung der interaktionellen Psychotherapie ... 323
4.3.2 Indikation: Auf welche Störungen bezieht sich die interaktionelle Psychotherapie ? ... 324
4.3.3 Die therapeutische Haltung ... 325
4.3.4 Die therapeutischen Techniken ... 326

4.4 Psychotherapeutische Krisenintervention ... 331

4.4.1 Die therapeutische Haltung ... 331
4.4.2 Therapeutische Techniken ... 332
4.4.3 Stationäre und ambulante Krisenintervention ... 334

4.5 Psychoanalyse (G. Schneider) ... 338

4.5.1 Entwicklung der Psychoanalyse ... 338
4.5.2 Grundprinzipien des psychoanalytischen Behandlungsverfahrens ... 340
4.5.3 Der Rahmen einer psychoanalytischen Behandlung ... 341
4.5.4 Die zentralen Elemente der psychoanalytischen Behandlungstechnik ... 344
4.5.5 Indikation zur psychoanalytischen Behandlung und Modifikationen der Standardtechnik ... 349

4.6 Psychoanalytische Gruppenpsychotherapie (G.H. Seidler) 352

4.6.1 Entwicklung und Begriffsbestimmung 352
4.6.2 Zum unterschiedlichen Umgang mit dem Phänomen der Pluralität in Gruppen 354
4.6.3 Die differentielle Indikation von Gruppentherapieverfahren für unterschiedliche Krankheitsgruppen 355
4.6.4 Therapieziele der analytischen Gruppenpsychotherapie 357
4.6.5 Interventionstechniken und Setting-Modalitäten 358

4.7 Stationäre Psychotherapie 361

4.7.1 Zur Entwicklung der stationären Psychotherapie 361
4.7.2 Konzepte stationärer Psychotherapie 362
4.7.3 Indikation zur stationären Psychotherapie 363
4.7.4 Die Realität der stationären Psychotherapie 364

4.8 Paar- und Familientherapie (G. Voll) 368

4.8.1 Entwicklung und Konzepte der Familientherapie 368
4.8.2 Behandlungstechniken 371
4.8.3 Indikation und Anwendungsbereiche 372
4.8.4 Zur Diskussion familientherapeutischer und psychoanalytischer Ansätze 373

4.9 Psychotherapie bei Kindern und Jugendlichen (H. Fahrig) 376

4.9.1 Die spezifischen Voraussetzungen des Kindes 376
4.9.2 Die Wurzeln psychogener Störungen bei Kindern 377
4.9.3 Die Vielfalt des therapeutischen Geschehens zwischen Spielhandlung und Deutung 378

4.10 Psychotherapie älterer Patienten (S. Eckert) 384

4.10.1 Psychogene Erkrankungen bei älteren Menschen 384
4.10.2 Behandlungstechnische Spezifika 386
4.10.3 Die Beziehungsgestaltung oder Übertragungskonstellation 387
4.10.4 Diagnostik und Therapieplanung 388
4.10.5 Therapieverfahren 389

5 Institutionalisierung und Forschung 391

5.1 Zur Geschichte der Psychotherapie (P. Henningsen) 391

5.2 Institutionalisierung und Weiterbildung 394

5.2.1 Entwicklung und aktuelle Berufsfelder in der psychotherapeutischen Medizin 394
5.2.2 Psychotherapeutische Ausbildung und Weiterbildung 397

5.3 Epidemiologie psychoneurotischer und psychosomatischer Störungen (R. Manz) 401

5.3.1 Begriffsbestimmungen 401

5.3.2 Die Klassifikation psychosomatischer und psychoneurotischer Störungen 402
5.3.3 Exemplarische Studien zur Epidemiologie psychoneurotischer und psychosomatischer Störungen 403
5.3.4 Zur Versorgungsrelevanz psychoneurotischer und psychosomatischer Erkrankungen 406

5.4 Psychosomatische Konsiliar- und Liaisondienste (G. Rudolf, S. Wilke) 409

5.4.1 Psychosomatische Kooperationsformen 409
5.4.2 Aufgaben des Konsiliar-Liaisondienstes 409
5.4.3 Spezifität der Arbeit in der psychosomatischen Kooperation und zu beachtende Schwierigkeiten 413

5.5 Psychotherapieforschung (G. Rudolf, C. Öri) 416

5.5.1 Der Gegenstand und seine Schwierigkeiten 416
5.5.2 Psychotherapie-Ergebnisforschung 417
5.5.3 Psychotherapie-Prozeßforschung 421

Anhang: Entsprechungen im GK3 (Gegenstandskatalog 3 für den schriftlichen Teil des zweiten Abschnitts der ärztlichen Prüfung) 425

Sachregister 427

1 Konzepte von Persönlichkeit und Krankheit

1.1 Psychosomatische Perspektiven

In den Zeugnissen aus allen Epochen der abendländischen Geschichte begegnen uns Überlegungen zum Verhältnis von Körper und Seele, Geist und Natur im Zusammenhang mit Krankheit und Gesundheit. Derartige psychosomatische Gedanken waren bis zur Mitte des 19. Jahrhunderts selbstverständlich in die Medizin integriert; mit dem Aufkommen einer streng naturwissenschaftlichen Medizin traten sie in den Hintergrund und tauchten Anfang des 20. Jahrhunderts als Gegenbewegung wieder auf. Am bekanntesten wurden psychoanalytische Ansätze, wie sie von Freud initiiert und von seinen Schülern weiterentwickelt wurden, ferner philosophisch-anthropologische Entwürfe, wie sie Viktor von Weizsäcker entwickelt hat, oder psychophysiologische Ansätze, wie wir sie seit Pawlow oder Cannon im Vorfeld der Stressforschung finden. In Deutschland nahmen Psychosomatische Medizin und Psychotherapie nach dem zweiten Weltkrieg eine besonders intensive Entwicklung; es entstanden zahlreiche Kliniken für stationäre Psychotherapie, ambulante psychoanalytische Behandlung wurde als Leistung der gesetzlichen Krankenkassen anerkannt (1967), seit der Approbationsordnung von 1970 wurde Psychosomatische Medizin und Psychotherapie als scheinpflichtiges Unterrichtsfach im medizinischen Unterricht verankert und in neu gegründeten Universitätsabteilungen gelehrt. Als erste universitäre Einrichtung war bereits 1950 die Psychosomatische Klinik Heidelberg unter Leitung Alexander Mitscherlichs eingerichtet worden. Den Versuch einer Integration internistischer und psychosomatischer Ansätze in der universitären Medizin verfolgten vor allem Th. von Uexküll und seine Schüler.

1992 wurde nach langer berufspolitischer Diskussion vom Deutschen Ärztetag die Einführung eines Facharztes beschlossen, dem die Bezeichnung "Arzt für Psychotherapeutische Medizin" gegeben wurde. Im gleichen Jahr veröffentlichte der Wissenschaftsrat seine Leitlinien für die Reform des Medizinstudiums, darin heißt es:

> "Gesundheit und Krankheit müssen als ein komplexes, vielfach verwobenes Gefüge verstanden werden, in dem biologische, psychologische und soziale Elemente von Gesundheit und Krankheit als gleichwertige Bedingungen der menschlichen Existenz zu begreifen sind".

Jede medizinische Disziplin hat es im Umgang mit Krankheit und Gesundheit mit diesen Ebenen des biologischen, psychologischen und sozialen Geschehens zu tun, doch richten die einzelnen Fächer den Fokus ihrer wissenschaftlichen Aufmerksamkeit und den Akzent ihres praktischen Handelns mehr auf die eine oder die andere Ebene. Im Folgenden soll eine vergleichende Betrachtung der Ebenen - die freilich engstens verwoben sind und nur künstlich auseinandergehalten werden - deutlich machen, wo Psychosomatik ihre Akzente setzt und worin sich ihre Sichtweise von der eines typisch organmedizinischen Faches unterscheidet.

1.1.1 Die biologische Ebene

Sie erfaßt die Krankheit im traditionellen medizinischen Sinne. Im Mittelpunkt des Interesses steht das erkrankte Organ oder Organsystem, an ihm wird die Krankheit objektiviert. Die Befunde beziehen sich auf die Morphologie der Organe, auf mikroskopisch sichtbare Gewebestrukturen und auf Funktionsstörungen, die technisch oder laborklinisch erfaßt werden.

Das zugehörige Modell von Krankheit sieht den Körper als ein vernetztes, zelluläres, neuronales, endokrines System, dessen Gleichgewicht durch äußere oder innere Reize gestört werden kann, so daß vielfältige Dysregulationen erfolgen und Prozesse der Gegenregulation und Bewältigung in Gang

Biologische Ebene: Der biologisch funktionierende Organismus	
Modelle	**Methoden**
Subjekt-Objekt-Trennung Erfassung der Realität mit den Kriterien - Objektivität - Reliabilität - Validität	Empirische Analytik Hypothesenprüfung unter experimentell variierten Bedingungen Biometrische Modellberechnung
Körper und Krankheit	
Physikalisch-chemisch-biologisches Verständnis des Organismus Körper als zelluläres, neuronales, endokrines molekularbiologisches System Krankheit als Dysregulation des biologischen Systems Therapie als physikalische, chemische Intervention im dysfunktionalen System	

Tabelle 1.1.1

gesetzt werden. (Beispiel: Die Entzündung eines Gewebes als Antwort auf eingedrungene Erreger).

Die therapeutische Intervention erfolgt in diesem biologisch - naturwissenschaftlichen Modell auf physikalischem Wege (z.B. durch Operationen oder Bestrahlungen), mit chemisch-pharmakologischen Mitteln (Medikamente) oder rehabilitativ durch Maßnahmen der Entlastung, Umstellung, Umgewöhnung.

Fragen wir nach der **Wissenschaftstheorie** dieser Ebene, so sehen wir, daß vor allem die Forschung, partiell auch die Praxis sich auf die Prinzipien naturwissenschaftlicher Empirie stützen. Diese postulieren eine strikte Trennung des Subjekts (des Wissenschaftlers) vom Objekt seiner Wissenschaft und etablieren die Gütekriterien Objektivität und Reliabilität und Validität. So werden Qualitäten des Körpers bzw. seiner Organe oder Funktionen quantifiziert, d.h. sie werden unter standardisierten Bedingungen oder unter experimentell variierten Bedingungen gemessen und gewichtet; die gewonnenen Daten werden sodann in biometrisch-mathematischen Modellen auf Ähnlichkeit und Unterschiede hin berechnet und gegen Zufallswahrscheinlichkeit abgesichert.

Eine naturwissenschaftlich verstandene Medizin richtet den Fokus ihrer rationalen Bemühungen auf diese Ebene. Was dabei eben kursorisch umrissen wurde, stellt in Wahrheit ein riesiges Gebiet dar, das sich in zahlreiche klinische Fachgebiete und vorklinisch - naturwissenschaftliche Bereiche aufgliedern läßt. Ob es sich um die Epidemiologie von Krankheiten, die Pharmakodynamik von Medikamenten, den Biomagnetismus des Herzens oder den Stoffwechsel von Bakterien handelt, stets gelten die Regeln der empirischen Analytik. Die Faszination dieses Modells liegt darin, daß durch die analytisch zergliedernde Forschungsweise immer neue naturwissenschaftliche Details des Systems entdeckt und ständig neue, chemische und physikalische Eingriffsmöglichkeiten entwickelt werden; für viele verknüpft sich damit ein Gefühl des unaufhaltsamen naturwissenschaftlichen Fortschritts.

Welche Einstellung hat die Psychosomatik zu dieser Ebene? Ältere Psychosomatiker wie z.B. von Uexküll haben dieses Modell, sofern es einen Ausschließlichkeitsanspruch erhebt, heftig kritisiert. Es erscheint ihm als ein seelenloses Maschinenmodell, das der Natur des Menschen nicht gerecht wird und ihn als Objekt der Naturwissenschaft notwendigerweise dehumanisiert. Heute stellt sich die Frage nicht mehr, ob das naturwissenschaftliche oder ein anderes Paradigma letztendlich die Oberhand behalten wird, sondern welches auf der jeweiligen Ebene handlungsleitend sein soll und wie sich die ganz unterschiedlichen methodischen Zugangsweisen der verschiedenen Ebenen einander annähern lassen. Kein klinischer Psychosomatiker kann die biologisch-naturwissenschaftliche Ebene ausgrenzen, sie bildet stets einen wichtigen Pol seines Denkens und Handelns, wie sich aus Wortverknüpfungen wie Psycho-Immunologie, Psycho-Onkologie usw. ablesen läßt.

1.1.2 Die personale Ebene

Schon in der Zeit nach dem ersten Weltkrieg betonten Vertreter einer Heilkunde, die sich psychosomatisch verstand (wenngleich sie sich noch nicht so nannte), daß es nicht Organe, sondern Menschen, nicht Krankheiten, sondern Kranke zu behandeln gelte (z.B. G. Groddeck). Viktor von Weizsäcker hat diesen Aspekt der Personalität in einer philosophisch fundierten medizinischen Anthropologie entwickelt und im Laufe von Jahrzehnten ausdifferenziert.
Es ist zu untersuchen, wie sich unser Krankheitsmodell verändert, wenn wir die **Persönlichkeit des Erkrankten** in den Mittelpunkt rücken. Die Folgen dieses Perspektivenwechsels sehen wir deutlich im Umgang mit dem Körper. Auf der biologischen Ebene ist der Körper mit seiner Organmorphologie und seinen Organfunktionen Gegenstand naturwissenschaftlicher Objektivierung; er ist Objekt der Untersuchung und Behandlung. Auf der personalen Ebene dagegen ist der Körper wesentlicher Bestandteil des Subjekts. Das Subjekt ist dadurch ausgezeichnet, daß es selber denkt, meint, empfindet, Absichten hat, Wertungen vornimmt; es hat Kognitionen und Emotionen, die auf seinen Erfahrungen basieren:

- Das Subjekt hat eine Ausrichtung auf seine Geschichte, durch die es geprägt wurde. Es bezieht sein Selbstverständnis und sein Weltbild aus seinen Erfahrungen in der eigenen **Biographie**.

- Das Subjekt hat eine Ausrichtung auf die Objektwelt (**Intentionalität**), es eignet sich die Welt ständig an, erschafft sie im konstruktivistischen Sinne ständig neu und macht daraus "meine Welt".

- Das Subjekt hat eine Ausrichtung auf die **Zukunft**; es macht sich Vorstellungen davon, wie die Welt und das eigene Leben weitergehen werden und es unterlegt die Zukunft mit eigenen Wünschen und Hoffnungen.

- Das Subjekt kann sich im reflexiven Sinne auf sich selbst ausrichten und erlangt dadurch ein **Bewußtsein seines Selbst** in allen seinen obengenannten Ausrichtungen.

- Das Subjekt registriert beim Blick in seinen seelischen Binnenraum, daß es auch von **unbewußten** Empfindungen, Bedürfnissen und Phantasien geleitet wird, die weniger einer rationalen als einer symbolischen Logik folgen (Beispiel: der Traum oder das künstlerisch-kreative Schaffen).

- Das Subjekt (re)produziert die Welt in Form von **Symbolen** (Phantasiebilder, Gedanken, Begriffe, Worte, Sprache, Zeichen).

- Das Subjekt bemüht sich um seine **Identität**, indem es alle seine Ausrichtungen - meine Geschichte, meine Welt, meine Zukunft, mein Selbst - zu einem Ganzen integriert. Es gestaltet daraus mit den Worten von Neil Postman ein Narrrativ, d.h. eine Novelle, eine Erzählung, eine Geschichte, einen Roman; diese Formen des Narrativs sind die klassische Selbstdarstellung des Subjekts, das seinem Erleben dadurch einen **Sinn**, eine **Struktur** geben kann.

An dieser Stelle können wir das medizinische Thema wieder aufgreifen: Jede Situation, in die das Subjekt gestellt wird (z.B. der Patient in der Klinik), jede Information, die es bekommt (z.B. Mitteilungen des Arztes) muß von ihm in seine Sinnstruktur hineingenommen werden. Dieser Vorgang ist höchst subjektiv und selektiv; so entwickeln Patienten subjektive Vorstellungen von ihrem Körper - von Uexküll spricht von subjektiver Anatomie - und sie bilden **subjektive Theorien** über die Ursachen, das Wesen und den Verlauf ihrer Krankheit aus. Entsprechend subjektiv verhalten sie sich im Umgang mit verordneten Medikamenten oder ärztlichen Empfehlungen; ein großer Teil der Patienten sucht (und findet) immer wieder Hilfe bei paramedizinischen Helfern, die nach wissenschaftlicher Überzeugung eigentlich nichts bewirken dürften. Schließlich tut das Subjekt ein Weiteres, was es nach wissenschaftlicher Überzeugung nicht sollte, es reagiert auf Medikamente ohne pharmakologische Wirkstoffe **(Placebo)** manchmal genauso stark wie auf Pharmaka, d.h. es therapiert sich selbst auf eine autosuggestive Weise, die noch nicht besonders gut erklärt ist.

Aus dieser Sicht erscheint die vom Patienten erlebte Krankheit, der von ihm erfahrene Körper und die von ihm subjektiv erlebte Medizin als eine ganz eigene Welt, die sich von der Expertensicht des objektivierten Körpers und des objektiven Krankheitsgeschehens in der wissenschaftlichen Medizin deutlich unterscheidet. Während man früher dazu neigte, diese Sichtweise des Patienten als irrational, unreif oder infantil abzuwerten und ihr gewissermaßen erzieherisch entgegenzuwirken, kommt man heute mehr und mehr dazu, diese Perspektive gelten zu lassen, sich für sie zu interessieren und sie wissenschaftlich zu untersuchen. Ausgedehnte empirische Forschungen zur subjektiven Krankheitstheorie der Patienten und zur Krankheitsbewältigung (Coping) haben der wissenschaftlichen Erklärung der Krankheit das Verständnis des Kranken hinzugefügt.

Diese Untersuchungen haben zugleich therapeutische Konsequenzen, insbesondere dort, wo es nicht um die Beseitigung der Krankheit geht, sondern um die **Bewältigung**

Personale Ebene: Das erlebende Subjekt	
Modelle	**Methoden**
Das Subjekt mit - Biographie - Intentionalität - Zukunftsorientierung - Selbstbewußtheit - Unbewußtheit - Identität	Erfassung des Subjektiven durch - Gespräch, Interview - Fragebögen zur Selbsteinschätzung Verstehen des Subjekts durch hermeneutische Verfahren
Körper und Krankheit	**Praktische Bedeutung** (Umgang mit Patienten)
Leiblichkeit als Bestandteil der Person Krankheit als biographisch sinnvolles Ereignis Unbewußte Struktur der Symptombildung Subjektive Verarbeitung des Krankseins	Subjekt-Subjekt-Beziehung Probeidentifizierung mit dem Subjekt Empathie für das Subjekt Verstehen des Subjekts Respekt für das Subjekt Selbsterfahrung des Arztes als Subjekt

Tabelle 1.1.2

nicht behebbarer Krankheiten (z.B. bei den chronischen Erkrankungen oder in der Onkologie). Wenn es für ein Subjekt zentral wichtig ist, für das eigene Leben einen Sinnzusammenhang zu erstellen, stellt der Einbruch einer Krankheit eine massive Bedrohung dar und erfordert psychische Bewältigungsaktivitäten, um das Kranksein sinnvoll zu integrieren. Vom Gelingen oder Mißlingen eines solchen Bewältigungsprozesses hängt nicht nur das subjektive Wohlbefinden oder Leiden des Patienten **(Lebensqualität)** ab, sondern sogar die Besserungsrate oder Überlebensquote. In den bekannten Untersuchungen von Spiegel (1989) konnte nachgewiesen werden, daß diejenigen an metastasierendem Brustkrebs erkrankten Frauen, die in einer Gruppenpsychotherapie eine starke psychosoziale Unterstützung im Umgang mit ihrer Krankheit erfuhren, nicht nur eine wesentlich bessere Lebensqualität beschrieben, sondern im Durchschnitt auch rund doppelt so lange lebten wie die unbehandelten Patientinnen.

Diese Anmerkungen machen deutlich, daß die personale Ebene für die Psychosomatische Medizin besonders wichtig ist. Es gehört zu deren typischen Einstellungen, sich probehalber auch **auf die Seite des Subjekts zu stellen**, sich vorübergehend mit ihm zu identifizieren, sich empathisch in es hineinzuversetzen und so die Asymmetrie der Subjekt-Objekt-Beziehung zu relativieren. De facto tun das viele Ärzte im klinischen Alltag, jedoch ohne daß sie dieser Ebene eine besondere systematische oder wissenschaftliche Aufmerksamkeit schenken, sie tun es intuitiv und aus ihrer Lebens- und Berufserfahrung heraus.

1.1.3 Die interpersonelle Ebene

Das menschliche Subjekt ist keine abgeschlossene Monade, sondern ein explizit soziales Wesen, das ständig real in Beziehungen lebt und innerlich mit Beziehungen befaßt ist. Die menschliche Person ist nur als Teil von Beziehungssystemen vorstellbar. Hier betreten wir die psychodynamische Ebene, welche vor allem der **sozialen Natur** des Menschen Rechnung trägt.

Leben ist Interaktion; Lebensgeschichte ist die bewußt und unbewußt gespeicherte Geschichte von Interaktionen, angefangen von den frühesten Beziehungen zwischen dem Säugling und seinen Betreuungspersonen, über alle Stufen der kindlichen Beziehungserfahrungen hinweg bis ins Erwachsenenalter hinein. Aus dem Niederschlag dieser Erfahrungen bildet sich die Persönlichkeit als eine Struktur des Erlebens und des Verhaltens. Die wichtigen prägenden **zentralen Beziehungserfahrungen** sind nur zum geringen Teil im mentalen Gedächtnis gespeichert, sie sind, auch das ist ein explizit psychosomatisches Thema, in das körperlich-vegetative Gedächtnis eingegraben, z.B. als Körperhaltungen, als typische Mimik und Gestik, als Bereitschaften somatischen Reagierens. Sie sind, das ist der psychotherapeutische Aspekt der Thematik, weitgehend unbewußt, sie werden immer wieder aktiviert und reinszeniert, so daß zwangsläufig die neuen Beziehungen nach dem Muster der alten Erfahrungen gestaltet werden. Insofern ist Struktur nicht nur das durch frühe Erfahrungen Geprägte, sie ist auch umgekehrt das, was jede neue Situation gestattet.

An dieser Stelle begegnen wir dem Thema der **internalisierten Konflikte:** Wenn die frühen, die Struktur des Menschen prägenden Erfahrungen sehr belastend, schmerzlich, kränkend verliefen, dann werden diese Traumen und Konflikte in der Struktur gespeichert. Es sind vor allem körpernahe Triebkonflikte und enttäuschte Beziehungsbedürfnisse, die als äußere Konflikte erfahren und dann internalisiert werden. Zwar werden sie durch seelische Gegenregulationen vorübergehend verarbeitet oder auch verdrängt, dennoch liegen sie unterschwellig bereit. Wenn eine Lebensproblematik des Erwachsenen sich zuspitzt, kann es sein, daß sie den wunden Punkt des inneren Konflikts tangiert. Unter Umständen genügt der sprichwörtliche Tropfen, um das Faß zum Überlaufen zu bringen; das konflikthafte Thema kann nicht länger bewältigt oder verdrängt werden, das ganze System gerät krisenhaft aus dem Gleichgewicht, es kommt zur Symptombildung im psychischen oder

psychosomatischen Bereich, wobei vor allem die oben erwähnte symbolische Ordnung des Unbewußten das Symptom gestaltet.
Die typischen Wege der Symptombildung haben alle damit zu tun, daß der internalisierte Beziehungskonflikt über die Symptombildung partiell oder verformt zum Ausdruck gebracht wird und zugleich auch in die aktuellen Beziehungen, z.B. auch in die zwischen Patient und Arzt eingeht.

Beispiel:

Ein erwachsener Mann verliert seine Mutter, die an einem inoperablen Gallengangskarzinom stirbt. Seine Trauer ist übertönt von einer Erbauseinandersetzung mit der bevorzugten Schwester. Er beginnt zu kränkeln und entwickelt über Jahre hinweg eine Oberbauchsymptomatik mit Verdauungsstörungen und Darmkrämpfen. Seine Symptome kopieren genau das Beschwerdebild seiner Mutter, er glaubt, ohne die Parallele zu ihr selbst herzustellen, an Krebs erkrankt zu sein; er drängt die Ärzte zu immer neuen Untersuchungen und mißtraut zugleich ihren Befunden bzw. ihren Mitteilungen. Seine Verzweiflung ist so stark, daß er plant, sich das Leben zu nehmen. In einer Gruppenpsychotherapie werden die zugrundeliegenden Beziehungsprobleme bearbeitet und die Beschwerden klingen ab.

So wie sich Orthopäden dem Skelettsystem oder Neurologen dem Nervensystem zuwenden, so beschäftigen sich Psychosomatiker mit dem **Beziehungssystem** des Patienten. Beziehungen im Sinne von Interaktion, Sprache, nonverbaler Kommunikation stellen das menschliche "Organ" dar, das Psychosomatik in besonderer Weise untersucht. Konfliktaufdeckende Psychotherapie bearbeitet den zugrundeliegenden Beziehungskonflikt des Patienten insbesondere dadurch, daß sie ihn innerhalb der Arzt-Patient-Beziehung sichtbar macht (Gesichtspunkt der Übertragung/Gegenübertragung).
Diese Ausführungen klingen möglicherweise psychoanalytisch spekulativ, es soll daher an einem Beispiel gezeigt werden, wie sich diese Ebene der verinnerlichten konflikthaften Interaktionsbereitschaft mit der Ebene der biologischen Krankheit verknüpfen läßt. McKay untersuchte 1991 eine Anzahl von Patienten auf ihre internalisierten Objektbeziehungen, d.h. auf ihre vorbewußten inneren Bilder von Beziehungen zu Menschen. Von einer Gruppe mit relativ positiven inneren Entwürfen konnte er eine Gruppe mit negativen Einstellungen abgrenzen, deren vorbewußte Beziehungserwartungen auf Enttäuschung, Kränkung, Verlust hinauslief und die entsprechend ängstlich und mißtrauisch eingestellt war. Beiden Gruppen wurde ein Videofilm über eine gefühlsbetonte zwischenmenschliche Situation gezeigt (Mutter Theresa bei der Versorgung von Waisenkindern). In der nachfolgenden Untersuchung mit projektiven Tests entwickelte die Positiv-Gruppe gehäuft Vorstellungsbilder von Wohlwollen und menschlicher Zuwendung, während die Negativ-Gruppe häufiger entwertende oder zynische Äußerungen tat.
Entscheidend für das Experiment war aber nicht diese Aktualisierung einer verinnerlichten Beziehungseinstellung, sondern die damit zusammenhängende körperliche Reaktion: Bezogen auf das Immunglobulin A im Speichel reagiert die Negativ-Gruppe mit einer Verschlechterung der Immunwerte, die Positiv-Gruppe mit einer Verbesserung. (Die Hinweise mehren sich, daß das reduzierte Funktionsniveau der Immunabwehr mit erhöhter allgemeiner Erkrankungswahrscheinlichkeit einhergeht). Angenommen, solche Befunde ließen sich auf die Dauer erhärten, dann hätten wir hier eine **psychosomatische Kette** mit folgenden Gliedern vor uns: Konflikthafte Beziehungserfahrung in der Lebensgeschichte / Verinnerlichung dieser Erfahrung / ängstlich-mißtrauische Beziehungserwartung / Aktualisierung der negativen Erwartung in Beziehungssituationen / Verschlechterung der Immunlage / körperliche Krankheitsanfälligkeit. Dieses Modell zeigt zugleich, wie das relativ globale Konzept von Stress sich auflöst in ein Geflecht von äußeren Ereignissen und inneren Dispositionen, wobei es die inneren Überzeugungen sind, die dem äußeren Geschehen seinen Sinn geben, es z.B. zum Stressor werden lassen.
Die für Psychosomatik und Psychotherapie zentral wichtige Beachtung der interaktio-

nellen Ebene ist zugleich für jede medizinische Disziplin von größter Bedeutung. Wenn Menschen stets im Kontext ihrer persönlichen Beziehungserfahrung empfinden und handeln, dann gilt das z.B. auch für jede **Begegnung zwischen Patient und Arzt**. Dabei wird dem Patienten die Rolle des subjektiv Erlebenden, der die Begegnung nach seinen inneren Regeln zu gestalten versucht, leichter zugestanden als dem Arzt. Dieser soll im naturwissenschaftlichen Paradigma der Außenbeobachter sein, der seinem Beobachtungsgegenstand, dem Patienten oder seiner Krankheit mit Objektivität gegenübersteht.

Jeder, insbesondere jeder junge Arzt muß aber die Erfahrung machen, daß er mehr oder weniger stark emotional auf die Persönlichkeit des Patienten reagiert, daß er nicht nur medizinische Sachurteile, sondern auch Phantasien oder Vorurteile auf ihn entwirft und daß er mehr oder weniger schnell Teil eines interaktionellen Geschehens wird, das ihm oft erst im Nachhinein richtig zum Bewußtsein kommt. Mehr als in einer durchschnittlichen menschlichen Begegnung ist die emotionale Situation der Arzt-Patient-Beziehung bestimmt durch die Hilflosigkeit des Patienten, durch seine u.U. regressiven hilfesuchenden Impulse, die dem Helfer viel Verantwortung antragen, oft große Hoffnungen auf ihn richten, ihm aber auch Enttäuschungen signalisieren und Schuldgefühle nahelegen, wenn der Helfer selber hilflos bleibt. Medizinpsychologische Untersuchungen konnten zeigen, was sich in diesem unterschwelligen Bereich der emotionalen Arzt-Patient-Beziehung abspielt, mit welchen Mitteln der eine den anderen zu überzeugen versucht, mit welchen Techniken die Beteiligten ihren gegenseitigen Fragen ausweichen, wie sie Konflikte vermeiden oder zu lösen versuchen. Natürlich kann sich jeder in der Bewältigung dieser Aufgabe auf seinen gesunden Menschenverstand zurückziehen, er kann aber auch versuchen, durch systematisches Wahrnehmungstraining und insbesondere durch Selbstreflektion die typischen Beziehungsangebote des Patienten und die eigenen Beziehungsstereotype kennenzulernen und sich vor allem in ihrer Handhabung kompetent zu machen. Die **Balintgruppe** stellt ein bewährtes Modell dieser Selbstreflektion dar, die dem einzelnen Arzt hilft, seinen eigenen Anteil an schwierigen Patienteninteraktionen zu klären und z.B. herauszufinden, ob das, was er medizinisch tut, mehr rational und wissenschaftlich begründet ist oder in seinen halbbewußten Gegenübertragungsgefühlen. Was für den einzelnen Arzt gilt, läßt sich auch auf Arbeitsgruppen und Teams anwenden, bei denen der Prozeß der Selbstreflektion durch Gruppensitzungen mit einem externen Supervisor in Gang gesetzt wird, d.h. durch jemanden, der selber nicht in die Institutionen und speziell in die Weisungsgebundenheit der Hierarchie verwikkelt ist. Es gibt wahrscheinlich kaum einen anderen psychosomatischen Ansatz, der so vielfältige Konsequenzen für die Praxis der Medizin hat, wie die eben beschriebene interaktionszentrierte Sichtweise.

Die **Psychotherapieforschung** im engeren Sinne beschäftigt sich seit Jahren intensiv mit dem Verständnis und der Handhabung solcher Interaktionsprozesse und konnte dabei zeigen, daß die Beziehungselemente im Therapieprozeß den entscheidenden Prädiktor für das Zustandekommen des Therapieergebnisses darstellen.

Nicht umsonst verwenden Psychotherapeuten einen Großteil ihrer Ausbildung darauf, in der Doppelrolle des teilnehmenden Beobachters die bewußten und unbewußten Beziehungsaspekte möglichst präzise erfassen zu lernen. Das gesamte Beziehungsthema ließe sich auch aus der Perspektive der **Emotionen** darstellen, die eine wichtige beziehungsregulierende und selbstregulierende Funktion haben. Gerade der Umgang mit Emotionen bleibt für viele Ärzte schwierig, es fällt ihnen oft schwer zu unterscheiden, ob der Patient auf gesunde Weise traurig oder auf bedrohliche Weise depressiv ist. Kaum etwas wird so leicht als psychische Krankheit mißverstanden und läßt nach dem Psychiater oder zumindest nach dem Psychopharmakon rufen, wie der emotionale Ausbruch von Patienten. Es liegt auf der Hand, daß der Arzt dadurch in seiner eigenen Emotionalität angesprochen wird und

Interpersonelle Ebene: Das Individuum uns sein Beziehungssystem	
Modelle	**Methoden**
Internalisierung von Beziehung Internalisierung von Konflikten Reinszenierung zentraler Beziehungskonflikte (Interaktionsmuster) Übertragung-Gegenübertragungs-Beziehung Bindungssystem und Beziehungsregulierung Systemische Gesichtspunkte	Diagnostische Erfassung zentraler Beziehungskonflikte in Gesprächen, Transkripten, Videoaufzeichnungen - Empirisch messend (z.B. SASB, FACS) - Qualitativ-deskriptiv (z.B. ZBKT, PSKB) Hermeneutisch interpretierend (z.B. KFA)
Körper und Krankheit	**Praktische Bedeutung** (im Umgang mit Patienten)
Krankwerden durch internalisierte Konflikte Krankwerden infolge vulnerabler Struktur Wiederholungszwang des Beziehungskonflikts Autoaggression als Krankheitsfaktor Krankheit als Funktion des Beziehungssystems Symptomatik als Selbstheilungsversuch	Interaktionelle Tendenzen des Patienten verstehen Wechselseitige interaktionelle Verflechtungen sehen lernen Selbsterfahrung für eigene Interaktionsstereotype Handhabung der Beziehungssituationsstereotype Psychotherapeutische Bearbeitung von Beziehungskonflikten

Tabelle 1.1.3

sich ganz unversehens genötigt sieht, als Subjekt zu reagieren. Kaum eine Lehrveranstaltung mit Medizinstudenten findet eine so lebhafte Beteiligung wie jene, bei der wir im Rollenspiel das Gespräch zwischen Arzt und Patient über schwierige medizinische oder heikle menschliche Themen üben.

1.1.4 Die soziokulturelle Ebene

Die Persönlichkeit existiert nicht nur in Zweierbeziehungen, sie lebt auch in **sozialen Systemen**, die **kulturell** und **ökonomisch** geprägt sind. Jeder Einzelne ist auf vielfältige Weise vergesellschaftet. Ein sozial lebendes Wesen braucht geradezu bedürfnishaft das Gefühl des Miteinander, des Dazugehörens, des Übereinstimmens, gleichzeitig lebt der Einzelne in der Überzeugung, ganz aus sich heraus zu entscheiden und zu handeln, ein einmaliges Individuum zu sein, das sich von allen anderen unterscheidet. Aus dieser paradoxen Situation heraus versucht der Einzelne seine individuellen Ziele zu verfolgen, und doch tut er, was alle tun und denkt, was alle denken. Insbesondere wurzelt der Einzelne in der Geschichte seiner sozialen Gruppe; zusammen mit der Muttersprache verinnerlicht er die Überzeugungen, Werte, Normen und Ziele seiner Gemeinschaft. Er übernimmt ihre kulturelle Tradition in Form von Erzählungen und Mythen, von Glauben oder Aberglauben. Ihm werden auf diese Weise ebenso Konfliktlösungsstrategien vermittelt, wie Regeln des emotionalen Ausdrucks. Die in unserer Sprechstunde erscheinenden ausländischen Patienten vermitteln uns einen Eindruck davon, woran man in ihrem Kulturkreis typischerweise leidet und wie man sein Kranksein zum Ausdruck bringt. Zugleich bleiben wir bei allen Äußerungen, die nicht aus unserem engeren Kulturkreis stammen, merkwürdig unsicher in der Einschätzung und Bewertung. Das Klageverhalten einer Südeuropäerin mag uns "hysterisch" anmuten, die Krankheitstheorien eines Asiaten erscheinen befremdlich; ihre auf den Körper bezogenen Befürchtungen oder die Erklärungen für das Kranksein können in Extremfällen an psychotische Inhalte erinnern; es bleibt uns schwer zu unterscheiden, ob hier wirklich eine krankhafte Störung vorliegt oder ein für die fremde Kultur typisches Ausdrucksverhalten. Unsere diagnostische Unsicherheit wird bereits bei Patienten spürbar, die nicht unserer eigenen sozialen Schicht angehören.

Krankheit, d.h. Symptombildung, der Ausdruck der Symptomklage, die Erklärungsmodelle der subjektiven Krankheitstheorien, das Krankheitsverhalten sind, wie die kulturvergleichende medizinische Anthropologie zeigt (Sich 1990), jeweils der ganz spezifische Ausdruck einer Kultur. Jede Kultur hält die eigenen Äußerungsformen für das einzig Normale und die der anderen für mehr oder weniger primitiv oder verrückt. Das gilt auch für die westliche Medizin, die oft mit missionarischem Eifer versucht hat, die traditionelle Medizin nichteuropäischer Völker durch die wissenschaftlich fundierte westliche Medizin zu ersetzen; dabei hat sie lange übersehen, in welchem Ausmaß sie zugleich mit der einheimischen Medizin auch einen Teil der betreffenden Kultur zerstört und duch Fremdes, nicht Integrierbares ersetzt hat.

Auch unsere eigene Medizin ist Teil unserer Kultur, so wie die hierzulande auftretenden Krankheiten auf dem Boden unserer Kultur entstehen. Insbesondere manche psychosomatische Störungen lassen sich als Ausdruck **kulturspezifischer Konflikte** verstehen. Am Beispiel der um die Jahrhundertwende stark in Erscheinung tretenden Hysterie läßt sich das besonders deutlich aufzeigen. Das Krankheitsbild der Magersucht ist kaum verstehbar ohne die Rollenkonflikte und Identitätsprobleme junger Frauen in typischen Familienstrukturen unserer Gesellschaft. Die sogenannten artifiziellen Störungen, in denen sich Patienten scheinbar ohne Grund körperliche Selbstverletzungen zufügen, um sich dann in Kliniken als scheinbar Schwerkranke notfallmäßig aufnehmen zu lassen, erscheint zwischen den Polen von Simulation und Verrücktheit völlig unverständlich, wenn wir uns nicht vorstellen, daß es eine gesellschaftstypische Form des Krankseins und der medizinischen Versorgung gibt, in die hinein sich diese Patienten in einer Art von Mimikry, also einem unbewußten Kopieren eines Identität stiftenden Verhaltens flüchten.

Die Frage, welche Krankheiten typisch sind für eine bestimmte gesellschaftliche Situation, leitet über zu den Überlegungen, ob nicht jede kulturelle Entwicklung ihren Preis hat, indem sie auf der einen Seite durch den medizinischen Fortschritt Gesundheit fördert und auf der anderen Seite dem Einzelnen Einschränkungen auferlegt, die er mit Krankheit beantwortet. Die Grudlagen zu einer solchen kulturtheoretischen Betrachtung legte Freud in einer Reihe von Schriften (z.B. Totem und Tabu 1912, Massenpsychologie und Ich-Analyse 1921, Die Zukunft einer Illusion 1927, Das Unbehagen in der Kultur 1930, Der Mann Moses und die monotheistischen Religionen 1939). Hier wird der Zusammenhang zwischen der psychischen Entwicklung des Individuums und den soziokulturellen Entwicklungsprozessen des Kollektivs in seinen institutionellen Strukturen - Staat, Militär, Kirche, Kunst, Wissenschaft - kritisch reflektiert. Diese Art **sozialpsychologischer Selbstreflektion** ist nicht immer gern gesehen, weil sie das eigene Tun kritisch untersucht und damit möglicherweise seinen Wert in Frage stellt. Jedes Subjekt und jede Gruppe neigen zu der Überzeugung, daß sie selbst den bisher höchsten Punkt der Entwicklung erreicht haben und daß sie auf diesem richtigen Weg auch gegen den Widerstand von anderen voranschreiten müssen. Die subjektzentrierte Sicht schließt jeden Irrtum aus; erst der selbstreflexive Blick, der quasi von außen kommt, vermag zu zeigen, welchen Preis die Mitglieder für ihre Entwicklung zahlen und in welche, möglicherweise gefährliche Richtung sie sich bewegen. So darf denn, ohne Anspruch auf endgültige Antworten, gefragt werden: Welche Einstellungen hat die Medizin als Institution unserer Gesellschaft zum menschlichen Körper (dessen Organe auf bislang ungeahnte Weise modifiziert, transplantiert und in ihren Funktionen beeinflußt werden können); welche Bedeutungsdimension besitzt für sie das menschliche Leben und der Tod; der Tod als Faktum des Lebens wird gesellschaftlich eher verleugnet und so lautet der Auftrag an die Medizin: Lebenslange Optimierung aller körperlichen Funktionen, Erhaltung des körperlichen Lebens um jeden Preis, Akzeptieren des Todes nur als Scheitern des medizinisch Machbaren. Die Konflikte brechen auf zwischen dem technisch Machbaren, dem ethisch Vertretbaren und dem Bezahlbaren. Nicht alles, was technisch realisierbar ist, kann für große Zahlen von Patienten auch finanziert werden; darüber läßt sich leichter ein Konsens finden als über die ethische Frage, ob bestimmte Vorgehensweisen mit der Würde des Menschen vereinbar sind.

Im ärztlichen Umgang mit Patienten die soziokulturelle Ebene zu beachten heißt also, die auf dem Boden der eigenen Soziokultur gewachsenen Wertüberzeugungen und Einstellungen kritisch zu reflektieren und die Sichtweisen des Patienten im Blick auf seinen soziokulturellen Hintergrund möglichst vorurteilsfrei wahrzunehmen.
Für den wissenschaftlichen Umgang mit diesen Fragen bieten die psychoanalytisch fundierte Sozialpsychologie und die empirische, vor allem qualitative Sozialforschung geeignete Methoden.

1.1.5 Interdisziplinäre Aufgaben der Psychosomatik

Organmedizinische Fächer und Psychosomatik richten den Fokus ihrer Aufmerksamkeit auf unterschiedliche Ebenen: Eine naturwissenschaftlich ausgerichtete Medizin hat ihren Schwerpunkt in der biologischen Ebene, eine psychosomatische Medizin im Sinne von Weizsäckers betont die personale Dimension, eine psychoanalytische oder im weiteren Sinne psychodynamisch orientierte

Soziokulturelle Ebene: Der Einzelne in der Gesellschaft	
Modelle	**Methoden**
Kulturtheoretische, historische, ethnologische, soziologische, sozialwissenschaftliche Verstehensmodelle für soziokulturelle Phänomene	Methoden der qualitativen Sozialforschung z.B. historische Analyse z.B. dichte Beobachtung
Körper und Krankheit	**Praktische Bedeutung** (Umgang mit Patienten)
Vergesellschaftung des Körperlichen Krankheit als Ausdruck gesellschaftstypischer Konflikte Krankheit als kulturtypischer Ausdruck individueller Konflikte Krankheit als soziokulturelle Problemlösungsstrategie	Vorurteilsfreie Wahrnehmung fremder Sozialschichten und Ethnien Reflektion eigener Bewertungsmaßstäbe für das Fremde Reflektion eigener Einstellungen und Wertüberzeugungen

Tabelle 1.1.4

Psychosomatik fokussiert die Ebene der Interaktion, eine gesellschaftspolitisch interessierte Medizin oder eine kulturtheoretisch ausgerichtete Psychosomatik kommt nicht ohne die soziokulturelle Ebene aus.

Gleichzeitig besteht die Notwendigkeit der Vernetzung, denn: "Wer nur von einem etwas versteht, versteht auch von dem einen nichts". Die psychosomatischen Ansätze auf den verschiedenen Ebenen gewinnen nur dann klinische Bedeutung, wenn sie engen Kontakt mit der biologischen Ebene der organischen Medizin halten. Wenn sie diesen Kontakt verlieren oder freiwillig aufgeben, verändern sie ihren Charakter und werden z.B. auf der Ebene der Interaktion zu einer rein psychologisch-psychotherapeutischen Disziplin oder auf den beiden anderen Ebenen zu einer philosophierenden oder politisierenden Gruppierung. Klinische Psychosomatik kann nur dort realisiert werden, wo man ernsthaft um die theoretische und handlungspraktische Verknüpfung der vier Ebenen bemüht ist. So gesehen ist dieser Ansatz **interdisziplinär**, weil er Einflüsse aus sehr unterschiedlichen Wissenschaften integrieren muß, aus Biologie und Naturwissenschaften, aus der Psychologie und Psychoanalyse und aus den Sozial- und Kulturwissenschaften.

Interdisziplinarität heißt vor allem das eigene Gebiet auch vom Standpunkt des anderen sehen lernen, also z.B. die biologische Krankheit aus psychologischer Sicht, das psychologische Geschehen aus soziologischer Perspektive, das psychologische Krankheitsgeschehen aus biologisch-naturwissenschaftlicher Warte. Das viel zitierte Stichwort der **bio-psycho-sozialen Medizin** verweist auf die unterschiedlichen Aspekte, die notwendig verknüpft sind. Daraus eine Leib-Seele-Polarisierung herzuleiten, erscheint veraltet und schafft ein überflüssiges Scheinproblem. Das Plädoyer für Integration der Ansätze soll nicht darüber hinwegtäuschen, daß der Perspektivenwechsel oder die interdisziplinäre Zusammenarbeit gewaltige Methodenprobleme mit sich bringt, weil die Wertnormen und die Techniken wissenschaftlichen Vorgehens in den genannten Gebieten sehr unterschiedlich sind. Während auf dem biologischen Gebiet z.B. die Anzahl und Funktion von Immunzellen bestimmt wird, erfordert die interaktionelle Ebene z.B. die Zeitlupenanalyse von mimischen Austauschprozessen, auf der personalen Ebene bedient man sich der hermeneutischen Sinndeutung von lebensgeschichtlichen Erinnerungen, auf der soziokulturellen Ebene verwendet man z.B. die ethnologische Methode der dichten Beobachtung. Es erfordert relativ viel Toleranz, aus der Hochschätzung der eigenen Methode heraus die übrigen Verfahren nicht für Unsinn zu halten. Ungelöst ist auch die Frage nach der Wissensintegration: Wie kann der Einzelne das Wissen aus vielen Gebieten verknüpfen? Fürs erste bleibt nur der Appell, sich dem angrenzenden Gebiet mit Neugier und Aufgeschlossenheit zu nähern ohne dem Anspruch, es wissenschaftlich-kompetent zu überblicken. Wahrscheinlich eignet sich ein Arzt zum Psychosomatiker, wenn er auch Interesse für psychologische Fragen hat und wenn er sich zudem für gesellschaftliche Zusammenhänge und kulturelle Themen im weitesten Sinne interessiert. "Psychosomatik ist Medizin für neugierige Ärzte" (von Uexküll 1991).

Das Ergebnis einer konsequenten Integration der verschiedenen Ebenen würde auch Begriffe wie Krankheit und Gesundheit verändern: "Wir können Gesundheit als erfolgreiche Anpassung auf biochemischer, physiologischer, immunologischer, psychischer, sozialer und kultureller Ebene definieren", äußert H. Weiner 1986 und an gleicher Stelle: "Krankheiten haben jeweils soziale, psychologische, entwicklungsbedingte und physiologische Komponenten". Diesen Definitionen Geltung zu verschaffen hieße allerdings, die Medizin zu revolutionieren.

Literatur

Adler, R.; Bertram, W., Haag, A., Herrmann, I.M., Köhle, K., v. Uexküll, Th.: Integrierte Psychosomatische Medizin in Praxis und Klinik. Schatthauer, Stuttgart 1992

Alexander, F.: Psychosomatische Medizin. Grundlagen und Anwendungsgebiete.

de Gruyter, Berlin 1971 (engl. 1951)

BALINT, M.: Der Arzt, sein Patient und die Krankheit. Klett, Stuttgart 1965 (engl. 1957)

BRÄUTIGAM, W., CHRISTIAN, P., V. RAD, M.: Psychosomatische Medizin. Thieme, Stuttgart 1992

DAHMER, W. (Hrsg.): Analytische Sozialpsychologie, Bd. 1 u. 2, Suhrkamp, Frankfurt 1980

ENGEL, G.L., SCHMALE, H.: Eine psychoanalytische Theorie der somatischen Störung (1967) In: Overbeck, G., Overbeck, A. (Hrsg.): Seelischer Konflikt - körperliches Leiden, Rowohlt, Hamburg 1978

GEERTZ, C.: Dichte Beschreibung. Beiträge zum Verstehen kultureller Systeme. Suhrkamp, Frankfurt 1987

GRODDECK, G.: Psychische Bedingtheit und psychoanalytische Behandlung organischer Leiden. Hirzel, Berlin 1917

HAHN, P.: Die Entwicklung der Psychosomatischen Medizin. In: Balmer, H. (Hrsg.): Die Psychologie des 20. Jahrhunderts, Bd. 1, Kindler, Zürich 1976, 932-952

KOHNEN, N.: Ethnomedizin in der Bundesrepublik Deutschland. Deutsches Ärzteblatt 87, 1/2 1990, 17-22

MCKAY, J.R.: Assessing aspects of object relations associated with immune functions: Development of the affiliative trust-mistrust coding system. A Journal of Consulting and Clinical Psychology. Vol. 3, No 4 1991, 641-647

LORENZER, A. (Hrsg.): Kultur-Analysen. Psychoanalytische Studien zur Kultur. Fischer, Frankfurt 1986

MITSCHERLICH, A.: Krankheit als Konflikt. Studien zur Psychosomatischen Medizin. Suhrkamp, Frankfurt 1967

MITSCHERLICH, A.: Der psychoanalytische Ansatz in der Sozialpsychologie (1969) In: Ges. Schriften Bd. 5, Suhrkamp, Frankfurt, S. 9-36

MITSCHERLICH, A.: Psychosomatische Anpassungsgefährdung. In: Mitscherlich A. (Hrsg.): Das beschädigte Leben. Piper, München 1969

OVERBECK, G., OVERBECK, A. (HRSG.): Seelischer Konflikt - körperliches Leiden, Rowohlt, Hamburg 1978

VON RAD, M.: Zur Theorie und Therapie psychosomatisch Kranker. Zeitschr.. Psychosom. Med. Psychoanal. 27 (1981) 1-20

RUDOLF, G.: Psychosomatik als Forschung und Therapie im Felde menschlicher Beziehungen. Zeitschr. Psychosom. Med. Psychoanal. 36 (1990) 276-292

SCHEPANK, H. (HRSG.): Verläufe - Seelische Gesundheit und psychogene Erkrankungen heute. Springer, Berlin Heidelberg 1990

SCHULTZ-HENCKE, H.: Die Gleichzeitigkeitskorrelation. In: Schultz-Hencke, H. (Hrsg.): Lehrbuch der analytischen Psychotherapie, Thieme, Stuttgart 1951, 272-293

SICH, D.: Die medizinische Bedeutung der Kultur. Dt. Ärzteblatt 87, Heft 46 (1990), 2541-2545

SPIEGEL, D., KRAEMER, H.C., BLOOM, J.R., GOTTHEIL, E.: Effect of psychosocial treatment on survival of patients with metastatic breast cancer. The Lancet (1989) 888-891

STUDT, H.H. (HRSG.): Psychosomatik in der Inneren Medizin Bd. 2: Diagnostik und Behandlung. Springer, Berlin Heidelberg 1987

VON UEXKÜLL, TH. (HRSG.): Psychosomatische Medizin. Urban & Schwarzenberg, München Wien 1990

VON UEXKÜLL, TH., WESIACK, W.: Theorie der Humanmedizin. Urban & Schwarzenberg, München Wien 1988

WEINER, H.: Die Geschichte der Psychosomatischen Medizin und des Leib-Seele-Problems. Psychother. Med. Psychol. 36 (1986) 361-391

VON WEIZSÄCKER, V.: Der Arzt und der Kranke. Stücke einer medizinischen Anthropologie (1927) GW, Bd. 5, Suhrkamp, Frankfurt, S. 9-26

WILL, H.: Die Geburt der Psychosomatik. Georg Groddeck als Mensch und Wissenschaftler. Urban & Schwarzenberg, München Wien 1984

ZANDER, W.: Neurotische Körpersymptomatik: Zum Verständnis der Psychosomatischen Medizin. Springer, Berlin Heidelberg 1989

ZANDER, E., ZANDER, W.: Das psychosomatische Konzept von H. Schultz-Hencke. In: Rudolf, G., Rüger, U. (Hrsg.): Die Psychoanalyse Schultz-Henckes. Thieme, Stuttgart 1988, S. 112-137

ZEPF, S.: Die Sozialisation der psychosomatisch Kranken. Campus, Frankfurt 1976

1.2 Körperlichkeit

1.2.1 Soma und Psyche

Der Begriff Körperlichkeit soll darauf verweisen, daß aus psychosomatischer Sicht nicht allein der physikalische Körper mit seinen biochemischen Funktionen von Interesse ist (der Körper, den man als Objekt hat), sondern das Erleben des Körpers als Bestandteil des eigenen Ich (der Körper, der man ist).

Die Beziehung zwischen dem Somatischen und dem Psychischen wird in der Psychosomatik unter dem Stichwort Leib-Seele-Problem seit jeher intensiv diskutiert. Auf diesem Felde der Grundsatzüberlegungen tragen die Theoretiker und Philosophen des Faches ihre Auseinandersetzungen aus. Für den klinischen Alltag und das praktisch-therapeutische Vorgehen ist diese Diskussion von geringerer Bedeutung, möglicherweise beschäftigt sie sich mit einem Scheinproblem: Am Beispiel des Wassers diskutiert Searle (1987) die Frage, welche Beziehung besteht zwischen dessen physikalischen Eigenschaft (daß es z.B. je nach Temperatur flüssig, fest oder dampfförmig vorkommt) und seinen chemischen Eigenschaften (daß in ihm Wasserstoff- und Sauerstoffmoleküle verbunden sind). Wir können hinzufügen, wie verhalten sich diese physikalisch-chemischen Eigenschaften zu der psychologischen Tatsache, daß ein Glas Wasser erfrischen kann oder ein tiefer See Angst macht, oder zu seiner möglichen symbolischen Bedeutung (s. Goethes "Seele des Menschen, wie gleichst du dem Wasser"). Die Verbindungsstellen zwischen den verschiedenen Ebenen lassen sich grundlagenwissenschaftlich untersuchen - in der Psychosomatik hat z.B. die Psychophysiologie eine solche Aufgabe übernommen - doch bleibt dabei die Grundüberzeugung erhalten, daß es sich um dieselbe Materie (Wasser) handelt, ob sie nun aus physikalischer, chemischer, psychologischer oder poetischer Sicht betrachtet wird. Auf vergleichbare Weise stellen auch Psyche und Soma die sprichwörtlichen beiden Seiten einer Medaille dar: Die ganzheitliche menschliche Person kann aus **psychologischer oder somatologischer Sicht** beschrieben werden. Wenn ein ängstlicher Mensch ein nächtliches Geräusch im Haus hört und dabei an Einbrecher denken muß, dann ist dieses Angsterlebnis psychosomatisch ganzheitlich gestaltet. Weder "bewirkt" die ängstliche Phantasie das Herzklopfen noch macht das Herzklopfen die Angst - es liegen hier keine Kausalitäten vor -, vielmehr wird eine Wahrnehmung (das Geräusch) von einem spezifisch disponierten Menschen (einem habituell ängstlichen) so bewertet, daß er alarmiert ist, und zwar körperlich (mit einer sympathikonen Erregung) und psychisch (mit Phantasien von Gefahren und den zugehörigen Angstaffekten). Das Beispiel ist in seiner Verallgemeinerung psychosomatisch von großer Bedeutung: Es gibt kein psychisches Erleben, das nicht mit körperlichen Mustern von Aktivierung oder Hemmung einhergeht, und es gibt keine körperlichen Bewegungen oder Haltungen, die nicht von psychischen Abläufen begleitet wären. Über die jeweilige spezifische Zuordnung von psychischen und körperlichen Aspekten (im genannten Fall sind es Herzklopfen und Angstaffekte) wird später zu sprechen sein.

Die **Gleichzeitigkeit** von psychischem Erleben und körperlicher Funktion ist offenbar schwerer zu denken als eine **Abfolge** von Ursachen und Wirkungen. Letztere legt die Vorstellung nahe, daß etwas Psychisches auf etwas Organisches einwirkt und dort Veränderungen verursacht. Ein Beispiel für dieses Denken im Reiz-Reaktions-Schema liefert die populär gewordene **Stressforschung**; der Anblick von Nahrung macht den Mund wässrig, die Konfrontation mit dem Gegner aktiviert Kampf- oder Fluchtbereitschaft. Auf den Menschen übertragen werden Stressoren seines Alltagslebens untersucht (life stress), die zugleich für ihn "emotional stress" bedeuten. Auf der Suche nach diesen Stressoren wurden "life events" systematisch überprüft. Als Ergebnis solcher Forschung läßt sich eine Häufung von life-stress-Ereignissen vor dem Ausbruch von Erkrankungen beobachten, ohne daß eine eindeutige Korrelation zwischen Schwere der

Belastung und Schwere der Krankheit besteht. Andererseits häufen sich die Befunde, daß es ganz spezifische belastende Ereignisse sind, die beim Menschen krankheitsauslösend wirken, so z.B. der Verlust wichtiger Beziehungspersonen durch Tod, Scheidung, Trennung. Auf dem Umweg über die Psychoimmunologie ließen sich inzwischen einige der Bindeglieder zwischen Psyche und Soma identifizieren; hier konnte gezeigt werden, wie von außen kommende Belastungen, die starke emotionale Bedeutung haben, über das zentrale Nervensystem und die Nebennierenrinde auf das Immunsystem einwirken und dort eine Dämpfung der zellulären Immunabwehr und eine Veränderung der Immunglobuline (und damit eine erhöhte Krankheitsbereitschaft) herbeiführen. Die Vielzahl der Immunparameter und die unterschiedlichen Zeitspannen zwischen Ereignis und Immunreaktion erschweren zur Zeit noch den Einblick in das sehr komplexe System.

Inzwischen wurde deutlich, daß hier kein Automatismus vorliegt, sondern daß die spezifische Verletzlichkeit der Person als Mediator wirksam ist. Die Verwitwete z.B. muß den Tod des Partners verarbeiten, Trauer durchleben, die Angst des Alleinseins ertragen, ihr Leben auf die neue soziale Situation einstellen, andere Kontakte in ihrem sozialen Netz intensivieren. Wie groß die Belastung durch den Tod des anderen ist, hängt von ihrer emotionalen Tragfähigkeit ab, von ihrer Selbständigkeit oder Abhängigkeit, von ihrer Fähigkeit, Kontakte herzustellen und zu erhalten. Spätestens an dieser Stelle wird der psychosomatische Gesichtspunkt wichtig, daß die **subjektive Bedeutung** entscheidend wichtig für die Wirkung eines **objektiven Geschehens** ist. Unterschiedliche wissenschaftliche Disziplinen arbeiten am selben Gegenstand: Neurowissenschaften, Immunologie oder Psychophysiologie versuchen die psychophysiologische Mikroprozesse zu objektivieren, Psychosomatik ist bemüht, die bewußten und unbewußten Bedeutungen von Lebensereignissen und intrapsychischen Prozessen für das psychische und somatische Gleichgewicht zu verstehen. Sie gleichen darin Tunnelbauern, die von den verschiedenen Enden her zu arbeiten beginnen; ob sie sich eines Tages die Hand reichen können oder sich bereits in verschiedene Richtungen fortbewegen, wird die Zukunft zeigen.

1.2.2 Der Patient - Objekt der Medizin, Subjekt in der Medizin

P. Hahn (1988) hat daran erinnert, daß im Medizinstudium erst 1861 das Philosophikum durch das Physikum ersetzt wurde; mit dem Aufblühen der Naturwissenschaften Ende des 19. Jahrhunderts erfuhr auch die Medizin, die Lehre vom Körper, von den Krankheiten und Behandlungen ihre ganz und gar naturwissenschaftliche Prägung. Das hohe Ansehen der heutigen Medizin basiert auf der fortschreitenden Entwicklung physikalisch-technischer und laborklinischer Diagnostik und den darauf aufbauenden pharmakologischen, physikalisch - chemischen und operativen Behandlungsmethoden. Auf diese Weise werden die Grenzen des Machbaren immer weiter hinausgeschoben, zugleich aber auch die Hoffnungen und Erwartungen auf die fast unbegrenzten Möglichkeiten medizinischer Maßnahmen; darin liegt freilich auch das Risiko, daß die Ärzte überfordert und die Patienten enttäuscht werden.

Wir werden nun die Situation des Patienten in diesem medizinischen Gefüge untersuchen. Er wendet sich, meist anläßlich körperlicher Beschwerden, an die Medizin; als körperlich Kranker zieht er das Interesse der medizinischen Experten auf sich, die nun mit ihren jeweiligen Methoden den Körper auf Störungen des Organaufbaus und der Organfunktion hin untersuchen.

Auf der Grundlage dieser Befunde und ihrer ätiopathogenetischen Erklärungsmodelle behandeln sie die körperliche Störung pharmakologisch, operativ oder physikalisch im weitesten Sinne. Es wird die Stoffwechselstörung eingestellt, der Tumor operiert und nachbestrahlt, der beschädigte Herzmuskel durch dosierte Belastungen gekräftigt. So gesehen ist der Patient Objekt der

Behandlung. Darin tritt der Patient als Subjekt wenig in Erscheinung, Aktivität und Verantwortung liegen weitgehend bei den behandelnden Ärzten. Allerdings beachteten Ärzte zu allen Zeiten stets auch die Persönlichkeit ihres Patienten, der verzweifelt oder tapfer, kooperativ oder resigniert mit seiner Krankheit umging und den Arzt zur Ermutigung, Tröstung oder strukturierender Strenge veranlaßte. Dennoch hat es lange gedauert, bis dieser Aspekt wissenschaftlich bearbeitet werden konnte. Viktor von Weizsäcker bemühte sich seit den 20er Jahren um die "**Einführung des Subjekts** in die Medizin", Michael Balint diskutierte seit den 50er Jahren seine Beobachtungen, die er in der allgemeinen ärztlichen Praxis über die Zusammenhänge von Arzt, Patient und Krankheit anstellte; die von ihm initiierten fallbezogenen Arbeitsgruppen zur Durcharbeitung der konfliktträchtigen Verwicklungen zwischen Arztpersönlichkeit und Patientenpersönlichkeit wurden in Erinnerung daran "Balintgruppen" genannt. Die beiden erwähnten Persönlichkeiten sowie die zahlreichen an der Medizin interessierten Psychoanalytiker, die sich habituell auf die Seite des Patienten als Subjekt stellten, blieben bei aller öffentlicher Anerkennung doch lange Zeit Außenseiter und ihre Wirkung innerhalb der Medizin war begrenzt.

Ein neuer Schub des Interesses ist seit den 70er und 80er Jahren zu verzeichnen, als auch die neu eingeführte Medizinische Psychologie das Thema mit ihren Methoden zu bearbeiten begann. So z.B. konnte das Thema der **compliance** große medizinische Aufmerksamkeit gewinnen. Die empirischen Beobachtungen waren übereinstimmend und erstaunlich genug: Der Patient, scheinbar Objekt der Medizin, ist in Wahrheit ein eigenwilliges Subjekt; die Medikamente, die ihm verordnet werden, nimmt er, oder er nimmt sie nicht. Ein großer Teil der Patienten (50-65 %) - so die Feststellungen empirischer Untersuchungen - nimmt die Medikamente unregelmäßig oder gar nicht; die eingenommene Menge schwankt zwischen 30 und 150 % der vom Arzt empfohlenen Dosierung; auf Befragen äußern jedoch 90 % der Patienten, sie seien sicher, alles richtig gemacht zu haben. Wie soll da ein Wirkspiegel des Pharmakons erreicht und erhalten werden; welchen Wert haben Pharmakastudien auf der Grundlage einer so unsicheren Datenbasis? Die wissenschaftliche Medizin ist zuverlässig, aber der Patient ist es nicht; aus dieser Perspektive erschien er wie ein ungehorsames Kindes, das nicht ißt, was ihm auf den Teller getan wird, ein trotziges Kind, das die guten Sachen in die Toilette wirft oder sie an andere weiterverfüttert. Die Zuschreibung kindlicher Verhaltensanteile beim Patienten mobilisierte elterliche Nachsicht und Strenge auf ärztlicher Seite; damit war eine asymmetrische Beziehungsstruktur vom Kind-Eltern-Typus etabliert. Inzwischen hat sich diese Einstellung gewandelt.

Ein weiteres Thema, das den Patienten als Subjekt verdeutlicht, betrifft die **Placebo**-Wirkung. Das vom Patienten eingenommene Medikament, das keine Wirkstoffe enthält, entfaltet bei einem Teil der Patienten die gleiche Wirkung wie ein zuvor eingenommenes echtes Präparat. Wieder ist es das Subjekt, das sich "falsch" verhält, das eine Medikamentenwirkung verspürt, die objektiv gar nicht begründbar ist. Lerntheoretisch läßt sich dieser Vorgang erklären als eine Antwort des Organismus, die er am richtigen Medikament gelernt hat und die nun konditioniert abläuft, wenn auch nur ein Bestandteil des Auslösereizes gegeben ist. Daneben spielen aber auch autosuggestive Mechanismen eine wichtige Rolle. Psychologische Erklärungen gehen noch weiter: Die Gabe eines Medikamentes, d.h. seine Verordnung, Verschreibung und Einnahme ist nicht nur ein pharmakologischer Vorgang oder ein Lernprozeß, sondern hat auch wichtige **Beziehungsaspekte**, sie bedeuten eine symbolische Fütterung und im weitesten Sinne eine Einflußnahme eines Menschen auf einen anderen. Hier spielen die unbewußten Bereitschaften eines Menschen eine wichtige Rolle dafür, wie er den Vorgang über das rein Pharmakologische hinaus erlebt.

Als weiteres Beispiel für die Stellung des Patienten als Subjekt mag die Tatsache erwähnt werden, daß Menschen mit Beschwerden keineswegs sofort oder ausschließlich zum Arzt gehen. 80 % aller Patienten haben Erfahrungen mit dem, was am Rande der Schulmedizin geschieht, sie suchen die unterschiedlichsten "Heiler" auf, deren Gemeinsamkeit aus der Sicht der akademischen Medizin darin besteht, daß ihre Verfahren als wissenschaftlich unbewiesen gelten. Die meisten Patienten verhalten sich wie die frühen Christen, die fleißig die Messe hören, aber vorsichtshalber auch die vorchristlichen Naturgottheiten ehren und, obgleich sich beide Glaubenssysteme aus der Sicht ihrer Vertreter strikt ausschließen, darin keinen Widerspruch sehen.

Das wissenschaftliche Interesse für den Patienten als Subjekt hat vor allem einen Fortschritt gebracht: Es sieht ihn nicht länger als das trotzige Kind, das nicht tut, was ihm die wissenden Erwachsenen vorgeben oder als das abergläubische Wesen, das irrationalen Praktiken den Vorzug vor einer rationalen Wissenschaft gibt. Inzwischen liegen umfangreiche wissenschaftliche Veröffentlichungen über das **Krankheitserleben**, die **subjektiven Krankheitstheorien** und die **Bewältigungsstrategien** von Patienten vor. Unter Wegfall der Bewertung (Abwertung) offenbart sich die Erlebnisseite des Krankseins, d.h. die emotionale Verfassung eines Kranken und die aus diesen Emotionen erwachsenden Denkmodelle über Krankheit, Krankheitsentstehung und Krankheitsbehandlung als subjektiv durchaus sinnvoll. Daß der vom Patienten erlebte Körper und seine Krankheit in wichtigen Punkten nicht mit der medizinischen Expertensicht übereinstimmen, liegt auf der Hand.

1.2.3 Das Erleben des Körpers in Gesundheit und Krankheit

Es erfordert nur wenig introspektive Bemühung, um sich zu verdeutlichen, wie unterschiedlich Menschen sich körperlich fühlen können: Wie erlebt sich ein sportlicher junger Mensch, wie ein hinfälliger älterer, wie erlebt sich ein Mann, wie eine Frau in ihren unterschiedlichen Lebensabschnitten, wie werden körperliches Wachstum und Entwicklung erfahren, z.B. die Vorgänge der Menstruation, der Schwangerschaft, der Geburt oder des Stillens?

Wenn schon das subjektive Erleben von Körperlichkeit in Zeiten der Gesundheit ungemein variationsreich sein kann, so wird es unter dem Einfluß von Krankheit noch vielfältiger. Was bedeutet es, **akut krank** zu werden oder zu verunglücken, herausgerissen aus allen Lebensvollzügen, wo die akut eingetretenen körperlichen Ausfälle und Beschädigungen aufs Engste verwoben sind mit der situativen Dramatik?

Beispiel:

> Eine junge Frau, kurz vor dem Abitur stehend, verunglückt auf der nächtlichen Heimfahrt von einem Disco-Besuch im Auto eines Freundes, der nicht ihr "richtiger" Freund ist, sondern jemand, mit dem sie ersatzweise ausgegangen war. Die Blasenlähmung, die sich nach einigen Tagen einstellte, läßt sich chirurgisch und neurologisch nicht ausreichend erklären. Die körperliche Hilflosigkeit, welche eine Entlassung vorerst verzögert, scheint geeignet, anstehende Auseinandersetzungen mit dem Freund und den Eltern hinauszuschieben, wobei das Mädchen zugleich seine körperliche Beeinträchtigung stark schuldgefühlshaft erlebt.

Was bedeutet es, **chronisch krank** zu sein, d.h. dauerhaft beeinträchtigt unter ständigem Verzicht auf bestimmte Möglichkeiten stehend?

Beispiel:

> Eine endzwanzigjährige Patientin leidet seit mehreren Jahren unter einem schweren juvenilen Diabetes, sie muß strenge Diät halten und Insulin spritzen. Sie wünscht sich dringend ein Kind, hat aber Angst vor den Geburtskomplikationen und insbesondere vor den körperlichen Spätfolgen des Diabetes. Ihr körperliches Leiden ist stark schambesetzt, sie fühlt sich körperlich nicht als vollwertige Frau und fürchtet, von einem gesunden Mann nicht akzeptiert zu werden. Die Folge ist, daß sie in manchen Zeiten versucht, ihren Körper mit strikter Medikation und Diät unter Kontrolle zu

bringen, gewissermaßen asketisch streng mit sich zu verfahren, während sie zu anderen Zeiten die Nächte durchmacht, viel Alkohol trinkt, sich relativ wahllos mit ihren jeweiligen Männerbekanntschaften abgibt, um sich hinterher die größten Vorwürfe zu machen.

Was bedeutet es, eine **Krankheit mit ungewissem Verlauf** und Ausgang zu haben, z.B. AIDS, wo zunächst in den Zeiten des positiven Laborbefundes noch keine körperlichen Beeinträchtigungen vorliegen, wo aber der Vollzug von Sexualität nun als konfliktreich erlebt wird? Angesichts der aggressiven Möglichkeit, durch ungeschützten Verkehr die Sexualpartner mit dem HIV-Virus zu infizieren, wird Sexualität zur gefährlichen Waffe.

Was bedeutet körperliches Kranksein für ein **Kind** im Schulalter, das dadurch eine Sonderstellung bekommt, von körperlichen Anforderungen wie Sport befreit wird und darunter leidet, daß es an vielen sozialen Aktivitäten, die in diesem Alter bevorzugt körperlicher Natur sind, nicht teilnehmen kann und sich zugleich von den Altersgleichen verspottet sieht?

Was bedeutet das Krankwerden für einen **jungen Erwachsenen**, der im Begriffe ist, seine schulische oder berufliche Ausbildung zu konsolidieren oder eine Partnerschaft aufzubauen, evtl. für eine Familie zu sorgen? Hier sind es vor allem Pläne, Hoffnungen, zielgerichtete Aktivitäten, Verantwortlichkeiten, die durch die Erkrankung bedroht oder zunichte gemacht werden.

Was bedeutet körperliches Kranksein für einen **älteren Menschen**, der nun durch die zunehmende körperliche Einschränkung von den wenigen noch bestehenden sozialen Kontakten abgeschnitten wird?

Wenn wir den Patienten nicht als isoliertes Einzelwesen sehen wollen, müssen wir auch einbeziehen, was das körperliche Kranksein für die **Angehörigen** bedeutet, etwa für die Partnerin eines Mannes, der sich nach einem Herzinfarkt schonen müßte, um die Gefahren eines Re-Infarktes zu vermeiden; für die Eltern und Geschwister eines Kindes, das an Leukämie erkrankt ist und zu seiner Genesung auf die Knochenmarksspende eines homologen Spenders angewiesen ist; für die Kinder eines Elternteils, der am Karzinom erkrankt ist und die Krankheit möglicherweise nicht überstehen wird.

Die Beispiele unterscheiden sich vor allem durch ihre situativen Gegebenheiten, darüber hinaus hat aber auch jedes **einzelne Körpersymptom** seine spezifische Erlebnissphäre: Wie erlebt jemand die Lähmung eines Körperteils beim Schlaganfall, wie die Beeinträchtigungen der Sprache, wie werden körperliche Schmerzen erfahren, so z.B. Kopfschmerzen, die jemanden nicht mehr denken oder schauen lassen; Rückenschmerzen, die ihn außerstande setzen, etwas zu tragen oder zu heben; Herzschmerzen, verbunden mit der Angst, jederzeit tot umfallen zu können; Unterleibsschmerzen, die mit der Vermeidung sexueller Aktivitäten verbunden sind? Wie fühlt sich jemand nach einer Magenresektion, wenn er wie ein Kleinkind alle paar Stunden Nahrung zu sich nehmen muß; wie fühlt sich jemand nach einer Herztransplantation, der mit einem fremden Organ im Leibe leben muß, zudem mit dem Organ eines gesunden, verunglückten Menschen; wie unbehaglich fühlt sich der Adipöse in seinem karikierten Körper, wie stolz fühlt sich die Magersüchtige, wenn sie weiter abnimmt, wie entsetzlich fühlt sie sich, wenn sie gedrängt wird zu essen und zuzunehmen?

Die Beispiele zeigen, daß es künstlich wäre, den Körper isoliert zu betrachten, es ist stets die ganze Person, die sich im Zusammenhang mit der (körperlichen) Erkrankung ohnmächtig fühlt, fürchtet, schämt, Selbstvorwürfe macht oder sich kasteit. Bei den Beispielen wurde die emotionale Seite des Körpererlebens in den Vordergrund gestellt. Daneben wird das körperliche Kranksein vom Patienten auch kognitiv in typischer Weise verarbeitet, indem er **subjektive Theorien** des Krankheitsgeschehens entwickelt. Jeder Mensch, der erkrankt, macht sich seine Gedanken über die Krankheitsabläufe, vor allem über ihre Entstehung. In diesen Erklärungsmodellen spielen **Schuldzuweisungen** eine wichtige Rolle, d.h. es wird die Vorstellung entwickelt, jemand oder etwas habe den Körper geschädigt, am häufigsten wird der eigenen Person diese Schuld zugeschrieben. Die Krankheit mit ihren Funktionseinschränkungen und Schmerzen erscheint dann wie eine doch irgendwie berechtigte "Strafe" für etwas, was der Betreffende verschuldet oder zumindest falsch gemacht hat. Selbst schwerwiegende Erkrankungen wie Krebs werden von den Patienten fast regelhaft auf bestimmte Ursachen und Ereignisse bezogen; offenbar ist es der menschlichen Natur schwer möglich, etwas hinzunehmen, ohne es auf eine Ursache zurückführen zu können. So ist es eine der häufigsten Fragen, die Patienten an ihre Ärzte stellen: "Woher kommt die Krankheit?".

Krankheit verändert beim Patienten das **Bild seines Selbst** (vor allem in seiner körperlichen Dimension), die Bewertung seines Selbst und seiner Beziehungen zu wichtigen Anderen. Insbesondere führt Krankheit häufig dazu, daß die bisher bestehende Autonomie verloren geht. Der Patient fühlt sich hilflos, bedroht, ausgeliefert, gequält, abhängig von dem Krankheitsgeschehen, von der Medizin und ihren therapeutischen Maßnahmen, von Menschen, die seine Pflege übernehmen, von einem ungewissen "Schicksal", das über ihn bestimmt. Der krankheitsbedingte Verlust von wichtigen Körperfunktionen oder gar Körperteilen trifft vor allem die narzißtischen Wünsche, d.h. die Bedürfnisse nach immerwährender Unversehrtheit, Ansehnlichkeit und Leistungsfähigkeit des Körpers. Hier liegt auch der Kern der "Kastrationsangst", die nicht ausschließlich sexuell zu verstehen ist, sondern eine tiefe Sorge um den Verlust der körperlichen Integrität ausdrückt. Andere unbewußte Körperphantasien bilden häufig aggressive Vorstellungen von Kampf, Verfolgung und Zerstörung im Zusammenhang mit Körperkrankheit ab. Darin finden sich kämpferisch-quälerische Auseinandersetzungen zwischen dem kranken Organ und dem übrigen Körper; wenn die "bösartige" Erkrankung siegt, wird sie den Körper zerstören; auch Schmerzzustände sind häufig mit solchen Phantasien von inneren Auseinandersetzungen verknüpft.

Daß der Verlust körperlicher Ansehnlichkeit mit Schamgefühlen beantwortet wird und die Einbuße an Leistungsfähigkeit mit deprimierten und verzweifelten Gefühlen, liegt auf der Hand.

Wo dem Patienten die selbstbestimmte Aktivität verlorengeht, steht er vor der Aufgabe, neue, möglicherweise bisher wenig geübte Fähigkeiten zu entwickeln: sich anderen überlassen können, Hilfe annehmen und anderen vertrauen können, sich auf sich selbst zurückziehen können.

Die auf der nächsten Seite folgende Übersicht bezeichnet wichtige Bereiche, in denen der Patient seine durch Krankheit veränderte Wirklichkeit subjektiv erlebt und verarbeitet.

So selbstverständlich wie das Geschehen der Krankheit vom Patienten erlitten und erlebt wird, so wird es auch von ihm **erklärt**. Jeder Patient bildet sich Theorien über seine Krankheit, wobei sich diese subjektiven Krankheitstheorien von den wissenschaftlichen Theorien der medizinischen Fachleute mehr oder weniger (meist aber mehr) unterscheiden. Im einzelnen geht es dabei um

- Theorien über Krankheitsverursachung und -entstehung
- Theorien über mögliche Wege zur Gesundung.

1.2.4 Die Bewältigung des Krankseins (coping)

Allen Veränderungen durch die Krankheit gemeinsam ist die Tatsache, daß sie für den Patienten eine **emotionelle Belastung** darstellen, die bis zur Erfahrung schwerer emotionaler Krisen reichen kann. Dabei kann eine Vielzahl negativer Gefühle erfahren werden wie z.B.

- Angst, Verzweiflung, Ratlosigkeit
- Trauer, Resignation, Aufgeben
- Schamgefühle über eigene Ohnmacht und Wertlosigkeit
- Schuldgefühle und Schuldzuweisung

Wichtige Themen des subjektiven Erlebens von Krankheit

Situation des Krankseins

Konfrontiertwerden mit der Diagnose
schmerzhaften medizinischen Maßnahmen ausgeliefert sein
Verordnungen einhalten müssen (z.B. Medikamente, Diät, Bewegungseinschränkung)
Abhängigkeit von medizinischer Versorgung ertragen

Körperliches Befinden

körperliche Funktionseinschränkungen
körperliche Schmerzen
verringerte körperliche Leistungsfähigkeit
veränderte körperliche Erscheinung

Beziehung zu Menschen

Partnerschaft belastet (z.B. einseitige Hilfsbedürftigkeit, Gefühl eingeschränkter körperlicher Attraktivität, Beeinträchtigung sexueller Beziehungen)
familiäre Beziehung belastet (bisherige Funktion und Rolle in der Familie verloren)
Beziehung zu Freunden und Bekannten belastet (Verlust von Zugehörigkeit, Gefühl der Unfähigkeit, anderen etwas bieten zu können)

Arbeit und Beruf

Arbeits- und Leistungsfähigkeit verringert
evtl. Berufsfähigkeit eingeschränkt oder verloren
evtl. Arbeitsplatz verloren

Tabelle 1.2.3

Enttäuschung, Hass, Wutgefühle gegenüber den kranken Körperorganen

Es ist wichtig zu wissen, daß diese emotionalen Erlebnisweisen beim Patienten oft unterschwellig ablaufen und für den Betrachter verborgen sind, die wenigsten Patienten tragen sie offen zur Schau. Vielmehr ist es so, daß Patienten ihre emotionale Balance gerade dadurch (wieder-) herstellen, daß sie in bestimmter Weise die mit der Krankheit und den damit verbundenen Affekten der Angst, Trauer, Ohnmacht, Hilflosigkeit, Enttäuschung zu steuern versuchen. Die Verarbeitung und Bewältigung der krankheitsbedingten Einschränkungen und negativen Emotionen läßt sich in dem psychologischen Modell des **coping** beschreiben. Coping ist die adaptive Leistung des Ich angesichts einer durch die Körperkrankheit veränderten Lebenssituation. Die Krankheitsbewältigung kann ihren Akzent mehr in der Veränderung des Innen (autoplastisch) oder den Außen (alloplastisch) haben. Verändern und modifizieren kann der Patient

beim Coping:

seine Wahrnehmung und Aufmerksamkeit
seine Konzepte, Erklärungen und Bewertungen
seine Handlungsintentionen und -aktivitäten

Die folgende Übersicht stellt eine Reihe prägnanter **Coping-Muster** zusammen.

Nicht wahrhaben wollen, Verleugnung

Isolierung von Gefühlen (Gleichgültigkeit, Neutralität)

Ablenkende Aktivität, Übertönen
Ablenkende soziale Kontakte
Grübeln, Schuld suchen, Schuld zuschreiben
Klagen, Passivität
Sozialer Rückzug, vermehrter Gebrauch von Alkohol und Medikamenten

Aktive Informationssuche, Problemanalyse
Positive Phantasien über die verbleibenden Möglichkeiten
Suche nach sozialer Untersützung, Suche nach emotionaler Entlastung
Religiöse Sinngebung.

Der einzelne Patient bevorzugt, je nach Persönlichkeitsstruktur und Krankheitssituation, die eine oder andere Coping-Strategie. Darüber hinaus läßt sich beobachten, daß die meisten Patienten im Krankheitsverlauf eine Abfolge von Coping-Mustern entwickeln.
Das erstgenannte Muster der Verleugnung z.B. bedeutet einen **initialen Selbstschutz**, nachdem die Krankheit ausgebrochen ist oder die Diagnose mitgeteilt wurde. Im Gegensatz zur Verdrängung beinhaltet die Verleugnung eine doppelte Buchführung; der Patient weiß es und weiß es doch nicht, es wurde ihm gestern ausführlich erklärt und heute kann er sich scheinbar an nichts erinnern. Die Verleugnung erscheint als eine Notfallreaktion, die den Patienten davor schützt, von Affektquanten überflutet zu werden, die er in dieser Intensität und Qualität nicht ertragen könnte. Erst später wird es ihm allmählich möglich, sich mit der traumatischen Krankheitssituation zu konfrontieren, wodurch dann u.U. Angst und depressive Verzweiflung ausgelöst werden. Das Grübeln und Schuldsuchen, die überkompensatorische Aktivität und Fröhlichkeit, der Rückzug in soziale Isolierung und Alkoholgebrauch stellen weitere mögliche Verarbeitungsschritte dar.
Im Hinblick auf den Krankheitsverlauf und das subjektive Befinden des Patienten lassen sich günstige und weniger günstige Bewältigungsstrategien unterscheiden. Zu den **positiven Coping-Mustern** gehören die der aktiven Informationssuche, der Problemanalyse und des Zupackens, der Möglichkeiten, sich emotional Entlastung zu verschaffen oder sich aufzulehnen und vor allem auch der Möglichkeit, sich die Zuwendung anderer Menschen zu sichern. Als **ungünstig** gelten Bewältigungsstrategien, die eher resignativ, passiv getönt sind, die die Situation fatalistisch akzeptieren oder gar in Selbstbeschuldigungen münden, ferner solche, die jede affektive Bewegung vermeiden. Das Gesamt aller Coping-Strategien läßt sich auf zwei Hauptmuster reduzieren, eines der Aktivität (das sich aktiv und mit emotionaler Beteiligung den Menschen und Konflikten zuwendet) und eines der Vermeidung (das depressiv-resignativ getönt ist und sozialen Rückzug beinhaltet). Die Coping-Forschung ist in einer raschen Entwicklung begriffen. Anfängliche Vorstellungen, daß es sich dabei um konstante und wenige Persönlichkeitseigenschaften handle, sind inzwischen überholt. Es ist vielmehr so, daß die Krankheitsbewältigung abhängig ist von der Art der Belastung und ihrer Dauer (akute Krankheit, chronische Krankheit), von den situativen Ressourcen eines Menschen (z.B. verfügbares soziales Netzwerk), vor allem aber bestimmt ist durch seine persönlichkeitstrukturelle Ausstattung, die spezifischen Kompetenzen und Verletzlichkeiten, die seine Persönlichkeit bis zum gegenwärtigen Zeitpunkt entwickelt hat.

1.2.5 Körperlichkeit aus naturwissenschaftlicher Sicht (P. Henningsen)

Bislang wurde die große Bedeutung des naturwissenschaftlichen Zugangs speziell für die biologische Ebene von Körper und Krankheit, nicht jedoch für die anderen unter 1.1 aufgeführten Ebenen betont. Zur Vervollständigung der Aspekte von Körperlichkeit gehört aber die Feststellung, daß es auch innerhalb des naturwissenschaftlichen Zugangs eine lange Tradition gibt, neben der biologisch-physiologischen auch die psychologische Ebene zu erfassen, neben dem Körper auch die Körperlichkeit, eine naturwissenschaftliche Psychosomatik sozusagen.

Jahrzehntelang stand in der gegenseitigen Wahrnehmung von naturwissenschaftlicher und psychoanalytisch orientierter Erforschung psychosomatischer Zusammenhänge das Trennende dieser Zugangsweisen im Vordergrund. Auf der einen Seite war die Affektphysiologie, die sich in der Erforschung der physiologischen Korrelate psychischer Phänomene (wie z.B. der Ausschüttung von Hormonen wie Adrenalin bei Angst oder Streß) an den experimentellen Standards der Naturwissenschaften orientiert: d.h. an Gruppenstatistik zur Elimination individueller Unterschiede, Kontrolle von Störvariablen, Quantifizierung aller Variablen, Suche nach Kausalgesetzten etc. Auf der anderen Seite stand die "verstehende" Psychosomatik, d.h. ein an hermeneutischen Prinzipien des Sinnverstehens orientiertes Verfahren zur Aufhellung verborgener Sinnstrukturen von menschlichen Krankheiten und Konflikten: hier soll die qualitative Beschreibung individueller Lebens- oder Krankheitsgeschichten dominieren, und zwar in der psychoanalytisch orientierten Variante eingebunden in die als therapeutisch wirksam erkannte Beziehung von Arzt und Patient - in der anthropologischen Variante der verstehenden Psychosomatik, wie z.B. bei V. von Weizsäcker, war der therapeutische Aspekt allerdings weniger ausgearbeitet (vgl. de Boor und Mitscherlich 1973). Nicht von ungefähr erinnert diese Trennung an die altehrwürdige, sehr deutsche Tradition einer Unterscheidung von Natur- und Geisteswissenschaft, von Nomothetik und Idiographik. Statt einer friedlichen Koexistenz zweier Zugangsweisen zu vergleichbaren Phänomenen sind um die "richtige" Forschung in der Psychosomatik häufig emotionale Debatten geführt worden; die Naturwissenschaftler sprachen den verstehenden Psychosomatikern die Wissenschaftlichkeit ab, diese wiederum beklagten das reduzierte Menschenbild und die therapeutische Irrelevanz von jenen.

Mittlerweile hat sich einiges verändert an dieser Konstellation. In welchem Maß methodische Ansätze aus den Naturwissenschaften Eingang in die psychosomatische/psychotherapeutische Forschung gefunden haben, wird in Kapitel 5.5 dargestellt. Im folgenden soll an zwei aktuellen Beispielen skizziert werden, welche Veränderungen sich in den letzten Jahren innerhalb der naturwissenschaftlichen Erforschung psychosomatischer Zusammenhänge selbst ergeben haben.

Geht man von dem Bindestrich-Begriff Psychosomatik aus, bietet sich hierfür eine weitere Unterteilung an: Psycho-Neurologie als die Frage nach dem Zusammenhang von psychischem Erleben und Funktion des Gehirns sowie Neuro-Somatik als Zusammenhang von Gehirnfunktion und (krankhaften) Vorgängen im übrigen Körper. Diese Unterteilung ist nützlich, da sie einen genaueren Blick auf die im jeweiligen Bereich unterschiedlichen Themenschwerpunkte erlaubt.

Psycho-Neurologie ist das Thema der **kognitiven Neurowissenschaft**, einem in den letzten 10 Jahren rasch expandierenden interdisziplinären Verbund von Neurowissenschaften, kognitiver Psychologie, Philosophie des Geistes und künstlicher Intelligenzforschung (vgl. Varela 1990, Lycan (Hrsg.) 1990). Durch so unterschiedliche Vorgänge wie u.a. den Niedergang des Behaviorismus und die Fortschritte in der Simulation menschlicher Intelligenzleistungen durch neuartige, netzwerkartig verbundene Computer hat sich immer deutlicher die Unhaltbarkeit der klassisch reduktionistischen Annahme herauskristallisiert, man könne psychische Phänomene bei ausreichend genauer Analyse vollständig in die physikalistische Sprache der molekularen Neurobiologie übersetzen. Besonders die Beschäftigung mit Bewußtsein und Intentionalität als zweier sich "hartnäckig" einer solchen Reduktion widersetzenden Charakteristika psychischer Phänomene hat dazu beigetragen, daß die Erklärungsmacht der klassisch positivistischen Naturwissenschaft an diesem Geist-Gehirn-Problem "von innen heraus" angenagt worden ist. Die Intentionalität oder das immanente Gerichtet-Sein von Organismen auf ein Ziel, ein Objekt in ihrer Umwelt (oder in ihnen selbst) scheint ohne Rückgriff auf teleologische Prinzipien (die in der physikalistischen Sprache der Naturwissenschaft verpönt sind) nicht erfaßbar zu sein; sie ist eng verwandt mit der Semantik oder Bedeutung als Ausdruck dieser Beziehung für den Organismus - aber während z.B. in einem konventionellen Computer klar ist, wie ein bestimmtes Symbol zu seiner Bedeutung kommt, nämlich von außen durch den Programmierer, ist die Entstehung dieses Zusammenhangs von Semantik und neurophysiologisch beschreibbaren Gehirnzuständen noch heiß umstritten (vgl. Kurthen 1992). Welche Lösung sich hier oder auch beim genauso großen Problem der Erklärung von Bewußtsein und seinen Charakteristika wie Subjektivität bzw. Wissender-1. Person-Singular (vgl. Marcel und Bisiach (Hrsg.) 1988) durchsetzt, ist offen - klar ist jedoch, daß alte Universalerklärungsansprüche, aber auch alte methodische Trennungen z.B. zwischen Erklären und Verstehen in diesem konzeptuell weiterentwickelten Bereich naturwissenschaftlicher Psychosomatik nichts mehr zu suchen haben.

In dem zweiten, behelfsmäßig als Neuro-Somatik bezeichneten Bereich stehen konzeptuelle Veränderungen nicht im Vordergrund. Wichtiger sind hier neue empirische Befund, die die Verflechtung von Prozessen in Gehirn und Körper deutlicher und in klinisch relevanter Form nachweisen, als das der Psychophysiologie bzw. Psychoendokrinologie früher gelungen war. Gemeint ist damit der auch in der Öffentlichkeit vielbeachtete Aufschwung der **Psychoneuroimmunologie** - so der Oberbegriff für viele methodisch höchst unterschiedliche Ansätze, die wechselseitigen Verbindungen von Gehirn und Immunsystem nachzuweisen (vgl. Klosterhalfen und Klosterhalfen 1990, Ader, Felten, Cohen (Hrsg.) 1991). Dabei geht es um Fragen wie die große anatomische Nähe von Nerven- und immunkompetenten Zellen, um gemeinsame Botenstoffe oder um die Konditionierbarkeit und den Einfluß von Streß auf die Immunfunktion. Angesichts der hohen Bedeutung des Immunsystems für alle Krankheitsprozesse im Körper soll so ein empirisch-naturwissenschaftliches Fundament für alte psychosomatische Überzeugungen vom Einfluß positiver wie negativer psychischer Faktoren auf körperliche Erkrankungen wie Krebs, Entzündungen, Infektionen etc. gewissermaßen nachgeliefert werden. Darin läge natürlich ein wichtiger Fortschritt - auch wenn sich jetzt abzeichnet, daß der Nachweis klinischer Relevanz dieser Forschungen schwieriger ist als zunächst erwartet (Schulz 1991). Allerdings führt das Ausklammern konzeptueller Fragen, wie sie für die kognitive Neurowissenschaft zentral sind, in der Psychoneuroimmunologie dazu, daß Psyche und Gehirn fast immer noch reduktionistisch gleichgesetzt und die oben umrissenen Probleme von Intentionalität und Bewußtsein schlicht ignoriert werden - dadurch wird es schwieriger, diesen klinisch besonders wichtigen Teilbereich naturwissenschaftlicher Psychosomatik in kohärenter Weise zur verstehenden Psychosomatik in Beziehung zu setzen.

Literatur

Ader, R., Felten, D.L., Cohen, N. (Hrsg.): Psychoneuroimmunologie, 2nd ed. Academic Press, San Diego 1991

Becker, H.: Psycho-Onkologie. Krebserkrankungen aus psychosomatisch-psychoanalytischer Sicht unter besonderer Berücksichtigung des Mamma-Karzinoms. Springer, Berlin Heidelberg 1986

Bender, W.: Krankheitseinsicht und Krankheitsgefühl bei psychiatrischen Patienten. Enke, Stuttgart 1988

Bischoff, C., Zenz, H. (Hrsg.): Patientenkonzepte von Körper und Krankheit. Huber, Bern 1989

Brähler, E. (Hrsg.): Körpererleben - ein subjektiver Ausdruck von Leib und Seele. Springer, Berlin Heidelberg 1986

Broda, M.: Umgang mit chronisch Kranken. Ein Lehr- und Handbuch der psychosozialen Fortbildung. Thieme, Stuttgart 1990

CLEMENT, U.: HIV-positiv. Psychische Verarbeitung, subjektive Infektionstheorien und psychosexuelle Konflikte HIV-Positiver. Enke, Stuttgart 1992

DE BOOR, C., MITSCHERLICH, A.: Verstehende Psychosomatik: Ein Stiefkind der Medizin. Psyche 27 (1973) 1-20

VON ENGELHARDT, D.: Mit der Krankheit leben: Grundlagen und Perspektiven der Coping-Strukturen des Patienten. Verlag für Medizin Heidelberg 1986

FALLER, H.: Subjektive Krankheitstheorie und Krankheitsverarbeitung bei Herzinfarkt-Rehabilitanden. Lang, Freiburg 1990

FLICK, U. (HRSG.): Alltagswissen über Krankheit und Gesundheit. Asanger, Heidelberg 1990

HAHN, P.: Entwicklungslinien der Psychosomatik in der Inneren Medizin. In: Rechenberger, H.G., Werthmann, H.V. (Hrsg.): Psychotherapie der Inneren Medizin. Pfeiffer, München 1988

HOLMES, T.H., RAHE, R.H.: The social readjustment rating scale. J. Psychosom. Res. 11 (1967) 213-218

KLOSTERHALFEN, W., KLOSTERHALFEN, S.: Psychoimmunologie. In: Th., v. Uesküll (Hrsg.): Psychosomatische Medizin. Urban & Schwarzenberg, München 1990

KLUSSMANN, R., EMMERICH, B. (HRSG.): Psychosomatische Medizin im interdisziplinären Gespräch (5): Der Krebskranke. Springer, Berlin Heidelberg 1990

KROPUNIGG, U.: Psyche und Immunsystem. Psychoimmunologische Untersuchungen. Springer, Berlin Heidelberg 1990

KURTHEN, M.: Neurosemantik. Grundlagen einer Praxiologischen Kognitiven Neurowissenschaft. Enke, Stuttgart 1992

LYCAN, W. (HRSG.): Mind and cognition. Basil Blackwell, Oxford 1990

MARCEL, A.J., BISIACH, E. (HRSG.): Consciousness in contemporary science. Clarendon Press, Oxford 1988

MUTHNY, F. (HRSG.): Krankheitsverarbeitung: Hintergrunds-theorien, klinische Erfassung und empirische Ergebnisse. Springer, Berlin Heidelberg 1990

RAHE, R.H. ET AL: Social Stress and Illness onset. J. Psychosom. Res. 8 (1964) 35-44

ROSEMEIER, H.P.: Medizinische Psychologie und Soziologie. Enke, Stuttgart 1991

RUDOLF, G.: Die Bedeutung von Lebensveränderungen für den Ausbruch neurotischer Symptomatik. Der Stellenwert des Stress in der Neurosenlehre. Psychother. Med. Psychol. 24 (1974) 198-215

RÜGER, U., BLOMERT, A.F., FOERSTER, W.: Coping: Theoretische Konzepte, Forschungsansätze, Messinstrumente zur Krankheitsbewältigung. Vandenhoeck & Ruprecht, Göttingen 1990

SCHÜßLER G.: Bewältigung chronischer Krankheiten. Konzepte und Ergebnisse. Vandenhoeck & Ruprecht , Göttingen 1993

SCHULZ, K.H.: Streßeffekte auf das Immunsystem. Onkologie 14 (1991) Suppl. 1: 32-35

SEARLE, J.R.: Intentionalität. Eine Abhandlung zur Philosophie des Geistes. Suhrkamp, Frankfurt 1987 (engl. 1983)

VARELA, F.: Kognitionswissenschaft - Kognitionstechnik. Suhrkamp, Frankfurt 1990

VERRES, R.: Krebs und Angst: Subjektive Theorien von Laien über Entstehung, Vorsorge, Früherkennung, Behandlung und die psychosozialen Folgen von Krebserkrankungen. Springer, Berlin Heidelberg 1986

WIRSCHING, M.: Krebs: Bewältigung und Verlauf. Springer, Berlin Heidelberg 1990

ZIEGLER, G.: Krankheitsverarbeitung bei Tumorpatienten. Enke, Stuttgart 1990

1.3 Geschichtlichkeit

1.3.1 Die lebensgeschichtliche Entwicklung der menschlichen Persönlichkeit

Alle Lebewesen und somit auch die menschliche Person verfügen über die Fähigkeit, sich selbst zu organisieren (Autopoesis); dadurch unterliegen sie einem ständigen Veränderungsprozeß, der vor allem in den frühen Lebensabschnitten durch Wachstum, Reifung und Differenzierung gekennzeichnet ist. Später gilt es, die aufgebaute Struktur zu erhalten und zu stabilisieren, ein Gleichgewicht zwischen progressiven und regressiven Tendenzen zu wahren. Stets spielt die Wechselbeziehung zwischen dem Individuum und seiner "Umwelt", d.h. den Menschen und Dingen, die für das Individuum eine "Bedeutung" besitzen, eine zentrale Rolle.

In der Bewertung der lebensgeschichtlichen Entwicklungsprozesse des Menschen ist in den letzten 2 Jahrzehnten eine wesentliche Veränderung zu beobachten: Zuvor galt der Erwachsene, d.h. der geschlechtsreife berufstätige Mensch (meist als Mann gedacht), als die reifste Ausgestaltung des Menschen; demgegenüber wurde der ältere Mensch unter dem Aspekt des Abbaus und der Entdifferenzierung gesehen; ebenso wurden der Jugendliche und das Kind daran gemessen, was ihnen zum reifen Erwachsenen fehlt. Aus dieser Perspektive war der Säugling eine unreife "physiologische Frühgeburt" und erst recht galt der Fötus als eine sich differenzierende Zellmasse ohne Personenstatus. Nachträglich gesehen schien in dieser Betrachtungsweise auch die Frau ein Mängelwesen, dem zum Vollbild des (männlichen) Menschen einiges wichtige fehlt.

Diese Wertehierarchie befindet sich heute im Umbruch. Für alle Alters- und Geschlechtsgruppen wird der Anspruch geltend gemacht, daß sie etwas ganz eigenes darstellen und daß es keinen Sinn macht, sie unter dem Gesichtspunkt von Reife und Leistungsfähigkeit miteinander zu vergleichen; sie entwickeln sich nicht auf ein optimales Ziel hin oder von ihm weg. Jede Altersstufe hat vielmehr ihre eigenen Möglichkeiten, ihren eigenen Stil, ihre typischen Konflikte, ihre kreativen Lösungen, die sich schwerlich vergleichend bewerten lassen. Auf diese Weise hat sich das Bild des Säuglings, des Jugendlichen oder des alten Menschen überraschend gewandelt.

Wenn wir nun die Entwicklungsgeschichte der menschlichen Person umreißen, dann tun wir das unter der Prämisse, daß jeder Entwicklungsabschnitt seinen eigenen "Wert" besitzt und nicht bloß ein notwendiges Durchgangsstadium auf dem Weg zum eigentlichen Ziel darstellt. Diese Betrachtungsweise ist wichtig im Blick auf eine weitere These: Sie besagt, daß alle durchlebten Entwicklungsstufen im Menschen ihre Erinnerungsspur hinterlassen, eigentlich mehr als das: daß sie nämlich als Möglichkeit des Erlebens und Funktionierens erhalten bleiben und in bestimmten Situationen regressiv wiederbelebt werden. So können in den Phantasien und Träumen des Menschen, in seinem körperlich-vegetativen Gedächtnis Erfahrungen und Erlebensweisen auftauchen, die seinem kognitiven Gedächtnis entfallen sind oder nie in ihm gespeichert waren. Für das psychoanalytische Konzept ist es wichtig, sich eine anschauliche Vorstellung davon zu machen, was in früheren Lebensabschnitten erlebt wurde, weil diese Erfahrungen als Untergrund des späteren Fühlens und Denkens angesehen werden.

Den zweiten wichtigen Grund, sich vorausgegangene Entwicklungsabschnitte zu verdeutlichen, liefert das psychodynamische Krankheitskonzept: Es beschränkt sich nicht - wie z.B. der verhaltenstherapeutische oder der systemische Ansatz - auf die Feststellung einer aktuellen Störung, sondern versucht eine psychogenetische Erklärung. Beispiel: Das Erleben eines Depressiven wird als Gefühl der Verlorenheit verstanden, ähnlich dem, wie es das chronisch alleingelassene Kleinkind erlebt hat. Dabei geht es zunächst nicht um den Nachweis der Ursache - daß der Patient als Kind wirklich verlassen war -, sondern darum, daß er jetzt unbewußt so

fühlt wie ein verlassenes Kleinkind. Hier fungiert der entwicklungspsychologische Ansatz als heuristisches Verständnismodell für unbewußte Schichten der menschlichen Persönlichkeit.
Die psychologischen Konzepte über die Entwicklung der menschlichen Persönlichkeit, die empirischen Befunde und wissenschaftlichen Kontroversen können an dieser Stelle nicht ausführlich referiert werden; wir konzentrieren uns auf eine Auswahl von Fakten, die für ein psychodynamisches Persönlichkeitsverständnis von Bedeutung sind. Dabei geht es einerseits um das Verständnis körperlicher, psychischer und sozialer Funktionen, die sich von einer Entwicklungsstufe zur anderen verändern und entfalten und später als Erinnerungsspur eines früheren Funktionsniveaus erhalten bleiben. Es geht zum Zweiten darum, daß unter dem Einfluß der äußeren Lebensumstände unter Verwendung der angeborenen Anlagen ein jeweils individueller Persönlichkeitsstil geprägt wird, der zu den zeitstabilen Charakterzügen der Person gehört. Zum Dritten geht es um das Verständnis der Störungsmöglichkeiten und Fehlentwicklungen, welche die Disposition für spätere Symptombildung abgeben. Daß dabei gerade den früheren Lebensjahren so große Bedeutung zukommt, liegt in der Tatsache begründet, daß die Störfaktoren hier auf reifende Funktionen treffen; ähnlich wie in der Embryonalentwicklung schädigt eine Noxe jenes Organ bzw. seine Funktion am stärksten, das sich gerade in einer wichtigen Differenzierungsphase befindet (eine Maserninfektion im dritten Schwangerschaftsmonat kann zur Taubheit des Kindes führen, weil sie speziell das zu dieser Zeit heranreifende Innenohr schädigt).
Um das vielfältige Material übersichtlich darstellen zu können, werden wir im folgenden unterschiedliche **Entwicklungsabschnitte** unterscheiden; dazu greifen wir aus dem Entwicklungskontinuum solche Segmente heraus, die durch eine wichtige reifende Funktion gekennzeichnet sind. Der Begriff der Entwicklungsphase (orale Phase, anale Phase usw.) meint im Grunde nichts anderes, wird aber zuweilen als etwas Spezifisches, in sich Geschlossenes mißverstanden. In jedem altersgebundenen Entwicklungsabschnitt unterscheiden wir mehrere **Entwicklungsebenen,** eine körperliche, eine intrapsychische und eine zwischenmenschlich-soziale Ebene; ferner wird die jeweils wichtigste reifende Funktion bestimmt. Schließlich werden die möglichen Bedingungen für eine gestörte Entwicklung und die Folgen einer solchen Entwicklungsstörung für die Persönlichkeitsentwicklung dargestellt.

1.3.2 Das erste Vierteljahr: Grundlagen des Kommunikationssystems

Körperliche Entwicklung

Das Neugeborene ist **vital** davon **abhängig**, daß seine körperlichen Bedürfnisse (Nahrung, Wärme, Hautpflege, Reizzufuhr bzw. Reizschutz) von einer Betreuungsperson verläßlich registriert und beantwortet werden. Es verfügt noch nicht über die Fähigkeit zu gerichteten motorischen Handlungen; wichtige Bewegungsmuster, wie z.B. Suchbewegung und Saugaktivität, liegen als angeborene Schemata bereit. Im sensorischen Bereich spielt die propriozeptive Wahrnehmung über die Tiefensensibilität eine wichtige Rolle, während die optische und akustische Wahrnehmung erst entwickelt werden muß.

Intrapsychische Entwicklung

Körperliches und Psychisches lassen sich kaum unterscheiden, insbesondere die Affekte sind körpernah, sie schwanken zwischen den Polen schläfrigen Wohlbehagens und wacher Aufmerksamkeit auf der einen Seite und kläglichem Unbehagen bis zu motorischer Erregtheit auf der anderen Seite; dazwischen liegen die Schlafphasen. Wir gehen davon aus, daß es ein erlebendes Ich noch nicht geben kann, ebenso wie auch noch keine Unterscheidung von Selbst und Objekten möglich ist. Jeder Versuch, sich in die intrapsychische Erlebniswelt des Neugeborenen hineinzuversetzen, muß zwangsläufig zu adultomorphen Beschreibungen führen.

Soziale Entwicklung

Da das Neugeborene vollständig auf die Versorgung durch den Erwachsenen angewiesen ist und die Erwachsenen ihre Aufmerksamkeit weitgehend auf diese Versorgungsaufgaben richten, entsteht eine höchst **spezifische Beziehungsform**; sie ist extrem asymmetrisch insofern, als der eine ganz für den anderen da sein muß, ohne daß eine Umkehr im Sinne der Reziprozität möglich wäre. Worte wie Dyade oder Symbiose versuchen die spezielle Einheit in der Zweiheit zu benennen. Balint (1937) bezeichnete diese Beziehung, in welcher nur die Bedürfnisse des einen gelten, während der andere als eine Art gute Atmosphäre zur Verfügung steht, als primäre Liebe.

Gleichwohl beschränkt sich die Beziehung nicht auf die körperliche Versorgung des Neugeborenen. Von Geburt an hat das Kind eine besondere Aufmerksamkeit für bewegliche Dinge, insbesondere für das menschliche Gesicht. Die Gegenwart des Säuglings aktiviert beim Erwachsenen **angeborene Verhaltensmuster**, die einerseits eine besondere Aufmerksamkeit, Fürsorglichkeit und Behutsamkeit beinhalten, zum anderen spezielle Sequenzen des Kontaktverhaltens einschließen. Dazu gehört, daß der Erwachsene sein Gesicht in typischer Weise dem Kind darbietet, durch Brauen-Heben, Lächeln und Kopfbewegungen sowie Vokalisierungen in erhöhter Stimmlage eine Art ritualisierten Grußverhaltens zeigt. Das Kind beginnt bereits bald nach der Geburt seine Aufmerksamkeit auf das dargebotene menschliche Gesicht zu richten und dessen mimischen Ausdruck zu imitieren. Kaum ein Erwachsener kann sich, vor allem in den folgenden Monaten, wenn das Kind stärker reagiert, dem Sog dieses vom Säugling selbst ausgelösten Interaktionsspieles entziehen; bei Kindern wird das Verhaltensprogramm etwa in der Vorpubertät aktiviert, Vorläufer finden sich auch schon bei kleinen Kindern. Wenn das Neugeborene auf diese Weise imstande ist, alle Erwachsenen, Jugendlichen und partiell auch Kinder seiner Umgebung zu aktivieren, sich ihm zuzuwenden, Kontakt aufzunehmen, wächst damit die Wahrscheinlichkeit, daß sich immer jemand um das Kind sorgt, seine jeweiligen Bedürfnisse zu stillen und seine Unlustsäußerungen aufzufangen versucht.

Bis etwa zum 3. Lebensmonat nimmt das Kind aufgrund der Beschaffenheit des Auges optische Eindrücke nur in einer Entfernung von ca. 20 cm scharf wahr, das entspricht etwa dem Abstand zwischen dem an der Brust liegenden Kind und dem Gesicht der Mutter; es lebt also für diese Zeit in einer Art visuellen Blase.

Die **angeborene Aufmerksamkeit** des Säuglings für das lebendige menschliche Gesicht, seine prinzipielle neugierige Ausrichtung auf etwas, das nach und nach als das Andere, das Draußen, das Nicht-Ich erfahren wird, läßt sich als **Intentionalität** beschreiben. Diese heranreifende, sich entfaltende Funktion der Intentionalität stellt die Grundlage für den Aufbau des Kommunikationssystems dar, für den Austausch von Signalen zwischen einem allmählich erwachenden Subjekt und einem interessanten Draußen, das zunächst noch keine personale Kontur besitzt, sondern größtenteils atmosphärisch, medial erscheint.

Mögliche Störungen und ihre Auswirkungen auf die Persönlichkeitsentwicklung

Da das Kind in diesem Entwicklungsabschnitt in besonderer Weise auf die verläßliche Versorgung angewiesen ist, auf Angebot von Nahrung, Hautkontakt, Blickkontakt, auf ausreichende Reizzufuhr und Schutz vor Reizüberflutung, spielt die **Passung** zwischen Kind und Beziehungsperson, das beiderseitige Einschwingen, eine zentrale Rolle. Ist das Kind aufgrund von perinatalen Schäden, von konstitutionellen Auffälligkeiten (im Sinne der Hypersensibilität oder Hypermotorik) oder aufgrund einer Frühgeburt in dem Vermögen beeinträchtigt, eine ruhige kommunikative Ausrichtung zu entwickeln, weil es z.B. schnell erregt ist, ständig schreit und schwer beruhigt werden kann, dann wird es auch der betreuenden erwachsenen Person schwer, ein verläßliches Versorgungs- und Kommunikationsangebot zu machen. Umgekehrt kann die wichtige erwachsene Betreuungsperson durch körperliche oder psychische Krankheit, durch soziale Belastungen und Krisen daran gehindert sein, sich dem Kind konzentriert und gelassen zuzuwenden und eine basale Beziehung zu ihm aufzubauen.

Es sind Kernbereiche der Persönlichkeit, die in den frühen Lebensabschnitten entwickelt werden, vor allem eine allgemeine **emotionale Aufmerksamkeit** für die Welt und die Menschen (Intentionalität) und die grundsätzliche Gewißheit, daß zu ihnen eine kommunikative Brücke möglich ist. Es sind vor allem die frühen Erfahrungen des Sich-aufeinander-Einstellens (Synchronisierung), die als beruhigend erlebt werden. Wenn aufgrund früher Einschränkungen diese **basale Zuversicht** nicht entwickelt werden konnte, wenn bei mangelnder emotionaler Verfügbarkeit der erwachsenen Bezugsperson und bei fehlender Erfahrung der Synchronisierung der frühe emotionale Kern der Persönlichkeit labilisiert bleibt, dann besteht die Gefahr, daß der spätere Erwachsene in bestimmten Belastungssituationen das Erleben hat, den Bezug zur Welt und damit auch zu sich selbst zu verlieren; er verliert die Überzeugung eines körperlichen und psychischen Ich ebenso wie die Evidenz einer wirklichen Welt, was als Weltuntergangsgefühl und Selbstverlusterleben panische Angst auslösen kann.

Diese Affektstürme werden durch spezifische Abwehrformen vermieden. Der Ausbruch psychotischer oder psychosomatischer Symptome hat nach psychoanalytischer Ansicht mit dem Zusammenbruch dieser Abwehr zu tun. Eine spezifische Brüchigkeit

Das erste Vierteljahr: Aufbau des Kommunikationssystems	
körperlich	körperlich-vitale Abhängigkeit (Nahrung, Wärme, Hautpflege, Reizzufuhr, Reizschutz) angeborene motorische Schemata propriozeptive Wahrnehmung, Tiefensensibilität "visuelle Blase"
intrapsychisch	körperliche Bedürfnisse, körpernahe Affekte Selbst und Objekt noch wenig differenziert (mediales Erleben) Entfaltung emotionaler Aufmerksamkeit Aufbau basaler Zuversicht (in das Selbst, die Objektwelt und die Möglichkeit der Kommunikation)
sozial	asymmetrische Beziehung (dyadisch, symbiotisch, primäre Liebe) primäre Gerichtetheit des Kindes auf Menschen Entfaltung der Intentionalität sich einschwingen, Synchronisieren des Kontakts (attunement) Verwendung angeborener Kommunikationsschemata
Störung	Ursache: fehlende Passung (bezüglich Versorgung und Einschwingen) Folge: Kommunikationsabriß, Affektstürme, Außer-sich-Geraten (Selbstverlust, Weltuntergang) Bewältigung durch spezifische Abwehr

Tabelle 1.3.2

der intentionalen Ausrichtung und eine Unsicherheit des Kommunikationssystems findet sich auch bei der schizoiden Persönlichkeitsstruktur.

1.3.3 Das erste Lebensjahr: Aufbau des Bindungssystems

Körperliche Entwicklung

Waren die ersten Lebenswochen noch durch die wenig entfaltete Sensomotorik bestimmt, so entwickelt sich diese in der Folgezeit rasch. Am Ende des ersten Vierteljahres ist das Kind "aufgewacht", sein Interesse an der Umwelt und seine Fähigkeit, sich mit ihr zu beschäftigen, wächst von Tag zu Tag. Das Vermögen, die optische und akustische **Aufmerksamkeit** zu **fokussieren**, bildet sich heraus; die Greifbewegungen werden geschickter, das Kind exploriert die erreichbare Umwelt, indem es sie intensiv beobachtet, mit den Händen begreift und wenn möglich in den Mund steckt.
Es lernt, den Körper mehr und mehr **motorisch zu steuern**, sich aufzusetzen, sich vom Rücken auf den Bauch zu drehen, den ganzen Körper aufzurichten, zu stehen und zu krabbeln. Die Entfaltung der Sensomotorik prägt auch die Nahrungsaufnahme, die mehr und mehr von eigenen Intentionen bestimmt und aktiv gesteuert wird. Das Kind artikuliert seinen Hunger, wendet sich aktiv der Mutter zu bzw. der Brust oder der Flasche und **gestaltet die Nahrungsaufnahme** mehr und mehr aktiv. Das Hinschauen, mit den Händen Anfassen, mit den Lippen Ergreifen und mit dem Mund Saugen, bildet eine koordinierte Bewegungsgestalt.

Intrapsychische Entwicklung

Die aktive, wahrnehmende und handelnde Bezogenheit auf die Menschen und Dinge seiner Umgebung begründet allmählich eine Erfahrung von Ichhaftigkeit; auf den Sinneswahrnehmungen und Aktionen von Hand, Mund und Auge bauen sich die ersten **Icherfahrungen** auf. Das frühe Ich "ist vor allem ein körperliches" (Freud 1923). In der ständigen Beschäftigung mit Menschen und Dingen lernt das Kind nach und nach zwischen **Ich und Nicht-Ich** zu **unterscheiden.** Indem es selber handelt, seine Handlungen initiiert und kontrolliert, mehr und mehr Kompetenzen erwirbt und dabei sichtlich Funktionslust erlebt, wird es zunehmend zu einer psychischen Einheit mit einem "Ich" als Kern und abgegrenzt vom unbelebten und personalen Nicht-Ich. Innerhalb der sich differenzierenden Welt der Objekte heben sich die wichtigen heraus, indem positive affektive Anmutungen mit ihnen verknüpft werden; in der zweiten Jahreshälfte ist das Kind imstande, die wichtigste Beziehungsperson zu identifizieren, die "Acht-Monatsangst" markiert die ängstliche Reaktion gegenüber dem nicht vertrauten Objekt.

Die **Affekte** des Säuglings sind vielfältiger als man früher annahm, gleichwohl zentrieren sie sich um die Pole von Zufriedenheit und Unlust; die Affekte des Wohlbefindens zeigen sich, wenn das Kind in ruhiger interessierter Wachheit auf sich oder seine Umgebung ausgerichtet ist, wenn es in fröhlicher Aufgeregtheit die angebotenen Interaktionsspiele genießt oder wenn es die Zufriedenheit des Sattwerdens erfährt. Unlustaffekte können resultieren aus Hunger und Durst, Wärme und Kälte, zu viel oder zu wenig Reizzufuhr, aus körperlichen Beschwerden, wie Verdauungsstörungen oder Infekten. Über Ausmaß und Intensität der Unlustaffekte entscheidet einerseits die angeborene oder früh erworbene Störbarkeit, andererseits die Fähigkeit der Bezugspersonen, Unlust aufzufangen. Größere Unlustmengen und die damit verbundene motorische und affektive Erregung kann das Kleinkind nicht allein "verdauen", es muß sie gewissermaßen abgeben können an eine Bezugsperson, die es dadurch wieder beruhigt (Bion).
Bezüglich der Bedürfnisbefriedigung betont die frühe Psychoanalyse die **orale** Lust des Saugens und Trinkens und beschreibt die orale Befriedigung als Vorläufer libidinöser Lusterfahrung. Die heutige Sichtweise unterstreicht, daß die orale Lust eingebettet ist in die oben beschriebene spezifische frühe Beziehung; eine isolierte orale Triebbefriedigung, die nicht zugleich Befriedigung ei-

nes sozialen Bedürfnisses nach Zugewandtheit und Aufgehobensein darstellt, ist schwer vorstellbar.

Soziale Entwicklung

Wenn in den ersten Lebenswochen das Kommunikationssystem als Basis jeder Beziehung zwischen Säugling und Erwachsenen aktiviert werden konnte, wenn beiden Partnern das Einschwingen auf eine asymmetrische, instinktnahe Form der Beziehung gelungen ist, dann gehen sie daran, dieses **Beziehungssystem auszubauen**. In unendlichen Wiederholungen spielen sie durch, was die zum wesentlichen Teil angeboren verfügbaren Beziehungsregeln verlangen. Am Ende der Entwicklung steht die Bindung zwischen den Beziehungspartnern; ein soziales System, in dem einer das Bild des anderen verläßlich internalisiert hat und fortan die Nähe und den Kontakt herzustellen und zu halten sucht. Im Rahmen der asymmetrischen Beziehung ist es der Erwachsene, der dem Kind unterstützend zur Verfügung steht, während das Kind der abhängige Teil ist, für den die Entfernung der Beziehungsperson starke Angst auslöst. Diese Vorgänge wurden im letzten Jahrzehnt durch eine außerordentlich intensive Forschung neu ins Bild gerückt. Eine empirisch fundierte Neugeborenenforschung (Neonatologie) veränderte die tradierten Vorstellungen vom zerebral unreifen, weitgehend passiven Säugling - der psychoanalytisch formuliert im Zustand des primären Narzißmus oder gar des Autismus lebt - in das Bild eines **von Anfang an objektsuchenden**, sozial aktiven, in vielen Bereichen erstaunlich kompetenten Menschenwesens (Lichtenberg 1983, Stern 1977). In dieser neuen Sicht ist es der Säugling selbst, der durch sein Verhalten den Erwachsenen dazu bringt, mit ihm in soziale Interaktionen einzutreten, die für ihn ein Übungsprogramm menschlicher Bezogenheit bedeuten. Sein Interesse und seine emotionale Beteiligung daran steigern sich nach und nach zu einer Begeisterung, die ansteckend wirkt. Das **Lächeln**, anfangs reflektorisch aktiviert, wird ab dem 2. bis 3. Monat als sozialer Verstärker eingesetzt, der den Erwachsenen gefangen nimmt und seine Ausdauer für die spielerischen Interaktionen intensiviert. Die Fähigkeit, sich aufeinander einzustellen (attunement) ist ab dem 7. - 9. Monat so weit gewachsen, daß das Kind und seine Beziehungsperson gemeinsame Aufmerksamkeitsfoki, gemeinsame Handlungsintentionen und aufeinander abgestimmte affektive Zustände ausbilden können. Die sich ausbildende Beziehung zwischen Kind und Bezugsperson wird eine individuelle, ganz persönliche; die Gewißheit, diese Beziehung herstellen und regulieren zu können, bedeutet für das Kind zugleich **Vertrauen** in die verläßliche Zugewandtheit des anderen und Vertrauen in die eigenen beziehungsstiftenden Kompetenzen. So lernt das Kind in der frühen Beziehung zugleich sich selbst über den anderen kennen und lieben. Es lernt, vereinfacht gesagt, wie man Beziehungen herstellt, wie man sie reguliert und ob man sich prinzipiell auf sie verlassen kann. So erwächst aus dem ständigen Gebrauch des frühen Kommunikationssystems die Zuversicht, darin verstanden und angenommen zu werden, selber "richtig" zu sein und das richtige Gegenüber zu haben.

Wichtig ist, daß die frühe Bezugsperson "gut genug" ist (Winnicott). Dazu müssen die Bedürftigkeit des Kindes und die Verfügbarkeit des Erwachsenen so zueinander passen, daß die unvermeidlichen Frustrationen und Enttäuschungen in ihrer Intensität und Dauer für das Kind ertragbar bleiben.

Mögliche Störungen und ihre Auswirkung für die Persönlichkeitsentwicklung

Wenn ein Kind in seinen frühen Entwicklungsabschnitten z.B. eine körperliche Schädigung erleidet, ist es nicht sicher vorherzusagen, welche Risiduen später bestehen bleiben, weil vielfältige kompensatorische Entwicklungen die Schädigung ausgleichen oder überdecken können. Das gleiche gilt für die Folgen psychischer Traumen. Wir können stets nur **Risikofaktoren** für mögliche spätere Fehlentwicklungen aufführen; ob das einzelne Kind eine bestimmte Belastungssituation aktuell aushalten oder später ausgleichen kann oder ob es eine Entwicklungsstörung erleidet, hängt von vielen Einflüssen ab. Hier soll nur beschrieben werden, welche psychischen und sozialen Fähigkeiten durch welche Einflüsse prinzipiell gestört werden können.

Als vorrangiger Entwicklungsschritt der ersten Monate war die Aktivierung des Kommunikationssystems zwischen Kind und Erwachsenem genannt worden, gefolgt von der Einübung der Kommunikation und dem Aufbau des frühen emotionalen Bindungssystems. Darin eingebettet sind alle Erfahrungen der (z.B. oralen) Bedürftigkeit und Bedürfnisbefriedigung, des Erlebens von Sicherheit, Geborgenheit und körperlichem Wohlbehagen, der allmählichen Differenzierung von Ich und Nicht-Ich, das Wiedererkennen und die affektive Besetzung der wichtigsten Personen (Aufbau von Objektrepräsentanzen), die frühen Formen von Vertrauen in sich selbst und die Objektwelt, die Zuversicht, daß Unlustspannungen aufgefangen und beendet werden können. Vieles kann dazu beitragen, daß das Kind und die erwachsene Bezugsperson **nicht gut genug zueinander passen**, daß sie nicht in ein System von Kommunikation und emotionaler Bindung einschwingen können, daß das Kind lang anhaltenden und intensiven Unlustspannungen ausgeliefert bleibt, daß seine eigenen Kontaktbemühungen nicht zu vorhersehbar ablaufenden Interaktionen führen. Die Gründe für das Nicht-Zueinander-Passen können vielfältig sein: Auf der Seite der Erwachsenen sind es psychische Belastungen, soziale Notlagen, körperliche Krankheiten, ökonomische Belastungen, die es erschweren oder unmöglich machen, sich wohlwollend und verläßlich auf ein Neugeborenes auszurichten. Die Eltern des Kindes, die weitere Familie, das gesamte soziale System dürfen nicht allzusehr in Anspannung oder aus dem Gleichgewicht sein, um die für die Versorgung eines Kindes nötige emotionale Gelassenheit aufbringen zu können.

Bestehen lang anhaltende Störungen im Zueinanderpassen von Kind und Erwachsenem, dann ist die Realisierung des oben beschriebenen Lernprogramms zur Einübung menschlicher Beziehungen erschwert mit der Folge, daß die **emotionale Verständigung unsicher** bleibt, die Kontaktaufnahme und Herstellung verläßlicher **Bindungen erschwert** sind. Das Kind und später der Erwachsene bleibt unsicher, ob er sich und die anderen richtig versteht, ob er auf sich und die anderen vertrauen kann. Die **Fremdheit** sich selbst gegenüber betrifft auch den eigenen Körper; an die Stelle des sicheren Wohlbefindens in der eigenen Körperlichkeit tritt die hypochondrische Sorge um einen als unvertraut und gefährdet erlebten Körper.

Bei dem **schizoiden** Störungstypus steht der Zweifel am eigenen Ich, die Fremdheit des psychischen und körperlichen Selbst und die Unsicherheit von Kommunikation und Bindung im Vordergrund, die habituelle Vermeidung von Nähe und die Tendenz zur narzißtischen Selbststabilisierung sind die Folgen. Wenn die basalen Prozesse der frühen Selbst-Objekt-Differenzierung und der Kontaktaufnahme zu den Objekten weniger gestört abgelaufen sind, kann die nächste reifende Funktion - der Aufbau der Objektbindung - beeinträchtigt werden. Es resultiert der **depressive** Störungstypus.

Genau genommen ist weniger die Fähigkeit zum Beziehungsaufbau gestört, als die Zuversicht, daß die aufgebaute Beziehung verläßlich ist. Die Erfahrung der Unbeständigkeit oder gar des Verlustes der wichtigen Objekte in einer Entwicklungsstufe größter Objektbedürftigkeit hinterläßt affektive Bahnungen des verzweifelten Verlassenseins. Das bedeutet vor allem, sich selber und seinen überwältigenden Unlustaffekten ausgeliefert zu sein. Es geht also um **zweierlei Mangelerfahrungen**: Zum einen um die fehlende Befriedigung (von spezifischen Beziehungswünschen und oralen Bedürfnissen) und zum anderen um die fehlende Entlastung (von erregenden Unlustaffekten), die niemand dem Kind abnimmt bzw. mit ihm teilt und es dadurch beruhigt.

Beide Störungsschwerpunkte, der schizoide und der depressive, stehen nicht scharf abgegrenzt nebeneinander. In der Unsicherheit und Objektbedürftigkeit des Selbst, im Ausgeliefertsein an die eigenen heftigen Affekte,

Das erste Lebensjahr: Aufbau des Bindungssystems	
körperlich	Fokussieren der optischen und akustischen Aufmerksamkeit motorische Entfaltung (Saugen, Greifen, Krabbeln, Aufrichten, Stehen, Laufen) zunehmende aktive Oralität sensomotorische Koordination
psychisch	Anfänge des körperlichen Ich (Mund, Hand, Auge) Differenzierung von Ich und Nicht-Ich (Selbst und Objekt) positive Affekte (Sicherheit, Geborgenheit, körperliches Wohlbehagen, Kompetenz, Funktionslust) negative Affekte (Erregung, Verzweiflung, Schmerz, Trauer, Wut) Bedeutung der Mundwelt (orale Befriedigung, orale Exploration) intrapsychische Repräsentanz der wichtigen Objekte; Objektkonstanz intentionale Ausrichtung
sozial	von Anfang an objektsuchend, sozial aktiv Einübung der Kommunikation und menschlichen Bezogenheit Interaktionen initiierend und steuernd (Entscheidung über Zuwendung oder Abwendung) Auf- und Ausbau des Bindungssystems Passung mit verfügbarem Objekt ("good enough") negative Affekte gemeinsam "verdauen"
Störung	Ursache: fehlende Passung Folge: Defizit an oraler Versorgung und Erfahrung der verläßlichen Nähe; Unlustspannungen und Erregungen bleiben unverdaut Unfähigkeit, sich selber mit Hilfe eines anderen steuern zu können Unfähigkeit, sich im eigenen Körper wohlzufühlen fehlendes Vertrauen in die eigene soziale Kompetenz und Liebenswertheit Zweifel an der Verläßlichkeit und Verfügbarkeit des anderen ängstliche Erwartung von Verlust und Enttäuschung

Tabelle 1.3.3

in der Tendenz, Selbst und Objekt zu vermengen, sind sie sich strukturell ähnlich und bedingen klinische Bilder, die unter diesen strukturellen Gesichtspunkten zusammen fassend als "frühe Störungen" gekennzeichnet werden. In dem Abschnitt über den depressiven Grundkonflikt wird diese Thematik ausführlich behandelt.

1.3.4 Zweites und drittes Lebensjahr: Der Aufbau des Autonomiesystems

Körperliche Entwicklung

Eine der wichtigsten Entwicklungslinien, die bereits das 1. Lebensjahr durchzog, betrifft die Bewegungs- bzw. **Handlungsmotorik**, die Koordination und die willentliche **Steuerung** des Bewegungssystems. Dem Greifen, Aufrichten, Stehen und Krabbeln des ersten Lebensjahres folgt nun die Fähigkeit zu laufen, wodurch der Aktions- und Erfahrungsradius außerordentlich erweitert wird. Die verbesserte visuell-motorische Koordination und die Beherrschung der Feinmotorik der Hände zusammen mit der Fähigkeit der Lokomotion versetzen das Kind in die Lage, seine Welt spielerisch zu erforschen. Ein weiterer Aspekt der motorischen Entwicklung betrifft die Steuerung der **Sphinktermotorik**; das Kind lernt, Blase und Darm nach eigenem Willen zu entleeren. Die ältere Kennzeichnung dieses Entwicklungsabschnitts als "anale Phase" hob diesen Gesichtspunkt besonders heraus, indem sie die lustvolle Seite der Ausscheidung oder des Bei-sich-behalten Könnens betonte und ihm das in der Erziehung verankerte gesellschaftliche Interesse an Sauberkeit, Ordnung und Gehorsamkeit gegenüberstellte.
Die motorische Entwicklung erstreckt sich schließlich auch auf die **Sprachmotorik**; aus der ursprünglich präverbal gestalteten Kommunikation entsteht die Sprache der Worte.

Psychische Entwicklung

Der wachsenden Kompetenz im Bereich der Handlungs- und Sprachmotorik, der Fähigkeit zu tun oder zu lassen, entspricht intrapsychisch die zunehmend konsolidierte **Erfahrung von "Ich"**. ("Ich bin es, der plant, handelt, darüber spricht"). Das Auftauchen des Wortes "ich" im Sprachschatz des Kindes markiert diese Entwicklung eindrucksvoll. Zudem sind die Intentionen und Handlungen des Kindes stark affektiv besetzt, d.h. sie sind von wachem Interesse, von spielerischer Neugier, von wütender Entschlossenheit, von ängstlicher Erwartung oder triumphierender Funktionslust begleitet, wodurch das Ich-hafte der Erfahrungen unterstrichen wird. So wie in der Sprache die Welt symbolisch repräsentiert werden kann, so können auch Handlungen im kindlichen Spiel symbolisiert werden. Die **Sprache**, das **Denken** und das **Spielen** bedeuten gewissermaßen eine Verdopplung der Wirklichkeit, die nun auch in einem psychischen Binnenraum repräsentiert und dort jederzeit verfügbar ist. Neben der Steuerung der Motorik ist der steuernde Umgang mit dieser Affektwelt eine weitere wichtige reifende Funktion dieses Entwicklungsabschnitts.
Der Ich-Pol des Erlebens und der Gegen-Pol der erfahrenen Objektwelt stehen einander klar abgegrenzt gegenüber (abgeschlossene **Selbst-Objekt-Differenzierung**). Die eigene Sprache, die zugleich die Sprache der Eltern ist (Muttersprache) belegt Menschen, Dinge und Vorgänge mit Namen und Begriffen; dabei spielt auch der eigene Name eine wichtige Rolle für den frühen Kern der Identität. Ähnlich wie in den Schöpfungsmythen der Völker wird die Welt, nachdem sie aus chaotischer Ungeschiedenheit entstanden ist, nun in ein System gebracht, in dem eine bestimmte logische und sprachliche Ordnung herrscht. Die frühen Sprech- und Denkoperationen des Kindes wirken für den Erwachsenen zuerst noch spielerisch; sie ähneln dem magisch-animistischen Denken bestimmter Völker, wo Denken und Sprechen ebenso Fakten schaffen kann wie Handeln ("Ich denke, jemand ist tot, also stirbt er und ich habe ihn getötet").
Anklänge dieser **kindlichen Logik** finden sich in der zwangneurotischen Symptombildung bei erwachsenen Patienten wieder. Indem das Ich nicht nur handelt und spricht, sondern sich auch als handelnd und sprechend selber zu sehen lernt - auf dem Umweg über den Blick der Eltern - schärfen sich die Konturen des Selbst. Das Kind schafft sich nach und nach intrapsychische Vorstellungen seines Selbst (**Selbstbild**) und beginnt mit dessen bewußter Bewertung (**Selbstwert**). Der rasche Zugewinn an Handlungs- und Sprachfähigkeit, das Erleben des eigenen Willens, der sich affektstark

durchzusetzen versucht, begünstigt zunächst die Entwicklung eines kindlichen Größenselbst ("ich kann alles was, ich will; die Welt gehorcht meinen Gedanken und Worten"). Die anfangs meist grenzenlose Bewunderung der Eltern, die jeden kleinen Entwicklungsfortschritt des Kindes freudig bestätigen, fördert diese Entwicklung bis zu einem Punkt, wo erste Interessenkollisionen auftreten. Die **Explorationslust** des Kindes, sein Bedürfnis an die Dinge heranzugehen (adgredi), sie in Besitz zu nehmen, zu erforschen, mit ihnen spielerisch umzugehen, bedeutet aus der Sicht des Erwachsenen nicht selten, daß die Dinge beschädigt und beschmutzt oder für ihn unbrauchbar gemacht werden. Hier setzt mit Macht die **"Sozialisation"** ein, insofern als sich die Eltern in ihren Erziehungsbemühungen auf das für sie geltende Normensystem berufen. Für manche Eltern ist es wichtig, daß das Kind möglichst früh Kulturtechniken lernt, die Toilette aufsucht, sich sauber hält, "anständig" ißt, sich "brav" verhält, nicht zu laut ist, nichts kaputt macht usw. Andere halten gerade die freie Entfaltung des Kindes für wichtig, setzen ihm wenig Grenzen, drohen keine Strafen an, versuchen möglichst wenig elterliche und gesellschaftliche Autorität zu repräsentieren. So oder so, mit unterschiedlichen Inhalten, bildet das Kind ein intrapsychisches **Normen- und Wertesystem** aus, das für es handlungsleitend wird. Das System enthält verinnerlichte Verhaltensvorschriften ("du sollst, du darfst nicht") samt den sozialen Konsequenzen ("wenn du das tust, dann..."). Neben dieser Struktur des Überich (was ich tun soll) bildet sich eine Struktur des Ich-Ideals aus ("wie ich sein möchte"), in der sich eigene Wunschvorstellungen ("wie ich gerne wäre") mit den vermuteten Erwartungen der anderen (was wir von dir erwarten, wie wir dich gerne sehen) verknüpfen.

Soziale Entwicklung

Die neu gewonnene körperliche, affektive und mentale Beweglichkeit des Kindes erlaubt es ihm, sich dem Erwachsenen anzunähern oder sich von ihm abzusetzen. Die Annäherung kann so erfolgen, daß es mit ihm herumtoben, raufen, schmusen, spielen, sich körperlich motorisch mit ihm auseinandersetzen möchte; sie kann sprachlich durch Worte, speziell durch Fragen gestaltet werden, meist ist sie von intensiven Affekten begleitet. Das Kind ist imstande, **Nähe** und Intimität herzustellen oder **Distanzierung** zu schaffen. Die weichen, zärtlich-freundlichen Regungen werden kontrapunktiert durch wütend-aggressive Angriffe, durch Abwendung, Rückzug auf sich selbst oder Zuwendung zu dem fremden Anderen. Überhaupt ist die Neugier auf das Fremde, die ängstlich getönte Erregung, welche die Begegnung mit dem Unvertrauten bietet, jetzt zunehmend wichtig gegenüber der früher vorwiegend bestehenden Tendenz, beim vertrauten Objekt Sicherheit und Geborgenheit zu suchen. Die **Autonomie des Selbst**, als wichtige reifende Funktion dieses Abschnittes, gewachsen auf dem Boden ausreichender Sicherheit beim guten Objekt, erlaubt es nun, je nach Bedürfnis zu variieren zwischen dem Wunsch, Neues kennenzulernen und zu erforschen und dadurch Erregung zu erfahren und dem älteren Wunsch, im Vertrauten Zuflucht und Sicherheit zu suchen. Alles erscheint jetzt polarisierter, widersprüchlicher: Nähe und Distanz, Sicherheit und Erregung, liebevolle Annäherung und wütender Angriff, Festhalten und Loslassen, eigenwillige Selbstbestimmtheit und regressives Schutzsuchen wechseln einander ab und stehen stets nahe beieinander. Das Umgehenlernen mit diesen Polaritäten gehört zu den wichtigen Reifungsschritten dieses Abschnitts.

Wenn das autonome, aber in seiner Autonomie noch nicht sehr geübte Selbst nun mit Eigenwilligkeit und widersprüchlichen Intentionen an die Objekte herangeht, um sie zu erforschen, seine Kräfte an ihnen zu erproben, sie in Besitz zu nehmen oder sie wütend zu attackieren, dann sehen wir darin eine weitere Dimension des **Aggressiven**, die über das exploratorische ad-gredi hinausgeht. Sie trägt Züge einer kämpferischen, bemächtigenden, u.U. lustvoll-quälerischen Tendenz, die den "sadistischen" Aspekt dieses Entwicklungsabschnitts ausmacht, der

im psycho-analytischen Sprachgebrauch als "anal-sadistisch" charakterisiert wurde.
Neben dem kämpferisch-bemächtigenden Umgang mit den Objekten, dem sich intim Annähernden oder autonom Distanzierenden ist ein weiterer Modus der Objektbezogenheit von Bedeutung: In spielerischer **Identifizierung** probt das Kind unterschiedliche soziale Rollen und verankert sie intrapsychisch. Spielerisch erscheint der Vorgang insofern, als er noch nicht völlig von der Realitätsprüfung bestimmt ist. So läßt sich beobachten, daß das Kind neben gleichgeschlechtlichen Identifizierungen durchaus probehalber auch gegengeschlechtliche übernimmt oder daran festhält, beides gleichzeitig zu können ("ich bin ein Junge **und** ein Mädchen"). Auf diesem Boden wachsen Vorstellungen einer einheitlichen Geschlechtszuhörigkeit für Männer und Frauen und daran anknüpfend bunte Vorstellungen über die Vorgänge von Zeugung, Schwangerschaft, Geburt und Tod. Die Spuren dieser frühen Vorstellungen, in denen z.B. Kinder durch Urinieren gezeugt, aus dem Nabel oder dem Darm geboren werden oder in dem sich alle Körpervorgänge der Nahrungsaufnahme oder Ausscheidung magisch bunt abbilden, finden sich in den Träumen und unbewußten Phantasien der meisten Erwachsenen.

Mögliche Störungen und ihre Folgen für die Persönlichkeitsentwicklung

In dem genannten Abschnitt entwickelt sich ein kleiner Mensch in seinen Fähigkeiten zu wollen, zu planen, zu handeln, zu sprechen, zu denken, sich aus der Abhängigkeit in die Selbständigkeit hineinzubewegen, einen großen Reichtum von Gefühlserlebnissen und sozialen Erfahrungen zu sammeln. Alle diese Bereiche entfalten sich individuell, wobei insbesondere angeborene Bereitschaften als Material des Ich eine wichtige Rolle spielen. Sie werden geformt durch die jeweiligen Lebensbedingungen, durch die Wertnormen, den Erziehungsstil und den allgemeinen Lebensstil der Familie und der größeren sozialen Gemeinschaft. Der eigene Stil beginnt sich in der Auseinandersetzung mit diesen Vorbildern zu gestalten. Sozioökonomische Bedingungen, Familiengröße, Position in der Geschwisterreihe, die psychische und körperliche Verfassung der Familienangehörigen bilden den begrenzenden Rahmen, zugleich aber auch den Stimulus für eigene Entwicklungsmöglichkeiten.
Gehen wir zunächst davon aus, daß die vorauslaufende Entwicklung ungestört erfolgen konnte, dann lassen sich drei Gruppen von pathogenen Einflüssen unterscheiden, die unterschiedliche Folgen haben. Zum einen kann der Schritt in die Autonomie, das interessierte auf die Objektwelt Zugehen und sich dabei selber ausprobieren, durch eine familiäre **Atmosphäre der Ängstlichkeit** unterbunden werden. Wenn das Kind z.B. von Großeltern aufgezogen wird, die nicht mehr die Gelassenheit und Zuversicht junger Eltern haben, oder wenn die Eltern durch den Tod eines früheren Kindes verunsichert wurden oder wenn die eigene symptomwertige Ängstlichkeit der Erwachsenen ganz im Vordergrund steht, werden sie versuchen, das Kind vor der bösen Welt zu schützen und zu behüten. Es entsteht dabei ein Bild von der gefährlichen Welt draußen und der sicheren Familienwelt drinnen; die ängstliche Gebundenheit an die Primärpersonen wird fixiert und die Autonomie des Selbst bleibt eingeschränkt und unsicher; die expansiven, motorischen, wagemutigen Impulse werden verdrängt, eine ängstliche Grundhaltung mit Selbstwertzweifeln und besonderer Beachtung der nahen Bezugspersonen ist die Folge. Die Ängstlichkeit kann aber auch vom Kind selbst ausgehen, wenn es spürt, daß unterschwellige Spannungen den Familienverband aufzulösen drohen, daß die Eltern sich mit Trennungsabsichten tragen und ihm dadurch verloren zu gehen drohen. Unter diesen Voraussetzungen wird das Kind sich nicht neugierig der Außenwelt zuwenden können, sondern es wird sich ängstlich an seine Eltern klammern.
Noch schwerwiegender ist die Situation für das Kind, wenn ihm von den Erwachsenen zwiespältige oder **ablehnende Einstellungen** entgegengebracht werden, wenn alles, was es mit Explorationsdrang und Funkti-

onslust tut, von ihnen nicht beachtet, mißbilligend registriert oder moralisch verurteilt wird. Im Extremfall kann es sein, daß alle expansiven Unternehmungen des Kindes durch körperliche Gewalt, durch Schläge oder einengende Strafen unterbunden werden. Wenn in dem obigen Beispiel die Verunsicherung und das mangelnde Zutrauen des Selbst resultierten, so erfolgt hier die Entwertung des Selbst durch einengende und aggressive Objekte. Wenn im Extremfall jeder Trotz des Kindes gebrochen, die Auflehnung aus ihm herausgeprügelt ist, scheint die Anpassung nach außen erreicht, jedoch um den Preis, daß die aggressive Dynamik intrapsychisch weiterlebt, wo der unterschwellige Haß sich vorwiegend als Selbsthaß, Selbstablehnung, Selbstverachtung manifestiert.

Wenn der Druck auf die Autonomie des Selbst nicht so brachial ist und nicht so viel Haß implantiert wie in dem eben beschriebenen Fall, sondern mehr moralisch-rigide und zwanghaft bleibt, dann beeinträchtigt eine solche Haltung meist viele Entwicklungslinien dieses Abschnittes. In einer ausgeprägt zwanghaft-ordentlichen Familienatmosphäre muß das Laute, Chaotische, Motorische, Affektstarke, Willkürliche, alles "Anale" und Aggressive unter Kontrolle gebracht und unterbunden werden. Dem Kind fehlt die Möglichkeit, mit sich und seiner Umwelt zu experimentieren, um zu einem eigenen Stil zu finden; es wird in den zwanghaft-ordentlich sauberen, leisen, sparsamen Stil seiner Gruppe eingebunden, wobei die internalisierten Verhaltensregeln des Überich die Steuerung leisten müssen.

Im Gegensatz zur Entwicklung eines ängstlichen, wütenden oder gebundenen Selbst resultiert ein anderes Bild, wenn das Kind in dieser Entwicklungsphase **keinen festen Rahmen** findet. Im einfacheren Fall entwikkelt es sich zum verwöhnten Familientyrannen, der gelernt hat, daß niemand seinen Willkürimpulsen etwas entgegenzusetzen hat. Ihm drohen Anpassungsschwierigkeiten beim Eintritt in die Schule oder später in jeder Form des sozialen Lebens, wo es darauf ankommt, eigene Ansprüche und Impulse mit denen anderer so abzugleichen, daß beide zu ihrem Recht kommen. Stellen wir uns vor, daß der soziale Rahmen der Familie sehr labil ist, daß man sich wenig um das Kind kümmert und sein Verhalten zu nicht vorhersehbaren Folgen führt, dann resultiert das, was man früher Verwahrlosung nannte; es handelt sich dabei im Wesentlichen um einen **Mangel an sozialer Verbindlichkeit** und sozialer Verbundenheit, aus dem heraus der einzelne seine Interessen so gut verfolgt, wie er eben kann, weil keine Gewähr besteht, daß andere seine Interessen mitberücksichtigen.

Wir sind bisher theoretisch davon ausgegangen, daß die vorauslaufenden Entwicklungsabschnitte relativ ungestört verliefen; was geschieht aber, wenn ein Kind mit einer früher erworbenen Störung der Kommunikation und der Bindung in die Phase der Autonomieentwicklung eintritt? Eine mitgebrachte **Brüchigkeit des kommunikativen Systems** wird sich in den exploratorischen Bemühungen gegenüber der Objektwelt intensivieren. Der Rückzug auf sich selbst, auf eine mehr wahrnehmende, beobachtende oder denkerische Lebensweise tritt an die Stelle der affektiv beteiligten und handelnden Orientierung.

Hat die frühe Störung ihren Akzent im Bereich der Selbst-Objektdifferenzierung und des Aufbaus von guten Objektrepräsentanzen, dann gestaltet sich der Reifungsschritt der Autonomiephase ungleich schwieriger: Das Loslassen des vertrauten Objekts und die Zuwendung zum fremden gelingt nur unter der Voraussetzung, daß die Beziehung zum Sicherheit gebenden Primärobjekt verinnerlicht ist und auf die Reise ins Fremde mitgenommen werden kann. Ist keine Verinnerlichung einer solchen guten Beziehung erfolgt, so bedeutet die entwicklungsbedingt anstehende Abwendung des Kindes vom Primärobjekt dessen endgültigen Verlust oder seine Vernichtung. Aufgrund der unvollständigen Selbst-Objekt-Differenzierung schließt das die Gefahr ein, daß das Selbst ebenso ausgelöscht wird wie das Objekt.

In diesem Sinne können wir die Todesängste mancher erwachsener Herzneurotiker ver-

2./3. Lebensjahr: Aufbau des Autonomiesystems	
körperlich	Differenzierung der Bewegungs-, Handlungs-, Sprach-, Sphinktermotorik
intrapsychisch	Erleben von Ich im Handeln und Sprechen Selbst-Objekt-Differenzierung abgeschlossen Selbststeuerung von Handeln, Denken, Affekten frühes Selbstbild, kindliches Größenselbst sprachlich-logische Ordnung der Welt Elemente magischen Denkens Freude am Fremden, Explorationslust (ad-gredi) Freude an der Eroberung und Inbesitznahme der Objektwelt Freude am Behaltenwollen des Eigenen (anal-retentiv) Internalisierung des Normensystems Ambivalenzen (festhalten-loslassen, lieben-hassen, Erregung-Sicherheit)
sozial	sprachliche Kommunikation Annäherung an und Distanzierung von der Objektwelt affektintensive Auseinandersetzung mit der Objektwelt Konfrontation mit den Normen und Regeln der sozialen Welt (beginnende Über-Ich-Entwicklung) Identifizierung mit sozialen Rollen, spielerischer Umgang mit Geschlechtsidentität
Störung	Ursachen: ängstliche Fürsorge, rigide Normen, aggressive Unterdrückung oder Mangel an sozialer Verbundenheit und Steuerung Folgen: ängstliche Abhängigkeit, Selbstwertzweifel, gestaute Aggressionen (Selbsthaß), fehlende Erfahrung mit dem eigenen Selbst oder fehlende Erfahrung sozialer Verbindlichkeit Kombination mit frühen Störungen

Tabelle 1.3.4

stehen, welche die intendierte Trennung von ihrer Primärfamilie mit der Überzeugung, sterben zu müssen, beantworten. Ein weiteres Moment kommt hinzu: Die aus einer frühen Störung resultierende Aufteilung der Objektwelt in nur-gute und nur-böse Objekte erschwert den neugierig-exploratischen Umgang mit der Objektwelt, wie ihn die Autonomiephase nahelegt. Da das gute Objekt meist in der Primärfamilie lokalisiert wird, bleibt für das unbekannte, zu erforschende Objekt die Position des bedrohlichen, verfolgenden, bösen Objekts, vor dem man sich fürchten und schützen, das man möglichst vermeiden muß.

1.3.5 Das 3. bis 6. Lebensjahr: Aufbau der psychosexuellen und sozialen Identität

Körperliche Entwicklung

In diesem Zeitabschnitt erfolgen keine grundsätzlich neuen körperlichen Entwicklungen. Das Sensorium ist ausgereift, die körperliche Größe, Kraft und Geschicklichkeit wächst kontinuierlich weiter. Die Körpermotorik kann gesteuert, kontrolliert werden; das Kind ist schließlich imstande, seinen Bewegungsdrang für begrenzte Zeit zu zügeln - eine Voraussetzung für den Schulbesuch.

Intrapsychische Entwicklung

Das Kind hat nun gelernt, sein intentionales Ich mit den Augen der Anderen von außen zu sehen und daraus ein **Bewußtsein seines Selbst** erlangt. Diese Einsicht ist Teil einer zunehmend differenzierten Erfahrung und gedanklichen Durchdringung der Welt. Das Kind macht die Erfahrung der Zeit und damit der Grenzen und der Begrenztheit. Der gedankliche Umgang mit diesen Themen provoziert Fragen, die philosophischen Charakter haben, "wie begrenzt ist das Leben, wo ist jemand vor seiner Geburt, was ist nach dem Tod?". Zu den großen Fragen des Lebens gehören auch die sexuellen Themen: "Was unterscheidet männliche und weibliche Menschen, wie verhalten sie sich sexuell, was geschieht bei der Zeugung, wie verlaufen Schwangerschaft und Geburt?".
Dabei erstreckt sich das Thema der Beschränkung auch auf die eigene Geschlechtlichkeit; jeder hat nur eine Geschlechtszugehörigkeit und muß auf die interessanten Eigenschaften des Gegengeschlechts verzichten, der Junge kann kein Kind bekommen, das Mädchen hat keinen Penis. Die **psychosexuelle Identität** wird nun als eindeutig erlebt, ("ich bin ein Mädchen, ich bin ein Junge"). Auch die Zugehörigkeit zu der eigenen Generation wird eindeutig, ("ich bin ein Kind, die anderen sind die Erwachsenen"). Alle diese Vorgänge lassen sich auch unter dem Begriff der **"Realitätsprüfung"** subsummieren; von nun an gelten auch für das Kind die Prinzipien der Logik, nach denen der Erwachsene seine Welt strukturiert (z.B. der Satz von der Identität, der Satz vom Widerspruch, der Satz vom ausgeschlossenen Dritten). Die begrenzende Strenge erstreckt sich auch auf die Sprache, wo die Wortbedeutungen eindeutig werden; der spielerisch-magische Umgang mit Begriffen, das spaßhafte Jonglieren mit Bedeutungen, wie es vor der Realitätsprüfung gerne geübt wurde, treten in den Hintergrund. Überhaupt wird alles ernster und strenger; dem omnipotenten Größenselbst der Autonomiephase werden durch die Realitätsprüfung die Flügel gestutzt; es hebt nicht mehr so leicht ab, sondern muß sich mit dem "Ernst des Lebens" in vielen Varianten auseinandersetzen, mit der Vorstellung des Todes, mit den Geheimnissen der Sexualität, den Leistungserwartungen der Gemeinschaft. Zwangsläufig tauchen Erfahrungen des Einsamseins auf ("die Erwachsenen wissen auch nicht, was nach dem Tod ist, man ist allein mit seinen Fragen"). Das Kind erlebt Angst vor dem, was kommen kann; wenn statt magischen Wunschdenkens die Antizipation der Wirklichkeit vorherrscht, tritt auch Angst auf vor Ereignissen, die z.B. die Unversehrtheit des Körpers beschädigen können (der Kern der sogenannten Kastrationsangst).

Soziale Entwicklung

Identität hat nicht nur körperliche und psychische Anteile, sondern auch soziale; unter dem Eindruck der beschriebenen psychischen Entwicklung markiert das Kind für sich einen festen Punkt in seinem sozialen System und definiert von dort aus seine Beziehungen ("ich bin das älteste Mädchen unter drei Geschwistern, ich bin genauso energisch wie meine Mutter und meine Großmutter, meine beiden kleinen Brüder brauchen eine feste Hand, so wie sie mein Vater von meiner Mutter zu spüren bekommt"). Das Kind wird sich, zumindest partiell, bewußt, welchen **Platz** ihm **im sozialen System** der Familie zugewiesen wurde; es erfährt in der Generationenfolge bestimmte Zuschreibungen, die auch mit Aufträgen (Delegationen) verbunden sind ("Du bist so musikalisch wie Deine Großmutter, die wollte immer gerne Sängerin werden"). Dabei spielen auch unbewußte Phantasien der Erwachsenen eine wichtige Rolle, ihre unerledigten Konflikte mit den eigenen Eltern oder mit den Geschwistern werden auf das eigene Kind übertragen. Die

Identität des Selbst und die Art der Beziehung zu den wichtigen Anderen sind zwei Seiten des gleichen Geschehens. Durch das Vorhandensein von zwei Geschlechtern entsteht eine **trianguläre Struktur**: "Ich als Junge wie mein Vater gegenüber meiner Mutter, ich als Mädchen wie meine Mutter gegenüber meinem Vater". Daneben besteht die Position des dritten: "Ich gegenüber dem Paar meiner Eltern".

Auf der gleichgeschlechtlichen Ebene wird durch die Identifizierung gelernt wie man als Mädchen/Frau oder als Junge/Mann sein kann, sich verhalten kann, erleben kann; das gilt insbesondere für den Umgang mit dem gegengeschlechtlichen Elternteil ("ich verhalte mich als Mädchen gegenüber meinem Vater wie meine Mutter es tut"). Hier liegt auch die Versuchung der ödipalen Rivalität ("vielleicht wäre ich eine bessere Frau für meinen Vater als meine Mutter es ist").

Zweifellos liefern die unbewußten Erinnerungsspuren dieser **frühen Identifizierungen und Bindungen** das Grundgerüst aller späteren Beziehungen, sie bedeuten in jedem Fall eine Einübung in menschliche Bindungen, die von Leidenschaft und Begehren getragen sind. Die Beziehung des Kindes zu seinen Eltern läßt Anklänge von Erotisierung erkennen, sie wurde jedoch in ihrer Bedeutung für die Normalentwicklung von der früheren Psychoanalyse überschätzt. Dort wo eine spürbare Sexualisierung der Kind-Eltern-Beziehung vorliegt, handelt es sich meist bereits um den Ausdruck einer neurotisch gestörten Konstellation.

Mögliche Störungen und ihre Folgen für die Persönlichkeitsentwicklung

Da sich in diesem Entwicklungsabschnitt die psychosexuelle und soziale Identität des Kindes im Kontext seines familiären Beziehungsgeflecht entfalten soll, können vielfältige Störungen einzelner wichtiger Personen und ihre Beziehung zueinander die Identitätsentwicklung des kindlichen Selbst beeinträchtigen. Immer geht es darum, daß das Kind in seiner eindeutigen psychosexuellen Identifizierung und in der gleichzeitigen Bindung an beide Eltern behindert ist. Das ist immer dort der Fall, wo dem Kind von einem Elternteil Desinteresse, verdeckte oder offene Ablehnung entgegengebracht wird oder wo ihm - umgekehrt - eine herausragend wichtige Beziehung angeboten wird. Beispiel: Ein Vater ist an seiner Tochter nicht interessiert, weil er lieber einen Sohn hätte oder weil ihn das Mädchen an seine schwierigen Frauen, z.B. seine eigene Mutter oder seine Frau, erinnert. Die Tochter muß sich, wenn sie die Zuneigung des Vaters doch noch gewinnen will, wie ein Sohn verhalten, auch darf sie sich nicht mit der Mutter identifizieren. Sie entwickelt eine sehnsüchtige, unterschwellig enttäuschte Bindung an den Vater, vermeidet eine emotionale Bindung an die Mutter und versucht eine psychosexuelle Identifizierung als Junge. Das Beispiel, das sich in viele Richtung variieren ließe, zeigt, wie wichtig projektive Zuschreibungen und Übertragungen der Eltern sein können. Die **elterlichen Beziehungsangebote** schließen stets die **Forderung** ein: "sei so, wie ich dich gerne hätte, sei nicht so, wie ich dich nicht mag". Diese Aufforderung, eine andere Rolle zu spielen als die vom biologischen Geschlecht, dem Lebensalter und der gesamten Persönlichkeit vorgegebene, bedeutet allerdings nicht immer nur Druck und Belastung für das Kind, sie kann auch ein verführerisches Angebot darstellen ("sei du für mich ein richtiger Mann, wenn dein Vater schon keiner ist"). Das Kind, das in die Rolle des Partnerersatzes schlüpft, wird aufgewertet. Es genießt das Ansehen, das es sich dadurch erwirbt und weiß doch in einer Art von doppelter Buchführung, daß es in Wirklichkeit "falsch" ist, d.h. kein richtiger Vater-Mann, sondern nur ein kleiner Junge, keine Traumfrau, sondern nur ein kleines Mädchen. Hinter dem phallisch-narzißtischen Stolz steht die Scham, nicht richtig zu sein; hinter der Scham wartet die Verzweiflung, in seinem wahren Selbst nicht gemocht zu werden und deshalb ein falsches Selbst vortäuschen zu müssen.

Damit sind einige wichtige Folge erscheinungen für die spätere Persönlichkeitsentwicklung bereits genannt: Die Tendenz zu narzißtischem Anspruch und phallischer Rivalität bei gleichzeitigem Selbstzweifel und tiefem Zweifel an der eigenen Liebenswertheit; ferner Verwirrung über das eigene wirkliche Selbst, über die eigenen Gefühle; schließlich bewirkt die persistierende Bindung an einen Elternteil unter Entwertung des anderen Elternteils eine Erschwernis des späteren harmonischen Umgangs mit beiden Geschlechtern und die Blockierung einer erotisch getönten Ausrichtung auf potentielle Partner. Unter solchen Voraussetzungen eines **rollenhaft aufgesetzten Selbst**, einer **unsicheren Geschlechtsidentität** und einer **persistierenden Bindung** an einen idealisierten/enttäuschenden Elternteil wird sich beim späteren Erwachsenen schwerlich eine ungestörte sexuelle Erlebnisfähigkeit mit einem Partner einstellen. Von großer klinischer Bedeutung ist wieder die Verknüpfung von frühen Störungen des Kommunikations- und Bindungssystems mit den eben beschriebenen Störungen der Identität. Unvollständige Entwicklungen aus früheren Abschnitten, z.B. die Tendenz zur Spaltung in Gut und Böse können in einem Konflikt der ödipalen Stufe aktualisiert werden; das

3. - 6. Lebensjahr; Psychosexuelle und soziale Identität	
körperlich	sensomotorische Koordination, Steuerung und Kontrolle verfeinert Anklänge von Erotisierung des Körpers
intrapsychisch	Bewußtheit des Selbst Realitätsprüfung: Erfahrung von Zeit und Begrenztheit; Vorstellungen von Sein und Nicht-Sein, Tod und Leben Eindeutigkeit der Dinge und sprachlichen Begriffe; Gültigkeit der Logik die großen Themen: Liebe, Sexualität, Geburt, Tod eindeutige psychosexuelle Identität Angst vor antizipierbaren Gefahren, z.B. Verlust der körperlichen Integrität ("Kastrationsangst")
sozial	Ödipale Triangulierung: gleichgeschlechtliche Beziehung gegengeschlechtliche Beziehung ausgeschlossener Dritter bei Beziehung der anderen eindeutige Position im sozialen Netz Aufbau von sozialen Rücksichten und Loyalitäten
Störung	Ursachen: Ablehnung der Geschlechtsrolle des Kindes oder verführerisches Angebot als Ersatzpartner, Erotisierung der Eltern-Kind-Beziehung Folgen: persistierende Elternbindung in gleichgeschlechtlicher Identifizierung oder gegengeschlechtlicher Bindung an einen Elternteil Aufbau eines falschen Selbst (narzißtischer Anspruch, phallische Rivalität bei gleichzeitigem starken Selbstzweifel) doppelte Buchführung, Nicht-genau-wissen-Dürfen

Tabelle 1.3.5

führt z.B. zu einer Verteufelung des einen Elternteils oder zu seiner hochgradigen Idealisierung. Beim Erwachsenen kann es zur Übertragung der nur-guten oder nur-bösen Elternimago auf den Partner kommen. Hat sich in Abwehr von frühen Verschmelzungstendenzen eine starke Nähe-Angst ausgebildet, wird der unbefangene Umgang mit anderen im ödipalen Beziehungssystem erschwert und später beim Erwachsenen die erotische Anziehung als bedrohlich erlebt. Es sind vielfältige Verknüpfungen von Elementen früher und reifer Störungen möglich, die zu sehr unterschiedlichen Störungsbildern führen. Damit erübrigt sich die häufig geführte Diskussion, ob diagnostisch die eine oder die andere Störung vorherrsche, meist sind beide untrennbar miteinander verwoben.

Literatur

AINSWORTH, M.D.S., BLEHAR, M.C., WATES, E., WALL, S.: Patterns of attachment. A psychological study of the strange situation. Lawrence Erlbaum Associates, Hilldale, N.Y. 1978

BALINT, M.: Die Urformen der Liebe und die Technik der Psychoanalyse. Klett, Stuttgart 1966

BALINT, A.: Psychoanalyse der frühen Lebensjahre. Reinhardt, München 1970

BION, W.R.: Lernen durch Erfahrung. Suhrkamp, Frankfurt 1990 (engl. 1962)

BISCHOF-KÖHLER, D.: Spiegelbild und Empathie: Die Anfänge der sozialen Kognition. Huber, Bern 1989

BLANKENBURG W. (HRSG.): Biographie und Krankheit, Thieme Stuttgart 1989

BOWLBY, J.: Mutterliebe und kindliche Entwicklung. Reinhardt, München 1972 (engl. 1953)

BOWLBY, J.: Bindung. Eine Analyse der Mutter-Kind-Beziehung. Kindler, München 1972 (engl. 1969)

DOLTO, F.: Die ersten 5 Jahre. Alltagsprobleme mit Kindern. Beltz, Weinheim 1982

FREUD, A.: The concept of developmental lines. Psychoanal. Study Child 8 (1963) 245-265

GROSSMANN, K.E.: Die natürlichen Grundlagen zwischenmenschlicher Bindung. In: Niemitz, C. (Hrsg.): Erleben und Umwelt - zur Natur von Anlage und Selbstbestätigung des Menschen. Suhrkamp, Frankfurt 1987, S. 200-234

GROSSMANN, K.E. ET AL: Die Bindungstheorie: Modell und entwicklungspsychologische Forschung. In: Keller, H. (Hrsg.): Handbuch der Kleinkindforschung. Springer, Berlin Heidelberg 1989

KLEIN, M.: Die Psychoanalyse des Kindes. Reinhardt, München 1971 (engl. 1932)

KÖHLER, L.: Neuere Ergebnisse der Kleinkindforschung. Forum der Psychoanalyse 6 (1990) 32-51

KNAPP, G.: Narzißmus und Primärbeziehung. Psychoanalytisch-anthropologische Grundlagen für ein neues Verständnis von Kindheit. Springer, Berlin Heidelberg 1988

LICHTENBERG, J.D.: Psychoanalyse und Säuglingsforschung. Springer, Berlin Heidelberg 1991 (engl. 1983)

LIDZ, TH.: Das menschliche Leben. Die Persönlichkeitsentwicklung im Lebenszyklus. Suhrkamp, Frankfurt 1970 (engl. 1968)

MAHLER, M.S., PINE, F., BERGMANN, A.: Die psychologische Geburt des Menschen. Fischer, Frankfurt 1980 (engl. 1975)

PAPOUSEK, M.: Frühe Phasen der Eltern-Kind-Beziehung. Prax. Psychother. Psychosom. 34 (1989) 109-122

PAPOUSEK, H., PAPOUSEK, M.:
Lernen im ersten Lebensjahr. In: Montada, L. (Hrsg.): Brennpunkte der Entwicklungspsychologie. Kohlhammer, Stuttgart 1979, 194-212

PIAGET, J.: Der Aufbau der Wirklichkeit beim Kinde. Klett, Stuttgart 1975

ROHDE-DACHSER, CH.: Ausformungen der ödipalen Dreieckskonstellation bei narzißtischen und Borderline-Störungen. Psyche 41 (1990) 773-779

RUDOLF, G.: Intentionalität: Die Geschichte des Begriffs und seine heutige Bedeutung für das Verständnis kommunikativer Vorgänge. Psychother. Med. Psychol. 24 (1974) 39-45

SCHÜSSLER, G.; BERTL-SCHÜSSLER, A.: Neue Ansätze zur Revision der psychoanalytischen Entwicklungstheorie. Zeitschr. Psychosom. Med. 38 (1992) Teil I 77-87, Teil II 101.114

SLUCKIN, W. (ED.): Early learning and early experience. Penguin-Books, Harmondsworth 1971

SPITZ, R.: Die Entwicklung der ersten Objektbeziehungen, Klett, Stuttgart 1957

SPITZ, R.: Vom Säugling zum Kleinkind. Klett, Stuttgart 1965 (engl. 1954)

STERN, D.: Mutter und Kind. Die erste Beziehung. Klett, Stuttgart 1979 (engl. 1977)

STERN, D.: The Interpersonal world of the infant. Basic Books, New York 1985

WINNICOTT, D.W.: Übergangsobjekte und Übergangsphänomene. Psyche 23 (1969) 666-682

WINNICOTT, D.W.: Reifungsprozesse und fördernde Umwelt. Kindler, München 1974 (engl. 1965)

1.3.6 Störungen der Frühgenese und ihre Folgen

Die vorausgegangenen Kapitel sollten zum einen die lebensgeschichtliche Reifung der menschlichen Person sichtbar machen und zum anderen mögliche **Fehlentwicklungen** beschreiben, die im Erwachsenenalter als **Krankheitsdispositionen** wirken können. Dabei ließ sich eine Art psychischer Embryologie entwickeln, die Reifungsstufen psychosozialer Strukturen und ihrer Funktionen erkennen läßt. Analog zur körperlichen Embryonalentwicklung sind die Strukturen und Funktionen im Stadium ihrer Ausreifung besonders störanfällig.

Das Kind braucht in den verschiedenen Altersstufen sehr Unterschiedliches, um sich entwickeln zu können und entsprechend vielfältig sind die möglichen Störeinflüsse. Zwischen dem, was das Kind jeweils benötigt und dem, was die Umgebung ihm anbieten kann, besteht ein **Passungsverhältnis**; im günstigen Fall passen die kindlichen Bedürfnisse und elterlichen Angebote gut oder zumindest "gut genug" zueinander; im ungünstigen Fall sind die Bedürfnisse zu groß oder die Versorgungsmöglichkeiten zu gering; schlimmstenfalls wirken Außeneinflüsse hemmend oder zerstörend auf die anstehende Entwicklung. Unabhängig davon hat jedes Kind ein konstitutionell unterschiedlich ausgeprägtes Vermögen, auszugleichen und zu korrigieren, d.h. unerfüllbare Bedürfnisse zurückzunehmen, sie auf andere Gebiete zu verlagern und sich auf vielfältige Weise neu ins Gleichgewicht zu bringen. Die individuelle Fähigkeit der Bewältigung ist schwer einzuschätzen, und so läßt sich denn auch die Schwere der biographischen Belastung und die Ausprägung der daraus resultierenden Störung kaum in Beziehung setzen. Immer wieder sehen wir, daß gegenüber sehr belastenden familiären Bedingungen Überlebensstrategien entwickelt wurden, die zur Ausbildung einer relativ stabilen Persönlichkeitsstruktur führten, während umgekehrt geringe Belastungen nicht verarbeitet werden konnten und die Disposition zu einer gewichtigen Störung im Erwachsenenalter lieferten. Zwischen den Belastungen der Kindheit und der Krankheit des Erwachsenen spielen also die Bewältigungsprozesse eine wichtige Rolle. So können wir beim Vorliegen einer Fehlentwicklung des Erwachsenen nach biographischen Störeinflüssen suchen; wir können aber nicht sicher vorhersagen, ob schwierige Bedingungen der Kindheit eine psychische Störung von spezieller Art und Schwere bewirken wird. Die wissenschaftliche Diskussion um die Objektivierbarkeit frühkindlicher Störungen und ihre Folgen ist lebhaft im Gange.

Gleichwohl hat das Wissen um die frühen Entwicklungsschritte der menschlichen Person die Vorstellungen von Kindheit und dem Umgang mit Kindern in revolutionärer Weise verändert, und es werden sich voraussichtlich im Zusammenhang mit der aktuellen Säuglingsforschung, vielleicht auch

mit der Erforschung pränataler Entwicklungsabschnitte weitere Veränderungen ergeben. Das Wissen um die frühen Kontaktbedürfnisse des Säuglings und die Risiken der frühen Trennung haben dazu geführt, daß diesen Themen viel mehr Aufmerksamkeit gewidmet wurde, daß z.B. der Kontakt zwischen der Wöchnerin und dem Neugeborenen sehr viel enger gestaltet wird als früher oder daß durch das rooming-in in Kinderkliniken der Kontakt zwischen Kindern und Eltern erhalten bleibt. Gleichwohl werden auch manche Eltern durch die vielfältig angebotenen Informationen in ihrer Einstellung verunsichert; sie fühlen sich in stärkerem Maße für die Entwicklung ihrer Kinder verantwortlich und sind rascher bereit, "Schuld" für evtl. Fehlentwicklungen zu übernehmen, wie manche in der Literatur verbreiteten Konzepte es nahelegten ("Die schizophrenogene Mutter").
Für den erwachsenen Gesunden oder Patienten liegt die Kindheit weit zurück, er betrachtet sie durch die Brille seiner aktuellen Situation und Einstellung, u.U. entwickelt er für sehr belastende Ereignisse eine Amnesie oder er erlebt umgekehrt mäßige Belastungen sehr vergrößert. Während also die Erwachsenenpsychotherapie auf die Kindheit als Geschichte zurückblickt, hat die Kinderpsychotherapie oder Kinderpsychiatrie die Chance, die familiäre Interaktion unmittelbar zu beobachten. So macht z.B. das kinderpsychiatrische Diagnosensystem ICD-10 in seiner Achse V einen Vorschlag für die Beobachtung psychosozialer Belastungen, die zu Fehlentwicklungen führen können. Dieser Objektivierungsversuch verdient Interesse, weil er die zur Zeit diskutierten Belastungsmomente vollständig zu erfassen versucht. Die folgende Liste ist aus den Überschriften zusammengestellt.

1. **Abnorme intrafamiliäre Beziehungen**
   Mangel an Wärme in der Eltern-Kind-Beziehung
   Disharmonie in der Familie zwischen Erwachsenen
   Feindliche Ablehnung oder Sündenbockzuweisung gegenüber dem Kind
   Körperliche Kindesmißhandlung
   Sexueller Mißbrauch (innerhalb der Familie)
2. **Psychische Störung, abweichendes Verhalten oder Behinderung in der Familie**
   Psychische Störung / abweichendes Verhalten eines Elternteils
   Behinderung eines Elternteils
   Behinderung der Geschwister
3. **Inadäquate oder verzerrte intrafamiliäre Kommunikation**
4. **Abnorme Erziehungsbedingungen**
   Elterliche Überfürsorge
   Unzureichende elterliche Aufsicht und Steuerung
   Erziehung, die eine unzureichende Erfahrung vermittelt
   Unangemessene Forderungen und Nötigungen durch die Eltern
5. **Abnorme unmittelbar Umgebung**
   Erziehung in einer Institution
   Abweichende Elternsituation
   Isolierte Familien
   Lebensbedingungen mit möglicher psychosozialer Gefährdung
6. **Akute belastende Lebensereignisse**
   Verlust einer liebevollen Beziehung
   Bedrohliche Umstände infolge von Fremdunterbringung
   Negativ veränderte familiäre Beziehung durch neue Familienmitglieder
   Ereignisse, die zur Herabsetzung der Selbstachtung führen
   Sexueller Mißbrauch (außerhalb der Familie)
   Unmittelbar beängstigende Erlebnisse
7. **Gesellschaftliche Belastungsfaktoren**
   Verfolgung oder Diskriminierung
   Migration oder soziale Verpflanzung
8. **Chronische zwischenmenschliche Belastungen im Zusammenhang mit Schule oder Arbeit**
   Abnorme Streitbeziehung mit Schülern / Mitarbeitern
   Sündenbockzuweisung durch Lehrer / Ausbilder

Allgemeine Unruhe in der Schule bzw. Arbeitssituation

9. **Belastende Lebensereignisse oder Situationen infolge von Verhaltensstörungen oder**
Behinderungen des Kindes
Institutionelle Erziehung
Bedrohliche Umstände infolge von Fremdunterbringung
Abhängige Ereignisse, die zur Herabsetzung der Selbstachtung führen

Es gibt also eine große Vielfalt von Einflüssen, die störend auf die kindliche Entwicklung einwirken. Dazu gehört alles, was das Erleben von Sicherheit und Zugehörigkeit nachhaltig beeinträchtigt und was das heranreifende Selbstbewußtsein im Kern beschädigt; ferner alles, was der alterstypischen Entwicklung entgegenwirkt, indem es dem Kind zu früh Verantwortung aufbürdet oder es dauerhaft in kleinkindhafte Abhängigkeit einbindet. Katastrophale, traumatische Ereignisse und äußerlich sichtbare Notlagen lassen sich im Nachhinein leichter erfassen als andauernde Mikrotraumen, die durch eine spezielle Familienatmosphäre gesetzt werden. Aber auch schwerwiegende Ereignisse, wie z.B. eine Suchterkrankung, psychiatrisches, dissoziales oder sexuell übergriffiges Verhalten eines Elternteils werden oft jahrelang verleugnet oder verdrängt und treten erst im Verlauf von Therapien deutlich und affektintensiv ins Bewußtsein. Angesichts dieser Schwierigkeiten, belastende Einflüsse der Entwicklungsjahre zu objektivieren, verwundert es nicht, daß die Frage, welche Einflüsse zu welchen Störungen führen, immer wieder kontrovers diskutiert wird. Ob eine schwere Belastung letztlich zur Krankheit führt oder nicht, hängt schließlich auch von **protektiven Faktoren** ab. Entsprechende Untersuchungen zeigen, daß Menschen aus schwierigen Herkunftsbedingungen seltener erkranken, wenn sie es schaffen, bei aller Not doch eine Beziehung zu einem "positiven Objekt" aufzubauen, d.h. wenn sich irgendein Mensch für sie interessiert oder sie sich mit ihm identifizieren konnten.

Schließlich lassen neuere entwicklungspsychologische Verlaufsbeobachtungen der Kind-Eltern-Beziehung erkennen, in welchem starken Maße die Sicherheit der frühen Bindung des Kindes (d.h. die verinnerlichte Erfahrung, im Falle emotionaler Belastung durch eigene kommunikative Bemühungen die Bindungsperson herbeiholen zu können und in ihrer Nähe Schutz und Trost zu finden) die weitere Entwicklung bestimmt, so z.B. die Fähigkeit, konzentriert spielen - und später lernen - zu können, tragfähige Beziehungen zu Gleichaltrigen und zu Erwachsenen aufzubauen und soziale Konflikte lösen zu können. Die Arbeitsgruppe von Grossmann konnte zudem zeigen, daß das Fehlen der frühen sicheren Bindung das Kind veranlaßt, in seiner weiteren Entwicklung Bewältigungsstrategien zu entwickeln, um in der Beziehung zu seinen wichtigen erwachsenen Bezugspersonen und zu Gleichaltrigen mit seiner inneren Unsicherheit und Angespanntheit, seinem Mißtrauen und seiner aggressiven Gestimmtheit umgehen zu können. In den Langzeitbeobachtungen ließen sich die unterschiedlichen Entwicklungen von Kindern mit sicherer und unsicherer Bindung von der Kleinkindheit über die Kindergarten- und Schulzeit bis in das Jugendalter hinein empirisch nachweisen. Im Kapitel 2.2 - Der depressive Grundkonflikt - werden wir diese Fakten im klinischen Zusammenhang, d.h. im Hinblick auf Krankheitsdisposition und psychische Störung untersuchen.

Literatur

AMENDT, G., SCHWARZ, M.: Das Leben unerwünschter Kinder. Universität Bremen 1991

BOWLBY, J.: Trennung: Psychische Schäden als Folge der Trennung von Mutter und Kind. Kindler 1976 (engl. 1973)

BOWLBY, J.: Verlust, Trauer und Depression. Fischer, Frankfurt 1983 (engl. 1980)

BRÄUTIGAM, W.: Ursachenfragen bei neurotischen und psychosomatischen Erkrankungen. Zeitschr. Psychosom. Med. 36 (1990) 195-209

DÜHRSSEN, A.: Heim- und Pflegekinder in ihrer Entwicklung. Vandenhoeck & Ruprecht, Göttingen 1958

DÜHRSSEN, A.: Risikofaktoren für die neurotische Krankheitsentwicklung. Zeitschr. Psychosom. Med. 30 (1984) 18-42

DÜHRSSEN, A., HORSTKOTTE, G., KRAUS, M.: Elternverluste und ihre Bedeutung für die nachfolgende Generation. Zeitschr. Psychosom. Med. 29 (1983), 103-109

ERNST, C., LUCKNER, N. VON.: Stellt die Frühkindheit die Weichen? Enke, Stuttgart 1985

FREUD, A., BURLINGHAM, D. ET AL: Heimatlose Kinder. Zur Anwendung psychoanalytischen Wissens auf die Kindererziehung. Fischer, Frankfurt 1971

HARLOW, A.F., HARLOW, M.K.: Social deprivations in monkeys. Scient. Am. 207 (1962) 137-146

HAU, TH.F.: Frühkindliches Schicksal und Neurose. Vandenhoeck & Ruprecht 1968

HEIGL-EVERS, A., SCHEPANK, H. (HRSG.): Ursprünge seelische bedingter Krankheiten: Eine Untersuchung an 100 + 9 Zwillingspaaren mit Neurosen und psychosomatischen Erkrankungen. Vandenhoeck & Ruprecht, Göttingen 1982

HIRSCH, M.: Realer Inzest. Psychodynamik des sexuellen Mißbrauchs in der Familie. Springer, Berlin Heidelberg 1987

LIEBERZ, K.: Familienumwelt und Neurose. Vandenhoeck & Ruprecht, Göttingen 1990

MATTEJAT, F.: Familie und psychische Störungen: Ein Überblick zu den empirischen Grundlagen des familientherapeutischen Ansatzes. Enke, Stuttgart 1985

MEIERHOFER, M., KELLER, W.: Frustration im frühen Kindesalter. Huber, Bern 1970

MUHS, A., SCHEPANK, H.: Erb- und Umweltfaktoren psychogener Erkrankungen. Zeitschr. Psychosom. Med. 37 (1991) 194-206

RUDOLF, G.: Die Kindheit aus der Sicht des erwachsenen Patienten - Zur Problematik der Geneseforschung. In: Lehmkuhl, U. (Hrsg.): Therapeutische Aspekte und Möglichkeiten in der Kinder- und Jugendpsychiatrie. Springer, Berlin Heidelberg 1991

SCHEPANK, H.: Erb- und Umweltfaktoren bei Neurosen. Springer 1974

TRESS, W.: Das Rätsel der seelischen Gesundheit. Traumatische Kindheit und früher Schutz gegen psychogene Störungen. Vandenhoeck & Ruprecht, Göttingen 1986

WERNER, E.E., SMITH, R.W.: Vulnerable but invincible. A longitudinal study of Resilient Children and Youth. Mc Graw Hill, New York 1982

WIRSCHING, M., STIERLIN, H.: Krankheit und Familie. Klett Cotta, Stuttgart 1982

1.3.7 Typisch männlich - typisch weiblich: Die geschlechtsspezifische Entwicklung

Die Konzepte von Persönlichkeit, Krankheit und Therapie beziehen sich häufig auf geschlechtsneutrale "Menschen", obwohl sie für Männer und Frauen sehr unterschiedlich beschrieben werden müßten. In den letzten 10 Jahren haben vor allem Psychoanalytikerinnen eine kritische Diskussion darüber begonnen, ob die Entwicklung zur Weiblichkeit im Rahmen der geltenden psychoanalytischen Theorie wirklich verstanden werden kann. Die Psychoanalyse verfügt über ein einigermaßen stichhaltiges Konzept von Männlichkeit, daraus wurde das der Weiblichkeit, wenig überzeugend für viele heutigen Frauen, abgeleitet. Für die geschlechtsdifferente Entwicklung wurde vor allem der unterschiedliche Ausgang des Ödipuskomplexes verantwortlich gemacht: Der phallische Junge, der die Mutter begehrt und in dem Vater den Rivalen sieht, verdrängt diesen Komplex unter dem Druck der väterlichen Kastrationsdrohung; das Mädchen dagegen, das sich seiner Phalluslosigkeit bewußt wird, wendet sich von der Mutter ab und dem Vater zu, von dem es ein Kind phantasiert, während später die generelle Möglichkeit, ein Kind zu bekommen als Ersatz für den fehlenden Phallus genommen wird.

In kritischer Distanzierung zu diesem Konzept ("phallischer Monismus") bemühen sich die Psychoanalytikerinnen, mehr oder weniger feministisch engagiert, um ein neues Verständnis der Weiblichkeit. Die Schwierigkeit, geeignete neue Begriffe zu finden, wird damit erklärt, daß bereits die Sprache männlich geprägt sei und daß die bestehende Theorie von vorwiegend männlichen Autoritäten gehütet werde.

Eine neue Sichtweise richtet die Aufmerksamkeit vor allem auf die unterschiedlichen Interaktionsprozesse zwischen Eltern und ihren weiblichen oder männlichen Kindern und den sich daraus ableitenden unterschiedlichen Identifizierungen und Bindungsmustern. Während die Väter nach wie vor häufig, zum Teil berufsbedingt, abwesend sind, ereignet sich der größere Teil der Interaktionen zwischen Müttern und Kindern. Dabei sehen **die Mütter** von Anfang an in ihren Söhnen das geschlechtsfremde Wesen, etwas, das sie selbst nicht sind, aber jetzt haben (als narzißtische Ergänzung); sie richten ein stärkeres Begehren auf den Sohn als auf die Tochter. Angesichts der häufigen realen Abwesenheit der Männer und der nicht seltenen Enttäuschung an der realen Beziehung zu ihnen, kann sich die Sehnsucht verstärkt auf den Sohn richten, so daß dieser von früh an in stärkerem Maße ein potentieller Partner, u.U. ein Ersatzpartner sein kann. Seine traditionelle männliche Rolle garantiert ihm mehr an Autonomie und Aktivität, wobei die Frauen ihre Autonomieansprüche auf ihn projizieren oder an ihn abtreten und ihn für seine Selbständigkeit bewundern; umgekehrt muß er seine Abhängigkeitswünsche verleugnen und auf die Frau projizieren.

Allerdings ist die männliche Identität von Anfang an stärker gefährdet, sie kann in der Identifizierung mit dem emotional wichtigen Mutterobjekt untergehen oder durch die persistierende Gefühlsbindung an sie gefesselt bleiben, letzteres droht insbesondere dann, wenn die Mutter den Sohn idealisiert und zum Ersatz ihres Partners oder Ersatz ihres Vaters gemacht hat. Schwierig wird die männliche Entwicklungslinie auch, wenn die Mutter aufgrund ihrer inneren Verfassung dazu tendiert, den kleinen Sohn zu beneiden, mit ihm zu konkurrieren oder sich stellvertretend für alle enttäuschenden Männer an ihm zu rächen.

In der **Entwicklung zur Weiblichkeit** spielt eine zentrale Rolle, daß das Mädchen wie die Mutter ist, wie ein Teil von ihr, sich daher selbstverständlicher mit ihr identifiziert oder mit ihr identifiziert wird; für das Mädchen ist die weibliche Entwicklungslinie stärker vorgezeichnet, während der Junge die seine in Abgrenzung von dem primären Liebesobjekt erkämpfen muß. Das Mädchen hat es dafür schwerer, sich aus der engen Bindung zu lösen, aus der identifikatorischen Verpflichtung, in allem so zu sein wie die Mutter. Was den oft zitierten Penisneid betrifft, so spürt das Mädchen, daß es von der Mutter nicht als libidinöses Objekt begehrt wird, sondern als selbstverständlicher oder narzißtisch besetzter Teil des mütterlichen Selbst erlebt wird; ihm fehlt der Phallus, der nicht mit dem Organ Penis gleichzusetzen ist, sondern mit der Gesamtphantasie von Männlichkeit, einschließlich deren gesellschaftlicher Rolle. Bei der Realitätsprüfung des Geschlechtsunterschiedes registriert das kleine Mädchen, daß es offensichtlich einen Körperteil nicht besitzt, der bei seinem kleinen Bruder narzißtisch besonders besetzt ist, wogegen die weiblichen Fortpflanzungsorgane aufgrund ihrer Verborgenheit im Körperinnern noch wenig präsent sind. Daß sich allerdings der Stolz, grundsätzlich gebären zu können, wirklich über die Linie Vater/Phallus/Kind entwickelt, ist wenig wahrscheinlich. Je mehr Frauen (Mütter) ihren Körper als etwas Eigenes, Besonderes erleben können, desto eher können sie den Stolz auf seine besonderen Eigenschaften, Funktionen und seine Erlebnisfähigkeit auch ihren Töchtern vermitteln; nun ist es an dem kleinen Jungen, das Mädchen um dieses Besondere zu beneiden. Penisneid und Gebärneid sind also die unvermeidlichen Folgen der Realitätsprüfung, welche das Festgelegtsein auf ein Geschlecht und den Verzicht auf die faszinierenden Eigenschaften des anderen Geschlechts mit sich bringt.

Die **Rolle des Vaters** ist von früh an die des Dritten, der außerhalb der primären Mutter-Kind-Dyade steht und der durch seine männliche Andersartigkeit interessiert, aber auch erschreckt. Die Zuwendung zu ihm, der meist die zweite früh vertraute Person ist, lockert die dyadisch enge Mutterbindung auf und erlaubt eine triangulierte Beziehung; diese hat in den ersten Lebensjahren den emotionalen Aspekt des wichtigen Anderen, während sie im 4. bis 6. Lebensjahr die Geschlechtsidentität des Vaters betont. Die Beziehung des kleinen Jungen zum Vater und die Entwürfe, die der Vater auf seinen kleinen Sohn macht, sind von vornherein identifikatorisch, vom Kind aus mit idealisierenden Zuschreibungen (der Vater ist allmächtig), vom Vater aus mit delegierenden Erwartungen (der Sohn wird so großartig sein, wie er es gerne gewesen wäre) versehen. Für die Entwicklung des Jungen ist das männliche Selbstverständnis des Vaters von großer Bedeutung, ebenso wie dessen Sicht des Weiblichen, demonstriert an seiner Beziehung zur Mutter. Darüber hinaus ist es von großer Bedeutung, wie die Mutter ihren Mann gelten läßt, ihn aufbaut oder abwehrt. In seiner Identifizierung mit dem Vater und seiner Einstellung zur Mutter reproduziert der Junge die internalisierte Beziehung seiner Eltern.

Für das kleine Mädchen hat der Vater in der frühen Entwicklung eine ähnliche Funktion wie für den Jungen; er ist der Andere, der hilft, die frühe dyadische Beziehung aufzulockern und eine frühe Triangulierung zu ermöglichen. Gleichzeitig sucht das Mädchen beim Vater jenes libidinöse Begehren, das die Mutter nicht auf es richtet. Identifiziert mit der Mutter wendet es sich in der Phase der Geschlechtsidentität an den Vater als Mann und der Mann im Vater antwortet darauf und definiert die weibliche Seite der Tochter. Der Vater kann in der Person der kleinen Tochter das suchen, was er bei seiner Frau oder seiner Mutter entbehrt hat, eine ideale Frau, die ihn liebt, begehrt, bewundert. Es hängt von der Beziehung der Eltern ab, ob diese Aspekte der Vater-Tochter-Verliebtheit als Geheimnis gehütet, vor der Eifersucht der Mutter geschützt werden müssen, oder ob sie von allen drei Beteiligten akzeptiert wird. Die Weiterentwicklung bringt für das Mädchen mehrere Risiken: Es kann intrapsychisch in der vom Vater zugeschriebenen Rolle verbleiben ("Bleib' immer meine kleinen süße Tochter, werde nie wie Deine Mutter, sei so klug und stark wie ich"). Dieses Rollenangebot begünstigt die Entwicklung einer infantilen oder phallischen Variante von Weiblichkeit. Zugleich fördert es die Tendenz, eigene Bedürfnisse zurückzustellen, sich auf die Bedürfnisse des anderen auszurichten und ihm die Illusion von Befriedigung zu verschaffen, was letzten Endes einen Aspekt von Prostitution darstellt. Das zweite Risiko liegt in der realen Inszenierung der inzestuösen Phantasien in Gestalt von sexuell gefärbten oder eindeutig sexuellen Handlungen. Man schätzt, daß 25 % aller Mädchen sexuell-inzestuöse Erfahrungen in irgendeiner Art mit männlichen Familienangehörigen machen (im Vergleich dazu etwa 10 % der Jungen). Die im Sinne Bischofs existierende Inzestschranke wird dabei um so eher durchbrochen, wenn die Familie psychosozial wenig strukturiert ist, wenn wenig deutliche Generationsschranken bestehen, wenn familiäre Kontrollmechanismen durch Alkohol und Drogenprobleme außer Kraft gesetzt sind oder wenn männliche Familienangehörige relativ fremd sind (Stiefväter).

In der beschriebenen Entwicklungslinie von Weiblichkeit und Männlichkeit mischen sich **biologische und gesellschaftliche Einflüsse**, die nicht leicht zu unterscheiden sind. Manches von dem, was man früher als biologisch verankerte Eigenschaft ansah, erwies sich im nachhinein als zeittypische gesellschaftliche Rollenzuschreibung. Das gilt insbesondere für "typisch weibliche" Eigenschaften der Selbstlosigkeit, des Altruismus, des Zurückstehens bis hin zu Selbsterniedrigung und Selbstaufopferung. Sie haben damit zu tun, daß Frauen, biologisch oder gesellschaftlich bedingt, stärker auf die Beziehung zwischen Menschen ausgerichtet sind, während Männer sich eher in Richtung der Außenaktivität entwickeln. Die Beziehungsorientierung der Frauen stellt Werte wie Gemochtwerden, Anerkennung und Bestätigung finden, auch um den Preis der Unterwerfung in den Vordergrund; die männliche Aktivitätsorientierung betont die Notwendigkeit zu Konkurrenz und Rivalität im Bemühen um eine anerkannte Position. entsprechend leiden Männer stärker unter dem Verlust ihrer Autonomie und Handlungsfähigkeit, Frauen dagegen unter der Gefährdung oder dem Verlust ihrer Beziehungen.

Auf den Körper bezogen fürchten Männer vor allem den Verlust ihrer körperliche Integrität und Leistungsfähigkeit; körpernahe Ängste der Frauen betreffen die Verfügung über und den Zugang zum eigenen Körper und die Gefährdung der körperlichen Attraktivität. Es läßt sich nicht übersehen, daß Frauen Emotionen stärker erleben und intensiver ausdrücken, im Zusammenhang damit läßt sich auch ihre größere verbale Aktivität verstehen. Die Frau, die stärker auf Menschen, auf Erleben, auf Sprache ausgerichtet ist, leidet unter Einschränkungen und Konflikten in diesen Bereichen stärker bzw. sie gibt ihrer Enttäuschung und ihrem Schmerz stärkeren Ausdruck und sucht auch intensiver um Hilfe nach. So ist in fast allen medizinischen Disziplinen der Anteil von Frauen unter den Patienten deutlich höher; unter den Psychotherapie suchenden Patienten finden sich ca. 60 % Frauen, bei den durchgeführten Psychotherapien sind es ca. 70 %. 75 % der Anrufe in der telefonischen Suizidvorsorge werden von Frauen getätigt. Frauen haben häufiger Krankschreibungen aufzuweisen, sie erhalten mehr Medikamente verschrieben und speziell Psychopharmaka verordnet. So scheint die aktuelle gesellschaftliche Konvention auszusehen: Frauen dürfen klagen und um Hilfe bitten, Männer versuchen ihre Autonomie zu wahren; möglicherweise verfügen Frauen, die häufiger über Beschwerden klagen und mehr zum Arzt gehen, damit auch über das bessere Coping im Umgang mit Krankheiten, was Nathanson (1977) auf die Formel bringt, "Women get sick and men die".

Literatur

ABELIN, E.: Role of the father in the Seperation-Individuation-Process. In: Mc Devitt, J.B., Settlage, C.F. (Ed): Separation-Individuation. Univ. Press, New York 1971

ALPERT, J.: Psychoanalyse der Frau jenseits von Freud. Springer, Berlin Heidelberg New York 1992

BISCHOF, N.: Das Rätsel Ödipus: Die biologischen Wurzeln des Urkonflikts von Intimität und Autonomie. Piper, München Zürich 1985

BRÄHLER, E., FELDER, H. (HRSG.): Weiblichkeit, Männlichkeit und Gesundheit. Med. Psychol. u. Psychosomat. Untersuchungen. Westdeutscher Verlag, Opladen 1992

CHASSEGUET-SMIRGEL, J.: Psychoanalyse der weiblichen Sexualität. Suhrkamp, Frankfurt 1974 (franz. 1964)

CHODOROW, N.: Das Erbe der Mütter. Psychoanalyse und Soziologie der Geschlechter. Frauenoffensive, München 1985

DEGENHARDT, A.: Über die Genese psychischer Geschlechtsunterschiede. In: Spiel, W. (Hrsg.): Die Psychologie des 20. Jahrhunderts, Bd. 11, Kindler, München 1980, S. 380-406

ECKERT, R. (HRSG.): Geschlechtsrollen und Arbeitsteilung: Mann und Frau in soziologischer Sicht. Beck, München 1979

ERMANN, M.: Die Fixierung in der frühen Triangulierung. Forum 1 (1985) 93-110

FRIEDMANN, R.M. , L. LERNER (HRSG.): Zur Psychoanalyse des Mannes. Springer, Berlin Heidelberg New York 1991

FREUD, S.: Über einige psychische Folgen des anatomischen Geschlechtsunterschiedes. GW XIV, 1925, 27-30

FREUD, S.: Über die weibliche Sexualität (1931) GW 14, 515-537

GRANDE, T., WILKE, S., NÜBLING, R.: Symptomschilderungen und initiale Beziehungsangebote von weiblichen und männlichen Patienten im psychoanalytischen Erstinterview. Zeitschr. Psychosom. Med. 38 (1992) 31-48

HEIGL-EVERS, A., WEIDENHAMMER, B.: Der Körper als Bedeutungslandschaft. Die unbewußte Organisation der weiblichen Geschlechtsidentität. Huber, Bern 1988

HORNEY, K.: Die Angst vor der Frau. Über den spezifischen Unterschied in der männlichen und weiblichen Angst vor dem anderen Geschlecht. Int. Zschr. für Psychoanal.- 18 (1932) 5-18

MECHANIC, D.: Sex, Illness, Illness behavior and the use of health services. Social Science and Medicine 12 (1976) 207-214

MERZ, F.: Geschlechtsunterschiede und ihre Entwicklung. Ergebnisse und Theorien der Psychologie. Hogrefe, Göttingen 1979

NATHANSON, C.A.: Sex, Illness and Medical Care: A Review of Data, Theorie and Method. Soc. Science and Med. 11 (1977) 13-25

OLIVIER, CH.: Jokastes Kinder. Die Psyche der Frau im Schatten der Mutter. Claassen, Düsseldorf 1984

ROHDE-DACHSER, C.: Unbewußte Phantasie und Mythenbildung in psychoanalytischen Theorien über die Differenz der Geschlechter. Psyche 43, 1989, 193-218

ROHDE-DACHSER, C.: Expedition in den dunklen Kontinent. Weiblichkeit im Diskurs der Psychoanalyse. Springer, Berlin Heidelberg 1991

RUDOLF, G., STRATMANN, H.: Psychogene Störungen bei Männern und Frauen. Zschr. Psychosom. Med. 35 (1989) 201-219

SCHEPANK, H.: Geschlechtsunterschiede in Manifestation und Verlauf psychogener Erkrankungen. In. Brähler, E., Felder, H. (Hrsg.): Weiblichkeit, Männlichkeit und Gesundheit. Westdeutscher Verlag, Opladen 1992

STOLLER, R.J.: Sex and Gender. Science House, New York 1968

1.3.8 Latenzphase und Adoleszenz

In den bisher beschriebenen Lebensabschnitten werden die Grundlagen der Persönlichkeitsentwicklung gelegt. In den folgenden Jahren tritt erst mit der Geschlechtsreife in der Pubertät qualitativ Neues hervor, ansonsten erfolgt eine mehr oder weniger kontinuierliche Entfaltung und Ausgestaltung des bisher Erreichten. Die mit der Einschulung erreichte Reifungsstufe der Persönlichkeit bietet die Voraussetzung für eine längere Phase des intensiven Erfahrungserwerbs; im schulischen Lernen werden Informationen gesammelt und strukturiert, es werden Techniken des denkenden, rechnerischen und praktischen Umgangs mit der Realität geübt. Im sozialen Lernen des Alltags werden individuelle und alterstypische Lösungen für die Probleme des Miteinanders in der Familie und im Kreis der Gleichaltrigen entwickelt. Durch das Vorbild und die Erziehungsmaßnahmen der Eltern und durch die Anforderungen von Schule und Gesellschaft schreitet der Prozeß der Sozialisation fort. Bei zunehmender Autonomie ist das Kind dennoch in dieser Zeit auf das verläßliche Eingebundensein in die Familie angewiesen. Von seinen anstrengenden und abenteuerlichen Außenaktivitäten kehrt es vorläufig immer wieder in die Sicherheit der Primärfamilie zurück.

Ein entscheidender Entwicklungsschritt vollzieht sich in der **Pubertät** unter dem Einfluß hormoneller Veränderungen, die beim Jungen ungefähr im 12. bis 14., beim Mädchen etwa im 10. - 12. Lebensjahr auftreten (bei großer Streubreite). Die Ausbildung der Schambehaarung und Achselbehaarung, die Entwicklung der weiblichen Brust, das erstmalige Auftreten der Periodenblutung bzw. beim Jungen das Einsetzen von Erektion und Pollution signalisieren zusammen mit der allmählich stattfindenden geschlechtstypischen Gestaltbildung des Körpers eine tiefgreifende Veränderung der körperlichen Person. Hinzu kommt die zunehmende Erotisierung des eigenen Körpers und das sexuelle Angesprochenwerden durch den Körper des Anderen im Zusammenhang mit sexuellen Phantasien und Handlungsimpulsen. Für das Selbst stellt sich die schwierige Aufgabe, sich in diesem veränderten und oft zunächst als fremd erlebten Körper zurechtzufinden. Für die bisher gewachsene Persönlichkeitsstruktur bedeutet die pubertäre Entwicklung eine Belastungsprobe. Die Umstellungen in der Adoleszenz betreffen nicht nur die Umgestaltung der Identität, sondern damit verbunden auch die Ablösung aus der Geborgenheit der Familie und das Eintreten in die definitive Selbständigkeit und Selbstverantwortung. Die einzelnen Entwicklungsschritte auf dem Weg sind individuell variabel, geschlechtsgebunden und soziokulturell unterschiedlich. Es ist nicht immer leicht zu unterscheiden, was in diesem Umbruchsprozeß als "normal", was als Variante des Üblichen und was als offenkundige krisenhafte Störung zu verstehen ist.

In der **Vor-Adoleszenz** regredieren männliche Jungendliche auf präödipale Züge analen und aggressiven Verhaltens, Mädchen identifizieren sich u.U. mit kämpferisch-aggressiven "männlichen" Zügen. Beide Entwicklungen signalisieren in ihrer forcierten Autonomie zunächst die Vermeidung von erotischen Interessen und Nähebedürfnissen. Die Konfrontation mit solchen Themen löst Verlegenheitsgefühle aus, häufig auch Affektausbrüche, wie z.B. Kicheranfälle.

Die Phase der **frühen Adoleszenz** bringt zunächst eine verstärkte Ausrichtung auf das eigene Geschlecht. Insbesondere Jungen finden sich in Kohorten von Altersgleichen; die Peer-Group entwickelt ihre Regeln und Rituale, eine gemeinsame Sprache und äußere Zeichen, an denen sich die Mitglieder erkennen; unübersehbar ist die narzißtische Besetzung von äußeren Merkmalen wie Kleidung, Frisuren, Besitzgegenständen; in Rangordnungsstreitigkeiten werden Hackordnungen aufgebaut und der Einzelne ordnet sich den Anführern der Gruppe bzw. ihren Leitfiguren unter. Die Hochschätzung der Gleichaltrigen-Gruppe geht einher mit einer Entidealisierung, evtl. auch Entwertung der Elternfamilie. Das sich aus der engen Familienbindung lösende Selbst des Jugendlichen wirkt narzißtisch aufgebläht und unsicher, es sucht Selbstbestätigung in intellektuellen, asketischen, sportlichen Leistungen, in religiösen oder philosophischen Ansichten oder es sucht Halt und Orientierung in der Gleichaltrigengruppe; hier wird geschlechtstypisches Verhalten in festgelegten Ritualen eingeübt. Jungen entwickeln vorübergehend ein gewisses Maß an homosexueller Orientierung bei gleichzeitiger offizieller Abwertung des Gegengeschlechts ("die Weiber"). Psychosexuelle Entwicklungen, die später in manifeste Homosexualität münden, werden für männliche Jugendliche häufig in dieser Zeit bewußt und führen zunächst zu großer Verunsicherung und zu Fremdheitsgefühlen.

Die Peer-Gruppen der Mädchen sind kleiner als die der Jungen, sie umfassen oft nur wenige sehr gute Freundinnen, die im Gefühl wichtiger Vertrautheit zusammenhängen und dabei u.a. auch ein sehr ausgeprägtes Mitteilungsbedürfnis entwikkeln. Mädchen stabilisieren das unsichere Selbst dadurch, daß sie alles zu zweit oder zu dritt machen; die noch wenig ausgeprägte Selbstreflektion wird dadurch substituiert, daß alles wechselseitig gespiegelt, bewertet und interpretiert wird. Aufkommende Zuneigungen für gleich- oder gegengeschlechtliche Personen aus der eigenen Generation oder aus der Elterngeneration bilden meist streng gehütete Geheimnisse, die insbesondere den geschätzten Personen nicht anvertraut werden. Oft gilt die verehrungsvolle Zuneigung auch Idolfiguren des öffentlichen Lebens, die vorübergehend wichtige Identifikationsobjekte darstellen.

Mit fortschreitender Adoleszenz tritt das Bedürfnis, das eigene individuelle Selbst von der Peer-Gruppe abzuheben, wieder stärker hervor; der Jugendliche unterzieht das Selbst bezüglich seiner narzißtischen Aspekte einer Realitätsprüfung, er nimmt erste libidinöse Objektbesetzungen vor. Die nunmehr erfolgende erotische Ausrichtung und die sexuellen Annäherungen führen schließlich zur Paarbildung.

Mögliche Störungen und ihre Folgen für die Persönlichkeitsentwicklung

Pubertät und Adoleszenz sind psychotherapeutisch von besonderer Bedeutung, weil sie im Gegensatz zur frühen Kindheit meist gut erinnerlich sind. Das in den frühen Entwicklungsjahren des Kindes gebildete Grundgerüst der Persönlichkeit steht in dieser Schwellensituation der Verselbständigung und des Objektwechsels (von den Sicherheit gebenden Primärobjekten zu den selbstgewählten Fremdobjekten) vor einer zentral wichtigen Aufgabe, die es mit seinen individuellen Möglichkeiten bewältigen muß. Alles, was später beim Erwachsenen an neurotischen und persönlichkeitsstrukturellen Problemen zutage treten wird, ist hier bereits sichtbar: Die spezifischen Bedürfniskonflikte und Beziehungsängste, die Probleme der Selbstkontrolle und Realitätsbewältigung, die Selbstwertzweifel und die Identitätsunsicherheiten, die in den frühen Lebensjahren angelegt wurden, treten hier zutage. Manchmal verbergen sich die späteren neurotischen Schwierigkeiten in der Adoleszenz noch hinter Ängstlichkeit, Schüchternheit, Überangepaßtheit, Rückzug in intellektuelle oder religiöse Welten, in Leistungsbetonung oder im regressiven Rückzug auf die Primärfamilie. In solchen Fällen erscheint der Jugendliche u.U. nach außen als besonders unauffällig, brav, anständig, vernünftig, während sich dahinter bereits seine Lebensangst und Einsamkeit verbergen kann. Die fast unvermeidlichen vorübergehenden Krisen der Adoleszenz klingen meist wieder ab; manchmal entwickelt sich jedoch durchbrüchig aggressives, süchtiges oder depressives Verhalten, das den jungen Erwachsenen weiter begleiten wird. Eine typische Symptombildung der Adoleszenz stellt die Pubertätsmagersucht dar, die als der Versuch verstanden werden kann, eine jugendliche Identitätsproblematik und Sexualabwehr mit Mitteln der asketischen Selbstkontrolle zu bewältigen (s. Kapitel Eßstörungen).

Die Probleme des Jugendlichen in der Adoleszenz gehen selten nur ihn ganz alleine an. Aufgrund der Entwicklungsnotwendigkeit, sich Unterstützung und Vorbilder aus der Familie zu holen und sich gleichzeitig von ihr abzugrenzen und sich zu individuieren, resultiert eine Problematik, die alle Familienmitglieder gleichermaßen berührt. Die Entwicklung des Jugendlichen mobilisiert bei den Eltern eigene Ängste, Sicherheitsbedürfnisse, Ausbruchstendenzen und unterschwellige Konfliktspannungen der Partnerschaft. Aus diesen Einstellungen heraus wirkt das, was der Jugendliche tut und will für die Eltern manchmal "verrückt", gefährlich oder unverständlich. Umgekehrt bedeutet die Entwicklung des Jugendlichen für die Eltern auch eine Versuchung, sich zusammen mit ihrem Kind wieder jugendlich zu fühlen; dort, wo sie selbst an der Schwelle von der Eltern- zur Großelterngeneration stehen, identifizieren sie sich vorübergehend mit den Lebensgewohnheiten ihrer jugendlichen Söhne und Töchter.

Es versteht sich von selbst, daß der heikle Individuationsprozeß des Jugendlichen von den Eltern eher unterstützt werden kann, wenn diese sich selbst im Gleichgewicht befinden. Je größer die psychische Not eines Elternteils oder die Beziehungsproblematik des Paares ist, desto schwerer wird es für den Jugendlichen, eigene Wege zu beschreiten; er fühlt sich unbewußt verpflichtet, dem einzelnen Elternteil zur Verfügung zu stehen oder die brüchige Beziehung durch seine Anwesenheit zu kitten. War es in den Erziehungspraktiken vergangener Generationen wahrscheinlich mehr der Fall, daß das jugendliche Aufbegehren autoritär unterdrückt wurde ("Solange Du Deine Füße unter meinen Tisch stellst, ..."), so wird umgekehrt den Jugendlichen gegenwärtiger Familien wahrscheinlich häufiger die notwendige Strukturierung und Anleitung vorenthalten; bei gleichzeitiger materieller Verwöhnung erleben sie die selbst verunsicherten und mit sich beschäftigten Eltern zwar gewährend, aber wenig Halt gebend.

Literatur

Bancroft, J., Reinisch, J.M.: Adolescence and Puberty. Univ. Press, Oxford 1990

Blos, P.: Adoleszenz: Eine psychoanalytische Interpretation. Klett, Stuttgart 1973 (engl. 1962)

BOHLEBER, W., LEUZINGER, M.: Narzißmus und Adoleszenz. Bemerkungen zum "neuen Sozialisationstypus". In: Psychoanalytisches Seminar Zürich: Die neuen Narzißmustheorien: Zurück ins Paradies? Syndikat, Frankfurt 1981

COLEMAN, J.C.: Eine neue Theorie der Adoleszenz. In: Olbrich, E., Todt, E.: Probleme des Jugendalters. Springer, Berlin Heidelberg 1984

ERIKSON, E.H.: Kindheit und Gesellschaft. Klett, Stuttgart 1965 (engl. 1950)

ERIKSON, E.H.: Identität und Lebenszyklus. Suhrkamp, Frankfurt 1966 (engl. 1959)

FLAAKE, K., KING, V. (HRSG.): Weibliche Adoleszenz. Zur Sozialisation junger Frauen. Campus, Frankfurt New York 1992

FREUD, A.: Probleme der Pubertät. Psyche 14 (1960) 1-24 (engl. 1959)

MITSCHERLICH, A.: Pubertät und Tradition. In: von Friedeburg (Hrsg.): Jugend in der modernen Gesellschaft. Kiepenheuer und Witsch, Köln 1965

REMSCHMIDT, H.: Psychiatrie der Adoleszenz. Thieme, Stuttgart 1992

1.3.9 Die Entwicklungsstufen des Erwachsenenalters

Wenn auch die frühen Jahre der Kindheit entwicklungsgeschichtlich prägend und von herausragender Bedeutung sind, so ist doch die Persönlichkeitsentwicklung mit der Adoleszenz nicht abgeschlossen. Im Umgang mit den spezifischen Anforderungen jeder Altersstufe strukturiert sich die Persönlichkeit weiter um, entwickelt neue Selbstvorstellungen, Kompetenzen und Konfliktlösungsstrategien.

Der **junge Erwachsene** steht vor der Aufgabe, die in der Adoleszenz gewonnene psychosexuelle Identität und die in einem langen Lernprozeß gesammelten Sachinformationen und sein soziales Wissen zu nutzen, sei es um die Existenzsicherung in einer beruflichen Tätigkeit zu leisten, sei es um eine wichtige persönliche Beziehung im Rahmen einer Partnerschaft zu etablieren. Dabei stellen sich große exploratorische Aufgaben, die Neugier, Risikofreude und Mut zur Entscheidung verlangen, aber auch Konstanz und Ausdauer erfordern. Junge Erwachsene müssen über ein gewisses Maß von kreativer Aggressivität und sexueller Aktivität verfügen, um zu diesen Zielen zu gelangen. Kontaktscheu, allgemeine Ängstlichkeit, Selbstzweifel und allgemeine Unstrukturiertheit sind häufige neurotische Hindernisse, welche Patienten dieses Alters zur Psychotherapie führen und die mit späteren Jahren geringer werden.

Das **mittlere Erwachsenenalter** bringt die Übernahme beruflicher und elterlicher Verantwortung mit sich. Die Entscheidung für eine definitive Lebensform, für eine dauerhafte Partnerschaft, für eigene Kinder und die in diesen Feldern anstehenden Auseinandersetzungen stellen die Hauptaufgaben. Mit der Übernahme der elterlichen Rolle verbunden ist die definitive Abnabelung aus der eigenen Elternfamilie; regressive Bedürfnisse und ungelöste Elternbindung sowie Ausbruchstendenzen aus den eingegangenen Verantwortungen und Bindungen schaffen häufig Konfliktspannungen. Die Fülle der Kraft in diesem Lebensabschnitt läßt vorübergehend alles möglich erscheinen, so daß vieles gleichzeitig in Angriff genommen wird. Die Umstrukturierung der Paarbeziehung vom Liebespaar zum verantwortlichen Elternpaar ist anstrengend und mündet nicht selten in Trennungen und neue Beziehungsversuche. Am Ende dieser Epoche steht der Abschied von manchen Hoffnungen und Wünschen (z.B. doch noch den Idealpartner zu finden, doch ein eigenes Kind zu haben, doch beruflich besonders erfolgreich zu werden usw.).

Das **späte Erwachsenenalter** erfordert die Ablösung von den eigenen, nun erwachsen gewordenen Kindern (oder in Analogie dazu von anderen angestrebten Zielen) und die verstärkte Rückbesinnung auf die eigene Person. Das Paar, dessen Beziehung ca. 2 Jahrzehnte durch die Elternaufgaben strukturiert war, muß im Umgang miteinander einen neuen Weg suchen. Wunschträume, die sich auf bisherige Lebensziele im Beruf, in der Partnerschaft oder in der Entwicklung der Kinder gerichtet hatten, müssen um so schmerzlicher verabschiedet werden, je illusionärer sie ausgebildet waren. Die körperlichen Kräfte lassen nach, Beschwerden stellen sich ein, narzißtische Erwartungen an die eigene Körperlichkeit und die des Partners oder der Partnerin sind immer schwerer zu erfüllen. Um der drohenden Depression der "Midlife Crisis" zu entgehen, werden von manchen Menschen entschiedene Neuanfänge gewagt, sei es mit jüngeren Partnerinnen oder mit radikaler beruflicher Umstrukturierung ("Aussteiger"). Zugleich sind die sozialen und beruflichen Kompetenzen jetzt hoch entwickelt; wenn die krisengefährdete Situation gemeistert werden kann, besteht die Möglichkeit zu produktiver und kreativer Tätigkeit, zur Übernahme von Verantwortung und zur Weitergabe eigener Erfahrungen an die nächste Generation.

Die Situation des **älteren Menschen** hat sich in den letzten Jahrzehnten deutlich verändert. Immer mehr Menschen werden sehr alt; mit dem Ausscheiden aus dem Berufsleben finden sich viele 65-Jährige in körperlich relativ guter Verfassung, häufig wirtschaftlich gesichert, aber ohne engen Familienanschluß und ohne gesellschaftlich klar definierte Rolle. Die intensivierte Alternsforschung verwarf die früheren Defizitmodelle des Alters zu Gunsten einer Neubestimmung dieser Lebensepoche, die ganz eigene Kompetenzen und Möglichkeiten aufweist. An entwicklungsbedingten Aufgaben setzt sich die Abschiedsthematik fort; Gleichaltrige, oft auch Partner sterben, die vertraute Welt verändert sich unter dem Einfluß der Jüngeren rasch, Dinge sind nicht mehr wie sie früher waren. Im familiären Bezugsrahmen bietet die Großelternrolle die Möglichkeit, sich an Kindern zu freuen, ohne unmittelbar Verantwortung tragen zu müssen. Im Umgang mit Menschen, z.B. auch mit anderen Älteren, werden die bis dahin erarbeiteten Beziehungsmuster von Kontaktaufnahme oder Rückzug aktiviert. Zugleich kann ein Mehr an Freiheit erlebt werden; die Freiheit vom Kämpfen-Müssen, vom Müssen überhaupt eröffnet Möglichkeiten der intensiveren Wahrnehmung des Genießens und des produktiven Tuns, wie sie früher nicht realisiert werden konnten. Über die Zufriedenheit oder das Leid entscheidet u.a. die emotionale Bewertung des bisherigen Lebens; sie kann zur verbitterten Resignation und zum enttäuschten Rückzug veranlassen oder zu einer dankbaren Akzep tanz des eigenen Lebens führen, so daß dann letztlich angesichts eines gelebten Lebens dessen Loslassen im Tode vorstellbar wird.

Über alle Lebensabschnitte hinweg steht das Selbst immer wieder vor der Aufgabe, sein Bild entsprechend der neuen Bedingungen zu modifizieren, das Selbstbild der vorausgegangenen Epoche loszulassen, einen neuen Entwurf für die begonnene Altersstufe zu machen und dessen Verwirklichung anzustreben. Zugleich muß das Selbst seine Objektbesetzungen immer wieder verändern, es muß immer wieder Verluste und Abschiede verarbeiten und neue Ausrichtungen leisten können. Mit zunehmendem Alter müssen mehr und mehr äußere Objekte durch innere Objekte ersetzt werden. Die Forschung konzentriert sich von der Säuglingsforschung bis zur Alternsforschung auf die sehr unterschiedlichen Teilaspekte des menschlichen Lebens, die Lebensentwicklung als Ganzes ist wissenschaftlich noch schwer zu greifen.

Das zyklische Geschehen im lebenslangen Wechsel von **Objektbindung** und **Verselbständigung** ist im abschließenden Schema dargestellt.

Der Entwicklungszyklus von

Bindung	**und**	**Autonomie**
Intrauterine Geborgenheit		
	↓	
Verlust durch Geburt	⟶	**Autonomie des Neugeborenen**
	↓	
Frühe Bindung	⟵	Alleine nicht lebensfähig
	↓	
Verlust des guten Objekts	⟶	**Frühkindliche Autonomie**
	↓	
Ödipale Bindung	⟵	Einschränkung durch die Umwelt und die innere Entwicklung
	↓	
Verlust der frühen libidinösen Objekte	⟶	**Kindliche psychosexuelle und soziale Identität**
	↓	
Soziale Einbindung in Gruppen	⟵	Einschränkung durch soziale Forderung
	↓	
Relativierung der sozialen Gruppenbindung zugunsten von	⟶	**Jugendliche Autonomie**
	↓	
Partnerbindung	⟵	Relativierung der forcierten Autonomie zugunsten von
	↓	
Freiheit von Bindung und Lösung	⟶	**Frühe erwachsene Individuation**
	↓	
Familiale Bindung	⟵	Einschränkung zugunsten von
	↓	
Mit Großwerden der Kinder	⟶	**Reife erwachsene Individuation**
	↓	
Allgemeine menschliche Einbindung	⟵	Ermöglicht
	↓	
Verlust durch den Tod		

Tabelle 1.3.9

1.4 Die Struktur der Persönlichkeit

1.4.1 Die Struktur des Ich

Historisch wird in der Psychoanalyse vieles unter dem Stichwort "Das Ich" behandelt, was später auch unter dem Begriff "Das Selbst" beschrieben wird. Vor allem das Festhalten am einem libidotheoretischen Grundkonzept machte es schwer, dem Begriff Selbst einen angemessenen Ort zuzuweisen und ihn von dem Ich sinnvoll abzugrenzen. Die Verwirrung läßt sich relativ leicht beheben, wenn wir folgenden wichtigen Gesichtspunkt beachten, den Seidler ausführlich diskutiert hat:

> Das Selbst ist eine reflexive Struktur (Das Ich nimmt sich selbst zum Objekt, reflektiert sich selbst, sieht sich selbst)
> Das Ich ist eine präreflexive Struktur ("ich bin es, der denkt, spricht, handelt"), es erfolgt jedoch keine reflexive Betrachtung.

Im folgenden werden das präreflexive Ich und das reflexive Selbst in ihrer Entwicklung und in ihren Funktionen beschrieben.

Es gibt eine basale, nicht weiter reduzierbare Erfahrung des Subjekts, die als Ich-Erleben charakterisiert werden kann. Es ist die evidente Erfahrung von "das bin ich" (der da spricht, sich bewegt, handelt, begehrt).
Das Ich wird besonders deutlich als intentionales Ich erfahren, als Ich, das sich auf die Objektwelt hin ausrichtet, auf sie hinschaut, sich auf sie zubewegt, auf sie bezogen handelt. Darüber hinaus gibt es aber auch nichtintentionale Bereiche des Ich.
Ein Blick in die Entwicklungspsychologie kann die Situation klären helfen. Das ca. 1/2 Jahr alte Baby ist unübersehbar intentional; außer daß es mit seinen Augen und Ohren die Ereignisse und vor allem die daran beteiligten Menschen aufmerksam verfolgt, pflegt es, was ihm erreichbar ist, mit den Händen zu greifen und in den Mund zu stecken. Mund und Hand werden spielerisch exploratorisch genutzt. Die Freude an der Wiederholung solche Handlungen (Funktionslust) und die wachsende Fähigkeit, sie motorisch zu steuern und zu variieren lassen erkennen, daß sie zu einem Bestandteil der eigenen Handlungskompetenz geworden sind. Entsprechend betrachtete die Psychoanalyse das "Mund-Ich" und das "Hand-Ich" als frühe Bestandteile eines heranreifenden psychischen Ich.
Gelegentlich erwischt das Baby bei seinen Greifhandlungen auch den eigenen Fuß und steckt den Zeh in den Mund; es erweitert damit seine Ich-Erfahrung (der Mund, das bin ich, die Hand, das bin ich, die Zehe, das bin ich zu meiner Überraschung auch"). - So ähnlich können wir uns vorstellen, daß die verschiedenen Aspekte des Ich-Erlebens nach und nach ein Zentrum des eigenen Erlebens und der eigenen Handlungsfähigkeit zugeordnet werden.
Zugleich lernt das Kind, daß manche wahrgenommene, mit Händen erfaßte und mit dem Mund explorierte Objekte zu einer anderen Kategorie gehören. Wenn das Kind statt der eigenen Hand die Finger der Mutter in den Mund steckt und daran spielerisch saugt, erhält es keine propriozeptive Rückmeldung wie bei der eigenen Zehe. In einem endlos wiederholten Sortiervorgang und Lernprozess schält sich die Erfahrung heraus: "Das bin ich - das bin nicht ich".
Sehr viel länger dauert es, bis die eigene Gestimmtheit als "zu mir gehörig" erlebt werden kann. Zunächst bleiben das nagende Hungergefühl, die verstimmende Müdigkeit, das Bauchkneifen bei Verdauungsschwierigkeiten irgendwo im Nicht-Ich lokalisiert, bis sie allmählich zu einer Eigenwahrnehmung "ich bin es, der sich so fühlt" werden können. Nach psychoanalytischer Überzeugung werden die positiven Erfahrungen des Wohlbefindens eher dem eigenen Ich zugeordnet, während die negativen Eindrücke von Schmerzen, Mißempfindungen, Frustriertheit eher draußen lokalisiert (projiziert) bleiben.
Auf der einen Seite steht die Funktionslust und wachsende Handlungskompetenz, mit der das Kind seinen Mund, seine Stimme, seine Hände und mehr und mehr seine gesamte Körpermotorik aktiv einsetzt ("das bin ich"), auf der anderen Seite lernt es offensichtlich von ihm unabhängige Ereignisse,

Bewegungen, Vokalisierungen zu registrieren und zuzuordnen ("das bin nicht ich"). Am spannensten ist für das Kind freilich die interaktionelle Verknüpfung zwischen Ich und Nicht-Ich, das Wechselspiel von eigener Bewegung und Bewegung des anderen, von eigenen stimmlichen Äußerungen und Aktivitäten des Gegenübers. Die wachsende intentionale Kompetenz des Ich wird zur interaktionellen Kompetenz; das Kind kann nicht nur agieren, sondern auch Reaktionen herbeiführen ("ich bin es, der die Eltern dazu bringt, Späßchen zu machen, die Flasche zu bringen, mich auf den Arm zu nehmen").
Am Ende der Entwicklung besteht ein verläßliches Gefühl von **Ich-Grenzen;** wie wichtig es ist, diese Grenzen sicher zu spüren, sehen wir bei Patienten, die in dem Gefühl leben, eine "dünne Haut" zu haben oder "durchsichtig" zu sein. Patienten mit Erythrophobie z.B. haben die Vorstellung, andere könnten sehen was sie denken; bei sensitiven Patienten ist diese Überzeugung noch ausgeprägter. Sie sind nicht nur dem sie beschämenden Einblick der anderen ausgeliefert, ihre Dünnhäutigkeit signalisiert auch ihre Störbarkeit und Verletzlichkeit durch die Blicke, die Handlungen und die Worte des anderen. Es ist so, als könnte er in ihr Innerstes hineinwirken und sie in ihrem Kern treffen.
In der Entwicklungsgeschichte des Ich lassen sich psychische und körperliche Aspekte unterscheiden:

Das körperliche Ich-Erleben

Die frühesten Ich-Erfahrungen sind körperlich. Am Ende der Entwicklung steht die ganzheitliche lebendige Überzeugung "das bin ich körperlich", alle die verschiedenen Teile und Aspekte des Körpers gehören dazu, der Körper ist kein fremdes Objekt, keine Außenwelt, sondern gehört in alle seinen angenehmen und schmerzhaften Erfahrungen zum Ich.
Unzweifelhaft ist das körperliche Ich-Erleben von anderer Qualität als das psychische; die psychischen Akte lassen sich leichter unmittelbar als ichhaft erfahren ("ich denke, also bin ich"). Die Akte der Wahrnehmung ("ich sehe, ich höre") gehören ebenso selbstverständlich zum Ich, während der materielle Körper, der Rumpf, die Gliedmaßen, der Kopf schwerer in ein ganzheitliches Ich integriert werden kann. So scheint es vorstellbar, daß man Teile des eigenen Körpers haben oder verlieren kann. Mit großer Angstlust spielen Kinder Spielchen, in denen ihnen Körperteile weggenommen werden: "das ist mein Fuß" (sagt der Erwachsene und nimmt den Fuß des Kindes in die Hand, "nein, das ist meiner" (sagt das Kind und zieht ihn zu sich zurück). Die Interaktion bietet auch ein spielerisches Training für die Unterscheidung: was bin ich, was bin nicht ich. Mehr als das Psychische ist der Körper natürlich auch von vornherein Objekt des eigenen Ich ("ich habe einen Körper, das ist mein Körper"). Die Augen als Wahrnehmungsorgane, die Hände als exploratives Organ können große Teile des eigenen Körpers zum Gegenstand ihrer Wahrnehmung und Erforschung machen, mit ihm umgehen, ihn in Besitz nehmen, ihn haben und damit auch die Befürchtung ausbilden, ihn verlieren zu können.
Ebenso wie die Entwicklung des psychischen Ich-Erlebens ist auch die Entfaltung des körperlichen Ich von der Erfahrung der Interaktion abhängig, von der körperlichen Versorgung, Fütterung, Hautpflege, körperlichen Zärtlichkeit, körperlichen Beachtung, vom spielerischen Umgang mit dem Körper in den unterschiedlichsten Körperhaltungen. Wahrscheinlich sind es diese fürsorglichen, zärtlichen, spielerischen, in allen Fällen kommunikativen Zuwendungen des Erwachsenen für die Körperlichkeit des Kindes, die in ihm die Festigung eines körperlichen Ich-Erlebens bewirken. Die Beeinträchtigungen des Körper-Ich, die uns vor allem bei den Somatisierungsstörungen begegnen, lassen sich als Beziehungsdefizite im frühen körperlichen Umgang verstehen. Das regressive Moment der Störung verweist auf eine Entwicklungsebene, in der eine sicher abgegrenzte körperliche Ich-Erfahrung noch nicht konsolidiert ist.

Das psychische Ich-Erleben

Eine wachsende lebendige Überzeugung von "Ich" bildet das Zentrum des eigenen Handelns und Erlebens ("ich bin es, der hinschaut, sich bewegt, etwas greift, sich wohlfühlt" usw.). Das basale lebendige Gefühl der Ichhaftigkeit findet in der Sprachentwicklung seinen ganz besonderen Ausdruck darin, daß das Kind das Wort "ich" zu verwenden lernt und auf dem Höhepunkt der analen Phase in unendlichen Wiederholungen seine Intentionen ("ich will") und seine Kompetenzen ("ich kann") zu realisieren versucht und ihnen u.U. mit trotziger Wut Nachdruck verleiht.

Störungen des Ich-Erlebens stellen von einer reiferen Stufe aus gesehen bedrohliche Verluste oder Defizite dar. An die Stelle des "ich bin es, der ..." tritt das Gefühl des Zweifels, der Fremdheit, der Leere. Was hier als psychiatrische Störung imponiert (z.B. in der Derealisation, Depersonalisation) wird weniger bedrohlich, wenn wir den regressiven Charakter des Vorgangs unterstreichen. Es ist hier offenbar ein Funktionsniveau aktiviert, in dem das Erleben eines starken zentralen Gefühls von Ich noch nicht existiert und wo stattdessen lediglich einzelne, voneinander separierte Ich-Erfahrungen vorliegen (z.B. im Mund, in den Händen, in der optischen Wahrnehmung, irgendwo im Körper). Die genaue Untersuchung von Entfremdungserlebnissen läßt erkennen, daß in diesem Sinne einzelne Bereiche des Körpers oder der umgebenden Objektwelt intensiv herausgehoben werden ("ich habe das Gefühl, meine Hände sind ganz groß, alles andere ist gar nicht mehr da") und nicht mehr in ein wohlgeordnetes, intentionales Schema des Erlebens und der Wahrnehmung integriert sind.

Aus dieser Sicht handelt es sich bei dem beschriebenen Phänomen nicht um eine defektartige Schwäche des Ich, sondern um eine Tendenz, frühe Erlebnisformen bzw. frühe Beziehungsmodi zu reaktivieren. So betrachtet wird aus der Ich-Störung eine Regression auf eine frühe Form der Beziehung zwischen einem noch unreifen Ich und einer noch wenig personal erlebten versorgenden Objektwelt. Was den Erwachsenen daran ängstigt, ist der Verlust eines kohärenten ganzheitlichen Ich zugunsten herausfallender Teil-Ich-Erfahrungen. Das Kleinkind erlebt keine solche Dissoziation, für es ist es der Normalzustand, daß unterschiedliche Ichanteile nebeneinander existieren.

Die therapeutische Konsequenz dieser Überlegungen wird vor allem in den körpertherapeutischen Verfahren realisiert, die ganz speziell bei diesen frühen Körpererfahrungen ansetzen.

1.4.2 Kognitive Ich-Leistungen (Ichfunktionen)

Wenn bisher das Ich als eine Struktur beschrieben wurde, die sich aus zerstreuten Anfängen allmählich zu einer ganzheitlichen lebendigen Gestalt hin entwickelt, dann betrachten wir in den Ichfunktionen nun die möglichen Leistungen dieses Organs Ich.

Die Außenwahrnehmung

Es geht darum, äußere Reizquellen als sicher außen lokalisieren und differenziert beobachten zu können. Die sichere Erfassung und Bewertung der äußeren Wirklichkeit mündet letztlich in die Realitätsprüfung.

Ichpsychologich gesehen führt ein Defizit dieser Funktion zur Verwirrung zwischen Phantasie und Wirklichkeit, zur Orientierungslosigkeit, zu undifferenzierter Außenwahrnehmung und illusionärer Verkennung.

Wenn wir statt dieser statischen Betrachtung jedoch den dynamischen Aspekt der Regression heranziehen, läßt sich der Störungsfall als eine frühe Organisationsform der Außenwahrnehmung interpretieren: Es ist die Wahrnehmung eines Ich, das noch keine sichere Trennung von den Objekten vorgenommen hat, Reizquellen noch nicht sicher zuordnen kann, zwischen innerer und äußerer Wirklichkeit noch nicht sicher zu unterscheiden vermag.

Die Innenwahrnehmung

Eine wesentlich reifere Funktion als die Außenwahrnehmung ist es, die eigenen Absichten, Wünsche, Gefühle, Impulse und Befindlichkeiten differenziert wahrnehmen zu können. Diese introspektive Fähigkeit ist eine Ichfunktion, deren Ausreifung wahrscheinlich erst gegen Ende der Kindheitsentwicklung (6. Lebensjahr) einen vorläufigen Abschluß findet. Das setzt gewissermaßen ein schon weitgehend reifes Selbst voraus, das sich betrachtend, in sich hineinhorchend zwischen unterschiedlichen Impulsen, Wünschen, Gefühlen und Vorstellungen zu unterscheiden gelernt hat. Um eine solche differenzierte Innenwahrnehmung vornehmen zu können, ist es zudem erforderlich, über sprachliche Unterscheidungsmöglichkeiten zu verfügen.

Die Ich-Störung der beeinträchtigten Innenwahrnehmung beinhaltet eine relativ diffuse, lückenhafte und vage Eigenwahrnehmung; für den Betreffenden bleibt weitgehend unklar, was in ihm vorgeht, vor allem kann er zwischen verschiedenen Affekten nicht differenzieren. Wieder können wir diese statische Betrachtung einer Ichstörung ergänzen durch die dynamische Betrachtung der Regression; sie zeigt uns ein Funktionsniveau, auf dem zwar das intentionale Handeln des Ich bereits entwickelt wurde, aber die Innenvorgänge noch wenig differenziert sind. Wieder wird deutlich, daß dies kein im Individuum allein ablaufender Reifungsvorgang ist, sondern ein explizit an Interaktion gebundener Prozeß. Die Differenzierung der emotionalen Innenwelt erfolgt im ständigen Wechselspiel mit einem interessierten und liebevoll zugewandten Anderen. Auch die Ich-Funktionen reifen im Umgang des Ich mit seinen Objekten.

Das Denken

Die Ichfunktion des Denkens setzt voraus, daß sich das Subjekt einen psychischen Innenraum schaffen konnte, in dem es über die Gegebenheiten der Welt nachdenken kann. Das variiert vom einfachen vorstellenden Denken ("ich denke an Dich") bis hin zum abstrahierenden begrifflichen Denken ("Was bedeutet Wahrheit?"). Die nachdenkliche Benutzung des eigenen seelischen Innenraums setzt voraus, daß sich das Ich in einer gewissen Ruhe und Gelassenheit befindet und nicht durch Affektstürme von Erregung und Wut, durch ängstliche Angespanntheit oder depressive Verzweiflung am Denken gehindert wird. Das gleiche gilt für die Fähigkeit zur **Konzentration,** d.h. der ruhigen Ausrichtung auf eine innere Thematik. Auch die Fähigkeit, das **Gedächtnis** zu benutzen, setzt die Möglichkeit voraus, eine ungestörte Aufmerksamkeitsbesetzung für ein Thema entwickeln zu können.

Der Störungsfall des ungeordneten chaotischen Denkens, der fehlenden Konzentration und Aufmerksamkeit, des mangelnden Sich-Erinnerns werden statisch als Ausdruck von Ichschwäche beschrieben; wie in den obigen Beispielen können wir sie dynamisch als Regression auf eine Organisationsstufe interpretieren, in denen die Funktionen des Denkens, Sich-Konzentrierens, Sich-Erinnerns noch gar nicht entwickelt sind und wo stattdessen die momentane Aufmerksamkeit durch unmittelbare Eindrücke von außen und emotionale Befindlichkeiten bestimmt werden.

Das Urteilen

Eine besonders reife Ichfunktion stellt die Fähigkeit des Urteilens dar. Sie setzt die Ichfunktion der realitätsgerechten und konzentrierten Außenwahrnehmung ebenso voraus wie jene des denkenden und bewertenden Vergleichens einer aktuellen Wahrnehmung mit anderen und früher gemachten. Hinzu kommt die Fähigkeit, sich zu entscheiden, sich auf eine Seite von mehreren Urteilsalternativen zu stellen. Wichtig ist das Trennende, Distanzierende dieses Vorgangs; wer mit dem zu beurteilenden Objekt symbiotisch verschmolzen ist, hat nicht die Distanz zu einer beurteilenden Stellungnahme. Die Urteilsbildung setzt somit den Gebrauch nahezu aller Ichfunktionen voraus; Ichstörungen jeder Art bzw. Regressionen auf frühe Beziehungsformen führen zwangsläufig zu Beeinträchtigungen der Urteilsfähigkeit und damit auch der Entscheidungsfähigkeit. Therapeutisch gehört es daher zu den ichstärkenden Maßnahmen, den Patienten in seinen Entscheidungen zu stützen.

Die Antizipation

Ähnlich wie die Urteilsbildung ist die Antizipation eine sehr komplexe Ichfunktion. Sie

zielt darauf ab, die Weiterentwicklung einer Situation vorauszusehen, z.B. die Reaktionen der anderen auf das eigene Tun vorherzusehen, die eigenen Wirkungen auf die anderen und deren resultierende Handlungen in die Überlegungen mit einzubeziehen. Dieses respice finem zielt vor allem darauf ab, geplantes Verhalten aufgrund der bisherigen Erfahrungen auf potentielle Risiken und Gefahren hin zu überprüfen und danach zu handeln. Die Besonnenheit dieses Verhaltens nimmt Rücksicht auf das eigene Ich, das nicht unnötig gefährdet werden soll, und auf bestehende soziale Verbindungen, die nicht in Frage gestellt werden dürfen.
Bei beeinträchtigter Ichfunktion der Antizipation wird die eigene Wirkung auf andere verzerrt wahrgenommen, es werden die Auswirkungen des eigenen Tuns auf die soziale Situation nicht berücksichtigt (z.B. Taktgefühl). Es wird aber auch die eigene psychische oder körperlich-vitale Gefährdung durch riskantes Verhalten nicht vorhergesehen.
Diese Ichfunktion setzt einen bereits gekonnten Umgang eines relativ gut entwikkelten Selbst mit den Objekten voraus. Unterschiedliche Beeinträchtigungen des Ich bzw. unterschiedlich weitreichende Regressionen auf frühere Organisationsstufen führen dazu, daß die Antizipationsfähigkeit eingeschränkt ist.
Zu den Voraussetzungen für eine Fehlentwicklung auf diesem Gebiet gehört häufig mangelndes soziales Lernen in einer Atmosphäre, in der der Einzelne wenig Beachtung und Rücksicht durch den anderen erfährt und die mangelnde Fürsorge des einen für den anderen es mit sich bringt, daß auch der Einzelne nicht für sich zu sorgen lernt.

1.4.3 Steuernde Ich-Leistungen

Die oben beschriebenen Ichfunktionen haben einen starken intentionalen Akzent, d.h. sie sind bevorzugt auf die reale Außenwelt oder auch auf die Innenwelt gerichtet. Bei den folgenden Ichleistungen geht es vor allem um Regulationsprozesse nach innen.

Impulssteuerung

Das Ich muß nach Bedarf die eigenen Impulse kontrollieren, d.h. entscheiden, ob sie sofort befriedigt oder aufgeschoben werden sollen.
Im Störungsfall erscheinen diese Sicherungen des Ich zu schwach, um die innere Spannung kontrollieren zu können, es kommt zu Impulsdurchbrüchen, zu dranghaften Handlungen, z.B. oraler Natur (Freßanfall), motorischer Art (aggressiv-destruktiv-explosives Verhalten) oder zu sexuellen Impulshandlungen.
Das Gegenbild bietet die **Übersteuerung,** die sich als rigide, starre Kontrolle aller Wünsche, Bedürfnisse und Impulse zeigt.
Statisch gesehen handelt es sich um einen Aspekt der Ichschwäche, dynamisch betrachtet um eine Regression auf ein Funktionsniveau, auf dem das noch unreife Ich seinen Bedürfnissen freien Lauf läßt. (Der Säugling z.B. kennt keinen Befriedigungsaufschub, keine Über- oder Untersteuerung von Impulsen).

Affektsteuerung

Ähnlich wie im Falle der Impulssteuerung gilt es als Ichleistung, die eigenen Affekte zu steuern, insbesondere negative Affekte auszuhalten (Frustrationstoleranz, Angsttoleranz). Ausdruck der Ichschwäche ist es, statisch gesehen, daß das Ich von negativen Affekten überflutet wird, ohne sie kontrollieren zu können (Wutanfall, Panikattacke, verzweifelte Traurigkeit). Ähnlich wie bei der Impulssteuerung läßt sich der Zustand auf ein Entwicklungsniveau beziehen, auf dem eine Steuerung von Affekten noch nicht möglich und nötig war. Die frühen Erfahrungen mit den eigenen Affekten sind stark an Beziehungserfahrungen geknüpft, in denen das gute Objekt positive Affekte ausgelöst und negative aufgefangen hat (bzw. diese Erfahrung gefehlt hat).

Regressionssteuerung

Das heranreifende Ich entwickelt die Fähigkeit, vorübergehend auf frühere Entwicklungsstufen und Organisationsformen zurückzugreifen, indem es z.B. im Spiel die Gesetze der Sekundärprozesse vorübergehend außer kraft setzt, in der humorvollen Realitätsbewältigung die Ebenen vertauscht oder im Dienste künstlerisch-kreativer Leistungen auf regressive Erlebniswelten zurückgreift. Diese Verfügbarkeit früherer Organisationsstufen für eine Regression im Dienste des Ich ist eine große Bereicherung für das Ich in seinem Bemühen, Probleme zu lösen oder Problemlösungen vorzubereiten. Als eine Ichstörung gilt es, wenn das Ich diese Flexibilität nicht besitzt, sondern relativ starr an dem erreichten Funktionsniveau festhält. Dieses Festhalten führt zu einer Unfähigkeit des spielerischen, humorvollen oder kreativen Umgangs mit der Wirklichkeit. Wir können uns vorstellen, daß ein Ich, das ohnehin Mühe hat, eine erreichte Funktionsebene zu halten, nicht in der Lage ist, spielerisch auf andere Ebenen zu wechseln. Vielleicht ist der humorlose Ernst, mit dem jemand an der einmal gefundenen Lösung festhält, auch ein Signal für sein Defizit an spielerischen Erfahrungen in seiner frühen Entwicklung, wo Erregungszustände und Frustrationserfahrungen stärker prägend waren als der spielerische Umgang mit den Objekten aus dem Gefühl der Sicherheit und Geborgenheit heraus. Die nonverbalen Therapien (z.B. Gestaltungstherapie, Kunsttherapie) verwenden gerade diese spielerischen Elemente, die gleichermaßen kreativ und rekreativ wirken.

1.4.4 Die Struktur des Ich als Ganzes

In den zurückliegenden Abschnitten wurden Teilaspekte und Funktionen des Organs "Ich" beschrieben. Ichpsychologische Betrachtungen bergen die Gefahr, mechanistisch zu wirken, so als würden Bestandteile eines Motors in ihren Funktionen und Störanfälligkeiten dargestellt. Wir haben uns daher bemüht, die Teilaspekte und Funktionen des Ich möglichst dynamisiert darzustellen, d.h. sie als Elemente eines lebendigen Systems zu verstehen, das die Funktion der Selbstregulation und Beziehungsregulation zu erfüllen hat und das in einer langen Entwicklungsgeschichte heranwächst.

Einige bisher noch nicht erwähnte Ichfunktionen lassen sich in diesem Kontext der Selbstorganisation verständlich machen: gemeint ist die **organisierende, integrative oder synthetisierende Ichfunktion.** Sie zielt darauf ab, daß das Ich immer mehr Ich wird, daß aus anfänglichen Ichkernen eine ganzheitliche Erfahrung des Ich heranreift und daß die unterschiedlichen, als ichhaft erlebten Gefühle, Bedürfnisse, Handlungsabsichten so integriert und hierarchisiert werden, daß sie zusammen einen autonomen Kern der Persönlichkeit bilden. Diese Prozesse der Selbstorganisation spielen eine wichtige Rolle im Wachstum des Ich, von den kindlichen Entwicklungsabschnitten bis ins Erwachsenenalter hinein (entwicklungspsychologischer Aspekt). Sie sind aber ebenso bedeutsam für das ausgereifte Ich des Erwachsenen, weil dieses keineswegs starr und statisch existiert, sondern unter den wechselnden Bedingungen seiner inneren Gefühle und Bedürfnisse, seiner äußeren Lebenswelt und speziell im Hinblick auf die Gegebenheiten der verschiedenen Lebensabschnitte (Kindheit, Jugend, Erwachsenenalter, Elternschaft, Großelternschaft, Alter) seine Homöostase immer wieder neu einregulieren muß. Es tut das im ständigen Rhythmus von Regression (Rückgriff auf bereits vorliegende Erfahrungen und Erlebnismodi) und Progression (Erproben neuer Möglichkeiten) und sammelt dabei Erfahrungen mit sich und der Welt, verbessert seine Techniken und **Kompetenzen,** z.B. im Umgang mit Konflikten. Hier ist der Berührungspunkt zwischen psychoanalytischer Ichpsychologie und psychologischen Konzepten von Bewältigung, Meisterung bzw. Coping, wenn es um die Verarbeitung von Krankheit geht.

Vor dem Hintergrund einer weitgehend triebpsychologischen bzw. konfliktorientierten Sichtweise hatte es einen großen Fortschritt bedeutet, die Aspekte des Ich präzise zu fassen und auf diese Weise das "Funktionsniveau" der Persönlichkeit diagnostizieren zu können. Begriffe wie Ich-Stärke oder Ich-Schwäche versuchen die Leistungsfähigkeit

des Ich, z.B. in Ich-Stärke-Skalen operationalisiert, zu kennzeichnen.
Der geschärfte diagnostische Blick für die Struktur des Ich machte sichtbar, daß viele psychische Störungen auf dieser Ebene ("Ich-strukturelle Störungen") besser verstanden werden konnten als auf der Ebene der Triebkonflikte ("Trieb-Abwehr-Konflikte") und daß diese Sichtweise wichtige therapeutische Konsequenzen hatte. Im heutigen Stand des Wissens lassen sich diese Elemente wiederum integrieren in das weitergreifende Konzept des Selbst und der Objektbeziehung. Bei dessen Besprechung werden wir den hier losgelassenen Faden der Ichpsychologie wieder aufgreifen. Insbesondere werden wir die früher im Zusammenhang mit dem Ich verwendeten Begriffe der Autonomie, der Identität und der Grenzen im Zusammenhang mit der Struktur des Selbst diskutieren, wo ihre Verwendung schlüssiger ist.

1.4.5 Abwehr: Das interne Regulationssystem des Ich

Die vorausgegangenen Abschnitte haben das Ich vor allem als eine sich selbst organisierende Struktur gezeigt, deren Funktion im adäquaten Umgang mit der realen Außenwelt liegt (adäquat im Sinne der Selbsterhaltung und der Aufrechterhaltung wichtiger sozialer Beziehungen). Mit dem Thema der Abwehr gelangen wir zur Untersuchung eines für das psychoanalytische Verständnis wichtigen inneren Regulationssystems. Es geht dabei um die unbewußte Steuerung jener Gefühlsregungen, Bedürfnisse und Handlungsimpulse, welche aus verschiedenen Gründen intrapsychisch aufsteigen und auf ihre Verwirklichung in der Realwelt drängen.
Der Begriff Abwehr signalisiert etwas Kämpferisches - man denkt an Spionageabwehr oder Immunabwehr - es spiegelt sich darin die ursprüngliche psychoanalytische Vorstellung vom Kampf der psychischen Instanzen: Das Ich wehrt sich auf Geheiß des Über-Ich gegen die Triebwünsche des Es, indem es sie z.B. verdrängt. Während Abwehr in diesem Kontext als Bestandteil des neurotischen Konflikts (Trieb - Triebabwehr - Konflikt) gesehen wird, betrachten wir diese Vorgänge heute lieber unter dem Gesichtspunkt intrapsychischer Regulationsvorgänge, welche, ob beim Gesunden oder beim Neurotiker, die **Feinabstimmung innerer Abläufe** so regeln, daß das Individuum vor übergroßem Bedürfnisdruck ebenso bewahrt bleibt wie vor unerträglicher Frustration.
In welcher Situation werden Abwehrvorgänge aktiviert? Manche Bedürfnisse intensivieren sich periodisch aus biologischen Gründen, wie z.B. der Hunger oder das sexuelle Verlangen, diese stellen die Triebregungen im engeren Sinne dar. Andere Wünsche, wie z.B. das Verlangen nach Kontakt und Nähe, nach emotionalem Austausch und Zugehörigkeit, sind nicht an biologische Rhythmen gebunden, sondern im Hintergrund immer vorhanden. In der Regel bedarf es zusätzlich äußerer Ereignisse, welche als Signalreize an die bereitliegenden Regungen "erinnern" und sie so aktivieren, daß sie auf Verwirklichung drängend an das Bewußtsein herantreten. Das Regulationssystem des Ich, die Abwehr, stellt eine Art Filter dar, das verhindert, daß alle aktivierten Regungen sofort ins Bewußtsein drängen. Auch in der Politik wird nicht jedes Anliegen eines Bürgers oder einer Bevölkerungsgruppe gleich von der Regierung in die Tat umgesetzt, es muß viele Gremien durchlaufen, ehe es, vielleicht, dem Parlament zur Entscheidung vorgelegt wird, um dann, vielleicht, Gesetzeskraft zu erlangen und die Exekutive zum Handeln zu berechtigen oder zu verpflichten. Es ist das institutionalisierte Kräftespiel gesellschaftlicher Gruppierungen, das letztlich darüber entscheidet, ob und wie dem Verlangen stattgegeben werden soll. In einem totalitären Staat kann es sein, daß der Antrag des Bürgers (z.B. ein Ausreiseantrag in der ehemaligen DDR) von der Staatsmacht als Provokation erlebt und keineswegs erfüllt, sondern mit Sanktionen und Strafen belegt wird. Strukturen, sei es die Psyche eines einzelnen oder eine Gesellschaft, brauchen **Instanzen zur Entscheidungsfindung**; es hängt vom Zustand der

Struktur, von ihrem Funktionsniveau ab, auf welchem Wege sie Entscheidungen herbeiführt, es liegt an der Strenge und an der Rigidität ihres **Normensystems**, wie die Struktur reagiert, und natürlich spielt die Art der "gestellten Anträge" eine Rolle: Ein perverser Triebwunsch wird von einem durchschnittlichen Über-Ich verurteilt und zurückgewiesen (abgewehrt), aber ein besonders strenges Gewissen kann auch einen harmlosen Wunsch heftig abwehren. Ein gut funktionierendes Regulationssystem der Abwehr kann ein z.Zt. unzulässiges Bedürfnis geschickt auffangen und zurückwenden. Eine unreife, d.h. regredierte Abwehr vermag nur durch die Notfallmaßnahmen der sogenannten unreifen Abwehrmechanismen der Bedürfnisse Herr zu werden (indem es z.B. das Bedürfnis einem anderen Menschen unterstellt, also projiziert).

Die bisherigen Andeutungen verweisen immer wieder auf die regulierende Kraft des Normen- und Wertesystems (Über-Ich), welches darüber entscheidet, ob und wie strikt etwas abgewehrt werden muß. Es gibt aber neben den negativen Erfahrungen der Bestrafung ("wenn Du Dir diesen Wunsch erfüllst, machst Du Dich schuldig, wirst Du bestraft") auch andere negative Erfahrungen, die nicht mit Triebwünschen und Über-Ich-Antworten zu tun haben. Es sind ungünstige Beziehungserfahrungen, die negative Gefühle hinterlassen haben: Wenn Wünsche nach Nähe und Zuwendung eines wichtigen Menschen die Erfahrung vermittelt haben, zurückgewiesen, verachtet und beschämt zu werden, dann liefert die Erinnerung an diese Beziehungserfahrung den Anlaß, entsprechende Beziehungswünsche bei ihrem Wiederauftauchen rasch abzuwehren, um der befürchteten erneuten Kränkung zu entgehen.

Die bisherigen Beispiele bezogen sich darauf, daß andrängende Triebregungen bzw. anklingende Beziehungswünsche abgewehrt werden mußten, weil sie die Gefahr der Bestrafung oder der Kränkung mit sich brachten. In der Regel waren es äußere Ereignisse, welche diese inneren Bedürfnisse in **"Versuchung"** geführt haben. Dieser Vorgang ist auch für das Verständnis der Symptombildung von zentraler Bedeutung: Ein äußeres Ereignis wird für eine innere Bereitschaft zur Versuchung, das aktivierte Bedürfnis muß durch eine Verstärkung der Abwehr beantwortet werden, die Störung des Gleichgewichts führt zur Symptombildung.

Die **Funktion der Abwehr** läßt sich somit auf mehreren Ebenen beschreiben. Zum einen dient sie der Vermeidung von Unlust (z.B. der Angst vor Strafe, Angst vor Liebesverlust, Angst vor narzißtischer Kränkung und Selbstwertverlust). Sie dient ferner dazu, die momentan erreichte Sicherheit und das Wohlbefinden des Ich nicht zu gefährden. Die Abwehr dient gewissermaßen einem konservativen System, das Riskantes und Neues vermeidet: ("Was ich an Befriedigung und Sicherheit habe, das habe ich, lieber keine Experimente, erst recht keine alten Wunden aufreißen"). Darin wird weniger der gesunde als der neurotische Aspekt des Regulationssystems sichtbar, das im Zweifelsfalle darauf verzichtet, das bisher Ungelebte zu erproben oder das Unerledigte zu beenden.

Was wird in der Abwehr abgewehrt?

Durch die Abwehr wird das bewußte Erleben des Bedürfnisses vermieden. Dazu gehört in erster Linie, daß die Vorstellungen und Phantasien vom Objekt des Bedürfnisses und von der bedürfnishaften Handlung ausgeblendet werden.

Des weiteren kann die Abwehr den emotionalen Aspekt der Bedürfnisphantasie betreffen (im Zwangsgedanken z.B. werden aggressive Vorstellungen ohne die emotionale Beteiligung von Haß und Wut erlebt). Die Abwehr des Emotionalen bedeutet zugleich eine Vermeidung der Expressivität, d.h. die Bedürfnisintentionen können nicht affektiv kommuniziert werden. Schließlich kann die Abwehr dem motorischen Handlungsimpuls des Bedürfnisses gelten.

Abwehr betrifft nicht zuletzt die äußere Wahrnehmung jener Objekte und Situationen, welche das Bedürfnis aktualisieren könnten.

Abwehr ist ein unbewußter Vorgang, d.h. dem Abwehrenden ist nicht bewußt, daß er abwehrt; von außen sichtbar ist das Fehlende, die Lücken in seinem Erleben, die Ausblendungen in seiner Wahrnehmung, die Zäsuren in seinem Denken, die Ausfälle in seinen Phantasien, die Unterbrechungen seiner Handlungsimpulse, das Fehlen bestimmter emotionaler Qualitäten und die Einschränkungen seiner affektiven Kommunikation. In der spezifischen Situation der Psychotherapie ist die Abwehr relativ leicht zu registrieren; bei dem therapeutischen Versuch, sich an das Abgewehrte anzunähern, reagiert der Patient häufig mit einer Verstärkung der Abwehr, die dann als Widerstand (gegen die Aufdeckung des Abgewehrten) gesehen werden kann.

In der Geschichte der Psychoanalyse spielt die Entdeckung der Mechanismen von Abwehr eine besondere Rolle. Der erste ausführlich beschriebene Abwehrmechanismus war der der **Verdrängung**, er ist imstande, alle Aspekte des Erlebens (Wahrnehmen, Denken, Vorstellen, Phantasieren, emotionale Beteiligung und motorische Handlungsbereitschaft) aus dem bewußten Erleben zu eliminieren, so daß das verdrängte Bedürfnis keine Spuren im Bewußtsein hinterläßt. Alle übrigen Abwehrmechanismen sind unvollständiger als die Verdrängung. In der **Reaktionsbildung** wird ein Impuls in sein Gegenteil verkehrt, z.B. werden Haßgefühle in liebevolle Fürsorglichkeit umgewandelt. Bei der **Isolierung** wird der Vorstellungsinhalt des Bedürfnisses von allen affektiven Regungen bereinigt. Im Falle der **Projektion** wird das Bedürfnis wahrgenommen, aber nicht im eigenen Selbst, sondern im anderen (z.B. eigene Feindseligkeitsimpulse werden projektiv einem anderen Menschen zugeschrieben). Bei der **Spaltung** werden Zusammenhänge auseinandergerissen, auf mehrere Personen verteilt, welche dann z.B. die nur guten oder nur bösen Aspekte personifizieren. Bei der **Verleugnung** wird der eigene Impuls zwar registriert, aber in einer Art doppelten Buchführung für nicht existierend erklärt.

Wenn die Abwehr eine Funktion des Ich ist, dann versteht es sich, daß das Funktionsniveau der Abwehr dem des Ich entspricht: Ein unreifes bzw. regrediertes Ich verfügt auch lediglich über eine unreife bzw. regredierte Abwehrorganisation. Viele der obengenannten Abwehrmechanismen (Verdrängung, Isolierung, Reaktionsbildung, Ungeschehenmachen) gelten als neurotische, d.h. relativ reife Abwehrformen, wohingegen zu der unreifen Abwehrorganisation gerechnet werden: die Spaltung, projektive Identifizierung, primitive Idealisierung, Entwertung, manische Verleugnung. Abwehr im pathologischen Sinne haben wir damit in zwei Formen kennengelernt:

- Eine Vielzahl ungelebter Bedürfnisse und unerledigter Gefühle bedrängen das Ich, während ein strenges Über-Ich, ein hohes Ich-Ideal und negative Beziehungserfahrungen das Ich veranlassen, sich gegen die Bewußtwerdung der Bedürfnisse und Gefühle zu wehren, wobei es unterschiedliche Abwehrmechanismen einsetzt.

- Ein unreif gebliebenes oder regrediertes Ich mit einer entsprechend unreifen oder regredierten Abwehrorganisation vermag die andrängenden Impulse (die ebenfalls unausgereift bzw. regressiv sind) nur mit Mühe und unvollkommen zu bewältigen; die unreifen Abwehrformen, wie z.B. Spaltung oder Projektion, die beim Kleinstkind physiologisch sind, wirken beim Erwachsenen wie ein Notprogramm, das seine Aufgabe der inneren Regulation nur unter massiven Verzerrungen der Realitätswahrnehmung und der Innenwahrnehmung erfüllen kann.

Jeder Mensch, ob gesund oder psychisch gestört, hat unabhängig von seinem Funktionsniveau einen bestimmten **Stil der Abwehr**, der für ihn typisch ist und seinen Charakter mitbestimmt. Es hat den Anschein, daß neben dem individuell Gewachsenen dabei auch ererbte Dispositionen eine wichtige Rolle spielen.

Im Zusammenhang mit der Diskussion des Ich wurde zuletzt die Abwehr als intrapsychische Regulation diskutiert. Bei der Erörterung neurotischer Konflikte und ihrer

Bewältigung wird uns ein weiterer Abwehraspekt begegnen, der viel allgemeiner gehalten ist: Es geht darum, daß im Kontext von Therapie und Widerstand jede Thematik, die es aufzudecken gilt, durch eine andere verborgen werden kann (Beispiel: massive Beziehungsängste des Patienten werden durch die Sexualisierung seiner Thematik bzw. der Beziehungssituation abgewehrt). Auch im diagnostischen Zusammenhang verwenden wir diesen weiter gefaßten Abwehrbegriff (z.B. depressive Strukturanteile sind durch überkompensatorische Aktivität und Leistungsbemühungen abgewehrt). Da es im psychodynamischen Denken immer wieder um das Zusammenspiel von psychischen Substrukturen geht, wird immer dort, wo eine unlustbereitende Tendenz durch eine andere überdeckt oder ausgeglichen wird, von Abwehr gesprochen.

Literatur

ARGELANDER, H.: Die szenische Funktion des Ich und ihre Anteile an der Symptom- und Charakterbildung. Psyche 24 (1970) 325-345

BELLAK, L., MEYERS, B.: Egofunction Assessment and Analysability. Int. Rev. Psa. 2 (1975) 413-427

BLANCK, G., BLANCK, R.: Angewandte Ich-Psychologie. Klett Cotta, Stuttgart 1978 (engl. 1974)

BLANCK, G., BLANCK, R.: Ich-Psychologie II. Klett Cotta, Stuttgart 1980 (engl. 1979)

DAVIS-OSTERKAMP, S., HARTKAMP, N., HEIGL-EVERS, A.: Diagnostik von Ich-Funktionen und Objektbeziehungen. Zeitschr. Psychosom. Med. 38 (1992) 17-30

FREUD, S.: Das Ich und das Es (1923) GW XIII, S. 235-289

FREUD, A.: Das Ich und die Abwehrmechanismen. Psychoanalytischer Verlag Wien 1936

HARTMANN, H.: Ich-Psychologie und Anpassungsprobleme. Int. Z. Psa. 24 (1939) 62-135

HARTMANN, H.: Bemerkungen zur psychoanalytischen Theorie des Ich. In: Hartmann, H.: Ich-Psychologie. Klett, Stuttgart 1972, S. 119-144

HARTMANN, H.: Ich-Psychologie. Studien zur psychoanalytischen Theorie. Klett, Stuttgart 1972

KÜCHENHOFF, J.: Zur Theorie und Methodik der Fremdbeurteilung von Abwehrprozessen. Psychother. Psychsom. Med. Psychol. 41 (1991) 216-223

KUTTER, P.; ROSKAMP, H.: Psychologie des Ich. Psychoanalytische Ich-Psychologie und ihre Anwendungen. Wiss. Buchgemeinschaft Darmstadt 1974

LOCH, W.: Grundriss der psychoanalytischen Theorie (Metapsychologie). In: Loch, W. (Hrsg.): -Die Krankheitslehre der Psychoanalyse. Hirzel, Stuttgart 1967, S. 1-49

SEIDLER, H.G.: Scham und Geschlecht. Die Analyse eines Affektes. Vandenhoeck & Ruprecht, Göttingen (im Druck)

1.4.6 Die Struktur des Selbst

Die Struktur des Selbst ist von zentraler Bedeutung in dem hier zugrundegelegten Persönlichkeitskonzept; immer wieder greifen wir auf entwicklungspsychologische Aspekte des Selbst zurück, wenn wir untersuchen, auf welchem Organisationsniveau das Selbst seine Beziehung zur Objektwelt und seine Einsicht in die eigene Person verwirklicht.

Es gibt eine lange psychoanalytische Diskussion um den Begriff des Selbst, angefangen von Hartmann über Jacobson zu Kohut und Kernberg, um einige der vielzitierten Autoren zu nennen. Eine umfassende Zusammenstellung findet sich bei Ludwig-Körner (1993). Wir verzichten darauf, diese ziemlich verwirrende Diskussion nachzuzeichnen und beschränken uns darauf, die wichtigsten Aspekte des Selbstbegriffs zusammenzustellen.

Zuerst gilt es zu klären, in welcher Beziehung die Begriffe **Ich und Selbst** zueinander stehen; ist das eine ein Teil des anderen oder stehen sie als zwei unabhängige psychische Strukturen nebeneinander? Kernberg sah das

Selbst als einen Bestandteil des Ich. Er knüpfte dabei an Sandlers Repräsentanzenkonzept an: "Das Selbst ist eine intrapsychische Struktur, die sich aus mannigfachen Selbstrepräsentanzen mitsamt den damit verbundenen Affektdispositionen konstituiert". Wichtig ist dabei, daß das gesunde Selbst als ein integriertes Selbst gesehen wird, insofern es Teilrepräsentanzen auch widersprüchlicher Art zu einer ganzheitlichen Selbstrepräsentanz organisieren kann. In diesem letztlich metapsychologisch fundierten Ansatz stellt das Ich die übergeordnete Struktur dar, in welcher, unter dem Einfluß der Ichfunktion, unterschiedliche Aspekte des Selbstbildes integriert werden. Das Selbst erscheint in dieser Darstellung als ein intrapsychisches Bild neben anderen Repräsentanzen.

Der von uns bevorzugte Ansatz folgt einer entwicklungspsychologischen Logik. Das intentionale Ich, das erlebend, fühlend und handlungsbereit der Objektwelt gegenübertritt, entwickelt sich als psychische Struktur von den ersten Lebenswochen über viele Entwicklungsstufen hinweg und erreicht einen besonders markanten Punkt seiner Entwicklung in der Phase der Autonomieentwicklung, in der die neu gewonnene Verfügung über Motorik und Denken mit dem Erwerb des Wortes "ich" einhergeht. Vom Selbst sprechen wir dann, wenn das objektsuchende Ich sich selbst zum Objekt nimmt. Aus dem präreflexiven Ich wird dadurch das reflexive Selbst. Wie Seidler ausführt, nimmt das Ich dabei den Umweg über die Objekte: Das Ich richtet sich auf das Objekt aus; das Ich sieht, daß das Objekt auf das Ich ausgerichtet ist; auf diesem Umweg - mit den Augen des Objekts - lernt es sich selbst zu sehen.

Das intentionale, präreflexive Ich teilen wir wahrscheinlich mit allen höheren Lebewesen, das reflexive Selbst darf als humanspezifisch angesehen werden. Wir halten es für vorteilhaft, das Selbst als jene Struktur anzusehen, die alle übrigen Elemente der psychischen Struktur - z.B. das Ich, das Über-Ich, das Ich-Ideal und auch die Bedürfniswelt - in sich integriert. Das Selbst ist damit mehr als nur eine intrapsychische Repräsentanz, ein Bild der eigenen Person, es stellt vielmehr die höchste Integrationsstufe der psychischen Struktur dar; die Funktionen seiner Substrukturen, z.B. des Ich, stehen ihm für die eigenen "Aufgaben" zur Verfügung. Die wichtigste Funktion des Selbst ist neben seiner Selbstregulation die Objektbeziehung (s. Kapitel 1.4.10).

1.4.7 Selbstbild und Identität

Wenn das Ich sich zum Objekt nimmt, erlangt es das Bewußtsein seiner selbst ("ich erlebe, d.h. ich nehme wahr, denke und fühle, daß ich es bin, der hier sitzt und liest"). Dieser psychische Akt beschränkt sich nicht auf das Ich-Erleben (ich bin es und nicht ein anderer), sondern ist begleitet von einer inneren Vorstellung dieses Ich; diese Vorstellung ist zu einem großen Teil eine optische (ein Bild von mir selbst in seiner körperlichen Erscheinung). Das Selbstbild ist freilich auch eingebettet in affektives Erleben ("ich spüre und fühle mich selbst"). Das Bewußtwerden des eigenen Selbstbildes ist desweiteren getragen vom Gefühl der Vertrautheit ("natürlich bin ich das, so kenne ich mich, so war ich schon immer"). Freilich kann das Ich auch überraschende Einblicke in das Selbst gewinnen (z.B. in der Psychotherapie) und dort Züge wahrnehmen, die es bisher ausgeblendet hatte. Es sind Aspekte der **Identität,** die hier spürbar werden, die relativ konstanten Eigenschaften des Selbst in seinen körperlichen, psychischen und sozialen Aspekten.

Alle diese scheinbar völlig selbstverständlichen Momente können, wie später zu zeigen sein wird, bei Entwicklungsstörungen des Selbst beeinträchtigt sein: Die Fähigkeit, sich selbst ganzheitlich und mit Evidenz zu reflektieren, kann neurotisch eingeschränkt sein, ebenso wie die Möglichkeit, eine über die Zeit konstante, unterschiedliche Selbstfacetten integrierende, ganzheitliche Selbstrepräsentanz wahrzunehmen ("ich selbst bin vieles gleichzeitig und nichts richtig", äußert ein Borderline-Patient).

Es wurde erwähnt, daß das Selbst als eine

konstante, in sich selbst gleichbleibende Struktur besteht und sich um die Konstanz des mit sich selbst Gleichbleibens (Identität) bemüht. Neben dem Konstanzprinzip existiert aber auch ein Prinzip der ständigen Veränderung: Die menschliche Person modifiziert ständig ihren zentralen Selbst-Entwurf und bemüht sich um seine Realisierung **(Selbst-Verwirklichung).** Es hat den Anschein, daß alle Interessen, Vorhaben und Pläne eines Menschen auf ein bestimmtes Ziel gerichtet sind; mit fortschreitendem Lebensalter wird ihm im Rückblick deutlich, wie sehr er auf etwas hingelebt hat, auf die Verwirklichung einer bestimmten Vorstellung von sich selbst und von seinem Leben. U.U. wird ihm schmerzlich bewußt, wie weit er von dieser Selbstverwirklichung entfernt geblieben ist. Im psychotherapeutischen Umgang mit Patienten, die von chronischer oder schwerer Krankheit befallen sind und evtl. vom Tode bedroht werden, spielt das Thema der Lebensbilanz im Hinblick auf die Selbstverwirklichung eine zentrale Rolle.

Dem depressiven Patienten ist gerade diese Fähigkeit, einen Zukunftsentwurf für das eigene Selbst zu schaffen und auf dessen Realisierung hinzuleben, verlorengegangen. Das Fehlen von Zukunft bedeutet eine massive Veränderung des Zeiterlebens, die Gegenwart wird zur statisch zeitlosen Qual, wenn das Selbst sich nicht mehr im lebendigen Fluß befindet, der von der Gegenwart in die Zukunft hineinführt.

Das Bemühen eines jeden Menschen, sich selbst "realistisch" zu sehen, scheint begrenzt. Die in der Bibel erwähnte Blindheit für den "Balken im eigenen Auge" ist sprichwörtlich. Die Vorstellung, die der einzelne von sich hat, ist aufgespannt zwischen zwei Extremen: Zum einen existiert eine Wunschvorstellung, wie das eigene Selbst idealerweise sein sollte (die Repräsentanz des **Idealselbst**); auf dem Gegenpol existieren Befürchtungen, wie negativ das Selbst gesehen werden könnte (die Repräsentanz des entwerteten Selbst). Die selbstkritische Betrachtung zeigt, daß das Realselbst irgendwo zwischen beiden Polen angesiedelt ist. Beide Extrempole, insbesondere dann, wenn sie besonders ausgeprägt sind, lassen den Niederschlag problematischer Beziehungserfahrungen erkennen: "So ideal solltest Du eigentlich sein, streng Dich an, so zu werden" oder "So negativ sehe ich Dich, gib Dir Mühe, Dich zu verändern".

1.4.8 Selbstwert und narzißtische Regulation

Das Selbst ist ständig Gegenstand der intrapsychischen Bewertung durch internalisierte Objekte. Ein liebevoll gewährendes Introjekt kann das Selbst so annehmen wie es ist, ohne es mit Idealforderungen oder Beschämungsdrohungen zu quälen. Je problematischer die zurückliegenden zentralen Beziehungserfahrungen ausfielen, desto weniger innere Zustimmung und um so mehr Entwertung erfährt das Selbst. Das ist der Kern des Vorgangs, den die ältere psychoanalytische Literatur als narzißtisches Regulationssystem beschrieben hat. Je weiter das **Realselbst** von der Vorstellung des **Idealselbst** entfernt ist, desto größer ist die "**narzißtische Kränkung**" des Selbstwerterlebens und um so mehr "narzißtische Zufuhr" ist erforderlich, um ein Gefühl des eigenen Wertes wiederzuerlangen. Wir sehen hier eine Art Thermostatenmodell, bei dem der Sollwert zu hoch eingestellt ist, so daß das System ständig heizen muß, um die richtige Temperatur zu erreichen. Die oben angedeutete Einbeziehung der Objektbeziehungspsychologie betont den Entwicklungsaspekt im lebendigen System: Es ist die frühe Erfahrung des guten Objekts, die nun internalisiert als innere Stimme wohlwollend zu dem Selbst spricht, es mit liebevollen Blick anschaut und ihm dadurch seinen "Wert" bestätigt ("Du bist liebens-wert"). Dieser Wert ist nicht an besondere Leistungen oder Eigenschaften geknüpft, das Wohlwollen gilt bedingungslos ("so wie Du bist, bist Du liebenswert"). Es ist die Sicherheit und Geborgenheit der frühen Beziehung, die später als Internalisierung des guten Objekts den Selbstwert begründet - oder - es ist die negative Beziehungserfahrung, die als internalisierte Ablehnung und Kritik diese Bestätigung verweigert.

Diese Entwicklung vollzieht sich freilich nicht ungebrochen; jedes Kind macht die Erfahrung, daß das gute Objekt bzw. die Liebe des guten Objekts grundsätzlich auch verloren gehen kann, ja daß es selbst das gute Objekt zurückzustoßen und zu zerstören vermag, daß es immer wieder Bemühungen aufwenden muß, um sich dieser Liebe zu versichern, daß es Kompromisse eingehen muß, wenn es gilt, "egoistische" Autonomieansprüche und das Verlangen nach Zuneigung und Bestätigung gleichermaßen zu befriedigen. Folglich gibt es für den Erwachsenen die Zustimmung der positiven Introjekte nicht als Dauerzustand, niemand schwimmt im zeitlosen Gefühl der Selbstsicherheit und des harmonischen Einklangs mit seinen inneren Objekten. Das System muß schon aus Gründen der intrapsychischen Bewegung, aber auch infolge äußerer Ereignisse, Erfolge oder Mißerfolge, welche das Selbst als Auf- oder Abwertung erlebt, ständig neu ausbalanciert werden. So kennen die meisten Menschen die Erfahrung, daß ihre Einstellung zu sich selbst über die Zeit hinweg oft schon innerhalb von Stunden und Tagen schwanken kann, und sie haben, wenngleich wenig reflektiert, ihre **Techniken der Selbstwertregulierung**. Wenn der Selbstwert durch mangelnde innere und äußere Bestätigung oder gar durch innere oder äußere Kritik in Frage gestellt ist, hat das Selbst prinzipiell zwei Möglichkeiten zu reagieren; es kann sich auf die Forderungen der Objekte/Introjekte einstellen oder sich ausdrücklich von ihnen zurückziehen. Die erste Strategie läuft auf das Bemühen hinaus, die äußeren bzw. inneren Objekte umzustimmen ("ich tue alles was Ihr wollt, damit Ihr mich wieder mögt"). Hier wird also die Bindung an die Objekte intensiviert, was zwangsläufig eine Zurücknahme der Autonomieansprüche bedeutet ("ich bestehe nicht länger darauf, so zu sein wie ich bin, ich versuche so zu sein wie Ihr mich wollt"). Die Intensität dieses Vorgangs kann variieren von einem kleinen Entgegenkommen bis zur völligen Unterwerfung und Selbstverleugnung. Wenn letzteres zur Dauergeste gerät, entsteht schließlich ein **"falsches Selbst"**: Jemand hat auf die Verwirklichung seines individuellen Selbst verzichten gelernt und hat stattdessen sein Selbst so gestaltet, wie er es nach den Erwartungen der anderen vermutet. Mehr oder weniger ausgeprägt kann jeder Mensch bei sich solche falschen Selbstanteile entdecken; bei allen psychischen Störungen, insbesondere bei Neurosen und Persönlichkeitsstörungen, spielen sie eine zentrale Rolle, so daß man als das gemeinsame Ziel aller Psychotherapien die Wiederentdeckung des eigentlichen "wahren" Selbst bezeichnen kann.

In diesen Prozessen spielen auch gesellschaftliche Faktoren eine Rolle; die feministische Diskussion betont, wie sehr gerade Frauen durch gesellschaftliche Konventionen gezwungen werden, die wahre Natur ihres Selbst zu verleugnen und bestimmte Rollen anzunehmen, welche ihnen die Anerkennung der - männlich geprägten - Gesellschaft sichern.

Die zweite Möglichkeit, das Absinken des Selbstwertgefühls aufzufangen, liegt für das Selbst darin, sich im Gegensatz zu der eben beschriebenen Selbstaufgabe von den kritisierenden inneren oder äußeren Stimmen unabhängig zu machen; das ist die Strategie der **narzißtischen Kompensation**. Scheinbar ist es so, daß das Selbst sich die von den Objekten und Introjekten verweigerte Zuwendung nun selber gibt. Diese Zuwendung zeigt jedoch weniger die Züge liebevoller Zustimmung als vielmehr die von Anerkennung und Bewunderung ("wenn ich schon nicht geliebt werde, will ich wenigstens bewundert werden"). Das zeigt, daß es dem Selbst nicht gelingt, sich von den Objekten/Introjekten völlig unabhängig zu machen, es braucht, obgleich es die Objekte verachtet und entwertet, doch deren Beifall.

In der narzißtischen Entwicklung des Selbst gerät das idealisierte Selbstbild besonders anspruchsvoll und großartig, ihm diametral entgegen steht das besonders negative Bild eines entwerteten Selbst. Obwohl der Abstand zwischen beiden Extremen scheinbar groß ist, bleibt dem Real-Selbst wenig Spielraum; entweder es reicht mit aller Kraftanstrengung an das Idealbild heran, oder es stürzt unversehens ab in die völlige Entwertung. Das Resultat der Entwicklung ist auch hier ein "falsches Selbst", ein Selbst, das mit vieler Mühe großartig ausgestaltet wird, das **narzißtische Größenselbst**, hinter dem ständig ein entwertetes Kleinheitsselbst bereitliegt. Die Wahrnehmung des Realselbst in seiner Durchschnittlichkeit, weder großartig noch winzig, ist der narzißtischen Persönlichkeit unerträglich und ängstigend, weil nach seiner Erfahrung ein solches durchschnittliches Selbst keinen Ersatzanspruch auf narzißtische Bewunderung und erst recht keinen Anspruch auf wohlwollendes Interesse oder gar die Zuneigung der wichtigen Objekte/Introjekte aufzuweisen hat. Das physiologische System der Selbstwertregulation kann unter dieser Voraussetzung seine Funktion nur schwer erfüllen, das Selbst ist hochgradig beansprucht von dem Bemühen, seinem idealisierten Bild gerecht zu werden und der peinlich beschämenden Begegnung mit dem negativen Kleinheitsselbst zu entgehen.

Beide Strategien, die Selbstverleugnung durch Unterwerfung unter den Anspruch der Objekte und die narzißtische Selbstidealisierung und Objektentwertung stellen Übersteigerungen der "gesunden" Selbstwertregulation dar. Eine gewisse Zurücknahme der Selbst-Ansprüche in dem Bemühen, die Objekte freundlich zu stimmen, kann den Selbstwert verbessern, wenn dadurch die Zustimmung der Objekte erreicht wird. Umgekehrt vermag die Aktivierung selbstgesteuerter eigener Handlungen, die sich nicht auf die Objekte beziehen, sondern ganz auf die eigenen Kompetenzen stützen, das Selbstwertgefühl von innen heraus zu stabilisieren. Es hat den Anschein, daß diese Regulationsmechanismen geschlechtstypisch eingesetzt werden; Frauen neigen dazu, ihren Selbstwert zu stabilisieren, indem sie sich ihre Attraktivität durch andere (oder auch durch innere Objekte) bestätigen lassen, während Männer ihr Selbstgefühl wiederzugewinnen suchen, indem sie sich ihrer selbständigen Handlungsfähigkeit versichern. Bei der Besprechung der depressiven Störungen wird zu zeigen sein, daß dort beide Regulationsmechanismen - sich mit den Objekten gut stellen und auf die eigene Kompetenz berufen - versagen bzw. nicht mehr verwendet werden können; dementsprechend müssen therapeutische Bemühungen darauf zielen, diese Fähigkeiten zurückzugewinnen. (s. auch Kapitel 2.2.6 und Kapitel 2.3.2).

1.4.9 Bestandteile des Selbstwerterlebens

Der Selbstwert wurde beschrieben als gefühlshaft erfahrener Prozeß der Selbstbewertung, wobei das Absinken des Wertes unter ein bestimmtes Anspruchsniveau zur "narzißtischen Kränkung" geraten kann und "narzißtische Zufuhr" erfordert. Dieser Vorgang ist Bestandteil normaler intrapsychischer Regulationsvorgänge, erst ein überdurchschnittliches Maß an narzißtischer Kränkbarkeit bzw. Bedürftigkeit gibt dem Geschehen die Qualität des Pathologischen. Da auch das Selbstwerterleben im Laufe der kindlichen Persönlichkeitsentwicklung heranreift, finden wir in ihm Spuren aus unterschiedlichen Entwicklungsabschnitten.
Die basale Form des Selbstwerterlebens resultiert aus der frühen Entwicklungsstufe des noch nicht sicher von den Objekten getrennten Selbst und drückt sich als sicheres Gefühl der Selbst-Zufriedenheit aus; das Negative, die Unlustspannungen und Erregungszustände wurden von den guten Objekten verläßlich aufgefangen, so daß ein positives Grundgefühl überwiegt ("es ist gut, mir ist körperlich affektiv wohl, ich bin mit mir und der Welt - die beide noch eng verflochten sind - zufrieden"). Das **Urvertrauen** ist somit Grundlage für das spätere Vertrauen in die Objekte und ebenso Basis des späteren **Selbstvertrauens**. Frühe Störungen hinterlassen ihre Spuren in beiden Bereichen, in der Beziehungsbereitschaft ebenso wie im grundsätzlichen Selbstwertgefühl.
Der zweite entwicklungspsychologische Akzent des Selbstwerterlebens (bzw. der narzißtischen Entwicklung) betrifft die grandiose Ausgestaltung des soeben autonom gewordenen Selbst; es sind die **Allmachtsphantasien** der analen Phase, die dem Selbsterleben die spezifische Tönung geben ("ich kann alles, ich bin alles, meinem Willen folgt alles, mir gehören die Worte

und Begriffe, ich verfüge über die Dinge und Menschen"). Diese Aspekte von Objektunabhängigkeit, Allmacht, Kontrolle, Willkür, Großartigkeit und Einzigartigkeit finden sich besonders deutlich in den kompensatorisch-narzißtischen Zügen, die von Jugendlichen und Erwachsenen als Gegengewicht gegen Selbstwertzweifel und Minderwertigkeitsgefühle aufgebaut werden.

Der dritte Aspekt des Selbsterlebens (bzw. des Narzißmus) resultiert entwicklungspsychologisch aus dem Übergangsbereich von der phallischen zur ödipalen Stufe. Die Selbstbewertung erfolgt hier im Hinblick auf die psychische, soziale und sexuelle Identität ("ich als Mädchen, ich als Junge, ich als Frau wie meine Mutter, ich als Junge wie mein Vater, ich als Tochter meines Vaters, ich als Sohn meiner Mutter, ich als Kind meiner Eltern, ich als Mitglied dieser Familie, ich als Angehörige einer soziokulturellen Gruppe"). Die narzißtischen "Übertreibungen" dieser Selbstwertaspekte beinhalten die Überschätzung bestimmter Geschlechtsmerkmale (**phallisch-narzißtisch**) oder bestimmter sozialer Rolleneigenschaft ("ich bin einzigartig herausgehoben, alle an sozialer Bedeutung überragend, als Held, Retter, Prinzessin usw.").

Das gesunde Selbstwerterleben stützt sich auf alle drei Bereiche, auf das basale Gefühl, in der Welt richtig und wichtig zu sein, auf den Stolz, der aus der eigenen Autonomie und Kompetenz resultiert, und auf die Sicherheit und Anerkennung der speziellen sozialen und sexuellen Rolle. Fehlentwicklungen der Persönlichkeit, welche Verunsicherungen des Selbstwertgefühls hinterlassen haben, führen u.U. zu narzißtischen Ausgleichsbemühungen; sie können so ausgeprägt sein, daß sie als pathologische Überzeichnungen normaler Selbstwertregulation imponieren; die auf narzißtischem Wege stabilisierten Selbstvorstellungen sind nun ihrerseits zum Symptom geworden.

Wenn auf der einen Seite frühe Entwicklungsstörungen das Fundament des Selbstwerterlebens beeinträchtigen, so sind es auf der anderen Seite Lebensereignisse und schicksalhafte Veränderungen, welche den Selbstwert labilisieren können. Als Beispiel sei hier nur der Einbruch einer körperlichen Krankheit genannt, welche die Funktionen des Körpers, sein äußeres Erscheinungsbild, die soziale Kompetenz des Kranken und seine gesamte Lebensperspektive nachhaltig erschüttern können und damit sein Selbstwertgefühl massiv in Frage stellen. Wir sind diesem Thema im Zusammenhang mit der Krankheitsbewältigung bereits begegnet und werden es bei der Besprechung der Psychotherapie somato-psychischer Störungen wieder treffen.

Literatur

Balint, M.: Primärer Narzißmus und primäre Liebe. In: Balint, M.: Therapeutische Aspekte der Regression. Klett, Stuttgart 1970 (engl. 1960)

Cremerius, J.: Kohuts Behandlungstechnik. Eine kritische Analyse. In: Psychoanalytisches Seminar Zürich: Die neuen Narzißmustheorien: Zurück ins Paradies? Syndikat, Frankfurt 1981

Freud, S.: Zur Einführung des Narzißmus (1914) GW X S. 137-170

Frey, H.P.: Identität: Entwicklungen psychologischer und soziologischer Forschung. Enke, Stuttgart 1987

Holder, A., Dare, C.: Narzißmus, Selbstwertgefühl und Objektbeziehungen. Psyche 36 (1982) 388-812

Jacobson, E.: Das Selbst und die Welt der Objekte. Suhrkamp, Frankfurt 1973 (engl. 1964)

Joffe, G.W., Sandler, J.: Über einige begriffliche Probleme im Zusammenhang mit dem Studium narzißtischer Störungen. Psyche 21 (1967) 152-165

Horney, K.: Neurose und menschliches Wachstum. Fischer, Frankfurt 1975 (engl. 1950)

Kohut, H.: Narzißmus. Eine Theorie der psychoanalytischen Behandlungen narzißtischer Persönlichkeitsstörungen. Suhrkamp, Frankfurt 1973 (engl. 1971)

KOHUT, H.: Formen und Umformungen des Narzißmus. Psyche 20 (1966) 561-587 (engl. 1965)

LUDWIG-KÖRNER, CHR.: Der Selbstbegriff in Psychologie und Psychotherapie. DUV Leverkusen 1993

SPITZ, R.: Nein und Ja. Die Ursprünge der menschlichen Kommunikation. Klett, Stuttgart 1959

VALK, J.: Der Narzißmus in der Psychoanalytischen Theorie. Historische Betrachtung und Kritik. In: Psychoanalytisches Seminar Zürich (Hrsg.): Die Neuen Narzißmustheorien: Zurück ins Paradies? Syndikat, Frankfurt 1981

WOLF, E.S., ORNSTEIN, A. ORNSTEIN, P., LICHTENBERG, J.D., KUTTER, P.: Selbstpsychologie. Weiterentwicklungen nach Heinz Kohut. Internationale Psychoanalyse, München Wien 1989

1.4.10 Objektbeziehung

Es soll nun die Objektbeziehung als Funktion des Selbst beschrieben werden; dazu gilt es vorab, die Bedeutung des Ich für die Beziehung zu den Objekten klarzustellen.
Die Aktivitäten des Ich sind entweder intentional auf die Objektwelt bezogen oder sie gelten der intrapsychischen Regulation (z.B. durch die Abwehr). Ziel beider Aktivitäten ist die Durchsetzung eigener Interessen (Triebbefriedigung zur Selbsterhaltung bzw. Fortpflanzung) unter gleichzeitiger Sicherstellung der für diese Interessen und das eigene Wohlbefinden nötigen sozialen Beziehungen. Was über diese biologischen, evolutionär zweckmäßigen Organisationsstrukturen hinausreicht, ist die (wahrscheinlich) humanspezifische Fähigkeit der Reflexion, der Bewußtheit von Ich als Ich; damit verknüpft ist das Vermögen, ein Bild des eigenen Selbst zu errichten und bezogen darauf zu handeln, ferner das Bild und die Handlungen zu bewerten, sich an lebensgeschichtlich zurückliegende Bilder, Handlungen und Beziehungserfahrungen zu erinnern und künftige Handlungen des Selbst im Umgang mit den Objekten in der Phantasie vorwegzunehmen.
Es ist also ein psychischer Innenraum entstanden, in dem die bisherigen Erfahrungen mit der Objektwelt aufbewahrt sind und als Grundlage für zu erwartende Erfahrungen genutzt werden können (bzw. unbewußt und reflektorisch benutzt werden). Der Begriff Objektbeziehung im engeren Sinne meint das Geschehen in diesem psychischen Innenraum, die Erinnerungen an Zurückliegendes und die vorstellbaren Entwürfe für kommende Beziehung zwischen dem Selbst und den Objekten. Es sind nicht bloß die Bilder der wichtigen Objekte, die als Repräsentanzen gespeichert werden, sondern es sind Beziehungsabläufe, die in einer Art von Episodengedächtnis bewahrt werden. Darüber hinaus ist das intrapsychische Bild der Objekte kein fotographisch oder filmisch genaues Abbild der Objekterfahrung, es ist, je früher die Beziehungserfahrung zurückliegt, um so mehr unbewußt und durch Phantasien ausgestaltet. Es enthält in der bewußten Vorstellung die zu "Deckerinnerungen" verdichteten Erfahrungen aus verschiedenen Zeiten, vielleicht sogar mit verschiedenen Personen.
Die in der Außenwelt stattfindenden realen Interaktionen werden entsprechend den verinnerlichten Erfahrungen gestaltet. Dabei wird der Begriff Objektbeziehung über das intrapsychische Geschehen hinaus auch auf die äußere Interaktionsgestaltung angewendet; er umfaßt dann eine breite Skala von intrapsychischen und interpersonellen Beziehungsaspekten, wie sie im folgenden aufgeführt werden.

1.4.11 Strukturelle und beziehungsdynamische Gesichtspunkte

Dieser Aspekt - wie kann das Selbst die Welt der Objekte erleben - wurde im Zusammenhang mit der Entwicklungsgeschichte bereits ausführlich dargestellt (Kap. 1.3), so daß es jetzt genügt, ihn stichwortartig auf die Objektwahrnehmung und Objektbeziehung anzuwenden.

Eigenständigkeit des Objekts

In der reifsten Form wird das Objekt als ab

gegrenzt und eigenständig erlebt, es werden ihm eigene Interessen und Handlungsabsichten zugebilligt. Das Selbst verfügt über die Fähigkeit zur **Einfühlung** in das Objekt und zur Auseinandersetzung mit ihm; das Selbst ist in der Lage, die Nähe und Distanz zum Objekt zu regulieren.
Auf einem regressiven Organisationsniveau ist das Objekt mit dem Selbst partiell verwoben, es wird vom Selbst als Bestandteil beansprucht; es bildet sich eine asymmetrische Beziehung zwischen einem hilflos bedürftigen Selbst und einem mächtigen, im positiven Sinne spendenden, im negativen Sinne bedrohlichen Objekt. Angesichts dieser Unabgegrenztheit besteht auch nur eine geringe Möglichkeit der Einfühlung des Selbst in das Objekt. Die Steuerung von **Nähe** und **Distanz** ist beeinträchtigt wegen der Sucht nach Nähe, dem Wunsch, ganz im anderen aufgehen zu wollen, mit ihm symbiotisch zu verschmelzen (zu wenig Distanz möglich) oder wegen der Angst vor Nähe, Furcht des Selbst, sich im Objekt zu verlieren, von ihm aufgefressen zu werden (viel Distanzierung und Kontrolle nötig).

Ganzheitlichkeit des Objekts

In der reifsten Form ist die Objektvorstellung ganzheitlich, sie vermag widersprüchliche Teilaspekte von Gut und Böse zu integrieren. Im regressiven Zustand wird das Objekt im Sinne der Teilobjektbeziehung als nur gut oder nur böse erlebt.

Objektkonstanz

In der reifen Form hat das Selbst die Fähigkeit, ein inneres Bild des Objekts zu errichten und festzuhalten, es bleibt in der Beziehung zum Objekt, auch wenn dieses äußerlich abwesend ist. Im regressiven Zustand fällt es dem Selbst schwer, ein Bild des Objekts zu errichten und festzuhalten, bei äußerer Abwesenheit verblaßt das Bild des Objekts (aus den Augen, aus dem Sinn).

Beziehungsdynamik

Aus den frühen Erfahrungen des Selbst mit den Objekten resultiert eine grundsätzliche Vorstellung davon, ob und wie das Selbst mit seinen Grundbedürfnissen von den Objekten angenommen wird. Im einzelnen geht es darum, was das Selbst an die Objekte zu richten vermag, welche Reaktion es von den Objekten erwarten kann und wie es wiederum mit der Reaktion der Objekte selber fertig wird. Hier laufen viele entwicklungspsychologische Linien zusammen, so die Geschichte der Bedürfnisbefriedigung, die der Autonomie und des Selbstwertes, aber auch die Entwicklungsgeschichte der Vorstellungen von der Beschaffenheit der Objektwelt schlechthin.
Im Falle schwieriger Entwicklungsbedingungen und gestörter Entwicklung resultiert ein (oder mehrere) **zentraler Beziehungskonflikt**; aus schmerzlichen, enttäuschenden, ängstigenden und beschämenden Erfahrungen des Selbst mit den Objekten leitet sich ein unbewußtes Grundkonzept vom Selbst und den Objekten ab, es betrifft die eigene Bedürftigkeit, die affektive Grundgestimmtheit, die Verfügbarkeit über das eigene Selbst, das Zutrauen in die Objektwelt; es begründet auch das halb bewußte Rationale für das eigene Verhalten (z.B. "ich muß immer vorsichtig, mißtrauisch sein, weil ich damit rechnen muß, daß die Objekte unvermutet zuschlagen").
Das Konzept der **zentralen Beziehungserfahrung** bzw. des zentralen Beziehungskonflikts wird dem ganzheitlich-dynamischen Geschehen am ehesten gerecht: Die Erfahrungen, die das Selbst mit den Objekten macht, führen intrapsychisch nicht nur zum Aufbau von Objektrepräsentanzen in Gestalt von bildhaften Vorstellungen der Objekte; es ist das Gesamt der Interaktion zwischen Selbst und Objekt mitsamt den zugehörigen Wunschregungen und Affekten, das internalisiert wird. Nach Stern verfügen wir über ein episodic memory für solche **Interaktionsrepräsentanzen**. Sie sind bewegte Szenen des Ich in der Beziehung zum anderen. Dabei bleiben die frühen Szenen bruchstückhaft, traumhaft, atmosphärisch, von emotionalen und sensorischen Anmutungen durchsetzt, während Szenen aus späterer Kindheit und Jugend ganzheitliche Handlungen und Erlebensweisen enthalten. Das szenische Gedächtnis beschränkt sich

nicht auf optische Vorstellungen und emotionale Anmutungen, sondern es beinhaltet auch deutliche körperliche Aspekte des Ich in der Szene, also vegetative Funktionsmuster, Körperhaltungen und Bewegungsimpulse. Der Zugang zum szenischen Gedächtnis kann in besonderer Weise über das körperliche oder vegetative Gedächtnis erfolgen.

Frühe Erfahrungen formen ein Programm für späteres Verhalten; die inneren Aufzeichnungen des Beziehungsgeschehens werden auf alle späteren aktuellen Ereignisse projiziert und geben den Ausschlag dafür, wie Beziehungen wahrgenommen und erlebt werden. Nicht genug damit, drängt das alte Programm im Sinne des Wiederholungszwangs auf Reinszenierung; das alte Stück muß wieder und wieder aufgeführt werden; das Selbst spielt seine angestammte Rolle und drängt alle neuen Objekte, solche Positionen einzunehmen, die ihm von früheren Objekterfahrungen vertraut sind. Darin liegt der **interaktionelle Anteil des Übertragungsgeschehens** (er drängt auf Handlung, auf Reinszenierung), während die oben beschriebene Wahrnehmungsverzerrung den kognitiven bzw. Erlebnisanteil der Übertragung darstellt (die Tendenz, die äußere Objektwelt nach dem Muster der inneren Erfahrung wahrzunehmen).

Einen mehr statischen Aspekt der internalisierten Beziehungserfahrung erfassen die traditionellen psychoanalytischen Konzepte, Introjekt und Identifizierung. **Introjekt** meint die unbewußte Objektrepräsentanz einer wichtigen Beziehungsperson, die als innere Vorstellung mit all ihren Eigenschaften, Verhaltensweisen, Normen, Wertüberzeugungen, Kompetenzen intrapsychisch repräsentiert ist und dem Selbst eine unbewußte Richtschnur seines Erlebens und Handelns zur Verfügung stellt. Der Patient, der in der Psychotherapie entdeckt, wie stark das innere Bild seiner Mutter oder seines Vaters in ihm wirksam ist, reagiert darauf meist zunächst mit Unbehagen, weil er damit konfrontiert wird, daß er auch die schwierigen und abgelehnten Seiten seiner Eltern übernommen hat ("ich bin doch so wie meine Mutter, obwohl ich so nie werden wollte"). Dahinter kann dann das positive Erbe sichtbar werden, welches das Introjekt für seinen Träger auch bedeutet.

In der **Identifizierung** kann sich das Ich auf sehr unterschiedliche Weise nach dem Vorbild der Objekte gestalten. Die Identifizierung als Vorgang hat unterschiedliche Funktionen. Im regressiven Sinne eines unbewußten Abwehrvorgangs kann das Ich den Verlust eines Objekts dadurch ausgleichen, daß es sich mit dem verlorenen Objekt identifiziert ("ich habe das verlorene Objekt in mir, ich bin mit ihm identisch"). In der Symptombildung der Herzneurose sehen wir fast regelhaft, wie der Patient einen herzkranken oder am Herztod verstorbenen Angehörigen auf diese Weise in sich hineinnimmt, ihn im eigenen Symptom weiterleben läßt.

Im progressiven Sinne bedeutet die Identifizierung einen Reifungsschritt bei Kindern und Jugendlichen, die bewußt oder unbewußt den Lebensentwurf einer wichtigen, oft einer idealisierten erwachsenen Person übernehmen, indem sie sich insbesondere mit deren Grundeinstellungen und Zielsetzungen identifizieren. In diesem Zusammenhang gibt es auch negative Identifizierungen, d.h. es erfolgt eine Identifikation mit dem antithetischen Gegenbild eines wichtigen Erwachsenen. Im Sinne der Abgrenzung und Identitätsfindung ist es für Jugendliche in einer bestimmten Altersstufe wichtig, ihren Eltern solche antithetischen Idealbildungen entgegenzusetzen und sich mit diesen zu identifizieren.

Einen interessanten Aspekt der Identifizierung liefert wiederum die körperliche Seite; das Bild des anderen, des internalisierten Objekts läßt sich auch im Körper in dessen typischen Haltungen oder Bewegungen wiederfinden. Körperorientierte Psychotherapie kann sichtbar machen, wie im eigenen Körper zugleich biographische Aspekte des Selbst (z.B. kindliche Haltungen gegenüber einem Erwachsenen) und typische Bewegungs- und Ausdrucksmuster früher wichtiger Objekte gespeichert sind, also zugleich Subjekt und Objekt der frühen Szene enthalten.

Ein wichtiges Resultat früher Beziehungserfahrung sind die unter dem Begriff **Über-Ich** zusammengefaßten Internalisierungen all jener Regeln, Normen, Vorschriften und Strafandrohungen, die von den emotional wichtigen Beziehungspesonen behutsam an das Kind herangetragen oder ihm gewaltsam aufgedrängt wurden. Die kommentierende Stimme des Erwachsenen, der das Verhalten des Kindes akzeptiert, lobt und bewundert, wird so in das positive Selbstwertgefühl hereingenommen, daß sie kaum mehr als Stimme eines anderen erkennbar ist. Dagegen bleibt die kritisch drohende Stimme, die Stimme des Gewissens meist vom Ich unterscheidbar; in einem inneren Dialog kommentiert sie die Handlungen oder Absichten des Ich. Für die psychotherapeutische Arbeit von großer Bedeutung ist die Tatsache, daß die Stimme des Über-Ichs bei bestimmten neurotischen Störungen besonders streng und unerbittlich wirkt; sie läßt kein gutes Haar an dem, was das Ich ausmacht. Bei schweren Depressionen kann sich das Ich nicht mehr dagegen wehren, es identifiziert sich mit der Stimme der Kritik ("ich bin ja wirklich ganz fürchterlich, warum mache ich bloß alles falsch, ich habe kein Recht mehr zu leben"). Die Reife bzw. das Organisationsniveau des Über-Ich entspricht natürlich dem Niveau des Selbst und dem seiner Objcktvorstcllungcn, da cs ja lctztlich cincn Aspekt der inneren Objekte darstellt.

1.4.12 Triebdynamische Gesichtspunkte

In Kapitel 1.5 werden die phasenspezifischen Triebregungen, Wünsche und Grundbedürfnisse dargestellt. In der Beziehung zu den inneren und äußeren Objekten kommen alle diese Regungen zum Tragen. Als psychoanalytisch relevantes Reifungskriterium gilt es, daß die unterschiedlichen Triebregungen unter dem Primat der Genitalität stehen, d.h. daß die prägenitalen Befriedigungsmöglichkeiten oraler, analer oder phallischer Natur an Bedeutung nicht die libidinösen, d.h. zärtlich-erotisch-sexuellen Befriedigungsformen überragen und beeinträchtigen. Wenn z.B. das Bedürfnis, das Objekt zu dominieren und zu quälen, die wichtigste Befriedigungsform darstellt, dann hätte eine prägenitale, d.h. auf früherem Organisationsniveau stehende Form der Befriedigung das Übergewicht über libidinöse Regungen, die erotisch-sexuelle Beziehung stünde im Dienst der quälerischen Objektbeziehung.

Gleichwohl ist es sehr schwierig, auf diesem Gebiet Normen zu etablieren, ihre Variationsbreite ist sehr groß. Im folgenden werden daher lediglich jene typisch neurotischen Auffälligkeiten aufgeführt, welche zustandekommen, wenn die Objektbeziehung durch einen bestimmten Modus der Triebbefriedigung geprägt ist.

Oraler Beziehungsmodus

Das Objekt wird unter oraler Perspektive gesehen, d.h. im engeren Sinne mit der Erwartung, daß es füttert, nährt und sättigt oder selbst gegessen werden kann; im weiteren Sinne, daß es Versorgung, Sicherheit und Geborgenheit vermittelt. Das Selbst steht dem Objekt hilflos, abhängig gegenüber, wenn es sich überhaupt klar abgrenzen kann. Zugleich ist es erwartungsvoll, meist im Sinne großer idealisierender Erwartungen auf das Objekt ausgerichtet; untergründig ist es hungrig oder gierig-ungeduldig und damit auch auf orale Weise aggressiv, es hat sein Objekt zum Fressen gern. Für das Selbst gelten nur die eigenen Ansprüche, die es mit allen Mitteln und ohne Rücksicht auf das Objekt durchzusetzen versucht (oral ausbeuterische Haltung). Da dem Objekt keine Subjektqualitäten und damit keine eigenen Ansprüche zugeschrieben werden, entsteht auch keine Reziprozität in der Beziehung. U.U. werden dem Objekt projektiv orale Absichten unterstellt, wodurch es zu einem gefräßigen, verschlingenden "oraldämonisierten" Objekt wird.

Anal-retentiver Beziehungsmodus

Das Selbst ist um Abgrenzung gegen die Objekte bemüht; es schwankt zwischen den Tendenzen, dem Objekt alles zu geben oder selbst alles für sich zu behalten (Ambivalenz); häufig gerät es in eine defensive Verweigerungshaltung, in die negativistische Position des reflektorischen Nein. Das Selbst bezieht seine Befriedigung aus diesen zum Teil quälerischen Haltungen (den anderen am ausgestreckten Arm verhungern lassen, ihm genau das verweigern, was er am meisten verlangt).

Anal-aggressiver Beziehungsmodus

Für das Selbst ist die Auseinandersetzung mit dem Objekt zentral wichtig, es bezieht daraus seine Befriedigung. Es kann darum gehen, das Objekt zu bekämpfen, zu besiegen, zu kontrollieren oder zu beherrschen, zu quälen und zu beschädigen. Es wird vermeiden, das Haß-Objekt zu zerstören, denn damit wäre die Beziehung und die darin liegende Befriedigungsmöglichkeit verloren. Freilich kann die Befriedigung ebensogut aus der umgekehrten Position gewonnen werden, aus der passiven Unterordnung, der Unterwerfung, dem sich Quälen-Lassen. Für diese beiden Haltungen werden auch die Begriffe sadistisch und masochistisch verwendet, ohne daß damit das Bild der sexuellen Perversion gemeint ist (dieser liegt meist eine ausgeprägte Persönlichkeitsstörung zugrunde). Die Möglichkeiten, beide Positionen, die aktive und die passive, einzunehmen, erlaubt es entsprechend strukturierten Partnern eine symmetrische, oft lange haltende kämpferisch-quälerische Beziehung einzugehen.

Phallisch-narzißtischer Beziehungsmodus

Das Selbst sucht seine Befriedigung in der Anerkennung durch die Objekte, sie sollen ihm zustimmen, es bewundern, sich ihm unterordnen, während es gleichzeitig das Recht hat, die Objekte zu distanzieren, abzuwerten, über sie zu verfügen. Der eigene Anspruch auf Macht und Grandiosität basiert, gleichgültig, ob das Selbst männlichen oder weiblichen Geschlechts ist, auf klischeehaft überhöhten männlichen Eigenschaften ("phallisch"). Um eine Beziehung realisieren zu können, braucht das Selbst ein Objekt mit komplementären Eigenschaften, also jemanden, der bereit ist, zu bewundern, zur Verfügung zu stehen, sich unterzuordnen. Solche Beziehungen sind verständlicherweise spannungsreich und oft von kurzer Dauer, sie werden immer neu inszeniert, z.B. durch zahlreiche Eheschließungen.

Ödipaler Beziehungsmodus

Aufgrund ungelöster ödipaler Bindungen ist das Selbst libidinös fixiert an einen Elternteil (oder einen Familienangehörigen). Wahrscheinlich ist die libidinöse Bindung von Kindern an einen Elternteil kein primäres Phänomen, sondern die Folge eines erotischen Beziehungsangebotes des Elternteils, der vom Partner enttäuscht wurde und sich ersatzweise dem Kind zuwandte. Bewußtseinsnäher als die unbewußte libidinöse Bindung ist die (neurotisch stark ausgeprägte) Vertrautheits- und Loyalitätsbindung an diesen Elternteil bzw. die Vermeidung unloyaler Kontakte zu anderen. In diesem Fall ist es dem Jugendlichen nicht gelungen, die primäre Elternbindung zu lösen (durch Verinnerlichung) und den Platz freizumachen für das neugierige Interesse an einem Fremden, der sekundär zum vertrauten Partner werden kann. Die frühe Bindung kann bis in die Gegenwart des Erwachsenenlebens perpetuiert, oder sie kann durch Enttäuschung gebrochen sein (der idealisiert geliebte Elternteil verließ die Familie oder wendete sich einem anderen Geschwister zu oder wurde krank und starb usw.). In jedem Fall sind die wirklichen eigenen Interessen (wahres Selbst) zurückgestellt zugunsten der Ausrichtung auf die Erwartungen des zentral wichtigen frühen Objekts. Das ödipale Beziehungsmuster ist gekennzeichnet durch die Treue zum Idealobjekt und, in der Übertragung auf aktuelle Objekte, durch verwirrende, umgarnende, erotisierende, emotionalisierende Beziehungsangebote, die vom Selbst so nicht erlebt werden und damit um so größere Verwirrung stiften. Rasch aufflammende und bald in Enttäuschung umschlagende Leidenschaftlichkeit kennzeichnet die Paarbeziehung in diesem Muster.

1.4.13 Interaktionelle Gesichtspunkte

Während in den bisherigen Abschnitten die

Objektbeziehungen wesentlich mit Blick auf das intrapsychische Erleben dargestellt wurden (die Welt der internalisierten Objekte und ihre Auswirkung auf das äußere Beziehungsgeschehen), geht es im folgenden um äußerlich sichtbare Beziehungsaspekte, um die Aktionen, Transaktionen und Interaktionen, die von Menschen getätigt werden, um Beziehungen aufzubauen und zu regulieren. Dabei lassen sich folgende Elemente unterscheiden:

Intentionale Ausrichtung

Um sich der Objektwelt mit Interesse zuwenden zu können, ist die intentionale Aktivierung des Ich erforderlich. Wenn aufgrund von frühen Entwicklungsstörungen die Funktion der Intentionalität gedrosselt oder brüchig ist, wenn dadurch der Aufforderungscharakter der Welt schwach ausgeprägt bleibt, hat das Selbst Mühe, eine emotionale Brücke zu den Objekten zu schlagen, sich mit neugierigem Interesse auf sie auszurichten, sie lebendig wahrzunehmen und zu prüfen, welche Art von sozialer oder bedürfnishafter Beziehung zu ihnen wünschenswert wäre. Bei einer Störung der intentionalen Funktion bleibt die Objektwelt blaß und uninteressant.

Kontaktaufnahme

Die neugierige Ausrichtung auf die Objekte setzt für das Selbst nicht nur die Verfügbarkeit über die intentionale Ichfunktion voraus, sondern auch ein gewisses Maß an Sicherheit, gewonnen in der Bindung an Primärobjekte. Es braucht sogar ein gewisses Übermaß in der primären Bindung als Stimulans für die interessierte Ausrichtung auf fremde Objekte.
Eine weitere wichtige Lernerfahrung aus dem Umgang mit den Primärobjekten betrifft den selbstgesteuerten Rhythmus von Zuwendung und Abwendung. Wenn das Kind an seinen frühen Beziehungspersonen nicht lernen konnte, nach eigenem Bedürfnis Kontakte aufzunehmen und zu beenden, erlebt es auch als Erwachsener Schwierigkeiten im Kontaktverhalten. U.U. fehlt ihm speziell die Verfügbarkeit über jene minimale Aggression (ad-gredi), die nötig ist, um vom Primärobjekt wegzugehen, sich auf ein fremdes Objekt zuzubewegen, es spielerisch zu explorieren und sich von ihm nach eigenem Wunsch wieder abzuwenden. Ein Teil der Kinder und Jugendlichen, die Opfer von aggressiven oder sexuellen Handlungen Erwachsener werden, fehlt diese aggressive Möglichkeit der Kontaktregulierung; sie lassen mit sich machen, ohne selbst aktiv werden zu können.
Eine zweite klinisch wichtige Form der Kontaktstörung ist jene, die das Objekt distanzlos überrennt, also keine allmähliche Annäherung an die Objekte stattfinden läßt; sie resultiert aus der mangelnden Selbst-Objekt-Differenzierung. Kontakte nicht herstellen können, die Kontaktsituation nicht selbst regulieren können oder die Kontaktschranken aufgrund mangelnder Abgegrenztheit nicht erleben - sind klinisch wichtige Störungen, die in der Psychotherapie eine große Rolle spielen.

Kommunikation

Indem sich das Selbst auf die Objekte ausrichtet und die Kontaktmöglichkeiten prüft, beginnen kommunikative Prozesse. Sie dienen letztlich dazu, die Absichten des Objekts zu erkennen und die eigenen Tendenzen klarzumachen. Für das Tier ist es lebenswichtig, rechtzeitig zu erkennen, ob das Gegenüber ein vertrauter Artgenosse oder ein beutesuchendes artfremdes Wesen ist oder eines, das ihm selbst als Nahrung dienen könnte; es gilt zu prüfen, ob der Artgenosse sexuell gestimmt ist oder in Bereitschaft, sich, seine Brut oder sein Territorium zu verteidigen usw. Im Tierreich ist diese nonverbale Kommunikation durch Körperhaltung, mimischen und stimmlichen Ausdruck geeignet, die Beziehung zwischen dem einen und dem anderen in Sekundenbruchteilen zu klären und das entsprechende Verhalten - Angriff, Verteidigung, Flucht, sexuelle Werbung - einzuleiten. Die nonverbale Kommunikation des Menschen funktioniert analog, auch wenn es nicht ständig um Fressen und Gefressenwerden geht. Wie das Tier ist auch der Mensch auf seine Fähigkeit angewiesen, affektive Signale des anderen aus der Mimik, Gestik und Stimme entschlüsseln zu können; gleichzeitig muß er über seinen eigenen affektiven Ausdruck verfügen können, um sich dem anderen verständlich zu machen.

Wenn aufgrund von Entwicklungsstörungen des Selbst oder durch Ichregression die eigene emotionale Innenbefindlichkeit nicht ausdifferenziert ist, so kann das Selbst sich nicht verstehen und sich auch dem anderen nicht kommunikativ verständlich machen. Ebensowenig kann es die Signale des anderen in der Differenzierung, die ihm selbst fremd ist, entschlüsseln. Auch der Weg der empathischen Probeidentifizierung ist ihm verschlossen. Die Kommunikation als Prozeß von Sich-selbst-Verstehen, sich dem anderen verständlich machen und den anderen verstehen, bleibt auf der Strecke.

Die neuere Säuglingsforschung hat in den Kommunikationsprozessen zwischen Mutter und Kind das Ganzheitliche betont, den Rhythmus, in den beide einschwingen. Die frühen Lebenserfahrungen schaffen offenbar die Voraussetzung für die Fähigkeit, sich kommunikativ mit einem anderen Menschen zu synchronisieren, sich auf seine "Wellenlänge" einzustellen. Möglicherweise entstehen manche Kommunikationsprobleme Erwachsener auf der Grundlage einer unzureichenden Fähigkeit zur kommunikativen Einschwingung im beschriebenen Sinne.

Menschenspezifisch spielt die Kommunikation durch Worte eine wichtige Rolle; aber die Worte ohne die qualifizierende Kraft der nonverbalen Kommunikation sind wenig tragfähig, sie bilden eine Brücke ohne Pfeiler, die leicht einbricht und das andere Ufer selten erreicht.

Interaktion

Zwei Personen, die Beziehungsinteressen aufeinander richten, müssen sich abstimmen und aufeinander einstellen, sie brauchen Regeln, nach denen sie ihre Beziehung gestalten. Das gilt für gemeinsame Kriterien, wie die erwünschte Nähe oder die erforderliche Distanz, ebenso wie für die Verteilung von komplementären Eigenschaften, wie z.B. das jeweilige Maß von Aktivität und Passivität. Besonders wichtig werden die Aushandlungsprozesse dann, wenn die Beziehungspartner bestimmte Rollen einnehmen, wie z.B. Hilfesuchender und Helfer (Patient und Arzt). Der Versuch, die eigene Position klarzumachen und den anderen zu ihrer Anerkennung zu bewegen, läßt sich in den Argumentationslinien des sprachlichen Dialogs beobachten (der natürlich nonverbal unterlegt ist). Begriffe wie Sich-Durchsetzen, Sich-Auseinandersetzen verweisen auf das Bemühen um die subjektiv richtige räumliche Position gegenüber dem anderen. Diese Position muß, auch wenn die Grundmuster rollenhafter Beziehung bereitliegen, dennoch erarbeitet und ausgehandelt werden. Jeder neurotische Konflikt, jede Form der ich-strukturellen Störung eines Interaktionspartners führt unweigerlich zu interaktionellen Schwierigkeiten, sei es, daß die Beziehung abreißt oder es zu einer emotional verstrickten Interaktion kommt (z.B. idealisierenden Erwartungen, Schuldgefühlen, Enttäuschungen, Vorwürfen usw.).

Emotionale Bindung

Wenn eine Person für die andere eine emotionale Bedeutung erlangt - gleichgültig, ob das Motiv dafür ein Triebwunsch oder ein soziales Bedürfnis ist -, wird sie intrapsychisch zunehmend stärker repräsentiert und in den Vorstellungen und Phantasien mehr und mehr emotional besetzt (z.B. das Liebesobjekt mit Gefühlen der Zuneigung und des Wohlwollens, das Haßobjekt mit Wut und Verachtung). Zugleich bemüht sich das Selbst, diese Objektvorstellung zu schützen, in der inneren und äußeren Wahrnehmung nichts aufkommen zu lassen, was die liebevolle Ausrichtung gefährden (oder beim Haßobjekt die Notwendigkeit des Hasses in Frage stellen) könnte. Die emotionale Bindung kann durchaus einseitig sein, z.B. in Gestalt einer heimlichen Verliebtheit, von welcher der/die Geliebte nichts weiß; dann hat die Bindung freilich mehr intrapsychische als interpersonelle Bedeutung.

Interaktionell wichtiger sind Bindungen, von

denen beide wissen und um die sich beide bemühen. Sie gewinnen den Charakter einer neuen Ganzheit, die über die beteiligten Individuen hinausreicht ("wir") und die darin den Charakter eines Systems bekommt. Ein System - ob es sich um eine Paarbeziehung oder eine Familienbindung handelt - zeigt die Tendenz, sich selber zu erhalten und den Kräften entgegenzusteuern, die seinen Bestand gefährden könnten. Die beteiligten Individuen unterschreiben bildlich gesprochen einen Vertrag mit Regeln zur Erhaltung des Systems und mit Sanktionen für Regelverstöße. Das Gefühl des Wir, der Zusammengehörigkeit, der wechselseitig gewährten Unterstützung und Zuneigung ist zugleich die wohltuende Gratifikation der Bindung wie auch ihre ernste, u.U. lastende Verpflichtung ("wir wollen niemals auseinandergehen"). Loyalität als verbindende Verpflichtung wird im Wertsystem oben angestellt; wer dagegen verstößt und aus der Bindung herausdrängt, erfährt Schuldgefühle und Ängste (Angst, allein nicht leben zu können; Angst, den anderen verletzt zu haben, Angst vor dem Enttäuschungshass des Verlassenen). Die vielfältigen menschlichen Grundbedürfnisse, die durch eine emotionale Bindung befriedigt werden können, wurden in Kapitel 1.5.1 ausführlich besprochen. Entsprechend gravierend sind die Folgen für den Einzelnen, dem es nicht gelingt, emotionale Bindungen herzustellen oder sie aufrechtzuerhalten: Der Verlust wichtiger Beziehungspersonen stellt das größte Risiko für das psychische Gleichgewicht und damit auch für den Ausbruch unterschiedlichster psychischer und psychosomatischer Erkrankungen dar.

Beziehungsregulierung

Wenn die Aufrechterhaltung von emotionalen Bindungen so wichtig ist, dann verdienen jene Vorgänge besondere Aufmerksamkeit, die dazu beitragen, soziale Systeme zu stabilisieren. Neben den Maßnahmen, welche die bestehende Bindung bestätigen und bestärken, wie z.B. liebevolle Beziehungsrituale (die Verwendung von bestimmten Gesten, Handlungen und Worten), sind es vor allem effektive Techniken der Konfliktlösung, welche den Bestand der Bindung sichern. Konflikte durch Interessengegensätze und enttäuschte Erwartungen sind unvermeidlich und müssen daher von allen Beteiligten begrenzt werden, um die Beziehung nicht zu riskieren. Das setzt voraus, daß der eine die Grenzen der Belastbarkeit beim anderen richtig einschätzen kann, um unzuträgliche narzißtische Kränkung zu vermeiden. Wenn freilich die narzißtische Kränkbarkeit auf der einen Seite groß ist oder die Tendenz zu unempathischen Angriffen und Distanzverletzungen auf der anderen Seite ausgeprägt ist, mißlingt den Partnern die Konfliktbegrenzung und Schadensminimierung und ihre Beziehung gelangt an die Grenzen der Belastbarkeit. Entwicklungsstörungen des Selbst, ichstrukturelle Störungen oder Ichregression eines oder beider Partner schaffen daher ein großes Konfliktpotential bzw. verringern die Fähigkeit, Konflikte zu begrenzen und auszugleichen, so daß Beziehungen häufig scheitern und letztlich der Versuch, Beziehungen herzustellen, ganz aufgegeben wird. Bei "reiferen" neurotischen Konflikten ohne ichstrukturelle Beteiligung ist die Chance größer, daß beide Partner sich in einem gemeinsamen und unbewußten Konflikt begegnen (Kollusion) und in der Auseinandersetzung darum aneinander gebunden bleiben.

1.4.14 Synopsis: Das Wechselspiel von intrapsychischen und interpersonellen Vorgängen

Abschließend werden die einzelnen erwähnten Beziehungselemente, die intrapsychischen Prozesse der Objektbeziehung und die äußerlich sichtbaren Vorgänge der Interaktion in einen Zusammenhang gestellt; das Modell zeigt, in Wechselschritten zwischen psychischem Innen und interaktionellem Außen, den Ablauf des Beziehungsgeschehens vom Aufkommen eines Beziehungswunsches bis zur Etablierung und zur Absicherung einer emotionalen Bindung.
In der vorliegenden Form nimmt das Modell

seinen Ausgang beim Subjekt und bei der in ihm entstehenden Beziehungsmotivation. Falls die Aktivität beim Objekt beginnt und das Subjekt auf dessen Beziehungsangebot zu reagieren hat, setzt der Prozeß bei Punkt 4 ein (Die Objektwahrnehmung wird nicht durch intrinsische Motivation, sondern durch äußere Ereignisse aktiviert).
Es liegt in der Entscheidung des Subjekts, wie weit es in dem Ablauf voranschreitet; grundsätzlich kann es die Vorgänge an jeder Stelle beenden. Ausgeprägte neurotische Konflikte oder strukturelle Störungen können den Prozeß auf vielfältige Weise und in allen Punkten beeinträchtigen.

Die einzelnen Schritte des Beziehungsgeschehens

1. **Zugrundeliegende zentrale Beziehungserfahrung:** Jeder Mensch macht in seinem Leben unterschiedliche Erfahrungen mit unterschiedlichen Menschen; daraus resultiert ein Gesamteindruck, wie die eigenen Bedürfnisse und Beziehungswünsche von den wichtigen anderen akzeptiert oder zurückgewiesen werden, inwieweit man ihnen vertrauen kann oder sich vor ihnen fürchten muß, wieviel Schutz, Hilfe, Unterstützung, Anerkennung, Zuneigung sie erwarten lassen und wieviel Kränkung, Verletzung, Beschämung, Ängstigung, Bedrohung von ihnen ausgehen kann. Die zentrale Beziehungserfahrung ist die Grundlage aller späteren Übertragungsbereitschaften. Die folgenden Schritte dieses Schemas sind stets im Zusammenhang mit dieser Grunderfahrung zu denken.
2. **Intrinsische Motiviertheit zur Beziehungsaufnahme:** Intrapsychisch entstehen Entwürfe von Beziehungen, sei es als eine allgemeine Neugier gegenüber einem Erregung bietenden fremden Objekt, sei es als Phantasie von sexuellem Kontakt und sexueller Befriedigung, als Vorstellung von Nähe, Zärtlichkeit und Miteinander, als Erwartung des Verpflegt-, Versorgt-, Geschützt-, Geleitet-Werden, als Hoffnung auf Bestätigung, Bewunderung, Anerkennung, als Vorstellung von Gegnerschaft, Kampf und Rivalität, als Erwartung, verletzt zu werden, Unrecht zu erfahren.
3. **Aktivierung des Objektinteresses:** Die Ausrichtung auf die Objektwelt bedarf einer Aktivierung der Intentionalität, also des gerichteten emotionalen Interesses an den Menschen der Umgebung.
4. **Aktivierung der Objektwahrnehmung:** Das erwachte Interesse und die Neugier werden im exploratorischen Interesse auf andere Menschen gerichtet. Voraussetzung ist häufig eine allgemeine motorische Aktivierung (man denke an Jugendliche, die in ihrer Kontaktsuche durch die Straßen laufen).
5. **Prüfung der Attraktivität der wahrgenommenen Objekte:** Die wahrgenommenen Menschen werden auf bestimmte gewünschte Eigenschaften hin betrachtet; die Eigenschaften werden häufig nicht objektivierend wahrgenommen, sondern u.U. auch unter dem Druck der Übertragungsbereitschaft zugeschrieben.
Eine besondere Rolle spielen Ähnlichkeiten der Einstellung, sei es in Meinungen, Überzeugungen, Wertvorstellungen, aber auch in der wechselseitigen Sympathie. Geprüft wird auch, ob der andere geeignet ist, die eigene Gestimmtheit, den eigenen Selbstwert zu bestätigen; gut aussehende Menschen werden häufig als kompetenter, intelligenter und somit als attraktiver eingeschätzt.
Von Bedeutung ist der allgemeine situative Kontext der Begegnung: Kontakte in aufregenden Situationen erhöhen die Attraktivität der anderen Person.
Einen starken Beitrag liefert zweifellos das Grundmuster der frühen Beziehungserfahrung. Attraktiv ist nur eine Person, die mit positiven Menschen aus frühen Erfahrungen (oder entsprechenden Sehnsüchten) Ähnlichkeit aufweist. Unbewußt "anziehend" kann aber auch gerade eine solche Person sein, welche an schmerzliche, leidvolle Beziehungserfahrungen früherer Zeit erinnert. Es ist nicht selten, daß jemand in seiner Partnerwahl sein Idealobjekt gefunden zu

haben glaubt, nach einiger Zeit aber registrieren muß, daß er erneut einen Konfliktpartner früherer Prägung gewählt hat.

6. **Entscheidung zur Kontaktaufnahme:** Das Selbst beschließt, sich einem für ihn interessanten Anderen aktiv zuzuwenden. Die Fähigkeit zu dieser Entscheidung kann auf vielfältige Weise neurotisch blockiert sein.

7. **Kontaktaufnahme:** Hier lassen sich vier Aktivitäten voneinander unterscheiden:
   a) Zunächst muß das eigene Kommunikationssystem aktiviert werden, d.h. es müssen stimmliche, mimische, ge-

Objektbeziehung und Interaktion

	Intrapsychisch			Interpersonell
1	Zugrundeliegende zentrale Beziehungserfahrung			
↓				
2	Motiviertheit für Beziehungsaufnahme	→	3	Aktivierung des Objektinteresses
			↓	
5	Prüfung der Attraktivität des wahrgenommenen Objekts	←	4	Aktivierung der Objektwahrnehmung
↓				
6	Entscheidung für Kontakthandlung	→	7	Kontaktaufnahme: Aktivierung des Kommunikationssystems zu Probeinteraktionen
8	Prüfung der Antwort des Objekts	←		
↓				
9	Entscheidung über intensivere Interaktion	→	10	Beziehungsaufnahme: Aushandelnde Interaktion
			↓	
12	Aufbau der neuen Objektrepräsentanz	←	11	Inszenierung der zentralen Beziehungserfahrung
	in Vernetzung mit früheren Objektrepräsentanzen (Übertragungsaspekt)			
↓				
13	Emotionale Bindung an Objekt durch ritualisierte Interaktionen	→	14	Sicherung der Objektbindung
			↓	
			15	Beziehungsregulierung, Konfliktlösung, Schadensminimierung

Tabelle 1.4.15a

stische und sprachinhaltliche Mitteilungen an den anderen gerichtet werden. Diese kommunikative Funktion kann im Rahmen früher und reifer neurotischer Störungen beeinträchtigt sein.

b) Das Selbst muß dem interessanten Gegenüber ein spezifisches werbendes Angebot machen, sich ihm in vorteilhafter Weise anbieten ("das kann ich für dich sein") und dem Gegenüber gleichzeitig seine Wichtigkeit bestätigen ("das kannst du für mich sein"). Diese Kontaktaufnahme kann auf unterschiedlichen affektiven Ebenen erfolgen, sie wird bei Jugendlichen nicht selten über die Schiene des aggressiven und provokanten Verhaltens realisiert (anmachen).

c) Wie auch immer das Gegenüber auf die Kommunikationssignale des Subjekts reagiert, es kann nicht nicht kommunizieren; dennoch ist es wichtig, ihm möglichst eindeutige Signale zu entlocken. Auch diese können zunächst ablehnend provokanter Natur sein.

d) Aus den Kommunikationsangeboten- und antworten beider Partner resultiert eine begrenzte Interaktion, die je nach Situation, Alter und Schicht der Beteiligten nach den jeweils herrschenden gesellschaftlichen Konventionen einen bestimmten Verlauf nimmt.

8. **Prüfung der Antwort des Objekts:** Das eigene Erleben im Kontakt und die Reaktion des Anderen müssen intrapsychisch überprüft werden; oberflächlich geht es darum, ob z.B. ablehnende Signale des Gegenübers bereits als kränkend und entwertend erlebt werden oder zu vermehrter Aktivität anstacheln. In tieferen Schichten spielt es eine Rolle, ob die Beziehung auf Probe geeignet ist, ein wichtiges unbewußtes Thema früher Beziehungserfahrung zu aktivieren.

9. **Entscheidung über intensivere Interaktionen:** Wenn das Subjekt den Kontakt nach der vorausgegangenen Prüfung nicht abbricht, kann es sich entscheiden, mehr zu riskieren, mehr zu investieren, den Anderen für eine intensivere Beziehung zu gewinnen. Beim Vorliegen neurotischer Bindungsängste wird eine solche Vertiefung des Kontakts nicht möglich sein. Beim Vorliegen neurotischer Fehlwahrnehmung werden Bemühungen intensiviert, obgleich sich das Gegenüber eindeutig ablehnend verhalten hat. Entscheidend wichtig ist hier wieder die zugrundeliegende zentrale Beziehungserfahrung, die sich nun in einer neuen Beziehung reaktivieren möchte.

10. **Beziehungsaufnahme:** Da beide Partner ihre bevorzugten Interaktionsmuster besitzen, gilt es nun, ein gemeinsames auszuhandeln, aus beiden Angeboten einen gemeinsamen Stil zu schaffen. Die Partner prüfen, ob unter den gegebenen Bedingungen eine intensivere Interaktion möglich wird. Prinzipiell müssen sie entscheiden, ob sie ein längeres gemeinsames Beziehungsmuster (Kooperationsmuster) etablieren wollen, oder ob als Ergebnis der Interaktion die Trennung verabredet wird.

11. **Inszenierung der zentralen Beziehungserfahrung:** Damit die Beziehung für beide Partner stimmig ist, müssen sie wichtige Aspekte ihrer zentralen Beziehungserfahrung inszenieren können. Das wird um so schwieriger, je neurotisch eingeengter die Fixierung auf ein bestimmtes Beziehungsmuster ist; der psychisch weniger Vorbelastete kann in der Regel zwischen mehreren, ihm persönlich wichtigen Beziehungsmustern variieren.

    An dieser Stelle tritt ein zentrales Thema neurotischer Patienten zutage: Jede neue Beziehung offenbart sich nach einiger Zeit in einem bereits bekannten konfliktträchtigen Rahmen. Die Hoffnung, aus den vorausgegangenen Erfahrungen gelernt zu haben, erweist sich oft als falsch. Die Blindheit, mit der der Einzelne immer wieder in seine bereits bekannten Schwierigkeiten hineinstolpert und seine mißlichen Beziehungserfahrungen im

Wiederholungszwang reinszeniert, hat, da jeder außer ihm selbst die Entwicklung kommen sieht, manchmal etwas Tragisches. In der Psychotherapie hat dieses Element des stereotypen Beziehungsangebots große diagnostische Bedeutung.

12. **Aufbau der neuen Objektrepräsentanz:** Die Repräsentanz des neuen Objekts gleicht nicht nur einem neuen Bild, das im inneren Museum an die Wand gehängt wird, vielmehr handelt es sich um ein Programm, das alle Aspekte des Selbst-in-Beziehung-zum-Anderen einschließt. Damit wird die Beziehung für das Subjekt ernst und verbindlich, es hat "sein Herz an jemanden gehängt". Die neue Selbst - Objekt - Beziehungs - Struktur wird wiederum verwoben mit den wichtigen frühen Beziehungserfahrungen, sei es im Sinne einer Nachfolge, sei es im Sinne einer Alternative.
13. **Emotionale Bindung:** Wenn das Objekt in das Selbst hineingenommen und positiv besetzt wird und eine Repräsentanz der Beziehung des Selbst zu dem Objekt entstanden ist, dann hat sich das Selbst innerlich und äußerlich an das Objekt gebunden. Es können sehr unterschiedliche affektive Qualitäten sein, welche die Grundlage der Bindung abgeben; manchmal stehen erotisch-sexuelle Regungen im Vordergrund, ein andermal fürsorglich-altruistische Impulse oder pragmatisch-nützliche Erwägungen, narzißtische Seiten können ausschlaggebend sein oder aggressiv-quälerische Seiten. Bindung ist also nicht gleichbedeutend mit Liebe, sondern bedeutet Verbundenheit in einem gemeinsamen wichtigen Thema.
14. **Sicherung der Bindung:** Das Subjekt und sein Gegenüber in ihrer beständigen Interaktion bilden ein System, das sich selber aufrechterhält; die Partner entwickeln einen bestimmten Stil, bestimmte Spielregeln, eine bestimmte Rollenverteilung, eine gemeinsame Sprache; in dieser ritualisierten Interaktion erleben sie sich als "wir".
15. **Beziehungsregulierung und Schadensminimierung:** Das Beziehungssystem hat seine Spielregeln, es kennt Belohnung für gute Kooperation und Bestrafung für Verstöße. Die Partner entwickeln Regeln und Techniken zur Stabilisierung des Systems; dazu müssen sie vor allem versuchen, Konflikte auf einem Niveau zu halten, das für beide erträglich ist. In einer konstruktiven Beziehung sind beide Beteiligte bemüht, Schaden zu minimieren, d.h. aufkommenden Dissens und Frustrationen so zu handhaben, daß der positive Wert der Gemeinsamkeit nicht in Frage gestellt ist.
    Die Möglichkeiten neurotischer Störung in diesem Bereich der Bindung sind vielfältig: Neurotische Fixierungen auf bestimmte Beziehungsmodi veranlassen den Einzelnen zwanghaft, bestimmte Probleme zu inszenieren, unter denen beide leiden. Noch problematischer sind ich-strukturelle Störungen: Beim Vorliegen mangelnder Impulskontrolle und Affektkontrolle ist es nicht möglich, Schaden zu minimieren. Im Moment der Auseinandersetzung bleibt der Andere nicht als partiell gutes Objekt erhalten, sondern wird zum nur bösen Objekt, das bekämpft oder distanziert werden muß. So verwundert es nicht, daß dauerhafte emotionale Bindungen für Patienten mit frühen Störungen am schwierigsten zu realisieren sind.

Schlechterdings jede neurotische und strukturelle Störung kann den Ablauf des Beziehungsgeschehens an jeder Stelle beeinträchtigen. Die folgende Übersicht zeigt intrapsychische Bedingungen, die sich auf das Erleben und Verhalten in Beziehungen einschließlich der sexuellen Beziehungen auswirken können. Die Vielfalt der Verknüpfungen kann an dieser Stelle nicht diskutiert werden, immer wieder geht es darum, daß der Aufbau einer Beziehung beeinträchtigt oder blockiert wird (z.B. durch ich-strukturelle Störungen) oder daß eine zustandegekommene Beziehung neurotisch eingefärbt oder deformiert wird.

Literatur

AMELANG, M. AHRENS, H.J., BIERHOFF, H.W. (HRSG.): Attraktion und Liebe. Formen und Grundlagen partnerschaftlicher Beziehungen. Hogrefe, Göttingen 1991

BALINT, M.: Frühe Entwicklungsstadien des Ich. Primäre Objektliebe. In: Balint, M.: Die Urformen der Liebe und die Technik der Psychoanalyse. Klett, Stuttgart 1966 (engl. 1937)

BÄNNINGER-HUBER, E., MOSER, U., STEINER, F.: Untersuchung affektiver Regulierungsprozesse in Paar-Interaktionen. Zschr. Klin. Psychol. 19 (1990) 123-143

FAIRBAIRN, W.R.D.: An object relation theory of the personality. Basic Books, New York 1954

FAIRBAIRN, W.R.D.: Synopsis of an object relations theory and the personality. Int. J. Psa. 44 (1963) 224-225

GRUNBERGER, B.: Vom Narzißmus zum Objekt. Suhrkamp, Frankfurt 1982 (franz. 1971)

GUNTRIP, H.: British schools of psychoanalysis II. The objektrelations theory of W.R.D. Fairbairn. In: Arieti, S. (Ed.): American Handbook of Psychiatry Vol. III. Basic Books, New York London 1966, 230-238

KERNBERG, O.F.: Objektbeziehungen und Praxis der Psychoanalyse. Klett Cotta, Stuttgart 1981 (engl. 1976)

KERNBERG, O.F.: Innere Welt und äußere Realität: Anwendungen der Objektbeziehungstheorie. Verlag Int. Psa., München Wien 1988

KRAUSE, R.: Die Zweierbeziehung als Grundlage

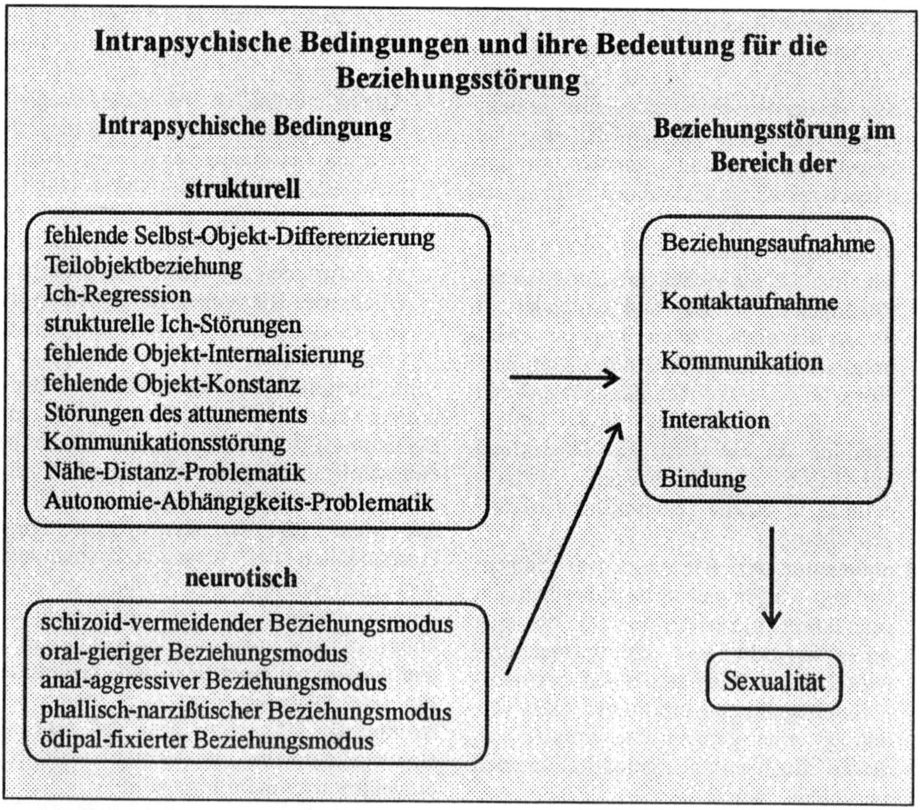

Tabelle 1.4.15b

der psychoanalytischen Therapie. Psyche 46 (1992) 588-612

KUTTER, P. (HRSG.): Psychologie der zwischenmenschlichen Beziehungen. Psychoanalytische Beiträge zu einer Objektbeziehungstheorie. Wiss. Buchgesellschaft, Darmstadt 1982

LEISI, E.: Paar und Sprache. Linguistische Aspekte der Zweierbeziehung. Quelle und Meyer, Heidelberg 1978

LOCH, W.: Studien zur Dynamik, Genese und Therapie der frühen Objektbeziehungen. Michael Balints Beitrag zur Theorie und Praxis der Psychoanalyse. Psyche 20 (1966) 881-903

MAIWALD, M, SCHREIBER, A.: Die biologischen Grundlagen von Paarverhalten: Eine Übersicht biopsychologischer Konzepte. In: Amelang M., Ahrens, H.J., Bierhoff, H.W. (Hrsg.): Attraktion und Liebe. Hogrefe, Göttingen 1991

PIONTKOWSKI, U.: Psychologie der Interaktion. Juventa, München 1977

RUDOLF, G.: Über die Schwierigkeiten, zwischenmenschliche Beziehungen mit Hilfepsychoanalytischer Beschreibungsmodelle zu erfassen: Eine Kritik der Ich-Psychologie. Zeitschr. Psychosom. Med. 22 (1976) 135-149

SANDLER, J.: Unbewußte Wünsche und menschliche Beziehungen. Psyche 36 (1982) 59-74

SEIDLER, G.H.: Erleben und Nichterleben von Scham in der Balint-Arbeit. Die Balint-Gruppe in Klinik und Praxis 5, Springer, Heidelberg 1990

SUTHERLAND, J.D.: Die British object relation theorists Balint, Winnicott, Fairbairn, Guntrip. Jr. Am. Psa. Ass. 28 (1980) 829-860

KERNBERG, O.F.: Objektbeziehungen und die Praxis der Psychoanalyse. Klett, Stuttgart 1981 (engl. 1976)

SCHERER, K.R., WALLBOTT, H.G.: Nonverbale Kommunikation. Forschungsberichte zum Interaktionsverhalten, Beltz, Weinheim 1972

WILLI, J.: Die Zweierbeziehung. Spannungsursachen, Störungsmuster, Klärungsprozesse, Lösungsmodelle. Rowohlt, Reinbeck 1975

1.5 Motiviertheit - die Grundbedürfnisse des Menschen

1.5.1 Bedürfnisse, Bedürfnislosigkeit und Systematik der Bedürfnisse

Was braucht der Mensch? - Das fragen sich nicht nur die Philosophen, sondern auch für die Psychologie ist es ein ungelöstes Problem, wie umfangreich die Liste dessen sein soll, was ein Mensch begehrt, verlangt, erhofft, ersehnt, anstrebt, benötigt, sucht, erträumt, wünscht usw.. Das Spektrum der Strebungen reicht von vitalen, triebartigen Bedürfnissen, die keinen Aufschub dulden, bis zu phantasierten Beziehungswünschen, die kaum je realisiert werden. Die Wünsche können ganz körperlich sein, wie das Verlangen nach Nahrung oder sexueller Befriedigung, geistig oder religiös, wie der Wunsch nach Erkenntnis oder Erlösung, egoistisch, wie der Drang, sich zu bereichern oder sich durchzusetzen, altruistisch, wie das Bedürfnis, seine Kinder zu versorgen, sozial, wie die Suche nach Gemeinschaft oder einem liebevollen Partner. Unbestritten ist in jedem Fall, daß das Vorhandensein solcher Strebungen gleichbedeutend ist mit Lebendigsein. Wer nichts begehrt, sucht, hofft usw. ist tot; ein Objekt das keinerlei Intentionen erkennen läßt, wird von vornherein zur unbelebten Materie gerechnet. Die Vielzahl der verwendeten Verben - wünschen, bedürfen, streben usw. - verweist auf Erlebnisqualitäten, also auf psychische Vorgänge. So wird denn auch die Gerichtetheit auf etwas - das Intentionale - seit Franz Brentano (1838 bis 1917) als Kennzeichen des Psychischen schlechthin angesehen.

Jede der genannten Regungen richtet sich auf ein Ziel, die betreffende Person ist "motiviert", dieses Ziel zu erreichen; unter dem Begriff der Motivation lassen sich alle Wunschregungen und Strebungen zusammenfassen. Bekanntlich beziehen wir alles, was einer tut, auf seine Motive, nicht nur in der Rechtsprechung, wo zugleich eine Bewertung erfolgt ("er handelte aus niedrigen Motiven"), auch im Alltag ist die Vorstellung von den Motiven eines Menschen Voraussetzung dafür, daß wir ihn **verstehen** können. Psychologische Einfühlung in einen Mitmenschen erfolgt zum großen Teil über die Kenntnis oder Vermutung seiner Motive (ich weiß oder ich kann mir vorstellen, was er möchte); die zweite Ebene der Einfühlung erfolgt über das Mit-Gefühl für seine innere Situation (ich weiß oder ich kann mir vorstellen, wie es ihm zumute ist). Viele Motive eines anderen Menschen sind uns von vornherein gut einfühlbar (jemand möchte nicht allein sein, sucht Anerkennung, will geliebt werden), andere Motive - etwa quälerisch sadistisch-destruktive Impulse - sind uns (scheinbar) fremd und lösen Ausgrenzungstendenzen aus, so jemand gehört nicht zu uns, man sollte ihn einsperren (oder schlimmeres).

Was sich zwischen Menschen ereignet - daß Wünsche akzeptiert oder als Normverstöße verurteilt werden -, geschieht auch intrapsychisch; jemand kann manche seiner Bedürfnisse gutheißen, andere bereiten ihm Angst oder Schuldgefühle, weil sie im Widerspruch zu seinen sonstigen Einstellungen oder verinnerlichten Wertnormen stehen. Es klingt schon durch, daß mit den Bedürfnisregungen immer auch **Konflikte** verbunden sein können. Wer etwas wünscht, hat die Wahl, es zu versuchen (und damit an den Ecken und Kanten seiner umgebenden Wirklichkeit anzustoßen) oder darauf zu verzichten (und danach die Frustration unerledigter Wünsche mit sich herumtragen). Die Wunschwelt, die einen Menschen erst aktiv und lebendig sein läßt und die ihm bei Erfüllung seiner Wünsche ganz besonders intensive Erlebnisqualitäten verschafft, ist zugleich die Quelle seiner Enttäuschung und Schmerzen, Ängste und Schuldgefühle.

Nicht umsonst sind daher die Vorstellungen vom "Paradies" im biblischen Sinne oder vom "goldenen Zeitalter" der Antike durch **Bedürfnislosigkeit** gekennzeichnet, "vom glückseligen Leben der Menschen damals, wie es alles überreichlich und ganz von selbst darbot" (Platon). Harmonische Eintracht unter den Menschen, freundliche Nähe zu den Göttern und friedliches Zusammenleben mit den Tieren und der gesamten Natur wird in vielen Kulturen für eine my-

thologische Vorzeit beschrieben, in welcher die Menschen nichts vermißten und begehrten, sondern das hatten, was sie brauchten.
Es wird später zu beschreiben sein, wie das Leiden an unerfüllbaren Bedürfnissen gerade diese **regressiven Paradiesphantasien** mobilisiert; Sehnsüchte, in einen Zustand (zurück) zu gelangen, in dem innere und äußere Harmonie, Unschuld und basale Zufriedenheit herrschen. Kulturgeschichtlich kann diese Regression auf eine paläolithische Sammlerkultur (bzw. eine heutige Phantasie davon) gemünzt werden, eine Zeit vor der Einführung von Waffen und Jagd, Landbesitz und Feldarbeit. Auf die Entwicklung des einzelnen Menschen bezogen, erscheint sie als eine Regression auf frühe intrauterine oder frühkindliche Zustände.
Bei noch genauerer Betrachtung lassen sich zwei Formen von paradiesischer Bedürfnislosigkeit unterscheiden; eine Form, in der jedes Bedürfnis sich erübrigt hat, weil alle Leiblichkeit überwunden ist und (vor allem vom Körper) keine Ansprüche mehr gestellt werden. Dem entspricht am ehesten eine jenseitige Paradiesvorstellung, wie sie nach dem Tode erwartet wird. In der Entwicklung zur Magersucht spielt dieses Motiv eine wichtige Rolle.
Die irdische Paradiesvorstellung einer archaischen goldenen Vorzeit ist zwar auch ohne Bedürfnisse, aber durchaus mit Befriedigungen ausgestattet; die Menschen erhalten das, was sie brauchen, ohne danach suchen oder gar darum kämpfen zu müssen, ohne daß die Spannung des Begehrens einsetzt. Dieses Bild entspricht eher der Vorstellung eines intrauterinen Paradieses, wie es uns in regressiven Phantasien der Depressiven oder Süchtigen begegnet.
Es ist das Wesensmerkmal aller regressiven Wünsche, daß sie sich auf etwas Vorgestelltes beziehen, welches eine alternative Phantasie zur schwer erträglichen Gegenwart darstellt. Hier ist der Wunsch wirklich Wunschtraum, weil die Erfüllung des Wunsches nur geträumt, nicht aber realisiert werden kann. Gleichwohl kann das Eintauchen in regressive Wunschphantasien die Vorbereitung progressiver Vorstellungen - z.B. über die Entwicklung von Utopien - darstellen.
Es hat nicht an Versuchen gefehlt, eine schlüssige **Systematik der Bedürfnisse** zu entwickelen; aus psychoanalytischer Sicht läßt sich die Vielfalt menschlichen Wünschens am ehesten in drei Gruppen einordnen.

Beziehungswünsche
Wünsche, die sich auf die Herstellung einer Beziehung zwischen dem Subjekt und seiner Objektwelt richten, weil nur innerhalb der Beziehung bestimmte Gratifikationen und Befriedigungen möglich sind.

Triebwünsche
Wünsche, die innerhalb des Subjekts aufkommen und die zu ihrer Befriedigung auf die reale Objektwelt oder auf Phantasien davon angewiesen sind.

Bedürfnisse des Selbst
Wünsche, die das Ich des Einzelnen sich selber erfüllten möchte, ohne daran von der Objektwelt gehindert zu werden.

Von den verschiedenen Bedürfniskategorien war bereits die Rede im Zusammenhang mit der Darstellung der frühkindlichen Entwicklung (Kap. 1.3); in der Beschreibung von Ich, Selbst und Objektbeziehung (Kap. 1.4) wurde es wieder aufgegriffen. Wenn wir die Thematik jetzt unter dem Aspekt der Motivation gesondert darstellen, dann geschieht das im Hinblick auf die potentielle Konflikthaftigkeit aller Bedürfnisse und das darin enthaltene Krankheitsrisiko. Ein Mensch, der hinsichtlich seiner Grundbedürfnisse wesentliche Einschränkungen und Traumen hinnehmen mußte, der seine Wünsche und die damit verbundenen Affekte zu unterdrücken gezwungen war, trägt ein Konfliktpotential in sich, das bei zusätzlichen Lebensbelastungen zum Ausbrechen psychischer oder psychosomatischer Symptomatik führen kann.
Der Druck von Triebbedürfnissen und die Enttäuschung über ihre Frustration läßt sich ebenso wie das Verlangen nach menschlichen Beziehungen und die Verzweiflung über ihr Scheitern gut veranschaulichen. Schwieriger ist es mit den Bedürfnissen des Selbst, weil diese leicht als selbstverständ-

lich angesehen oder als narzißtisch übertrieben im Sinne der Selbstverliebtheit oder Egozentrik mißverstanden werden. Wir werden mit der Darstellung der Beziehungswünsche beginnen und sodann als Gegenpol die nicht auf die Objektwelt, sondern auf das Selbst gerichteten Bedürfnisse erwähnen, ehe wir zum klassischen Thema der Triebwünsche übergehen.

1.5.2 Beziehungswünsche in der Kind-Eltern-Beziehung

Wenn man eine Rangreihe der wichtigsten Bedürfnisse bildet, so finden sich jene Wünsche an oberster Stelle, welche die Beziehungen zu anderen Menschen betreffen. Wegen der großen klinischen Bedeutung (internalisierter kindlicher Beziehungskonflikt) beginnen wir mir den kindlichen Beziehungswünschen und untersuchen danach verschiedene Beziehungsaspekte des Erwachsenen.

Der Prototyp einer asymmetrischen Beziehung ist die Kind-Eltern-Beziehung, in der sich die kindlichen Wünsche an einen Elternteil, das Elternpaar oder die Familie schlechthin richten. (Seine spiegelbildliche Form ist die Eltern-Kind-Beziehung, in der ein Elternteil spezifische Beziehungsbedürfnisse gegenüber dem Kind erlebt).

Die kindlichen Bedürfnisse im Umgang mit seinen erwachsenen Betreuungspersonen lassen sich um folgende Stichworte gruppieren:

Sicherheit im Bindungssystem
Wunsch nach körperlicher Versorgung und Nahrung
Wunsch nach Sicherheit und Schutz gegen Gefahren
Wunsch nach Hilfe und Unterstützung
Wunsch nach Wärme, Sicherheit, Geborgenheit

Soziales Miteinander
Wunsch nach emotionalem Kontakt, nonverbalem und sprachlichem Austausch
Wunsch nach geselligem Miteinander, Zugehörigkeit

Anregung und Gewährenlassen
Wunsch nach Stimulation, Anregung, Anleitung
Wunsch nach Freiraum für die eigenen Handlungsversuche

Zuneigung und Bestätigung
Wunsch nach Beachtung
Wunsch nach Bestätigung und Anerkennung
Wunsch nach Äußerungen der Zuneigung, des Wohlwollens, der eigenen-Wichtigkeit

Konstanz
Wunsch nach Konstanz von Personen
Wunsch nach Regelhaftigkeit von Abläufen

Die Aufzählung zeigt, daß die einzelnen Zeilen lediglich unterschiedliche Aspekte eines ganzheitlichen Beziehungsgeschehens benennen. Durch die Befriedigung des Verlangens wird das Gefühl von Wohlbefinden und Sicherheit erzeugt, vor allem liegen aber hier die Fundamente des Selbstwertgefühls: Insoweit das Kind in dieser Weise angenommen und gemocht wurde, fühlt es sich liebenswert.

Das Verlangen des Kindes ist groß, in verläßlichem und dauerhaftem Kontakt zu jenen Personen zu stehen, die ihm diese wichtigen Dinge gewähren können, wobei das Bedürfnis in verschiedenen Altersstufen sehr unterschiedlich ausgeprägt und gestaltet ist. Für das sehr kleine Kind münden **alle** Bedürfnisse in die Beziehung zu den Elternpersonen. Seine oralen Triebwünsche (nach körperlicher Versorgung und Sättigung) gehen darin ebenso ein wie sein Verlangen nach Kontakt und emotionalem Austausch. Je größer das Kind wird, desto weniger sucht es bei den Eltern ausschließlich Sicherheit und Zuwendung und desto eher braucht es von ihnen ein Wechselspiel von zärtlicher Annäherung und kämpferischer Auseinandersetzung, Möglichkeiten der gegenseitigen narzißtischen Bestätigung, der identifikatorischen Nachahmung und der Abgrenzung. Wie existentiell und basal das kindliche Bedürfnis nach der

Nähe des vertrauten Elternteils ist, läßt sich in Trennungssituationen beobachten; sie machen das Kind zunächst auf schmerzliche Weise unglücklich, bis es schließlich bei länger anhaltendem Verlust in einer Trauerreaktion erstarrt und - im Falle des kleinen und noch sehr abhängigen Kindes - in eine anaklitische Depression gerät und darin zugrunde gehen kann. Kindliche Beziehungswünsche sind dramatisch, affektstark und körpernah, insofern ist ihr Schicksal für die weitere Entwicklung der Persönlichkeit von besonderer Bedeutung.

Es wird später zu zeigen sein, in welchem Maße die frühen Beziehungsdefizite und Beziehungsprobleme die Entwicklung der Persönlichkeitsstruktur beeinflussen und welches Gewicht sie für die neurotische und psychosomatische Störung besitzen (Kap 2.2 Der depressive Grundkonflikt). Bei der Diskussion des psychotherapeutischen Prozesses werden wir die regressive Wiederbelebung der kindlichen Beziehungsformen, Beziehungswünsche und Beziehungserfahrungen bei psychisch kranken Erwachsenen diskutieren.

1.5.3 Beziehungswünsche in der Eltern-Kind-Beziehung

Weniger ubiquitär, da nicht alle erwachsenen Menschen Kinder großziehen, aber doch als Möglichkeit biologisch verankert (Muster des Brutpflegeverhaltens) sind jene elterlichen Beziehungswünsche, die spiegelbildlich das Gegenstück zu den kindlichen Beziehungsbedürfnissen abgeben. Das Bedürfnis des Erwachsenen, ein kleines Kind zu versorgen, zu schützen, zu nähren, mit ihm in bestimmte Kommunikationsformen einzutreten, ist sehr ausgeprägt und wird durch die spezifischen Signalreize des Neugeborenen oder Kleinkindes ausgelöst. Im Umgang mit dem ganz kleinen Kind erscheinen diese erwachsenen Verhaltensstereotype am instinktnächsten. Sehr ausgeprägt bei Erwachsenen, vor allem bei Eltern, ist das Verteidigungs- und Schutzverhalten für die eigenen Kinder. In dieser Situation gewinnen auch ängstliche und schüchterne Personen etwas von dem Löwenmut, der notwendig ist, um die eigenen Jungen gegen die böse Welt in Schutz zu nehmen. Bei der Diskussion neurotischer Störungen wird zu berichten sein, daß manche Erwachsene zu wenig von diesen Beschützerinstinkten haben und ihre Kinder wie kleine Erwachsene behandeln, z.B. in aggressiver oder sexueller Hinsicht, während andere zu ausgeprägte oder zu langdauernde Pflegeimpulse besitzen und die schon ziemlich großen, vielleicht sogar schon erwachsenen Kinder immer noch zu bemuttern und zu beschützen versuchen. Über die Beschützungsbedürfnisse hinaus entsteht beim reifen Erwachsenen das Bedürfnis, Jüngere zu fördern, anzuleiten, ihnen etwas mitzugeben, Wissen und Erfahrung, aber auch ökonomische Mittel an sie weiterzureichen und damit die Entwicklung einer nachwachsenden Generation zu fördern. Verständlicherweise ist die Befriedigung dieses Bedürfnisses eine ganz andere als die aus dem obengenannten Brutpflegeverhalten.

1.5.4 Beziehungswünsche in der Partnerbeziehung

Daß die Beziehungswünsche in Richtung auf einen herausragend wichtigen Menschen - Freund, Freundin, vor allem aber Intimpartner (in) - eine der stärksten Motivationen darstellen, bedarf keiner Erklärung, jeder Mensch kennt diese Erfahrung von Jugend an.

Im Grunde sind es mehrere Motivationen, die gleichzeitig auf den Partner bzw. die Partnerin gerichtet werden. Zum einen bestehen Bedürfnisse nach der Sicherheit gebenden Vertrautheit, Gemeinsamkeit und Loyalität, der wechselseitigen Unterstützung und der gegenseitigen Bestätigung, nach einem "Wir" in der äußeren Realität und in den beiderseitigen Phantasien. Damit verbindet sich als eine zweite Motivation das sexuelle Interesse am Partner bzw. der Partnerin. Beide Motivationssysteme sind, wenn man den Biologen glauben darf, voneinander unabhängig; langjährige Vertrautheit hemmt sogar das Entstehen sexueller Attraktivität und schafft eine Inzestschranke, z.B. unter Geschwistern (Bischof 1985). Umgekehrt entwickeln die Sexualpartner, die sich ursprünglich fremd waren, eine sekundäre Vertrautheit und Gebundenheit, die durch die evtl. Aufzucht gemeinsamer Kinder noch verfestigt wird. Evolutionsbiologisch gesehen verbessert die gemeinsame, arbeitsteilige Brutpflege die Chance, die gemeinsamen Kinder großzuziehen; je fester der Partner gebunden werden kann, desto eher wird er sich ausschließlich für die eigenen Kinder einsetzen (und nicht etwa infolge von "Untreue" ein anderes Genom weitertragen). Es liegt auf der Hand, welche Konfliktmöglichkeiten hier verborgen sind, wo die Loyalitätsbindung an den Partner angesichts gemeinsamer Kinder, die sexuelle Attraktion des/der Fremden und die Sicherheit und Bestätigung durch den vertrauten Partner einander überlagernde Motivationssysteme aktivieren. Es wird später zu zeigen sein, daß ein großer Teil aller psychischen Erkrankungen im Zusammenhang mit Ereignissen der emotionalen Annäherung an mögliche Partner oder angesichts des drohenden oder wirklichen Verlustes von Partnern ausbrechen. Nichts vermag die innere Homöostase, das seelische Gleichgewicht, so zu labilisieren, wie Veränderungen im Beziehungsbereich. Daß das Thema zu allen Zeiten die Menschen sehr beschäftigt hat, sehen wir an den Inhalten der Romane, Theaterstücke oder Filme, die sich zum größten Teil in diesem Themenkreis bewegen (Partner finden, sexuelle Beziehungen riskieren, emotionale Beziehung herstellen und erhalten, zwischen mehreren Partnern stehen, zwischen der Verpflichtung gegenüber Partner, Kindern und Eltern schwanken, unglückliche Beziehungen nicht lösen können, den geliebten Partner verlieren oder von ihm verlassen werden).

Beziehungswünsche auf partnerschaftlicher Ebene

Wunsch nach körperlicher Anwesenheit und Nähe
Wunsch nach körperlich-zärtlichem Kontakt
Wunsch nach erotischer Begegnung und sexueller Vereinigung
Wunsch, einander wichtig zu sein
Wunsch, auf Dauer zusammenzugehören
Wunsch, aneinander gebunden zu sein
Wunsch, vom anderen verstanden zu werden
Wunsch, vom anderen bestätigt und bewundert zu werden

Die Konflikthaftigkeit, die es psychotherapeutisch zu bearbeiten gilt, liegt weniger in den aufgezählten Themen von Liebesleid und -lust, sondern in der Tatsache, daß sich Beziehungswünsche des Erwachsenen aus allen vorgenannten Systemen - den kindlichen Wünschen an einen Elternteil, elterlichen Impulsen gegenüber einem Kind, partnerschaftlichen Beziehungswünschen samt ihren erotischen und sexuellen Anteilen - vermischen können, so daß in der Interaktion zwischen zwei Menschen große Verwicklungen und Verwirrungen entstehen können. Die bei allen Menschen regelhaft vorkommenden Partnerprobleme, die bei psychisch Kranken lediglich zugespitzt sind, haben eben diese Wurzeln.

1.5.5 Beziehungswünsche des Einzelnen gegenüber einer ihm wichtigen Gemeinschaft

Gegenüber der Gemeinschaft gibt es einen allgemeinen sozialen Beziehungswunsch, dazuzugehören, gesellig zu sein, mit den anderen übereinzustimmen, mit ihnen etwas oder etwas wichtiges zu teilen. Etwas abwertend könnte man dieses Bedürfnis als Herdentrieb bezeichnen, als den Wunsch, in Gemeinschaft und Übereinstimmung mit anderen zu handeln, zu fühlen und Meinungen zu teilen. Die "Herde" bildet das, was mit anderen Worten das soziale Netzwerk genannt wird, eine Versicherung der wechselseitigen Unterstützung, der verläßlichen emotionalen Beziehung, der Wichtigkeit und Verbundenheit mit anderen, denen man im Krisenfall Rat und Hilfe gibt und von denen man selbst in Schwierigkeiten Unterstützung erwarten kann. Viele psychisch Kranke erleben gerade dieses nicht, sie fühlen sich als Außenseiter und Einzelgänger und haben den Wunsch nach Zugehörigkeit enttäuscht oder verängstigt zurückgesteckt.

Beziehungswünsche gegenüber der Gemeinschaft
Wunsch nach Zugehörigkeit, Integration
Wunsch nach Übereinstimmung in Interessen und Werten
Wunsch nach verläßlicher Verbundenheit
Wunsch nach wechselseitiger Verantwortung und Unterstützung
Wunsch nach wechselseitiger narzißtischer Bestätigung

Die soziale Motivation des Einzelnen gegenüber der Gemeinschaft beschränkt sich aber nicht nur darauf, als einer von vielen dazuzugehören, "mit der Herde zu laufen". In Gemeinschaften werden durchaus auch Rangplätze ausgehandelt. Es geht um das Bedürfnis, etwas zu gelten, anerkannt zu werden, in besonderer Weise Bewunderung zu finden, sich in der Konkurrenz überlegen zu zeigen und möglicherweise die ganze Gruppe führen zu können. In peer-group-Gemeinschaften, wie z.B. Kohorten von altersgleichen Jugendlichen spielt dieses rivalisierende, konkurrierende, Geltung und Ansehen aushandelnde Verhalten eine wesentliche Rolle. In den Gruppenaktivitäten Erwachsener ist es ebenso wichtig, aber weniger offensichtlich und hinter Konventionen verborgen. Hier ist es so, daß das Ergebnis dieser Leistungskonkurrenz, der ehrgeizigen Auseinandersetzung in Statussymbolen ausgedrückt wird (in der wievielten Etage jemand sein Büro hat, wann und wie oft er in der Diskussion das Wort ergreift, wer von wem gegrüßt wird). Der Wunsch, zu dominieren und sich zu behaupten, überlegen zu sein, läßt sich bei Jungen und Männern leichter beobachten als bei Mädchen und Frauen. Ihre Geltungsmotivation richtet sich stärker auf Anerkennung und Bewunderung durch andere, auf die Bestätigung ihrer Attraktivität und weniger auf die Überlegenheit in motorisch-kämpferischer Auseinandersetzung. In der Ausgestaltung solcher geschlechtstypischen Verhaltensmuster spielen soziokulturelle Faktoren eine wichtige Rolle.
Die Geltungsmotivation, die keine prosoziale, sondern eher eine egoistische Motivation darstellt, setzt verfügbare aggressive Möglichkeiten voraus. Einem Menschen mit ausgeprägten aggressiven Blockierungen fällt es schwer, sich einen Rangplatz in der Gemeinschaft zu erwerben.

Geltungswünsche innerhalb der Gemeinschaft
Wunsch sich zu behaupten, sich durchzusetzen
Wunsch zu dominieren, sich überlegen zu zeigen.
Wunsch zu führen, zu herrschen
Wunsch anerkannt zu werden, Bewunderung zu finden
Wunsch sich zu zeigen.

Im Hinblick auf krankmachende Faktoren zeigt es sich, in welchem Maße Nichtanerkennung, Kränkung und Zurücksetzung im allgemeinen sozialen und speziellen beruflichen Feld dazu beitragen können, daß Menschen psychosomatisch erkranken oder sich von geringfügigen Unfällen nicht mehr erholen und sich aus unausgesprochener Enttäuschung und Verbitterung in chronische Krankheit zurückziehen.

1.5.6 Bedürfnisse des Selbst

Zu den Grundbedürfnissen des Selbst gehört es, sich in der eigenen Haut wohlzufühlen, d.h. im eigenen Körper und im eigenen autonomen Selbst, und dadurch auch ein stabiles Gefühl für den eigenen Selbstwert entwickeln zu können. Eine Störung dieses Grundbedürfnisses läßt sich relativ leicht durch äußere Faktoren vorstellen, z.B. dort, wo die "Menschenrechte" nicht gewahrt sind, wo man Menschen an ihrer Entfaltung und Bewegungsfreiheit hindert, sie physisch verfolgt und einsperrt, körperlich mißhandelt und psychisch unter Druck setzt. Daß diese Art der Mißhandlung schwere körperliche und psychische Folgen haben kann, wird in dem Kapitel über posttraumatische Störungen dargestellt.

Im Falle psychischer Störungen geht es meist nicht darum, daß ein Erwachsener unter solchem menschenrechtsverletzenden Druck steht, möglicherweise hat er aber als Kind diese Formen der Verfolgung und des Mißbrauchs erlitten, nun trägt er das Thema internalisiert mit sich. Es sind die inneren Objekte, die jemanden daran hindern, über sein Selbst zu verfügen, er gehört gewissermaßen jemand anderem, dem er ständig zur Verfügung stehen muß, der ihm das Selbst-Sein untersagt und seine Autonomiebestrebungen verübelt.

Ebenso sind es feindselige innere Objekte, die das Selbst ständig kritisieren und entwerten und damit das Selbstwertgefühl untergraben können.

Im weitesten Sinne gehört es zu den Bedürfnissen des Selbst, sich von Zeit zu Zeit von der Objektwelt abzuwenden, sich auf sich zurückzuziehen, sich etwas Gutes zu tun oder sich reflexiv mit sich selbst zu beschäftigen. Diese Ausrichtung auf das Selbst stellt den Gegenpol zu der Ausrichtung auf die Objektwelt dar, gesunderweise braucht jeder Mensch den Wechsel zwischen diesen Polen. Im Rahmen einer narzißtischen Entwicklung gewinnen die Bedürfnisse des Selbst die Oberhand, das Selbst wendet sich, meist gekränkt und enttäuscht, von der für ihn unerreichbaren Objektwelt ab und entwickelt kompensatorisch eine große Aufmerksamkeit für das eigene Selbst, wobei nun die Ansprüche auf das Besondere, bewundernswert Einmalige den Charakter der narzißtischen Entwicklung erkennen lassen.

Die Bedürfnisse des Selbst sind stiller und selbstverständlicher, weniger drängend als die Triebbedürfnisse und die sozialen Wünsche und führen daher weniger zu intrapsychischen Konfliktspannungen. Es ist vielmehr so, daß der Verlust der Selbst-Bedürfnisse einen Indikator darstellt für die Schwächung eines Selbst, das seine Autonomie und sein Selbstwertgefühl verloren hat.

Bedürfnisse des Selbst
Ein Selbst sein
Autonom sein
Sich abgrenzen
Über sich verfügen
Für sich sein
Eine Identität entwickeln
Authentisch sein
Selbstwert beanspruchen
Seine Würde wahren

1.5.7 Beziehungswünsche und Triebwünsche

Das Ziel der beschriebenen Beziehungswünsche waren unterschiedliche Formen der Verbundenheit mit dem Objekt sowie die daraus resultierenden Gefühle der Sicherheit, des Wohlbefindens, der Anerkennung und der Selbstwertbestätigung. Beziehungswünsche sind, wenn sie nicht gerade von Überdrußregungen oder Bedürfnissen des Rückzugs auf sich selbst unterbrochen werden, im Grunde immer vorhanden, wenn auch in gewissen Schwankungen ihrer Intensität. Akute Abrisse von Beziehungen und Verluste von wichtigen Menschen werden als dramatisch, schmerzhaft erfahren. Bleiben die Beziehungswünsche längerfristig unerfüllt, stellt sich ein depressiv getöntes Frustrationsgefühl ein, das auch deutlich körperlich erlebt wird; zugleich geht nach und nach das Vertrauen in den eigenen Selbstwert verloren. Auch die gelassene Ruhe, welche Zustände der Zufriedenheit in Beziehungssituationen kennzeichnet, wandelt sich in innere Unruhe, die den Betroffenen umtreibt. Periodisch wird sie zur äußeren motorischen Unruhe, die ihn, wenn ihm "die Decke auf den Kopf fällt", veranlaßt, herumzufahren oder zu -laufen, wodurch sich zwangsläufig die Chance vergrössert, neue Kontakte zu Menschen zu knüpfen und damit das quälende Alleinsein zu beenden. Häufig wird die Unlust und Unruhe, die aus unbefriedigten Beziehungswünschen stammt, durch Ersatzhandlungen übertönt, so z.B. durch Putzen, Aufräumen oder durch Essen. Der Selbsttröstung des Essens verwandt ist der Drang, sich etwas zu

kaufen und sich damit ein Ersatzobjekt zu schaffen.
Die Art der Befriedigung und die Charakteristik der Frustration von Beziehungswünschen läßt deutlich werden, was sie von **Triebwünschen** unterscheidet und zeigt zugleich die Verschiedenheit von den Bedürfnissen des Selbst.

In einem traditionellen psychoanalytischen Sinne würde das Kapitel über Wünsche und Bedürfnisse selbstverständlich mit den Triebwünschen beginnen, welche als Motor der neurotischen Konflikte und damit als zentrale Ursache psychischer Störung angesehen werden. Wir haben hier die sozialen Bedürfnisse an den Anfang gestellt, weil es heute eine weitaus größere Evidenz dafür gibt, daß Beziehungswünsche, Beziehungsängste und Beziehungskonflikte eine zentrale pathogene Bedeutung besitzen und weil ihnen eine ebenso zentrale Wichtigkeit im Therapiegeschehen zukommt.
Triebwünsche lassen sich als spezifische Modi von Beziehungswünschen verstehen: Das sexuelle Bedürfnis ist nicht autistisch, sondern auf ein reales oder phantasiertes Objekt, u.U. auf den eigenen Körper als Objekt, gerichtet. Das Gleiche gilt für aggressive oder orale Triebimpulse.
Der Begriff Trieb hat im Laufe der psychoanalytischen Geschichte eine gewisse Patina angesetzt, so daß wir ihn heute weniger selbstverständlich verwenden. Dennoch vermag er, wie kaum ein anderer Begriff, auszudrücken, daß hier eine besonders drängende Motivationslage besteht, die zudem von vitaler, d.h. explizit körperlicher Art ist. Es ist die dem Animalischen nahestehende Seite, die zu der zivilisierten, kultivierten Seite des Menschen bzw. zu dem gesellschaftlich verankerten Anspruch auf kultiviertes Verhalten in dem stärksten Kontrast steht; der Triebverzicht als Voraussetzung für die kulturelle Entwicklung ist bekanntlich eine zentrale These psychoanalytischer Kulturtheorie.
Der Mensch teilt allerdings nicht nur Triebbedürfnisse, sondern auch die meisten Beziehungswünsche und sozialen Motivationen (z.B. beim Brutpflegeverhalten, Paarungsverhalten, Geselligkeitsverhalten) mit den höheren Tieren, ohne daß ihm das in ähnlicher Weise skandalös erscheint, wie seine "tierische" Sexualität, Aggressivität oder Oralität. Es ist das Egoistische und somit für den Mit-Menschen (oder das Mit-Tier) bedrohende Element, welches zur Tabuierung

	Beziehungswünsche	Triebwünsche	Bedürfnisse des Selbst
Vorhandensein	dauerhaft, in geringen Schwankungen	periodisch anschwellend und abklingend	gelegentlich spürbar werdend
Befriedigungsform	ruhige Form der Zufriedenheit (Sicherheit und Wohlbefinden in der sozialen Beziehung)	erregte Form der Befriedigung (Ekstase, Orgasmus)	ruhige Form der Zufriedenheit (Wohlbefinden in der Beziehung zu sich selbst)
Reaktion auf Nichterfüllung	Trauer, Resignation, Verzweiflung, Selbstentwertung	Frustration, Spannung, Enttäuschungswut	Kränkung, Schmerz, Zerstörung

Tabelle 1.5.7

der Triebthematik führt. Nicht nur der Einzelne fühlt sich bedroht, sondern die gesellschaftliche Ordnung scheint gefährdet, wenn sich der Einzelne in ungebremster und unsublimierter Weise seinen Triebbedürfnissen überläßt. Aus biologischer Sicht, die freilich immer etwas riskant ist, läßt sich die frühere psychoanalytische Unterscheidung zwischen den auf Lustgewinn ausgerichteten Triebwünschen und den auf Selbsterhaltung zielenden Bedürfnissen des Ich nicht aufrechterhalten: Im evolutionären Sinne dienen alle Triebwünsche letztlich dem Ziel, das eigene Genom zu verbreiten, d.h. möglichst günstige Bedingungen für die eigenen Nachkommen zu schaffen, nicht zuletzt dadurch, daß die anderen in ihrer Selbstbehauptung und Fortpflanzung gestört werden, während die eigenen Interessen und die des eigenen Nachwuchses maximal gefördert werden. Die oben beschriebenen sozialen Bedürfnisse und Beziehungswünsche lassen sich dieser evolutionären Zielsetzung ohne Schwierigkeiten unterordnen: Die enge Bindung des Kindes an seine Eltern garantiert sein Überleben ebenso wie umgekehrt die elterliche Fürsorge für das Kind; die enge Partnerbindung verbessert die Chancen, gemeinsamen Nachwuchs großzuziehen, während die Gruppenbindung zusätzlich Sicherheit und Vertrautheit bietet.

1.5.8 Die Triebwelt und das Böse

Menschen waren sich zu allen Zeiten und in allen Kulturen der Tatsache bewußt, daß ihre animalisch-egoistische Seite sie zu Handlungen drängt, die sie vor einer vernunftgelenkten oder gar von Moral bestimmten Instanz - sei sie innerseelisch oder gesellschaftlich verankert - nicht verantworten können. Die Kulturgeschichte, die Geschichte der Religionen und Philosophien, die Geschichte der staatlichen Ordnung ist in zentraler Weise von dieser Thematik bestimmt. Stets geht es dabei um die Bewertung menschlichen Handelns, um die Setzung von Richtig und Falsch, Gut und Böse, um die Definition ethischer Grundsätze; daraus leitet sich die Frage ab, inwieweit der einzelne Mensch für sein Tun verantwortlich ist, ob er die Freiheit besitze, so oder anders zu handeln. Für die Katze, die eine Maus verfolgt und sie - aus menschlicher Sicht - lange quält, schließlich tötet und verzehrt, wird angenommen, daß sie an ein instinkthaftes Verhaltensprogramm gebunden ist und davon nicht abweichen kann. Wenn ein Mensch dasselbe mit einem Mitmenschen täte oder es phantasierte, erschiene diese Tat in einer kritischen Bewertung als "böse". Was Lorenz (1963) beim Tier als das "sogenannte Böse" charakterisiert hat, weil es sich im Grunde um ein evolutionär sinnvolles, angeborenes, biologisch verankertes Verhaltensprogramm handelt, wird beim Menschen als das wirklich Böse angesehen - unter der Voraussetzung, daß ihm die freie Willensentscheidung über sein Tun zugeschrieben wird. Eine psychologische Triebtheorie, wie sie z.B. die Psychoanalyse entwickelt hat, existiert nicht im luftleeren Raum, sie steht zwangsläufig in der Auseinandersetzung mit dem kulturgeschichtlichen Erbe, in unserem Falle mit der abendländischen Kultur.

In der Tradition der christlichen und ihr vorauslaufenden jüdischen Religion ist der Mensch seit der Vertreibung aus dem Paradies "auf das Böse gerichtet von Jugend an"; im Banne der Erbsünde tut er das Böse, obwohl er das Gute sieht, wie Paulus sagt, und er muß dafür mit der Strafe Gottes rechnen. Es bleibt ihm nur zu bekennen, daß er ein Sünder ist, sich immer wieder um das Gute zu bemühen und zu hoffen, daß Gott ihn erlöst. Die Themen der Schuld, der Erwartung von Strafe, der Angst vor Strafe, der Hoffnung auf Vergebung und Erlösung sind in abendländische Menschen eingepflanzt und spielen im Falle psychischer Störungen eine besondere Rolle. Hinzu kommt die christliche Forderung, auf Triebbefriedigung zu verzichten, insbesondere in der Nachfolge Christi zu dulden, statt aggressiv zu sein, keine Rache gegen Angreifer zu üben, sondern vielmehr die Feinde zu lieben. Die mönchischen Tugenden Armut, Demut, Keuschheit, Gehorsam beschreiben den Triebverzicht in umfassender Weise.

Eine weit zurückreichende Form des Umgangs mit diesem Thema, die freilich auch noch heute ansatzweise lebendig ist, stellt die **Personifizierung** des Bösen dar. Der Böse, d.h. der Teufel, war noch für Luther ("und wenn die Welt voll Teufel wäre") eine personale Gestalt, mit der er disputierte und der er der Sage nach das Tintenfaß hinterherwarf. Wenn in den Inquisitionsverfahren und Hexenprozessen die vom Teufel beherrschten Menschen gefoltert und verbrannt wurden, so erfuhren damit zwei Bedürfnisse ihre Befriedigung: Durch das reinigende Feuer wurden Menschen vom Bösen befreit und dem Guten zum Sieg verholfen, in dieser frommen Tat fand zugleich die aggressiv-sadistische Triebseite der Täter ihre Befriedigung.

Auch im heutigen Sprachgebrauch pflegen wir Böses zu personifizieren, wenn wir etwa von einem Anfall sprechen; schließlich heißt das nichts anderes, als daß der Kranke von einem Übel (im Grunde von einem Dämon) angefallen wird.

Während die monotheistischen Religionen das Triebthema des Bösen unter den Aspekten von Schuld, Strafe, Erlösungshoffnung und Bemühen auf Triebverzicht behandelten, gaben ihm Humanismus und Aufklärung eine neue Wendung. Dem "radikalen angeborenen Bösen" der menschlichen Natur stellt Kant den moralischen Imperativ gegenüber. Schillers idealistischer Gedanke war, daß erst die Existenz des Bösen es möglich mache, sich für das Gute zu entscheiden. Kraft seiner sittlichen Autonomie könne der Mensch für das Gute und gegen das Böse kämpfen und sich erst dadurch seines Handelns selber voll bewußt werden. In diesem Bemühen ist er nach den Vorstellungen der Aufklärung keiner weltlichen Instanz und keinem göttlichen Gebot unterworfen, sondern seinem eigenen Gewissen; geleitet wird er von seiner Vernunft und gestützt von der menschlichen Gemeinschaft, der er als freies und gleiches Mitglied angehört.

Auf dieses kulturelle Erbe christlich-jüdischer und aufklärerisch-atheistischer Ethik stieß die Psychoanalyse mit ihrer Triebtheorie. Freuds Unterstellung, das Ich sei gar nicht Herr im eigenen Hause, d.h. in der eigenen Psyche, sondern werde von den unbewußten, vorwiegend sexuell verstandenen, Triebimpulsen hin- und hergerissen, wurde zum Skandal der Gesellschaft um die Jahrhundertwende, die sich sehr viel auf ihre sittlichen Werte und kulturellen Errungenschaften zugute hielt und die animalischen Seiten des Menschen tabuiert oder in komplizierten Strukturen der Doppelmoral kanalisiert hatte.

Auf die gleichen Fundamente stößt später die Naturwissenschaft mit ihren evolutionsbiologischen Thesen. Teilhard de Chardin, der als Theologe das Böse als die unvermeidliche Kehrseite der Evolution anerkennen wollte, stieß damit in der katholischen Kirche auf erbitterten Widerstand.

Der kulturelle Umgang mit der Triebthematik läßt heute zwei Akzente erkennen. Zum einen wird in der animalischen Triebseite das Positive, das kreatürliche, das unverfälscht naturhafte gesehen, das von gesellschaftlichen Normen und Regeln allzu leicht verbogen und unterdrückt wird. Daraus resultiert ein emanzipatorischer Anspruch, der sich z.B. um die "Befreiung der Sexualität" zentriert hat.

Der zweite Aspekt gilt den bedrohlichen Seiten der Triebhaftigkeit. Er macht deutlich, daß in jedem einzelnen Menschen nicht nur eine harmlos-fröhliche kreaturhafte Triebbereitschaft steckt, sondern daß diese sich ebenso gut in einer destruktiven und pervertierten Form äußern kann. Die Handlungen von Sexualstraftätern, die Brutalität, mit der überall auf der Welt jeweils Herrschende gegen politische Gefangene vorgehen, die Greueltaten von NS-Angehörigen gegen ihre KZ-Opfer lassen sichtbar werden, daß die Gefahr solchen Handelns nicht nur bei einigen wenigen grob pathologischen Individuen vorliegt, sondern daß mehr oder weniger die meisten Menschen unter bestimmten Bedingungen mit einem solchen inneren Handlungspotential konfrontiert werden können. Die Milgram-Experimente haben etwas von dem Ausmaß dieses alltäglichen Schreckenspotentials erkennen lassen. Das psychoanalytische Triebkonzept, welches auch die unbeirrbare Kraft und die gnadenlose Destruktivität des Triebhaften einbezieht, macht deutlich, daß es sich bei der unbewußten Triebwelt um etwas anderes handelt als nur um Motive, Wünsche und Bedürfnisse, die entweder befriedigt oder frustriert werden.

1.5.9 Die triebhafte Ausrichtung auf das Objekt: Oralität

Es soll nun aus dem Beziehungsganzen jeweils ein triebhafter Bereich herausgegriffen werden. So betrachten wir die Entwicklung der Oralität auf der Grundlage der frühen Beziehungen während der ersten Lebensmonate; sie sind kognitiv und emotional durch die zunehmende Selbst-Objekt-Differenzierung gekennzeichnet; im vitalkörperlichen Bereich steht der Rhythmus von Hunger und Sättigung, die Erfahrung des passiv Gefüttertwerdens und die allmähliche Zunahme motorischer Kompetenz und damit der oral-motorischen Aktivität im Vordergrund. Unter diesen Entwicklungsgesichtspunkten lassen sich unterschiedliche **Reifungsstufen von Oralität** unterscheiden.
Die früheste Form beinhaltet die Phantasie, das gute Objekt als Ganzes in die eigene Person hineinzunehmen, wobei im hier diskutierten Triebzusammenhang nicht bloß die harmonische Verschmelzung von Selbst und Objekt gemeint ist, sondern die triebhaft-gierige Appetenz, das Gute durch die Aktivität des Saugens und Schluckens oral in sich hineinzunehmen. Der lustvollen Gier des oralen Aufnehmens folgt die Befriedigung des Satt- und Voll-Seins, unter der die orale Appetenz erlischt. Wurde zu viel, zu schnell oder das Falsche oral aufgenommen, setzt die Gegenbewegung des Ausstoßens ein, der Säugling spuckt oder erbricht und befreit sich von Objektanteilen, die aufzunehmen ihm nicht zuträglich war.
Die weiterentwickelte Form der Oralität verzichtet darauf, sich mit dem Objekt in toto oral zu vereinigen, stattdessen läßt sie das Objekt draußen bestehen. Dadurch ist eine zweiseitige Beziehung etabliert: Das Selbst kann sich mit oraler Appetenz an das Objekt wenden, um von ihm Sättigung zu erlangen; das Objekt kann orale Angebote an das Subjekt richten und ihm orale Befriedigung anbieten. Diese unterschiedlichen Bereiche bleiben künftig nebeneinander bestehen: Die aktive orale Lust, körperlich und in früher Form gebunden an Lippen, Zunge und Mundhöhle und den Vorgang des Schluckens oder Schlingens; aktivere Oralität in einer fortentwickelten Form, welche körperlich auch die Zähne zum Abbeißen einsetzt (oral-aggressiv) und die Hände, welche das Objekt zum Munde führen (oral-kaptativ); schließlich eine passive Oralität, welche ihre Lust weniger in der eigenen oralen Gerichtetheit und Handlungsaktivität erfährt, sondern im passiven Gefüttertwerden, im Hineinlaufenlassen des Guten, das das Objekt darbietet.
Während die frühe Psychoanalyse das Thema der oralen Lust einzig unter libidotheoretischen Gesichtspunkten diskutierte, also darin eine frühe Form der erotischen Beziehung sah, legte Schultz-Hencke (1927) eine Differenzierung vor, die für den frühen oralen Bereich vielfältige lustvolle Erfahrungen unterschied. Dabei machte er deutlich, daß die triebhaft-orale Ausrichtung nur im Kontext der Mutter-Kind-Beziehung gesehen werden kann. Er nennt für die Situation des Gestilltwerdens folgende Lusterfahrungen: Saugelust (Lust des Sich-Bemächtigens), Lust des Einströmens (Lust des passiven Empfangens), Lust des Vollwerdens (Lust der Fülle), Lust des Tätschelns (Lust am Motorischen), Lust der Gier (Lust an der Sehnsuchtsspannung), Lust der warmen Geborgenheit (Lust in der Gesichertheit).
In welchem Verhältnis stehen diese Aspekte der Säuglingsoralität zu der **Oralität des erwachsenen Menschen**? Insbesondere müssen wir fragen, was von diesen Lusterfahrungen unverändert bestehen bleibt und was sich in der Entwicklung der psychischen Struktur im Laufe des Lebens wandelt. Im bewußten Erleben des durchschnittlichen erwachsenen Menschen sind die beschriebenen Lusterfahrungen nicht mehr in vollem Umfang vorhanden, doch legt die Welt der Träume, der Phantasien, der künstlerischen Produktionen ein beredtes Zeugnis davon ab, daß sie unbewußt erhalten blieben. Im Falle

psychischer Störungen können sie regressiv wiederbelebt werden und färben dann, für den Außenstehenden besser sichtbar als für den Betroffenen, das Verhalten und Erleben. Auch in emotionalen Ausnahmesituationen wie z.B. in der Verliebtheit, werden orale Modi der Objektbeziehung aktiviert ("jemand zum Fressen gerne haben"), wie generell auch die Sexualität des erwachsenen Menschen unterschiedlichste oral lustvolle Bereiche einschließt.
Oralität bleibt in einer durchaus lustvollen Besetzung des Mundbereichs und der Nahrungsthematik bestehen, wobei Themen der Nahrungsaufnahme, des oralen Geniessens, des Sattwerdens wichtige Erlebniskategorien bilden. Dabei spielt auch die jeweilige Ausgestaltung des Oralen - die Zubereitung und Darbietung von Speisen, die Regeln für ihren Verzehr eine wichtige Rolle. Wie die **Kulturgeschichte des Essens** erkennen läßt, verändern sich die Koch- und Eßgewohnheiten im Kontext gesellschaftlicher Überzeugungen und Verhältnisse.In Zeiten stärkerer religiöser Orientierung waren Kochen und Essen eingebunden in religiöse Vorschriften und Rituale (kein Fleisch am Sterbetag Christi; koscheres Essen; rituelle Mahlzeiten an bestimmten Feiertagen; Essen als Teilnahme am Opfermahl etc.). Die soziale Stellung des Einzelnen wurde stets charakterisiert durch das, was er sich erlauben konnte an Seltenem und Teuerem im Überfluß zu essen oder mit wie wenig er sich zufrieden geben mußte. In der heutigen industriellen Produktion (Überproduktion) von Nahrung ist für Menschen der nördlichen Halbkugel Essen immer und überall preiswert verfügbar, so daß für sie der Kampf gegen Überfütterung und Übergewicht ein Dauerthema darstellt. Zugleich wächst die Angst vor den durch die Nahrung aufgenommenen Giften und Schadstoffen und die Sehnsucht nach unverfälschter schmackhafter Nahrung aus idealisierten Zeiten. Im Kontrast dazu geht es für viele Menschen der südlichen Hemisphäre beim Essen nach wie vor um die Alternative von Überleben oder Verhungern.
Eine weitere Bedeutung hat Oralität im Leben des Erwachsenen im übertragenen Sinne: Sich Dinge aneignen und in den eigenen Besitz bringen, von materiellen Gütern bis hin zu Ideen oder Sachkenntnissen. F. Pearls (1978) betont die Wichtigkeit des oralen Weltbezugs für die Fähigkeit, sich der Objektwelt mit Appetenz zu nähern und sich im übertragenen Sinne seinen Teil von der realen Welt abzubeißen, ihn kleinzukauen, herunterzuschlucken, zu verdauen, bis er zum Körpereigenen geworden ist.

Vielfältig sind die **oralen Fehlentwicklungen**, die aus den Beeinträchtigungen der frühen Beziehungssituation resultieren. Die frühen Defizite können dazu führen, daß die orale Gier, sei es als Objekthunger oder als einseitige Fixierung auf orale Befriedigungsmodi erhalten bleibt und die spätere Persönlichkeitsentwicklung und ihre evtl. Symptomatik prägt. Beim Objekthunger besteht die Sehnsucht, einen Menschen zu finden, dessen Nähe und Verfügbarkeit die eigene gespürte Leere ausfüllen könnte und mit dem zusammen wieder ein zufriedenes Ganzes entsteht. Je weniger es gelingt, einen Menschen zu diesem Zweck zu finden (und es kann im Grunde definitiv nie gelingen), desto stärker wird der Drang "etwas" zu finden, das ersatzweise die Zufriedenheit der Fülle gewährt - z.B. etwas zum Kaufen, zum Besitzen, zum Anziehen, zum Essen. An der Tatsache, daß dieses etwas nur für kurze Zeit ausfüllen und zufrieden machen kann und dann suchtartig Neues gesucht werden muß ("Kaufsucht") zeigt sich der Surrogat-Charakter dieser oralen Ausrichtung; der Objekthunger kann durch den Erwerb von Sachen nicht nachhaltig gestillt werden. Dieser Aspekt des Oralen wird uns bei der Besprechung der Sucht (Kapitel 2.3.3) wieder begegnen. In der Abwehr dieser oralen Bedürftigkeit sehen wir Menschen, die ganz unoral, bescheiden und anspruchslos sind und ihre Oralität am ehesten in der altruistischen Versorgung und Fütterung anderer erfahren. (s. Kap. 2.2.5 Die altruistische Verarbeitung des depressiven Grundkonflikts).

1.5.10 Aggressivität und Analität: Entwicklungsgeschichtliche Aspekte

Das Thema Aggression war uns bereits auf

der oralen Entwicklungsebene begegnet, wo es das Interesse, den Hunger und oder die Gier gegenüber der Objektwelt zum Inhalt hatte und als wichtige Voraussetzung für die aktive Weltbewältigung des Erwachsenen (Aneignung der Welt) beschrieben wurde. Jetzt soll das Aggressive in seiner spezifischen Kopplung mit dem Analen beschrieben werden.

Entwicklungspsychologisch werden die Erlebnisqualitäten des Aggressiven und Analen auf die Phase der Autonomiebildung im 2. und 3. Lebensjahr bezogen; in diesem Lebensabschnitt hat sich die Fähigkeit zum motorischen Verhalten und die zugehörige Funktionslust sehr ausgeprägt entwickelt. Der starke Impuls, mit Neugier, Muskelkraft und motorischer Geschicklichkeit an die Dinge heranzugehen, sie zu explorieren, in Besitz zu bringen (ad-gredi), hat fließende Übergänge zu der Tendenz, die Dinge auseinanderzunehmen und zu zerstören (Aggression). Im Falle lebender Objekte kommt es zum Kräftemessen und Rivalisieren, zu handgreiflichen Auseinandersetzungen im Kampf um begehrte Gegenstände oder um Vorrechte, wobei auch quälerische Impulse auftauchen. Da in dem gleichen Entwicklungsabschnitt die Hervorbringung und Steuerung von Affekten eine wichtige Rolle spielt, läßt sich das Quälen auch als ein Spiel mit den Affekten des anderen verstehen.

In der gleichen Entwicklungsphase beanspruchen die körperlichen Ausscheidungsprozesse großes Interesse, insbesondere in der Alternative von Produzieren und Zurückhalten. Der Stuhlgang als Bestandteil und Produkt des eigenen Körpers ist dem Kind interessant und wertvoll, das Schmieren und Manschen mit weichen Gegenständen wird als lustvolle Tätigkeit erlebt. Die Kopplung von analen und aggressiven Erlebnismustern ("Bescheißen, Anscheissen") wird erst in späteren Entwicklungsabschnitten deutlich.

Auf die Objektwelt bezogen dient die **motorische und anal getönte Aggressivität** also dem Autonomiestreben des Individuums, seinem Bedürfnis nach Expansion und Exploration, der Befriedigung seiner Neugier und motorischen Funktionslust sowie seinem Wunsch, den eigenen Willen durchzusetzen und Auseinandersetzungen zu bestehen. Es stellt die Einübung der Selbstbehauptung dar, die bei allen sozialen Lebewesen als Verhaltensmuster der Exploration, Selbstverteidigung, Revierverteidigung, Rivalität um Partner, Verteidigung der eigenen Gruppe, speziell der eigenen Nachkommen etc. vorliegen. Auch der retentive Impuls gilt dem Bedürfnis nach Selbstbehauptung, indem er dazu dient, Objekte (später auch Gedanken oder Gefühle) bei sich zu behalten, nicht hergeben zu müssen. Der willkürlich bemächtigende, quälerische oder beschmutzende Umgang mit den Objekten bildet einen Teilaspekt des Erlebens.

Es erscheint zweckmäßig, an dieser Stelle zu erwähnen, daß es noch weitere Aspekte der Aggressivität gibt. Im nächsten Abschnitt wird die sexuell getönte Aggressivität angesprochen werden, die Phantasie, den Partner phallisch zu penetrieren oder seine phallische Potenz zu verschlingen und zu zerstören. In der vorausgegangenen ("oralen") Entwicklungsphase der Bindung war die orale Aggressivität als Impuls beschrieben worden, sich des Objekts durch Beißen, Saugen und Schlucken zu bemächtigen, sich oral anzuklammern oder das Objekt in Teilen oder ganz zu verschlingen. Phallische, anale und orale Aggressivität sind auf Objekte bezogen; sie stellen insofern Modi der Objektbeziehung dar, die um triebhaftes Lusterleben gruppiert sind. Nun gibt es freilich Aggressionen auch in früheren Stufen, die vor der Selbst-Objekt-Differenzierung liegen. Diese Aggressivität wirkt objektlos, weil sie nicht von einem klar abgegrenzten Selbst auf ein konturiertes Objekt gerichtet ist. Womöglich ist es nur eine Analogie, diese objektlose Erregung als Aggression zu bezeichnen, weil sie - soweit die Analyse erwachsener Patienten es erkennen läßt - Phantasien von Chaos und Zerstörung, von Selbstauflösung und Weltuntergang beinhalten. Diese Destruktion wird nicht durch eigene Intentionen bewirkt und kann nicht durch eigenes Handeln kontrolliert werden; sie ist in ihrer apokalyptischen Dimension eher angstauslösend als lustbereitend.

1.5.11 Gesellschaftliche Aspekte der Aggression

Welche Rolle spielen die aus kindlicher Entwicklung abgeleiteten aggressiven Impulse im Leben des Erwachsenen. Seine Träume lassen erkennen, in welchem großen Umfang aggressive und anale Themen das unbewußte Leben ausfüllen. Im Alltag sind diese Impulse, insbesondere die analen, in besonderer Weise tabuiert. Unsere Kultur ist geradezu geprägt durch die anale Abwehr. Während die Qualität des Oralen als genußvoll akzeptiert, in der Werbung propagiert und in Geselligkeit genossen wird, darf das Anale nicht einmal beim Namen genannt werden; es ist schambesetzt, darf nicht gezeigt und beobachtet werden und ist durch vielerlei Sauberkeitsrituale kontrolliert. Das Schmutzige erscheint als das Böse schlechthin, und so kann man seinen Anspruch, zu den Guten zu gehören, unterstreichen, indem man z.B. regelmäßig Fenster putzt. Um so größer ist dann das meist voyeuristische Vergnügen an erlaubten Schlammschlachten.

Brisanter ist die Situation im Falle der Aggressivität. Jede Kultur versucht auf ihre Weise, Aggression innerhalb der Gesellschaft zu kontrollieren und zu kanalisieren, die Regeln dafür sind in Rechtsvorschriften und Strafandrohungen niedergelegt. Der Einzelne tritt seinen Anspruch auf aggressive Durchsetzung seiner Rechte an die Gesellschaft ab. Daneben gibt es legale und ritualisierte Formen der Aggression in der Auseinandersetzung zwischen Individuum und Gruppen, in der Konkurrenz um Einfluß, Geld und Ansehen. Auf einem spielerisch-sportlichen Niveau kann sich der Einzelne nach festgelegten Spielregeln Auseinandersetzungen stellen; das Kämpferisch-Aggressive ist dabei in manchen Sportarten ritualisiert, ästhetisiert und sublimiert, andere zielen auf die körperliche Beschädigung des Gegners. Tausende von Menschen nehmen als direkte Zuschauer an solchen Veranstaltungen Anteil; Millionen - von vorwiegend männlichen Zuschauern - partizipieren über die Medien an den sportlichen Ereignissen; sie engagieren sich mit heftigen Emotionen, wenn ein Eishockeyspieler den anderen im erlaubten Bodycheck gegen die Bande nagelt oder ein Fußballspieler einem anderen die Beine wegtritt. Konrad Lorenz verwies auf diese Möglichkeit gesellschaftlich akzeptierter Aggressionsabfuhr.

Gleichwohl liegen andere Formen der Aggressivität unter der dünnen Decke der Zivilisation bereit. In Milgrams Experiment waren die meisten Versuchspersonen bereit, ihre Opfer zu quälen, wenn der Versuchsleiter unter dem Vorwand eines wissenschaftlichen Experiments die Verantwortung dafür übernahm. Überall im alltäglichen Leben kann jederzeit Aggression aufbrechen: Partner tun sich Gewalt an, Eltern mißhandeln ihre Kinder, Jugendliche schlagen Ausländer tot, Autofahrer bringen einander um, Nachbarn lösen Grenzstreitigkeiten mit dem Gewehr, Eifersüchtige erstechen ihre Nebenbuhler. Stets betrachten die Nichtbeteiligten das Geschehen mit größtem Interesse, meist ohne sich einzumischen; keine andere Nachricht wird so begierig aufgegriffen; man ist gerührt über das Schicksal der Opfer und fordert die strengste Bestrafung der Täter oder identifiziert sich klammheimlich mit ihnen. Dadurch kann die intrapsychische Konfliktspannung des Einzelnen zwischen aggressiven Triebimpulsen und Strafandrohung des Überichs durch Externalisierung erledigt werden. Besonders aggressionsanfällig sind emotional bewegte Massen, weil sich in ihnen kollektive Aggressivität außerhalb der individuellen Verantwortung realisieren läßt.

Durch die modernen Medien wird täglich aggressives Geschehen aus aller Welt aufgespürt und vorgezeigt: Kriegsgreuel und Folterungen von Häftlingen, finstere Machenschaften von mächtigen Einzelnen und politischen Gruppen, Gewaltausbrüche von Unterpriviligierten. In Ergänzung zu dieser Dokumentation des realen Geschehens werden in den Spielfilmen eines durchschnittlichen Fernsehtages ca. 70 Mordszenen vorgeführt, 7-13 % der gesamten Sendezeit sind mit Gewaltszenen gefüllt (Groebel 1992).

Die tagtäglich sich ereignenden **Ausbrüche von Gewalt** lösen offiziell meist Ratlosigkeit aus, man kennzeichnet das Geschehen als unverständlich und irrational und ruft nach der Polizei, dem Staat oder der UNO als regulierenden Instanzen. Bei der Interpretation von Massenphänomenen durch Konzepte, die aus der Psychologie des Individuums stammen, ist stets Vorsicht geboten, dennoch kann die Berücksichtigung einiger biologisch verankerter Motivationen und Verhaltensmuster das Verständnis fördern. Diese aggressive Motivation dient bei höheren Lebewesen vor allem der Selbstbehauptung und dem Überleben durch die aggressive Sicherung von Nahrungsquellen, die aggressive Abgrenzung des eigenen Territoriums, den kämpferischen Anspruch auf Partner und die Sicherung günstiger Entwicklungsbedingungen für den eigenen Nachwuchs usw.; diese kämpferischen Motivationen sind immer bezogen auf den unbewußten biologisch-evolutionären Auftrag, das eigene Genom gegen die Mitkonkurrenten erfolgreich voranzubringen und weiterzugeben.

Wenn sich im Zusammenleben von Menschen **Strukturen auflösen** (indem sich z.B. Wertvorstellungen wandeln, Traditionen und Rituale wegfallen, politische Grenzen verändern, Bevölkerungsbewegungen stattfinden, wenn Arbeitsplätze, Geldmittel und Wohnraum knapp werden) können wir den Ausbruch von primitiv anmutenden Gewalt-Reaktionen beobachten; sie beinhalten Neid und unterdrückte Wut gegen die Bessergestellten und Angst, selber zu kurz zu kommen und nicht überleben zu können. Die Enttäuschungswut richtet sich aber nicht gegen die Mächtigen und Reichen, sondern gegen solche, die noch ohnmächtiger sind, sie werden zu Sündenböcken gemacht und angegriffen. Dazu bieten sich insbesondere Randgruppen, Minderheiten und vor allem Fremde an. Die von den Angreifern geäußerten Vorwürfe lassen erkennen, daß die obengenannten Grundmotive angesprochen sind: "Die fressen uns alles weg, die werden vom Staat durchgefüttert, wir müssen für die noch mitbezahlen, die haben hier nichts zu suchen, unsere Frauen sind vor denen nicht sicher, die nehmen unseren Kindern die Ausbildungsplätze weg usw.". Auffallend ist die Tatsache, daß sich die Reaktionen nicht bloß auf Proteste und Drohgebärden beschränken, wie das bei innerartlichen Auseinandersetzungen zu sein pflegt, sondern daß rabiate "Lösungen", wie verjagen, totschlagen, verbrennen, ausmerzen inszeniert werden, so als würde eine Urhorde mit der anderen ums Überleben kämpfen oder als müßte ein artfremder Feind (also aus menschlicher Sicht ein gefährliches Tier) vernichtet werden. Die Tatsache, daß große Teile der aktuell anwesenden Bevölkerung solchen Pogromen eher unbeteiligt zuschaut, läßt erkennen, daß die Täter stellvertretend für viele ihre Frustrationsaggressionen abreagieren.

Das beschriebene Bild zeigt ein Spannungsfeld zwischen kontrollierter und hervorbrechender regressiver Aggressivität. Die Tatsache solcher regressiven Entladungen verweist beim Individuum, vielleicht gilt das auch für soziale Gruppen, auf einen Mangel an Differenzierung und Strukturierung des psychischen Innenraums. Insbesondere fehlt es an Internalisierungen von Objekten, die positiv gewährende Züge und normgebende, Grenzen setzende Einstellungen (im Sinne eines Über-Ichs) haben und damit beruhigend auf die eigene Bedürftigkeit und Angst und steuernd auf die eigene Erregung wirken. Bei einem Mangel an beruhigenden und steuernden Introjekten kommt es unter Bedürfnisspannungen sofort zur Polarisierung zwischen nur-guten und nur-bösen Objektvorstellungen, die letzteren werden auf Sündenböcke projiziert und in diesen bekämpft.

Jeder Einzelne steht vor der Aufgabe, so viele aggressive Möglichkeiten zu entwikkeln, wie er für seinen Selbstschutz und die berechtigte Durchsetzung seiner Interessen benötigt, zugleich muß er versuchen, die in ihm aufkommenden destruktiv-aggressiven Regungen so zu verarbeiten, daß sie ihn und andere nicht in Gefahr bringen. Im **psychotherapeutischen Umgang** mit diesem Thema geht es stets um die Balance zwischen dem Zuwenig und Zuviel. Im Rahmen einer neurotischen Entwicklung kommt es meist zu einer Blockierung der berechtigten Eigeninteressen, der betreffende Patient fühlt sich wehrlos und ohnmächtig und daher den vergleichsweise stärkeren aggressiven Möglichkeiten anderer Menschen als Opfer ausgeliefert. Umgekehrt drängen die unausgereiften aggressiven Impulse innerlich an und lassen eine angstmachende Seite der eigenen Natur erkennen. Ungelebte Aggressivität und unerledigter Haß können sich in Autoaggressivität und Selbsthaß wandeln und auf diesem Wege die psychische und körperliche Gesundheit zerstören. Als optimale therapeutische Entwicklung sollte der Einzelne ein "gesundes" Maß von Aggressivität erlangen, das es ihm erlaubt, sich zu behaupten, ohne zerstörerisch mit den Interessen anderer Menschen umgehen zu müssen. Zugleich sollte er akzeptieren können, daß in ihm wie in jedem Menschen ein destruktives Potential bereitliegt, für das er ebenfalls die Verantwortung übernehmen muß, will er nicht Gefahr laufen, diese seine Destruktivität im Interesse eines "gerechten" kollektiven (z.B. weltanschaulich politischen) Zieles auszuagieren.

1.5.12 Sexualität

Unter den Motivationen des Menschen stellt das sexuelle Begehren bei Jugendlichen und Erwachsenen eine starke, oft die stärkste Triebregung dar; in ihr bauen sich physiologisch-rhythmisch Bedürfnisspannungen auf, welche mit Phatasievorstellungen von Sexualpartnern, sexuellen Handlungen und sexuellem Lusterleben einhergehen ("Mit diesem Drang im Leibe siehst Helenen Du in jedem Weibe"). Dieses Begehren ist zunächst ungerichtet, in einer Partnerbeziehung verknüpft sich das Verlangen nach einem sexuell-attraktiven Partner mit dem Bedürfnis nach einer emotionalen Bindung an einen geliebten Menschen.

Vorläufer der erotischen Ausrichtung auf ein geliebtes Objekt finden sich beim Kleinkind, wenngleich die psychoanalytische Theorie von der libidinösen Bindung des Kindes an den gegengeschlechtlichen Elternteil heute nicht mehr aufrechterhalten werden kann. Die primäre Bindung des Kindes an seine wichtigen Bezugspersonen läßt sich auch ohne das Konzept eines libidinösen Bandes verstehen. Seine zärtliche Zuwendung, der offensichtliche Besitzanspruch und die Eifersucht sind nicht sexuell motiviert, auch wenn sie den Gefühlen liebender Erwachsener in der Erscheinung ähneln. Das Interesse des Kindes an sexuellen Vorgängen ist Bestandteil seines neugierigen Interesses an allen wichtigen Themen des Lebens, wie Zeugung, Schwangerschaft, Geburt und Tod. Die Nähewünsche und Zärtlichkeit des Kindes gehen über eine spielerische Erotisierung und eine Probeidentifizierung mit geschlechtstypischem Rollenverhalten nicht hinaus. Das "Inzesttabu" zwischen nahen Familienangehörigen ist, wie Bischof (1985) zeigen konnte, nicht soziokulturell-moralisch verankert, sondern resultiert aus der Tatsache, daß sich sexuelle Appetenz bevorzugt auf unvertraute Objekte richtet, während die Beziehung zu den familiären, nah vertrauten, stärkere kindliche, d.h. Sicherheit suchende und damit nicht sexuell erobernde Impulse aktiviert.

Wenn sich zwischen Eltern und Kindern etwas ereignet, das im erwachsenen Sinne als Sexualität gelten kann, resultiert es in der Regel nicht aus dem sexuellen Verlangen des Kindes, sondern aus bewußten oder unbewußten Intentionen Erwachsener, die unerfüllte oder unausgereifte erotisch-sexuelle Impulse an das Kind richten und aus ihm einen Ersatzpartner oder ein Partialobjekt für sexuelle und aggressive Impulse machen. Die Diskussion darüber, in welchem Umfang Kinder durch Erwachsene in sexuelle Handlungen einbezogen werden, ist unter dem Stichwort des **sexuellen Mißbrauchs** in den letzten Jahren intensiv entbrannt. Im Kontrast zu der Freudschen Annahme, daß das Kind, zumindest in seiner Phantasie, der Verführer/die Verführerin sei, hat es den Anschein, daß das Geschehen sehr viel stärker vom Erwachsenen ausgeht; weil die Situation für das Kind keine sexuellen Bedürfnisse befriedigt (die es nicht hat), sondern bestenfalls das Interesse, sich Vorteile zu schaffen (sich Zuneigung zu sichern, Komplizenschaft herzustellen, Geldzuwendungen zu erlangen) und weil das Kind sehr viel häufiger durch Zwang, Erpressung und Gewaltanwendung zu sexuellen Handlungen genötigt wird, rechtfertigt sich der Begriff Mißbrauch. Die familiäre Loyalität des Kindes, seine Angst und Scham oder die abwiegelnde Handlung anderer Familienangehöriger ("Hab Dich nicht so, das hat mein Vater bei mir auch gemacht") führen dazu, daß das Kind im nachhinein oft nicht mehr sicher ist, was Wirklichkeit war und was Phantasie.

Das eindeutige sexuelle Interesse erwacht beim **Jugendlichen** unter dem Einfluß endokriner Veränderungen; spätestens dann muß er seine primären Bindungen an die Eltern lösen, um den Platz freizumachen für fremde Objekte, auf die sich die sexuelle Neugier richten kann. Wenn die primäre Elternbindung fortbesteht, z.B. aus Gründen übergroßer Loyalität, ängstlicher Gehemmtheit, schuldgefühlshafter Verpflichtung oder enttäuschter Anhänglichkeit, wird es schwierig, eine erotisch-sexuelle Beziehung zu einem "Fremden" aufzunehmen, ohne daß sich die vertraute Bindung störend einmischt. Wenn darüber hinaus Sexualität mit erwachsenen Familienangehörigen praktiziert wurde, bewirken die damit verknüpften Gefühle von Angst, Scham, Schuld, Schmerz, aber auch von loyaler oder komplizenhafter Verbundenheit, daß die Entfaltung sexueller Interessen im jugendlichen Alter beeinträchtigt und Verknüpfung sexueller Ziele mit emotionaler Bindung in einer Partnerschaft erschwert wird. Umgekehrt kann aber auch die frühzeitige Erotisierung des Kindes dazu führen, daß es seine späteren Beziehungen sexualisiert oder die meisten Konfliktlösungen durch den Einsatz sexueller Angebote versucht.

Störungen der Sexualität beim Erwachsenen resultieren aus neurotischen Fehlentwicklungen der unterschiedlichsten Art: Ein Zuviel an gestauter Aggressivität kann die zärtlich-sexuelle Annäherung gefährlich machen, ein Zuwenig an aggressiven Möglichkeiten erlaubt es nicht, sich dem Sexualpartner anzunähern; Angst vor der analen Erlebniskategorie führt dazu, daß das Sexuelle als schmutzig kategorisiert und abgewehrt wird; passiv-orale Bedürfnisse gegenüber dem wichtigen Objekt erschweren es, eine symmetrisch gleichberechtigte Beziehung einzugehen; persistierende emotionale Bindungen an Elternpersonen machen es schwer, sexuelle Phantasien auf Partner zu entwerfen, weil hinter deren Bild immer wieder die Vorstellung der Eltern auftaucht; "frühe" Ängste vor Kontakt und Nähe erschweren den vertrauten, körperlich-intensiven Umgang mit dem Partner, weil in einem leidenschaftlichen Wir die eigene Autonomie ganz verloren gehen könnte. Wenn der vorherrschende Beziehungsmodus Aspekte einer Teilobjektbeziehung aufweist, ist es schwierig, die eigenen Triebimpulse in eine Partnerbeziehung zu integrieren. Das Gegenüber gewinnt Züge eines sexualisierten Teilobjekts, z.B. weckt es die Aufmerksamkeit bevorzugt als erotisch-stimulierender Körperteil. Bei der Entwicklung der sogenannten sexuellen Perversionen ist die sexuelle Präferenz auf sexualisierte Teilaspekte der anderen Person oder des Phantasieobjektes fixiert.

Unabhängig von diesen neurotischen Komplikationen kollidiert auf einer soziokulturellen Ebene die animalisch-instinktnahe Natur des Sexuellen mit den zivilisierten Ansprüchen des Individuums.

Erotisch-sexuelle Motive, die damit verbundene Leidenschaftlichkeit, quälende Eifersucht, mörderische Rivalität, verzehrende Sehnsucht bilden ein starkes irrationales Element, welches nicht selten das wohlgeordnete zivilisierte, vernünftige Leben eines Menschen durcheinanderbringen und im Extremfall zerstören kann.

Literatur

Abraham, K.: Versuch einer Entwicklungsgeschichte der Libido auf Grundlage der Psychoanalyse seelischer Störungen (1924) Ges. Schriften Bd. 1, 32-102, Fischer, Frankfurt 1982

Bischof, N.: Das Rätsel Ödipus. Die biologischen Wurzeln des Urkonflikts von Intimität und Autonomie. Piper, München Zürich 1985

Brede, C.: Der Trieb als humanspezifische Kategorie. Alfred Lorenzers problematischer Beitrag zum Verhältnis von Interaktion und Trieb. Psyche 30 (1976) 473-502

CLEMENT, U.: Sexualität im sozialen Wandel. eine empirische Vergleichsstudie von Studenten 1966 und 1981. Enke, Stuttgart 1986

DOLTO, F.: Über das Begehren. Klett Cotta, Stuttgart 1988 (franz. 1981)

EIBL-EIBESFELD, J.: Liebe und Hass - Zur Naturgeschichte elementarer Verhaltensweisen. Piper, München 1982

EIBL-EIBESFELD, J.: Die Biologie des menschlichen Verhaltens. Grundriss der Humanethologie. Piper, München 1984

FREUD, S.: Drei Abhandlungen zur Sexualtheorie (1905) GW V, S.27-145

FREUD, S.: Triebe und Triebschicksale (1915) GW X, S. 209-232

FREUD, S.: Das Unbehagen in der Kultur (1930) GW XIV, S. 419-506

Groebel, J.: Mit Gewaltszenen buhlen TV-Anstalten um Einschaltquoten. Frankfurter Rundschau 97, 25.4.1992, S. 14

GRUNBERGER, B.: Untersuchungen zur analen Objektbeziehung. In: Grunberger, B.: Vom Narzißmus zum Objekt. Suhrkamp, Frankfurt 1976, S. 164-188

GRUNBERGER, B.: Überlegungen zur Oralität und zur oralen Objektbeziehung.
In: Grunberger, B.: Vom Narzißmus zum Objekt. suhrkamp, Frankfurt 1976, S. 138-163

HARTMANN, H.: Bemerkungen zur psychoanalytischen Theorie der Triebe. In: Hartmann, H.: Ich-Psychologie. Klett, Stuttgart 1972, S. 78-97 (engl. 1948)

KÖNIG, K.: Basale und zentrale Beziehungswünsche. Forum Psychoanalyse 4 (1988) 177-185

LINCKE, H.: Instinktverlust und Symbolbildung. Die psychoanalytische Theorie und die psychobiologische Grundlage des menschlichen Verhaltens. Severin u. Siedler, Berlin 1981

LOCH, W.: Triebe und Objekte - Bemerkungen zu den Ursprüngen der emotionalen Objektwelt. Jahrbuch der Psychoanalyse XII (1981) S. 54-82

LORENZ, K.: Das sogenannte Böse. Zur Naturgeschichte der Aggression. Borotha Schoeler, Wien 1963

MCDOUGALL, .: Aufbaukräfte der Seele. Grundriss einer dynymischen Psychologie und Pathopsychologie. Thieme, Stuttgart 1937 (engl. 1935)

MERTENS, W.: Entwicklung der Psychosexualität und der Geschlechtsidentität. Kohlhammer, Stuttgart 1992

MITSCHERLICH, M.: Über Aggression, Krieg und Frieden. Ges. Schriften Bd. 5, Suhrkamp, Frankfurt 1983, S. 215 - 363

SANDLER, J., DARE, C.: Der psychoanalytische Begriff der Oralität. Psyche 27 (1973) 770-781

SCHULTZ-HENCKE, H.: Die Lustquellen der Kindheit. In: Schultz-Hencke, H.: Einführung in die Psychoanalyse. Fischer, Jena 1927, S. 8-80

SCHULTZ-HENCKE, H.: Der Begriff "sexuell". In: Schultz-Hencke, H.: Die psychoanalytische Begriffswelt. Vandenhoeck & Ruprecht, Göttingen 1972, S. 12-31

VOGEL, CH.: Vom Töten zum Mord. Das wirkliche Böse in der Evolutionsgeschichte. Hanser, München 1989

1.6 Emotion

Ein großer Teil allen psychischen Geschehens ist in emotionale Prozesse eingebunden; es gibt keine psychische oder psychosomatische Störung, die sich nicht auch als emotionale Störung beschreiben ließe, und schließlich stellt auch die Psychotherapie selbst zu weiten Teilen einen Vorgang der emotionalen Umstrukturierung und Entfaltung dar. In der definitorischen Abgrenzung der zugehörigen Begriffe wird Affekt auf die körperliche Reaktion, Gefühl auf das bewußte Erleben und Emotion auf das Gesamtgeschehen angewendet.

In den vorausgegangenen Abschnitten war als wesentliches Merkmal des Psychischen beschrieben worden, daß das Subjekt **auf die Objektwelt ausgerichtet** ist (die intentionale Ausrichtung als Grundform neugierigen Interesses auf die Welt; die bedürfnishafte Ausrichtung mit ihren vitalen Formen des Begehrens und Verlangens, die auf lustvolle Befriedigung und auch Selbstbehauptung gerichtet sind; die soziale Ausrichtung, welche die Sicherheit gebende Bindung und das Miteinander in der Gemeinschaft sucht). Das Subjekt kann in wachem Zustand entweder auf die Objekte bezogen oder reflexiv auf das eigene Selbst ausgerichtet sein. Zugleich wird die Ausrichtung von der Objektwelt **"beantwortet"**. Das Subjekt wird in seinen Interessen oder seinen Bedürfnissen befriedigt oder frustriert, es muß diese Antwort seinerseits wieder verarbeiten. Darüber hinaus entfaltet die Objektwelt von sich aus Aktivitäten, die auf das Subjekt einwirken und ebenfalls Antworten erfordern. Die Elemente dieses Geschehens, die Ausrichtung des Subjekts auf die Welt, die Befriedigung oder Zurückweisung der Interessen, die Einwirkung fremder Interessen auf das Subjekt, die reflexive Wahrnehmung des eigenen Selbst sind intrapsychisch von **Emotionen begleitet**. In Anlehnung an Krause (1990) lassen sich unterscheiden

- eine physiologische Aktivierung des vegetativen und endokrinen Systems (Affekt) mit spürbaren Zeichen wie Herzklopfen, Erröten, Muskelanspannung, Harndrang etc.;

- die Eigenwahrnehmung von psychischer und körperlicher Gestimmtheit (Gefühle);

- eine motorische Handlungsbereitschaft mit dem Ziel, unlustvolle Situationen zu verändern oder ihnen zu entkommen oder lustvolle festzuhalten;

- eine expressive Komponente in der Aktivierung von Mimik, Gestik und Körperhaltung.

1.6.1 Intrapsychische Aspekte des Emotionalen

Über das emotionale Geschehen wird die aktuelle Situation für das Subjekt **erlebbar**; es verschafft ihr einen sicheren Eindruck von der Bedeutung des Objekts, von der aktuellen Befindlichkeit des Selbst und von der Art ihrer Beziehung zueinander. Die wahrgenommene Emotion ist also mehr als nur eine Reaktion des Subjekts auf äußere Reize, sie liefert eine Widerspiegelung der Objektwelt im Subjekt und eine Einschätzung der Beziehung zwischen ihnen. Über Emotionen sind wir in der Lage, jederzeit unsere Beziehungssituation zu evaluieren.

Schließlich bleibt es nicht beim Erleben und Bewerten der Situation ("das Objekt macht mir Angst, ich schätze es als gefährlich ein, ich bin aktiviert"), sondern es ist in der emotionalen Befindlichkeit bereits ein **Handlungsentwurf** zur Bewältigung der Situation enthalten ("ich bringe mich in Sicherheit" oder "das lasse ich mir nicht gefallen"). Erleben, Bewerten und Handlungsbereitschaft sind in der Emotion eins.

Das emotionale Erleben ist **individuell und kulturell variabel**, es hängt von den konstitutionellen Gegebenheiten des einzelnen ebenso ab wie von seinen lebensgeschichtlichen Erfahrungen und Prägungen. Für unterschiedliche Persönlichkeitsstrukturen ist das emotionale Ausdrucksverhalten geradezu kennzeichnend, denken wir an die habituelle Gefühlsvermeidung des Zwangsneu-

rotikers oder die scheinbar überschäumende Emotionalität in der Hysterie.
Darüber hinaus entscheiden soziokulturelle Einflüsse darüber, welche emotionalen Bewegungen öffentlich gezeigt oder verborgen werden oder in welcher Form sie durch ritualisiertes Verhalten überdeckt werden müssen. Es gibt große Unterschiede zwischen verschiedenen Kulturen bezüglich dessen, was als höflich, korrekt, beschämend oder verletzend gilt, denken wir z.B. an das unterschiedliche Trauerverhalten einer südeuropäischen, einer japanischen oder einer amerikanischen Familie.
Alle Menschen verfügen über ein vergleichbares **Repertoire von Grundemotionen**. Die Diskussion um die Frage, über wieviele primäre Emotionen Menschen verfügen, wurde lange und lebhaft geführt, sie stützt sich auf transkulturelle Beobachtungen, auf Videoanalysen des emotionalen Ausdrucks, auf Untersuchungen von EEG-Mustern und anderes mehr. Die Ergebnisse nähern sich insofern einander an, als immer wieder eine bestimmte Gruppe von Emotionen identifiziert werden konnte: Freude, Trauer/ Schmerz, Wut, Ekel, Überraschung, Furcht, Neugier/Interesse. Mit diesen Emotionen, die speziell in ihrem motorischexpressiven Anteil eindeutig und transkulturell gleichartig erkannt wurden, sind zugleich die wichtigsten beziehungsregulierenden Emotionen genannt.
Das bewußte Erleben der Emotionen bedeutet zugleich das **Nachlassen der erlebten Emotion**. Ob sie von Natur aus eher heftig sind wie bei einer Triebbefriedigung oder eher leise wie bei der Verwirklichung sozialer Motivationen, sie sind von begrenzter Dauer. Bei den heftigen Affekten besteht ein steiler Erregungsanstieg, ein hoher Gipfel und ein rascher Abfall, bei den leisen Emotionen ist die Verlaufskurve flacher. Um sich selbst zu spüren, sich lebendig zu fühlen, ist das Subjekt darauf angewiesen, die Emotionen zuzulassen, sie bewußt zu erleben. Es muß dabei akzeptieren, daß es die positiven Gefühle nicht festhalten kann, darf aber auch hoffen, daß es über negative Empfindungen hinwegkommt: Die Wut verraucht, die Angst klingt ab, Trauer und Schmerz verringern sich. Im Kontrast zu dem Anschwellen und Abklingen der bewußt erlebten Emotionen bestehen die verdrängten Emotionen fort; sie halten sich gewissermassen frisch und können nach Jahren und Jahrzehnten mit überraschender Heftigkeit und Lebendigkeit hervorbrechen.
Erlebte und abgeklungene Emotionen bleiben jedoch nicht spurenlos, sie hinterlassen ihre Engramme in einem affektiven Gedächtnis, das vor allem die gefühlshafte Tönung von Beziehungen zwischen dem Selbst und der Objektwelt speichert. Je früher im Leben die Ereignisse stattgefunden haben, desto eher wird nur die affektive Seite der Situationen, weniger der konkrete Inhalt erinnert. Wichtig ist auch die Tatsache, daß die mit der Emotion verknüpfte Handlungsbereitschaft geringer wird, wenn die Emotion erlebt und zum Ausdruck gebracht werden kann. Gerade durch diese Entkoppelung von Ankündigung einer Handlung und ihrer Ausführung wird ein Freiraum für soziales Problemlöseverhalten geschaffen. So läßt sich z.B. bei sozial lebenden Tieren beobachten, wie die Ankündigung eines Angriffs durch Drohgebärden ausreicht, um die Rangordnung zwischen den Tieren wiederherzustellen, sie muß nicht in jeder Situation neu und verlustreich ausgekämpft werden (Prinzip der innerartlichen Schadenminimierung).

1.6.2 Kommunikative Aspekte der Emotion

Indem das Subjekt seine Emotionen ausdrückt, richtet es **kommunikative Signale** an die Mitwelt. Das lebendige emotionale Erleben des Subjekts macht etwas von seiner inneren Verfassung für die Außenwelt sichtbar, hörbar, erlebbar. Über den emotionalen Ausdruck öffnet sich das Subjekt für die Wahrnehmung der Mitmenschen. Es läßt sie in sich hineinschauen, an seiner Verfassung teilhaben. Das geschieht über Mimik, Gestik, stimmliche Interaktion und Körpersprache, die als der nonverbale Teil der Kommunikation einen wichtigen Beitrag zum Gelingen der Kommunikation als Gan-

zes leistet.
Mitteilungen über die Innenbefindlichkeit des Subjekts bedeuten **Handlungsanweisungen** für die Objektwelt. Etwas von der inneren Verfassung zu zeigen und mitzuteilen bedeutet zugleich, die eigenen Interessen, Wünsche und Absichten zu verdeutlichen. Diese stellen Aufforderungen an die Objektwelt dar; es sind Appelle, die eigene Situation richtig im Sinne des Subjekts zu beantworten, seine Bedürfnisse zu erfüllen, Frustrationen zu mindern. Indem das Subjekt über seinen emotionalen Ausdruck seine Bewertung der Beziehungssituation mitteilt, wird das Objekt aufgefordert, sich darauf einzustellen. Krause (1990) liefert anschauliche Beispiele für den Veränderungswunsch bei bestimmten Emotionen. Ekel: "Du Objekt geh' hinaus aus mir", Wut: "Du Objekt geh' weg von mir, sonst greife ich Dich an", Angst: "Ich Subjekt will weg von Dir", Trauer: "Du Objekt komm' zurück zu mir". In seinen Emotionen ist das Subjekt in Bewegung geraten und versucht seinerseits die emotionsauslösende Situation zu verändern; in diesem Sinne sind die Emotionen die Beweger (movere - bewegen, emovere - entfernen, erschüttern).
Kommunikation von Emotionen ist die Voraussetzung für **Verstehen-Können und Verstanden-Werden.** Der deutliche emotionale Ausdruck des Subjekts ist Voraussetzung dafür, daß die Objektwelt entschlüsseln kann, wie sich das Subjekt fühlt, wie es die Beziehung bewertet und welche Veränderungen es wünscht. Indem das Subjekt diesen Einblick gewährt, erlaubt es den anderen, es zu verstehen. Umgekehrt muß auch das Subjekt in der Lage sein, die Signale des Gegenübers zu decodieren, sich in sie einzufühlen, sie einzuschätzen und somit den Anderen zu verstehen. Das gilt analog auch für die intrapsychische Binnenkommunikation: Um sich selbst verstehen zu können, muß das Subjekt seine eigenen Emotionen differenziert wahrnehmen können.
Verstanden-Werden und Verstehen-Können bilden die Voraussetzung für **soziale Beziehungen**, für Kontaktaufnahme und den Aufbau der Bindung. Emotionale Störung und Beziehungsstörung sind zwei Seiten des gleichen Geschehens.
Soziale Kontakte und Beziehungen haben den Charakter von Aushandlungsprozessen, d.h. es wird ständig das richtige Maß von Nähe oder Distanz, Aktivität oder Passivität ausgehandelt. In den unbemerkt ablaufenden Regulationsprozessen spielen emotionale Minisignale eine wichtige Rolle (mimische Zeichen, wie beschwichtigendes Lächeln, entwertendes Herabziehen der Mundwinkel, drohendes Zusammenziehen der Augenbrauen). Neben dieser unbemerkt und unbewußt ablaufenden Regulation wird Interaktion aber auch bewußt gesteuert, indem man jemandem "Angst macht, Mut macht, Schuldgefühle macht, Freude macht, jemanden beschämt". In der Kindererziehung, in der Zweierbeziehung und in sozialen Hierarchien läßt sich das gut beobachten.

1.6.3 Emotionale Aspekte psychischer Störungen

Das Zulassen und Erleben eigener Emotionen gibt dem Subjekt ein Gefühl der Lebendigkeit, in welchem es positive Emotionen genießen kann und negative aushalten muß. Eine habituelle Vermeidung und Verdrängung eigener Emotionen reduziert zwangsläufig das Gefühl des Lebendigen im intrapsychischen und intrapersonellen Bereich. Psychodynamisch handelt es sich meist um den Entzug von Besetzungen, dabei wird bei erhaltener Wahrnehmung und Vorstellung vor allem die emotionale Bedeutung der Situation reduziert. An die Stelle eines z.B. angstmachenden Erlebens tritt das Gefühl der Nicht-Emotion, die Situation wird als leer, blaß, fremd, tot erlebt. Manchmal bleibt jedoch die zugehörige körperliche Erregung (z.b. Herzklopfen, Schweißausbruch) erhalten, die aber nun nicht mehr verstehbar ist und somit zum "Symptom" gerät.
Die sichere und eindeutige Wahrnehmung der eigenen affektiven Verfassung hat eine wichtige Bedeutung für die Binnenkommunikation des Subjekts; wenn diese seine Möglichkeit der Selbstreflektion eingeschränkt ist, kann es sich selbst nicht richtig verstehen und bleibt in einer partiellen

Selbstentfremdung.
Die Fähigkeit, sich emotional auszudrücken, ist die Voraussetzung dafür, daß das Subjekt sich in seiner Innenbefindlichkeit und in seinen Handlungsabsichten verständlich machen kann und auf dieser Grundlage soziale Kontakte und emotionale Beziehungen zu gestalten vermag. Wenn diese Fähigkeit eingeschränkt ist, wird es schwierig, Kontakte aufzunehmen, Bindungen einzugehen, Auseinandersetzungen zu führen, also im weitesten Sinne Beziehungen zu regulieren, weil das Subjekt außerstande ist, sein Objekt kommunikativ zu erreichen.
Das Vermögen, die emotionalen Ausdruckssignale der anderen zu verstehen, ist eine weitere wichtige Voraussetzung für das Sich-Wohlfühlen in sozialen Beziehungen. Wo diese Möglichkeit deutlich eingeschränkt ist, erlangt das Subjekt keine Klarheit über die aktuelle Situation und ist z.B. auf Projektionen eigener Empfindungen angewiesen. Angst vor der Nähe des Objekts kann das Subjekt so weit auf Distanz halten, daß es außerstande ist, fremde Affekte zu übernehmen und sich dadurch in einer Interaktion zu engagieren; der Betreffende scheint dann schizoid-distanziert und unbeteiligt.
Das Erleben und Zum-Ausdruck-Bringen von Emotionen bedeutet für das Subjekt zugleich eine Entlastung, die Befreiung von etwas, das nach Ausdruck und Mitteilung drängt. Werden die Emotionen nicht geäußert oder noch nicht einmal selbst wahrgenommen, dann besteht das Risiko, daß sie zu einer intrapsychischen Anspannung führen und damit zu einer dauerhaften physiologischen, vegetativen oder hormonalen Aktivierung, die ihrerseits mit körperlicher Gesundheit nicht vereinbar ist.

Bei der Besprechung der einzelnen Krankheitsbilder werden uns diese Prinzipien nochmals begegnen. Die folgende Übersicht faßt die Auswirkungen erlebter bzw. verdränger Emotionen auf das Selbt und die Beziehungen zusammen.

	Auswirkungen auf	
Emotionen	**Selbst**	**Beziehungen**
erlebt und ausgedrückt	lebendiges Selbsterleben Ausdruck von Befindlichkeit, Mitteilung von Wünschen	effektive Beziehungsregulierung
erlebt aber nicht ausgedrückt	Selbst-Zweifelt Zurückhaltung von Wünschen	Beziehung kompliziert durch indirekte Kommunikation
undeutlich erlebt und unklar ausgedrückt	unsicheres Selbstverständnis diffus andrängende Wünsche	Beziehungsverwirrung und neurotische Beziehungsgestaltung
nicht erlebt und nicht ausgedrückt	innere Anspannung durch unbewußten Stau von Wünschen fehlende Selbstreflektiont	Brüchigkeit von Beziehungen oder neurotische Beziehungslosigkeit

Tabelle 1.6.3

Literatur

DARWIN, CH.: Der Ausdruck der Gemütsbewegungen bei Menschen und Thieren. Schweizerbartsche Verlagsbuchhandlung 1872

EKMAN, P., FRIESEN, W.V., ELLSWORTH, P.: Gesichtssprache. Wege zur Objektivierung menschlicher Emotionen. Böhlhaus, Wien 1972

FALLER, H., VERRES, R.: Emotion und Gesundheit. In: Scherer, K. R. (Hrsg.): Psychologie der Emotion. Hogrefe, Göttingen 1970

IZARD, C.E.: Die Emotionen des Menschen. eine Einführung in die Grundlage der Emotionspsychologie. Beltz, Weinheim 1981

KRAUSE, R.: Zur Onto- und Phylogenese des Affektsystems und ihrer Beziehungen zu psychischen Störungen. Psyche 37, 1983 1015-1043

KRAUSE, R.: Psychodynamik der Emotionsstörungen. In Scherer, K.R. (Hrsg.): Psychologie der Emotionen. Hogrefe, Göttingen 1990, S. 630-705

LICHTENBERG, J.D.: Modellszenen. Affekte und das Unbewußte. In: Wolf, E.S., Ornstien, A., Ornstein, P., Lichtenberg, J.D., Kutter, P.: Selbstpsychologie. Verlag Int. Psychoanalyse, München Wien 1989

MACHLEIDT, W., GUTJAHR, L., MÜGGE, A.: Grundgefühle. Springer, Berlin Heidelberg 1989

SCHERER, K.R., WALBOTTH (HRSG.): Nonverbale Kommunikation. Beltz, Weinheim 1979

SCHERER, K.R. (HRSG.): Psychologie der Emotionen, Hogrefe, Göttingen 1990

SCHELP. TH., KEMMLER, L.: Emotion und Psychotherapie: Ein kognitiver Beitrag zur Integration psychotherapeutischer Schulen. Huber, Bern 1988

ULICH, D.: Das Gefühl, eine Einführung in die Emotionspsychologie. Urban & Schwarzenberg, München 1982

TOMKINS, S.S.: Affect imagery, contionsness. Springer, New York 1962

1.7 Unbewußtheit

1.7.1 Inhalte des Unbewußten

Nicht nur Psychoanalytiker können jederzeit die Erfahrung machen, daß es "seelische Dinge im Menschen gibt, die er weiß ohne zu wissen, daß er sie weiß (Freud, Bd. 11, S. 99). Die Rede ist von unbewußten Vorgängen, die sich dennoch auf mancherlei Weise dem Bewußtsein mitteilen. Sie werden im allgemeinsten Sinne dort spürbar, wo "Es" auftaucht. Im Kontrast zu dem Erleben des Ich ("Ich denke, ich fühle, ich handle, ich bin es, der das alles tut") gibt es eine Erfahrung des Es in mir; "es hat mir geträumt", sagt man in manchen Regionen oder "es gedenkt mir" (im Sinne von "Ich erinnere mich, es fällt mir ein"); "es ist mir danach" oder "es drängt mich", sagen wir unter Bezugnahme auf ein unbestimmtes Es. Nicht umsonst hat Freud den unbewußten Teil des Psychischen in Anlehnung an Groddeck als das Es charakterisiert. Wenn wir im psychotherapeutischen Zusammenhang den Begriff "das Unbewußte" verwenden, so scheint damit das Bild eines geheimnisvollen schwarzen Kästchens im seelischen Apparat beschworen. Natürlich möchte niemand eine solche Verdinglichung seelischer Abläufe vornehmen; die psychischen Prozesse sind aber in der Tat im Hinblick auf ihre Bewußtheit schwer zu beschreiben. Ein relativ geringer Teil vollzieht sich in der hellen Aufmerksamkeit des Bewußtseins, ein großer Teil verläuft nicht bewußt reflektiert, sondern beiläufig, unterschwellig, automatisch. Ein weiterer Teil ist nicht bewußt in dem Sinne, daß er auch bei bemühter Aufmerksamkeit nicht wahrgenommen werden kann, wohl aber für die anderen spürbar oder zu erschließen ist. Im letztgenannten Fall sprechen wir von unbewußten Abläufen. Diese enthalten Inhalte (Gedanken, Gefühle, Wünsche, Phantasien, die das Individuum im Laufe seines Lebens aus dem Bewußtsein beiseite gedrängt hat. Möglicherweise liegen dahinter aber auch kollektive, menschentypische Themen, Grundmuster des Erlebens, die nicht aus der individuellen Erfahrung stammen. Beide Inhalte sind eng miteinander verwoben und auch in Therapien schwer zu unterscheiden. Das wichtigste Charakteristikum unbewußter Prozesse ist jedoch ihre typische "Logik", die gerade nicht der bewußten Erwachsenenlogik der Begriffsbildung, Unterscheidung und Schlußfolgerung (Sekundärprozess) entspricht. Sie stellt vielmehr eine Gefühlslogik dar, wie sie im Traum oder im Mythos vorherrscht (Primärprozess). Bewußte und unbewußte Prozesse verlaufen somit auf unterschiedlichem Funktionsniveau.

Die Phantasien des dynamischen Unbewußten

Unbewußte Phantasien handeln von Vorstellungen, Gefühle, Handlungsimpulse und Beziehungsgestalten, die um lebensgeschichtlich frühe Erfahrungen gruppiert sind, sie erscheinen körpernah, vital, "triebhaft". Dabei steht weniger die subjektiv-einmalige Erfahrung des Individuums im Vordergrund als vielmehr das, was im Laufe der ontogenetischen Entwicklung menschspezifisch und prinzipiell möglich ist. Diese a priori-Erfahrung hat Berührungen mit dem, was aus Jungianischer Sicht als das kollektive Unbewußte bezeichnet wird.

Welches sind die Inhalte unbewußter Phantasien? Im Kern geht es stets um die Bezogenheit des Subjekts auf die Objektwelt; diese relationale - Ich und die Anderen, die Welt und ich - wird in unendlichen Wiederholungen auf allen Entwicklungsebenen durchgespielt. Es sind im Sinne Lacans unterschiedliche Qualitäten des Bedürfens: Das Begehren (Desir) im sexuellen und übertragenen Sinne als die ewig treibende Unruhe und Hoffnung; das Verlangen (Demande), das als drängender Wunsch an das Objekt gerichtet wird; das Bedürfnis (Besoin), welches das Subjekt um seiner selbst willen nötig hat und vom Objekt braucht. Diese Wünsche und ihre Frustrationen sehen in verschiedenen Entwicklungsabschnitten ganz unterschiedlich aus (vergl. Kapitel 1.3). Die frühesten Bedürfnisse sind jenseits der Worte; wenn sie erfüllt werden, münden sie in ozeanisch-symbiotisches Wohlbehagen; bleiben sie versagt, resultiert das überwältigende Gefühl der Katastrophe, des Weltuntergangs, der Annihilation. Die gelungene Beziehung zu dem frühen Objekt schafft Bilder der Sicherheit und Geborgenheit in der dichten Nähe des umfassend guten Objekts; die Entbehrung enthält unerträgliche Einsamkeiten, Verzweiflung, rasende Enttäuschungswut, die Angst, zerstört und gefressen zu werden und den Impuls, selber kannibalistisch zu verschlingen. Selbstbewußtsein bis zur grandiosen Allmacht resultiert aus dem autonomem Umgang mit den Objekten; Kränkung und Beschämung, Hilflosigkeit gegenüber der Macht der drohend überlegenen Objekte herrschen in negativem Falle und quälerisch-sadistische, destruktive Impulse richten sich gegen die bösen Objekte. Libidinöses Verlangen wendet sich an inzestuöse Objekte, Beschädigung droht als Strafe; die Vorstellungen von Zeugung, Schwangerschaft und Geburt sind eingebunden in Körperkonzepte von Einverleibung und Ausscheidung, von Lust und Zerstörung.

Alles was Menschen mit Menschen machen können und was das Selbst eines Menschen erfahren könnte ist, aufgespannt zwischen den Polen von Begehren und Befürchtung, in den unbewußten Phantasien enthalten.

Das Verdrängte

Vor dem Hintergrund der Sammlung menschenmöglichen Erlebens bildet das individuelle, auf biographische Erfahrung des Subjekts gründende Erleben einen zweiten inhaltlichen Schwerpunkt des Unbewußten. Dabei geht es allgemein um die Summe der Beziehungserfahrungen, die im Unbewußten gespeichert ist, speziell aber um jene Bedürfnisse und Gefühle, die aus schmerzlichen Erfahrungen heraus verdrängt wurden. Sie bilden das Ungelebte, die Latenz des eigenen bewußten Lebens. Diese Polarisierung zwischen eingeschränktem bewußten Leben und der mit psychischer Kraftanstrengung beiseite gehaltenen Latenz des Ungelebten und nach Verwirklichung Drängenden schafft die Konfliktspannung, aus der letztlich alle Symptombildung resultiert (s. Kapitel 2).

1.7.2 Gestaltungsprinzipien und Ausdrucksformen des Unbewußten

Die Art, wie unbewußte Inhalte im Traum, in der Sprache, im Symptom usw. zum Ausdruck kommen, läßt erkennen, daß sie nach anderen Prinzipien gestaltet sind als das bewußte Vorstellen, Denken und Fühlen; sie folgen der Logik des Primärprozesses, der zur sekundärprozesshaften Logik des erwachsenen Denkens in krassem Widerspruch steht. Einige wichtige Merkmale sind:

Verdichtung und Verschiebung: Inhalte sind übereinandergelagert, so daß überdeterminierte Vorstellungsbilder entstehen, Bedeutungen sind von einem Gegenstand auf den anderen verschoben.

Zeitlosigkeit und Widerspruchslosigkeit: Das Geschehen kann gleichzeitig hier und dort, jetzt und früher stattfinden; ja und nein bilden keinen logischen Widerspruch; Subjekt und Objekt können hier zusammenfallen (ich bin der Handelnde und zugleich Zuschauer der Handlung).

Symbolbildung und Anspielung: Komplexes Geschehen findet eine bildhafte Repräsentanz; in spielerischer Weise werden Bedeutungen verknüpft, überlagert, angedeutet und ausgetauscht.

Gerade der letztgenannte Aspekt ist so gewichtig, daß Lacan von der "symbolischen Ordnung des Unbewußten" spricht, die z.B. in der Sprache zum Ausdruck kommt. Hier kann jedes Wort ein anderes ersetzen, jedes kann auf ein anderes verweisen, durch dieses Bedeutungsgleiten (Metonymie) kommt es zum Anklingenlassen des Ungesagten. Neben dem Symbol mit seiner vielschichtig überdeterminierten Bedeutung findet die Metapher Verwendung (das bildhafte Gleichnis) und die Analogie (das vergleichende So .. Wie).

Ausdrucksformen des Unbewußten

Nahezu alle menschlichen Produktionen sind mehr oder weniger stark von unbewußten Prozessen mitdeterminiert. Das wird freilich nur für den ersichtlich, der sich mit einer entsprechenden Haltung (gleichschwebende Aufmerksamkeit) auf diese Phänomene ausrichtet und sich von ihnen erreichen läßt. Relativ selten ist die unbewußte Thematik so unübersehbar deutlich, wie in der Fehlleistung, z.B. dem Versprecher, im Traum oder in manchen künstlerischen Produktionen. Im folgenden werden einige der menschlichen Produktionen auf ihren unbewußten Gehalt hin untersucht.

Die Sprache: In dem, was sie gleichzeitig sagt, nicht sagt und zwischen den Zeilen doch sagt, was sie durch Abschweifungen, Unklarheiten, Stockungen und Pausen zum Ausdruck bringt, ist sie für die auf Sprache ausgerichtete Psychotherapie ein wichtiges Beispiel für den Einfluß unbewußter Prozesse. "Die Wahrheit der Sprache liegt im Anklingenlassen des eigentlich Ungesagten" (Lang 1986). Darin bringt Unbewußtes sich zum Ausdruck: "Ca parle" (Lacan). Dabei geht es sowohl um die Sprache im Sinne der Bedeutung von Worten als auch um den Vorgang des Sprechens. Das Sprechen ist in seinen nonverbalen Aspekten von Stimmtimbre, Pausen usw. bereits Bestandteil der Körpersprache.

Der Körper: Wie eben schon angedeutet, spricht der Körper durch die Stimme, aber darüberhinaus auch durch Mimik, Gestik und Bewegung. Die unbewußten Ausdrucksgehalte der Körpersprache zu verstehen, ist ein geradezu populäres Anliegen geworden. (Ein Politiker, dessen Wiederwahl weitgehend von seiner Fernsehwirksamkeit abhängt, darf möglichst keine unerwünschten Mitteilungen über Körpersprache machen, was zu einer unpersönlich klischeehaften Ausstrahlung mancher öffentlichen Personen führt).

Im Körperlichen verankert ist auch die Geschichte der eigenen Beziehungserfahrungen, sie prägen Körperhaltungen und stereotype Bewegungen. Körperorientierte Therapieverfahren wie Bioenergetik oder Gestalttherapie finden in diesem körperlichen Gedächtnis den Schlüssel zu unbewußten Konflikten.

Schließlich sprechen viele Körpersymptome eine beredte Sprache, indem sie, wie z.B. die Konversion, einen Konflikt symbolstark zum Ausdruck bringen oder am Beispiel der funktionellen Störung die konflikttypischen Affekte besonders deutlich mitteilen.

Der Traum: Bekanntlich galt der Traum in der Geschichte der Psychoanalyse als die Via regia zu den unbewußten Prozessen; was oben an Gestaltungsprinzipien des Unbewußten aufgeführt wurde, läßt sich am Traum besonders gut darstellen. So ist der Traum doch mehr als ein seelischer Mülleimer für Tagesreste; es hat den Anschein, daß in den nächtlichen Traumphantasien eine Art Kartei durchgeblättert wird, in der das "Ich" sich in allen denkbaren und undenkbaren Zusammenhängen, in aktuell realen, biographisch erlebten und neu erfundenen Situation bewegt und dabei alte Erfahrungen ("wie ich es schon kenne") mit neuen Möglichkeiten ("wie ich es mir noch nie vorgestellt habe") spielerisch symbolisch verknüpft. Dabei wird auch gerade das Vermiedene, Verpönte, Verbotene, Verdrängte, das, was ich nicht darf, dessen ich mich schäme, was ich nicht zu denken wage, was mir im Traum nicht einfiele in die nächtlichen Phantasiebilder einbezogen.

Der Tagtraum: Anders als der Traum unterliegt die Phantasie der eigenen willentlichen Gestaltungsmöglichkeit; wenn die Wunscherfüllungen des nächtlichen Traums versteckt sind, so liegen sie hier eindeutig zutage. Dennoch spiegeln Tagträume, Einschlafphantasien, Onanievorstellungen und ähnliche Produktionen meist unverblümte kindliche Wünsche, die vom kritischen Bewußtsein ferngehalten werden, in der Phantasie aber einen Freiraum besitzen.

Künstlerische Produktionen: Die kreativen Akte künstlerischer Produktion sind stets von unbewußten Prozessen bestimmt; die verbale, bildhafte oder gestaltende Imagination des Künstlers muß sich mit seinen bewußten Absichten und handwerklichen Fähigkeiten verbinden, damit ein Werk entsteht, welches den Leser, Hörer oder Betrachter auch auf einer unbewußten Ebene anspricht. Besonders stark von unbewußten Themen bestimmt sind tradierte künstlerische Produkte, wie Märchen, Legenden oder Mythen. Sie enthalten in der Regel einen oder mehrere menschliche Grundkonflikte und zugehörige Lösungsmöglichkeiten in einer den Gestaltungsprinzipien des Unbewußten naheliegenden Symbolisierung und primärprozesshaften Logik. Nicht umsonst wählte die Psychoanalyse bevorzugt Mythologeme zur Kennzeichnungen typischer menschlicher Konflikte ("Ödipuskomplex").

Soziale Inszenierungen: Wenn Menschen einander begegnen, geben sie unbewußt eine Darstellung ihres Selbst und ihrer Beziehungserwartung an den anderen. Sie nehmen Einfluß auf die Situation und versuchen sie unbewußt in Richtung auf ihre wichtigen Beziehungserfahrungen zu gestalten. Dieser eigene aktive Anteil des Inszenierens bleibt ihnen unbemerkt, stattdessen überwiegt im subjektiven Erleben das Gefühl des "es hat sich ereignet, es ist mir passiert". Die geschulte Wahrnehmung sozialer Inszenierungen, z.B. in der Begegnung von Patient und Therapeut, stellt ein wichtiges diagnostisches Instrument der Psychotherapie dar.

Eine interessante Variante des Themas bilden die gesellschaftlich verankerten Inszenierungen in Gestalt von Ritualen. Ob es sich um die alltäglichen Begrüßungsrituale handelt oder um offizielle staatliche, religiöse, folkloristische oder sportliche Inszenierungen, stets lassen sich darin unbewußte Inhalte finden, die z.B. denen des Tagtraums, des Märchens oder dem Mythos verwandt sind. Es gibt nicht nur eine gesellschaftliche Produktion von Unbewußtheit, sondern auch deren kulturtypische Kanalisierung.

Symptomatik: Die Sprache des Unbewußten im Körpersymptom wurde bereits erwähnt; selbstverständlich läßt sich auch jedes psychische, charakterliche oder soziale Symptom als Ausdruck unbewußter Prozesse verstehen. Am wenigsten versteht es der Träger des Symptoms, der Patient selbst; durch die Verdrängungsprozesse und die Ichregression ist für ihn der Sinnzusammenhang zerrissen. Er ist in der inneren Auseinandersetzung parteilich und kann daher das Geschehen auch durch introspektive Bemühungen nicht verstehen. Das Symptom bleibt ihm in den meisten Fällen fremd und damit unheimlich. Auch von außen läßt sich das Symptom nicht einfach entschlüsseln, z.B. entsymbolisieren; als Kompromißbildung zwischen vielen psychischen Strebungen stellt es ein kompliziert gebautes Produkt dar. Die unbewußte Bedeutung einzelner psychischer Symptome soll im Zusammenhang mit den betreffenden Krankheitsbildern erörtert werden.

Literatur

BELAND, H.: Die unbewußte Phantasie. Kontroversen um ein Konzept. In: Werthmann, H.V. (Hrsg.): Unbewußte Phantasien. Pfeiffer, München 1989

CALIGOR, L., MAY, R.: Die Sprache des Unbewußten. Kindler, München 1973 (engl. 1968)

ERDHEIM, M.: Die gesellschaftliche Produktion von Unbewußtheit. Einführung in den ethnopsychoanalytischen Prozess. Suhrkamp, Frankfurt 1984

ERMANN, H. (HRSG.): Der Traum in Psychoanalyse und analytischer Psychotherapie. Springer, Berlin Heidelberg 1983

FREUD, S.: Die Traumdeutung (1900) GW II/III

FREUD, S.: Das Unbewußte (1915) GW X, S. 263-303

FREUD, S.: Neue Folgen der Vorlesungen zur Einführung in die Psychoanalyse (1933) GW XV,

GRODDECK, G.: Das Buch vom Es. Psychoanalytische Briefe an eine Freundin. Internationaler Psychoanalytischer Verlag, Leipzig Wien 1923

HAGEDORN, E.: Zwischen Bild und Sprache, Text und Kontext des Unbewußten. In: Werthmann, H.V. (Hrsg.): Unbewußte Phantasien. Pfeiffer, München 1989

JUNG, C.G.: Über psychische Energie und das Wesen der Träume. Rascher, Zürich 1965

LANG, H.: Die Sprache und das Unbewußte. Jaque Lacans Grundlegung der Psychoanalyse. Suhrkamp, Frankfurt 1986

LORENZER, A.: Interaktion, Sprache und szenisches Verstehen. Psyche 37, 1983, 97-115

RAPAPORT, D.: Die Struktur der psychoanalytischen Theorie. Klett, Stuttgart 1970 (engl. 1960)

SANDLER, J. UND SANDLER, A.M.: Vergangenheits-Unbewußtes, Gegenwarts-Unbewußtes und die Deutung der Übertragung. Psyche 39 (1985) 800-825

SCHULTZ-HENCKE, H.: Lehrbuch der Traumanalyse. Thieme, Stuttgart 1949

2 Krankheit

2.1 Krankheitsdisposition und Symptombildung

2.1.1 Die Psychodynamik der Symptombildung

Eine der traditionell wichtigsten psychodynamischen Annahmen lautet: **Hinter dem Symptom steht der Konflikt.** Diese Aussage folgt einer strukturalistischen Logik, die sich auf alle Systeme des Lebendigen anwenden läßt, auf die Struktur der Sprache, des Traums, der sozialen Gruppe usw. In diesem Sinne sind alle psychoanalytischen Hypothesen strukturalistisch, weil sie ein Phänomen nicht nur für sich allein nehmen, sondern es auch als Ausdruck einer dahinterliegenden, es determinierenden Struktur betrachten. Im klinischen Bereich ist das von größter Bedeutung; die Hypothese vom zugrundeliegenden Konflikt bedeutet: Das Symptom ist nicht das Eigentliche, das Symptom hat einen Sinn, eine Bedeutung, das Symptom bringt etwas zum Ausdruck, das Symptom wird durch etwas aufrechterhalten; und darüber hinaus: das Dahinterliegende ist schwer zugänglich, es ist unbewußt.

> "Psychische Symptome werden als Hinweise auf persönliche, unbewußte Konflikte interpretiert, die in erster Linie verstanden statt "geheilt" werden wollen. Sie sind oft berechtigte Symbole für persönliches und allgemein-menschliches Leiden an der eigenen Lebensgeschichte oder an gesellschaftlich bedingten Problemen" (Leuzinger-Bohleber 1985).

Für den Patienten, der von einem unverständlichen Symptom erfaßt wird, bedeutet dies einen Verlust an kognitiver Kompetenz und damit eine Bedrohung. Eines der vorrangigen Interessen des Patienten lautet: "Ich will wissen, wo das herkommt". Alle Psychotherapieschulen erklären dem Patienten das Symptom auf ihre Weise; schon dadurch erhält der Patient ein Stück Selbstverfügung zurück, ergänzt durch die soziale Unterstützung des Therapeuten, der das Symptom ernst nimmt und sich um seine Erklärung bemüht.
Bei der psychodynamischen Betrachtung des Geschehens, das sich hinter der Symptombildung abspielt, empfiehlt es sich, drei Ebenen zu unterscheiden. Sie betreffen

- den neurotischen Konflikt
- die Struktur der Persönlichkeit, insbesondere deren Vulnerabilität
- neurotische Modi der Bewältigung von Konflikt und Vulnerabilität

Ein (depressiver, zwanghafter, hysterischer) Konflikt umfaßt im Kern eine phasentypische Trieb- und Beziehungsproblematik; der (depressive, zwanghafte, hysterische) Bewältigungsmodus dagegen verwendet Elemente dieser Erlebnisverarbeitung zur Stabilisierung eines strukturell belasteten Persönlichkeitsanteils. Der Zusammenhang zwischen den drei Ebenen der Krankheitsdisposition und der jeweiligen Symptombildung wird im folgenden beschrieben.

2.1.2 Der unbewußte Konflikt

Ein Konflikt, auf welcher Ebene er auch gelesen wird, entsteht, wenn in einem intrapsychischen Abwägungsprozeß zwei etwa gleichstarke Tendenzen in verschiedene, einander ausschließende Richtungen zielen.
Auf der einen Seite steht die (unbewußte) Wunschwelt, die subjektiv intendierend mit Unruhe und Hoffnung auf etwas gerichtet ist ("Ich möchte gerne, ich brauche, ich will es, es drängt mich, mir ist danach, ich ersehne, ich begehre").
Auf der Gegenseite findet sich die antagonistische Tendenz, die aufgrund von negativen Vorerfahrungen im Umgang mit der Wunschseite warnt ("Ich darf nicht, ich kann nicht, es gibt für mich nicht") und die im Falle des erneuten Versuchs die Wiederholung früher erlebter Bestrafung, Beschämung, Entwertung, Beschuldigung,

Bedrohung, Ängstigung, Enttäuschung fürchtet.
Die zentralen Wünsche und Emotionen entstammen lebensgeschichtlich frühen Entwicklungsabschnitten, d.h. es sind kindliche Regungen, die sich in die Wunschwelt des Erwachsenen hineinmischen. Entsprechend ihrer Nähe zur kindlichen Wunschwelt sind die Impulse vital, körperlich, d.h. auf bedrohliche Weise intensiv.
Aufgrund der Heftigkeit, Kindlichkeit und Affektstärke sind diese Regungen dem Bewußtsein des Erwachsenen besonders unzuträglich und müssen daher verdrängt werden. Es entsteht eine intensive Gegenbesetzung gegen die innere Wahrnehmung dieser Bedürfnisse und Affekte; das Gesamt dieser intrapsychischen Gegenaktivität wird als Abwehr bezeichnet.
Die Wünsche resultieren aus unbefriedigenden und daher unerledigten Beziehungserfahrungen und drängen daher, um endlich zum positiven Abschluß zu kommen, auf Wiederholung (Wiederholungszwang).
Ein intrapsychischer Konflikt, entstanden aus der Internalisierung eines Beziehungskonflikts setzt relativ ausgereifte psychische Substrukturen voraus, zwischen denen sich die psychische Spannung aufbaut. Eine frühe Störung dagegen hinterläßt angesichts der Unausgereiftheit des psychischen Innenraumes keinen intrapsychischen Konflikt, sondern Bedürfnisspannungen und Frustrationsgefühle, die auf Außenobjekte gerichtet werden.

Der unbewußte Konflikt

Voraussetzung: Das Funktionsniveau der Persönlichkeit ist soweit ausgereift, daß die frühen Beziehungskonflikte internalisiert werden konnten.

Psychodynamik: Aus den internalisierten Beziehungskonflikten resultieren unbewußte Konflikte zwischen relativ ausgereiften psychischen Substrukturen (zwischen Trieb- oder Bedürfnisregungen einerseits und dem steuernden Ich unter Einfluß von Über-Ich und Ich-Ideal andererseits).

Krankheitsdisposition: Schmerzliche Beziehungserfahrungen und daraus abgeleitete Bedürfnis- und Affektspannungen sowie unbewußte Über-Ich- und Ich-Ideal-Forderungen müssen vom Bewußtsein ferngehalten werden, weil sie negative Affekte (Angst, Schuldgefühle, Schmerz, Scham, Trauer) auslösen würden.
Es bauen sich starke intrapsychische Spannungen auf, welche die innere Balance belasten; infolge der Verdrängung von Bedürfnissen und Affekten entstehen Lücken des Erlebens und neurotische Einengungen des Verhaltens.

Symptombildung: Unter dem Einfluß äußerer Veränderungen, welche für die innere Bedürfniswelt den Charakter der Versagung oder Versuchung besitzen, kommt es zum Zusammenbruch der bestehenden Balance; das Symptom entsteht als Kompromißbildung aus gegensätzlichen Regungen.

Bei dem Versuch, einen Menschen in seinen aktuellen Belastungen zu verstehen, stoßen wir möglicherweise zuerst auf **bewußte Konflikte**: Eine zerstrittene Familie ist durch ein gemeinsam gebautes Haus aneinander gefesselt; ein Mann kann sich zwischen Frau und Freundin nicht entscheiden; eine Frau schwankt in der Entscheidung, ob sie eine ungewollte Schwangerschaft unterbrechen soll oder nicht usw. Bewußte Konflikte bedeuten eine emotionale Belastung und können das Wohlbefinden erheblich beeinträchtigen. Sie sind aber nicht zwangsläufig krankmachend in dem Sinne, daß sie psychische oder psychosomatische Symptome auslösen müßten. Der eigentlich krankmachende Konflikt besteht unbewußt und ist daher unlösbar. Das bewußte Problem des obengenannten Mannes, der zwischen zwei Frauen steht, kann von ihm prinzipiell in die eine oder andere Richtung entschieden werden. Wenn dem Problem jedoch ein unbewußter Konflikt zugrunde liegt (z.B. wenn die unentschiedene Bindung zwischen zwei Frauen als Schutz gegen eigene andrängende Homosexualität fungiert), dann bleibt er außerstande, seinen manifesten

Konflikt zu lösen, weil ihm sein latenter Konflikt selbst verborgen bleibt.
Der unbewußte Konflikt stellt sich aus verschiedenen Perspektiven unterschiedlich dar; die folgenden Stichworte stellen verschiedene Facetten des gleichen Geschehens dar.

Der Triebkonflikt: Es existieren unbewußte Triebregungen, Wünsche, Bedürfnisse, die durch Abwehr aus dem bewußten Erleben ferngehalten werden und die, wenn sie die Grenze zum Bewußten erreichen, in Erinnerung an den zentraler Beziehungskonflikt unterschiedliche Ängste, Schuld- und Schamgefühle auslösen. Bezüglich der Inhalte möglicher Triebkonflikte im libidinös-sexuellen, aggressiven oder oralen Bereich s. Kapitel 1.5.9, 1.5.10 und 1.5.11.
Der emotionale Konflikt: Bestimmte emotionale Befindlichkeiten dürfen nicht erlebt oder zum Ausdruck gebracht werden, weil sie aus der Lernerfahrung heraus als gefährlich, beschämend, überflutend usw. eingestuft sind. Es kann sich dabei sowohl um positive Gefühle der Zuneigung wie um negative Emotionen von Haß, Wut oder Verachtung handeln.
Der Gewissenskonflikt: Hier tritt weniger der Wunsch oder Impuls in den Vordergrund, sondern das Normensystem mit seinen Verpflichtungen, Regeln und Strafandrohungen; Strafangst und Gewissensangst stehen im Vordergrund.
Der Autonomiekonflikt: Während beim Triebkonflikt ein drängendes Bedürfnis und eine starke Abwehr einander gegenüberstehen, bildet sich der Autonomiekonflikt zwischen unvereinbaren Bedürfnisregungen. Es kann sich dabei um zwei Triebwünsche handeln (have my cake and eat it), um zwei konkurrierende Verpflichtungen oder um zwei entgegengesetzte Beziehungswünsche (z.B. gleichzeitig Nähe und Distanz zu halten (Nähe-Distanz-Konflikt) oder gleichzeitig autonom und eng gebunden zu sein (Autonomie-Abhängigkeits-Konflikt).
Der Beziehungskonflikt: Er resultiert aus dem Widerspruch zwischen dem Wunsch nach einer bestimmten Beziehungsform und der damit verbundenen negativen Beziehungserfahrung (z.B. zwischen dem Wunsch, sich anlehnen zu dürfen und der Erfahrung, darin zurückgewiesen oder beschämt zu werden. S. auch Kapitel 1.5.1).

Der verdrängte Wunsch als Kern des unbewußten Konflikts

In der Dynamik des unbewußten Konflikts spielt die Verdrängung von Wunschregungen eine zentrale Rolle. Die Vielfalt sozialer Bedürfnisse und triebhafter Impulse wurde bereits vorn erörtert (Kapitel 1.5). Im folgenden untersuchen wir die Feinstruktur der Wunschregungen und ihr Schicksal im neurotischen Konflikt.
Der Begriff Trieb betont die endopsychische Bedürftigkeit, die intrapsychisch unter Kontrolle gebracht werden muß. Im Einzelnen lassen sich sehr verschiedenartige Aspekte des Triebs unterscheiden (Schultz-Hencke 1951) der Triebwunsch enthält

- Vorstellungen (innere Bilder, Phantasien vom Vorgang der Bedürfnisbefriedigung)
- Affekte (es entstehen die zum spezifischen Triebgeschehen gehörenden affektiven Erregungen)
- Organkorrelate (über vegetative Miterregung ("Gleichzeitigkeitskorrelat") werden die Funktionen innerer Organe beeinflußt; dabei aktivieren spezifische Antriebe und Affektmuster spezifische Organsysteme)
- Handlungsimpulse (es erfolgt die Aktivierung der Handlungsmotorik, die zur Befriedigung des Wunsches eingesetzt werden müßte)
- Gegensteuerung (dem Agonisten des Triebwunsches steht ein Antiagonist gegenüber, der das Geschehen steuert, wobei häufig Furchtanteile wirksam werden)

Diese Sichtweise liefert nicht nur ein Modell für das Verständnis des intrapsychischen Konflikts, sondern vor allem auch für seine psychosomatischen Auswirkungen. Als Beispiel betrachten wir einen **oralen Triebwunsch**:
Die zugehörige **Vorstellung** kann z.B. den Inhalt haben, sich ein Stück Nahrung einzuverleiben; u.U. hat die Szene oral-aggressive

Qualität, indem die Nahrung einem anderen weggerissen, abgebissen und heruntergeschlungen wird.
Die zugehörigen **Affekte** sind die der oralen Gier und Ungeduld sowie motorischer Aggressivität.
Als **Organkorrelat** kommt vor allem der obere Intestinaltrakt in Frage; es aktiviert sich die Bereitschaft zu schlucken in Verbindung mit Speichelfluß und Magensaftsekretion.
Motorische **Handlungsimpulse** betreffen den Bereich der Hand- und Mundmuskulatur (Zupacken und Zubeißen).
Die **Gegensteuerung** enthält vorsichtige und abwägende Tendenzen (nicht einfach alles an sich reißen und verschlingen), die freilich überlagert sind von verinnerlichten Normen ("sei bescheiden, warte ab, bis man dir gibt, du mußt zugunsten anderer verzichten usw.") oder entsprechenden Strafandrohungen ("wenn du so viel willst, bekommst du gar nichts").
Diese Differenzierung des Wunscherlebens erlaubt zugleich eine genauere Vorstellung des neurotischen Konflikts und seiner Folgen. Wenn die Beziehungserfahrung des Kindes eine Entfaltung oralen Erlebens, um bei diesem Beispiel zu bleiben, verhindert, wenn eigene orale Appetenz von den wichtigen Anderen mißbilligt wird, entstehen Schuldgefühle wegen der eigenen "Gefräßigkeit und Gier"; die orale Bedürftigkeit verknüpft sich mit Empfindungen der Schuld, der Beschämung, der Angst. Um diesen Mißempfindungen zu entgehen, erfolgt automatisch und unbewußt der Verzicht auf orale Triebansprüche, sie werden aus dem bewußten Erleben verdrängt. Vor allem geht die Fähigkeit verloren, in angemessenen Situationen orale Wunschvorstellungen und Phantasien zu entwickeln, es resultiert eine "orale Lücke" des Erlebens.
Wird der orale Wunsch mit all seinen Anteilen verdrängt, bleibt im bewußten Erleben "nichts" an jener Stelle, wo bei anderen Menschen orale Wünsche geweckt werden können. Lediglich die unbewußten Phantasien (z.B. Träume) verraten eine, nunmehr besonders heftige, gierige, u.U. archaisch-kannibalistische Oralität.
Da der Wunsch unbewußt lebendig bleibt, kann es sein, daß trotz verdrängter Vorstellungsanteile lediglich die affektive Erregung, die vegetative Aktivierung oder Bruchstücke der motorischen Handlungsbereitschaft in Gang gesetzt und bewußt registriert werden. Da aber durch das Fehlen des Vorstellungsanteils der Sinnzusammenhang zerrissen ist, registriert der Betreffende eine für ihn sinnlose emotionale, vegetative oder körperlich-motorische Spannung, die er notwendigerweise als Symptom erlebt.
Zur Symptombildung kommt es in diesem Konfliktmodell (zwischen Wunschregung und verbietenden Instanzen) dann, wenn äußere Ereignisse die verdrängte Oralität in **Versuchung** führen oder unter erneute **Versagung** setzen, wenn sie also an dem bestehenden Gleichgewicht von Bedürfnis und Abwehr rütteln. Was am Beispiel oraler Wünsche dargestellt wurde, läßt sich ebenso auf alle übrigen Bedürfniskategorien anwenden. Spezifische Konfliktthemen werden im Zusammenhang mit einzelnen Krankheitsbildern erörtert.

Triebwunsch und Beziehungskonflikt

Bei der Diskussion der Triebwünsche und Beziehungswünsche (Kap. 1.5) war sichtbar geworden, daß ein intrapsychisches Triebgeschehen erst im zwischenmenschlichen Austausch zur erlebten Realität wird. Es sind die Erfahrungen von Befriedigung oder Frustration eigener Bedürfnisse durch wichtige Andere, welche dem Kind eine prägende Gewißheit von der Zuverlässigkeit und Erfüllbarkeit eigener Wünsche vermitteln. Dadurch wird aber nicht nur die eigene Bedürfniswelt "definiert", sondern mit ihr die gesamte Person, das eigene Selbst, der Selbstwert und schließlich entsteht auf diesem Wege auch ein subjektiv-evidentes Bild der Objektwelt.
Das zugewandte, wohlwollende, bedürfnisbefriedigende Objekt wird zum Prototypen des "guten Objekts". Aus der Erfahrung der Bedürfnisbefriedigung durch das gute Objekt bildet sich die Überzeugung, daß das eigene Selbst der Zuwendung des guten Objekts wert ist (Selbstwert), es entsteht ein positives

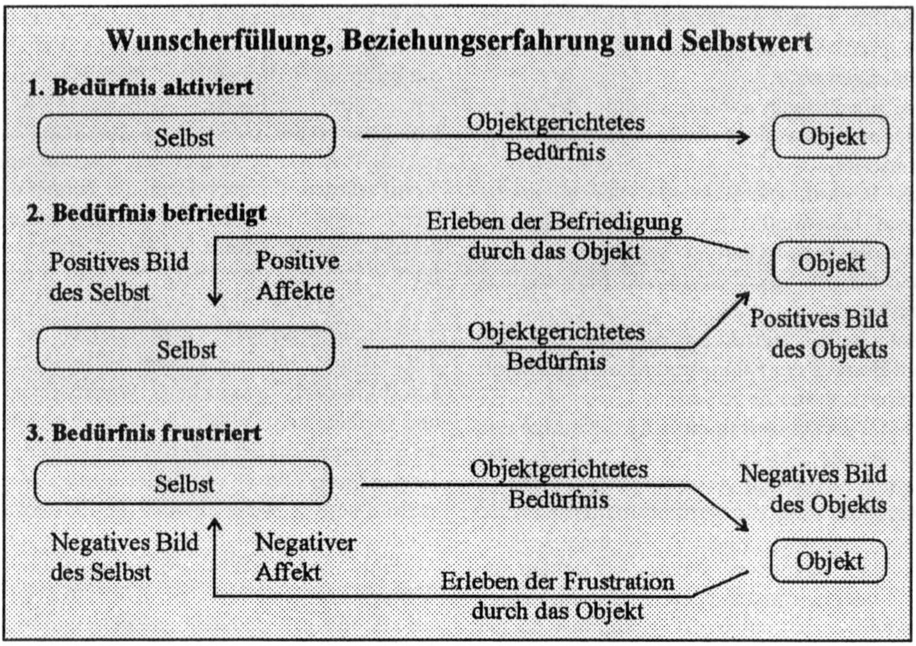

Tabelle 2.1.2a

Selbstbild.
Umgekehrt resultiert aus der durchgängigen Erfahrung der Frustration durch die wichtigen Objekte eine Vorstellung des zurückweisenden, unerreichbaren "bösen" Objekts, dessen Bild sich bis zur Überzeugung des bedrohlichen, verfolgenden, grausamen Objekts steigern kann. Die über die Frustrationserfahrung vermittelten Affekte der Enttäuschung und Wut verknüpfen sich mit dem negativen Bild des eigenen Selbst, das die Zuwendung der Objekte nicht zu verdienen glaubt. Das Selbst, das sich nicht liebenswert fühlt, verliert damit seinen Selbstwert. Zugleich wird es, um dieser schmerzlichen Erfahrung künftig zu entgehen, seine Bedürfnisse möglichst abdrosseln und verdrängen. (Tab. 2.1.2a)

Es stellt sich freilich die Frage, welches Ausmaß der Frustration und Zurückweisung von Bedürfnissen nötig ist, damit eine konflikthafte Entwicklung einsetzt. Hier ist erneut der Begriff der **Bewältigung** einzuführen. Das in seinen Bedürfnissen zurückgewiesene Selbst wird zunächst einmal versuchen, die erfahrene Frustration, Enttäuschung, Kränkung zu verarbeiten. Auch die Zurücknahme der Bedürfnisse bis zu ihrer völligen Verdrängung ist ein solcher Verarbeitungsversuch. Was tut ein Kind sonst noch, wenn es nicht erreicht, was es möchte? Es kann bitten, schmeicheln, sich anbieten, drohen, trotzen, anklagen, Vorwürfe machen (alles an das Objekt gerichtet); es kann sich (von Objekt weg) gekränkt zurückziehen, resignieren, sich Ersatz suchen in Realität oder Phantasie, sich trösten lassen usw. Erst wenn dieses Repertoire an ausgleichenden Möglichkeiten erschöpft ist und die Erfahrung der enttäuschenden, kränkenden Zurückweisung zum Dauertrauma geworden ist, setzt die konflikthafte Entwicklung ein, die später zur neurotischen Störung führt.
Die Bewältigungsversuche des Subjekts auf die (z.B. frustrierende) Haltung der Objekte löst nun allerdings ihrerseits wieder eine Reaktion der Objekte aus. Damit ist das Prinzip des **zentralen Beziehungskonfliktes** (Lub-

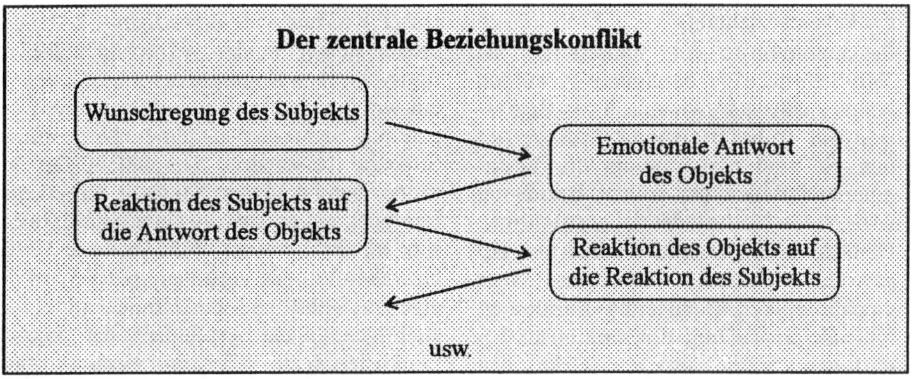

Tabelle 2.1.2b

orsky 1984) beschrieben, der das prozeßhafte Geschehen zwischen Selbst und Objekt im Umgang mit den Bedürfnissen zum Gegenstand hat. Der Vorteil dieser Sichtweise gegenüber einer statischen Beschreibung liegt auf der Hand.

2.1.3 Die strukturelle Vulnerabilität

Neben der Symptombildung auf der Grundlage unbewußter Konflikte stellt die Symptombildung infolge struktureller Verletzlichkeit einen zweiten, selbständigen Modus der Symptomentstehung dar. Die Entwicklung der Struktur von Ich, Selbst und Objektbeziehung wurde in Kapitel 1.4 ausführlich beschrieben. An dieser Stelle, wo es um die Disposition zur Symptombildung geht, beschränken wir uns auf die Nennung der wichtigsten Strukturelemente und ihrer Verletzlichkeit.

Struktur des Selbst: Unsicherheit des Autonomiegefühls, mangelnde Getrenntheit vom Objekt

Selbstbild: Unsichere Identität

Selbstwert: Narzißtische Bedürftigkeit, hohe Kränkbarkeit

Objektbeziehung: Starke Objektbezogenheit und Objektbedürftigkeit (Teilobjektbeziehung)

Struktur des Ich: Unsichere Ich-Grenzen, Risiko der Ich-Regression

Steuernde Ich-Funktionen: Unsicherheiten der Affekt- und Impulskontrolle, Intoleranz für negative Affekte

Kognitive Ich-Funktionen: Labile Realitätsprüfung, Projektionsneigung

Internalisierungen: Instabile Objektrepräsentanzen, fehlende Trauerfähigkeit

Strukturelle Vulnerabilität bedeutet, daß diese strukturellen Bereiche unter dem Druck intrapsychischer und zwischenmenschlicher Anforderungen an die Grenzen ihrer funktionellen Belastbarkeit kommen können und bei Überschreiten dieser Belastungsgrenze intensive regressive Entwicklungen (des Selbst, des Ich, der Ich-Funktionen, des Beziehungsmodus) nehmen; diese Regression - der Rückgriff auf frühere Funktionsmodi der psychischen Struktur - trägt ihrerseits Symptomcharakter und wird als Überflutung mit Angst, körperlichem Schmerz, dranghaften Impulsen oder als das Erleben von Entfremdung, Identitätsdiffusion, Außer-Sich-Geraten etc. erlebt.

Die strukturelle Vulnerabilität

Voraussetzung: das Funktionsniveau der Persönlichkeit ist weniger ausgereift, frühe Beziehungsstörungen wurden nicht internalisiert, sondern haben Reifungsstörungen der Struktur hinterlassen; sie imponieren als Defizienzen oder Regressionsneigung in der Struktur des Selbst, der Funktionen des Ich oder den Modi der Objektbeziehung.

Psychodynamik: Was statisch z.B. als "Ich-Schwäche" bezeichnet werden könnte, läßt sich dynamisch als Regression auf frühe Beziehungsmodi verstehen. So sind es vor allem die Versagungssituationen der frühen Beziehung (Angst vor Verlust des lebenswichtigen Objekts, Alleingelassen-Werden mit negativen Affekten; Mißlingen einer empathisch-synchronisierten Beziehung; fehlende Spiegelung des narzißtisch-bedürftigen Selbst usw.), welche den wunden Punkt treffen und die Regression auslösen.

Krankheitsdisposition: Die psychische und interaktionelle Anpassung an die Anforderungen von Innen und Außen, z.B. an Reifungsschwellen des Lebens belasten die vulnerable Struktur; aufgrund der Tendenz zur strukturellen Regression bleibt insbesondere das zwischenmenschliche Verhalten instabil und wenig antizipierbar (soziale Symptomatik).

Symptombildung: Beim Zusammenbruch der fragilen strukturellen Regulationsmöglichkeiten kommt es zu regressiven Phänomenen im Bereich von Ich, Selbst und Objektbeziehung; diese bedeuten den Verlust der bereits erreichten höheren Strukturierung und werden daher als Desorganisation, Überflutung, Entfremdung, Dissoziation usw. erlebt.

2.1.4 Bewältigungsmuster und ihre Krisen

Der Begriff der Bewältigung ist kein genuin psychoanalytischer, er wird dort verwendet, wo es um die Verarbeitung von emotinalen Belastungen geht. Die Möglichkeiten eines Menschen, eine Belastung wie z.B. eine schwierige Lebenssituation oder Krankheit zu bewältigen, sind zweifellos eng an seinen Persönlichkeitstypus gebunden, also auch an seine spezielle Art der intrapsychischen Konfliktabwehr, an den Grad seiner neurotischen Einengung und seiner strukturellen erletzlichkeit im oben beschriebenen Sinne.

Unser Konzept von Bewältigung soll noch breiter gefaßt werden, es schließt die intrapsychischen Konzepte der Abwehr ebenso ein wie die nach außen gerichteten der Anpassung und wird als eine übergeordnete Strategie verstanden. Sie umfaßt das gesamte, bereits in der Kindheit einsetzende Bemühen um psychische Homöostase; insbesondere dort, wo der frühe zentrale Beziehungskonflikt das Vertrauen in den Wert des eigenen Selbst und die Erreichbarkeit der wichtigen Objekte erschüttert hat, müssen Stabilisierungen gefunden werden. Diese lassen sich nicht als einzelne "Mechanismen" verstehen, sondern als langfristige Prozesse, die eine bestimmte Richtung verfolgen, und zwar versucht das Selbst einen Weg zu finden, um mit sich und den Objekten leben zu können, im Extremfall handelt es sich also um Strategien des Überlebens. Es geht darum, daß typische neurotische Muster etabliert werden, die gleichermaßen die Abwehr nach innen wie die Anpassung nach außen gewährleisten. Der so entwickelte "neurotische Stil" (Shapiro 1991) markiert wichtige Charakterzüge eines Menschen. Vieles von dem, was in der älteren Literatur als "Neurosenstruktur" beschrieben ist, basiert auf solchen Bewältigungsmustern von neurotischen Konflikten.

Beispiel:

Ein Kind erfährt in seiner familiären Umgebung viel Willkür und Dominanz der Erwachsenen, es reagiert ängstlich und selbstunsicher. Gleichzeitig lernt es, daß seine schüchterne Zurückhaltung und ängstliche Bescheidenheit von den Erwachsenen positiv angenommen wird, so daß es diese Seite des Beziehungsangebotes intensiviert. Der neurotische Konflikt besteht in der Verdrängung oral-aggressiver und autonomer Strebungen; als Bewältigungsmuster bewährt sich der regressive Appell des braven, sich unterordnenden Kindes an die starken Erwachsenen. Der "Vorteil" dieser Bewältigungsstrategie gegenüber einem Verharren in der Frustration des Unterdrückten und Zu-kurz-Gekommenen liegt auf der Hand.

Bei vielen Persönlichkeitsstörungen handelt

es sich um charakterlich verfestigte Bewältigungsprozesse, in denen wiederum neurotische Konflikte und strukturelle Vulnerabilität eingebunden sind.

Die Bewältigungsprozesse bilden ein **Krankheitsrisiko** in zweierlei Hinsicht:

Sie können durch ihr Vorhandensein die Persönlichkeit so weit einengen, daß bereits dadurch Auffälligkeiten von Symptomwert entstehen (Entwicklung in Richtung Charakterneurose).

Sie können scheitern, wobei sie nicht selten krisenhaft und unter lärmender Symptombildungzusammenbrechen (Entwicklung in Richtung Symptomneurose).

Wichtige Bewältigungsmuster, die im Zusammenhang mit den klinischen Bildern ausführlich beschrieben werden (vor allem Kap. 3.1 Der depressive Grundkonflikt und seine Verarbeitung) sind:

Schizoid: (Distanzierung und Vermeidung von emotionalem Kontakt und emotionaler Bindung. Unterbrechung der Kommunikation
Altruistisch-fürsorglich: (Sicherung wichtiger Bindung durch Übernahme von Verantwortung, Fürsorglichkeit, Unterordnung eigener Interesse im Dienst des anderen)
Überkompensatorisch-aktiv: Progressive Abwehr im Sinne von Aktivität, Leistungsbereitschaft, Produktivsein, Nicht-zur-Ruhe-Kommen)
Regressiv: (Passiv-oral, erwartungsvoll, hilflos, kränkbar, enttäuscht, Rückzugsneigung)
Normativ: ("Alles ist normal", nichts in Frage stellen, wenig Phantasien über das Mögliche (im Sinne von Alexithym))
Narzißtisch: (Bemühen, einem eigenen hohen Ideal gerecht zu werden (körperlich, geistig, leistungsmäßig). Dadurch Anerkennung und Bewunderung zu erlangen; Tendenz des Rivalisierens und der Objektentwertung)
Manisch-philobatisch: (Traumhafte oder rauschhafte Befriedigung durch die Verwirklichung riskanter Ziele, die aus eigener Kraft und alleine realisiert werden)
Zwanghaft: (Sicherheit durch Ordnung, Prinzipien, Regeln, Pflichten, Festlegungen, Vermeidung von Spontanem, Emotionalem)
Hysterisch: (Emotionalisierter, sexualisierter Umgang mit der Realität; Agiertendenz; Dramatisierung, Verwirrung; Faszination)

Neurotische Bewältigung und ihre Krisen

Voraussetzung: Unabhängig vom Funktionsniveau der Persönlichkeit werden Bewältigungsmaßnahmen eingesetzt, um das innere Gleichgewicht wo nötig zu stabilisieren; intendiert wird stets die größtmögliche Autonomie des Selbst bei gleichzeitig bestmöglicher Beziehung zu den Objekten. Insbesondere dort, wo die innere Balance durch neurotische Konflikte und strukturelle Vulnerabilität beeinträchtigt ist, setzen stabilisierende Bewältigungsmaßnahmen ein; sie imponieren bei stärkerer Ausprägung als charakterneurotische Züge.
Psychodynamik: Die Persönlichkeit wird zunächst stabilisiert, aber zugleich auch auf reduzierte Erlebens- und Verhaltensmuster eingeengt.
Krankheitsdisposition: Die Stabilisierung ist riskant, weil sie viel psychische Kraft kostet und in ihrer Einseitigkeit nicht über alle Entwicklungsstufen des Lebens hinweg standhält.
Symptombildung: Der Zusammenbruch des Bewältigungssystems wird als Verlust der Selbststeuerung und der sekundär erarbeiteten Autonomie und Beziehungsgarantie und damit als Katastrophe und darüber hinaus als narzißtische Kränkung erfahren. Zudem treten die bisher kompensierten neurotischen Konflikte und strukturellen Vulnerabilitäten erneut verstärkt hervor.

Das nachfolgende Schema gibt einen Überblick über die Wege der Symptombildung: Das Individuum macht hinsichtlich seiner zentralen Bedürfnisse (1) seine frühen Er-

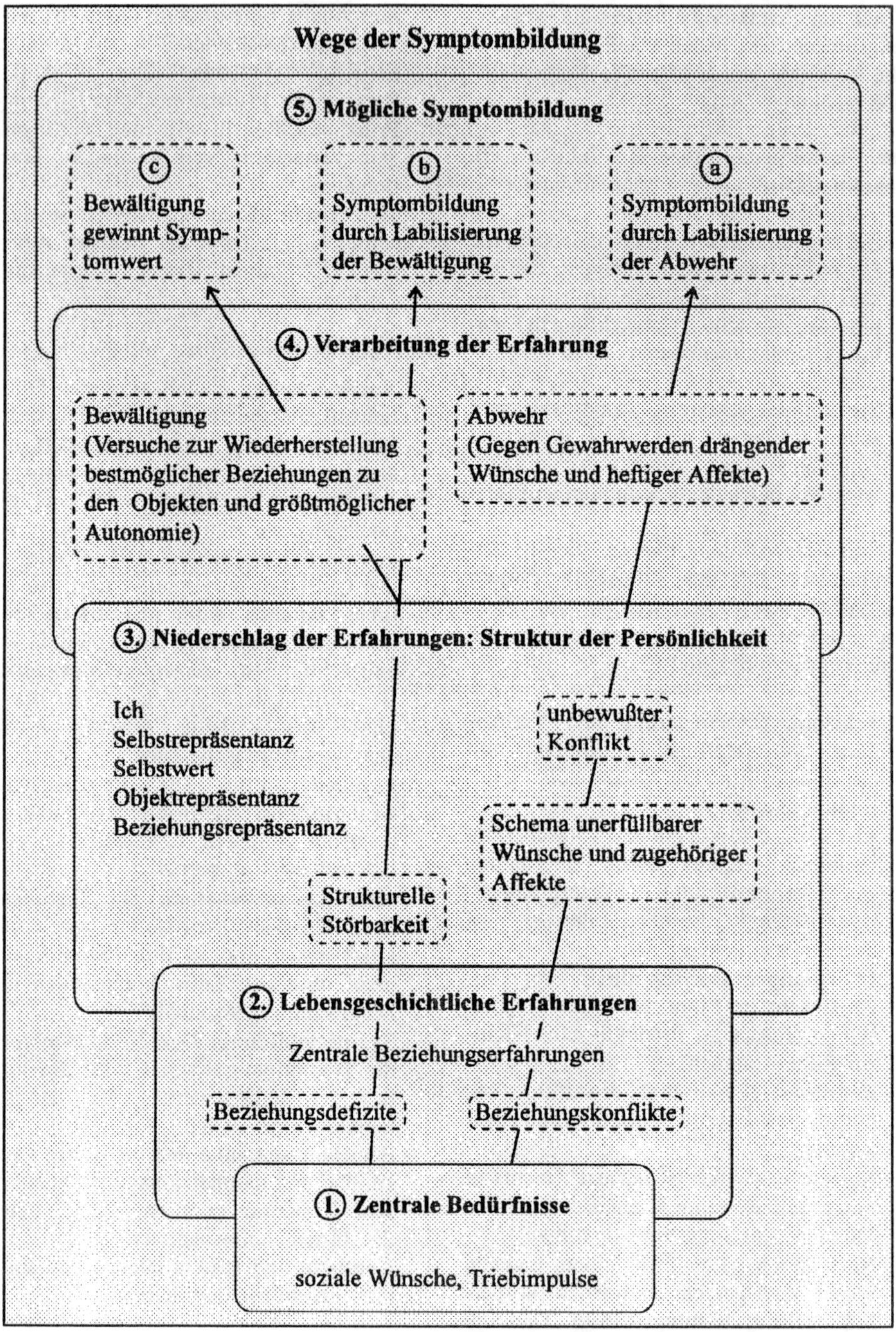
Wege der Symptombildung
5. Mögliche Symptombildung
c Bewältigung gewinnt Symptomwert
b Symptombildung durch Labilisierung der Bewältigung
a Symptombildung durch Labilisierung der Abwehr
4. Verarbeitung der Erfahrung
Bewältigung (Versuche zur Wiederherstellung bestmöglicher Beziehungen zu den Objekten und größtmöglicher Autonomie)
Abwehr (Gegen Gewahrwerden drängender Wünsche und heftiger Affekte)
3. Niederschlag der Erfahrungen: Struktur der Persönlichkeit
Ich
Selbstrepräsentanz
Selbstwert
Objektrepräsentanz
Beziehungsrepräsentanz
unbewußter Konflikt
Schema unerfüllbarer Wünsche und zugehöriger Affekte
Strukturelle Störbarkeit
2. Lebensgeschichtliche Erfahrungen
Zentrale Beziehungserfahrungen
Beziehungsdefizite
Beziehungskonflikte
1. Zentrale Bedürfnisse
soziale Wünsche, Triebimpulse

Tabelle 2.1.4

fahrungen mit der Objektwelt (2). Diese Erfahrungen prägen die Ausgestaltung des Ich, des Selbst und seiner Objektbeziehungen. Grob defizitäre Beziehungserfahrungen hinterlassen eine störbare Struktur (strukturelle Vulnerabilität); Beziehungskonflikte werden verinnerlicht als Repräsentanzen unerfüllbarer Wünsche, heftiger Affekte und frustrierender Objekte (3). Die Persönlichkeit schafft sich ständig ihr Gleichgewicht, intrapsychisch durch den Stil der Abwehr, interaktionell durch Bewältigungsmuster (4). Zur Symptombildung kommt es, wenn die Abwehr in der Versuchungs- oder Versagungssituation labilisiert wird (5a) oder wenn die Bewältigung nicht mehr trägt (5b) oder indem die Bewältigung selbst symptomwertige Ausmaße annimmt.
Das Schema soll deutlich machen, daß die Persönlichkeit sich ständig in einem Prozess der Ausbalancierung befindet und ein intrapsychisches und interpersonelles Gleichgewicht anstrebt. Symptombildung ist ein Teil dieser Regulationsprozesse auf dem Weg zu einem neuen Gleichgewicht.

Literatur

HOFFMANN, S.O., HOCHAPFEL, G.: Einführung in die Neurosenlehre und psychosomatische Medizin. Schattauer, Stuttgart New York 1991 (4. Aufl.)

LEUZINGER-BOHLEBER, M.: Zur Psychoanalyse in Institutionen. Westdeutscher Verlag, Opladen 1985

LUBORSKY, L.: Einführung in die analytische Psychotherapie. Springer, Berlin Heidelberg 1988 (engl. 1984)

MENTZOS, S.: Neurotische Konfliktverarbeitung. Einführung in die psychoanalytische Neurosenlehre unter Berücksichtigung neuer Perspektiven. Fischer, Frankfurt 1992

ROSKAMP, H.: Die Symptombildung bei den Übertragungsneurosen. In: Loch, W. (Hrsg.): Die Krankheitslehre der Psychoanalyse. Hirzel, Stuttgart 1967, S. 113-137

SCHULTZ-HENCKE, H.: Lehrbuch der analytischen Psychotherapie. Thieme, Stuttgart 1951

SHAPIRO, D.: Neurotische Stile. Vandenhoeck & Ruprecht, Göttingen 1991 (engl. 1965)

STREECK, U.: Abweichungen vom "fiktiven Normal-Ich": Zum Dilemma der Diagnostik struktureller Ich-Störungen. Zeitschr. Psychosom. Med. 29 (1983) 334-349

2.2 Der depressive Grundkonflikt und seine Verarbeitungen

2.2.1 Der depressive Grundkonflikt: Objektivierbares Ereignis oder subjektives Erleben

Der psychoanalytische Zugang zu den frühen Entwicklungsabschnitten ist ein dreifacher. Zum ersten werden - in neuester Zeit besonders intensiv - Direktbeobachtungen an Säuglingen und Kleinkindern vorgenommen und daraus entwicklungspsychologische Konzepte abgeleitet. Die Bedeutung dieser Konzepte ist nicht allein grundlagenwissenschaftlich wie in der akademischen Entwicklungspsychologie (etwa in der Frage, wann und wie eine bestimmte kognitive Leistung in der kindlichen Entwicklung zum ersten Mal auftritt). Die psychoanalytische Entwicklungspsychologie beeinflußt unmittelbar das Menschenbild, welches das psychotherapeutische Verständnis und die psychotherapeutische Technik begründet. Die Vorstellungen des Therapeuten von den unbewußten Gefühlen und Impulsen des Patienten stehen in engstem Zusammenhang mit seinen Vorstellungen von den zugehörigen frühen Erfahrungen und Konflikten.
Der zweite Ansatz versucht biographisch-anamnestisch die früheren Entwicklungsbedingungen des erwachsenen Patienten aus den harten Fakten seiner Lebensgeschichte zu rekonstruieren - z.B. in welche reale familiäre Situation der Patient hineingeboren wurde, welche sozialen Ereignisse und Belastungen seine Entwicklung beeinflußt haben können. Dabei lassen sich dramatische Ereignisse wie Krankheiten oder Verluste der Eltern, soziale Notlagen oder Katastrophen der Familie leichter fassen als atmosphärische emotionale Spannungen in einer nach außen hin intakten Familie.
Die rückblickende Erinnerung des Patienten selbst reicht unterschiedlich weit zurück und verliert sich im Vorschulalter in Bruchstükken, die meist den Charakter von überdeterminierten "Deckerinnerungen" haben. Offenbar sind die frühesten Erinnerungen nicht in sprachlich-symbolischer Form gespeichert und daher nicht beliebig aus dem Gedächtnis abrufbar. Zudem wird der bewußte Rückblick des Erwachsenen durch die Brille seiner momentanen emotionalen Einstellung gefärbt.
Der dritte Ansatz, der eigentlich psychoanalytische, interpretiert das Verhalten, das Erleben und speziell das Beziehungsangebot des Patienten, seine "Inszenierung" im Hinblick auf die darin aktualisierten frühen Konfliktthemen. So wird das Selbst des Patienten auf Anzeichen früher Organisationsstufen bzw. werden seine Objektbeziehungen auf frühe Beziehungsmodi hin untersucht, wobei der Therapeut insbesondere sein Gegenübertragungserleben zu Hilfe nimmt. Die wissenschaftliche Evaluierung dieser Vorgänge stellt ein schwieriges Thema der Psychotherapieforschung dar. Die folgenden Ausführungen werden auf diese spezifisch psychoanalytischen Techniken zur Erfassung des depressiven Grundkonflikts nicht eingehen, sie bewegen sich auf einer klinisch-deskriptiven Ebene und befassen sich vorwiegend mit den Folgen und Auswirkungen des depressiven Grundkonflikts.

2.2.2 Der depressive Grundkonflikt und seine Auswirkung auf die Persönlichkeitsentwicklung

Für das psychoanalytische Vorgehen ist es charakteristisch, äußerlich sichtbare klinische Phänomene auf ihren unbewußten psychodynamischen Hintergrund und auf ihre psychogenetische Entwicklungsgeschichte hin zu untersuchen. Das beinhaltet stets auch einen gewissen Reduktionismus, da sehr unterschiedliches Geschehen auf die gleichen Grundprinzipien oder Grundkonflikte zurückgeführt werden. So bezog sich die frühe Psychoanalyse bei sehr unterschiedlichen klinischen Erscheinungen auf einen sexuell-ödipalen Grundkonflikt, den sie libidotheoretisch formulierte. Inzwischen wurde der konzeptuelle Rahmen erweitert und der Inhalt wesentlich differenziert (s. Kapitel Persönlichkeitsentwicklung). In der psychotherapeutischen Diskussion nehmen die frühen Entwicklungsabschnitte der Persönlichkeit und die frühen Störungen zunehmend größeren Raum ein; mehr und mehr psychische und psychosomatische Krankheiten ließen sich mit diesen Konzepten verstehen und, was viel wichtiger ist, psychotherapeutisch günstig beeinflussen.

Im folgenden geht es im wesentlichen um das psychodynamische Zusammenspiel zwischen dem zentralen frühen Konflikt, dem depressiven Grundkonflikt und den sehr unterschiedlichen psychischen Verarbeitungen, die das konflikthafte Grundthema im Laufe der Lebensentwicklung erfahren kann. Es sind dies Bewältigungsformen, die unter einer Belastungssituation des Erwachsenenlebens zusammenbrechen und die Symptombildung einleiten. Um das nun einsetzende Krankheitsgeschehen psychodynamisch zu verstehen, und vor allem, um es psychotherapeutisch zugänglich zu machen, ist es wichtig, das spezifische Zusammenspiel zwischen einem lebensgeschichtlich frühen und dynamisch immer noch wirksamen Konflikt (in diesem Fall dem depressiven Grundkonflikt) und den lebensgeschichtlich gewachsenen ichsystonen, charakterlich verankerten Bewältigungsformen zu verstehen. Es ist durchaus nicht so, als sähen wir in dem Grundkonflikt die eigentliche psychische Wirklichkeit, der gegenüber das sichtbare Verhalten und spürbare Erleben bedeutungslos wäre. Das psychodynamisch Wesentliche ist der Spannungszustand zwischen einer frühen, verlorengegangenen Intention (in diesem Falle z.B. der depressiven Objektsehnsucht), einer frühen emotional belastenden Erfahrung mit dieser Intention (in diesem Falle die depressive Objektenttäuschung) und dem Bewältigungsstil, mit dessen Hilfe ein Kompromiß gefunden wurde, der dem Selbst eine gewisse Autonomie und einen gewissen Wert zuweist und der einen bestimmten Umgang mit den Objekten ermöglicht. An die Stelle, an der die ältere Psychoanalyse den Konflikt zwischen dem Triebwunsch des Es und der Triebabwehr des Ich gesehen hatte, stellen wir aus objektbeziehungspsychologischer Sicht den Konflikt zwischen einem frühen (aufgrund von negativen Erfahrungen verdrängten) Beziehungswunsch und einem sekundär entwickelten Beziehungsmodus, der sich als Antwort auf die frühen Erfahrungen entwickelt hat. Zwischen beiden Modi entsteht in der Regel ein Spannungsverhältnis von entgegengesetzten Intentionen (Beispiel: Der Beziehungswunsch des depressiven Grundkonflikts ist das Bedürfnis nach Objektnähe - die Beziehungsform der schizoiden Verarbeitung ist die konsequente Objektmeidung).

Im klassischen psychoanalytischen Modell resultierte die Konfliktspannung aus der Tatsache, daß ein zentral wichtiger Triebwunsch unerfüllt blieb und verdrängt wurde, weil seine Befriedigung verboten, tabuiert, mit Strafandrohungen belegt war. In dem beschriebenen beziehungspsychologischen Modell entspringt die Konfliktspannung aus dem Widerstreit entgegengesetzter Beziehungswünsche und den jeweils damit verbundenen Risiken der Enttäuschung, Kränkung oder Bedrohung des Selbst durch die Objekte.

Um die wesentlichen Merkmale des depressiven Grundkonflikts sichtbar zu machen, wiederholen wir nochmals die lebensgeschichtlich frühen Entwicklungsschritte des Selbst und der Objektbeziehungen (Tabelle 2.2.2 auf der folgenden Seite).

Frühe Entwicklungsstufen des Selbst und der Objektbeziehungen

Wenn wir vom depressiven Grundkonflikt sprechen, beziehen wir uns auf Störungen der Entwicklungsebene 2 oder 3. Was zur Störung führt, ist ganz allgemein gesprochen ein mangelndes Zueinanderpassen des kindlichen Selbst und seines erwachsenen Objekts: Das Selbst hat weniger vom Objekt als es braucht, oder es braucht mehr als es bekommen kann. Einzelheiten der Störung wurden in Kapitel 1.3.2, 1.3.3 und 1.3.6 beschrieben. Wir lassen bei dieser Betrachtung zunächst einmal den Schweregrad der Traumatisierung außer acht. Ob ein Säugling durch die Alkoholabhängigkeit oder die psychische Erkrankung seiner Eltern nicht angemessen versorgt werden kann, ob äußere soziale und ökonomische Notfälle seine Betreuung erschweren, ob Krankheit des Kindes oder Mißhandlungen durch die El-

Frühe Entwicklungsstufen des Selbst und der Objektbeziehungen

	1	Noch weitgehend ungetrennt sind Ich und Nicht-Ich, Selbst und Objekt, Innen und Außen. Die frühen Vorformen von Selbst und Objekt werden noch nicht objekthaft, sondern als Medium erlebt, d.h. grenzenlos, zeitlos, atmosphärisch, verschmolzen.
	2	Frühe Selbst-Objekt-Differenzierung: In der medialen Einheit werden erste Konturen von Selbst und Objekt erlebbar.
	3	Fortgeschrittene Selbst-Objekt-Differenzierung: Selbst und Objekt werden als getrennt erlebt, doch erfährt das Selbst Geborgenheit, Sicherheit und Lebendigkeit durch die Nähe des Objekts.
	4	Beginnende Autonomiephase: Das Selbst erprobt seine Eigenständigkeit durch Entfernung von dem Objekt und Wiederannäherung.
	5	Höhepunkt der Autonomiephase: "Ich kann was ich will"; das Selbst im Hochgefühl seiner motorischen, sprachlichen und denkerischen Fähigkeiten, in Identifikation und Auseinandersetzung mit dem ebenso großartigen Objekt.
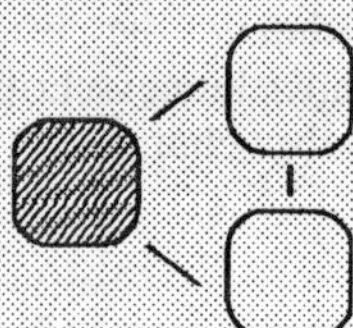	6	Das Selbst verfügt über eine psychosexuell und sozial eindeutige Identität; aus dieser Position heraus vollzieht es seine Bindungen von und Identifizierungen mit den gleich- und gegengeschlechtlichen Personen seines familiären Beziehungssystems (Reife Triangilierung)

Tabelle 2.2.2

tern die Ursache der frühen Beziehungsstörung abgeben, stets sind die Auswirkungen für das noch unreife Selbst des Kindes und seine Objektvorstellungen kategorial die gleichen; zunächst erscheint es sinnvoll zu unterscheiden, ob die Störung in einer **frühen** oder einer **reiferen** Phase der Selbst-Objekt-Differenzierung eingewirkt hat. So können wir zwei Ausgestaltungen des depressiven Grundkonflikts unterscheiden, je nachdem ob das verlorene Objekt mehr den Charakter des Medialen, Atmosphärischen, des Teilobjekts oder den Charakter des personalen Gesamtobjekts aufweist.

Depressiver Grundkonflikt (**medial**): Das früh verlassene oder zu wenig geförderte

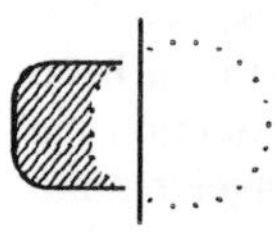

Selbst erlebt sich als schutzlos, verletzlich, ausgeliefert, bedroht, erregt, verwirrt; es ersehnt das frühe gute Objekt in seiner medialen Gestalt, d.h. weniger personifiziert als atmosphärisch; es will dort Ruhe finden, sich sicher fühlen, körperlich entspannt, Unlust und Schmerzen an das starke beruhigende Objekt abgeben können, Harmonie erleben. Von besonderer Bedeutung ist dabei die orale Tönung des Erlebens. Vom erwachsenen Menschen werden diese auf eine frühe Erlebniswelt gerichtete Bedürfnisse als unerfüllbar abgewehrt und verdrängt; die frühe Verzweiflung und Erregung bleibt gleichfalls in unbewußten Erinnerungsspuren erhalten. Die Art der Abwehr und das Gemisch von früher Objektsehnsucht und objektbezogener Verzweiflung bestimmen das spätere klinische Bild.

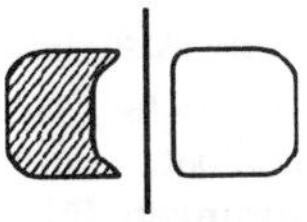

Depressiver Grundkonflikt (**objektal**): Das zu früh verlassene oder zu wenig geförderte oder unvollständig vom Objekt gelöste Selbst erlebt sich als leer, unlebendig, unwert; es ersehnt Geborgenheit, Fülle, Sicherheit, Sättigung, Lebendigkeit, Selbstwert durch die Nähe des wichtigen Objektes, das nun personale Züge hat. Objektbedürftigkeit und Objektsuche haben den Charakter des Objekthungers; daneben existiert der verzweifelt hilflose Haß gegen das enttäuschende Objekt.
Beim erwachsenen Menschen werden diese auf eine frühe Erlebniswelt bezogenen Bedürfnisse auf vielfältige Weise abgewehrt. Die Art der Abwehr und das Gemisch von depressiver Objektsuche und Objektenttäuschung bestimmen das spätere klinische Bild.

2.2.3 Die Auswirkungen des depressiven Grundkonflikts im Leben des Erwachsenen

Wenn wir von klinischen Bildern des erwachsenen Patienten sprechen, so vollziehen wir einen großen Schritt von den frühesten Entwicklungsphasen bis in das erwachsene Leben hinein. Wie vorn (Kap 1.3.9) gezeigt wurde, lassen sich über diese gesamte Lebensspanne hinweg psychische Entwicklungsprozesse beobachten. In unserer Darstellung markieren wir gewissermaßen den Anfangspunkt und den aktuellen Endpunkt einer Entwicklung. Den Anfangspunkt bildet die früh erworbene depressive Disposition mit ihren im Unbewußten dynamisch wirksam bleibenden Bedürfnissen und Affekten. Wir richten das Hauptaugenmerk dann jedoch auf die individuell sehr unterschiedlichen Möglichkeiten der weiteren Entwicklung, in welcher der einzelne Mensch seine frühen Beziehungserfahrungen verarbeitet. Beide Aspekte gemeinsam bilden den psychodynamisch wichtigen Befund: Im Vordergrund steht ein spezifischer Lebensstil im Umgang mit den Objekten und dem Erleben des Selbst; diesen Stil verstehen wir als Antwort, als Verarbeitung oder Bewältigung eines frühen Konflikts, der in der diagnostischen Begegnung mit dem Patienten zunächst nur in Umrissen erkennbar ist, der sich aber dann in der therapeutischen Bearbeitung deutlich offenbart.

Die **psychodynamische Gemeinsamkeit** aller Störungen dieser Gruppe, auch wenn sie unterschiedliche klinische Bilder ausprägen, ist die **Sehnsucht nach dem frühen wichtigen Objekt**, sei es in einer eher medialen oder objektalen Gestalt. Im **objektalen** Sinne wird eine Person gesucht, die dem Selbst alles Gute bringt, die es liebt, bestätigt, bewundert, seine Wünsche erfüllt, ihm Sicherheit und Geborgenheit schenkt und ihm zugleich autonomes, auch egoistisches Handeln gestattet. Aufgabe des guten Objekts ist es nicht nur, dem Selbst das Gute zur Verfügung zu stellen, sondern auch das Negative, das in ihm aufkommt - körperliche Unlust, Erregung, Schmerz, Verzweiflung, Angst - verläßlich aufzufangen, auszuhalten, zu besänftigen und es damit für das wenig tragfähige Selbst erträglich zu machen. Durch die harmonische Gemeinsamkeit mit einem solchen Menschen erhofft er sich Glück und Zufriedenheit, aus der Sicherheit des Geliebt- und Bewundertwerdens sollen sein Selbstwertgefühl und seine Lebendigkeit gespeist werden. Ist das gesuchte frühe Objekt noch nicht personifiziert, sondern eher **medial**-atmosphärisch, dann gewinnen die ersehnten Personen übermenschliche Züge (ein Gott, eine Göttin, ein Engel, eine gute Fee usw.) oder es wird "etwas" ersehnt, das sich schwer in Worte fassen läßt - das Glück, die Erfüllung, die Erlösung, das absolut Gute.
Es liegt auf der Hand, daß auf der Suche nach solchen Idealen eher Enttäuschungen als Erfüllungen erreicht werden, ist doch bereits die Ausgangssituation dieser Entwicklung die Enttäuschung am frühen Objekt gewesen. Das frühe Objekt war, aus welchen Gründen auch immer, nicht verfügbar, äußerlich oder innerlich abwesend, außerstande, in jene frühe Form der Kommunikation einzutreten, die das Neugeborene oder Kleinkind benötigt hätte, um ein siche-

res Gefühl zu bekommen für die Existenz und kommunikative Kompetenz seiner Selbst, für die Existenz und zuverlässig liebevolle Zugewandtheit des guten Objekts und für die Erfahrung, daß Unlust und schmerzliche Verzweiflung von einem starken Objekt aufgefangen und getragen werden. Die **Enttäuschung am Objekt** ist somit neben der Sehnsucht nach dem Objekt die zweite gemeinsame Grundlinie.

In der Enttäuschung mischen sich Trauer und Wut zu einem zählebigen Affekt; Anklage und Vorwurf, Haß und Racheimpulse, Bereitschaft zu Erregung und destruktiver Aggressivität gehören zu seinen Bestandteilen ebenso wie die Trauer über das Verlassensein, das Zu-Kurz-Gekommen-Sein, das Nicht-Genug-Bekommen. Erregung und Verzweiflung, die von keinem guten Objekt aufgefangen wurden, blieben unverarbeitet und "unverdaut".

Die dritte Gemeinsamkeit betrifft die **Verzweiflung des Selbst**, das sich mit massiven Zweifeln plagt: Zweifel am eigenen Wert, vor allem, an seiner Liebenswertheit, am Wert seiner Leistung und all seines Tuns; daneben stehen Gefühle der Nichtigkeit, der Leere, Kälte, Unlebendigkeit, Unechtheit sowie das Erleben, von inneren und äußeren Ereignissen überrollt und aus dem Gleichgewicht geworfen zu werden, die Selbstkontrolle zu verlieren, aufkommende negative Gefühle der Gekränktheit, der Mißstimmung, des Ärgers, der Verzweiflung, des Alleinseins nicht aushalten zu können. Auch dieser Bereich wird nicht in voller Breite bewußt erlebt, sondern ist unter einer mehr oder weniger haltbaren Verdrängungsdecke verborgen.

Letztlich ist die Aufgliederung in Objektsehnsucht, Objektenttäuschung, Verzweiflung des Selbst und Selbstzweifel eine künstliche; das Erleben ist das Ganzheitliche einer Beziehungsgestalt: Das Subjekt wendet sich mit basalen Bedürfnissen an das Objekt, fühlt sich abgewiesen oder verlassen und reagiert mit schmerzlicher Enttäuschung. Die Thematik des depressiven Beziehungskonfliktes ist so basal, daß Psychoanalytiker dafür Worte wie "Grundstörung" (Balint), "neurotische Urangst" (K. Horney) oder "Urschmerz" (Janov) gewählt haben.

Ausgehend von der Situation, daß das bedürftige Selbst in seiner Objektsuche enttäuscht und mit seinen negativen Affekten alleingelassen ist, sind unterschiedliche Persönlichkeitsentwicklungen denkbar, die später zu unterschiedlichen Störungen führen; oder umgekehrt formuliert: Wir können viele Störungen des Erwachsenen auf diese eine frühkindliche Ausgangssituation zurückbeziehen. Freilich lassen sich nicht nur Störungen auf diese Thematik münzen; die Sehnsucht nach dem verlorenen guten Objekt ist den meisten Menschen bekannt. Darüber hinaus bedeuten viele Ausnahmezustände des Lebens - von der Verliebtheit bis zum faszinierenden Naturerlebnis - so etwas wie die Begegnung mit dem frühen Objekt; es sind Zustände, die als regressiv bezeichnet werden, ohne daß damit eine Wertung vorgenommen wird, denn ohne den Rhythmus von Progression und Regression ist eine persönliche Reifungsentwicklung nicht denkbar. Vor allem im Zusammenhang mit Prozessen der Kreativität spielt das vorübergehende Eintauchen in regressive Erlebniswelten eine wichtige Rolle. Wie bei allen klinischen Themen stehen wir auch bei den frühen Objektbeziehungen und ihren Störungen vor einem Kontinuum, das vom alltäglich Normalen bis zum schwer Gestörten reicht; die beiden Extrempunkte lassen sich leicht ausmachen, die Grenze zwischen beiden muß zwangsläufig unscharf bleiben.

2.2.4 Die Verarbeitung des depressiven Grundkonflikts

Um eine Ordnung der klinischen Bilder erstellen zu können, ist es erforderlich, zwei Aspekte zu beachten. Der erste betrifft die relative Reife der frühen Objektbeziehung. Wir müssen unterscheiden, ob die Struktur des Objekts mehr objektal oder mehr medial erscheint und ob die Struktur des Selbst bereits konsolidiert oder noch nicht sicher abgegrenzt, verletzlich, schutzlos ist. Entsprechend unterschiedlich sind die objektgerichteten Sehnsüchte und die Affekte im Zusammenhang mit der Enttäuschung.

Der zweite Aspekt betrifft die Folgeentwicklungen. Der depressive Grundkonflikt tritt in der oben beschriebenen Form so gut wie niemals offen zutage. Er ist dem bewußten Erleben nicht zugänglich, weil Erinnerungen an derart frühe Entwicklungsstufen kaum als Bilder und erst recht nicht in Sprachsymbolen repräsentiert sind; es handelt sich, wie in der Therapie ersichtlich wird, um körpernahe affektive, atmosphärisch nonverbale Gestimmtheiten und Bedürftigkeiten, die ihrerseits durch Abwehr beiseite gehalten sind. Was sich aber gut beobachten läßt, ist die Persönlichkeitsentwicklung, die als Verarbeitung des frühen Konflikts stattgefunden hat. Angesichts der problematischen frühen Erfahrungen, die das Selbst mit den Objekten gemacht hat, entwickelt es einen bestimmten Stil der Selbstorganisation und des Umgangs mit den Objekten.

Diese Verarbeitung stellt gewissermaßen einen Selbstheilungsversuch dar. Nach der frühen Traumatisierung galt es, die zentralen Persönlichkeitsbereiche zu stabilisieren: Das zu früh verlassene und dadurch verunsicherte und gekränkte **Selbst** mußte Wege suchen, seine eigenständige Existenz und seinen Wert zu sichern; in der **Beziehung zu den Objekten** mußte das Selbst angesichts widersprüchlicher Einstellungen - starker Sehnsüchte und gleichzeitiger Angst und Enttäuschung gegenüber den Objekten - einen gangbaren Beziehungsmodus entwikkeln. Allerdings ist es schwer möglich, beiden Zielen gleichzeitig in vollem Umfang gerecht zu werden; eine befriedigende Lösung auf der einen Seite wird Einschränkungen auf der anderen Seite mit sich bringen (Beispiel: enge Objektbindung zu Lasten der Selbständigkeit oder forcierte Unabhängigkeit durch Verzicht auf Objektnähe). Wir werden also die Verarbeitungsformen daraufhin zu untersuchen haben, wie weit sie dem Selbst genügende Absicherung und Bestätigung gewähren und gleichzeitig befriedigende Beziehungsmöglichkeiten zu den Objekten eröffnen. Bei der Besprechung der einzelnen Verarbeitungsformen wird ferner zu diskutieren sein, unter welchen inneren und äußeren Bedingungen der jeweilige Bewältigungsstil zusammenbricht und die Symptombildung auslöst. Das Wort Zusammenbruch weist bereits darauf hin, daß es sich um krisenhafte Dekompensationen handeln kann (Beispiel: narzißtische Krise). Den Gegentypus bildet die oral-regressive Verarbeitung, bei welcher der Übergang in die symptomwertige Abhängigkeit und Sucht nicht schlagartig, sondern unterschwellig langsam erfolgt. Wir werden im folgenden diesen Aspekt der **Bewältigung** oder **Verarbeitung** in den Vordergrund stellen. Die unterschiedlichen Formen der Verarbeitung des depressiven Grundkonfliktes sind es, die das subjektive Erleben und das sichtbare Verhalten prägen und die in ihrer Konstanz als Charakterhaltungen imponieren.

Sie sind gleichbedeutend mit der prämorbiden Persönlichkeitsstruktur, können jedoch in bestimmten Ausprägungen als subjektivleidvoll erlebt werden und damit Symptomwert besitzen.

Die eigentliche Erkrankung resultiert dann, wenn die Verarbeitung nicht mehr aufrechterhalten werden kann und zusammenbricht. Hier ist es wie bei allen Neurosen: Die vom Ich ausgehenden Verarbeitungsweisen (die Abwehr oder die Bewältigung) bestimmen die Form des klinischen Bildes, während der zugrundeliegende Konflikt (in diesem Fall die enttäuschte Objektsuche) das Material dazu liefert. Diese Unterscheidung hat wichtige therapeutische Konsequenzen: Das therapeutische **Verständnis** für die Psychodynamik bezieht sich auf den Grundkonflikt, wie er aus der Lebensgeschichte des Patienten sichtbar und in der Übertragungs-Gegenübertragungsbeziehung aktualisiert wird; der praktische **therapeutische Ansatz** jedoch wendet sich zunächst an den Verarbeitungsstil, also an das Ich, weil hier die kreativen Kräfte der Persönlichkeit entwickelt und eingesetzt wurden. Erst später im Therapieverlauf richten sich die Interventionen auch auf die Themen des Grundkonflikts.

Als klinische bedeutsam werden im folgenden sechs **unterschiedliche Verarbeitungen** des depressiven Grundkonfliktes aufgeführt;

die einzelnen genannten Stilarten schließen sich wechselseitig keineswegs aus, oft ist es so, daß der einzelne Patient mehrere dieser Verarbeitungsformen in unterschiedlicher Ausprägung erkennen läßt. Wir entwickeln jedoch aus Darstellungsgründen so etwas wie eine Typologie.

Im nächsten Schritt (Kap. 2.3) werden die **klinischen Bilder** besprochen, die beim Zusammenbruch der Bewältigung entstehen. Auch sie sind keine klar voneinander getrennten und unterschiedlichen Ganzheiten; die meisten Patienten lassen Auffälligkeiten aus mehreren der genannten Ebenen erkennen. Wie überall im klinischen Bereich sind die "reinen Formen" eher selten.

2.2.5 Die altruistische Verarbeitung des depressiven Grundkonflikts

Auf relativ hohem Funktionsniveau, d.h. mit vergleichsweise reifen Selbst- und Objektvorstellungen wird in dieser Bewältigungsform der depressiven Gefahr des Alleingelassenwerdens und Wertlosseins begegnet. Dieser Modus spielt deshalb eine besondere Rolle, weil er in der sozialen Bewertung als eindeutig positiv erscheint; es handelt sich um Menschen, die sich in verantwortungsvoller und pflichtbewußter Weise um die ihnen Nahestehenden - Partner, Kinder, Angehörige, Freunde - kümmern und dabei eigene Interessen und Bedürfnisse weitgehend zurückstellen. Ihre altruistische Hilfsbereitschaft, ihre Sorge und Aufmerksamkeit für andere, das Sich-Verantwortlich-Fühlen für deren Wohlergehen reicht jedoch, wie das Präfix über- (fürsorglich) andeuten soll, über die mittlere Norm guter Eltern oder treusorgender Ehegatten hinaus. Die Sorge um den anderen hat keine Entsprechung in der Sorge um sich selbst, das Altruistische reicht bis zur **Selbstverleugnung** und **Selbstaufopferung** und läßt darin neurotische Züge erkennen. Diese werden erst recht deutlich, wenn wir die Aggressionsverarbeitung betrachten: Die Verpflichtung, gut und fürsorglich zu sein, schließt aggressive Phantasien und Handlungen gegen andere aus; Befürchtungen, sich egoistisch oder gar feindselig verhalten zu halten, mobilisieren Schuldgefühle, Selbstvorwürfe und Wiedergutmachungshandlungen. Stets herrscht das Bemühen, das Beziehungsklima harmonisch, liebevoll und freundlich zu gestalten (was freilich auf Dauer nicht immer gelingen kann).
Hinter alledem ist eine deutlich zwanghafte Seite und ein strenges Überich zu erkennen.

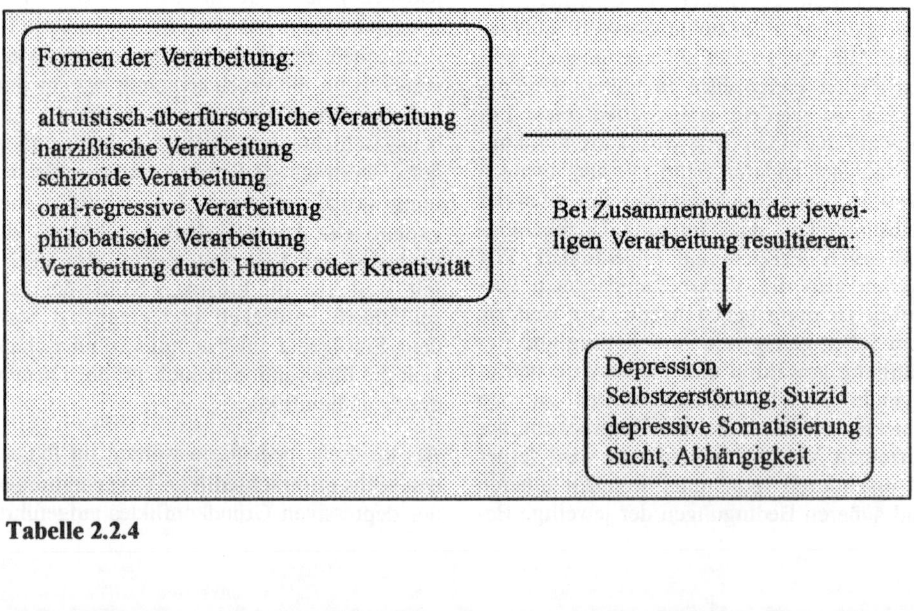

Tabelle 2.2.4

Intrapsychisch herrscht ein strenges "Du-Mußt" oder "Du-Darfst-Nicht"; aber auch die zwischenmenschlichen Beziehungen werden mit einer gewissen Rigidität geregelt und kontrolliert, alles hat seine gute Ordnung.

Neurosenpsychologisch ließe sich sagen, daß die depressive Thematik zwanghaft bewältigt wird. Dabei werden die zentralen Themen des depressiven Grundkonfliktes teils abgewehrt, teils kompromißhaft befriedigt: Die ersehnte, positive und konstante Objektbeziehung wird erreicht, wenngleich unter großen eigenen Anstrengungen und Verzichtleistungen; alle Objektenttäuschungen und jegliche aggressiven Impulse werden aus der forciert liebevollen Beziehung herausgehalten oder durch Reaktionsbildung in Fürsorglichkeit verwandelt; die basalen Selbstwertzweifel werden durch die neu erlangte Unentbehrlichkeit für andere ausgeglichen.

Die **paardynamische** Betrachtung zeigt, daß nicht immer das altruistisch-fürsorgliche Moment so deutlich im Vordergrund steht. Das Bemühen um garantierte Objektnähe kann auch zur anklammernden Bindung führen. Der Partner scheint geradezu ein Ersatz für das eigene, wenig entfaltete Selbst, er hat das, was dem anderen fehlt; der Patient versucht als Teil seines Partners zu leben oder über ihn an wichtigen Bereichen des Lebens teilzunehmen. Die Bedürfnisse, die er selber nicht leben kann, projiziert er auf den anderen und identifiziert sich dort mit ihnen. Die anklammernde und identifikatorische Bindung kann vielleicht nach außen das Bild harmonischer Geschlossenheit vermitteln, innerhalb der Paarbeziehung können jedoch unterschwellige oder offene Spannungen herrschen: Unter Umständen verschleiert der abhängige Teil seine Objektbedürftigkeit dadurch, daß er den Partner kritisiert, angreift, entwertet oder ihm seine Enttäuschungen anträgt, so daß der vermeintlich stärkere Teil sich angesichts der ihm angetragenen Mutterübertragung keineswegs in seiner Haut wohlfühlt; er ist seinerseits die Verbindung eingegangen in dem Versuch, selber stark zu sein für einen bedürftigen Anderen und erlebt nun, daß er auf die Dauer nicht das gute, sondern das enttäuschende Objekt seines Partners darstellt. Daraus wird ersichtlich, daß seine Stärke nur eine geborgte war, auch er hatte versucht, altruistisch für den anderen zur Verfügung zu stehen und seine eigene Bedürftigkeit zurückzustellen. In diesem Fall - der eher die Regel als die Ausnahme darstellt - partizipieren beide Partner am gleichen unbewußten Grundkonflikt .

Die **Symptombildung** der altruistisch überfürsorglichen Verarbeitung stellt eine Art Erschöpfungsreaktion dar. Die oder der Betreffende hat immer alles für andere gegeben (und natürlich selbst nie etwas bekommen). Wenn es nun geschieht, daß die Kinder groß werden und aus dem Haus gehen, der Partner sich innerlich distanziert, krank wird oder gar stirbt, wenn aus anderen Gründen die Rolle des unentbehrlichen Helfers nicht mehr erfüllt werden kann (z.B. im Falle eigener körperlicher Erkrankung), dann erfolgt eine Dekompensation, die für den Betreffenden selbst und für alle anderen überraschend und unverständlich erscheint. Der jahrelang dafür bekannt war, daß er oder sie die Sorgen aller anderen entgegennimmt und mitträgt, ist selber plötzlich stimmungsmäßig niedergeschlagen, hilflos am Weinen, körperlich erschöpft, ängstlich verzweifelt. Der bisher allen anderen zu helfen versuchte, erlebt nun die eigene Hilflosigkeit, versucht sie meist zu verbergen, sie niemanden sehen zu lassen in der Vorstellung, daß ihm oder ihr doch niemand helfen kann. Es entwickelt sich also ein depressives Syndrom (ausführlicher beschrieben in Kapitel 2.3.1), gegen das der Erkrankte meist unter Selbstvorwürfen anzukämpfen versucht. Seine Bemühungen, sich zusammenzureißen, die Kontrolle über sich wiederzugewinnen, sind unterhöhlt von resignativen Ohnmachtsgefühlen und gelegentlichen, oft mühsam verborgenen Zusammenbrüchen der Affektkontrolle.

Angesichts der engen Objektverbundenheit des Patienten wundert es nicht, daß die Symptomatik auch bald ihre interaktionelle Wirkung entfaltet; die Angehörigen bringen dem Depressiven Rücksicht und Anteilnahme entgegen, legen ihm nahe, sich zu

schonen und zu erholen; die Fürsorglichkeit, die der Erkrankte früher den anderen zukommen ließ und die er nun selbst erfährt, erfüllt ihn zugleich mit Schuldgefühlen, weil er sich verpflichtet fühlt, anderen etwas zu geben, statt selbst etwas zu nehmen. Überhaupt spielt das Thema der Schuld und der Schuldzuweisung unterschwellig eine wichtige Rolle in der interaktionellen Atmosphäre.
Eine enge Objektbindung entwickelt sich auch vom Patienten an die behandelnden Ärzte, zumal dann, wenn sich Züge der Somatisierung in das depressive Geschehen mischen. Zu den vitalen Beeinträchtigungen des Schlafens oder Essens können wechselnde funktionelle Organbeschwerden, Schmerzzustände oder ein Syndrom vegetativer Polysymptomatik und allgemeiner vegetativer Erschöpfung hinzutreten.

Beispiel:

Eine 51-jährige Patientin, körperlich kräftig, mit mütterlicher Ausstrahlung, ist im Kontakt zum Untersucher sichtlich um Haltung bemüht. Ihre Symptomklage bezieht sich am ehesten auf diverse körperliche Mißempfindungen, dahinter wird eine mühsam zurückgehaltene depressive Verzweiflung sichtbar. Sie hat ihr Leben ganz der eigenen Familie gewidmet, vor allem den Kindern, von denen kürzlich das jüngste das Haus verlassen hat. Ihrem Mann hilft sie gelegentlich im Geschäft, regelmäßig kümmert sie sich um den in der Nähe wohnenden alten Vater und dessen zweite Frau. Sie war immer Familienmittelpunkt, Rückhalt und Stütze für Junge und Alte, bezog ihre Zufriedenheit aus dieser Pflichterfüllung. Das Gespräch über eigene Familienerfahrungen zeigt vielfache frühe Belastungen und ebenso früh einsetzende Verantwortlichkeit. Ihre Mutter war chronisch krank, Haushilfen und Freundinnen des Vaters halfen die Kinder zu versorgen. Das Ende des Zweiten Weltkrieges bedeutete den völligen Umbruch für die Familie, die aus ihrem Dorf im Osten vertrieben wurde, die Mutter verstarb im Krankenhaus. Auf der Flucht hatte die 6-jährige die Verantwortung für ihre zwei Jahre jüngere Schwester. In den folgenden Jahren gelang es der Familie, sich aus der Not der Flüchtlingslager herauszuarbeiten, wobei die Patientin die Stütze und Hoffnung ihres Vaters war. Später wurden Mann und Kinder für sie das Zentrum ihrer Bemühungen um Sicherheit und Verläßlichkeit. Mit dem Nachlassen körperlicher Kräfte im Involutionsalter, dem Weggang der Kinder und der nun einsetzenden Bilanzierung des eigenen Lebens brach die altruistische Pflichtlinie unter depressiver Symptombildung zusammen.

Therapeutische Gesichtspunkte

Das skizzierte Bild ähnelt dem, das Tellenbach (1961) als Typus melancholicus für die prämorbide Persönlichkeit depressiver Patienten beschrieben hat. In unseren eigenen Studien ließ sich dieses Beziehungsmuster empirisch gut identifizieren (als PSKB-Faktor Überfürsorglichkeit). Dabei wurde sichtbar, daß es sich bei dieser Dimension im Hinblick auf die therapeutische Zusammenarbeit um einen prognostisch besonders günstigen Faktor handelt. Ähnlich verantwortungsbewußt, wie sie sich gegenüber ihren Familienangehörigen verhalten, arbeiten diese Patienten auch in der Psychotherapie sehr verläßlich mit, sie sind kooperativ, umgänglich, dankbar und somit scheinbar die idealen Therapiepatienten. Wenn es trotzdem bei fortgeschrittener Behandlung nicht recht weitergeht oder der Versuch der Therapiebeendigung auf Schwierigkeiten stößt, dann läßt sich das mit dem hier beschriebenen Konzept erklären: Es reicht eben nicht aus, einem scheinbar altruistischen Menschen etwas gesunden Egoismus vermitteln, einem im engen Pflichtenkreis Lebenden zur Bewegungsfähigkeit und Autonomie verhelfen zu wollen, wenn sich dahinter unbewußte regressive Tendenzen der depressiven Objektsuche und niemals ausgesprochene Empfindungen der Objektenttäuschung, des Ärgers und der Wut verbergen. Bei einem Teil der Patienten erweist sich dieser regressive Sog im Therapieverlauf als überraschend stark; in immer neuen Symptomklagen und unterschwelligen Anklagen gegen enttäuschende Partner und Mitmenschen verfallen sie in die Position des Zu-kurz-Gekommenen und des Opfers, des Hilflosen, der nur klagen und anklagen kann und darin eine gewisse masochistisch getönte Genug-

Die altruistische Verarbeitungsform des depressiven Grundkonflikts und die Symptombildung bei ihrem Zusammenbruch

1. Ausgestaltung des depressiven Grundkonfliktes

- Verlassenheit und Alleinsein
- Zukurzgekommen
- Enttäuschung
- Ängstliche Selbstunsicherheit

2. Altruistisch-fürsorgliche Bewältigung durch

- Übernahme von Verpflichtung und Verantwortung
- Überfürsorglichkeit gegenüber anderen
- Altruismus bis zur Selbstverleugnung (nicht für sich selber sorgen können)
- Erhöhtes Bedürfnis nach Ordnung und Sicherheit
- Überangepaßtheit und gefügige Unterordnung
- Aggressionsvermeidung
- Bereitschaft zu Schuldgefühlen bei Anklingen "egoistischer" Interessen oder aggressiver Impulse
- Selbstvorwürfe und Wiedergutmachungshandlungen
- Deutlich erlebte Über-Ich-Forderungen
- Enge Partner- und Familienbindung

3. Krisen der altruistisch-fürsorglichen Bewältigung anläßlich von

- Erwachsenwerden eigener Kinder
- Lockerung der Partnerbeziehung oder Verlust des Partners
- Nachlassen eigener Kräfte durch Alter oder Krankheit

4. Akute Symptombildung

- Depressive Erschöpfungsreaktion
- Depressiv-ängstliche Verstimmungen
- Anklingende Enttäuschung (alles gegeben, wenig bekommen)
- Verlust der Affektkontrolle (Weinen-müssen)
- Resignatives Gefühl eigener Ohnmacht
- Selbstvorwürfe und Selbstzweifel

5. Langfristige Folgen

- Chronisch-subdepressive Verstimmung
- Depressive Somatisierung
- Ängstlich-hilfesuchende Ausrichtung auf Ärzte

6. Schwierigkeiten der Psychotherapie

- Starke Abwehr von Hilfsbedürftigkeit
- Hinter dem Anspruch, selbst stark zu sein, können sich Objektbedürftigkeit und Objektanklage verbergen

7. Positive Aspekte

- Die objektgerichtete verantwortungsbewußte Grundeinstellung wird im sozialen Alltag positiv bewertet
- Die verläßliche und angepaßte Objektorientierung garantiert zunächst eine gute therapeutische Arbeitsbeziehung.

Tabelle 2.2.5

tuung erfährt.
Ein anderer Teil der Patienten mit einem ursprünglich altruistisch objektnahen Verarbeitungsmodus versucht gerade im Gegenteil, möglichst rasch wieder in eine starke Position zu gelangen; er vermittelt in den initialen diagnostischen Kontakten, daß eine kurze Zeit der Behandlung oder wenige Sitzungen ausreichen, um ihn wieder zur alten Autonomie und Stabilität zu verhelfen. Hier ist offenbar die Angst vor der Wiederbelebung alter Bedürftigkeit und Objektabhängigkeit so groß, daß sie mit Entschiedenheit abgewehrt wird. Ein Therapeut sollte diese Entscheidung akzeptieren und "mit der Abwehr gehen", ohne den Patienten in die Richtung des hinter der Abwehr Liegenden drängen zu wollen.

2.2.6 Die narzißtische Verarbeitung des depressiven Grundkonflikts

Ein zweiter, ebenfalls auf relativ hohem Funktionsniveau stattfindender Bewältigungsversuch der depressiven Objektabhängigkeit ist der Weg in die narzißtische Objektunabhängigkeit. Das Selbst identifiziert sich mehr und mehr mit seinen eigenen Idealvorstellungen; es entwickelt den Anspruch, etwas besonderes zu sein, sich aus der Masse herauszuheben, schafft allmählich eine Aura von Grandiosität und Exklusivität und letztlich so etwas wie den Anspruch auf Allwissenheit und Allmächtigkeit. Die meist nicht offen eingestandenen, aber doch unübersehbaren Größenansprüche färben das Verhältnis zu den Objekten. Einerseits wird von ihnen die laufende Zufuhr von Bewunderung und Anerkennung erwartet, die als narzißtische Zufuhr die überhöhten Ansprüche des Selbstwerterlebens befriedigen und ständig anklingende Selbstwertzweifel beschwichtigen sollen. Zum anderen werden die Objekte habituell entwertet, der Betreffende verachtet alles, was "menschelt" ("Ich bin von lauter Idioten umgeben, es gibt so viel debiles Menschenmaterial auf der Welt, mit solchem Grobzeug will ich mich gar nicht erst abgeben"). Der Narzißt schafft auf diese Weise eine Atmosphäre des kämpferischen Rivalisierens, stets geht es darum, wer etwas besser kann, wer es am besten macht, wer der Größte oder die Schönste ist. Auch Partnerbeziehungen können durch diese kämpferisch-rivalisierende Atmosphäre gekennzeichnet sein und dabei die Züge einer sadistisch - masochistischen Quälbeziehung entwickeln. Die aggressiv-quälerische, das Objekt verletzende und erniedrigende Tendenz verfolgt nicht primär eine aggressive Triebbefriedigung, sondern steht im Dienst der narzißtischen Objektdistanzierung und Selbstaufwertung.
Manchmal gelingt narzißtischen Partnern eine Stabilisierung ihrer Beziehung dadurch, daß sie sich gegenseitig narzißtisch stabilisieren: Bei dem "schönen Paar" erlebt es der einzelne als Selbstbestätigung, daß nicht nur er selbst attraktiv ist, sondern daß er sich mit einem ebenso attraktiven Partner schmücken kann.
Narzißtische Strukturen bleiben so lange im Gleichgewicht, wie die Umwelt mitmacht, d.h. ihnen die dringend benötigte narzißtische Gratifikation gewährt. Daran wird sichtbar, daß der Patient mit einer narzißtischen Bewältigung keineswegs in satter Selbstgenügsamkeit lebt, vielmehr findet er sich in der ständigen Sorge, keine Anerkennung zu finden und in die völlige Bedeutungslosigkeit abzurutschen. Eine Nichtbestätigung, aber erst recht Kritik erlebt er als schweren Angriff, der ihn in wütende Gekränktheit, aber auch in unterschwellige Angst versetzen kann.
Der **leidvolle Aspekt des Narzißtischen** wird gemeinhin zu wenig beachtet: Was nach außen als das glanzvolle Leben eines mächtigen, prominenten oder angesehenen Menschen erscheint, ist im subjektiven Erleben des Betreffenden gefärbt von empfindlicher Gereiztheit, von Sorge um das Nichtbeachtetwerden und vor allem von ständiger Anstrengung, die es kostet, das Besondere zu schaffen. Dieses Besondere kann im äußeren körperlichen Bereich gesucht werden, im guten Aussehen, perfekten modischen Angezogensein, in der sportlich-durchtrainierten Körpergestaltung; der narzißtische Anspruch kann sich auf den intellektuellen Leistungsbereich erstrecken, auf die Fähig-

keit, alles verstandesmäßig zu durchdringen, alles erklären zu können, alles philosophisch zu konzeptualisieren usw.; das Bemühen kann sich auf die Etablierung von Machtpositionen richten, die z.B. im beruflichen Bereich die Verfügungsgewalt über möglichst viele abhängige und möglichst willige Gefolgsleute garantieren; schließlich kann auch die Zugehörigkeit zu möglichst vielen "wichtigen", elitär anspruchsvollen sozialen Gruppierungen und Gemeinschaften zur narzißtischen Aufwertung verwendet werden.

In der Regel kommen narzißtische Patienten jedoch nicht zur Psychotherapie, solange der Bewältigungsmodus tragfähig bleibt.

Symptombildung. Ähnlich wie bei der Dekompensation des altruistisch fürsorglichen Bewältigungsmusters sehen wir auch bei der narzißtischen Verarbeitungsform eine allmähliche Erschöpfung, die dann irgendwann in einen krisenhaften Zusammenbruch münden kann. Die Erschöpfungen und Krisen erfolgen häufig in der Lebensmitte, wenn Partnerschaften wiederholt zerbrochen sind oder definitiv nicht zu erlangen waren, wenn der berufliche Fortschritt stagniert, wenn durch geistige und körperliche Alterungsprozesse jene Spannkraft und ästhetische Ausstrahlung verlorengeht, die dem narzißtischen Anspruch bisher zur Geltung verholfen hatten. Der Kampf um Macht und Anerkennung muß immer verbissener und mit größeren Intrigen geführt werden, momentane Fitneß muß durch Stimulanzien oder Alkohol erlangt werden, Schlaf und Entspannung stellen sich nur mit Hilfe von Tranquilizern und Narkotika ein, Schönheitsoperationen sollen den Körper, der seine jugendliche Frische verliert, wiederherstellen. Stagnationen und Rückschläge werden als schwere Angriffe, als völlige Entwertung, als Negierung aller eigenen Ansprüche erlebt und können heftige Affektausbrüche mobilisieren. Die eigene Wut wird auf vermeintliche Angreifer und Intriganten projiziert, die hochkeimenden Selbstwertzweifel führen zu entwertenden Rundumschlägen gegen alle Rivalen. Paranoid anmutende Befürchtungen des Patienten, die anderen wollten ihm am Zeug flicken, vermischen sich mit Realbefürchtungen bezüglich all jener "krummen Sachen", die das sich idealisierende Selbst, von keinem Überich gewarnt oder kontrolliert, im Laufe der Jahre inszeniert hat. Aus der Gemeinde der Bewunderer werden schadenfrohe Schaulustige, denn "das Volk sieht es gerne, wenn die Mächtigen straucheln". So sind dann auch die Spalten der Regenbogenpresse voll von Berichten über die Nervenzusammenbrüche der Filmdivas, die Ehekrisen der Adeligen, die Korruptionsskandale von Firmenchefs und die Alkoholexzesse von Schauspielern. Die meisten Psychotherapiepatienten in einer narzißtischen Krise sind keine Königskinder oder Filmstars, die Tragödie spielt sich auf bescheidenerem Niveau, aber doch in eben der beschriebenen Atmosphäre ab.

Aus der Beschreibung der Krise wird schon ersichtlich, daß das klinische Bild nicht die stille oder klagsame Depression ist, sondern eher die dramatische Verzweiflung, bei der sich vor allem die narzißtische Kränkungswut in selbstzerstörerischen Impulsen manifestiert. Henseler (1974) hat die Suizidalität als narzißtische Krise anschaulich beschrieben.

Die in lärmenden Krisen dekompensierte narzißtische Struktur mündet u.U. in eine chronische Entwicklung des enttäuschten Rückzugs der Selbstentwertung und Selbstzerstörung, wobei Themen der Abhängigkeit und Sucht eine bedeutsame Rolle spielen.

Beispiel:

Eine Patientin, Anfang 40, die als junge Frau als Tänzerin und aparte Schönheit viel Bewunderung erfahren hat, entwickelt nach massiven Trennungskrisen mit Suizidversuchen und heftigen körperlichen Auseinandersetzungen unsublimiert orale Züge, sie hat Eßanfälle, trinkt reichlich Alkohol, nimmt Schlaf- und Beruhigungsmittel ein; sie entwickelt ein groteskes Übergewicht und fühlt sich als "häßlich watschelnde Ente" zu Recht von ihren Mitmenschen und speziell von ihrem Partner verachtet und zurückgewiesen. Das depressive Syndrom, das sich hier entwickelt hat, gewinnt seine eigene Färbung durch die masochistisch-selbstquälerisch-autoaggressiven Züge, die sich im Wechsel von

Suchtdurchbrüchen, Suizidimpulsen und Selbstbestrafungsmaßnahmen manifestieren. In der invertierten, negativen, quälerischen Form setzt sich bei der einstmals narzißtisch-autonomen Frau die depressive Objektabhängigkeit wieder durch; nur noch ansatzweise sucht sie das gute Objekt, in den meisten Fällen unterwirft sie sich masochistisch den bösen, quälerischen, sie ablehnenden Objekten. Diese Dynamik wird auch im medizinischen Feld inszeniert, insofern die Patientin ihren mittlerweile häßlichen und in seinen Funktionen gestörten Körper den Ärzten anbietet und sie zu einschneidenden Maßnahmen (z.B. kosmetischen Operationen im Bauch- und Brustbereich) auffordert.

Im Rahmen der Berliner Psychotherapiestudie haben wir vor allem die Bedeutung des narzißtischen Interaktionsmusters für die therapeutische Beziehung untersucht. Es zeigte sich, daß die Patienten mit dekompensierter narzißtischer Struktur überdurchschnittlich stark ausgeprägte Symptomatik in den unterschiedlichen körperlichen und psychischen Bereichen aufweisen und darüber intensiv klagen; sie sehen selbst wenig Ansätze zur Konfliktlösung und lassen eine überdurchschnittlich negative Einstellung zu den jeweiligen Therapeuten erkennen. Diese wiederum antworteten mit prognostischen Zweifeln und negativen Gegenübertragungsreaktionen; dadurch erhöht sich die Wahrscheinlichkeit, daß therapeutische Beziehungen zerbrechen oder garnicht erst zustandekommen. Auch die Partnerbeziehungen dieser Patienten waren zu 67 % mißlungen, d.h. sie waren getrennt oder geschieden oder waren keine Partnerschaft eingegangen.
Einen wichtigen Hinweis liefern die Daten zur **Soziogenese**: Die meisten narzißtisch strukturierten Patienten sind durchaus nicht mit dem goldenen Löffel im Mund geboren worden, vielmehr stammen sie überdurchschnittlich häufig aus sozial belasteten Familien mit großer Geschwisterzahl und geringer Konstanz der frühen Betreuung. Sie haben jedoch bereits früh auf diese belastete Situation weniger depressiv als aggressiv reagiert, indem sie versuchten, sich kämpferisch rivalisierend gegen die übrigen durchzusetzen und sich eine besondere Stellung zu erobern.
Die kasuistische Erfahrung mit narzißtischen Patienten läßt ein weiteres erkennen: Um als Ausweg aus einer emotional defizitären Situation den Versuch einer narzißtischen Selbstidealisierung machen zu können, bedarf es zum einen irgendwelcher Eigenschaften oder Begabungen, die den Kristallisationspunkt der späteren narzißtischen Entwicklung bilden; zur Voraussetzung einer solchen Entwicklung gehört es, daß ein Mitglied der engeren oder weiteren Familie diese narzißtische Hoffnung ("aus Dir wird etwas ganz Besonderes") nährt und fördert. Entsprechend den gesellschaftlichen Rollenklischees werden kleine Mädchen auf ihr Aussehen, ihre niedliche Erscheinung und ihre Fähigkeiten, sich körperlich darzustellen (als kleine Sängerin, Eisprinzessin usw.) hin narzißtisch verstärkt, während kleine Jungen eher für ihre gescheiten Äußerungen, ihre kreativen Produktionen, ihre künstlerischen Begabungen narzißtisch belohnt werden.

Therapeutische Gesichtspunkte

Es liegt auf der Hand, daß eine narzißtische Persönlichkeitsstruktur, solange sie nicht unter massiver Symptombildung dekompensiert ist, psychotherapeutisch schwer erreicht werden kann. Ohne an dieser Stelle auf den schillernden Narzißmusbegriff und die ihm geltende breite psychoanalytische Diskussion einzugehen, sei lediglich daran erinnert, daß Freud narzißtische Phänomene für nicht analysierbar hielt, weil diese Patienten nicht imstande seien, eine Übertragung zu entwikkeln. Mit der zunehmenden Differenzierung der psychoanalytischen Selbstpsychologie und der Objektbeziehungspsychologie wurden hier neue therapeutische Wege gesucht. Es bleibt jedoch die Tatsache, daß ein Patient, der bemüht ist, an der eigenen Selbstidealisierung festzuhalten, der von seinem Gegenüber (auch dem Therapeuten) anerkennende Bewunderung erwartet (und ihn gleichzeitig abwertet und disqualifiziert), ein relativ schwieriges Beziehungsangebot macht, das auch beim Therapeuten zu massiven negativen Gegenübertragungsregungen führt. Wenn der Betreffende zusätzlich über

Die narzißtische Verarbeitung des depressiven Grundkonfliktes und die Symptombildung bei ihrem Zusammenbruch

1. Ausgestaltung des depressiven Grundkonfliktes

- uneingestandene Bedürftigkeit
- Gefühl kindlicher Unreife im Emotionalen
- starke Selbstwertzweifel
- hohe Kränkungsempfindlichkeit

2. Narzißtische Kompensation durch

- Überbetonung von Ansehen, Geltung und Leistung
- Überbetonung von körperlicher und äußerer Erscheinung
- Anspruch auf Wissen, Macht, Kontrolle
- Aura von Grandiosität und Exklusivität
- Anspruch auf Bewunderung durch das allgemeine Publikum und durch willige Gefolgsleute
- Entwertung und Distanzierung anderer Menschen

3. Krisenhafte Entwicklung anläßlich von

- altersbedingtem Nachlassen der Kräfte
- körperlichem Altern
- beruflichen Rückschlägen
- privaten, partnerschaftlichen Problemen

4. Akute Symptomatik in Gestalt von

- Anfällen von Kontrollverlust ("Nervenzusammenbruch")
- Wutanfällen, Angriffen auf vermeintlich Schuldige
- Angstzuständen (anfallsartigen Kontrollverlust)
- Schamerleben (als Hochstapler entlarvt)
- Suizidimpulsen

5. Langfristige Entwicklung

- Enttäuschter Rückzug
- Selbstentwertung und latente Selbstzerstörung
- Chronifizierte Körpersymptomatik
- Abhängigkeit oder Sucht
- erneute narzißtische Stabilisierung im negativen Sinne z.B. durch eine "besondere" Krankheit

6. Therapeutische Schwierigkeiten

- Habituelle Entwertung der Objekte erschwert den Aufbau einer therapeutischen Beziehung
- Anspruch auf Kontrolle über Objekte und Situationen erschwert die Anerkennung therapeutischer Regeln und Verabredungen
- Anspruch auf Anerkennung und Bewunderung erschwert selbstkritische Einsicht

7. Positive Aspekte

- Langjähriges Bemühen um das narzißtisch Besondere führt u.U. zum Erwerb besonderer Qualifikationen

Tabelle 2.2.6

gesellschaftliches Ansehen, Geld und Macht verfügt und es gewohnt ist, in seinen Mitmenschen die jederzeit käuflichen, nützlichen Idioten zu sehen, treten jene Therapieschwierigkeiten auf, die z.B. Cremerius in der "Analyse der Reichen und Mächtigen" (1979) oder von Minden (1988) beschrieben haben.

Therapeutische Hoffnungen knüpfen sich an die positiven Seiten der narzißtischen Bewältigung. In die narzißtische Charakterabwehr eingebaut sind durchaus auch jene Fähigkeiten und Talente, die diesen Menschen auszeichnen. Wer sich sein ganzes Leben lang bemüht hat, irgendeine Sache herausragend gut zu machen, entwickelt dabei auch Fähigkeiten, die er im Leben gebrauchen kann und die außerhalb des zwanghaft-narzißtischen Rahmens durchaus auch Gegenstand seines Interesses bleiben können. Das setzt freilich voraus, daß der Patient lernt, diese Dinge im eigenen Interesse einzusetzen, statt sich wie bisher mit ihnen prostituieren zu müssen. Unsere Untersuchungen zur Psychotherapieergebnisforschung haben gezeigt, daß narzißtische Strukturen auch in ambulanter Langzeitpsychotherapie durchaus nicht immer aufgelöst werden, sondern daß das Behandlungsergebnis bei einem Teil der Patienten gerade durch eine gewisse narzißtische Stabilisierung gekennzeichnet ist.

2.2.7 Die schizoide Verarbeitung des depressiven Grundkonflikts

Die altruistische Verarbeitung des depressiven Verlassenheitsthemas führt sekundär zu enger Objektbindung; die narzißtische Verarbeitung bedeutet den Ausweg in die eigene Großartigkeit und versucht sich dadurch zumindest die Bewunderung der Objekte zu erhalten. Die nun zu besprechende schizoide Verarbeitung rückt noch weiter von den Objekten ab, indem sie diese systematisch meidet. Es wird kein traurig-enttäuschter Rückzug von den vergeblich ersehnten Objekten erlebt, eher wird der Anschein kühler Desinteressiertheit erweckt; dahinter wird spürbar, daß die gefährliche ängstigende Seite der Objekte den Anlaß gibt, sie zu umgehen oder sie auszublenden, so als existierten sie gar nicht. Therapeutische Verläufe lehren freilich, daß hinter der ängstlichen Vermeidung der negativen Objekte die Sehnsucht nach positiven Objekterfahrungen, und zwar in ihrer frühen, eher medialen als objektalen Form bereitliegt. Da menschliche Begegnungen im alltäglichen Leben unvermeidbar sind, versucht die schizoide Verarbeitung zweierlei: die Vermeidung des Kontakts schlechthin und den emotionalen Rückzug im unvermeidlichen Kontakt. Der letztgenannte Punkt ist es, der das Wesen der schizoiden Verarbeitung ausmacht; es ist die reflektorische Zurücknahme von nonverbalen Beziehungssignalen, z.B. durch Reduzierung des Blickkontaktes, die Einschränkung der Stimm-Modulation, die Unbezogenheit von Gestik und Körperhaltung. Die Reduzierung der kommunikativen Signale bewirkt Distanzierung durch Nicht-Verstehen-Können; der schizoide Patient versteht selbst nicht und wird nicht verstanden, weil die emotionale Brücke zum anderen abgebrochen ist. Wir interpretieren also die schizoide Beziehungsstörung psychodynamisch als unbewußte Aktivität, als emotionalen Rückzug zum Schutz vor ängstigenden oder kränkenden Beziehungserfahrungen. Eine alternative Sichtweise dazu wäre es, die Beziehungsproblematik als strukturelle Ichschwäche, d.h. als eine nicht ausreichend entwickelte Funktion zu betrachten.

Allerdings bewirkt die habituelle Beziehungsvermeidung nicht nur Schutz vor den unliebsamen Einflüssen anderer Menschen oder die Möglichkeit, sich, von ihnen ungestört, mit den eigenen inneren Themen beschäftigen zu können, sie wird stets auch mehr oder weniger deutlich als **Mangel an sozialer Kompetenz** und somit **subjektiv leidvoll** erfahren. So z.B. erlebt der schizoide Jugendliche unter dem Druck erotisch-sexueller Bedürfnisse sein Unvermögen, sich einer evtl. Partnerin so zu nähern, daß er sie für sich gewinnen kann. Wenn er im Erwachsenenalter dann doch eine dauerhafte Verbindung, z.B. eine Ehe eingegangen ist, spürt er die bleibende Fremdheit, die Unfähigkeit, sich emotional mitzuteilen und die Schwierigkeit zu verstehen, was die Partnerin gefühlshaft erlebt und warum sie sich so oder anders verhält. Dabei mangelt es keineswegs am Bemühen, sich auf den Partner einzustellen; manche Schizoide entwickeln sich zu ausgezeichneten Beobachtern, die mit feinen Wahrnehmungsantennen verborgene Empfindungen des anderen registrieren. Nur fällt es ihnen schwer, diese Wahrnehmungen in einen Beziehungskontext einzufügen, vielmehr erschrecken sie ihr Gegenüber durch distanzverletzende Feststellungen oder sie befremden durch ihre abwegigen, psychologisch konstruierten Erklärungsversuche.

So bilden der Eindruck von außen und das subjektive innere Erleben einen starken Kontrast. Der Schizoide wirkt in seinem Verhalten u.U. kühl, intellektuell, abweisend, arrogant, desinteressiert oder aber bei seinen Annäherungsversuchen viel zu engagiert, distanzlos, schwer zu verstehen. Sein subjektives Erleben ist dagegen ein anderes. Zwar genießt er in Maßen die zurückgezogene Beschäftigung mit sich selbst, mit seinen Gedanken, Theorien, Büchern, Hobbys etc., doch steht er meist unter **ängstlicher Anspannung**, die er auch durchaus körperlich erlebt. Er spürt speziell im Kontakt mit Menschen, daß etwas mit ihm geschieht, das er selbst nicht steuern kann. Wenn die Rede vom Ich, das nicht Herr im eigenen Hause ist, zutrifft, dann in diesem Falle ganz besonders. Der Schizoide ist sich nie sicher, nicht in der sozialen Welt und nicht im eigenen Körper, auch nicht in seiner eigenen Gedankenwelt, überall können bedrohliche Entwicklungen ablaufen, die Anlaß zu Sorge oder zu heftiger Angst geben. Gedanken haken sich fest und müssen zwanghaft durchgegrübelt werden, leibliche Sensationen werden ängstlich beobachtet und geben den Anstoß zu skurril-hypochondrischen Überzeugungen. Beziehungssituationen und das Verhalten anderer Menschen werden im Blick auf darin enthaltene Angriffe mißtrauisch kontrolliert und in sensitiv-paranoid anmutende Erklärungen gebracht. Ständig auf der Hut sein müssen, angespannt sein, überall Gefahr, Angriff, Kränkung fürchten - wie ließe sich das Fehlen des vielzitierten Urvertrauens besser illustrieren.

Es liegt auf der Hand, daß ein Selbst, das die Objektwelt so ungewiß erlebt, auch sich selbst nicht als kohärent und abgegrenzt empfinden kann. Es ist weniger der Selbstwert, der bedroht erscheint als vielmehr die Existenz des Selbst: "Bin ich das, der da denkt oder handelt; wer oder was bin ich eigentlich; was will ich selbst?" Diese basale Form der Selbstzweifel, die häufig auch zu einer großen Unsicherheit der psychosexuellen Identität führt, kann sich in krisenhaften Situationen zu heftigen Angstattacken steigern.

Symptomauslösende Belastungen bergen jene Situationen in sich, die einen zwangsläufigen, sozial notwendigen Kontakt zu anderen Menschen erfordern, so z.B. die Notwendigkeit, in der Schule oder im Studium Referate zu halten oder im Beruf Gruppenkontakte zu pflegen. Ganz besonders belastet sind freilich Kontakte, die aufgrund eigener innere Bedürfnisse, z.B. bei sexueller Attraktion oder Verliebtheit intensiviert werden. Es ist die emotionale Nähe eines anderen Menschen, welche die Gefahr mit sich bringt, daß die für das schizoide Selbst notwendige Sicherheitsdistanz verletzt wird und das wenig kohärente Selbst sich in Gefahr fühlt.

Die **Symptombildung** bei der Gefährdung oder beim Zusammenbruch der schizoiden Distanzierung ist ein spezifischer Zustand, in dem die eigene Person, der eigene Körper und die gesamte Umwelt auf beängstigende Weise verändert erlebt werden (**Derealisation, Depersonalisation**). Das Fremdwerden dieser eigentlich vertrauten Bereiche des eigenen Lebens geht einher mit unbehaglich-ängstlichen Gefühlen, die sich bis zur erregten Angst steigern können, in der Befürchtung, sich selbst zu verlieren, verrückt zu werden, den Weltuntergang in der eigenen Person zu erfahren. Hinter mancher sogenannter Panikattacke verbirgt sich eine solche schizoide Selbstverlustangst. Der Patient wird durch diese Zustände häufig zu großer Aktivität getrieben, sei es im Handeln oder im Denken, auf beide

Weisen versucht er, irgendwo wieder einen festen Haltepunkt zu finden.
Anders als bei der narzißtischen Krise sehen wir hier eigentlich keinen völligen Zusammenbruch der schizoiden Verarbeitung, sondern lediglich ihre vorübergehende Labilisierung und Wiederherstellungsversuche. Die schizoide Haltung selber ist es, die von einer bestimmten Ausprägung an Symptomwert besitzt und, häufig auf dem Umweg über soziales Scheitern, als subjektiv leidvoll erlebt wird. Chronifizierte Symptomentwicklungen zeigen am ehesten Verfestigungen der schizoiden Haltung, vermischt mit vielfältiger neurotischer Symptomatik, so z.B. mit ausgeprägten phobischen Entwicklungen, die nun allen Formen des sozialen Kontaktes gelten **(Soziophobie)**. In der **hypochondrischen Entwicklung** findet der Patient einen Fixpunkt an einer bestimmten Körperstelle oder Organfunktion, die er fortan mit größter Aufmerksamkeit beobachtet und kontrolliert und die seinen Ängsten vor einer bedrohlichen Entwicklung ein festes Thema gibt. Eine weitere Zuspitzung erfährt diese Dynamik in der **Dysmorphophobie**, der Überzeugung, daß ein bestimmtes Körperteil häßlich oder fehlgestaltet sei und operativ verändert werden müsse. An die Stelle äußerer sozialer Beziehungen ist auch hier die intensive Beschäftigung mit dem Körper als Objekt getreten, wobei ein ständiger, freilich aussichtsloser Kampf darum geführt wird, aus einem negativen Körperobjekt ein gutes Körperobjekt zu schaffen (z.B. aus einer häßlichen Brust eine schöne Brust zu modellieren). Die Überzeugung und Entschlossenheit, mit der manche Patienten solche Ziele verfolgen, bleibt dem Außenbeobachter oft unverständlich und erscheint in ihrer Ausgestaltung fast wahnhaft.
Die klinischen Einzelheiten und die theoretischen Hintergründe der beschriebenen Thematik wurden in einer früheren Untersuchung (Rudolf, G. 1977/1988): Krankheiten im Grenzbereich von Neurose und Psychose) eingehend diskutiert. Dabei wurde auch der Frage nachgegangen, wie der Besetzungsentzug zustandekommt, der die **"schizoide Abschaltung"** ausmacht. Diese Erscheinungen lassen sich mit Blick auf die frühe Entwicklung der Intentionalität erklären. Die Fähigkeit des Ich, sich mit emotionaler Wachheit auf ein Objekt auszurichten - eben die Intentionalität -, entfaltet sich während der ersten Lebensmonate in den spezifischen Interaktionen des Neugeborenen mit seiner Betreuungsperson. Zusammen mit der Differenzierung des Selbst und des Objekts entwickelt sich auch die Fähigkeit des Selbst, sich dem Objekt zuzuwenden oder sich von ihm zurückzuziehen. Das gesunde, von Geburt an objekthungrige Neugeborene erwirbt unter ausreichend günstigen Entwicklungsbedingungen einen Rhythmus von Hinwendung und Abkehr. Unter störenden Entwicklungsbedingungen, wie z.B. fortlaufender Reizüberflutung, die es dem Kind unmöglich macht, sich auf sich selbst zurückzuziehen oder umgekehrt bei mangelndem Objektangebot, wenn die lustvolle Ausrichtung auf das Objekt nicht stimuliert wird, kommt es zu frühen Störungen der intentionalen Kompetenz als Bestandteil einer frühgestörten Selbst-Objekt-Beziehung. In der Beziehungsstörung durch schizoide Abschaltung spiegelt sich diese Schwierigkeit wider, den Richtstrahl der inneren Aufmerksamkeit auf das Objekt zu lenken oder ihn auf sich selbst zurückzuwenden. Stattdessen wird wie in einer Notfallfunktion der Schalter des intentionalen Bezugs ausgeknipst, wodurch das Objekt aus dem Lichtkegel der emotionalen Wahrnehmung verschwindet.

Beispiel:

Ein 24-jähriger Mann kommt wegen unklarer Beschwerden zur Untersuchung, er spricht von Schlafstörungen, die sich am ehesten als abendliche Beunruhigungszustände und zwanghafte Grübeleien über Körperfunktionen verstehen lassen. Im Kontakt wirkt er distanziert, rational bis grüblerisch. Sein nonverbaler Ausdruck bleibt uneindeutig und er tut sich schwer, sein Befinden in Worte zu fassen. Manche Äußerungen wirken wie Neologismen; er sorgt sich über "Verknackungen" im Hals, damit meint er Geräusche beim Schlucken und bestimmten Bewegungen, verbunden mit ängstlichen Grübeleien über mögliche damit verbundene Körpervorgänge. Symptomauslösend war der Versuch einer emotionalen Annäherung an ein deutlich jüngeres Mädchen, von dem er sich jedoch abgelehnt fühlte. Offenbar hatte das Mädchen sein Interesse gar nicht wahrnehmen können, der Patient war sich jedoch nicht sicher, ob sie ihn verachtete und belächelte oder ob sie ihn liebte, aber wegen ihres jugendlichen Alters Abstand hielt. Zweifellos bestehen bei dem jungen Mann Ängste vor einer emotionalen und sexuellen Beziehungsaufnahme, doch tritt dieses libidinöse Konfliktthema (als Ausdruck einer hysterischen Struktur) in den Hintergrund gegenüber den basaleren Ängsten vor emotionaler Nähe, die ihn auf diffuse Weise beunruhigte. Nach der anderen Seite ist die Differentialdiagnose in Richtung auf eine psychotische Entwicklung wichtig. In diesem Fall bestanden keine Hinweise auf eine stärkere Fraktionierung des Selbst oder ausgeprägtere Projektionsmechanismen. Im therapeutischen Gespräch über frühere Beziehungsenttäuschungen und selbstgewählte Einsamkeit, die anknüpften an alte Einsamkeitserfahrungen in seiner Elternfamilie, wurde die Zwiespältigkeit zwischen depressiver Objektsuche und schizoid-ängstlicher Objektvermeidung verstehbar.

Therapeutische Gesichtspunkte

Die psychotherapeutische Behandlung versucht, dem geschwächten Ich die Verfügung über die intentionale Funktion wiederzuvermitteln, indem sie z.B. im Rahmen einer interaktionellen Behandlungstechnik die emotionale Ausrichtung des Ich auf das Objekt, die Abwendung vom Objekt und die Rückwendung auf das Selbst in besonderer Weise beachtet, so daß der Patient diese Funktion in der direkten Patient-Therapeut-Beziehung spüren lernt und einüben kann.

Die Distanzierung und Kontaktvermeidung des schizoiden Patienten ist keine willentliche; im bewußten Erleben registriert er zwar seine ängstliche Angespanntheit gegenüber Menschen, sein Rückzug und seine emotionale Abschaltung erfolgen jedoch bewußtseinsfern von innen heraus, meist werden sie nicht einmal als Vorgang registriert. Das therapeutische Vorgehen richtet sich daher auf zwei Ziele, die in einem polaren Spannungsverhältnis stehen. Zum einen gilt es zu respektieren, daß ein seiner Grenzen unsicheres Selbst das primäre Objekt ersehnt und zugleich jedes sich nähernde Objekt mit Angst und Mißtrauen kontrolliert; es kann die gefährliche Situation der Objektnähe nur durch Notmaßnahme intentionaler Abschaltung (ein unbewußtes "ich bin nicht mehr da") meistern. Daher braucht es selbst Distanz im Sinne der Wahrung seiner Grenzen und der autonomen Verfügung über sich selbst. Therapeutisch werden solche Interventionen bevorzugt, welche die Selbstbestimmung, Eigenverantwortung und sichere Abgegrenztheit des Ich oder Selbst unterstützen (ichstärkende Interventionen). Damit stellt sich der Therapeut gewissermaßen auf die Seite der Abwehr, die er als für den Patienten wohlbegründet akzeptiert. Deutungen, welche hinter die Abwehr leuchten, müssen zunächst vermieden werden, weil sie die Angst des Patienten vor dem zudringlichen Objekt nur betätigen und den Selbstschutz der schizoiden Abwehr verstärken.

Wenn auf diese Weise im initialen therapeutischen Kontakt das Selbst eine gewisse Beruhigung und Stabilisierung erfahren hat und der Patient seine mißtrauisch-sensitive Haltung gegenüber dem Therapeuten zurücknehmen kann - er bleibt weiter auf Distanz, aber er "fremdelt" weniger-, dann darf der Therapeut in einem zweiten Schritt beginnen, den Patienten zu spiegeln: Er teilt ihm manche seiner Wahrnehmungen mit ("mir fällt heute bei Ihnen auf ..., ich sehe jetzt gerade, daß Sie ..."). Diese Mitteilungen ohne jede Interpretation (was das wohl zu bedeuten hat) und erst recht ohne Bewertung (ob das richtig oder falsch ist) stellen eine vorsichtige Kontaktaufnahme zwischen zwei getrennten Subjekten dar; zugleich aktivieren sie aber auch die Eigenwahrnehmung des Patienten, vor allem bezüglich seines körperlichen Ausdrucks und eröffnen damit Bereiche des Erlebens im eigenen körperlichen und psychisch emotionalen Selbst wie auch in der Interaktion. Der Patient, der sich kühl distanziert oder ängstlich zurückgezogen gefühlt hatte, spürt plötzlich Formen der emotionalen Ausrichtung auf die Objektwelt und den Therapeuten, er erlebt basale Intentionen (der Hinwendung oder der Abkehr) oder weiterentwickelte Intentionen der Neugier, der aggressiven Annäherung oder des weichen Anlehnens. Diese

Revitalisierung eingefrorener Intentionen spielt in den körperorientierten Psychotherapien sowie in der Gestalttherapie eine zentrale Rolle, sie erweist sich aber auch in einer verbalen, interaktionszentrierten Psychotherapie als sehr hilfreich. Nachdem auf diese Weise die schizoide Abwehr des depressiven Grundkonflikts gelockert werden

Schizoide Verarbeitung

1. **Ausgestaltung des depressiven Grundkonfliktes**
   - Unerreichbarkeit des guten Objektes
   - Befürchtung gegenüber dem bedrohlichen negativen Objekt

2. **Schizoide Bewältigung durch**
   - Rückzug und Distanz vom unerreichbaren guten Objekt ebenso wie vom möglicherweise gefährlichen Objekt
   - Vermeidung emotionaler Kontaktaufnahme
   - Zurücknahme emotionaler Beziehungssignale
   - Mißtrauen, auf der Hut sein

3. **Krisenhafte Entwicklung anläßlich von**
   - Versuchung der Nähe (Menschen kennenlernen, sich verlieben)
   - Sozial notwendige Situation des Kontaktes oder des öffentlichen Auftretens (z.B. Referat in der Schule, im Studium, Gruppenkontakte im Beruf)

4. **Akute Symptombildung**
   - Aktuelle Entfremdungserlebnisse (Derealisation, Depersonalisation)
   - Akute sensitive Reaktionen
   - Angstattacken (Gefühl der Selbstauflösung)

5. **Langfristige Entwicklungen**
   - Schizoide Bewältigung (Distanziertheit) wird als Mangel leidvoll erlebt
   - Zunehmendes Mißtrauen und Kontaktvermeidung
   - Ausbildung von Soziophobie
   - Entwicklung von Hypochondrie
   - Dysmorphophobie

6. **Therapeutische Schwierigkeiten**
   - Habituelle Vermeidung von emotionalem Kontakt und Bindung erschwert Aufbau einer therapeutischen Beziehung
   - Abschalten emotionaler Beziehungssignale erschwert Kommunikation mit dem Therapeuten
   - Patient kann auch sich selbst nicht zum Objekt nehmen und sich daher selbst schwer verstehen

7. **Positive Aspekte**
   - Aspekt der "schizoiden Freiheit" (nicht immer mit der Herde rennen, sich nicht durch die anderen beeinflussen lassen, eigene Gedanken unbeeinflußt zu Ende denken, sich von sozialen Zwängen freihalten)

Tabelle 2.2.7

konnte, steht in weiteren Behandlungsabschnitten wieder das depressive Kernthema selbst an.

2.2.8 Die oral-regressive Verarbeitung des depressiven Grundkonflikts

In den bisherigen Bewältigungsversuchen der depressiven Grundthematik überwogen progressive Vorgänge, durch welche der depressiven Verlorenheit aktiv begegnet wurde. Als oral-regressive Verarbeitung bezeichnen wir einen Selbstheilungsversuch, der die Grenzen vom Sozial-Adaptiven zum Pathologischen oft schon in jungen Jahren und meist mehr oder weniger schleichend überschreitet. Hier ist es nicht so, daß eine bis dahin betont stabile Persönlichkeitsstruktur krisenhaft dekompensiert und überraschend Symptome entwickelt, vielmehr kündigt sich die Problematik meist lange an, sie nimmt allmählich zu und oft wird erst im nachhinein deutlich, daß inzwischen ein schwieriger oder desolater Zustand eingetreten ist, aus dem der Patient aus eigener Kraft nicht mehr herausfindet, die Abhängigkeit oder Sucht.

Es handelt sich also um einen **Bewältigungsversuch**, der selbst rasch **zur Krankheit wird**; das Thema läßt sich daher ebenso gut unter dem einen wie unter dem anderen Stichwort abhandeln. Wir werden die Dynamik des Krankheitsgeschehens (der Sucht und Abhängigkeit) ausführlich im Zusammenhang mit den Krankheitsbildern (Kap. 2.3.3) besprechen und wollen an dieser Stelle lediglich den Bewältigungsaspekt untersuchen.

Es wurde schon gesagt, daß die früher beschriebenen Bewältigungsformen eher aktiv die äußere Situation zu verändern versuchen. Im altruistisch-überfürsorglichen Modus geht es um das Bemühen, sich nützlich zu machen; im narzißtischen Muster liegt die Intention zu gefallen und zu dominieren; die schizoide Technik zielt darauf ab, den Objekten auszuweichen. Die oral-regressive Verarbeitungsweise dagegen verändert nicht die äußere Beziehung zu den Objekten, sondern beschränkt sich darauf, die eigene innere Situation, die Stimmungslage zu verändern. Die Charakterisierung als oral-regressiv soll ausdrücken, daß nicht im Sinne einer aktiven oralen Appetenz ein "Stück aus der Welt abgebissen" und sich zueigen gemacht wird (wobei das Zielobjekt wichtig wäre), sondern daß, egal was, zugeführt wird, wenn es nur vorübergehend satt macht und beruhigt. Klinisch extrem ausgeprägt sehen wir diese Objekt-Unbezogenheit in den Eßanfällen der Bulimikerinnen oder der Mitteleinnahme der Polytoxikomanen. Beiden kommt es nicht darauf an, was sie zu sich nehmen, sondern daß es geschieht. Es besteht also die Möglichkeit, durch die Aneignung oder orale Aufnahme von scheinbar beliebigen Objekten das eigene Wohlbefinden momentan zu stabilisieren. Der Hunger, der so gestillt wird, ist ein depressiver Objekthunger in einer frühen Ausprägung, in der das Objekt noch wenig personal, sondern eher als Substanz, als Medium erlebt wird.

Die Erfahrung, daß Essen und Trinken beruhigen und euphorisieren kann, gilt vergleichbar für Kaufen oder Stehlen; dabei tritt nicht selten eine sexuell getönte Miterregung auf. Das Erleben kann sich steigern bis zum Freßrausch, Kaufrausch oder Spielrausch und läßt darin die Möglichkeit erkennen, die innere Realität in Richtung einer Ersatzwelt zu verändern.

Es sind vor allem zwei Gründe, die Menschen drängen, auf diese Weise die eigene Gestimmtheit zu modulieren. Zum einen ist es die tiefe Hoffnungslosigkeit, die Realwelt aktiv so ändern zu können, daß man des Guten teilhaftig wird; zum anderen vermag das Selbst die Realwelt, so wie sie ist, nicht zu ertragen, es erlebt sie (und sich selbst) als unerträglich leer und langweilig oder auch als zurücksetzend und kränkend. Hier schimmert also bereits der depressive Grundkonflikt durch.

Der nächste Schritt in diese Richtung vollzieht sich dadurch, daß in der gesellschaftlich verankerten Oralität der Genuß von Rauschmitteln ubiquitär ist. Unter den angedeuteten strukturellen Gegebenheiten wird das Angebot von Alkohol rasch die Möglichkeit eröffnen, anklingenden depressiven Verstimmungen, Selbstwertzweifeln, Ängst-

lichkeiten, Gekränktheiten durch seine euphorisierende Wirkung zu begegnen. Zusätzlich bietet sich Jugendlichen meist bereits in der Schule die Gelegenheit, mit Drogen zu experimentieren. Im Zusammenhang mit körperlichen Beschwerden und medizinischen Behandlungen erfährt fast jeder irgendwann einmal das Angebot von Beruhigungsmitteln, Schlafmitteln und Schmerzmedikamenten. Es ist zweifellos nicht das Angebot, das die Fehlentwicklung einleitet, sondern die Disposition eines depressiven Grundkonflikts, der nicht mit aktiven Mitteln bearbeitet werden kann.
Die Entwicklung der Abhängigkeit und Sucht im klinischen Sinne wird im Kap. 2.3.3 beschrieben.

2.2.9 Die philobatische Verarbeitung des depressiven Grundkonflikts

Diese Form der Verarbeitung hat für sich allein einen geringeren Symptomwert. Es ist jedoch für das therapeutische Verständnis von manchen Persönlichkeitsstrukturen wichtig, sie vor Augen zu haben. Der Philobat, um den Terminus von Balint (1960) zu verwenden, ist nicht auf den Beifall der Mitwelt angewiesen wie der Narzißt, er betreibt keine ängstliche Objektvermeidung wie der Schizoide und bemüht sich nicht altruistisch um andere Menschen; er ist auf Objekte nicht besonders ausgerichtet, aber auch nicht besonders abgewandt, doch ist seine Aufmerksamkeit mit großer Intensität auf andere Ziele gerichtet, und zwar auf bestimmte Handlungen und Leistungen, die zu verwirklichen für ihn immer wichtiger wird. Die positiven Gefühle, die er erlebt, wenn er sein Ziel erreicht, können in ihrer Intensität bis zum rauschhaften Glücksgefühl wachsen. Es ist eigentlich diese Technik, sich selbst - wenn auch im Extremfall unter großen Anstrengungen und Risiken - in ein positives Gefühl zu versetzen, welches diese Verarbeitungsform charakterisiert.
Anders als bei der Befriedigung von sozialen Bedürfnissen oder von Triebwünschen erfährt hier der Betreffende eine momentane Hochstimmung, die ihn für einige Zeit aus der Welt heraushebt. Dieses Erleben wird durch die Kontrasterfahrung verstärkt, daß Anstrengungen, Angst und Frustration überwunden werden müssen, um sich endlich in das Glücksgefühl fallen lassen zu können. In seinem grenzenlosen Hochgefühl erinnert der Zustand zuweilen an submanische Zustände. Zugleich sind auch rauschhafte Elemente erkennbar und wie bei vielen Rauscherfahrungen kann der Wunsch nach Wiederholung und Steigerung der Intensität sich zu etwas Süchtigem entwickeln. Betrachten wir schließlich den Verlauf einer solchen Entwicklung, so zeigt sich nicht selten ein tragischer Ausgang: Der Philobat kann von dem Gegenstand seines Interesses nicht mehr lassen, immer häufiger sucht er dessen faszinierende Nähe, immer größere Risiken nimmt er in Kauf, um seinem Faszinosum nahe zu sein, und so überrascht es nicht zu hören, daß er dabei den Tod gefunden hat, der Kletterer in seinen geliebten Bergen, der Taucher in der Tiefe, der Flieger beim Sturz aus der Höhe, der Vulkanforscher bei der Beobachtung eines Vulkanausbruchs usw.
Die süchtige und selbstzerstörerische Seite ist bereits aus der oral-regressiven Verarbeitung des depressiven Grundkonflikts bekannt; jedoch ist hier an die Stelle der depressiv-ohnmächtigen oder ängstlich-angespannten Empfindung das maniforme Hochgefühl getreten, das sich als eine Abwehr des Depressiven zu erkennen gibt.
Was hat es mit dem spezifischen philobatischen Glücksgefühl auf sich? Ein bekannter Bergsteiger beschreibt sein Gipfelglück als das Erleben von Leere, Zeitlosigkeit, Frieden, Harmonie, heiterer Gleichgültigkeit, eine Art Nirvana. Zunächst hat es den Anschein, daß der Philobat ganz auf sich gestellt und "mutterseelenallein" in einem lebensfeindlichen Element, in großer Höhe oder dunkler Tiefe weilt, nachdem er sich, um dorthin zu gelangen, extremen körperlichen Anstrengungen und heftigen Emotionen aussetzen mußte und dabei auch die Nähe des Todes erfuhr. Im Zustand der völligen Erschöpfung erlebt er nicht die Einsamkeit und Verlassenheit, sondern ein narzißtisches Glück, "ich fühle mich grandios, weil ich

das Unmögliche möglich gemacht habe". Unter Verleugnung der realen Lebensgefahr fühlt er sich "zeitlos", "unverletzlich", "unsterblich", "eins mit dem Universum", so daß der leibliche Tod, wenn er jetzt einträte, keine Zerstörung, sondern die Erfüllung des Lebens darstellte.
Der Philobat in seinem narzißtischen Glücksgefühl ist gar nicht so allein, wie es die objektlosen Räume um ihn vermuten lassen. Vielmehr wird er **eins mit einem medialen Objekt**, also einem frühen, noch nicht personalen, grenzenlos großen Objekt, das ihn aufnimmt und mit dem er verschmilzt, wobei sein abgegrenztes Ich zugunsten eines grenzenlosen Wir aufgegeben wird. Dieser Beziehungsmodus bedeutet also das Einswerden mit dem frühen Objekt, das seine Objektnatur verbirgt, weil es medial gestaltet ist. Die Schilderung solcher Zustände erinnert an Befindlichkeiten, wie sie durch intensive Meditation erreicht werden können; auch hier geht das Erleben der Ich-Losigkeit in die Empfindung über, außerhalb von Zeit und Raum mit dem Ganzen zu verschmelzen.
Nun klettern allerdings relativ wenige Menschen auf die Achttausender des Himalaja, und doch kennen viele Anklänge der gleichen Erfahrung, z.B. durch intensive Naturbegegnungen. Durch die Erfahrung von "der Natur", d.h. von Feuer, Wasser, Erde und Luft (die bei den Vorsokratikern die Elemente des Lebens hießen) in Form von Landschaft, Gebirge oder Meer wird bei entsprechend disponierten Menschen etwas von einem frühen Glücksgefühl ausgelöst, das eine sehr körperliche und daher präverbale Qualität hat. Gerade für den, der durch die Erfahrung mit Menschen enttäuscht ist, sich von ihnen überfordert, gekränkt oder verlassen fühlt, bedeutet die menschenleere freundliche Weite der Natur, in der er sich frei bewegt, nicht nur die Distanz von der schwierigen Menschenrealität (dem bösen, weil enttäuschenden Objekt), sondern das Aufgehobensein auf oder in einem guten Objekt (Mutter Natur); es ist ein gutes Objekt, das ihn trägt, ihm Spielraum gibt und häufig auch orale Befriedigung (Früchte, Wasser) anbietet, das ihn zum Verweilen und besinnlichen Schauen und auch zum Ausruhen und Einschlafen einlädt.
Wenn wir uns diesen regressiven Beziehungsmodus vergegenwärtigen, wird auch klar, daß ein Teil der naturliebenden Menschen Erwartungen des Wohlbefindens und der Befriedigung an das frühe Objekt Natur richtet, selbst aber keinerlei Rücksicht auf die Natur nimmt, sowenig wie ein Säugling sich um das Wohlbefinden der Mutter kümmern muß. An dieser Stelle hat die philobatische Verarbeitung gewissermaßen gesellschaftlichen Symptomwert.
Ansonsten zeigt diese Verarbeitungsform weniger krisenhafte Einbrüche als andere. Das Risiko, daß das rauschhafte Erleben einen andeutungsweise süchtigen Charakter gewinnt und die gesteigerten Risiken schließlich Lebensgefahr mit sich bringen, wurde oben schon beschrieben. Wenn man so will, handelt es sich hier um eine Variante der Suizidalität, wobei der Tod in der Verschmelzung mit dem faszinierenden Objekt seinen Schrecken verloren hat.

2.2.10 Die Bewältigung des depressiven Grundkonflikts durch Humor

Diese Dimension menschlichen Verhaltens besteht in der Möglichkeit des Selbst, schmerzliche Erfahrungen durch ironische Distanzierung oder humorvolle Verfremdung zu bewältigen. Man lacht darüber, weil man nicht darüber weinen möchte. Es ist hier nicht der Platz, die psychoanalytische Diskussion des Witzes oder des Humors zu referieren, es soll lediglich auf diese Bewältigungsmöglichkeit aufmerksam gemacht werden, die zunächst scheinbar wenig Bezug zum Thema hat. Wenn wir uns jedoch Cartoons anschauen oder Witze anhören, dann wird unübersehbar deutlich, daß hier eine Fülle von deprimierenden Ereignissen, verzweifelten Situationen und ängstigenden Erfahrungen durch eben jene humoristische Wendung in eine Aussage verwandelt wurde, über die man lachen muß. Die Menschen, die professionell Lustiges herstellen, z.B. Cartoons zeichnen, sind meistens keine hypomanischen Witzbolde, sondern eher ernste Naturen. Es gibt sicher eine breite Palette von Humor, von einer reifen Heiterkeit bis zu einem witzelnden Verleugnen aller ernsthaften Themen und doch ist bei allen der Versuch, das Schwierige von seiner heiteren Seite zu nehmen unübersehbar, vor allem auch in dem entsprechenden interaktionellen Angebot, "du brauchst dir keine Sorgen um mich zu machen, ich lache selber darüber". Der "Galgenhumor" zeigt diesen Zug in seiner verzweifelten Variante, die es auch noch mit Heiterkeit versucht, wenn der Strick schon um den Hals gelegt ist. Sprichwörtlich ist die Traurigkeit der Clowns, die professionell Lustigkeit verbreiten. Der Humor zur Abwehr depressiver Thematik ist nicht selten ein schwarzer Humor, der speziell die destruktiven, schrecklich ängstigenden und deprimierenden Themen zum Gegenstand nimmt: Auf der Beerdigung sagt ein Mann zum anderen; "Ich war schrecklich schockiert als ich von seinem Tod erfuhr, ich dachte nämlich, er sei schon vor 5 Jahren gestorben".

Wie deutlich der Selbstheilungsversuch durch Humor beim Ausbruch wirklicher Depression versagt, zeigen die Beobachtungen von Kraus (1977) an depressiven Patienten. Nicht nur, daß ihnen das Lachen vergangen ist, sie verstehen anscheinend nicht, was an einem Witz lustig sein soll, sie nehmen den Text konkretistisch und sind außerstande, den spielerisch-assoziativen Bedeutungswechsel vorzunehmen, der die Situation plötzlich in einem heiteren Licht erscheinen läßt.

Das folgende Gedicht von Erich Kästner "Traurigkeit, die jeder kennt" (1936) läßt in ironisch melancholischer Form jene Themen anklingen, die in den Kapiteln über Depression und Suizidalität als bitterer Ernst erscheinen - die innere Leere, die Selbstverachtung und die autoaggressiven Impulse, die Rückzugsbedürfnisse aus Gekränktheit, die Hoffnungslosigkeit und die Sehnsucht nach der Ruhe im Tode. In der humorvollen Brechung des Gedichtes klingt eben noch an, daß es diese schlimmen Dinge gibt, aber ganz so schlimm sind sie nicht, wenn man über sie schmunzelt. Da heißt es in der 2. bis 5. Strophe:

Die Trauer kommt und geht ganz ohne Grund.
Und man ist angefüllt mit nichts als Leere.
Man ist nicht krank. Und ist auch nicht gesund.
Es ist, als ob die Seele unwohl wäre.

Man will allein sein. Und auch wieder nicht.
Man hebt die Hand und möchte sich verprügeln.
Vorm Spiegel denkt man: "Das ist dein Gesicht?"
Ach, solche Falten kann kein Schneider bügeln!

Vielleicht hat man sich das Gemüt verrenkt?
Die Sterne ähneln plötzlich Sommersprossen.
Man ist nicht krank. Man fühlt sich nur gekränkt.
Und hält, was es auch sei, für ausgeschlossen.

Man möchte fort und findet kein Versteck.
Es wäre denn, man ließe sich vergraben.
Wohin man blickt, entsteht ein dunkler Fleck.
Man möchte tot sein. Oder Urlaub haben.

Literatur

BALINT, M.: Therapeutische Aspekte der Regression. Die Theorie der Grundstörung. Klett, Stuttgart 1970 (engl. 1968)

BALINT, M.: Angstlust und Regression. Klett, Stuttgart 1959 (engl. 1959)

BISCHOF, N.: Phase transitions in psychoemotional development. In: Haken, H., Stadler, M. (eds): Synergetics of cognition. Springer, Berlin Heidelberg 1989

CREMERIUS, J.: Die psychoanalytische Behandlung der Reichen und Mächtigen. In: Cremerius, J.: Vom Handwerk des Psychoanalytikers: Das Werkzeug der psychoanalytischen Technik (1979) Bd.2, problemata frommann Holzboog, Stuttgart 1984, S. 219-261

CREMERIUS, J.: Gibt es zwei psychoanalytische Techniken? In: Cremerius, J.: Vom Handwerk des Psychoanalytikers: Das Werkzeug der psychoanalytischen Technik (1979) Bd. 2, problemata frommann Holzboog, Stuttgart 1984, S. 287-209

FAIRBAIRN, W.D.: Psychoanalytic studies of the Personality. Tavistock publications, London 1952

FREUD, S.: Der Witz und seine Beziehung zum Unbewußten (1905) GW VI

GRUNBERGER, B.: Vom Narzißmus zum Objekt. Suhrkamp, Frankfurt 1982 (franz. 1971)

HIRSCH, M.: Hypochondrie und Dysmorphophobie. In: Hirsch, M.: Der eigene Körper als Objekt. Zur Psychodynamik selbstdestruktiven Körperagierens. Springer, Heidelberg, Berlin 1989

HORNEY, K.: Unsere inneren Konflikte. Kindler, München 1973 (engl. 1945)

JANOV, A.: Der Urschrei. Fischer, Frankfurt 1974 (engl. 1970)

JOFFE, W.G., SANDLER, J.: Über einige begriffliche Probleme im Zusammenhang mit dem Studium narzißtischer Störungen. Psyche 21 (1967) 152-165

KÄSTNER, E.: Dr. Erich Kästners lyrische Hausapotheke (1936) DTV München 1988, S. 63

KRAUSE, R.: Taxonomie der Affekte und ihre Anwendung zum Verständnis der frühen Störungen. Psychother. Psychosom. Med. Psychol. 38 (1988) 77-86

KRAUS, A.: Sozialverhalten und Psychose Manisch Depressiver. Enke Stuttgart 1977

KÜCHENHOFF, J.: Dysmorphophobie. Nervenarzt 55 (1984) 122-126

KÜCHENHOFF, J.: Das hypochondrische Syndrom. Nervenarzt 56 (1985) 225-236

LICHTENBERG, J.D.: Klinische Relevanz der Säuglingsbeobachtung für die Behandlung von narzißtischen und Borderline-Störungen. Psyche 44 (1990) 871-901

LOHMER, M., KLUG, G., HERRMANN, B., POUGET, D., RAUCH, M.: Zur Diagnostik der Frühstörung. Versuch einer Standortbestimmung zwischen neurotischem Niveau und Boderlinestörung. Prax.Pschother.Psychosom. 37 (1992) 243-255

MINDEN, G. VON: Der strukturell ich-gestörte Patient und die Theorie der Objektbeziehungen. Zeitschr. Psychosom. Med. 24 (1978) 328-354

MINDEN, G. VON: Der Bruchstückmensch. Psychoanalyse des frühgestörten-neurotischen Menschen in der technokratischen Gesellschaft. Reinhardt, München 1988

MÜLLER-BRAUNSCHWEIG, H.: Zur Genese der Ich-Störungen. Psyche 9 (1970) 658-676

RIEMANN, F.: Über den Vorteil des Konzepts einer präoralen Phase. Zeitschr. Psychosom. Med. 16 (1970) 27-40

RIEMANN, F.: Erfahrungen aus der Analyse schizoider und depressiver Persönlichkeiten. Zeitschr. Psychosom. Med. 8 (1962) 114-128

ROHDE-DACHSER, CH.: Diagnostische und behandlungstechnische Probleme im Bereich der sogenannten Ich-Störungen. Psychother. med. Psychol. 32 (1982) 14-18

RUDOLF, G.: Zur Psychologie der Horror-Literatur. Schizoides Körpererleben am Beispiel von Frankensteins Monster. Zeitschr. Psychosom. Med. 18 (1972) 206-219

RUDOLF. G.: Chronisch intentional-kommunikative Störungen und ihre Verarbeitungsformen. In: Rudolf, G.: Krankheiten im Grenzbereich von Neurose und Psychose. Vandenhoeck & Ruprecht, Göttingen 1977, S. 106-129

RUDOLF, G.: Narzißtische Kompensationen und ihre Krisen. In: Rudolf, G.: Krankheiten im Grenzbereich von Neurose und Psychose. Vandenhoeck & Ruprecht, Göttingen 1977, S. 130-137

RUDOLF, G.: Drei Syndrome: Hypochondrie, Dysmorphophobie, Soziophobie. In: Rudolf, G.: Krankheiten im Grenzbereich von Neurose und Psychose. Vandenhoeck & Ruprecht, Göttingen S. 165-169

RUDOLF, G., PORSCH, U.: Neurotische Interaktionsmuster. Die Bildung von Befundskalen aus dem PSKB. Zeitschr. Psychosom. Med. 32 (1986) 117-139

RUDOLF, G.: Ergänzende Ausführungen zum Begriff der Intentionalität und seiner psychotherapeutischen Anwendung. In: Rudolf, G.: Krankheiten im Grenzbereich von Neurose und Psychose. Neuausgabe Deutscher Studienverlag Weinheim 1987

VOLKAN, V.D.: Psychoanalyse der frühen Objektbeziehungen. Klett Cotta, Stuttgart 1978

WINNICOTT, D.: Die depressive Position in der

normalen emotionalen Entwicklung (1954) In: Winnicott, D.: Von der Kinderheilkunde zur Psychoanalyse. Fischer, Frankfurt 1983, S. 276-299

ZEPF, S.: Zur Diagnostik und Therapie strukturell ich-gestörter Patienten. In: Zepf, S. (Hrsg.): Wer sich nicht bewegt, der spürt auch seine Fesseln nicht. Nexus, Frankfurt 1991, 81-92

ZIMMERMANN, S.: Die Bedeutung narzißtischer Störungen für die Arzt-Patient-Beziehung. Inauguraldissertation Freie Universität Berlin 1990

2.3 Krankheitsbilder in der Folge des depressiven Grundkonflikts

Bei der Beschreibung der unterschiedlichen charakterlichen Verarbeitungsweisen des depressiven Grundkonflikts war deren klinische Bedeutung bereits erwähnt worden. Zum einen können die Verarbeitungsformen selbst durch ihre starke und einseitige Ausprägung Symptomwert bekommen; so z.B. kann aus der altruistisch-überfürsorglichen Verarbeitung allmählich eine Form der Selbstaufopferung erwachsen, die irgendwann auch subjektiv leidvoll erlebt wird. Das Gleiche gilt für die Angespanntheit und Einsamkeit der narzißtischen Verarbeitung oder für die schizoide Haltung, die nach und nach in eine phobische Vermeidung aller Sozialkontakte übergehen kann. Diese symptomwertigen Züge sind aber jetzt nicht Gegenstand der Untersuchung, sondern jene Störungen, die beim Zusammenbruch der verschiedenen Verarbeitungsformen entstehen.

Bei der Beschreibung der Symptombilder, die aus den einzelnen Verarbeitungsformen erwachsen, war etwas jeweils Charakteristisches, aber auch etwas Gemeinsames sichtbar geworden. Das Gemeinsame betrifft eine Gestimmtheit der resignativen Ohnmacht (der **depressive** Zug), eine unterschwellig hilflose wütende Seite, die sich am ehesten gegen das eigene Selbst wendet (der **autoagressive** Zug), die Bereitschaft, körperlich krank zu werden oder zu kränkeln (der Zug der **Somatisierung**) und eine regressive Tendenz, sich durch die Zufuhr von bestimmten Stoffen oder durch bestimmte Handlungen vorübergehend aus der Alltagsrealität zu lösen und in einen Rauschzustand einzutauchen (der Zug der **Sucht**). Wir werden diese vier klinischen Erscheinungsbilder - Depression, Suizidalität/Selbstschädigung, Sucht, Somatisierung - , die relativ eng miteinander verwandt sind und in unterschiedlicher Akzentuierung beim gleichen Patienten bestehen können, aus didaktischen Gründen voneinander getrennt darstellen. Auch therapeutische Gründe sprechen für die Einzeldarstellung, denn das einzelne klinische Bild erfordert auch unterschiedliche psychotherapeutische Vorgehensweisen.

2.3.1 Die Depression

Wenn das sehr kleine Kind sein gutes Objekt verliert, wenn es dieses durch Schreien nicht mehr erreichen, nicht mehr zum Antworten bringen kann, wenn es nicht mehr gelingt, das zwar vorhandene, aber selbst verzweifelte Objekt zum Lachen und Leuchten zu bringen, dann drückt sich die Depression des Säuglings körperlich aus: Es ist, als ob er erlischt, er kann keine Nahrung mehr zu sich nehmen oder er vermag sie nicht mehr im Körper zu behalten, seine kommunikativen und exploratorischen Aktivitäten liegen danieder.

Bestand dieses Erleben lange und intensiv genug, dann bleibt davon eine Erinnerung, die Spur des Verlustes und der Verlorenheit sowie des ungestillten Hungers, der Zweifel am sicheren Besitz des Guten, die gierige Sehnsucht nach einem Idealobjekt; zugleich bildet sich der Zweifel am eigenen Selbst, das, wenn es später wieder einmal etwas oder jemanden verloren hat, sich selbst völlig zu verlieren droht, seine Existenzberechtigung einbüßt, sich und alle seine psychischen Aktivitäten aufgibt und sich nur noch nach Erlösung im Tod sehnt.

Die **depressive Persönlichkeits**disposition ist also durch ihre besondere Vulnerabilität in diesen drei Punkten gekennzeichnet, sie betreffen die Erfahrung von Objektverlust und Verlassenheit, die Erfahrung, daß das Selbst in seinen objektgerichteten Handlungsaktivitäten kollabieren kann und die Erfahrung, daß die triebhaft-lustvolle orale Bezogenheit auf das Objekt schmerzliche Frustrationsgefühle nach sich zieht. So gilt es denn in der weiteren Lebensentwicklung, sich hinsichtlich dieser drei Verletzlichkeiten abzusichern, d.h. die Objekte festzuhalten oder sie ganz zu meiden, das Selbst kompensatorisch zu stabilisieren und die oral-triebhafte Ausrichtung abzudrosseln oder sie ersatzweise zu befriedigen. Damit ist die prämorbide Struktur des depressiven Patienten beschrieben; ihr Risiko liegt darin, daß anläßlich spezifischer Belastungen das durch Abwehr und Verarbeitung hergestellte Gleichgewicht zusammenbricht und die depressive Symptomatik zutage tritt. So fremd und unverständlich sie dem betroffenen Patienten und seinen Angehörigen erscheinen mag, so gut kann sie doch, das sollten die vorausgeschickten Überlegungen verdeutlichen, in einem lebensgeschichtlichen, vor allem persönlichkeitsstrukturellen und objektbeziehungspsychologischen Kontext verstanden werden. Es ist das depressive Grundthema des Erlöschens angesichts einer unerträglichen Verlustsituation. Es ist die Erfahrung jener auf sich selbst zurückverwiesenen Leere, der Lähmung aller seelischen Aktivität, der gänzlichen Entwertung der eigenen Person und der Sinnlosigkeit der eigenen Existenz. Barbara Vine (1991) beschreibt es in ihrem Roman "Liebesbeweise" mit folgenden Worten:

> "Oder ob Du die Tasse in die Hand nehmen und einen Schluck Tee trinken sollst, oder ob Du sie doch lieber sein läßt und sie weiter anstarrst. Bei einer Depression hast Du zu nichts mehr Lust und kannst nichts mehr machen, Du hast nicht mal mehr keine Lust, wenn ich das mal so sagen darf, Du spürst weder Wut noch Angst noch Panik.
> Und das ist noch nicht das Schlimmste. Du gerätst immer tiefer hinein. Das geht so weit, daß Du keine Farben mehr siehst, daß Du nicht mehr hörst, wenn die Leute mit Dir reden, in Deinem Kopf ist etwas, das schwappt bei jeder Bewegung, es ist Wasser, eine Spüle voll Schmutzwasser mit einer Fettschicht drauf. Diese schillernden Schlieren sind die einzigen Farben, die Du noch erkennen kannst, die Regenbogenschlieren auf dem Schmutzwasser, das in Deinem Kopf herumschwappt".

Für den Psychoanalytiker ist das Verständnis der Persönlichkeit und ihres Kernkonflikts wichtiger als die detaillierte Aufschlüsselung einzelner Symptome. Psychiater und Verhaltenstherapeuten pflegen angesichts ihres auf Symptomatik gerichteten therapeutischen Ansatzes die depressive Symptomatik genau aufzulisten und sie im Blick auf Störungen der Wahrnehmung, des Denkens, des Fühlens und Empfindens oder des Körpererlebens zu beschreiben.

Die früher psychiatrisch übliche Unterscheidung zwischen der neurotischen Depression und der psychotischen Depression, z.B. im Rahmen der Zyklothymie, ist in den modernen Klassifikationssystemen des DSM oder ICD entfallen; beide Störungsformen werden unter dem Oberbegriff der "affektiven Störungen" zusammengefaßt. Dieses Vorgehen ist scheinbar theoriefrei und deskriptiv aber im Hinblick auf die Therapie wenig überzeugend.

Folgende **Symptome** verweisen auf das Vorliegen einer depressiven Störung (in Anlehnung an ICD 10):

gedrückte Stimmung
Verlust der Freude an normalerweise anregenden Aktivitäten
mangelnde Fähigkeit, auf eine freundliche Umgebung emotional zu reagieren
Interesselosigkeit
Verminderung des Antriebs
hohe Ermüdbarkeit
verminderte Konzentration und Aufmerksamkeit
vermindertes Selbstwertgefühl und Selbstvertrauen
Schuldgefühle und Gefühle der Wertlosigkeit
negative und pessimistische Zukunftsperspektiven
Suizidgedanken oder Suizidhandlungen
Somatische Aspekte (die das Krankheitsbild mehr oder weniger stark färben können):
Schlafstörungen
frühmorgendliches Erwachen
verminderter Appetit
Gewichtsverlust
Libidoverlust
allgemeine körperliche Erschöpfung

Tabelle 2.3.1a

Die **Psychodynamik** der Depression wurde im Hinblick auf die schmerzliche Enttäuschung des Objektverlusts bereits beschrieben. Eine besondere Rolle spielen die Schuldgefühle.

Über die psychodynamische Bedingtheit der Schuldgefühle des depressiven Patienten gibt es verschiedene Hypothesen; einleuchtend erscheint die mehrere Ansätze verknüpfende Überlegung, daß hier ein aufgrund der großen Objektabhängigkeit geschwächtes und in seiner Autonomie wenig entwickeltes Selbst sich einerseits starken unbewußten Bedürfnissen (auf die Objekte gerichteter gieriger Hunger) und andererseits einem Unterordnung und Verzicht fordernden Überich gegenübersieht. Das geschwächte Ich, das mit den Objekten in Harmonie leben möchte, erlebt die anklingenden objektgerichteten Bedürfnisse und erst recht seine aggressiven Regungen gegenüber den enttäuschenden Objekten als gefährlich und strafwürdig (ein Teil der Wut- und Racheimpulse wird ohnehin projektiv den Objekten zugeschrieben). Schließlich wird die Erfahrung des Verlassenseins als Beleg für die eigene fehlende Liebenswertheit bzw. für den fehlenden eigenen Wert überhaupt genommen und führt so in Identifizierung mit den ablehnenden Objekten zur Selbstablehnung, Selbstverachtung und zum Selbsthaß.

Therapeutische Aspekte

Was löst der akut depressive Patient bei seinem Gegenüber aus? Es sind vor allem Mitgefühl und Hilfsbereitschaft angesichts eines "wertvollen" Menschen, d.h. einer Person, die in gesunden Zeiten meist zuverlässig und hilfsbereit, leistungswillig und sozial engagiert erscheint. So kann der Depressive seinen (therapeutischen) Gesprächspartner veranlassen, sich sehr zu engagieren und große Aktivitäten zu entfalten. Da die Bemühungen in der Regel wenig bewirken, klingen beim Partner oder Therapeuten Schuldgefühle an, welche die ebenfalls häufig vorhandenen Selbstvorwürfe des Patienten nun auch in der Person seines Gegenübers anklingen lassen.

Die regressionsfördernde psychoanalytische Langzeittherapie vermag die unbewußten regressiven Beziehungswünsche zu aktualisieren und in der Übertragung zu bearbeiten. Hier liegt die Chance einer nachholenden Beziehungserfahrung, die zugleich eine Nachreifung der Persönlichkeit ermöglicht, sie vollzieht sich in Richtung auf die Verselbständigung, d.h. die Lösung der dyadischen Selbst-Objekt-Einheit und die Entfaltung von Ich-Autonomie und Identität.

In der Therapie werden neben der Sehnsucht, den Therapeuten als ein gutes Objekt ganz für sich zu haben und zu vereinnahmen, aber auch gleichzeitig die Themen der frühen Objektenttäuschung aktiviert; hier erscheint der Therapeut in der Übertragung als abweisende oder gefährliche, destruktive Person, von der der Patient enttäuscht wird und gegen die er ankämpfen muß. Der therapeutischen Chance, diese Themen durchzuarbeiten, um sodann progressiv zu neuen Beziehungserfahrungen fortzuschreiten, steht das therapeutische Risiko entgegen, daß der Patient in der angenehm-regressiven Geborgenheit der Behandlung verharren möchte. Daher gilt es stets auch die Seite der Ich-Autonomie zu beachten und zu stützen, damit der Patient sich zu gegebener Zeit mit einem erstarkten Selbst aus einer nunmehr zu engen Beziehung in die Autonomie begeben kann.

Das Behandlungsende mit seiner Trennungs- und Abschiedsthematik berührt verständlicherweise den wundesten Punkt des depressiven Patienten, der daraufhin nicht selten mit einer regressiven Wiederbelebung der bereits abgeklungenen Symptomatik reagiert und den Therapeuten zweifeln läßt, ob die Entwicklung weit genug fortgeschritten ist, dem Patienten die völlige Selbständigkeit zuzumuten. Eine weitere Schwierigkeit im therapeutischen Umgang mit depressiven Patienten liegt in einer charakteristischen Haltung, die in dem verhaltenstherapeutischen Terminus der gelernten Hilflosigkeit gefaßt werden kann. Jemand, der durch frühe Trennungserfahrungen gelernt hat, den Verlust der Objekte oder den Verlust ihrer Aufmerksamkeit und Zuwendung zu fürchten und der die Aussichtslosigkeit eigener aktiver Bemühungen um das Objekt erfahren hat, entwickelt eine bestimmte Art von Passivität. Mit einem Beziehungsangebot von Hilflosigkeit und neurotischer Bravheit vergrößert er seine Chance, die Zuwendung der Objekte zu erlangen, weil orale Gier, zumal wenn sie sich laut-

Die depressive Disposition und Symptombildung	
Triebthematik:	unbewußte passiv-orale Erwartung unbewußt aktiv-orale Gier Projektion: Orale Dämonisierung der Welt Abwehr: Verzicht auf orale Bedürfnisse, Bescheidenheit, altruistische Abtretung allgemeine Abdrosselung von Eigenaktivität
Selbst:	Unsicherheit Hilflosigkeit, Abhängigkeit Unfähigkeit, autonom zu existieren diffuse Ängstlichkeit Selbstwertzweifel, Selbstverachtung
Objektbeziehungen:	bewußt: Bedürfnis nach harmonischen Beziehungen zum guten Objekt (Sicherheit, Unterstützung, Versorgtwerden, Sättigung, Harmonie, Zuverlässigkeit) Störbarkeit von Beziehungen (bei Anzeichen von Störung: starke Gefühle von Gekränktheit, Verlorenheit, Enttäuschung, Angst vor definitivem Verlust) unbewußt: oral-aggressive Ansprüche auf das Objekt
Über-Ich:	strenge Forderungen; Verwendung der auf die Objekte gerichteten Enttäuschungsaggressionen gegen das eigene Ich (Schuldgefühle, Autoaggression)
Symptomauslösende Situation:	Versagung durch realen, drohenden oder phantasierten Objektverlust (Menschen, Besitz, Geld, Sicherheit) oft indirekt durch Zusammenbruch der vorherrschenden Verarbeitungsform des depressiven Grundkonflikts
Symptomatik:	depressives Erlöschen, Leere, Erstarrung, Ohnmacht, ängstliche Unruhe
Gegenübertragung:	Hilfsbereitschaft, Hilflosigkeit, Schuldgefühle
Therapeutische Ansätze:	verläßliche Beziehung, Nachreifung von der Ebene der frühen Objektbeziehung zur Separation, Individuation

Tabelle 2.3.1b

stark und fordernd artikuliert, das Objekt erst recht zur Verweigerung veranlaßt. Das Kind lernt "ich bekomme am ehesten etwas, wenn ich nicht zeige, daß ich es will; ich muß den Eltern nahe bleiben für den Fall, daß es etwas gibt; ich darf die Eltern auf keinen Fall fordernd oder gar wütend-aggressiv angehen, dann kriege ich gar

nichts". Dies ist eine sekundäre Entwicklung, ein Bewältigungsmuster, das sich in der Phase der wachsenden Autonomie bildet und durch eine spezielle Form der aggressiven Blockierung charakterisiert ist.
Die therapeutische Ermutigung zu eigener Aktivität, die dann oral-aggressive Züge enthält, mobilisiert daher unverhältnismäßige Ängste vor Strafe, vor Verlust des Objekts und ist von massiven Schuldgefühlen begleitet.

Literatur

ABRAHAM, K.: Die manisch-depressiven Zustände und die prägenitalen Organisationsstufen der Libido (1924) In: Abraham, K.: Psychoanalytische Studien zur Charakterbildung. Fischer, Stuttgart 1969, S. 113-164

BATTEGAY, R.: Depression: Psychophysische und soziale Dimension, Therapie, Huber, Bern 1987

BECK, A.T., RUSH, A.J., SHAW, B,F., EMERY, G.: Kognitive Therapie der Depression. Urban & Schwarzenberg, München 1981 (engl. 1979)

BIBRING, E.: Das Problem der Depression. Psyche 6 (1952) 81-101

EGLE, U.T., HOFFMANN, S.O. (HRSG.): Der Schmerzkranke. Grundlagen, Pathogenese, Klinik und Therapie chronischer Schmerzsyndrome aus bio-psycho-sozialer Sicht. Schattauer, Stuttgart 1993

ELHARDT, S.: Zum klinisch-stationären Umgang mit depressiv Erkrankten aus psychoanalytischer Sicht. In: Helmchen, H., Linden, M., Rüger, U.: Psychotherapie in der Psychiatrie. Springer, Berlin Heidelberg 1982, S. 160-165

FENICHEL, O.: Depression and Mania. In: Fenichel, O.: The Psychoanalytic Theory of Neuroses. London 1946

FREUD, S.: Trauer und Melancholie (1917) GW X 428-446

JACOBSON, E.: Depression. Suhrkamp, Frankfurt 1977 (engl. 1971)

KLEIN, M.: Die Trauer und ihre Beziehung zu manisch-depressiven Zuständen. In: Klein, M.: Das Seelenleben des Kleinkindes. Klett, Stuttgart 1983 (engl. 1962) S. 95-130

POHLMEIER, H.: Die psychoanalytische Theorie der Depression. In: Die Psychologie des 20. Jahrhunderts II (1). Kindler, Zürich 1976, S. 669-706

REIMER, CH.: Tiefenpsychologisch-psychodynamische Ansätze bei der Depression. In: Wolfersdorf, M. (Hrsg.): Klinische Diagnostik und Therapie der Depression. Roderer, Regensburg 1988, S. 160-170

TELLENBACH, H.: Melancholie. Zur Problemgeschichte, Typologie, Pathogenese und Klinik. Springer, Heidelberg, Berlin 1961

VINE, B.: Liebesbeweise. Diogenes, Zürich 1991

WOLFERSDORF, M.G.: Hilfreicher Umgang mit Depressiven. Verlag für angewandte Psychologie, Göttingen Stuttgart 1992

2.3.2 Suizidalität

Obwohl Suizidalität und Depression häufig miteinander verbunden sind, ist doch das eine nicht die zwangsläufige Folge des anderen, sondern besitzt seine eigene Dynamik, die getrennt vom Depressiven dargestellt werden soll.
In der (alten) Bundesrepublik beenden jährlich ca. 13-14000 Menschen ihr Leben durch Suizid; darüber hinaus ist anzunehmen, daß sich hinter einem Teil der "ungeklärten Todesursachen", der Todesfälle durch Drogeneinnahme und einem kleinen Teil der tödlichen Verkehrsunfälle ebenfalls Suizidhandlungen verbergen. Das Suizidrisiko nimmt mit dem Lebensalter kontinuierlich zu, es ist bei Männern doppelt so hoch wie bei Frauen. Die Relation von Suizid zu Suizidversuch beträgt bei jungen Männern 1:12, bei älteren Männern 1:1,3, bei jungen Frauen 1:30, bei älteren Frauen 1:1,7. Die Wiederholungsquote eines Suizidversuchs liegt bei 10 %. Neben den alten Menschen tragen psychotisch Kranke, vor allem solche mit affektiven Psychosen sowie depressive und süchtige, vor allem chronisch-alkohol-

abhängige Patienten ein hohes Suizidrisiko. Die kurzen Angaben sollen darauf hinweisen, daß Suizidhandlungen ein relativ häufiges Phänomen darstellen, noch häufiger ist freilich Suizidalität im weiteren Sinne, d.h. die Tatsache, daß jemand an Suizid denkt, sich dazu gedrängt fühlt, ihn vorbereitet, ohne daß etwas davon nach außen dringt. Einem großen Teil der Psychotherapiesuchenden oder sich in Psychotherapie befindlichen Patienten ist diese Thematik bekannt und letztlich begegnen ihr die meisten Menschen irgendwann in ihrem Leben.

An dieser Stelle soll aber weniger eine Beschreibung des suizidalen Phänomens vorgenommen werden, vielmehr gilt es, ihre Dynamik zu beleuchten. Die **Suizidalität der älteren Menschen** ist besonders geeignet, das Thema zu beleuchten, weil hier viele Faktoren zusammenkommen, die einzeln oder weniger massiv ausgeprägt auch die Suizidthematik der jüngeren Menschen bestimmen. Insbesondere finden sich hier plausible Antworten auf die immer wieder zuerst gestellte Frage nach dem Warum: "Er hat es getan, weil er niemanden mehr hatte, weil er sich überflüssig fühlte, weil ihm keine Aufgaben mehr blieben, weil er immer Schmerzen litt, weil er schon lange trank usw.". Jeder dieser Punkte versucht, verständlich zu machen, warum jemand nicht mehr leben mochte. Die Aufzählung läßt die zentralen Themen der Suizidalität erkennen, sie lassen sich in 5 Punkten zusammenfassen.

Der Verlust wichtiger Objekte

Im fortgeschrittenen Alter sterben Partner und Altersgenossen, Kinder wenden sich ihrem eigenen Leben zu, Auseinandersetzungen führen aufgrund größerer Kränkbarkeit zu Beziehungsabbrüchen, mit dem Ende der Berufstätigkeit fällt ein Teil der Alltagsstruktur und die darin enthaltenen Befriedigungen weg. Die Folge ist, daß das soziale Netz löcherig wird, die Möglichkeiten des Kontakts, des Austauschs, der wechselseitigen Bestätigung und Unterstützung werden geringer. Im Extremfall geht die Entwicklung in Richtung Vereinsamung und soziale Isolierung. Wie ein Mensch im einzelnen den Objektverlust verarbeitet, hängt freilich von seiner Vulnerabilität in diesem Bereich ab, d.h. vom Ausmaß seiner depressiven Objektabhängigkeit oder seiner narzißtischen Objektbezogenheit.

Die Labilisierung des Selbstwertgefühls

An die Einbindung in das soziale Gefüge des privaten Alltags und des Berufs ist das Gefühl des eigenen Wertes geknüpft; "etwas wert sein" heißt: für jemanden etwas bedeuten. Viele Männer verlieren dieses Wertgefühl, wenn sie beruflich nicht mehr gebraucht werden, bei Frauen wird der Selbstwertzweifel durch den Verlust (z.B. das Erwachsenwerden) der eigenen Kinder geweckt. Wer äußerlich niemanden mehr hat, der ihn braucht, läuft Gefahr, sich für überflüssig und wertlos zu halten, es sei denn, er fühlt sich durch den Kontakt zu seinen inneren wichtigen Objekten gestützt. Auch hier gibt die bis dahin bestehende Verletzlichkeit im Bereich des Selbstwertes den Ausschlag dafür, wie die lebensbedingten Einschränkungen verarbeitet werden können.

Die Kränkung

Die zwangsläufigen Verluste des Alters mobilisieren besonders starke Reaktionen bei Menschen mit einem depressiven Grundkonflikt. Der Verlust der wichtigen Objekte macht sie weniger traurig als hilflos, sie erleben Ohnmacht und Wertlosigkeit, aber auch Enttäuschung; der Verlust erscheint als ein enttäuschendes Verlassenwerden, in der Enttäuschung mischen sich Trauer und ohnmächtige Wut. Dieser Aspekt des Aggressiven verstärkt sich, wenn die Verarbeitung des depressiven Grundkonflikts in die narzißtische Richtung erfolgt war, wenn also das Selbstwertgefühl gerade durch die Bewunderung des zugleich auf Distanz und unter Kontrolle gehaltenen Objekts narzißtisch stabilisiert wurde. So wird das Alleingelassenwerden, das Nicht-Mehr-Dazugehören, das Überflüssigsein zur ausgeprägten narzißtischen Kränkung, die mit entsprechendem Groll gegen die enttäuschenden Objekt verbunden ist.

Rückzug aus der Realität

Es liegt nicht allein in der Selbstwertlabilisierung ein Risikofaktor, sondern vor allem in deren Folgen. Zum Schutz des Selbstwerts können narzißtische Prozesse in Gang kommen, z.B. in Form narzißtischer Idealisierung des eigenen Selbst oder einer wichtigen, vielleicht sogar nur phantasierten Person. Da die funktionierende Realitätsprüfung solche narzißtischen Einstellungen in Frage stellen würde, muß zusätzlich Realitätsverleugnung und Realitätsvermeidung betrieben werden. Damit wird zugleich die Phantasie vom Rückzug in eine Idealwelt verstärkt.

Das Krankwerden

Zwangsläufig geht das Älterwerdenm für die meisten Menschen mit dem Verlust körperlicher Spannkraft und Vitalität einher, kleinere und größere Beschwerden sind an der Tagesordnung. Gleichzeitig wird aber auch der Verlust der wichtigen Objekte und der Zugehörigkeit zu ihnen, die Einbuße von Lebenszielen und Kompetenzen nicht einfach hingenommen, sie bedeuten einen Abschied und damit Trauer. Manche Menschen haben jedoch den Umgang mit Trauer und Schmerz in ihrem Leben nicht geübt, sie verfügen über wenig Möglichkeiten, diese Gefühle bei sich zu erleben oder gar auszudrücken; vielleicht versuchen sie so zu tun, als wäre nichts geschehen, als ginge das Leben weiter wie bisher. Für sie stellt der unerledigte Abschiedsschmerz ein Risiko dar für ihr psychisches Gleichgewicht und ihr somatisches Wohlbefinden, sie beginnen körperlich zu kränkeln. Aus ihrer Unfähigkeit zu trauern erwächst eine depressive Gestimmtheit, die häufig somatisiert wird: Schmerzhafte Körperbeschwerden und Einschränkungen vegetativer Funktionen (Appetitmangel, Schlafstörungen, Verdauungsstörungen) sind ihr Ausdruck. Arztbesuche und medizinische Maßnahmen gewinnen größere Bedeutung, insbesondere auch die Einnahme von Schmerz-, Schlaf- und Beruhigungsmitteln. Das Krankwerden oder Kränkeln, der Verlust verläßlicher Gesundheit bringt freilich eine erhebliche Einschränkung des Lebensgefühls und Lebenswillens mit sich. Das verstärkt die Tendenz aufzugeben, sich aus dem sozialen Kontakt zurückzuziehen und läßt unterschwellig die Hoffnung anwachsen, endlich zur Ruhe zu kommen und sei es im Tode.

Jeder der genannten Punkte trägt auf seine Weise zum Thema der Suizidalität bei.
Die Erfahrung des Verlustes wichtiger Objekte stimmen traurig und verlassen; das dünner gewordene soziale Netz gibt weniger Halt und Angebundenheit. Indem die Zugehörigkeit zu den Lebenden sich verringert, verstärkt sich der Bezug zu den schon Gestorbenen, eine Wiedervereinigung mit ihnen ist durch den Tod vorstellbar. Hier geht es noch nicht um Suizidalität, sondern um ein größeres Vertrautwerden mit dem Gedanken an den Tod.
Die Selbstwertlabilisierung durch die Objektverluste tut ein Weiteres, indem sie dem Bedürfnis nach Selbsterhaltung den Boden entzieht. Das Gefühl, überflüssig zu sein und von niemand gebraucht zu werden, kann, zumal wenn sich kein sehr autonomes, auf sich gerichtetes Selbst entwickeln konnte, die Bereitschaft fördern, diese Welt freiwillig zu verlassen. Hier klingt auch schon das Motiv des gekränkten Rückzugs an.
Durch die Entwicklung des Kränkelns und Krankwerdens wird das Unlebenswerte der Situation unterstrichen; der Gedanke, keine körperlichen Beschwerden, keine Schmerzen, keine depressiven Stimmungen mehr haben zu müssen, läßt den Tod als Erlösung erscheinen, er fällt zusammen mit regressiven Bedürfnissen nach Ruhe und Geborgenheit, zumal dann, wenn eine progressive Lösung in Richtung auf neue Ziele angesichts einer depressiven Struktur schwerfällt.
Den wichtigsten Anteil an der Entwicklung der Suizidalität nimmt die narzißtische Gekränktheit; die in ihr enthaltene Wut kann sich, ähnlich wie die Trauer des Verlusts und die Enttäuschung des Verlassenwerdens, nicht entfalten und erst recht nicht zum Ausdruck gebracht und dadurch

entlastet werden. An dieser Stelle wirken die vorgenannten Faktoren zusammen: Angesichts zunehmender Einsamkeit und sozialer Isolierung wird es noch schwerer, die andrängenden negativen Affekte von Trauer, Enttäuschung und gekränkter Wut innerhalb eines sozialen Bezugs unterzubringen; sie bleiben unerledigt und werden am ehesten gegen die eigene Person gewendet, wie Freud (1917) erstmals in "Trauer und Melancholie" beschrieben hat. Diese autoaggressive Dynamik, die hilflose Enttäuschungswut eines Menschen, der sich selbst verachtet, weil er sich verlassen fühlt, ist es, welche sich die Zerstörung und Vernichtung der eigenen Person zum Ziel setzt. Daß sich hinter der Fassade eines scheinbar resignierten, depressiv-inaktiven Menschen dieser aggressive Druck aufbaut, der sich in der oft gewalttätigen Explosion der Suizidhandlung entlädt, macht das Bedrohliche und Unheimliche des depressiv-suizidalen Geschehens aus.

Die Untersuchung der Suizidalität des älteren Menschen hat zugleich die **wichtigsten Elemente von Suizidalität** schlechthin sichtbar gemacht. Beim jüngeren Menschen geht es im Prinzip um die gleichen Themen, nur sind sie weniger durch drastische Gegebenheiten des äußeren Lebens begründet als durch intrapsychische Entwicklungen, die sich an scheinbar geringfügigen äußeren Ereignissen festmachen. Der **Objektverlust** ist oft nur ein angedeuteter, vorausphantasierter, angesichts von Krisensignalen in einer persönlichen Beziehung; die **Selbstwertlabilisierung** und die **narzißtische Kränkung** sind trotzdem immens und führen bei gleichzeitigem **Rückzug aus der Realität** zu **autoaggressiven Entwicklungen,** wenn die entsprechende Vulnerabilität der Persönlichkeitsstruktur gegeben ist. Henselers (1974) Beschreibung des Suizids als narzißtische Krise wird diesem Sachverhalt gerecht, indem sie Suizid nicht bloß als den konsequenten letzten Schritt in einer wachsenden depressiven Todessehnsucht, sondern als das Anwüten eines narzißtisch gekränkten Subjekts gegen sich selbst darstellt. Je stärker der narzißtische Anteil der Störung ist, desto schwerer kann der Patient selbst seine Suizidhandlung im Nachhinein verstehen. Nur für kurze Zeit ist er nach der Entgiftung oder Versorgung auf der Intensivstation in der Lage, seinen Konflikt zu erleben, danach tritt die Abwehr wieder in Kraft und das Ereignis wird ihm mehr und mehr selbst unverständlich.

Anders ist die Situation bei Suizidpatienten, die weniger narzißtisch als depressiv-masochistisch strukturiert sind. In ihnen spricht die Stimme eines grausam-strengen Überichs in Form von Selbstvorwürfen und Selbstentwertungen bis hin zu einer Intensität, die dem Patienten sein weiteres Lebensrecht abspricht.

Therapeutische Aspekte

Suizidalität erwächst aus der Zurückgezogenheit und dem enttäuschten Ankämpfen gegen sich selbst, folglich sucht die Therapie den Kontakt, den verbindlichen emotionalen Bezug, die konfrontative Auseinandersetzung. Indem der suizidale Patient jemandem von seiner Situation berichtet, sich bei ihm beklagt, jemand von seiner aussichtslosen Lage zu überzeugen versucht, tut er bereits den ersten Schritt aus der Suizidalität heraus. Daher ist es besonders wichtig, den vermutlich suizidalen Patienten auf seine Thematik anzusprechen, sie in allen Einzelheiten schildern zu lassen.

Ein zweiter wichtiger therapeutischer Schritt betrifft die reale Anbindung, z.B. durch die Verabredung eines Termines am folgenden Tag; es wird dadurch an einer Stelle, wo das soziale Netz des Patienten sich verdünnt hat, eine Verbindlichkeit und Verpflichtung geschaffen.

Wenn nicht die akute suizidale Krise, sondern die längerfristige Suizidalität das psychotherapeutische Thema darstellt, ist der Therapeut stets in Gefahr, sich dadurch erpreßt zu fühlen. Unter diesen Voraussetzungen ist es sehr wichtig, daß er dem Patienten - soweit dieser nicht gerade im Zustand schwerer Ichregression oder sonstiger Ausnahmezustände ist - die Autonomie zubilligt, die Verantwortung für sein eigenes Tun zu übernehmen. Er kann sich entscheiden zu leben oder er kann sich dafür entscheiden, sein Leben zu beenden, das liegt einzig in seiner eigenen Verantwortung. Wenn es dem Therapeuten gelingt, diese Einstellung zu erarbeiten und sich auf die damit verbundene Gratwanderung einzulassen, kann er fast sicher sein, daß das Leben des Patienten nicht gefährdet ist. Sobald er die alleinige Verantwortung für das Leben des Patienten übernimmt und z.B. versucht, ihn in die geschlossene Psychiatrie einzuweisen, um sein Leben zu retten, setzt ein Agieren und Gegenagieren ein, das therapeutisch unergiebig ist und die Gefahr der Suizidalität nicht wesentlich verringert.

Literatur

FREUD, S.: Trauer und Melancholie (1917) GW X

HÄFNER, H., A. SCHMIDTKE: Suizid und Suizidversuche - Epidemiologie und Ätiologie. Nervenheilkunde 6 (1987) 49-63

HÄNDEL, K.: Suizid am Steuer. Lebensversicherungsmedizin 34 (1982) 153-154

KIND, J.: Suizidal. Psychoökonomie einer Suche, Vandenhoeck & Ruprecht, Göttingen 1992

KIND, J.: Zur Interaktionstypologie suizidalen Verhaltens. Nervenarzt 61 (1990) 153-158

HENSELER, H.: Narzißtische Krisen. Zur Psychodynamik des Selbstmords. Rowohlt, Reinbek 1974

HENSELER, H., REIMER, CH.: Selbstmordgefährdung. Frommann-Holzboog, Stuttgart 1984

PÖLDINGER, W.: Erkennung und Behandlung der Suizidalität. In: Reimer, Ch. (Hrsg.): Suizid, Ergebnisse und Therapie. Springer, Berlin, Heidelberg, New York, 1982, 14-23

POHLMEIER, H.: Selbstmord und Selbstmordverhütung. Urban & Schwarzenberg, München 1978

RADEBOLD, H., G. SCHLESINGER: Zur Alterssuizidalität. Literaturergebnisse und psychotherapeutische Behandlungsansätze. In: C. Reimer (Hrsg.): Suizid. Ergebnisse und Therapie. Springer, Berlin, Heidelberg, New York, 1982, 153-176

REIMER, CH.: Einstellungen von Ärzten zu Suizid. In: Helmchen, H., Linden, M., Rüger, U. (Hrsg): Psychotherapie in der Psychiatrie. Springer, Heidelberg 1982, S. 188-194

REIMER, CH.: Risiken im Umgang mit suizidalen Krisenpatienten. Prax. Psychother. Psychosom. 31, 1986, 320-331

RINGEL, E.: Selbstmordverhütung. Huber, Bern 1969

ROSE, H.K.: Zum psychotherapeutischen Umgang mit suizidal Depressiven. In: Helmchen, H., Linden, M. (Hrsg): Psychotherapie in der Psychiatrie. Springer, Heidelberg 1982, S. 199-205

SCHMIDTKE, A., H. HÄFNER: Die Vermittlung von Selbtmordmotivation und Selbstmordhandlung durch fiktive Modelle. Die Folgen der Fernsehserie "Tod eines Schülers". Nervenarzt 57 (1986) 502-510

SONNECK, G.: Betreuungsmodelle für Suizidgefährdete. In: C. Reimer (Hrsg.): Suizid. Ergebnisse und Therapie. Springer, Berlin, Heidelberg, New York, 1982, 103-116

2.3.3 Abhängigkeit und Sucht

Wieder geht es um eine Entwicklung, die sich auf den depressiven Grundkonflikt beziehen läßt. Der Weg in die Abhängigkeit oder Sucht erfolgt allerdings nicht so akut wie die narzißtisch-suizidale Krise und nicht so deutlich umschrieben wie der Ausbruch der depressiven Symptomatik. Der Übergang vom prämorbiden in den krankhaften Zustand erfolgt meist schleichend, über lange Zeit hinweg, von außen unbemerkt und von dem Betroffenen vor sich selbst verleugnet. Hier geht es nicht um eine Abwehrstruktur, die unter Symptombildung zusammenbricht, vielmehr ist das süchtige Verhalten selber ein Bewältigungsversuch, ein Bemühen um Selbststabilisierung, auftretend in verschiedenen Lebensabschnitten und den unterschiedlichen Belastungssituationen.
Die Kriterien, welche die ICD-10 für das

Abhängigkeitssymptom aufführt, lassen, als Sequenz gelesen, den zirkulären Prozess der Suchtentwicklung erkennen. Was hier für die mittelgebundene Sucht (Alkohol, Medikamente, Drogen) beschrieben wird, kann im übertragenen Sinne auch für die nicht mittelgebundenen Süchte angenommen werden.

- Starker Wunsch etwas einzunehmen
- Kontrollverlust des Konsums
- Entzugssyndrome
- Toleranzentwicklung
- Einengung des Verhaltens
- Konsum trotz Schädigung

Die Entwicklung kann in sehr unterschiedliche klinische Bilder einmünden: Die Alkoholabhängigkeit ist etwas qualitativ anderes als eine Medikamenten- oder Drogenabhängigkeit, die Magersucht unterscheidet sich in wichtigen Bereichen von der Eßsucht oder der Spielsucht. Mit welchem Recht fassen wir also die unterschiedlichen Störungen zusammen? Die Begründung einer gemeinsamen Betrachtung liegt in der identischen **psychodynamischen Grundlinie**, die wir bei der Untersuchung der Persönlichkeitsstruktur und Objektbeziehungsstruktur von Süchtigen zu sehen bekommen.

Alle Suchthandlungen sind Mittel zum gleichen Zweck: Sie verwandeln dysphorische Leeregefühle in das Erleben der wohligen Fülle, unlustvolle Spannung und Angst in Zufriedenheit, körperlichen oder seelischen Schmerz in Wohlbehagen, Gekränktheit und Selbstzweifel in Hochgefühle oder gar in einen Rausch von Größe und Allmacht; Langeweile und frustrierende Alltagsrealität werden durch intensivierte Sinneswahrnehmungen, durch gesteigertes sexuelles Erleben und lustvolle Spannungszustände ersetzt; an die Stelle der unbedeutenden Wirklichkeit tritt die Phantasiewelt des Rausches, die Todesnähe und die Extremerfahrung in der Begegnung mit anderen Welten, das Gefühl der Nähe zu den Göttern und der eigenen Gottähnlichkeit in der rauschhaften Unsterblichkeit (Zeitlosigkeit), Allmacht und Unverletzlichkeit.

Kein Suchtmittel bewirkt alles das gleichzeitig; die Intensität des Erlebens ist bei der Injektion von Rauschdrogen eine völlig andere als bei der Einnahme von Schmerzmitteln, dennoch besitzt jedes Suchtmittel etwas von den beschriebenen Wirkungen; jedes vermag auf seine Weise zu versöhnen, wo Kränkung war, zu füllen, wo Leere sich ausgebreitet hatte, aufzuwerten, wo Zweifel bestanden, zu besänftigen, wo Spannung herrschte.

So fragt es sich: wie sieht die innere Welt aus, die ein Patient durch die Rauschwelt ersetzt und wie sieht seine äußere Wirklichkeit aus; was macht seine Realität so unattraktiv oder unerträglich, daß er sie im Rausch verlassen muß? Der Rauschzustand selbst ist eine massive Regression in allen psychischen Bereichen. Bereits vor der Einnahme des Rauschmittels ist ein regressiver Zustand eingetreten, in welchem das Ich die Belastungen, Konflikte und Enttäuschungen des Alltagslebens nicht mehr aushält und nach sofortiger Entlastung und Beruhigung verlangt. Ichpsychologisch gesehen ist die Frustrationstoleranz des Ich reduziert, es vermag die andrängenden Unlustaffekte nicht mehr zu ertragen und zu bewältigen. Zugleich geht es nicht nur um Erregung und Unlustspannung, sondern auch um das Erleben von zunehmender depressiver Entleerung, welche die Gefahr signalisiert, das Selbst zu verlieren. Es besteht also ein Zustand zwischen drohendem Affektsturm (mit Angst, Erregung, Gekränktheit, Verzweiflung, Wut) und drohender Versteinerung (in depressiver Leere bis zum völligen Erlöschen).

Es lohnt sich, die ichpsychologische Betrachtung auf die objektpsychologische Ebene zu heben. In welcher (regressiven) Situation erlebt sich ein Selbst so bedroht? Es ist die Situation eines Kindes denkbar, das zu einem Entwicklungszeitpunkt zwischen medialem und objektalem Erleben, also in der Phase der noch unsicheren Objektkonstituierung - und des ebenso noch fragilen Selbst - von seinem versorgenden Objekt verlassen ist und in unerträgliche Spannungszustände gerät, die sich nach und nach erschöpfen und in die Erloschenheit der frühen Depression einmünden. Was das

Kind in dieser Situation brauchte, wäre eine verläßliche, tröstende, belebende, die Erregung beruhigende, Sättigung, Wärme und Sicherheit bringende Person. Das Suchtmittel, z.B. der Alkohol, kann eine solche Funktion übernehmen, wie das folgende literarische Beispiel erkennen läßt.

> Der Trinker in Hans Falladas gleichnamigen Roman - W. Tress hat darauf aufmerksam gemacht - berichtet, wie der Alkohol warm und lebendig in seinen Mund fließt, in Wellen durch ihn hindurchgeht, alle Sorgen und Kümmernisse fortschwemmt, Helle und Leichtigkeit hinterläßt, ihn auf dem Strom des Vergessens dahintreiben läßt, während er eine heruntergekommene Mittrinkerin, die ihm den Alkohol in den Mund gießt, als bittersüße Geliebte erlebt. Es ist, als ob er in den Armen der Muttergeliebten, das Gesicht an der Brust, von ihr gesäugt und gesättigt, in zeitlosem Wohlbefinden versänke. Dieser Zustand der Befriedigung und Geborgenheit kontrastiert mit seinem nüchternen Selbsterleben, indem er seine Schwäche, seine Abhängigkeit von der Zuneigung anderer, seine Angst, sie verloren zu haben und seine Unfähigkeit, um sie zu kämpfen, beschreibt.

Das Suchtmittel entspricht dem jederzeit verfügbaren guten Objekt, das in einer unstrukturiert medialen Form vorliegt (beim Alkohol als Flüssigkeit), so daß es zu einer Verschmelzung von Selbst und Objekt kommen kann, wenn z.B. der Alkohol oder das Medikament dem Abhängigen bis in die letzten Fasern seines Körpers dringt, ihn ganz erfüllt und umhüllt.

Wenn in der bisherigen Beschreibung des Rauscherlebens der Aspekt der Beruhigung und Befriedigung in einer regressiven frühen Teilobjektbeziehung und damit auch die Schutzfunktion und Selbstheilungstendenz der Sucht angesprochen wurde, so bedeutet das nicht, daß sich Sucht auf diese regressive Glückseligkeit beschränkt. In unterschiedlichem Ausmaß werden stets auch **aggressiv-destruktive Kräfte** und masochistische Tendenzen mobilisiert, die sich akut in autodestruktiven Handlungen, z.B. Suizidversuchen, ausdrücken oder längerfristig über die Sucht selbst und ihre körperlichen und sozialen Folgen zu einer schleichenden Selbstzerstörung führen. Vor dem Hintergrund der psychodynamischen Überlegungen zum depressiven Grundkonflikt läßt sich dieses autoaggressive Moment durchaus verstehen. Wenn die frühen Erfahrungen des Objektverlustes häufig genug und stark genug sind, kann es nicht zur Internalisierung positiver Objekterfahrungen kommen. Vielmehr bleibt die Erinnerungsspur eines hilflos erregten wütenden Selbst gegenüber einem unerreichbaren, dadurch versagenden und insofern "bösen" Objekts. Wir sind damit wieder wie bei der Depression und Suizidalität beim Thema der Selbstverachtung, des Selbsthasses und der Selbstzerstörung eines Menschen, der mangels klarer Getrenntheit von Selbst und Objekt seine Enttäuschungswut nicht an ein Objekt herantragen kann, sondern stets das eigene Selbst trifft.

Die bisherigen Beschreibungen der Sucht als einer regressiven Suche nach Sicherheit und Befriedigung bei gleichzeitiger Aktivierung der frühen enttäuschenden Objekterfahrungen erklärt noch nicht das Wesen des eigentlich **süchtigen Verhaltens**, d.h. den ständigen Wiederholungswunsch und die zunehmende Unfähigkeit, den Konsums des Suchtmittels trotz sichtbarer Schädigung aufzugeben. Hier werden mehrere Erklärungshypothesen angeboten. Zum ersten entsteht ein Zyklus, ein sich selbst verstärkendes System, das zwischen den Polen des angenehmen Rauschzustandes und der verkaterten Nüchternheit oszilliert. "Warum trinkst Du", läßt Saint Exupéry den kleinen Prinzen einen Trinker fragen, "weil ich mich schäme". "Und warum schämst Du dich?" "Weil ich trinke". Wenn die unerträgliche Realität Anlaß bot, das Suchtmittel einzunehmen, dann wird eben diese Realität durch den Gebrauch des Suchtmittels und speziell in der Ernüchterung noch unerträglicher. Im oben erwähnten Roman von Fallada heißt es:

> "Mir ist sehr schlecht. Nur langsam entschließt sich mein Kopf zu denken ... wie ich mich wieder beschmutzt habe. Eine brennende Reue überfällt mich. Scham, peinigende Schmerzen der Scham, ich verberge mein Gesicht in den Händen, ich presse die Augen

> fest zu, ich will nichts mehr sehen, ich will nichts mehr hören, nichts mehr denken, ich stöhne, ich beiße die Kiefer zusammen, ich knirsche mit den Zähnen ... Es ist nicht wahr, das bin ich nicht gewesen, das habe ich alles nur geträumt, ich muß alles vergessen."

Es ist nicht allein das beschämende und schmerzhafte Erleben der verkaterten Ernüchterung, es sind auch die allmählich auftauchenden Erinnerungen an das, was im Rausch geschehen ist. Wieder ist er aus der sozialen Rolle gefallen, hat sein Geld verschleudert, möglicherweise Straftaten begangen. Die destruktive Dynamik der Sucht wirkt sich mehr oder weniger rasch auf die soziale Realität des Kranken aus; bei harten und kostspieligen Drogen führt der Weg irgendwann in die Beschaffungskriminalität, aber auch schon bei anhaltender Eßsucht übersteigen die Kosten für die erforderlichen Lebensmittel den verfügbaren Etat, so daß sie durch Diebstähle besorgt werden müssen; noch viel ausgeprägter ist diese Problematik bei Spielsüchtigen, die häufig immense Schulden aufgehäuft haben. Wenn auf diese Weise die ohnehin bestehenden sozialen Belastungen, die Selbstwertkrisen und Angstzustände als Folge der Sucht noch stärker werden, als sie ohnehin schon waren, dann bietet sich die Flucht in den Rausch als Lösung an. Das System beginnt sich zu verstärken, bis es sich schließlich selbst aufrecht erhält und sich aus eigener Kraft nicht mehr zu verändern vermag.

Die Entwicklung der Sucht läßt sich auch als Lernvorgang beschreiben. Das "Suchtgedächtnis" koppelt die Erfahrung von der Einnahme des Suchtmittels mit der euphorisierenden Erleichterung. Diese Koppelung hält Jahrzehnte und kann durch einen entsprechenden Reiz abgerufen werden. Im Laufe der Zeit kommt es zu Konditionierungsvorgängen, so daß das Suchtverhalten schlagartig aktiviert werden kann, auch ohne daß eine soziale Belastungssituation dazu Anlaß gibt.

Biologische Erklärungsmodelle beziehen sich auf das "Belohnungssystem", eine phylogenetisch alte, mesolimbisch gelegene Struktur des Gehirns. Die Aktivierung dieses Systems bewirkt Wohlbefinden, Euphorisierung, lokomotorische und orale Aktivierung über das Endorphinsystem. Die Vermutungen gehen in Richtung auf eine genetisch bedingte Minderfunktion dieses Systems. Grundlagenwissenschaftliche, z.B. tierexperimentelle Forschungen auf diesem Gebiet sind im Gange, doch scheinen therapeutische Hoffnungen, die gelegentlich daran festgemacht werden, noch verfrüht.

Schließlich gehört es auch zum Wesen der echten Sucht, daß die Stoffwechselvorgänge sich auf das Suchtmittel einstellen, so daß beim Weglassen der Droge die gefürchteten Entzugserscheinungen auftreten, die den Süchtigen wiederum zwingen, sein Suchtmittel zu sich zu nehmen; auch hier bildet sich ein biologisch verankerter Circulus vitiosus.

Therapeutische Gesichtspunkte

Die therapeutischen Bemühungen bei Suchtstrukturen gehören zu den ganz besonders schwierigen Aufgaben. Solange die Intoxikation besteht, ist ein psychotherapeutischer Zugang nicht möglich, wenn der Patient dagegen abstinent ist, treten seine persönlichkeitsstrukturellen Störungen, seine hohe Kränkbarkeit, seine unsicheren Ichgrenzen, seine reduzierte Frustrationstoleranz, seine Bedürftigkeit nach primären Objektbeziehungen mit besonderer Schärfe hervor. Ältere psychoanalytische Vorstellungen machten die Ersatzbefriedigung, also die lustvolle, befriedigende Seite der Sucht dafür verantwortlich, daß der Patient das Symptom so schwer aufgeben kann. Heute wird dem Aspekt des Selbstschutzes größere Bedeutung zugemessen. Der Patient muß an dem Suchtmittel festhalten, weil er nur damit die andrängende Ängste, Erregungszustände, Gefühle der Selbstauflösung unter Kontrolle halten kann. So kommt es, daß sich in der Abstinenz z.B. die autoaggressiven Tendenzen in Form von Suizidalität intensivieren. Die genannten strukturellen Merkmale bringen es mit sich, daß eine verläßliche therapeutische Arbeitsbeziehung häufig nicht etabliert werden kann. Aufgrund seiner Spaltungsbeziehungen versucht der Patient zum Therapeuten eine ganz besonders freundliche, harmonische Beziehung herzustellen, um den Preis, daß er alles Negative, seine inneren und äußeren Konflikte ausblendet, auch sein Suchtverhalten verleugnet und in der Heimlichkeit eines Doppellebens agiert. Die Unabgegrenztheit des Selbst, die meist fehlenden Triangulierung und somit auch das Fehlen einer reifen internalisierten Normeninstanz (Überich) schließen es aus, daß der Patient im Sinne einer therapeutischen Ichspaltung sein Problem ins Auge faßt, sich mit ihm konfrontiert und auseinandersetzt. Kaum ein junger Psychotherapeut kommt um die Erfahrung herum, daß er mit großem Einsatz und Idealismus mit einem Suchtpatienten zusammenarbeitet und dabei scheinbar Schritt für Schritt wichtige Fortschritte macht; er freut sich mit dem Patienten, daß dieser seit Wochen nichts mehr getrunken oder zu sich genommen hat, bis irgendeine Zufallsbegegnung, ein Anruf eines Angehörigen oder ein anderes soziales Ereignis offenkundig macht, daß diese positive Entwicklung nur in dem Bericht des Patienten, nicht aber in der äußeren Realität existiert, er hat unvermindert getrunken, gespielt, gespritzt, gegessen usw. Die psychotherapeutische Suchtbehandlung kommt daher nicht ohne ein Mindestmaß von äußerer Strukturierung aus, dem Patienten wird in der therapeutischen Institution ein externes Hilfs-Ich und Hilfs-Überich zur Seite gestellt, in der Hoffnung, daß diese äußere Struktur von ihm allmählich internalisiert und zu seiner eigenen werden kann. Unter diesen Voraussetzungen hat sich die psychotherapeutische Suchtbehandlung zu einem ganz eigenen Zweig entwickelt, der in gesonderten Suchtkliniken, Entziehungseinrichtungen, Drogenkliniken und entsprechenden Nachsorgediensten angewandt wird.

Für die ambulante und stationäre Psychotherapie stellt weniger die offene Sucht als die unerkannte Abhängigkeit ein Therapieproblem dar. Nicht selten erweist sich die stationäre Behandlung von Eßstörungen durch einen von der Patientin verheimlichten exzessiven Laxantienabusus schwer angehbar. Kaum eine psychogene Störung, die mit Schmerzen einhergeht, z.B. chronischer Kopfschmerz oder Gesichtsschmerz, verläuft, ohne daß sich eine mehr oder weniger starke Abhängigkeit von Schmerzmitteln ausbildet. Etwa die Hälfte aller Patienten, die in ambulanten oder stationären Einrichtungen Psychotherapie suchen, nehmen Psychopharmaka, insbesondere Tranquilizer ein, die ihnen von ihren Ärzten verordnet wurden. Kein geringer Teil davon erhält die Medikamente über Jahre hinweg und ist entweder psychisch oder somatisch abhängig.

Gesellschaftliche Aspekte

Offensichtlicher als bei den meisten psychischen und psychosomatischen Störungen wird bei der Sucht der gesellschaftliche Kontext sichtbar. Da ist zum einen die soziale Not der Erkrankten selbst, die ihrer Angehörigen, vor allem ihrer Kinder, die schwerstens belastet sind und häufig auch selber wieder süchtig werden. Was den Umfang der Problematik angeht, so nennt die Deutsche Hauptstelle gegen Suchtgefahren folgende Zahlen: 80.000 bis 100.000 Abhängige von illegalen Drogen, 500.000 - 800.000 Medikamentenabhängige, ca. 2 Millionen Alkoholabhängige; mit diesen Kranken sind ca. 3 Millionen Kinder familiär verbunden.

Die Bevölkerung steht der Situation ratlos gegenüber, die Zahl der jährlichen Drogentoten in den Großstädten und die dramatischen Einzelfälle werden mit neugierigem Entsetzen registriert. Eltern bangen, daß ihre Kinder die Schule durchlaufen, ohne daß aus spielerischem Süchteln der tödliche Ernst der Sucht erwächst. Die Verwaltungen der Städte und die Regierungen der Länder sind ebenso ratlos, man entwickelt soziale Programme, um die Jugend zu entkriminalisieren und zu resozialisieren und polizeiliche Programme, um der Händler habhaft zu werden. So aussichtslos der Kampf gegen die internationalen Drogenkartelle ist, so hoffnungslos scheint das Bemühen um die Süchtigen und um die Eindämmung der Sucht. Während die meisten Menschen auf das Drogenthema mit Affekten des Entsetzens und der Ausgrenzung reagieren, löst die ungleich häufigere Suchtproblematik durch den Alkohol sehr viel weniger Reaktionen aus. Da fast alle Menschen mehr oder weniger viel Alkohol zu sich nehmen, gilt hier eine augenzwinkernde Toleranz ("Wer Sorgen hat, hat auch Likör"), obwohl es kaum eine Familie geben dürfte, die nicht in der näheren oder weiteren Verwandtschaft als schwarzes Schaf ein alkoholabhängiges Mitglied kennt.

Wenn Drogenabhängigkeit die ausgegrenzte und Alkoholismus die alltagsöffentliche Sucht darstellt, dann ist die Medikamentenabhängigkeit die heimliche Sucht; sie wird ebenso verleugnet wie die anderen Süchte ("ich kriege die Tabletten vom Arzt verschrieben, ich muß sie nehmen wegen der Schlafstörungen"). Schwer zu schätzen, aber wahrscheinlich sehr hoch ist die Zahl der Menschen, die regelmäßig Psychopharmaka einnehmen, vor allem Tranquillizer, die wegen unterschiedlicher körperlicher Mißempfindungen und ängstlicher Gestimmtheit verordnet wurden.

Was sich im Bereich der Sucht in der Gesellschaft abspielt, sagt zweifellos auch etwas über den Zustand der Gesellschaft aus. Ein nicht geringer Teil der Bevölkerung, grob geschätzt 5 % oder noch mehr, wenn man die Kinder herausnimmt, können die Welt, so wie sie ist, nicht aushalten und schaffen sich mit Hilfe ihrer Suchtmittel zumindest zeitweise eine Ersatzwelt. Neben diesem realitätsflüchtigen Aspekt ist das autodestruktive Potential besonders erschreckend. Wenn wir nochmals daran erinnern, daß die Sucht eine der Folgen des depressiven Grundkonflikts darstellt, dann sehen wir bei dessen verschiedenen klinischen Ausgängen lediglich unterschiedliche Bilder der Schwierigkeit, leben zu können. Eine große Zahl von Patienten versinkt in Depression und fällt damit aus der Alltagswelt des Lebens heraus; eine kleinere Anzahl beendet ihr Leben durch Suizid; eine große Zahl zieht sich in die Sucht zurück und im nächsten Kapitel wird zu beschreiben sein, wie sich die ebenfalls nicht geringe Zahl der somatisierenden Patienten verhält: Sie alle scheinen etwas zu suchen, was sie nicht bekommen können, sie quälen sich mit Kompromiß- und Ersatzlösungen, ehe sie dann doch seelisch, sozial oder zuletzt gar physisch zugrunde gehen. Es bedarf mehr als kulturkritischer Spekulation, um diese Situation verstehen zu können, möglicherweise sind wir alle zu tief involviert, haben zu wenig kritische Distanz, um selber zu Einsichten zu gelangen oder um die Einsichten, die irgendwo geäußert wurden, als solche zu erkennen.

Literatur

BURIAN, W.: Die Psychodynamik der Droge. Ein Integrationsmodell für die psychische Entwicklung der Drogenabhängigkeit. In: K. Wanke, G. Bühringer (Hrsg.): Grundstörungen der Sucht. Springer, Berlin Heidelberg New York 1991

FALLADA, H.: Der Trinker. Rowohlt, Hamburg 1959

HEIDE, M., H. LIEB: Sucht und Psychosomatik. Beiträge des 3. Heidelberger Kongresses. Nagel, Bonn 1991

HEIGL-EVERS, A., G. STANDKE U. G. WIENEN: Sozialisationsstörungen und Sucht - psychoanalytische Aspekte. In: Feuerlein, W. (Hrsg) Sozialisationsstörungen und Sucht - Entstehungsbedingungen, Folgen, therapeutische Konsequenzen. Akademischer Verlagsgesellschaft, Wiesbaden 1981

HEIGL-EVERS, A., HEIGL, F., STANDTKE, G.: Faktoren therapeutischer Einflußnahme in der psychoanalytisch orientierten Therapie von Abhängigkeits- und Suchtkranken. In: Heigl,Evers, A., Vollmer, H., Helas, I., Knischewski, E.: Psychoanalyse und Verhaltenstherapie in der Behandlung von Abhängigkeitskranken - Wege zur Kooperation. Gesamtverband für Suchtkrankenhilfe im Diakonischen Werk der EKD, Nicolai, Kassel 1988

HEIGL-EVERS, E. SCHULTZE-DIERBACH UND G. STANDKE: Grundstörungen bei Abhängigkeit und Sucht aus tiefenpsychologischer Sicht. In: K. Wanke, G. Bühringer (Hrsg.): Grundstörungen der Sucht. Springer, Berlin Heidelberg New York 1991

LÜHRßEN, E.: Das Suchtproblem in neuerer psychoanalytischer Sicht. Psychologie des 20. Jahrhunderts, Bd. II, Kindler, Zürich 1976 S. 838-867

ROST, W.D.: Theorie und Therapie des Alkoholismus. Psyche 37 (1983) 412-39

SCHMIDT, L.: Alkoholkrankheit. Alkoholmißbrauch. Kohlhammer, Stuttgart 1986

TRESS, W.: Zur Psychoanalyse der Sucht. Eine Studie am objektpsychologischen Modell. Forum Psychoanal. 1 (1985) 81-92

WANKE, K.: Zur Psychologie der Sucht. Psychiatrie der Gegenwart, Bd. 3. Springer, Berlin Heidelberg 1987 S. 19-52

WANKE, K., B. BÜHRINGER (HRSG.): Grundstörungen der Sucht. Springer, Berlin Heidelberg New York 1991

2.3.4 Die depressive Somatisierung

Ein klinisch ebenso wichtiges wie psychotherapeutisch schwieriges Krankheitsbild im Gefolge des depressiven Grundkonflikts stellt die depressive Somatisierungsstörung dar. In ihr sehen wir neben der Depression, der Suizidalität, der Verstärkung der Sucht eine weitere mögliche Folgeerscheinung des Zusammenbruchs jener Abwehrstrukturen, welche zur Bewältigung des depressiven Kernproblems aufgebaut wurden. Das psychodynamische Grundmuster ist das gleiche wie bei den vorgenannten Störungen: Der frühe Verlust des wichtigen Objekts hinterläßt die schmerzliche Spur der Enttäuschung am Objekt ebenso wie die Sehnsucht nach dem guten Objekt. Das Selbst, zum Zeitpunkt des Verlustes noch nicht abgegrenzt und ausgereift, bleibt verunsichert, fragil und wenig kohärent, ihm fehlt insbesondere die stützende Kraft positiver Introjekte. Die Erfahrung, vom wichtigen Objekt verlassen, d.h. ungeliebt und unliebenswert zu sein, hinterläßt tiefe Selbstwertzweifel bis hin zur Selbstverachtung und zum Selbsthaß; heftige aggressive Impulse wenden sich in strafender, quälender und zerstörerischer Weise gegen das eigene Selbst und werden zugleich auf die Objekte projiziert, die dadurch bedrohlich, verfolgend und zerstörend erscheinen; zugleich hat die Aggression eine orale Note, so daß von den Objekten insbesondere das Oral-Ausbeuterische, Fressende gefürchtet wird. Auch das Gegenstück, die Sehnsucht nach dem guten Objekt ist oral getönt, insofern von ihm die Stillung des Objekthungers, wie überhaupt Sättigung und eine oral gefärbte Sicherheit erwartet werden.

Als Bewältigung dieser depressiven Kernproblematik finden sich wie bei den vorher beschriebenen Störungen altruistisch-überfürsorgliche Züge, zwanghafte Seiten oder narzißtische Elemente; oral-regressive Tendenzen (Suchtzüge) sind verborgener und stehen im Hintergrund.

Der symptomauslösende Konflikt trifft die Abwehrstruktur zu einem Zeitpunkt, da sie bereits erschöpft oder bis zum Zerbrechen angespannt ist, oft genügt eine geringfügige Enttäuschung im zwischenmenschlichen Bereich, eine zusätzliche orale Versagung auf dem Felde von Geld, Besitz oder wirtschaftlicher Sicherung, eine zusätzliche narzißtische Kränkung und Zurücksetzung oder das Entmächtigungserlebnis eines (eher leichteren) Unfalltraumas, um die Symptomatik auszulösen und einen regressiven Prozeß in Gang zu setzen, der häufig massive Chronifizierungstendenzen zeigt. Das Bild entwickelt eine sehr charakteristische Eigendynamik, vor allem auch in der Interaktion mit Ärzten oder Kliniken und läßt im Laufe der Zeit auch mehr und mehr von den übrigen klinischen depressiven Phänomenen erkennen, wie z.B. Suchtzüge, subdepressive Verstimmungen und latente Suizidalität. In diesem Sinne beschreibt auch Ermann (1987) bei Patienten mit psychovegetativen Störungen das Vorliegen einer Grundstörung (im Sinne Balints), die durch Charakterabwehr verdeckt ist. Beim Zusammenbruch der Abwehr erfolgt die Regression zur Grundstörung und damit verbunden der Ausbruch der körperzentrierten Symptomatik.

Das Typische des Krankheitsgeschehens ist in den Beschreibungen der ICD-10 (Kap. 45.0 Somatisierungsstörung) sehr anschaulich dargelegt:

- mindestens zwei Jahre multiple und unterschiedliche körperliche Symptome, für die keine ausreichende körperliche Erklärung gefunden wurde
- hartnäckige Weigerung, den Rat oder die Versicherung mehrere Ärzte anzunehmen, daß für die Symptome keine körperliche Erklärung zu finden ist
- der Patient widersetzt sich gewöhnlich den Versuchen, die Möglichkeit einer psychischen Ursache zu diskutieren, selbst wenn der Symptombeginn im engen Zusammenhang mit Schwierigkeiten oder Konflikten stand
- Beeinträchtigung familiärer und sozialer Funktionen durch die Art der Symptome und das daraus resultierende Verhalten.

Ein Erscheinungsbild der depressiven Somatisierung, das in der allgemeinärztlichen Praxis und in der klinisch-tätigen Psychosomatik immer häufiger gesehen wird, ist die **chronische psychogene Schmerzkrankheit**; dabei handelt es sich nicht selten um Schmerzen im Bereich des Kopfes und des Gesichts (orofazialer Schmerz), der den Patienten veranlaßt, den Zahnarzt, Kieferchirurgen oder Neurologen aufzusuchen. Eine andere wichtige Schmerzmanifestation liegt im Bereich der Muskulatur oder Gelenke, z.B. im Bereich der Lendenwirbelsäule, des Nackens und der Schulter oder in den Extremitäten.

Bei der depressiven Somatisierung müssen wir auch das **Klageverhalten** des somatisierenden Patienten als **Teil der Symptomatik** betrachten. Im expressiven Moment der Klage ist ein primärer Krankheitsgewinn, also die partielle Befriedigung eines lange verdrängten Bedürfnisses möglich: Der Patient kann sich an seine Objekte (z.B. den Therapeuten) wenden mit der Bitte, er möge als omnipotentes Objekt einen alten Schmerz von ihm nehmen und wieder gutmachen, was seit jeher ungut war. Zugleich kann der Patient seine Anklage an das Objekt richten, das ihn verlassen, verraten und ihn enttäuscht hat. Körpersymptom und Symptomklage zusammen ermöglichen den Ausdruck dieser beiden unbewußten Bedürfnisse aus frühen enttäuschenden Beziehungserfahrungen.

Die Situation wird dadurch kompliziert, daß die Verarbeitungsform des depressiven Grundkonflikts in der Regel dazu geführt hat, daß der Patient gerade nicht bitten, klagen oder gar anzuklagen vermag. Er hat in der Regel gelernt, klaglos relativ schwere Belastungen zu tragen, sich zusammenzureißen, sich in den Dienst anderer zu stellen, den Objekten zur Verfügung zu stehen. In den altruistischen und narzißtischen Bewältigungsformen ist diese Entwicklung besonders stark ausgebildet.

Mit dem Ausbruch der Symptomatik wird der Patient aber auf bisher ungeahnte Weise emotionalisiert. Bezogen auf die Symptomatik werden plötzlich regressive Bedürfnisse vermischt mit aggressiv-kämpferischen Seiten sichtbar. Es geht um die Hoffnung und den Anspruch, daß sich jemand um ihn kümmern, die Beschwerden und den kranken Körper ernst nehmen und die Schmerzen von ihm nehmen soll. Es geht weiter um die Enttäuschung an den hilflosen und verständnislosen Ärzten. Auf dieser Schiene der Symptomklage vermag der Patient also über die Lieblosigkeit der Objektwelt, über ungerechte Behandlung, über Verlassenwerden zu sprechen. Er zentriert diesen Anspruch jedoch strikt auf das Körpersymptom und weist entsprechende Empfindungen für seine Persönlichkeit weit von sich. Wenn ein psychotherapeutisch wohlmeinender Arzt die beiden Themen vermischt und die Vermutung äußert, die körperlichen Beschwerden hätten ihren Ursprung in seelischen Belastungen, dann droht er dem Patienten damit, etwas Wichtiges wegzunehmen. Wenn die Krankheit gar nicht körperlich, sondern "nur" Ausdruck seelischer Belastung wäre, dürfte der Patient nicht klagen, denn seelischer Schmerz hat in seiner Lebenserfahrung im Gegensatz zu körperlichem Schmerz keine kommunikative Realität, er gilt nicht als Mitteilung, die ein Objekt erreichen könnte. Der Patient muß also an der körperlichen Genese seiner Leiden festhalten, um Hoffnungen und Enttäuschungen - die aus den Quellen früher Beziehungserfah-

rungen stammen - artikulieren zu können.
In der körperlichen Symptomäußerung beschränkt sich der Patient nicht allein auf Klage und Anklage, er macht auch das unbewußte Beziehungsangebot "sei Du mein Idealobjekt". Wenn ein Arzt oder Therapeut dieses Angebot unbewußt annimmt, fühlt er sich zunächst verantwortlich und zuversichtlich, er nimmt die Sache in die Hand, ergreift Maßnahmen, tröstet und ermutigt. In aller Regel bleiben seine therapeutischen Bemühungen ohne Effekt, was dazu führen kann, daß er noch aktiver wird, vielleicht einschneidende (operative) Maßnahmen vorschlägt, stärkere Medikamente verordnet, ehe er dann am Ende polypragmatischer Maßnahmen aufgibt und sich zurückzieht. Damit hat er die Wendung vom Idealobjekt zum enttäuschenden Objekt vollzogen und der Ablauf kann für den Patienten von neuem beginnen. Der Patient macht sich wieder autonom, nimmt die Behandlung selber in die Hand, er strahlt so etwas wie masochistischen Triumph aus, was die Gegenübertragung des Arztes belastet, der sich selber als hilflos und gescheitert erlebt.

Therapeutische Gesichtspunkte

Die bisherige Beschreibung der Interaktionsdynamik zwischen Patienten mit depressiver Somatisierung und ihren Ärzten oder Therapeuten ließ bereits erkennen, daß hier fast zwangsläufig eine Beziehungsproblematik entsteht, die auf den Abbruch des Kontaktes zielt. Vom Patienten dazu verleitet, sich als gutes oder ideales Objekt zur Verfügung zu stellen, wird der Arzt alsbald zum enttäuschenden, wenn nicht gar bedrohlichen Objekt, von dem der Patient sich zu Recht abwendet. Ein Psychotherapeut, der gelernt hat, solche Situationen zu reflektieren, wird möglicherweise der Gefahr entgehen, die angebotene Rolle des Idealobjekts zu übernehmen (was unter dem Sog des Interaktionsangebotes von seiten des Patienten keineswegs leicht ist). So wie der Patient seinen behandelnden Arzt drängt, ihn aktiv zu behandeln, ihm Spritzen zu geben, Medikamente zu verschreiben, ihn zur Operation zu überweisen usw., so drängt der Patient seinen Psychotherapeuten, ihm Ratschläge zu geben oder aktiv irgend etwas zu unternehmen, um z.B. den Schmerz endlich zu beseitigen. Es reicht aber für den Psychotherapeuten nicht aus, die überaktiv hilfreiche Rolle eines guten Objekts (das er niemals sein kann) zu vermeiden, er kommt auch mit seiner sonstigen professionellen Haltung nicht viel weiter; das freundlich gewährende Zuhören, unterbrochen von gelegentlichen Probedeutungen, welche versuchen, hinter die Abwehr zu leuchten, wird von dem Patienten keinesfalls honoriert; er möchte nicht über sich reden, über seine aktuelle Lebenssituation oder seine Lebensgeschichte schon gar nicht, er ist nicht daran interessiert, darin nach Konflikten und psychologischen Problemen zu suchen und entsprechend energisch wehrt er sich gegen derartige Versuche des Psychotherapeuten. Das klassische psychotherapeutische Arbeitsbündnis (der Patient hat eingesehen ("Einsicht"), daß er aufgrund ungelöster innerer Probleme krank geworden ist, der Therapeut bietet dem Patienten seine Begleitung und Unterstützung bei der Klärung dieser inneren Probleme an, beide einigen sich im Hinblick auf dieses Ziel auf eine Art des Vorgehens ("Setting") und auf einen zeitlichen Rahmen bezüglich Stundenfrequenz und Behandlungsdauer) kann hier nicht zur Anwendung kommen, da der Patient ein solches psychologisches Krankheitsverständnis nicht hat und er daher auch an einer Psychotherapie im üblichen Sinne nicht interessiert ist.
Welche therapeutischen Auswege gibt es aus diesem Dilemma? Es wurden Verfahren erprobt, die den Patienten einen verbesserten **Umgang mit seiner Krankheit** ermöglichen sollen, indem sie einerseits eine symptombezogene Selbstwahrnehmung schärfen und andererseits Entspannungsübungen vermitteln. Dem Patienten, der sich dem Schmerzgeschehen hilflos ausgeliefert fühlt, soll auf diese Weise die Möglichkeit eröffnet werden, selber etwas dazu beizutragen, den Schmerz zu meistern oder ihn gar nicht erst entstehen zu lassen.
Diese therapeutischen Maßnahmen beschränken sich auf wenige symptomzentrierte

Sitzungen und haben nicht den Anspruch, verborgene Motive des Geschehens aufzudecken oder zu verändern.
Auf der Schwelle zwischen palliativ versorgenden und aufdeckend psychotherapeutischen Maßnahmen stehen **stationär-psychosomatische Therapien**. Diese Behandlungen in Psychosomatischen Fach- oder Kurkliniken bieten dem Patienten initial etwas von dem, was er eigentlich sucht: Rundumversorgung und Schonung, speziell körperlicher Art sowie physikalische Behandlungen sowie übende und entspannende Maßnahmen. Hinzu kommen Therapieverfahren, die zunächst nicht nach Psychotherapie aussehen, sondern scheinbar spielerischen Charakter haben, wie Gestaltungstherapie, Musiktherapie, Bewegungstherapie. Gerade diese nonverbalen Verfahren eröffnen für den somatisierenden Patienten u.U. erstaunliche Zugänge zu ihren bis dahin abgespaltenen Selbstanteilen und schaffen damit verbesserte Voraussetzungen für einen sprachlich-psychotherapeutischen Umgang mit ihrer Problematik. Die eingangs erwähnten Beziehungsschwierigkeiten dieser Patientengruppe, die unvermeidlichen Entwertungen und Enttäuschungen der Patienten lassen sich von einem psychotherapeutisch gut geschulten Team recht gut auffangen und integrieren.
In ambulanter **ärztlicher Betreuung** oder **psychotherapeutischer Behandlung** kennt jeder Therapeut im Umgang mit somatisierenden Patienten die hilflos machenden Verwicklungen, insbesondere deren quälerische und selbstquälerische Seiten, die aus der unerledigten Aggressionsproblematik entspringen. Psychotherapie, das wurde eingangs schon gesagt, gelingt am ehesten unter der Prämisse, daß keine Psychotherapie (im Sinne eines aufdeckenden oder gar deutenden Vorgehens) versucht wird. Bereits im diagnostischen Vorgespräch ist es wichtig, eine etwas andere als die geläufige psychotherapeutische Haltung einzunehmen, um den Patienten zu erreichen; es ist die Haltung eines eher "antwortenden" Therapeuten (entsprechend Heigls Prinzip "Antwort" im Kontrast zum Prinzip "Deutung"). Es geht darum, daß der Therapeut unmittelbar auf das eingeht, was den Patienten beschäftigt, daß er "selektiv-authentisch" mit seinen Gedanken und Emotionen auf die Mitteilungen des Patienten reagiert, nachdem er sich - meist über das Verständnis der Biographie - eine Einstellung erarbeitet hat, die den Patienten so annimmt, wie er ist. Unter diesen Voraussetzungen läßt sich auch eine Therapie realisieren. Angesichts der klinischen Wichtigkeit des Themas und der damit verbundenen therapeutischen Schwierigkeiten sollen im folgenden die typischen Themenkomplexe dargestellt werden, die im **Behandlungsverlauf** meist auch zeitlich aufeinander folgen.

1. Fokus: Das Körpersymptom (der aussichtslose Kampf gegen das Symptom als negatives inneres Objekt)

Der Patient ist fixiert auf seinen aussichtslosen enttäuschenden eigenen Kampf gegen das Körpersymptom, z.B. den Schmerz; detaillierte Schilderungen der Symptomatik und des durch sie hervorgerufenen Leidens und der Einschränkungen, der Versuche, mit ihr fertig zu werden, füllen oft über viele Sitzungen hinweg die Therapiestunden. Der vom Patienten gewählte Fokus, auf den auch der Therapeut sich einzustellen versucht, ist das Körpersymptom. Die wichtigste Aufgabe des Therapeuten ist es, den Patienten in dieser Situation anteilnehmend zu begleiten; unter der theoriegeleiteten Vorstellung, daß hier jemand vergeblich gegen ein böses inneres Objekt (in Gestalt des funktionsgestörten oder schmerzhaften Körperorgans) ankämpft, kann der Therapeut allmählich auch Mitgefühl und Respekt für den Kämpfenden entwickeln; erschwert wird ihm diese Anteilnahme durch die oft masochistisch-triumphierende und im negativen Narzißmus des Krankseins sich ausbreitende Haltung des Patienten.

2. Fokus: Die enttäuschenden Helfer (Hoffnung und Enttäuschung bezüglich medizinischer Hilfe; negative Objekte in der äußeren Realität)

Ausgehend von der Symptomklage verschiebt sich der Fokus des Patienten - und der Therapeut unterstützt diese Verschiebung aktiv - in Richtung auf Behandlungsmaßnahmen durch Ärzte, Kliniken oder alle möglichen Helfer. Der emotionale Tenor ist der rasche Wechsel von großer Hoffnung auf baldige Heilung und schmerzliche und wütende Enttäuschung über die vergeblichen Therapieversuche. Der Fokus hat sich also vom negativen inneren Objekt zum enttäuschenden äußeren Objekt hin verschoben. Für den Therapeuten ist es anstrengend, diese Berg- und Talfahrt von Hoffnung und Enttäuschung geschehen zu lassen, ohne aktiv beratend einzugreifen (zumal der Patient vom Therapeuten immer wieder Ratschläge und Entscheidungshilfen fordert, ob er eine bestimmte diagnostisch-therapeutische Maßnahme durchführen lassen soll oder nicht). Es reicht therapeutisch aus, die darin enthaltenen Hoffnungen und Zweifel sichtbar zu machen. Über dieses ständig sich wiederholende Geschehen läßt sich allmählich so etwas wie eine Struktur des Erlebens und Verhaltens herausarbeiten und für den Patienten sichtbar machen (z.B. in der Intervention: "Ich habe den Eindruck, Sie sind jemand, der immer wieder mit großen Hoffnungen auf einen Menschen zugeht, dann aber doch meistens enttäuscht wird und sich zurückzieht"). Ein zweites wichtiges psychotherapeutisches Thema betrifft die meist sehr reflektorische Abwehr negativer Affekte ("vielleicht sind Sie jemand, der solche Enttäuschungsgefühle ganz schlecht aushalten kann und sie deshalb weit von sich schiebt").

3. Fokus: Die enttäuschenden Angehörigen (Hoffnung und Enttäuschung bezüglich wichtiger Beziehungspersonen; die negativen Objekte in der Nähe)

Das Thema der negativen Objekte, d.h. der enttäuschenden Menschen - denen oft auch groteske böse Züge von Niedertracht, Unfähigkeit, quälerischer Gemeinheit oder Ausbeuterei zugeschrieben werden -, läßt sich von den hilflosen Behandlern auf Angehörige oder Mitmenschen der Gegenwart ausdehnen. Nun tauchen nach längerer Behandlung erstmals überraschend heftige Partnerprobleme oder soziale Schwierigkeiten im Gespräch auf. Der Fokus des negativen äußeren Objekts hat sich auf wichtige und nahestehende Personen verschoben. Alle vorgenannten Themen werden jetzt an ihnen sichtbar: Der Wechsel von Hoffnung und Enttäuschung, die Ratlosigkeit und Ambivalenz in wichtigen Entscheidungen (die dann der Therapeut durch seinen Rat ermöglichen soll). Wiederum ist es für den Therapeuten hilfreich, aufgrund seiner objektbeziehungstheoretischen Überlegungen vorwegzunehmen, daß die negativen Objekte für den Patienten nicht nur schwierige Menschen im landläufigen Sinne sind, sondern daß er in ihnen unterschwellig wirklich alles denkbar Böse und Gefährliche vermutet und sich in defensiver Aggressivität dagegen zur Wehr setzt.

4. Fokus: Der enttäuschende Therapeut (Hoffnung und Enttäuschung in der Beziehung zum Therapeuten; Übertragung der negativen Objektvorstellungen auf den Therapeuten)

Einen wichtigen Schritt in der Behandlung bedeutet es, wenn die Teilobjektbeziehung, d.h. die Hoffnung auf das Gute und die Angst vor dem bösen Objekt auch am Therapeuten erlebt werden kann. Das zentrale Thema ist damit in die Übertragung gelangt. Der Therapeut bleibt das potentielle Idealobjekt (oder wenn das nicht mehr zu halten ist, zumindest ein Neutrum) während die negativen Objektrepräsentanzen in Außenpersonen wahrgenommen werden. In der Regel wagt es der Patient nicht von sich aus, solche Themen deutlich und aktiv anzusprechen, es bedarf der ermutigenden Intervention des Therapeuten, der die Möglichkeit aufzeigt, daß der Patient auch an ihm enttäuscht sein kann.

5. Fokus: Das hilflose Selbst (die Situation des Selbst angesichts der Affekte von

Hilflosigkeit, Angst und Wut gegen bedrohliche innere und äußere Objekte; die Sehnsucht nach ideal guten Objekten; die biographischen Bedingungen dieser Situation)

Der Fokus des zentralen Beziehungsthemas (Sehnsucht nach dem Guten, Enttäuschung über das negative Objekt) hat sich von dem Körperorgan auf die medizinischen Behandlungsversuche, von dort auf die Angehörigen, schließlich auch auf den Therapeuten verlagert und ist dadurch in seiner Generalisierung sichtbar geworden, so daß es nun auch vom Therapeuten angesprochen werden kann. In der Erfahrung, daß der Patient sich sehr nach einem unerreichbaren Glück und nach verlorener Harmonie sehnt und sich gleichzeitig von allen Seiten, von außen und von innen, durch negative Objekte bedroht, enttäuscht, geängstigt, beschämt, gedemütigt fühlt, macht ihm auch seine Ohnmacht und Hilflosigkeit in dieser Situation spürbar. Es ist damit eine kindliche Erfahrungsseite angesprochen, die sich nun intensiv - partiell auch schon in früheren Behandlungsphasen - auf die eigene lebensgeschichtliche Erfahrung hin überprüfen läßt: Wie war die frühe Lebenssituation intrapsychisch, aber auch äußerlich sozial gestaltet, daß sich diese Gefühlskonstellation eingegraben hat? Damit ist nun auch die Therapiephase der Integration erreicht. Es geht um die emotionale Verknüpfung von Erfahrungen, die im eigenen Körperlichen gemacht werden, an den äußeren Objekten, an den intrapsychischen Objektvorstellungen, im Umgang mit dem Kern der eigenen Person, dem Selbst, seiner Reifungs- und Kränkungsgeschichte in der biographischen Entwicklung und nicht zuletzt die heftigen unterschiedlichen Emotionen, die alle diese Vorgänge begleiten. In den letztgenannten Abschnitten ist der Therapeut mehr und mehr wieder in seiner traditionellen Rolle als der möglichst konstante Begleiter einer schwierigen und schmerzhaften Selbsterforschung, als Mitwisser und Chronist von vielfältigen Lebensschwierigkeiten und der produktiven und destruktiven Lösungsphantasien des Patienten.

Literatur

AHRENS, S., LAMPARTER, U.: Objektale Funktion des Schmerzes und Depression. Psychother. Med. Psychol. 39 (1989) 219-222

EGLE, U.T.; SCHWAB, R., PORSCH, U., HOFFMANN, S.O.: Ist eine frühe Differenzierung psychogener von organischen Schmerzpatienten möglich? Nervenarzt 62 (1992) 148-157

ERMANN, M.: Die Persönlichkeit bei psychovegetativen Störungen. Klinische und empirische Ergebnisse. Springer, Berlin Heidelberg 1987

ERMANN, M., NEUHAUSER, W.: Der orofaciale Schmerz. Quitessenz Verlag, Berlin 1990

HASENBRING, M., AHRENS, ST.: Depressivität, Schmerzwahrnehmung und Schmerzerleben bei Patienten mit lumbalem Bandscheibenvorfall. Psychother. Med. Psychol. 37 (1987) 149-155

HEINL, H.: Psychosomatische Schmerzsyndrome der Bewegungsorgane. Der Zugang der Gestalttherapie. In: Eich, W. (Hrsg.): Psychosomatische Rheumatologie. Springer, Berlin, Heidelberg 1991, S. 145-157

HOFFMANN, S.O., EGLE, U.T.: Der psychogen und psychosomatisch Schmerzkranke. Entwurf zu einer psychoanalytisch orientierten Nosologie. Psychother. Med. Psychol. 39 (1989) 193-201

KRÖBER, H.L.: Zur Klinik und Entstehung psychogener Schmerzsyndrome. Nervenarzt 56 (1985) 237-244

KÜTEMEYER, M., SCHULTZ, U.: Verlauf und Therapie des Lumbago-Ischias-Syndroms aus psychosomatischer Sicht. Verh. Dtsch. Ges. Inn. Med. 88 (1982) 1221-1224

RIEF, W., HILLER, W.: Somatoforme Störungen. Körperliche Symptome ohne organische Ursache. Huber, Bern 1992

RUDOLF. G.: Körpersymptomatik als Schwierigkeit der Psychotherapie. Prax. Psychother. Psychosom. 37 (1992) 11-23

SCHORS, R.: Psychoanalytische Therapie bei chronischen schmerzsyndromen. Nervenheilkunde 6 (1987) 225-259

ZIMMERMANN, M., SEEMANN, H.: Der Schmerz,

ein vernachlässigtes Gebiet in der Medizin. Springer, Berlin Heidelberg 1986

2.3.5 Die unfallreaktive Somatisierungsstörung

Im enger Beziehung zu dem vorgenannten Thema der depressiven Somatisierung steht ein Krankheitsbild, das klinisch nicht davon zu unterscheiden ist, dessen Auftreten jedoch im Zusammenhang mit einem mehr oder minder starken Unfalltrauma steht. An diesem Thema - der fraglichen Verursachung des Leidens durch einen Unfall - entzünden sich meistens Auseinandersetzungen, welche die Behören, z.B. Sozialgerichte, veranlassen, den Patienten zur **Begutachtung** zu schicken.

Im **Symptombild** werden neben vielfältigen Körperbeschwerden, wie Kopfschmerzen, Herzklopfen, Bewegungseinschränkungen, sensorischen und sensiblen Einschränkungen, Schwächegefühlen, von den Patienten meist Veränderungen ihrer Persönlichkeit in Richtung Hilflosigkeit und Unfähigkeit betont ("Kann nicht mehr richtig schreiben, nicht mehr richtig sprechen, traue mich nicht mehr Auto zu fahren, vergesse alles"). Dieses Gefühl der Einschränkung ist von traurig-depressiver und resigniert-enttäuschter Stimmung begleitet, zumal die Reaktion der Angehörigen und Ärzte als verständnislos und wenig hilfreich erlebt wird. In der Untersuchungssituation unterstreichen die Patienten nicht selten ihre Beschwerden, so daß der Verdacht des Aggravierend-Tendenziösen aufkommt.

Oft steht das **Unfalltrauma** in keinem Verhältnis zur Schwere der Symptomatik: Wie kann ein leichter Auffahrunfall aus einem erfolgreichen Manager einen hilfsbedürftigen alten Mann machen, wie kann ein Schlag mit dem Medizinball einen idealistischen Lehrer in einen ängstlich-hypochondrischen Menschen verwandeln, wie kann eine Rückenprellung bei einem LKW-Fahrer eine schwere chronische Schmerzsymptomatik auslösen? In der Ursachenattribuierung des Unfalltraumas liegt der logische Knoten. Der Patient, der über dem Unfall erkrankt ist, hält ihn für die Ursache der Störung; für den Gutachter, z.B. den Orthopäden, ist es ganz unwahrscheinlich, daß das geringfügige Ereignis und die nur unwesentlichen Organbefunde eine so schwerwiegende Symptomatik bedingen können. So wird häufig der Schluß gezogen, daß die Krankheit so schwerwiegend nicht sein kann. Aus medizinischer Sicht wird dem Patienten nicht selten die volle oder doch wenigstens die eingeschränkte Arbeitsfähigkeit attestiert.

Das ausgeprägte Gefühl der Hilflosigkeit und Ohnmacht wird vom Patienten häufig erstmals im Zusammenhang mit dem Unfall bzw. der medizinischen Versorgung danach beschrieben ("Ich war kurz weg, ich wurde bewußtlos, ich war wie im Delir, ich mußte weggetragen werden, ich mußte im Krankenhaus bleiben").

Dieses Erleben der Ohnmacht und Empfindlichkeit kontrastiert ganz entschieden zur **prämorbiden Persönlichkeit** des Patienten; sie zeigt häufig das Bild eines besonders einsatzfreudigen, überaktiven, idealistischen, ehrgeizigen Menschen. ("Ich arbeite 14-16 Stunden am Tag", sagt ein Arzt, oder "Ich nahm einen Zementsack auf jede Schulter", äußert ein Maurer, "Ich habe versucht, das ganze Unterrichtssystem zu reformieren", berichtet ein Lehrer, "Ich habe in meinem ganzen Leben noch nie Urlaub gemacht", äußert eine Bäuerin, "Ich war immer die Stimmungskanone", beschreibt sich ein Busfahrer, "Ich habe in wenigen Jahren 5 Filialen aufgemacht", berichtet ein Geschäftsmann).

Die Betrachtung der Lebensentwicklung zeigt jedoch, daß diese besondere Aktivität nicht aus einem Übermaß von Kraft entspringt, sondern von früh an der Bewältigung von Selbstwertzweifeln oder der Wiederherstellung der Familienehre diente. ("Ich war der Zweitkleinste in meiner Klasse, dümmer als alle anderen; ich mußte von klein an auf dem Feld mitarbeiten; ich war mehrere Jahre im Heim, ohne je Besuch zu bekommen; ich durfte wegen Vaters politischer Vergangenheit das Gymnasium nicht besuchen; meinen Eltern ging es wirtschaftlich so schlecht, daß sie mich an eine Tante abgaben"). Wirtschaftliche Belastung der Elternfamilie, Schicksalseinbrüche, soziale Schande durch Alkoholprobleme, durch politische Verwicklungen oder Delinquenz sind häufige Themen, die aber keineswegs von den Patienten spontan angeboten werden, sondern die oft erst bei einer einfühlsamen Erforschung der Lebensgeschichte hervortreten.

Bewußtseinsnäher ist das Thema der kompensatorischen Wiedergutmachung ("Ich wollte beweisen, daß ich doch ein Kerl bin; ich wollte dort wohnen, wo die anderen Urlaub machen; ich wollte meinem Vater zeigen, was in mir steckt"). Hier wird deutlich, daß es nicht nur darum geht, sich selbst etwas zu beweisen, den eigenen Selbstwert zu stabilisieren, sondern daß die besondere Anstrengung ein Appell ist, gesehen und respektiert zu werden. Genau diese Erwartung ist bei allen Patienten enttäuscht: Die sozial randständigen Eltern nehmen den Aufstieg kaum zur Kenntnis oder wenn, dann nur mit Neid oder mit Geldforderungen; der Schulleiter übergeht den besonders einsatzfreudigen Lehrer; der Arbeitnehmer wird nach 15 Jahren Firmenzugehörigkeit sang- und klanglos entlassen.

Das **Enttäuschungsthema** klingt auch an anderer Stelle leise und versteckt bereits vor dem Unfallereignis an. Hier gibt es Signale, daß die lebenslange Anstrengung zwar einen gewissen äußeren Erfolg, nicht aber die Sicherheit durch die Zuwendung wichtiger Menschen gebracht hat; männliche Patienten hatten häufig altersjüngere, zunächst sehr abhängige Partnerinnen gewählt, die sich nun beruflich oder in der allgemeinen Lebensführung zu verselbständigen begannen, was beim Patienten zu massiven Trennungsängsten führte. Hier wird eine weitere Vulnerabilität der Persönlichkeitsstruktur sichtbar, sie betrifft das große Bedürfnis nach Sicherheit durch Besitz von Dingen und im übertragenen Sinne durch den Besitz von Menschen.

So läßt die **Lebensentwicklung** eine Abwehrstruktur mit zwanghaften, narzißtischen und altruistischen Zügen erkennen. Diese Anstrengungen konnten einen depressiven Grundkonflikt kompensieren, den früheren Verlust an Sicherheit und Anerkennung durch zugewandte Personen, die aufgrund familiärer Belastung nicht zur Verfügung standen. Die Lebensanstrengung galt nicht nur der narzißtischen Wiedergutmachung, sondern der Herstellung von Sicherheit im wirtschaftlichen Bereich und von Sicherung durch enge Bindung. Eine solche Abwehrstruktur kommt in fortgeschrittenen Jahren an die Grenze ihrer Belastbarkeit, sie wird von subdepressiver Erschöpfung unterhöhlt. Zugleich labilisiert wird sie durch die Verselbständigung oder Trennungssignale von Partnern (was Angst auslöst), durch Zurücksetzung und Kränkung durch Vorgesetzte (was Enttäuschung bewirkt). Wenn in diese, zwar äußerlich intakte, aber intrapsychisch angespannte Lebenssituation ein Unfalltrauma hereinbricht - u.U. auch arrangiert wird -, dann kann das Entmächtigungserlebnis und die nachfolgende passive Versorgung durch medizinische Einrichtungen die kompensatorische **Abwehrstruktur zusammenbrechen** lassen und einer regressiv-depressiven Entwicklung Raum geben, die einen scheinbar verblüffenden Persönlichkeitswandel herbeiführt. Die regressive Symptomatik verbindet primären und sekundären Krankheitsgewinn: Es wird die Sicherheit gesucht, die verloren zu gehen drohte: Die Frau, die sich gerade selbständig machen wollte, muß den kranken Mann im Auto herumfahren; die Firma, die ihn nicht mehr schätzte, wird gezwungen, ihn zu unterstützen. Für jemanden, der lebenslang im Gefühl lebte, für andere da zu sein, für Frau, Kinder, Eltern, Firma gesorgt zu haben, ohne sich selbst etwas gönnen zu dürfen, bedeutet es einen unbewußten regressiven Triumph, nun selber Ansprüche zu stellen und Klagen äußern zu dürfen. Der jetzt häufig einsetzende Begutachtungskampf, der sich oft über Jahre und Jahrzehnte hinzieht, führt zu einem hoch-pathogenen Kollusionsmuster, in dem keiner der Partner den Kampf aufgeben will, ehe er endlich recht bekommen hat.

Gerade in der **psychosomatischen Begutachtung** erscheint das Trauma in seiner situativen Bedeutung als eine notwendige Bedingung, um die Krankheit auszulösen, aber keinesfalls hinreichend als Ursache der Erkrankung. Auch wenn das Trauma mehr symbolisch als mechanisch gewirkt hat, es war der Tropfen, der das Faß zum Überlaufen brachte. Doch hätte ohne die zugehörige Persönlichkeitsdisposition der Unfall keine Somatisierungsstörung auslösen können, zugleich besaß die Disposition selbst keinen Krankheitswert; der Patient war zuvor im rechtlichen Sinne gesund. Ohne das Unfalltrauma wäre seine Struktur zumindest zu diesem Zeitpunkt nicht zusammengebrochen. Ob überhaupt und wann und wodurch das geschehen wäre, ist nicht zu sagen. Man tut diesen Patienten Unrecht, wenn man sie aufgrund fehlender orthopädischer oder neurologischer Befunde für gesund und arbeitsfähig erklärt; sie sind genauso krank oder so gesund wie ein Patient mit einer schweren Depression oder einer ausgeprägten Phobie, der aus psychischen Gründen nicht in der Lage ist, über seinen aus neurologischer oder orthopädischer Sicht gesunden Körper zu verfügen.

Literatur

ECKER, W.: Sozialgerichtliche Rechtsprechung zur Neurosenbeurteilung. In: Venzlaff, U. (Hrsg.): Psychiatrische Begutachtung. Fischer, Stuttgart 1986 S. 535-548

FOERSTER, K.: Neurotische Rentenbewerber. Psychoanalytische Entwicklung und sozialer Verlauf aufgrund von mehrjähriger Katamnesen. Enke, Stuttgart 1984

FOERSTER, K.: Die sogenannte "Unfallneurose" - ein umstrittener Begriff. Aktuelle Traumatologie 17 1987 187-228

RUDOLF, G.: Die unfallreaktive Somatisierungsstörung und ihre gutachterliche Beurteilung - Fragen der Psychodynamik und Begutachtung. Aktuelle Neurologie 18 1991 S. 28

SANDWEG, R.: Psychoanalytische Diagnostik im Sozialrecht. Prax. Psychother. Psychosom. 33 (1988) 200-207

Straus, E.: Geschehnis. und Erlebnis (1927) Reprint Springer, Berlin Heidelberg 1978

2.4 Persönlichkeitsstörungen

In der Schilderung des depressiven Grundkonflikts und seiner Folgen wurde das psychodynamische Modell eines Kernkonfliktes, seiner Verarbeitungen und Krisen skizziert. Zentrales Thema war dabei das lebenslange Bemühen des Individuums, im Umgang mit sich selbst und den wichtigen anderen immer aufs Neue sein Gleichgewicht zu finden. Im Gegensatz dazu wirkt das Konzept der Persönlichkeitsstörung eher statisch, eine Konstellation von Eigenschaften bzw. Verhaltensweisen markiert bestimmte Persönlichkeitstypen. Das psychopathologisch Deskriptive und Typologische verweist auf die psychiatrische Begriffsgeschichte, im Hintergrund wird das Psychopathie-Konzept sichtbar. Psychopathie galt ursprünglich nicht als krankhafte Störung, sondern als konstitutionelle (Minder-) Variante der menschlichen Persönlichkeit.
Auch die modernen diagnostischen Klassifikationssysteme DSM-III R und ICD-10 lassen unter der Rubrik Persönlichkeitsstörung eine Weiterentwicklung der klassischen Psychopathie-Typologie erkennen, sie erwähnen:

- paranoide Persönlichkeitsstörung
- schizoide Persönlichkeitsstörung
- schizotypische Persönlichkeitsstörung
- antisoziale Persönlichkeitsstörung
- Borderline-Persönlichkeitsstörung
- hystrionische Persönlichkeitsstörung
- narzißtische Persönlichkeitsstörung
- selbstunsichere Persönlichkeitsstörung
- dependente Persönlichkeitsstörung
- zwanghafte Persönlichkeitsstörung
- passiv-aggressive Persönlichkeitsstörung

Im Kontrast zu einem solchen Ansatz, der in seiner Verhaltenstypologie konstitutionsbiologische Ansätze erkennen läßt, versteht die Psychoanalyse die Persönlichkeit vor allem als geschichtlich gewachsene Struktur, wobei ohne Zweifel ererbte konstitutionelle Merkmale eine wichtige Rolle spielen; sie bilden das Material, aus dem sich die Persönlichkeit unter ihren jeweiligen Entwicklungsbedingungen gestaltet. In den Konzepten psychoanalytischer Charakterologie sind es vor allem die Prozesse der Konfliktverarbeitung, also die intrapsychische Abwehr und die Bewältigung, welche ein Persönlichkeitsbild formen, das z.B. als Charakterneurose bezeichnet wird. Die Charakterabwehr bereitet den Betroffenen selbst weniger Leiden, weil sie festgefügt und ich-synton ist; es sind eher die anderen, die unter den Charaktereigenschaften eines Menschen zu leiden haben und sich deshalb an ihn oder gegen ihn wenden. So ist das Leidensgefühl der Charakterneurose scheinbar im Außen begründet. Unter triebpsychologischen Gesichtspunkten wird vom oralen, analen, zwanghaften, hysterischen Charakter gesprochen. Mit der Entwicklung der Ich-Psychologie und Objektbeziehungs-Psychologie rückten gegenüber der Thematik der Triebkonflikte die Aspekte der ich-strukturellen Störung und der unreifen Modi der Objektbeziehung in den Vordergrund; strukturelle Vulnerabilität und deren verschiedenartige Bewältigungsversuche bilden den Kern dessen, was wir heute als Persönlichkeitsstörung bezeichnen. So finden wir bei den Persönlichkeitsstörungen viele Elemente der Psychodynamik wieder, die bereits bei der Schilderung des depressiven Grundkonflikts und seiner Folgen dargestellt wurden. Aus psychodynamischer Sicht versteht sich die Tendenz, Persönlichkeitsentwicklung als Teil der neurotischen Konfliktverarbeitung und nicht als eigenständige Störung aufzufassen.
Wir verzichten daher auf eine detaillierte Beschreibung der meisten obengenannten Persönlichkeitsstörungen, weil sie als Diagnosen von psychodynamisch orientierten Therapeuten in dieser Form selten verwendet werden (und auch in anderen Diagnosenstatistiken selten vorkommen). Eine Ausnahme bilden im klinischen Bereich die Borderline-Persönlichkeitsstörung und die narzißtische Persönlichkeitsstörung sowie die antisoziale Persönlichkeitsstörung, die vor allem von forensicher Bedeutung ist.
Einen Überblick über den aktuellen Stand der Diskussion zum traditionsreichen Thema der Persönlichkeitsstörung, ihrer operationalisierten Diagnostik, ihrer Klassifikation

und Erklärungshypothesen liefert P. Fiedler (1994).

2.4.1 Borderline-Persönlichkeitsstörung

Das Gemeinsame der Borderline-Störung und der narzißtischen Störung liegt darin, daß die Patienten in Teilen strukturell unreif oder regrediert wirken, vor allem im Bereich der Selbst-Objektdifferenzierung, der Selbstwertregulation, der Ich-Funktionen, der Beziehungserwartungen, der Kommunikationsfähigkeit, während sie parallel dazu unauffällig und effizient funktionieren und ihre soziale Rolle ausfüllen können. Zwischen beiden Welten, der funktionierenden, möglicherweise sogar erfolgreichen und auf der anderen Seite einer katastrophal-chaotischen Welt können manche Patienten rasch hin- und herwechseln: Das diagnostische Gespräch in der einen Woche zeigt den Patienten als verzweifelten, erregten, selbstzerstörerischen Menschen, dessen soziale Situation sich in Auflösung zu befinden scheint; eine Woche später kann ihn das folgende Gespräch in lächelnder Distanz zu seinen Problemen und mit wichtigen Plänen befaßt sehen. Dabei ist die Differentialdiagnose zur hysterischen Bewegtheit nicht einfach zu treffen, zumal eine Verknüpfung von Borderline-Struktur und hysterischem Bewältigungsmodus nicht selten vorkommt.
Das Charakteristikum der Borderline-Störung in ihrer auffälligen Seite ist die scheinbare Unfähigkeit zu Abwehr und Bewältigung; in bestimmten Situationen scheint es, daß Kränkungen, Frustrationen und Belastungen überhaupt nicht ausgehalten und verarbeitet werden können, sie führen zu unerträglicher Spannung und Erregung, welche angesichts von drohender Selbstauflösung und Weltuntergangsgefühlen sofortige Gegenmaßnahmen erfordern (z.B. Umherlaufen, Herumfahren, Leute aufsuchen, sexuelle Erregung und Entlastung suchen, Essen in sich hineinschlingen, Beruhigungsmittel oder Alkohol zu sich nehmen, sich selbst verletzen, z.B. durch das charakteristische "Schnippeln" an den Unterarmen). Das Gefühl, so könne es auf keinen Fall weitergehen, die Katastrophe stehe unmittelbar bevor, wird zum Dauerzustand. Während der Erregung gibt es nichts anderes, nach ihrem Abklingen scheint es sie nie gegeben zu haben, d.h. das Erleben ist zeitlos ohne Anfang und Ende, entweder da oder nicht da.
In den ruhigen Zeiten kann die Fremdheit der eigenen Person in den Vordergrund treten, die Unvertrautheit der eigenen Gefühlswelt, die Rätselhaftigkeit des eigenen Körpers (die sich nicht selten in hypochondrischen Besorgnissen ausdrückt), die Ungewißheit des eigenen Selbstbildes und der eigenen Identität (z.B. bezüglich der psychosexuellen Orientierung); aber auch die Fremdheit der Objektwelt, die Distanz zu den anderen Menschen, zu deren Interessen, Empfindungen und Bedürfnissen zeigt sich außerhalb der erregten Phasen deutlicher. Auch bei oberflächlich gekonntem Kontakt bleibt die Kommunikation unsicher, das Verstehen des anderen ist begrenzt und auch das eigene Verstandenwerden bleibt fraglich.
Als charakteristisch für Borderline-Störungen gilt das Vorherrschen **unreifer Abwehrformen** wie Spaltung, Projektion, Verleugnung, Idealisierung. Der Begriff **Spaltung** beschreibt die Fähigkeit des Patienten, Ganzheitliches (z.B. das Bild der eigenen Person oder des Objekts) in Bestandteile zu zergliedern und diese voneinander getrennt zuhalten. Das Selbst oder das Objekt werden dadurch frei von Widersprüchen ("ich bin so, aber auch anders"; "mein Gegenüber ist teils so, teils anders"); Selbst- und Objektbilder zerfallen in nur-gute oder nur-böse Anteile, wobei jeweils die negativen Aspekte zusätzlich durch Projektion nach außen verlagert werden. Es liegt auf der Hand, daß eine solche Art des Umgangs mit der Realität der eigenen und der fremden Person, also Spaltung und in der Folge Idealisierung oder Verteufelung oder Projektion, ein hochproblematisches Beziehungsangebot des Patienten an seine Mitmenschen bzw. an seinen Therapeuten zur Folge hat. Ein großer Teil der reichhaltigen Borderline-Literatur beschäftigt sich mit behandlungstechnischen Fragen im Umgang mit diesen Beziehungsschwierigkeiten.

Es gibt Phänomene auf Borderline-Niveau, die so ausgeprägt sind, daß sie als eigenständige klinische Bilder erscheinen. So kann z.B. die körperliche **Selbstschädigungstendenz** stark ausgeprägt und fast suchtartig entwickelt sein. Sie wird unter dem Begriff der **artifiziellen Störung** gefaßt. Das Geschehen beschränkt sich nicht darauf, daß der Patient seinen Körper zum Objekt nimmt und ihn manipuliert (z.B. durch Zuführung toxischer oder infektiöser Substanzen, durch Blutabzapfen usw.), sondern daß er sich mit dem so be- oder mißhandelten Körper an Ärzte und Kliniken wendet und dort eine Krankheit anbietet, die er selbst induziert hat. Im Extremfall drängt er so sehr auf medizinische Eingriffe und Notfallmaßnahmen, daß diese in der Tat immer wieder durchgeführt werden. Es liegt nahe, daß sich die Ärzte durch solche Patienten getäuscht und hereingelegt fühlen und aus der entsprechenden Gegenübertragung heraus die Patienten als Betrüger empfinden. Doch ist die unbewußte Dynamik einer schweren strukturellen Störung in Rechnung zu stellen: Angesichts dissoziierter Ich-Zustände weiß der Patient, daß er manipuliert, und er weiß es doch nicht. Ähnlich wie der Hochstapler oder Heiratsschwindler kann er so intensiv in eine einseitige Ich-Befindlichkeit eintauchen (in diesem Fall in die des dringend behandlungsbedürftigen Kranken), daß die übrigen Ich-Anteile, die das Krankheitsbild aktiv herbeigeführt haben, nicht mehr existent erscheinen.

Die Beschreibung der Innenbefindlichkeit und Verhaltensmuster vom Borderline-Patienten läßt ahnen, welchen starken interaktionellen Druck der Patient ausüben kann. In seiner Erregung verlangt er nichts weniger als sofortige Hilfe, jetzt in dieser Minute, notfalls auch durch das Telefon, andernfalls kann er nicht garantieren, daß es nicht zu suizidalen oder gewalttätigen Handlungen kommt. Der Therapeut fühlt sich häufig durch solches "Agieren" erpreßt (das kein Agieren im Sinne einer Inszenierung von neurotischen Konflikten ist, sondern die Forderung einer regredierten Struktur nach sofortiger Bedürfnisbefriedigung bzw. das dringende Verlangen, nicht länger der eigenen Erregung ausgeliefert sein zu müssen). Ähnlich wie bei den krisenhaften Ich-Regressionen wird sich der Therapeut in solchen Situationen bemühen, möglichst nicht mitzuagieren, sondern seine eigene Position gegenüber der aufgelösten Verfassung des Patienten aufrechtzuerhalten. Mehr als in anderen Therapien hat der Therapeut oft wenig Zeit zum Nachdenken, er muß rasch reagieren und entscheiden, um drohende Verwicklungen abzuwenden. Die Borderline-Therapie erfordert daher besondere Behandlungstechniken, wie sie z.B. im Zusammenhang mit der interaktionellen Psychotherapie, der psychotherapeutischen Krisenintervention oder dem Setting der stationären Psychotherapie beschrieben sind (Kap. 4.3, 4.4, 4.7).

2.4.2 Narzißtische Persönlichkeitsstörung

Im Vergleich zur Borderline-Persönlichkeit erscheint die narzißtische Persönlichkeit weitaus weniger desintegriert: Hier werden die oben beschriebenen basalen Störungen des Ich, des Selbst und der Objektbeziehungen überdeckt durch ihre narzißtische Bewältigung. Die vulnerable Struktur schützt sich dadurch, daß sie die für sie risikoreiche Objektbeziehung durch Entwertung der Objekte und forcierte Autonomie kontrolliert; zugleich stabilisiert sie sich selbst durch starke Selbstidealisierung. Was an anderer Stelle als Charakteristikum narzißtischer Bewältigung angeführt ist (Kap.2.2.6), trifft hier in besonderer Weise zu: das Festhalten an der eigenen Großartigkeit als Gegengewicht gegen die Zweifel an Identität und Selbstwert; die aktive Anstrengung zur Verwirklichung eines narzißtischen Selbstbildes und die ständige Angst vor ihrem Zusammenbrechen, das nicht nur die Minderwertigkeit des Selbst zutage fördern würde, sondern auch die hilflose Bedürftigkeit eines wenig stabilen Selbst; die Vermeidung von Objektsehnsucht durch Entwertung und Kontrolle der Objekte, über die das Selbst jederzeit zu verfügen beansprucht. Während der Borderline-Patient unter seiner krisen-

haften Desintegration selbst leidet, trifft für die narzißtische Neurose zu, was über Charakterneurosen gesagt wurde: es sind zunächst die anderen, die am Patienten leiden, während er selbst durch die ich-syntone Bewältigung seiner zentralen Probleme stabilisiert und handlungsfähig bleibt. Erst der Zusammenbruch der narzißtischen Bewältigung in Form einer narzißtischen Krise führt zu subjektiv-leidvoller Symptomatik.
Ist die therapeutische Schwierigkeit bei der Borderline-Störung durch die Chaotik der ständig drohenden Desintegration bestimmt, so ist sie es bei der narzißtischen Neurose durch die Beziehungsabwehr, das Bemühen, den Grandiositätsanspruch gegen alle Realitätsprüfung aufrechtzuerhalten und den Therapeuten zu kontrollieren.
Borderline-Persönlichkeit und narzißtische Persönlichkeit stellen zwei markante Bilder der Persönlichkeitsstörung dar; bei Zugrundeliegen ähnlicher struktureller Vulnerabilität ist die eine durch frühe Abwehr und Desintegration, die andere durch verfestigte Charakterabwehr gekennzeichnet. Mit dieser Logik eines Zuviel oder Zuwenig an Bewältigung von strukturellen Störungen lassen sich viele Varianten der Persönlichkeitsstörung verstehen, ohne daß es nötig wäre, daraus eine Typologie abzuleiten; derartige Typologien, wie z.B. die psychiatrische Psychopathielehre oder die psychiatrische Ordnung der Perversionen, haben etwas Statisches, sie unterstellen klar abgegrenzte Krankheitsbilder, wo es doch im Grunde um sehr variable Bewältigungsversuche von struktureller Vulnerabilität geht. Das gilt insbesondere für die Störungen der sexuellen Präferenz und der sexuellen Identität, deren komplexe Dynamik hier nicht im einzelnen dargestellt werden kann.

2.4.3 Antisoziale Persönlichkeitsstörung

Im traditionellen psychiatrischen Konzept war der Begriff der Psychopathie eng verknüpft mit Merkmalen antisozialen Verhaltens, d.h. "psychopathisch" und "dissozial" wurden partiell synonym verwendet. Erst im DSM-III wurde die antisoziale Persönlichkeit als eine von vielen Psychopathieformen differenziert. Im Mittelpunkt der Beschreibung steht dabei das weder durch Angst noch durch Schuldgefühle gesteuerte, impulsive, aggressive Verhalten sowie die fehlende Fähigkeit zu emotionaler Bindung und Rücksicht. Die Störung des Sozialverhaltens besteht meist schon im Jugendalter (in Form von Schulschwänzen, Randalismus, Stehlen, körperlicher Grausamkeit, Weglaufen usw.) und setzt sich im Erwachsenenalter fort.
Die deskriptiven Formulierungen wie "fehlendes Verantwortungsgefühl, andauernde Reizbarkeit, niedrige Schwelle für aggressives Verhalten, Unfähigkeit zum Lernen aus Erfahrung, z.B. aus Bestrafung" etc. lassen erkennen, daß es sich psychodynamisch um eine schwere strukturelle Störung handelt. Die Frustrationstoleranz erscheint so gering, die Impulssteuerung so schwach, die Fähigkeit zur Antizipation so wenig entwickelt (darin kommt die Schwäche oder Regression der Ich-Struktur zum Ausdruck), daß bedürfnishaftes und unlustgesteuertes Verhalten sich impulshaft durchsetzt. Die emotionale Beziehung zum Anderen ist so brüchig, daß dieser intrapsychisch nicht repräsentiert ist und somit auch kein Schuldgefühl oder Verantwortungsgefühl auslöst, es fehlen somit auch die Ansätze zur Verinnerlichung von Normen und Regeln (Überich). Die fehlende innere Repräsentanz des anderen im Selbst macht es auch unmöglich, ihn als eigenständig abgegrenztes Subjekt mit eigenen Gefühlen, Bedürfnissen und Rechten zu erleben, ein Subjekt, in das man sich einfühlen und auf das man Rück-Sicht üben könnte. Insofern handelt es sich in unserem Sinne um eine tiefgreifende strukturelle Verletzbarkeit, die meist aus schwerwiegenden frühen Beziehungsstörungen resultiert. Bei diesen geht es nicht allein darum, daß z.B. erlebte elterliche Gewalt und Grausamkeit oder Mangel an Normen und Moralität verinnerlicht wurden, sondern daß eine extrem wenig tragfähige, Konstanz bietende Umgebung die Entfaltung basaler Persönlichkeitsstörungen unmöglich gemacht hat.
Die Tatsache, daß sich ähnliche Verhaltensprobleme in der Generationsfolge beobach-

ten lassen, führt immer wieder zur Diskussion der Frage, wie stark der erbgenetische Anteil einzuschätzen sei. Die Frage ist empirisch nicht zu entscheiden. Vielleicht wirkt eine sehr frühe strukturelle Störung so tiefsitzend, instinktnah und gewissermaßen "biologisch", daß man sie sich nur als angeborene Eigenschaften vorstellen kann. Andererseits zeigen auch Tierversuche bei Primaten, die unter schwerer maternaler Deprivation aufgewachsen sind, schwerste soziale Fehlhaltungen im Sinne ungesteuerter Aggressivität und Unfähigkeit zur Entwicklung sozialer Kompetenzen im Kontakt, Paarungs- und Brutpflegeverhalten. Biosoziale Lerntheorien versuchen dem schwer entwirrbaren Geschehen von biologischer Prädisposition und früher psychosozialer Fehlentwicklung gerecht zu werden.

Literatur

BECKER, A.M: Das psychoanalytische Konzept der Charakterneurose. In: Strotzka, H. (Hrsg.): Neurose, Charakter und soziale Umwelt. Kindler, München 1973

BRONISCH, T.: Diagnostik von Persönlichkeitsstörungen nach den Kriterien aktueller Klassifikationssysteme. Verhaltenstherapie 2 (1992) 140-150

ECKHARDT, A.: Die Dynamik der Arzt-Patient-Beziehung bei der vorgetäuschten Störung (heimliche Artefaktkrankheit). Psychother. Med. Psychol. 38 (1988) 352-358

FENICHEL, O.: Perversionen, Psychosen, Charakterstörungen. Psychoanalytische spezielle Neurosenlehre (1931) Wiss. Buchgesellschaft Darmstadt 1967

FIEDLER, P.: Persönlichkeitsstörungen. In: Ehlers, A., Hahlweg, K. (Hrsg.): Klinische Psychologie Bd. 2. Enzyklopädie der Psychologie. Hogrefe, Göttingen 1994

HENNEBERG-MÖNCH, U.: Einige Überlegungen zur Behandlungstechnik bei Patienten mit Borderline-Störungen. Mat. Psychoanalyse 12 (1986) 220-234

HOFFMANN, S.O.: Stationäre Psychotherapie bei Patienten mit Boderline-Syndromen. In: Helmchen, H.; Linden, M., Rüger, U. (Hrsg.): Psychotherapie in der Psychiatrie. Springer, Berlin Heidelberg 1982 S. 256-260

HOFFMANN, S.O.: Charakter und Neurose. Suhrkamp, Frankfurt 1979

JANSSEN, P: Theorien der Borderline-Struktur. In: Janssen, P. (Hrsg.): Psychoanalytische Therapie der Borderline-Störungen. Springer, Berlin Heidelberg 1990 S. 26-37

KERNBERG, O.: Borderline-Störungen und pathologischer Narzißmus. Suhrkamp, Frankfurt 1978

KOHUT, H.: Narzißmus. Eine Theorie der psychoanalytischen Behandlung narzißtischer Persönlichkeitsstörungen. Suhrkamp, Frankfurt 1973 (engl. 1971)

LICHTENBERG, J.D.: Klinische Relevanz der Säuglingsbeobachtung für die Behandlung von narzißtischen und Borderline-Störungen. Psyche 44 (1990) 871-901

LOHMER, M.: Stationäre Psychotherapie bei Borderline-Patienten. Springer, Berlin Heidelberg 1988

PAAR, G.H., ECKHARDT, A.: Chronische vorgetäuschte Störungen mit körperlichen Symptomen - Eine Literaturübersicht. Psychother. Med. Psychol. 37 (1987) 197-204

PLAßMANN, R.: Artifizielle Krankheiten und Münchhausen-Syndrome. In: Hirsch, M. (Hrsg.): Der eigene Körper als Objekt. Springer, Berlin Heidelberg 1989 S. 118-154

RAUCHFLEISCH, U.: Dissozial. Vandenhoeck & Ruprecht, Göttingen 1981

REICH, W.: Charakteranalyse. Selbstverlag 1925

ROHDE-DACHSER, CH.: Borderline-Störungen. In: Psychiatrie der Gegenwart, Bd. I. Neurosen, psychosomatische Erkrankungen und Psychotherapie. Springer, Berlin Heidelberg 1986 126-149

RUDOLF, G.: Psychotherapie der Borderline-Persönlichkeit. In: Helmchen, H., Linden, M., Rüger, U. (Hrsg.): Psychotherapie in der Psychiatrie. Springer, Berlin Heidelberg 1982 S. 250-255

Tölle, R.: Persönlichkeitsstörungen. Problematik und diagnostische Bedeutung. In: Janssen, P. (Hrsg.): Psychoanalytische Therapie der Borderline-Störungen. Springer, Berlin Heidelberg 1990 S. 7-16

Volkan, V.D., Ast, G.: Eine Borderline-Therapie. Vandenhoeck & Ruprecht, Göttingen 1992

2.5 Die Angstkrankheiten

2.5.1 Das Phänomen der Angst

Nahezu alle Menschen kennen Angst in irgendeiner Form; in einer epidemiologischen Untersuchung (Schepank 1984) gaben 46% einer Bevölkerungsstichprobe Angstgefühle an, bei 16% war die Angst symptomwertig ausgeprägt. Unter Psychotherapie suchenden Patienten wird Angst als Thema von 70% genannt, bei 20 - 30% hat es die Bedeutung eines Symptoms (Rudolf 1981). Zu der Diagnose Angstneurose führt das Symptom bei 16% von 731 Patienten der Berliner Psychotherapiestudie (Rudolf 1991); ähnliche Zahlen nennt Schepank aus dem Zentralinstitut Mannheim (12-16% Angstneurose bei ambulant untersuchten Patienten, 16-23% Angstneurose bei stationär behandelten Patienten).

Angst ist neben Freude, Trauer, Wut, Schuld, Scham eines der Grundgefühle, die den Menschen sein gesamtes Leben hindurch begleiten; in den unterschiedlichen Entwicklungsabschnitten ist sie verschieden gestaltet und mit unterschiedlichen Inhalten ausgestattet; sie wird bewußt erlebt oder wirkt unbewußt. Angst kann ein gesundes Warnsignal vor Gefahren sein oder als unverständliches Symptom hereinbrechen.

Ein Kind hat Angst vor dem Hund auf dem Schulweg, ein anderes fürchtet sich vor dem Monster im Traum; der Junge hat Angst vor der Prügelei mit dem Nachbarjungen, das junge Mädchen hat Angst vor der sexuellen Begegnung; der Student hat Angst vor der Prüfung, die Mutter hat Angst um ihre Kinder; der ältere Mensch hat Angst vor dem Alleinsein; der Kranke hat Angst vor Schmerzen. Wenn wir von Ängsten hören, prüfen wir empathisch, ob der erlebte Affekt und der Inhalt der Befürchtungen in einem angemessenen Verhältnis zueinander stehen. Ist die Angst für uns nachvollziehbar/uneinfühlbar, darf sie als berechtigt/unberechtigt gelten, wirkt sie rational/irrational ? Die obengenannten Ängste lassen sich weitgehend nachvollziehen, aber wie steht es mit den folgenden: Ein Mann hat Angst, sein Herz bliebe stehen; eine Frau hat Angst vor Schlangen; jemand hat Angst, Brücken zu betreten, ein anderer hat Angst vor den Strahlen, die der Wohnungsnachbar gegen ihn aussendet. Was die realen Bedrohungen angeht, sind diese Ängste schwerer nachvollziehbar, und so entsteht die Vermutung, daß sie vielleicht doch mehr innere als äußere Gefahren signalisieren. Innen und Außen sind nicht immer leicht zu unterscheiden; nicht jeder, der sich vor Strahlen oder vor dem Geheimdienst fürchtet, ist psychotisch, manchmal erweisen sich "verrückte" Ängste eines Menschen im nachhinein als begründet und die Angstlosigkeit eines anderen erscheint unverständlich.

Was ist Angst ?

Das Gefühl der Angst ist verbunden mit der gedanklichen Antizipation einer Gefahr,

Körperliches Erleben von Angst als	Psychisches Erleben von Angst als
rascher Herzschlag	Befürchtung
unregelmäßiger Herzschlag	Besorgnis
Schwindel	Beklommenheit
Schwächegefühl	Aufgeregtheit
Atemnot	Außer sich geraten
weiche Knie	Panik
Beklemmung	Todesangst
Hitzegefühl	Weltuntergang
Schwitzen	
Harndrang	
Stuhldrang	

Tabelle 2.5.1

gegen die das Ich hilflos ist; sie drückt sich körperlich durch vegetative Erregung und erhöhte Vigilanz aus. Manchmal steht der somatische Erregungsanteil, ein anderes Mal der gedankliche Aspekt im Vordergrund. Angst ist also ein psychosomatisches Phänomen, dessen psychische und körperliche Aspekte sehr verschiedenartig erlebt werden können. Dafür einige Beispiele (Tabelle 2.5.1).

Wenn die Gefahr außen vermutet wird, richtet sich die erhöhte Vigilanz dorthin; wird die Gefahr aber im eigenen Körper lokalisiert (z.B. in der Angst vor dem drohenden Herzinfarkt), dann führt die gesteigerte Aufmerksamkeit zur erhöhten Selbstbeobachtung, was wiederum die vegetative Erregung steigert, so daß sich ein selbstverstärkender Circulus bildet.

2.5.2 Entwicklungsgeschichtliche Aspekte der Angst

Angst differenziert sich im Laufe der Lebensentwicklung. In der Lust-Unlust-Matrix des jungen Säuglings ist Angst schwer auszumachen, es sei denn, wir vermuten als Erwachsene, daß das hilflose Ausgeliefertsein massive Angst bedeutet. Erste sichtbare Furchtreaktionen zeigen sich im 4. bis 6. Monat des Kindes. Das Fremdeln ca. im 8. Lebensmonat ("Acht-Monats-Angst") signalisiert die Angst vor dem unvertrauten Objekt, nachdem die Fähigkeit entwickelt wurde, zwischen vertraut und unvertraut zu unterscheiden. Die Angst vor dem Fremden bzw. die Angst bei Abwesenheit der Sicherheit gebenden Personen kennzeichnen das kleine Kind. Erst wenn es in der Lage ist, ein inneres Bild der vertrauten Person aufrechtzuerhalten, kann es ohne größere Angst eine gewisse Zeit auf ihre reale Anwesenheit verzichten. Kinder, die im Vorschulalter und frühen Schulalter Symptomatik entwickeln, haben häufig mit Trennungsängsten und Angst vor Fremden zu tun. Auf einer weniger bewußten Ebene, wie sie sich in Träumen und Phantasien äußert, dürfen wir im frühen Kindesalter mit der Angst rechnen, die eigene Autonomie zu verlieren. Die Unmöglichkeit, sich aus einer engen Bindung zu lösen oder aus ihr nicht losgelassen zu werden, bedingen das Gefühl, erstickt oder verschlungen zu werden; hier geht es um die Angst vor zu großer Nähe, deren man sich nicht erwehren kann.

Wenn das größere Kind eine gewisse Autonomie erlangt hat und für sein Handeln selbst verantwortlich gemacht wird, wächst die Angst, die Liebe der Eltern verlieren zu können. Die Erwachsenen können das Tun - im schlimmsten Falle das Sein - des Kindes mißbilligen und zurückweisen, es links liegen lassen, beschämen, verachten, sich von ihm abwenden, es "nicht mehr lieb haben". Das noch unreife kindliche Selbst ist auf die Zuneigung und Bestätigung so sehr angewiesen, daß die Androhung des Liebesverlustes Angst auslöst.

Nach und nach wird auch ein zweites Moment wirksam, die Angst vor Strafe. Als Sanktion für unerwünschtes Handeln können die Erwachsenen das Kind in seiner motorischen Autonomie begrenzen (es einsperren), ihm wichtige Dinge wegnehmen oder vorenthalten oder ihm körperliche Schmerzen zufügen. Neben der vorhersehbaren Strafe für sozial unerwünschtes Tun (Strafangst) ängstigen freilich die unvorhersehbaren Handlungen Erwachsener noch mehr, wenn diese z.B. in einer sozial wenig integrierten Familie oder unter Alkoholeinfluß dem Kind körperliche Gewalt antun oder es durch das von ihnen inszenierte emotionale Chaos bedrohen und verunsichern. Dem heranreifenden Selbst fehlt in diesem Falle der familiäre Rahmen, der ihm sowohl Sicherheit und Unterstützung gibt als auch Regeln und Grenzen setzt. Das Fehlen einer solchen ordnenden Struktur löst gleichfalls Angst aus.

Mit der zunehmenden Internalisierung elterlicher Forderungen und sozialer Regeln ist schließlich eine innere Quelle der Angst entstanden, das Über-Ich. Es sind nun die verinnerlichten Mahnungen und Forderungen der Eltern, die, wenn das Kind ihnen entgegenhandelt, verinnerlichte Strafandrohungen mobilisieren und die "Gewissensangst" auslösen.

Was schließlich die vielzitierte "Kastrationsangst" betrifft, so resultiert diese aus der inzwischen gewachsenen Fähigkeit des Kindes, Zeitlichkeit und Begrenztheit zu erleben: Was sein kann, kann auch verschwinden, was man besitzt, kann man verlieren (z.B. das Leben, wichtige Menschen oder einen Körperteil). In einem Entwicklungsabschnitt, in dem zusätzlich der Körper in Ansätzen erotisiert und narzißtisch besetzt ist, wird die Angst vor der Beschädigung des Körpers plausibel.

2.5.3 Gesunde Aspekte der Angst

Realangst

Im Erleben der Angst wird das Ich angesichts einer äußeren Gefahr emotional, kognitiv und vegetativ in einen Alarmzustand versetzt. Es gilt zu prüfen, ob

- die eigene Sicherheit und Integrität durch den Angriff böser Objekte oder durch eine bedrohliche Situation gefährdet ist, ob
- nahestehende Objekte (z.B. eigene Kinder) gefährdet sind oder ob
- der Verlust von Sicherheit gebenden guten Objekten oder Sicherheit gebenden Situationen droht

Wenn die Lage als gefährlich eingeschätzt wird, kann sie durch **reales Handeln** im Schema von **Kampf oder Flucht** beantwortet werden:

- der Gefahr entgegentreten, die drohenden bösen Objekte zurückweisen, bekämpfen oder beschwichtigen;
- den drohenden Verlust der guten Objekte abwehren; die bedrohten Objekte, für die man sich verantwortlich fühlt, in Schutz nehmen und in Sicherheit bringen;
- der nicht zu bewältigenden Gefahr entkommen, ihr ausweichen, sich zurückziehen, die Flucht ergreifen, sich in Sicherheit bringen.

Bekanntlich ist es nicht immer möglich, der Situation entsprechend zweckmäßig zu handeln; u.U. wirkt Angst lähmend, es gelingt weder aktiv zu werden noch den Rückzug anzutreten, im Extremfall ist der Geängstigte "starr vor Angst", was vom Phänomen her Ähnlichkeiten hat mit dem Totstellreflex bedrohter Tiere. Hierbei handelt es sich also möglicherweise um eine Art von Primitivreaktion: jemand, der schon tot ist, kann nicht getötet oder gefressen werden.

Freilich gibt es noch eine andere Antwort auf das Erleben der Angst als das realitätsverändernde Handeln. Ein Schläfer, der, von einem Geräusch geweckt, sich vor Einbrechern fürchtet, kann "umdenken" und der Katze das Geräusch zuschreiben, woraufhin er wieder einschläft, der Alarm wird abgeblasen. Sofern es wirklich die Katze war, ist diese Affektregulierung realitätsgerecht gewesen; wenn es sich aber um Einbrecher handelte, liegt hier möglicherweise die Verleugnung einer berechtigten Angst vor. Es ist also auch möglich, den Affekt der Angst psychisch zu bewältigen und unter Kontrolle zu bringen. Die Vielfalt der möglichen Bewältigungsmechanismen soll im Kapitel 2.5.7 diskutiert werden.

Es liegt auf der Hand, daß es wichtig ist, das richtige Maß an Realangst verfügbar zu haben, nicht zuviel, so daß die Angst lähmt, und nicht zu wenig, so daß jemand ungewarnt in eine Risikosituation hineinläuft. Bei vielen neurotischen Störungen wird uns ein Übermaß von Angstbereitschaft begegnen, während bei manchen psychosomatischen Störungen die Fähigkeit, Angst zu erleben, eingeschränkt erscheint. Der Affekt kann dann nicht mehr psychisch, sondern nur noch somatisch erfahren werden.

Signalangst

Wenn die beschriebene Realangst einen bewußtseinsnahen, relativ gut beobachtbaren Aspekt der Realitätsprüfung darstellt, dann besitzt die Signalangst einen eher hypothetischen Charakter. Im psychoanalytischen Modell der intrapsychischen Regulationsvorgänge stellt sie ein Prozeßelement dar. Ging es bei der Realangst um die emotionale Bewertung äußerer Gefahr, so entsteht die Signalangst bei der Innen-Wahrnehmung. Das Ich nimmt eine Bewertung der inneren Situation vor im Hinblick auf die Gefähr-

dung des inneren Gleichgewichts durch andrängende Bedürfnisregungen und Affekte. Die Miniimpulse, die so etwas wie Triebdruck oder Affektdruck signalisieren und vor allem mit destruktiv-aggressiven und libidinösen Regungen verbunden sind, stellen die bestehende Balance von Bedürfnis und Abwehr in Frage. An die Stelle der ängstigenden Außenwahrnehmung bei der Realangst (er könnte mir etwas tun), tritt bei der Signalangst die ängstigende Innenwahrnehmung (ich könnte ihm etwas tun).
Das gesunde Ich kann darauf reagieren und entweder einen Teil der Bedürfnisse zulassen oder die Abwehr verstärken. Das neurotisch eingeengte Ich vermag die Signale nicht wahrzunehmen und die Feinsteuerung der Bedürfnisse nicht zu leisten. Das regredierte Ich wird angesichts seiner Steuerungsschwäche von den andrängen Impulsen massiv bedroht, was wiederum Angst auslöst.

Angstlust

In einem völlig anderen Zusammenhang findet sich ein gesunder Aspekt der Angst, es ist die Verknüpfung von Angst mit erregenden lustvollen Empfindungen. Überall dort, wo sich die Neugier, die Lust am risikoreichen Unbekannten, das Interesse am Explorieren des Fremden als erregende Motivation entfaltet, ist sie auch verknüpft mit ängstlichen Gefühlen. Sie machen gerade den Reiz, den Nervenkitzel, den "thrill" (Balint 1960) aus, der das Wagnis so interessant macht. Das Aushalten der Angst intensiviert die Lust, ob es sich nun um eine Achterbahnfahrt, ein öffentliches Auftreten oder eine neue Liebe handelt. Ob in der Gespensterbahn oder im Abenteuerurlaub, es hat den Anschein, daß es (vor allem für jüngere Menschen) ein starkes Bedürfnis gibt, sich der lustvollen Angst auszusetzen und sie durchzustehen. Rauschhafte Glücksgefühle erlebt, wer seine Angst überwunden und sich am Gummiseil in die Tiefe gestürzt hat. Das lustvolle Spiel mit der Gefahr hat allerdings keine scharfen Grenzen zu dem selbstgefährdenden und latent autodestruktiven Verhalten Jugendlicher, die z.B. beim S-Bahn-Surfen ihr Leben aufs Spiel setzen.

2.5.4 Angst als Symptom

Die Grenze zwischen Ängstlichkeit im Bereich des Normalen und symptomwertiger Angst ist fließend. Wenn jemand durch seine ängstlichen Seiten immer stärker eingeschränkt wird, sich nicht mehr unter die Leute wagt, von allen möglichen Aktivitäten Abstand nimmt, sich aber auch zu Hause und in der eigenen Haut mehr und mehr unwohl fühlt, dann wird er seinen Zustand irgendwann als gestört erleben und sein Befinden als symptomwertige Angst definieren. Vom Erscheinungsbild her lassen sich vier klinische Formen der Angst unterscheiden:

Der Angstanfall

Dies ist der dramatische, unübersehbare Ausdruck von Angst in einer sehr körperlich erlebten Form. Aus heiterem Himmel fühlt sich der Patient von Angst überflutet, das Herz rast oder droht stehenzubleiben, der Schweiß bricht ihm aus, heiß läuft es ihm den Rücken hinunter, er glaubt ersticken zu müssen oder atmet hechelnd, der Kopf wird leer, er fürchtet zusammenzubrechen oder von der Erde verschlungen zu werden, in seinem Kopf rasen die Gedanken. Als extreme Konsequenz fürchtet der Patient auf der körperlichen Seite den Tod oder im psychischen Bereich die Katastrophe des Außer-sich-Geratens. Die Hilflosigkeit gegenüber der extremen Gefahr drückt sich als Panikgefühl aus (Panikattacke) und drängt auf sofortiges Handeln (Notarzt rufen, mit der Feuerwehr ins Krankenhaus fahren). Dort angekommen löst die ärztliche Untersuchung, die keine schwerwiegenden Befunde zutage fördert und die evtl. Verabreichung eines Tranquilizers das ganze wie einen Spuk auf. Das dämonologische Wort "Anfall" verweist auf das Unbeschreibliche und Ich-Fremde des Geschehens, das manchen Patienten in der Tat wie ein böser Dämon vorkommt.
In der Gestalt der **Panikattacke** wird die Angst von einem bedrohten Selbst in einer

bedrohlich derealisierten Umgebung erlebt. Wenn sich die Angst auf den eigenen Körper zentriert, wird sie häufig auf das Herz projiziert und gestaltet dort das Bild der **Herzangstneurose**. Sie ist eines der häufigsten Krankheitsbilder in psychosomatischen Institutionen. Erster Auslöser der Angsterkrankung ist meist ein Anfall von Tachykardie, den die Patienten oft noch Jahre später auf den Tag genau datieren können. Die Angst vor dem Herztod bewirkt, daß die Patienten sich ängstlich auf ihre Ärzte ausrichten, schon die Ankunft in der Praxis oder Klinik oder der Kontakt mit dem Arzt wirken beruhigend. In ihrer verstärkten Selbstbeobachtung entwickeln sie zunehmend hypochondrische Züge. Durch Schon- und Vermeidehaltungen engt sich der Lebensradius phobisch ein. Das Alleinsein verstärkt die Angst, die Gegenwart von Angehörigen beruhigt, so daß die Tendenz besteht, sich eng an Partner, Eltern oder Kinder zu binden.

Die Phobie

Während im Angstanfall etwas Unbekanntes, Ängstigendes über den Patienten hereinbricht und ihn zu vernichten droht, ist die phobische Angst an eine ängstigende Situation, einen Ort, ein Tier etc. gebunden: Angst vor dem Alleinsein (Monophobie), Angst in geschlossenen Räumen (Klaustrophobie), Angst auf Straßen und Plätzen (Agoraphobie), Angst vor bestimmten Tieren (Hunde-, Schlangen-, Spinnen-Phobie), Angst vor dem Erröten (Erythrophobie), Angst in Gruppen von Menschen (Soziophobie) usw. Die Gebundenheit der Angst an spezifische Situationen erlaubt es freilich auch, die Angstorte zu umgehen; durch diese **"phobische Vermeidung"** in der spezifischen Situation kann der Patient der Angst ausweichen, allerdings um den Preis einer zunehmenden Einengung seines Bewegungsraums. Was bleibt, ist - ähnlich wie beim Angstanfall - die Angst vor der Angst, die ängstliche Erwartung des drohenden Symptoms. Der Phobiker baut sich nach und nach ein Sicherheitssystem auf, bestehend aus sicheren Orten und Sicherheit gebenden Personen: In der gefährlichen Hauptstraße, die der Agoraphobe nur mit Mühe aufsuchen kann, weiß er mehrere Geschäft, ferner Apotheken und zur Not Arztpraxen, die er als letzte Möglichkeit aufsuchen kann, wenn die Angst zunimmt. Angstmindernd wirkt zumeist die Gegenwart vertrauter Menschen, vor allem von Partnern und Kindern, zur Not hilft auch ein Hund oder die mitgeführte Medikamentenschachtel. Bei Entfernung vom sicheren Ort oder vom Sicherheit gebenden Objekt oder bei Einengung der Bewegungsfreiheit verstärkt sich die phobische Angst.

Während der Leidensdruck des Angstanfalls durch kaum etwas gemindert werden kann und die Patienten oft bis zur Suizidalität gequält sind, läßt es sich mit der Phobie leben: Der Verzicht auf ein nach außen gerichtetes Leben, die Konzentration auf den engeren häuslichen Bereich und die verläßliche Präsenz eines angstmindernden Begleiters bilden ein Arrangement, das u.U. zusätzlich sekundären Krankheitsgewinn bietet (z.B. durch die Kontrolle über die Familienangehörigen und den eigenen Anspruch auf Schonung und Rücksicht).

Die allgemeine Angst

Viele Menschen sind auf diffuse Art ängstlich, sie fürchten sich morgens vor dem kommenden Tag, vor anfallenden Entscheidungen und möglichen Auseinandersetzungen sowie vor sozialen Situationen, in denen sie in Erscheinung treten müssen. Im Unterschied zur Soziophobie fürchten sie nicht so sehr das Erleben der Angst ("Ich werde rot, ich kann nicht mehr, alle schauen mich an, ich falle um"), sondern vor dem Erleben des Versagens ("Ich schaffe es nicht, es wird zuviel für mich, ich traue mich nicht"). In einer pessimistisch-resignierten Einstellung antizipieren sie ihre Überforderung, ihr Scheitern, ihr Steckenbleiben, ihre Ohnmacht. Diese Angst ist deutlich depressiv getönt, es existiert ein Überschneidungsbereich zwischen ängstlichem und depressivem Erleben. Manches, was von außen (aus der Sicht des Therapeuten) als depressiv bezeichnet wird, ist im subjektiven Erleben des

Patienten Ängstlichkeit. Auch eine emotionale Vermeidehaltung, die der Therapeut als schizoide Distanzierung diagnostiziert, kann vom Patienten selbst als Ängstlichkeit erlebt werden. Während Angstanfall und Phobie durch die Auffälligkeiten des sichtbaren Verhaltens relativ gut operationalisiert werden können, ist die allgemeine Angst vor allem im subjektiven Erleben des Patienten verankert und von außen nicht immer als solche zu erkennen. Das Bindungsverhalten ängstlicher Patienten ist weniger eindeutig als das der Patienten mit Phobien und Angstanfällen; es halten sich anklammernde und vermeidende Züge die Waage. Ängstlichkeit findet sich gehäuft bei jüngeren und allein lebenden Patienten. Es handelt sich bei ihnen nicht so sehr um ein ich-fremdes Symptom, sondern eine ich-syntone Haltung, die ihren Selbstwertzweifeln und ihrer vorsichtigen Einstellung zu anderen Menschen entspricht.

Die Zwangsbefürchtung

Ein Patient, der die Zwangsbefürchtung hegt, einem seiner Angehörigen könne ein tödliches Unglück zustoßen, leidet meist nicht so sehr unter dem Affekt der Angst, sondern an der zwanghaft-grüblerischen Beschäftigung mit dieser Unglücksphantasie. Im Grunde handelt es sich also nicht um die Störung des Affekts, sondern des inhaltlichen Denkens. Im Hinblick auf die spezielle Psychodynamik dieser Vorgänge werden sie im Zusammenhang mit der Zwangsneurose (Kap. 2.6) besprochen.

2.5.5 Psychodynamik der Angst

Angst ist physiologisch ein Problem der Aktivierung, die nicht abklingt oder erlischt, sondern gebahnt wird (auf geringe Reize hin wieder anspricht) bzw. zu einem Dauerzustand wird. Die Verhaltenstherapie beschäftigt sich damit, wie diese Prozesse unterbrochen und unter Kontrolle gebracht werden können, unabhängig davon, woher sie resultieren. Psychodynamische Therapien beschäftigen sich mit der Frage, woher die Erregung stammt, um dann dort therapeutisch anzusetzen. Im folgenden sollen die psychodynamisch vielschichtigen Ursprünge der Angst erörtert werden.

Am leichtesten zu verstehen ist das psychoanalytische Grundkonzept: Angst (z.B. vor dem Verlust der Liebe des wichtigen Objekts) führt zur Verdrängung (z.B. von "bösen" Impulsen, die das Objekt veranlassen könnten, sich abzuwenden). Wenn die Verdrängung gelockert wird und die verdrängten Impulse wieder auftauchen, wird auch die zugehörige Angst erneut spürbar. Im Kontext dieses Geschehens sind unterschiedliche Formen der Angst möglich: Die Angst vor der eigenen Triebhaftigkeit oder die Angst vor dem Kontrollverlust, die Angst vor dem eigenen Gewissen, die Angst, die Liebe des Objekts zu verlieren und die Angst, von dem enttäuschten Objekt bestraft, verfolgt, beschädigt zu werden. Diese Ängste sind weitgehend unbewußt und lassen sich meist erst im therapeutischen Prozeß erschließen. Sie haben nicht eigentlich Symptomcharakter, sondern sind Bestandteil intrapsychischer Regulationsmechanismen. Wenn die Angst zum bewußt erlebten Symptom wird, hat die intrapsychische Feinregulierung versagt: in einem verunsicherten Selbst (das sich als objektbedürftig und wenig autonom und die Objekte als mächtig einschätzt) steht ein labilisiertes Ich; dieses tut sich schwer, die innere Welt zu organisieren, Affekte und Impulse zu kontrollieren angesichts einer Trieb- und Bedürfniswelt, deren Druck durch verdrängte Impulse erhöht ist, während eine möglicherweise rigide Kontrollinstanz (Über-Ich) zur Ordnung ruft. Bei der Entstehung von Angstsymptomen gelingt es, die Vorstellungsinhalte der Bedürfnisse weiterhin beiseite zu halten, während die Erregungsanteile ins Bewußtsein dringen. Der Betreffende spürt, daß etwas andrängt, aber er weiß nicht genau, was es ist. Angst entsteht also unter dem **Druck des Ungelebten**, der nicht realisierten und erprobten Möglichkeiten. Wenn diese Möglichkeiten gelebt würden, brächten sie Risiken, Veränderungen, Gefährdung des Vertrauten, Unruhe und Umorientierung im eigenen Leben und in der Beziehung zu anderen Menschen. Sie bedeuten damit eine große Beunruhigung speziell für solche Menschen, die sich auf Sicherheit und Risikofreiheit angewiesen fühlen und die unbewußt auf die Befriedigung regressiver Wünsche (nach Sicherheit, Geborgenheit, symbiotischen Beziehung) ausgerichtet sind. Bezogen auf das Selbst können wir also einen Konflikt zwischen dem Verlangen nach Autonomie des Selbst und Abhängigkeitswünschen des Selbst konstatieren. Eine Person, die sich unter dem Druck ihrer neugierigen, expansiven, aggressiven und sexuellen Impulse verselbständigen möchte, die aber gleichzeitig ihre anlehnungsbedürftigen, schutzsuchenden Impulse gegenüber dem versorgenden Objekt nicht aufgeben kann, gerät in die Klemme "Wie ich es mache, ist es falsch". Bleibt sie im Schutz der geborgenen Beziehung, gerät sie mehr und mehr unter den Druck der Verselbständigungsimpulse, die ängstigend andrängen; geht sie den Weg der Verselbständigung, dann fürchtet sie, den Verlust des Sicherheit gebenden Objektes nicht überleben zu können oder auch dem Objekt, das die Trennung seinerseits nicht übersteht, damit den Todesstoß zu versetzen. In dieser Angstspannung des **Autonomie-Abhängigkeits-Konflikts** bildet das Symptom der Angst einen Kompromiß. Es artikuliert die erregte Seite im Körpersymptom und die ängstigenden Phantasien in den Befürchtungen; gleichzeitig sichert die Hilflosigkeit des Angstkranken die bestehenden Bindungen, die Angehörigen werden verpflichtet, sich fürsorglich schützend auf ihn einzustellen, der seinerseits durch das Symptom davor geschützt ist, seinen Verselbständigungsimpulsen oder seinen libidinös-sexuellen oder aggressiv-destruktiven Regungen nachzugeben.

In der Symptombildung der Phobie ist die Psychodynamik nochmals komplizierter: Die Angstsituation (Straße, Zimmer, Hund, Schlange usw.) wird als Projektionsort für die verdrängten Regungen genommen (z.B. die oral-aggressiven Impulse bei der Hundephobie oder die Weglaufimpulse bei der Straßenangst). Das Angstthema sitzt nun nicht mehr innen, sondern außen und kann dort vermieden werden. Allerdings ist die Angstsituation (die Straße, der Hund, die Spinne usw.) symbolisch überdeterminiert, so daß einfache Entschlüsselungen (Hund = Aggression) sich verbieten.

Beispiel:

Eine Patientin hat eine Zahnarztphobie von solchen Ausmaßen entwickelt, daß es ihr über viele Jahre hinweg unmöglich ist, ihre Zähne behandeln zu lassen. Das Symptom war sehr vielschichtig determiniert: Im Vordergrund stand ein Schamthema ("Wenn ich den Mund aufmache, sieht der Zahnarzt, wie schlecht ich beschaffen bin"). Darin ist freilich auch eine Näheangst enthalten ("Wenn jemand mir nahekommt"), aber auch die Angst vor der eigenen oralen Aggressivität ("Wenn ich den Mund aufmache"); ebenso ängstigend war das Sich-Ausliefern im Zahnarztstuhl ("Wenn der mich umkippt"), also die Angst vor einer erotisch getönten Hingabe, verbunden mit der Angst vor dem Mann, der mit dem Bohrer in sie eindringt und ihr Schmerzen zufügt, die Angst vor der phallischen Aktivität des Mannes, eine Angst, die angesichts der eigenen aggressiven Wehrlosigkeit und in ihrem Erleben mangelhaften (nicht-männlichen) Ausstattung verstärkt wurde. Die Beispiele ließen sich vermehren, sie zeigen, wie viele konflikthafte Themen an der Symptombildung beteiligt sein können.

2.5.6 Reife und frühe Angst

Im folgenden wird der Versuch unternommen, die Ängste bezüglich ihres psychostrukturellen Niveaus zu unterscheiden. Es wird zum einen beschrieben, welche vielfältigen intrapsychischen Vorgänge an der Entstehung von Angst beteiligt sein können. Zum anderen werden die wichtigsten Gegenbewegungen aufgeführt, welche geeignet sind, Angt zu binden. Die Angstbereitschaft einerseits und die Abwehr- und Bewältigungsbemühungen andererseits bilden die Grundlage für ein psychodynamisches Kräftespiel im Hintergrund der Angststörungen. Es soll damit sichtbar gemacht werden, daß "die Angst" kein einheitliches, sondern ein äußerst vielschichtiges Geschehen darstellt.

Auf **relativ reifem Strukturniveau** (ödipal bzw. phallisch) sind intrapsychische Konflikte angstauslösend, es sind Konflikte, die sich zwischen der unbewußten Affekt- und Bedürfniswelt, den normativen Instanzen des Überich, den steuernden Instanzen des Ich und den Selbst- und Objektrepräsentanzen ereignen. Die zugehörigen Ängste sind:

Angst vor der **eigenen Triebhaftigkeit**
- Angst vor verdrängten libidinösen und aggressiv-destruktiven Regungen
- Angst vor regressiven Impulsen (symbiotisch, oral-kannibalistisch, exhibitionistisch, voyeuristisch, anal-sadistisch, narzißtisch, inzestuös)
- Bewältigungsversuch: forcierte Triebabwehr, Externalisierung ("Die anderen tun es")

Angst vor Schuld, **Gewissensangst** (Über-Ich-Angst)
- Bewältigungsversuch: Unterordnung unter Autoritäten als externalisiertes Überich, Delegation moralischer Verantwortung an andere, Idealisierung von Gehorsam

Angst vor **Verlust der körperlichen Integrität**
- Kastrationsangst, Angst vor Schädigung durch strafende Objekte, Angst vor Schmerzen und Leiden
- Bewältigungsversuch: Festhalten an der narzißtischen Allmacht

Auf **mittlerem Strukturniveau** sind Konfliktsituationen angstauslösend, in denen das Selbst mit den Objekten um die richtige Form der Beziehung resp. um seine Autonomie kämpft:

Angst vor **Verlust der Liebe** des Objektes
- Angst, für das wichtige Objekt nicht mehr liebenswert zu sein; Angst abgelehnt, zurückgewiesen zu werden
- Bewältigungsversuch: betonte Unterordnung und Anpassung an die Objekte, Sich-Anbieten und Zur-Verfügung-Stellen

Angst vor **Verlust des Selbstwertes**
- Angst vor Beschämung, Angst, das Gesicht zu verlieren; Angst vor narzißtischen Kränkungen; Angst, zu versagen.
- Bewältigungsversuch: Bemühen um narzißtische Selbstaufwertung

Angst vor **Verlust der Autonomie**
- Angst vor Abhängigkeit, Vereinnahmung, Unterwerfung, Sich-selbst-aufgeben-Müssen
- Bewältigungsversuch: Forcierte Autonomie

Angst vor **Überwältigung durch Objekte**
- Angst vor Verfolgung, Beschädigung, Unterwerfung, Gequältwerden und Zerstörtwerden
- Bewältigungsversuch: Mißtrauen gegen andere, Projektion eigenen Hasses (Selbsthasses) auf Fremde (Feindbilder); kämpferische Abgrenzung nach draußen.

Angst vor **Beschädigung der Objekte**
- Angst, die Objekte zu verletzen, zu zerstören (z.B. durch eigene Autonomieansprüche)
- Bewältigungsversuch: Anklammernde Bindung, Fürsorglichkeit in Reaktionsbildung.

Schließlich gibt es auch angstauslösende Situationen auf **frühem strukturellen Niveau:**

Angst vor **Verlust des Objekts**
- Trennungsangst; Angst, das lebensnotwendige Objekt zu verlieren; Angst vor Verlust der Sicherheit, Geborgenheit, Harmonie; Angst vor Hilflosigkeit, Verlassenheit; Angst, dem übermächtigen bösen Objekt ausgeliefert zu sein (Verfolgung, Vergiftung, Vernichtung).
- Bewältigungsversuch: Bemühen um harmonische Beziehungen zu den Objekten, Festhalten an Idyllen

Angst vor **Nähe**
- Angst vor Verschmelzung von Selbst und Objekt; Angst, die eigene autonome Existenz zu verlieren; Angst, aufgefressen,

verschlungen zu werden
- Bewältigungsversuch: Vermeidung von Nähe, Abwehr von Nähewünschen, Kontrolle und Entwertung der Objekte

Angst vor **Selbstverlust**
- Angst vor Nichtsein, vor der Leere, vor Auflösung, vor dem Nichts; Existenzangst, Todesangst
- Bewältigungsversuche: Selbstaktivierung (motorische oder sensorische Aktivität), Selbststimulierung (Selbstverletzung).

Um es nochmals vereinfachend zusammenzufassen: Angst entsteht auf allen Ebenen, wenn das Selbst, das Objekt oder die Beziehung zu den Objekten bedroht ist, wenn also die Gefahr besteht, daß

das **Selbst** verlassen wird, verlorengeht, stirbt, zerbricht, zerstört wird, beschädigt wird, Schmerzen leidet, die Selbstkontrolle verliert, seinen Selbstwert verliert
oder
das **Objekt** sich abwendet, verlorengeht, böse wird, angreift, kränkt, beschämt, weh tut, bestraft, beschädigt, zerstört, vernichtet.

Die psychodynamische Feststellung, daß Angst aus Konflikten auf unterschiedlichem Strukturniveau resultiert, ist von großer prognostischer und therapeutischer Bedeutung. Hinter einem Angstanfall kann sich ein relativ reifer Triebkonflikt verbergen, der psychotherapeutisch in gewohnter Weise behandelt wird. Das Angstsymptom kann aber auch darauf hinweisen, daß eine fragile Persönlichkeitsstruktur mit unzureichender Abwehrregulation von unbewußten Inhalten überflutet wird, die amorph und affektstark sind und die das Selbst wegzuschwemmen und aufzulösen drohen (Borderline-Angst). Hinter mancher scheinbar leicht zu verstehenden Phobie verbirgt sich bei genauerem Kennenlernen ein Selbst auf frühem Organisationsniveau mit entsprechend frühen Modi der Objektbeziehung, die dann auch das **psychotherapeutische Vorgehen** bestimmen. Letzlich entscheidet die zugrundeliegende Persönlichkeitsstruktur mit ihren Konflikten und Verletzlichkeiten über die Dynamik des Symptombildes, über die Prognose und die erforderliche Behandlungstechnik.

Analytische Psychotherapie richtet sich nicht symptomzentriert auf das Phänomen Angst. Behandelt werden die Konflikte und strukturellen Probleme des Selbst in der Beziehung zum Therapeuten. Ob dies in einem ambulanten oder stationären Setting, einer Einzel- oder Gruppentherapie, im psychoanalytischen Verfahren oder in der interaktionellen Psychotherapie geschieht, hängt nicht von dem Symptom Angst, sondern von den an die Persönlichkeitsstruktur gebundenen Indikationskriterien ab. Angst, vor allem als körpernahes Angsterleben stellt das Symptom dar, das aus der Sicht von Patienten und Therapeuten durch analytische Psychotherapien besonders günstig beeinflußt werden kann.

2.5.7 Bewältigung von Angst

Angst als Symptom wirkt meist überwältigend, der Patient sucht nach einem Gegenüber, das die Macht hat, Angst unter Kontrolle zu bringen. Der Hausarzt versucht es mit der beruhigenden Rationalität klinisch-technischer Diagnostik oder mit Psychopharma; der Verhaltenstherapeut bemüht sich, die Automatismen der Angstentwicklung zu unterbrechen und sie der kognitiven Kontrolle zu unterwerfen; die psychodynamischen Therapien versuchen, das Angstmachende als bisher ungelebte Möglichkeit kennen und integrieren zu lernen.

Die im vorigen Kapitel beschriebenen vielschichtigen Ängste stellen ein zum Teil unbewußtes Geschehen dar, aus dem Symptomangst resultieren kann. Wie schon eingangs beschrieben, reagiert die Persönlichkeit auf die Innenwahrnehmung von Ängsten und versucht, im Gegenzug Einstellungen zu finden und Realitäten zu schaffen, welche die Angst überflüssig machen. Entsprechend der Vielzahl von ängstigenden Situationen gibt es eine Vielfalt von Bewältigungsmöglichkeiten, die entweder situativ aktiviert werden, oder als

Dauerhaltungen die Bedeutung von Charaktermerkmalen gewinnen. Manche der im folgenden aufgeführten Bewältigungsmechanismen sind miteinander verknüpft.

Verdrängung von Angstvorstellungen

Angst zu haben wird als kindlich, beschämend, unerwachsen, unmännlich abgelehnt und, weil es mit dem Selbstbild in den Augen der wichtigen Objekte unvereinbar wäre, verdrängt. Es resultiert eine Form von Angstfreiheit, die bis zur "Heldenhaftigkeit" reichen kann.

Verleugnung von Gefahren

In einer Art von doppelter Buchführung weiß der Betroffene um die Gefahr und schafft es doch, sie nicht zur Kenntnis zu nehmen. Der Schwerkranke, dem ein bedrohlicher Befund mitgeteilt wurde, ist am nächsten Tag überzeugt davon, nichts gehört zu haben. Die Verleugnung vermag als Notfallreaktion Affektmengen beiseite zu halten, die anders nicht zu verkraften wären.

Aufbau von Omnipotenzphantasien

Phantasien von narzißtischer Allmacht schaffen eine Selbstaufwertung in dem Gefühl, unschlagbar, unverwüstlich, unsterblich zu sein und begegnen damit Ängsten vor Hilflosigkeit und Sterblichkeit.

Aufbau forcierter Autonomie

Als Gegengewicht gegen die Angst vor allzu enger Bindung, vor Abhängigkeit vom anderen und vor Unterwerfung unter ihn wird die eigene autonome Selbstbestimmung in allem und jedem unterstrichen.

Externalisierung von Triebgefahren

Eigene aggressiv-destruktive, sexuelle oder habgierige Impulse werden anderen Menschen zugeschrieben. Als Projektionsfläche bietet sich der jeweils Fremde an, an dem u.U. ein Feindbild aufgebaut wird; gegen diesen Außenfeind gilt es dann, sich mit defensiver Aggressivität zu wehren. Es entsteht eine mißtrauische bis paranoide Haltung, aus der heraus die anderen verächtlich gemacht, abgewertet, im Extremfall auch angegriffen oder vernichtet werden. Dieser Vorgang hat gesellschaftspolitisch große Bedeutung.

Externalisierung von Über-Ich-Aspekten

Die moralische Verantwortung wird an andere abgegeben, es werden Autoritäten aufgebaut, denen man sich gerne unterordnet, Gehorsam und Pflichterfüllung werden idealisiert; damit werden Gewissensentscheidungen und die entsprechenden Ängste überflüssig gemacht.

Vermeidung

Durch konsequentes Ausweichen vor Konflikten, Risiken, gefährlichen Situationen, auch bedrohlichen Gedanken werden angstmachende Risiken vermieden.

Somatisierung

Von der angstgetönten Erregung wird nur der körperliche Aspekt wahrgenommen und hervorgehoben, der Patient erlebt nicht "ich habe vor lauter Angst weiche Knie", sondern "ich habe einen schwachen Kreislauf". Die forcierte Verkörperlichung des Angsterlebens nimmt die eigene Verantwortung ab und rechtfertigt es, das Körpersymptom dem Arzt zur Behandlung zu übergeben.

Selbstmedikation und Medikation

Der im Alltag am häufigsten verwendete Angstlöser ist zweifellos der Alkohol, der in vielen Lebenssituationen zum Auflockern, Entspannen, Abbau von Hemmungen, Lösung von Beklommenheiten eingesetzt wird. Auch der Griff zur Zigarette dient dem Raucher häufig zur Abfuhr von Spannungen und zur Wiedergewinnung der Kontrolle über die Situation. Das wichtigste ärztlich verschriebene Entängstigungsmittel stellen die Tranquilizer dar, die in der gesamten Gesellschaft vom Kleinkind bis zum alten Menschen in großem Umfang eingenommen werden. Nach der ungeheuren Menge der eingenommenen angstlösenden Medikamente zu urteilen, muß in der aktuellen gesellschaftlichen Situation oder im menschlichen Leben schlechthin sehr viel Angst bereitliegen.

Selbstaktivierung und Selbststimulierung

Wenn das Selbst sich basal bedroht fühlt und es unter dem Druck der inneren Unlustspannungen zu zerspringen droht, erfolgt als Abwehr dagegen ein Besetzungsentzug, der zu dem Gefühl der Leere und Unlebendigkeit führt. Dieses Leeregefühl kann seinerseits wieder große Angst machen. Durch forcierte Aktivität (Selbstaktivierung), durch intensive berufliche Arbeit, durch ausgiebige sportliche Betätigung wird eine äußere Struktur geschaffen, die beruhigend auf die innere strukturelle Leere oder Dissoziation wirkt. Im Extremfall bleibt der Weg der Selbststimulierung, wobei die Grenzen des Schmerzhaften überschritten oder im Extremfall Selbstverletzungen zugefügt werden, die ihrerseits entängstigend wirken. "Wenn ich mir dann eine Glasscherbe in die Handfläche drücke und das Blut warm herunterläuft, werde ich wieder ganz ruhig", äußert eine Borderline-Patientin.

Sich als gutes Objekt anbieten

Die Bewältigung zielt darauf ab, sich im Umgang mit dem wichtigen Anderen, speziell dem Partner, so zu verhalten, daß eine gute harmonische dauerhafte Beziehung resultiert und die Ängste vor einer drohenden Störung der Beziehung überflüssig gemacht werden.
Das Selbst kann sich zur Verfügung stellen, sich unterordnen und anbieten, damit das gute Objekt keinen Anlaß hat, sich abzuwenden oder zu strafen. Das Selbst kann sich sein Objekt in überfürsorglich altruistischer Weise zuwenden, um konflikthaften oder zerstörerischen Impulsen in der Beziehung zu begegnen. Das Selbst kann sich bemühen, eine Beziehung als zeitlose Idylle zu gestalten, in der ewige Harmonie herrscht und in der nie ein Gedanke an Trennung und Verlust aufkommen kann.

Das Thema von Angst und Angstbewältigung hat viel zu tun mit Gesundheit und Kranheit beim Individuum, aber auch mit **gesellschaftlicher Normalität und Pathologie**.
Die biologischen Wurzeln des Angsterlebens entstammen der Annäherung und Auseinandersetzung von einzelnen Menschen und Menschengruppen, den Kämpfen um die Selbsterhaltung der eigenen Person und um den Schutz der vertrauten Gemeinschaft. Innerhalb dieses Systems bilden sich Angsthierarchien: Offenbar tritt die Angst um das eigene Leben zurück, wenn als wichtig erlebte übergreifende Ziele aktiviert werden, z.B. die Verteidigung eigener Territorial- und Überlegenheitsansprüche gegenüber für minderwertig erklären Nachbarn (die letzte Motivation erwächst wahrscheinlich aus dem evolutionären Auftrag, das eigene Genom gegen andere durchzusetzen). In einer solchen Situation ist die Angst, das eigene Gebiet könne von Fremden übernommen werden, offenbar größer als die Angst um die eigene Gesundheit, und so begeben sich immer wieder in allen Gegenden der Welt Menschen in kriegerische Auseinandersetzungen, in denen sie große Chancen haben, verletzt oder getötet zu werden. Das biologische Erbe enthält allerdings keine Reaktionsmuster für Bedrohungen, die erst mit der modernen Technologie in die Welt gekommen sind. Die gesellschaftliche Diskussion über die Gefahren von radioaktiver Strahlung oder toxischen Substanzen läßt große Unterschiede der emotionalen Beteiligung erkennen. Große Bevölkerungsgruppen sind an solchen Fragen völlig desinteressiert, in den Augen der anderen laufen sie blind und ohne Angst in eine große Gefahr hinein; die wegen der technischen Risiken besorgte Bevölkerungsgruppe wird von der anderen als hysterisch oder paranoid eingeschätzt, weil sie mit großer Angst auf vermutete oder nur angedeutete Gefahren reagiert. Da unser Instinktsystem keinen Maßstäbe für diese Art von Risiken zur Verfügung stellt, muß es offen bleiben, ob die Nicht-Ängstlichen krankhafte Verleugner sind, oder ob die Besorgten in eine übertriebene Ängstlichkeit verfallen.

Literatur

Bolk-Weischedel, D.: Ängste in der Lebensmitte. In: U. Rüger (Hrsg.): Neurotische und reale Angst. Vandenhoeck & Ruprecht, Göttingen 1984, 94-100

Bowlby, J.: Trennung. Psychische Schäden als Folge der Trennung von Mutter und Kind. Kindler, München 1976

Butollo, W.: Angsttheorien in Verhaltenstherapie und erfahrensorientierten Therapieformen. In: P. Götze (Hrsg.): Leitsymptom Angst. Springer, Berlin, Heidelberg, New York, Tokyo 1984

Ermann, M.: Die Entwicklung der psychoanalytischen Angst-Konzepte und ihre therapeutischen Folgerungen. In: U. Rüger (Hrsg.): Neurotische und reale Angst. Vandenhoeck & Ruprecht, Göttingen 1984, 25-35

Fahrig, H.: Ängste im Kindesalter. In: U. Rüger (Hrsg.): Neurotische und reale Angst. Vandenhoeck & Ruprecht, Göttingen 1984, 75-85

Freud, S.: Analyse der Phobie eines fünfjährigen Knaben (1909) GW.VII, 241-377

Freud, S.: Hemmung, Symptom und Angst (1926) GW. XIV

Friedrich, H.: Über-Ich-Ängste und gesellschaftliche Ängste. In: U. Rüger (Hrsg.): Neurotische und reale Angst. Vandenhoeck & Ruprecht, Göttingen 1984, 219-229

Götze, P.: Leitsymptom Angst. Springer, Berlin, Heidelberg, New York, Tokyo 1984

Haas, E., R.E. Knebusch: Das Problem der Angst. Bedeutung, Entwicklung und Klinik in psychoanalytischer Sicht. Nervenarzt 52 (1981) 1-11

Hinze, E.: Ängste des alten Menschen. In: U. Rüger (Hrsg.): Neurotische und reale Angst. Vandenhoeck & Ruprecht, Göttingen 1984, 101-108

Hönmann, H., H. Schepank: Angst und Phobie als Krankheit und Symptom in der Allgemeinbevölkerung. In: Rüger, U. (Hrsg.): Neurotische und reale Angst. Vandenhoeck & Ruprecht, Göttingen 1984, S. 111-123

Kernberg, O.F.: Boderline-Störungen und Pathologischer Narzißmus. Suhrkamp, Frankfurt 1978

Köhle, K.: Probleme im Umgang mit der Angst körperlich Schwerkranker. In: P. Götze (Hrsg.): Leitsymptom Angst. Springer, Berlin, Heidelberg, New York, Tokyo 1984, 67-75

König, K.: Angst und Persönlichkeit. Das Konzept vom steuernden Objekt und seine Anwendungen. Vandenhoeck & Ruprecht, Göttingen 1981

Loch, W.: Begriff und Funktion der Angst in der Psychoanalyse. Psyche 13 (1959) 801-816

Maier, W., M. Philipp, O. Benkert: Die Bedeutung der körperbezogenen Angst für die Differenzierung zwischen Angst und Depression. In: P. Götze (Hrsg.): Leitsymptom Angst. Springer, Berlin, Heidelberg, New York, Tokyo (1984) 88-102

Matussek, P., B. Abel: Auswirkungen existentieller Angst - seelische Folgen der Konzentrationslagerhaft. In: U. Rüger (Hrsg.): Neurotische und reale Angst. Vandenhoeck & Ruprecht, Göttingen (1984) 261-271

Nedelmann, C.: Realgefahr und Triebgefahr. Zur Psychoanalyse der Angst. In: P. Götze (Hrsg.): Leitsymptom Angst. Springer, Berlin, Heidelberg, New York, Tokyo 1984, 3-11

Richter, H.E., D. Beckmann: Herzneurose. Thieme, Stuttgart 1969

Riemann, F.: Grundformen der Angst. Reinhard, München 1961

Rohde-Dachser, Ch.: Zum Problem der Nähe-Angst. In: U. Rüger (Hrsg.): Neurotische und reale Angst. Vandenhoeck & Ruprecht, Göttingen 1984, 36-46

Rudolf, G.: Untersuchung und Befund bei Neurosen und psychosomatischen Erkrankungen, Beltz-Verlag, Weinheim 1981

Rudolf, G.: Die therapeutische Arbeitsbeziehung. Springer, Heidelberg 1991

Rüger, U.: Neurotische und reale Angst. Vandenhoeck & Ruprecht, Göttingen 1984

Scharfetter, C.: Die Angst in der Psychose. In:

P. Götze (Hrsg.): Leitsymptom Angst. Springer, Berlin, Heidelberg, New York, Tokyo 1984, 51-58

STERN, W.W.: Trauma, Todesangst und Furcht vor dem Tod in psychoanalytischer Theorie und Praxis. Psyche 26 (1972) 901-928

2.6 Zwangsneurose

2.6.1 Symptomatik

Zwangssymptome sind besonders eindrucksvoll, aber wesentlich seltener als andere psychische Symptome wie Angst oder Depression (22 % einer Stichprobe von 615 Psychotherapie suchenden Patienten weisen Zwangssymptome auf (Rudolf 1981), die Diagnose "Zwangsneurose" wird jedoch seltener gestellt (15 % der Patienten bei der durchschnittlichen Nennung von zwei Diagnosen pro Patient). Das Zwangsphänomen besteht darin, daß der Patient sich aus ihm unerklärlichen Gründen gezwungen fühlt, immer wieder bestimmte Handlungen zu vollziehen oder bestimmte Gedanken zu denken. Die Zwangshandlungen haben häufig folgende Inhalte: Schmutziges und Infektionsgefahren (beim Zwang, sich die Hände oder den Körper waschen zu müssen), drohende Gefahren und Katastrophen (beim Zwang, Türschlösser, Gashähne, Schalter, Bremsen und andere Sicherheitsvorrichtungen kontrollieren zu müssen). Ähnliches gilt für Zwangsgedanken, die sich um "schmutzige" Themen (analen oder aggressiven Inhalts) drehen. Auch die Zwangsbefürchtungen gelten Gefahren (z.B. daß das Kind auf dem Schulweg tödlich verunglücken könnte) oder eigenen, oft versehentlich realisierten aggressiven Handlungen (z.B. daß Rattengift statt Zucker in den Kaffee getan wurde). Zwangsimpulse beinhalten den Drang, etwas Schlechtes (Schmutziges, Gefährliches, Aggressives) tun zu müssen (z.B. in der Kirche laut "Scheiße !" schreien zu müssen, vom Balkon springen zu müssen, mit dem Brotmesser um sich zu stechen). Zwangssymptome sind sehr vielgestaltig, ihre Ausprägung variiert von einer gelegentlich leise bizarren Idee (z.B. nicht auf die Trottoirfugen treten zu dürfen) bis zur Zwangshandlung, die den gesamten Alltag bestimmt (z.B. sich 50 mal täglich ganz abseifen zu müssen).

2.6.2 Struktur und Dynamik

Zum Verständnis zwangsneurotischer Phänomene empfiehlt sich die Unterscheidung von **Zwangssymptomatik** und **Zwangsstruktur**. Zwänge als Symptome kennzeichnen zwar das Krankheitsbild der Zwangsneurose, kommen aber auch bei anderen Persönlichkeitsstrukturen und Krankheitsbildern vor. Zwang als Symptom ist also nicht unbedingt pathognomonisch und bedarf einer sorgfältigen differentialdiagnostischen Abklärung der zugehörigen Persönlichkeitsstruktur und ihrer Konfliktschwerpunkte. Ansatzweise kennt fast jeder Mensch gelegentliche Ansätze von Zwanghaftigkeit, das gilt insbesondere für Kinder.

Die zwanghafte Neurosenstruktur oder der zwanghafte Charakter (unabhängig davon, ob sie Zwangssymptome entwickelt haben oder nicht) bieten ein in sich geschlossenes typisches Bild. Psychodynamisch lassen sich zwei Akzente setzen: Der Konflikt**inhalt** des zwangsneurotischen Geschehens bezieht sich auf Themen der Aggression und Analität (triebdynamisch gesehen), auf Themen der Steuerung und Kontrolle (ich-psychologisch gesehen) bzw. auf Themen der Autonomie des Selbst in seinen kämpferischen, bemächtigenden, willkürlichen Tendenzen gegenüber den Objekten. Die Konfliktinhalte - objektgerichtete Wut und Aggression, Kontroll- und Bemächtigungstendenzen, schmutzlustige, sadistische, quälerische Impulse und Willkürtendenzen - können in unterschiedlichen Konfliktzusammenhängen auftauchen: Sie sind kennzeichnend für die Durchsetzungsbemühungen des Selbst auf der Stufe der Autonomieentwicklung ("anale Phase"), wo der Umgang mit aggressiven Impulsen und zugehörigen Affekten eingeübt wird. Aber auch "frühere" Konfliktspannungen, die beim Erwachsenen als strukturelle Vulnerabilität imponieren, z.B. Nähe-Angst oder Enttäuschungswut des sehr objektbedürftigen und fragilen Selbst, können mit zwangsneurotischen Mitteln bewältigt werden. In einem solchen Fall ist nicht der Konfliktinhalt typisch zwangsneurotisch, sondern der Modus der **Konfliktbewältigung**. Die zwangsneurotischen Kontrollmechanismen dienen dabei der emotionalen Beruhigung und Stabilisierung eines aggressiv aufgewühlten Selbst; dessen

Angst gilt weniger der aggressiven Tat und den sozialen Folgen, wie es im dynamischen Hintergrund des typisch zwangsneurotischen Konflikts der Fall ist, sondern der Desintegration des fragilen Selbst und der Zerstörung seiner Objektbeziehungen durch die wütend-enttäuschte Erregung, die von einem regredierten Ich nicht ausgehalten und nicht anders kanalisiert werden kann.

Das Charakteristikum der zwanghaften Konfliktverarbeitung - unabhängig davon, auf welcher Ebene der Aggressionskonflikt entstanden ist - liegt in einer Sequenz von Abwehrmaßnahmen des Ich: Durch konsequente Affektisolierung wird das andrängende Konfliktthema versachlicht (der Mordimpuls kann ohne jeden Haßaffekt als Vorstellung gedacht werden, was dann allerdings sekundär ängstigt); durch Verschiebung wird der Impuls symbolisch verrätselt (z.B. nicht die Mordwaffe Messer muß gefürchtet und kontrolliert werden, sondern metallglänzende Gegenstände dürfen nicht berührt oder Worte mit dem Anfangsbuchstaben M nicht verwendet werden). Die Kontrolle der gefährlichen Objekte oder Handlungsimpulse wird ritualisiert (z.B. muß immer wieder überprüft werden, ob die Messerschublade geschlossen ist, oder es muß abgezählt werden, ob die Messer vollzählig vorhanden sind). Weitere Rituale lassen über die Vermeidungsmaßnahmen hinaus Buß- und Wiedergutmachungsinhalte erkennen (z.B. muß die Hand, die ein Messer berührt hat, wiederholt gewaschen werden oder der Gedanke an das Messer muß durch bestimmte Gegengedanken ausgeglichen werden). Damit ist die wesentliche Dynamik der Zwangssymptomatik beschrieben, die in Form von **Zwangshandlungen**, **Zwangsgedanken** oder **Zwangsimpulsen** auftreten können.

Das subjektive Erleben dessen, der von innen her "gezwungen" ist Dinge zu tun und Gedanken zu bewegen, die ihm selber fremd und oft unsinnig erscheinen, ist aufs Äußerste gequält. Die fehlende Verfügbarkeit über die eigenen psychischen Prozesse, die Angst, verrückt zu sein, sich wegen dieser Verrücktheit vor anderen Menschen schämen und verstecken zu müssen oder beim Fortbestehen der quälenden Zwänge den Ausweg des Suizids nehmen zu müssen.

Während sich in der Zwangssymptomatik die Themen des Aggressiv-Destruktiven, Chaotisch-Willkürlichen, Analen durchsetzen und unter Symptombildung aufgefangen werden, stellt die **zwangsneurotische Persönlichkeitsstruktur** die personifizierte, zum Charakter gewordene Abwehr dieser Konfliktthemen dar. Alle Ansätze von Chaotik und Willkür sind in Ordnungen und Prinzipienhaftigkeit gebändigt, die triebhaften Impulse, insbesondere die Analität werden durch Sauberkeit, Vernünftigkeit, Sparsamkeit kontrolliert; die Spontanität des Geschehen-Lassens, Sich-Gehen-Lassens, Es-Laufen-Lassens ist durch strikte Planung und Sachlichkeit unterbunden; aggressive und "egoistische" Tendenzen werden durch ethische Ansprüche und altruistische Haltungen in ihr Gegenteil gewendet. Das rigide Ich hat eine perfekte Kontrolle über die intrapsychische und zwischenmenschliche Bewegtheit errichtet.

Die Kinder zwanghafter Eltern erleben nicht nur den starken Druck in Richtung auf Ordnung, Sauberkeit, Sparsamkeit, sondern leiden vor allem unter der emotionalen Unsicherheit und Eingeschränktheit der Erwachsenen. Die nicht vorhersehbaren und unverständlichen Affektäußerungen eines Säuglings, z.B. seine orale Gier, das ständige In-die-Windeln-Machen, bringen zwanghafte Menschen, die ganz auf vernünftige Planung ausgerichtet sind, zur Verzweiflung. Da sie sich in ihrer Festgelegtheit nicht auf das spontane Geschehen einlassen können, intensivieren sie ihre Ordnungen und Prinzipien, um das vom Kind erzeugte Chaos zu bändigen. Nicht selten fühlen sie sich von dem Kind herausgefordert, die Interaktion wird für sie früh zum Machtkampf. Die adaptiven Möglichkeiten des Kindes liegen darin, sich in das zwanghafte System einzuordnen oder sich durch schizoide Abschaltungen gegen die unverständlichen und affektarmen Beziehungsangebote der Eltern zu schützen.

Die Persönlichkeitsentwicklung, die im Zwangscharakter extrem ausgeprägt ist, läßt in ihrer Ausrichtung durchaus Züge erkennen, wie sie in der Gesellschaft sozial erwünscht sind. Durch die Bereitschaft, sich selbst zu kontrollieren, sich durch andere kontrollieren zu lassen oder andere zu kontrollieren, werden soziale Strukturen möglich, wie sie in der wirtschaftlichen Produktion, in der Verwaltung, in der Wissenschaft oder beim Militär benötigt werden, um Machthierarchien zu erhalten und unter Gleichschaltung vieler bestimmte Aufgaben zu erledigen. Es sind jene Eigenschaften von Fleiß, Disziplin, Genauigkeit, Tüchtigkeit, Bereitschaft zur Unterordnung, die bestimmte Bevölkerungsgruppen sich gerne zuschreiben und die sie bei anderen vermissen.

Der **psychotherapeutische Umgang** mit Zwangssymptomatik und Zwangsstrukturen ist schwierig. Die ich-fremde Zwangssymptomatik erschließt sich nur schwer dem therapeutischen Verständnis, weil auch der Patient selbst aufgrund der vorherrschenden Affektabspaltung wenig Zugang zu ihr findet. Die Zwangsstruktur ist darüber hinaus meist ich-synton, d.h. die Betroffenen registrieren sie nicht als auffällig, sondern halten ihre charakterlich verankerten Prinzipien für allgemeingültig und auch für wertvoll. Der Therapeut hat keine andere Wahl, als sich mit viel Geduld auf diese Abwehrorientierung des Patienten einzustellen. Insbesondere dann, wenn die Zwangsstruktur den Bewältigungsversuch zur Stabilisierung eines fragilen Selbst bedeutet, gilt es, diesen Schutz nicht eher zu labilisieren, als bis für die dahinter liegenden vulnerablen Strukturen eine Nachreifung und Konsolidierung erzielt werden konnte.

Literatur

CSEF, H.: Zur Psychosomatik des Zwangskranken: Klinik, Psychodynamik, Psychopathologie, Therapie. Springer, Berlin Heidelberg 1988

BENEDETTI, G.: Zwangserscheinungen bei neurotischen Entwicklungen - Dynamik und Struktur der Zwangsphänomene. In: Hahn, P., Stolze, H. (Hrsg.): Zwangssyndrome und Zwangskrankheit. Lehmann, München 1974, 28-39

DÜHRSSEN, A.: Die Problematik der Zwangsneurose anhand von Kinderfällen. Prax. Kinderpsychiat. 3 (1954) 1-5

FENICHEL, O.: Hysterien und Zwangsneurosen (1931) Nachdruck Wissenschaftliche Buchgesellschaft, Darmstadt 1974

FREUD, S.: Charakter und Analerotik (1908) GW VII S. 203-209

LANG, H.: Zur Struktur und Therapie der Zwangsneurose. Psyche 40 (1986) 953-970

QUINT, H.: Die kontradepressive Funktion des Zwangs. Forum der Psychoanalyse Bd. 3 (1987) 40-50

QUINT, H.: Die Zwangsneurose aus psychoanalytischer Sicht. Springer, Berlin Heidelberg 1988

THOMÄ, H.: Über die Psychotherapie von Zwangssyndromen. In: Hahn, P., Stolze, H. (Hrsg.): Zwangssyndrome und Zwangskrankheit. Lehmann, München 1974, 106-115

2.7 Hysterie (J. Küchenhoff)

2.7.1 Geschichte und Begriffsbestimmung

Kaum ein anderer psychopathologischer Begriff hat sich geschichtlich ähnlich stark gewandelt wie der Begriff der Hysterie, kaum ein anderer ist so stark mit Werturteilen verbunden worden, kaum ein anderer wird fachintern ebenso wie alltagssprachlich ähnlich ungenau benutzt wie der Begriff "Hysterie". Über Hysterie zu sprechen, verlangt also heute genaue Begriffsklärungen und Beschreibungen. Die historisch gewachsene Begriffsunschärfe erlaubt aber auch faszinierende Einblicke in die zeitgeschichtliche Bedingtheit psychischer Symptombildungen, in die Abhängigkeit der wissenschaftlichen Erkenntnis von Standards gesellschaftlicher Entwicklung und gesellschaftlicher Vorurteile und Zwänge.
"Hystéra" heißt Gebärmutter. Im antiken Griechenland wurden hysterische Symptombildungen auf die Wanderschaft der Gebärmutter zurückgeführt. Diese wurde als eine Art Tier aufgefaßt, das sich vom Unterleib der Frau lösen und in verschiedene Organe wandern könne, von denen aus es dann Symptome verursache. Das Tier könne durch Geschlechtsverkehr und Schwangerschaft besänftigt und wieder an seinen Platz zurückgebracht werden (Platon,Timaios). Hippokrates übernimmt das magische Bild eines hungrig umherwandernden Tieres nicht, bejaht aber, daß die Hysterie durch eine Affektion der Gebärmutter entstehe. Galen entwirft ein gleichsam naturwissenschaftlich geläutertes Konzept der Hysterie, das sich von Platon recht besehen aber gar nicht weit entfernt: die Krankheit sei durch einen Sekretstau im Uterus hervorgerufen, der sich durch Beischlaf heilen lasse.
Einige Aspekte bleiben über Jahrtausende in der Diskussion um die Hysterie erhalten: es handelt sich, so sind sich die männlichen Wissenschaftler vieler Jahrhunderte einig, vornehmlich um eine Frauenkrankheit, die mit der Sexualität zu tun hat und in ihren Ausprägungsformen ausgesprochen vielfältig ist. Die therapeutischen Konsequenzen aus diesen Erkenntnis folgen zwei Mustern: Galen fordert den Beischlaf, die sexuelle Befriedigung der Frau als Heilmittel; in der christlich bestimmten mittelalterlichen Medizin hingegen ging es nicht um Erfüllung, sondern um die Austreibung des Sexuellen aus dem Frauenkörper und sei es mit den sadistischen Prozeduren der Hexenverfolgungen.
Offenbar ist die Geschichte der Hysterie nicht ohne die Geschichte weiblicher Ausdrucksformen und männlichen Herrschaftsverhaltens zu verstehen. Eine ebenso polemische wie stichhaltige Geschichte der Hysterie unter dem Gesichtspunkt der Geschlechterdifferenz gibt C.von Braun (1985).

Zwischen 1700 und 1850 wurde die Hysterie als ein neurologisch bedingtes Nervenleiden angesehen, so noch in der großen Monographie von Briquet (1859) und bei Charcot und dessen Schüler Gilles de la Tourette, die psychologische Faktoren nur als Auslöser akzeptierten. Erst die 1895 veröffentlichten "Studien zur Hysterie" von S. Freud und J. Breuer klärten über die Psychogenese hysterischer Symptombildungen und über ihre psychotherapeutische Behandelbarkeit auf. Freud differenzierte das psychodynamische Bedingungsgefüge in den kommenden Jahren weiter aus: Ursache der Hysterie bleibt nicht nur der verdrängte Affekt, der mit "Reminiszenzen", also emotional belastenden Ereignissen in Verbindung steht und der körperlich abgeführt wird; zur Hysterie gehört auch eine lebensgeschichtliche Vorprägung, die Fixierung auf der Stufe des Ödipuskomplexes. Im 20. Jahrhundert haben insbesondere Psychoanalytiker sich um eine weitere Differenzierung des Freudschen Hysterie-Konzeptes bemüht (vgl. dazu Green 1982, 617ff).

Hysterie kann heute nicht mehr als nosologische Einheit angesehen werden. Insofern ist der Begriff "Hysterie" heute tatsächlich obsolet. Es gibt keinen Morbus Hysterie, jedoch hysterisch ausgearbeitete Krankheitsbilder. Deshalb sprechen wir vom **hysterischen Syndrom**. M.a.W.: Hysterie beschreibt eine bestimmte Abwehrformation, nicht die Einheit von spezifischen, genetisch ableitbaren psychischen Konflikten und bestimmten Verarbeitungsformen. Hysterische Symptombildung ist eine bestimmte Ichleistung, der Belastungen auf verschiedenen psychosexuellen Entwicklungsstufen zugrunde liegen. (Hoffmann 1979, Mentzos 1980). Diese Ich-Leistung wird von Frauen wie von Männern eingesetzt. Hysterische Syndrome finden sich bei beiden Geschlechtern, wobei gesellschaftliche und kulturelle Rollenvorgaben die geschlechtstypischen Ausformungen prägen. Wenn also am Begriff festgehalten wird, so muß deutlich werden, was als Klammer angesehen werden kann, die die verschiedenen Symptome zusammenhält und die sie auf einen gemeinsamen Grundnenner zurückführt. Diese Frage soll im folgenden beantwortet werden. Dazu ist zunächst eine Kenntnis der hysterischen Symptomatik notwendig.

2.7.2 Klinische Bilder

Die hysterische Persönlichkeit

Ein hervorstechendes Merkmal ist die **histrionische,** also schauspielerartige Verhaltensweise, die den Stoff zu dem pejorativen Gebrauch von "hysterisch" im Sinne von "aufgebauscht, übertrieben,gekünstelt" abgegeben hat. Hysterische Charaktere sind auf ein Publikum angewiesen, sie sind in einem besonderen Maß extravertiert. Im Kontakt auffallend ist also die symbolisch überfrachtete Interaktion, die oft bunt, handlungsbezogen, verwirrend, auch verführerisch ausgestaltet wird. Parallel zu - und nur in scheinbarem Gegensatz zu - der besonderen Emotionalisierung steht die klassische "belle indifference", die emotionale Unerreichbar- und Unberührbarkeit.
Worin liegt die Abwehrqualität dieses Verhaltens? Die sog. **Hyperemotionalität** hat dynamisch viele Beweggründe (Hoffmann 1979, 272ff):

- die aufgeladen inszenierten Emotionen sind vorgetäuscht, sie überdecken mit ihrer Wucht andere, in der Latenz gehaltene Empfindungen, gleichsam durch einen Kontrasteffekt;
- sie dienen der Überich-Entlastung: **Affektualisierung** (Valenstein 1962) ist ein Schutz vor rationaler Durcharbeitung;
- sie dienen der **narzißtischen** Stabilisierung: der hysterische Patient ist demnach zugleich Schauspieler und Zuschauer; er betrachtet gleichsam die eigene Inszenierung seiner Gefühlszustände und fühlt sich dadurch bedeutsam, während er ansonsten nur an sich zweifeln müßte.

Auch das **histrionische** Verhalten hat einen wichtigen Abwehrsinn; die hysterische Abwehr besteht in der **Veränderung der Selbstrepräsentanz:** "Man stellt sich anders dar, als man ist" (Mentzos 1980, 777), und zwar nicht nur vor dem anderen, sondern auch vor sich selbst. So kann sich der hysterische Patient in eine regressive Rolle hineintreiben, in der nur Zärtlichkeit, Versorgung und Sicherheit bedeutsam scheinen - diese Rolle könnte dann der Abwehr einer genital-sexuellen Identität gelten. Aber auch umgekehrt: die Rolle einer femme fatale kann im Sinne einer progressiven Abwehr Sicherheitsbedürfnisse und Versorgungswünsche im wahrsten Sinne des Wortes überspielen.
Läßt sich der pejorative Gebrauch des Wortes "hysterisch" noch besser verstehen und für die Beschreibung des hysterischen Charakters nutzen? Hysterische Persönlichkeiten scheinen viel zu versprechen, ohne die Versprechungen einzulösen - dadurch fühlt sich der andere enttäuscht oder getäuscht. Dieser Aspekt hängt psychodynamisch gesehen mit der ausgesprochen großen **Neigung zu Identifizierungen** zusammen. Der andere wird von dem hysterischen Patient unter allen Umständen zu binden gesucht, daher wird ihm beigepflichtet, dadurch wird unbewußt sein Standpunkt angenommen und der eigene nicht mehr empfunden oder gewußt. Die Identifizierungsneigung speist sich also aus Verlassenheitsängsten oder aggressiven Gehemmtheiten. Ebenso wichtig ist - in sozialpsychologischen Kategorien ausge-

drückt - die **Identifikation mit der sozialen Rolle:** die hysterische Frau paßt sich unwillkürlich an das Bild der Frau an, das sie bei ihrem Partner oder überhaupt bei Männern vermutet. Hysterisches Verhalten impliziert also auch die Inszenierung sozialer Rollenklischees. Damit dient das hysterische Agieren dem Wunsch, in den Augen des anderen vollkommen zu sein.
Diesem Aspekt der **Vollkommenheit** widmet sich L.Israel in einer Monographie, in der er versucht, die positiven Botschaften der hysterischen Patienten zu formulieren. Er sieht die biographische Belastung der Patienten gerade darin, daß sie von einem Elternteil den unbewußten Auftrag bekamen, für ihn vollkommen zu sein. Unter der Bürde dieses narzißtischen Auftrags leidet die Patientin; insofern ist die Botschaft hysterischer Symptombildungen - zu denen wir nun kommen werden - auch die, inmitten des Zwangs zur Vollkommenheit unvollkommen sein zu dürfen.

Die hysterische Symptombildung

Daß der hysterische Charakter und die hysterischen Symtome nicht eng zusammen gehören, darauf hat Rangell schon 1959 hingewiesen. Zu den hysterischen Symptombildungen werden zwei Symptomgruppen gerechnet: die Konversionsstörungen und die dissoziativen Störungen.

Konversion

Die Klinik der Konversionsstörungen ist im Kapitel "Psychotherapeutische Ansätze in der Neurologie" ausführlich beschrieben. Nur einige übergeordnete Gesichtspunkte sollen im Zusammenhang mit der Hysterie hervorgehoben werden:
Das Modell der Konversion ist ein bedeutsames Konzept des leib-seelischen Zusammenspiels in der Psychosomatik. Seelische Inhalte werden in der Konversion verdrängt, auf den Körper verschoben und mit Hilfe körperlicher Symptome gleichsam körpersprachlich zum Ausdruck gebracht. Konversionsstörungen sind also - in den Worten Th. von Uexkülls - typische **"Ausdruckskrankheiten"** (von Uexküll 1963)
Konversionssymptome stellen nicht nur abgewehrte, durch eine **ödipale Fixierung** der Triebimpulse bedrohlich gewordene sexuelle Inhalte dar. Sie sind also nicht, wie oft und lange angenommen worden ist, an eine bestimmte psychosexuelle Entwicklungsstufe gebunden. In der psychoanalytischen Diskussion der Konversion wurden schon frühzeitig **prägenitale Konversionsneurosen** beschrieben, z.B. bei O. Fenichel (1945) oder bei F. Deutsch.
Die Konversionssymptomatik spielt sich "within the conventions of its host culture" (Krohn 1978, 188) ab. Konversionssymptome können als unbewußte Flucht in die Krankheit aufgefaßt werden; als ihr Fluchtcharakter durch die Psychoanalyse aufgedeckt war und der psychische Ursprung dieser Krankheiten ins allgemeine Bewußtsein getreten war, war dieser Fluchtweg gleichsam verstellt. Die Auflösung der Rätsel, die die dramatischen Konversionsstörungen zu Freuds Zeiten aufgaben, erzwang also, daß andere Organkrankheiten psychogen imitiert werden mußten. So ist auch zu verstehen, daß mit der zunehmenden Bedeutsamkeit seelischer Erkrankungen von hysterischen Patienten nicht nur körperliche Krankheiten imitiert wurden, sondern gerade seelische Krankheitsbilder. Dadurch hat sich die Bedeutung des zweiten Symptomkomplexes der Hysterie gesteigert, nämlich der dissoziativen Störungen, die wir nachfolgend beschreiben.

Dissoziative Störungen des Bewußtseins

Die Konversionsstörungen werden im ICD 10 als **dissoziative Störungen** der Bewegung und Sinnesempfindung beschrieben; von ihnen zu unterscheiden sind die dissoziativen Störungen der Bewußtseinsfunktionen. Dissoziation, ein Begriff, der bereits von P. Janet als Grundmodus der psychischen Verarbeitung theoretisch aufgearbeitet wurde (vgl. Ellenberger 1973) bedeutet den "teilweise(n) oder völlige(n) Verlust der normalen Integration, die sich auf Erinnerungen an die Vergangenheit, Identitätsbewußtsein und unmittelbare Empfindungen, sowie die Kontrolle von Körperbewegungen bezieht ...". Von den dissoziativen Störungen wird angenommen, daß die Fähigkeit zur bewußten und selektiven Kontrolle in einem Ausmaß gestört ist, das von Tag zu Tag oder sogar von Stunde zu Stunde wechselt." (ICD 10, 161) Dabei können einfache Bewußtseinsfunktionen dissoziieren; z.B. kann das Gedächtnis i.S. einer spezifischen Erinnerungsstörung an belastende aktuelle Ereignisse versagen **(dissoziative Amnesie)**. Auch die Orientierung und Fortbewegung im Raum können dissoziieren und zu einer **Fugue** führen, die eine komplexe, unterschiedlich lang andauernde zielgerichtete Ortsveränderung im Zustand eines "anderen Bewußtseins" impliziert. Die Motorik kann aber auch im hysterischen **Stupor** gleichsam ausgeschaltet werden. **Trance**zustände oder **psychogene Dämmerzustände** können sich so ausweiten, daß der Eindruck einer **"multiplen Persönlichkeit"** besteht: Es agieren dann mehrere Ichs nebeneinander, d.h. mehrere Persönlichkeitsbilder sind im Bewußtsein des Individuums voneinander völlig getrennt, das sich jeweils ganz und abwechselnd in eine bestimmte Rolle hineinbegibt und in ihr lebt.

Abgrenzungen von Symptombildern, die oft der Hysterie zugeschrieben werden

Als **Briquet-Syndrom** wird eine polysymptomatische Form der Hysterie mit wechselndem Beschwerdebild bezeichnet; die Symptombeschreibung ähnelt viel mehr den **Somatisierungsstörungen** als den bereits beschriebenen hysterischen Symptomen. Dieses Syndrom macht darauf aufmerksam, daß es zwischen hysterischen Störungen und Somatisierungsstörungen einen unklaren Überschneidungsbereich gibt. Dem gegenwärtigen Stand der Theoriebildung innerhalb der Psychosomatik folgend, schlagen wir vor, Somatisierungsstörungen als eigenständigen deskriptiv-diagnostischen Komplex zu klassifizieren (siehe Kapitel 2.3.4) und als hysterische Symptome nur die oben beschriebenen dissoziativen und konversionsneurotischen Symptome zuzulassen. Insofern sollten die Diagnosen "hysterische Neurose" und "Somatisierungsstörung" einander ausschließen. Natürlich können Somatisierungsstörungen dennoch mit einer hysterischen Persönlichkeitsstruktur verbunden sein.

2.7.3 Zur Psychodynamik hysterischer Störungen

Bereits mehrfach wurde betont, daß hysterische Störungen als eine spezifische **Abwehr**leistung aufgefaßt werden, die nicht mit einer spezifischen psychogenetischen Entwicklungsstörung oder Fixierung verbunden ist. Die klinische Konsequenz aus dieser Annahme ist, daß die psychodynamisch relevante Konfliktebene und das Niveau der Persönlichkeitsorganisation bei hysterischen Syndromen im Einzelfall jeweils neu bestimmt werden müssen. "Hysterisch" ist eben mit "ödipal" nicht gleichzusetzen, "hysterisch" meint in unserem Ansatz einen Verarbeitungsmodus, "ödipal" hingegen eine entwicklungspsychologisch definierte Konfliktebene (Mentzos 1971). Durch diese Unterscheidung lassen sich die umständlichen und definitorisch ungenauen Differenzierungen zwischen "true hysteric" und dem "so-called good hysteric" (Zetzel 1968), zwischen "hysterisch" und "hysteroid" (Easser & Lasser 1965) oder zwischen "hysterischer" und "infantiler" Persönlichkeit (Kernberg 1978) vermeiden, die nur deshalb für notwendig erachtet wurden, weil jeweils im zweiten Fall ein prägenitaler, meist oraler Abhängigkeitskonflikt unterstellt wurde.
Welche genetisch bestimmten Konflikte lassen sich bei Patienten mit hysterischer Abwehr beschreiben? Ohne Frage spielen die **ödipalen** Konflikte eine große Rolle, neben ihnen sind aber auch Konflikte im **oralen** Triebbereich bei manchen hysterischen Zustandsbildern dominant, die dann meist mit schwerwiegenden **narzißtischen** Problemen einhergehen (vgl. Fenichel 1945, Klein 1932/1973, Marmor 1953, Hoffmann 1979).
Oben hatten wir die Frage gestellt, aber noch offengelassen, was der einheitsstiftende Kern der geschilderten Charakterpathologie und Symptome ist, der es rechtfertigt, die vielfäl-

tigen geschilderten Verarbeitungsmodi weiterhin hysterisch zu nennen. Bei der Beschreibung der hysterischen Persönlichkeit und der Symptombilder ist diese gemeinsame Basis vielleicht bereits in Umrissen deutlich geworden; der zentrale Begriff der Dissoziation zielt ebenfalls auf den gemeinsamen Nenner hysterischer Phänomene. Krohn (1979, 158) spricht vom **"myth of passivity"** und meint damit, daß der hysterische Patient sowohl intrapsychisch wie auch interpersonal "versucht, sich im weitesten Sinne des Wortes der Verantwortung für seine Gedanken, Handlungen und Impulse zu entledigen". Im Dienste der Über-Ich-Entlastung werden die subjektiv verpönten Impulse verdrängt und in einen Bereich hinein verschoben, für den die Persönlichkeit des Kranken keine Verantwortung mehr übernehmen muß; in der Konversion werden die Impulse durch Dissoziation also auf den Körper verlagert oder sie werden durch die Persönlichkeits- oder Bewußtseinsspaltungen entfremdet oder durch das histrionische und affektualisierte Auftreten überspielt. Zugleich aber stellen auch die hysterischen Symptome, ja selbst die hysterische Charakterabwehr eine Kompromißbildung dar, da die verpönten Wünsche in den nicht-verantworteten, dissoziierten Persönlichkeitsbereichen versteckt zum Ausdruck gebracht und befriedigt werden.

Exkurs zum Problem der "hysterischen Psychose"

An dieser Stelle soll an einen Begriff erinnert werden, der vor knapp 100 Jahren in der Psychiatrie geläufig war, um den es aber - mit Unterbrechungen - still geworden ist, nämlich an den Begriff der hysterischen Psychose. Hysterische Psychosen sind akute endogene Psychosen, die bei Patienten mit hysterischer Charakterstruktur aufbrechen und bei denen hysterische Mechanismen in der Vorphase des psychotischen Schubes und in der Ausgestaltung der Psychose eine große Rolle spielen (Mentzos 1973). Im Rahmen des Ansatzes, der die Hysterie nicht als eigenständiges Krankheitsbild, sondern als Syndrom auffaßt, ist die hysterische Psychose besonders interessant. Ihr Auftreten unterstreicht die (relative) Unabhängigkeit der hysterischen Abwehrformation von der nosologischen Zuordnung. Hysterische Abwehrstrukturen lassen sich also auch bei psychotisch Kranken finden. Die klinischen Beobachtungen zur hysterischen Psychose lassen diese als eine Extremvariante hysterischer Abwehr erscheinen; daß die Maskerade der hysterischen Patienten, die Dissoziation ihrer Bewußtseinsfunktionen etc. so weit getrieben werden kann, daß eine "Psychose durch einfache Steigerung - Überwältigungspsychose" (Freud S, 1895, 69) entstehen kann, ist plausibel. Die hysterische Psychose stellt demnach ein wichtiges Glied im Übergangsbereich zwischen Psychose und Neurose dar, das für die weitere Erforschung der sog. psychogenen Psychosen höchst bedeutsam ist. Daher soll es hier erwähnt werden, obwohl es in den aktuellen Diagnoseglossaren nur eine sehr untergeordnete Beachtung erfährt.

2.7.4 Psychotherapeutische Aspekte hysterischer Störungen

Unsere syndromatologische, von nosologischer Spezifizierung absehende Zugangsweise führt zu einer grundsätzlichen therapeutischen Konsequenz: Eine Psychotherapieindikation kann nicht schematisch gestellt werden, sobald eine hysterische Störung diagnostiziert worden ist. Die Psychotherapieindikation richtet sich vielmehr nach der individuellen, ich-strukturellen und entwicklungspsychologisch-genetischen Diagnostik. Patienten mit einer hysterischen Neurose, die ich-strukturell stabil sind und deren Triebkonflikt genetisch vor allem auf eine ödipale Ebene zurückzuführen ist, können - unter der Voraussetzung eigener Motivation und eines entsprechenden Leidensdrucks - von einer **Psychoanalyse** profitieren. Dies gilt, mit Einschränkungen, auch für Patienten, bei denen auch prägenitale, orale Störungsanteile beobachtet werden können, wenn ihre Ich-Struktur ein therapeutisches Arbeitsbündnis ermöglicht.

Patienten hingegen, deren dissoziative Abwehr die Ich-Funktionen sehr stark beeinträchtigt, die zu ausgeprägtem Agieren und zu riskanten Selbstinszenierungen neigen und bei denen die prägenitale Störung deutlich überwiegt, können u.E. initial mehr von einer **stationären** Psychotherapie profitieren. Die vielfältigen Interaktionsformen im Rahmen der stationären Behandlung kommen den szenischen Entwürfen der Patienten entgegen. Die Patienten können und werden die Station als Bühne benutzen, und das hysterische Schauspiel kann von den Mitgliedern des stationären Teams leichter entschlüsselt werden als vom analytischen Einzeltherapeuten. Je stärker die Ich-Funktionen durch die Bewußtseinsdissoziation leiden, um so stärker ist auch eine Ich-Stützung in der Therapie angezeigt.

Wichtiger als solche globalen Hinweise zur Psychotherapieindikation sind Hinweise darauf, wie mit der hysterischen Abwehr im Rahmen der verschiedenen psychoanalytischen Therapiesettings umgegangen werden soll. Zentral ist im Umgang mit hysterischen Patienten sicherlich, die "unerhörte Botschaft der Hysterie" (Israel 1983) richtig zu entschlüsseln, d.h. das **Beziehungsangebot im hysterischen Agieren** richtig zu verstehen.

Das ist nur möglich, wenn der Therapeut mit der eigenen **Gegenübertragung** umgehen kann. Was als Unmut des Therapeuten wegen der Ungenauigkeit und Vagheit der konfus inszenierten oder vorgetragenen Symptomatik anmuten kann, mag auf der unbewußten Ebene die Enttäuschung des Therapeuten spiegeln, der sich z.B. von einer hysterischen Patientin zunächst libidinös verführt fühlt und dann unbewußt enttäuscht ist, wenn sie ihn allein läßt. Aber nicht nur unbewußte Verführungen spielen eine Rolle, entscheidend wichtig sind auch Facetten einer narzißtischen Übertragung; so kann eine Patientin auf den Therapeuten negativ wirken, wenn sie sich als grandiose Frau inszeniert und so im (männlichen ebenso wie im weiblichen) Therapeuten das Verlangen mobilisiert, gegen diese Größenvorstellungen anzukämpfen. Umgekehrt kann der Psychotherapeut auf eine Idealisierung gleichsam hereinfallen; er kann von der Patientin zum vollkommenen Therapeuten stilisiert werden, den sie mit allen ihren Wunschphantasien ausstattet. In beiden Fällen wird es darum gehen, die narzißtische Verführung zu reflektieren, d.h. die enormen **Ich-Idealprobleme** hysterischer Patienten zu erkennen, die sich entweder dem - vermeintlich - vollkommenen Partner unterwerfen oder umgekehrt immer und überall als vollkommen auftreten zu müssen glauben. Israel hat sicher recht, wenn er die klinische Beobachtung hervorhebt, daß die ödipale Fixierung hysterischer Patienten mit der Delegation elterlicher Ansprüche zu tun hat, in dem Sinne, daß sie als Kinder für den einen Elternteil ein vollkommener Partner(-Ersatz) zu sein hatten, und daß hysterische Patienten intensiv nach Begegnungen suchen, die endlich einmal ohne solche narzißtischen Übersteigerungen auskommen.

Eng mit dem beschriebenen Narzißmusproblem in der Psychotherapie hysterischer Patienten ist die Frage verbunden, wie der Therapeut mit den **Identifikation**sneigungen der Patienten umgehen kann. Therapien hysterischer Patienten können daran scheitern, daß eine "Als-Ob-Therapie" durchgeführt wird, nämlich dann, wenn der Therapeut nicht bemerkt, daß die Patienten sehr schnell herauszufinden trachten, was er am liebsten hören würde, und sich mit seinen Ansprüchen identifizieren, d.h. ihm optimale Patienten sein wollen. Die Therapie läuft dann scheinbar problemlos, vielleicht sogar hoch spannend, aber nichts verändert sich wirklich; die Patienten werden auf diese Weise in der Therapie einmal mehr eine Lebenserfahrung wiederholen, ohne sie durchzuarbeiten, nämlich, daß es ihnen nicht möglich ist, sie selbst zu sein, daß sie das Risiko, eigene Wünsche ohne Dissoziationen als eigene anzuerkennen und den Wünschen anderer entgegenzustellen, auch in der Therapie nicht leben durfte.

In diesem Kontext ist auch der **Histrionismus** wichtig, der dem Gesprächspartner oft aufgesetzt oder unecht erscheint und ihn u.U. ungeduldig oder wütend machen kann, da er immer wieder - fälschlich - annimmt, daß die Patienten aufhören können zu spielen, daß sie über die Möglichkeit verfügen, authentisch reagieren zu können. Stattdessen ist die hysterische Unechtheit zu berücksichtigen und sogar als Chance aufzugreifen, als ein unüberhörbares Signal dafür zu nehmen, daß das therapeutische Gespräch noch immer im Bereich des "Als-Ob" hängengeblieben ist, daß Maskeraden nach wie vor nötig sind. Statt also den Patienten einen lauten oder latenten Vorwurf zu machen, wäre es nützlicher, sich mit ihnen gemeinsam auf die Suche zu machen, welche Bedingungen erfüllt sein müßten, um solche Maskeraden aufzugeben. Israel, der - wie beschrieben - die Vervollkommnung der Eltern als den unbewußten Auftrag der Patienten begreift, von denen sie sich befreien müssen, schreibt:

> "Man kann jetzt ein Resümee darüber aufstellen, worauf die Analyse der Hysterie hinausläuft. Es geht darum, die Hysterikerin dahin zu bringen, auf die Vervollkommnung dieses realen Vaters zu verzichten, und ihm das Recht auf Unvollkommenheiten, auf Niederlagen und auf Schwächen zuzugestehen. Von da ab wird sie auch bereit sein, sich die gleichen Rechte zuzugestehen. Das heißt, sie wird sich dazu autorisieren, sich in der Gegenwart das zunutze zu machen, was sie besitzt, statt diese Gegenwart einer Zukunft zuliebe zu verpassen, einer Zukunft, die mit leere Hoffnungen ausgestattet, immer nur noch weiter hinausgeschoben wird." (Israel 1983, 252)

Literatur

Braun, C. von: Nicht ich: Logik, Lüge, Libido. Neue Kritik, Frankfurt/Main 1985

Briquet, P.: Traité clinique et thérapeutique de l'hysterie. Baillière, Paris 1859

Dilling, H., Mombour, W., Schmidt, M.H.: Internationale Klassifikation psychischer Störungen. Huber, Bern Göttingen Toronto 1991

Easser, W.R., Lasser, S.R.: Hysterical personality: A re-evaluation. Psychonal Quart 34 (1965) 390-405

Ellenberger, H.S.: Die Entdeckung des Unbewußten. Huber, Bern Stuttgart Wien 1973

Fenichel, O.: Psychoanalytische Neurosenlehre. Walter Olten, Freiburg 1945/1974-1977

Freud, S.: Die Abwehr-Neuropsychosen (1895) GW I

Freud S.: Studien über Hysterie (1985) GW I

Green, A.: Die Hysterie. In: Eicke D. (Hrsg.): Psychologie des 20. Jahrhunderts. Tiefenpsychologie I, 617-645. Beltz, Weinheim Basel 1982

Hoffmann, S.O.: Charakter und Neurose. Suhrkamp, Frankfurt 1979

Hoffmann, S.O., Hochapfel, G.: Einführung in die Neurosenlehre und Psychosomatische Medizin. 4. Auflage. Schattauer, Stuttgart New York 1991

Israel, L.: Die unerhörte Botschaft der Hysterie. Reinhardt, München Basel 1983

Kernberg, O.: Borderline-Störungen und pathologischer Narzißmus. Suhrkamp, Frankfurt 1978

Klein, M.: Die Psychoanalyse des Kindes. Kindler München 1932/1973

Krohn, A.: Hysteria: The Elusive Neurosis. International Universities Press New York 1978

Marmor, J.: Orality in the hysterical personality. J. Amer. Psychoanal. Ass 1 (1953) 656-671

Mentzos, S.: Zur Psychodynamik der sogenanntren "hysterischen" Psychosen. Nervenarzt 44 (1973) 285-291

Mentzos, S.: Hysterie. In: Peters, U.H. (Hrsg.): Die Psychologie des 20. Jahrhunderts, Bd. 10, Ergebnisse für die Medizin 2, Psychiatrie. Kindler Zürich 1980, 770-790

Uexküll, Th. von: Grundfragen der psychosomatischen Medizin. Rowohlt, Hamburg 1963

Valenstein, A.F.: The psychoanalytic situation. Int. J. Psycho-Anal. 43 (1962) 315-324

Zetzel, E.: The so-called good hysteric. Int. J. Psycho-Anal 49. (1968) 256-260

2.8 Eßstörungen: Anorexia und Bulimia Nervosa (A. Hußmann)

2.8.1 Häufigkeit und soziokultureller Hintergrund

Anorexia nervosa und Bulimia nervosa können als zwei ungleiche Schwestern gelten. Gemeinsames Leitsymptom dieser beiden Störungen ist der konflikthafte Umgang mit Nahrung und der Versuch, über die Manipulation des Körpers intrapsychische und interpersonelle Spannungen zu regulieren. Dabei hat der Körper jeweils auch eine kommunikative Funktion, insbesondere setzt der anorektische Körper ein Zeichen, das die Mitwelt emotional involviert und zu einer Stellungnahme zwingt. Dagegen sind die Reaktionen des sozialen Umfelds jeweils unterschiedlich. Schepank (1991) spricht von der "Gegenübertragungsfaszination" und Attraktion, die die Anorexia nervosa ausübe. Diese Patientinnen lösen bei der Mehrzahl der Therapeuten ausgesprochene Retter- und Helferimpulse aus. Bei der Bulimia nervosa verhält es sich dagegen oft anders. Obwohl häufig ähnlich existentielle Fragen im Hintergrund der Erkrankung stehen (z.B. Auseinandersetzung um Identitäts- und Selbstwertfragen, Schwierigkeiten bei der Übernahme der weiblichen Geschlechtsidentität, Konflikte im Zusammenhang mit Autonomie- und Abhängigkeitswünschen), lösen diese Patienten oft eher Ärger oder sogar Ekelgefühle im sozialen Umfeld aus. Vermutlich hängen diese jeweils unterschiedlichen Reaktionen mit bestimmten gesellschaftlichen Standards zusammen, die den Ausdruck von triebhaften, gierigen, "chaotisch-schmutzigen" Impulsen verpönen. Das Faszinosum der Anorexia nervosa könnte darin begründet liegen, daß diese auch hier vorhandenen Impulse in der Latenz bleiben, während sie im bulimischen Symptom gelebt, wenn auch vor den Blicken anderer verborgen gehalten werden. Interessant ist nun, daß beide Eßstörungssyndrome vorwiegend junge Frauen und Mädchen betreffen. Es liegt daher nahe, anzunehmen, daß Geschlechtsspezifität und Symptomwahl auch mit den soziokulturellen Bedingungen zu tun haben, unter denen diese Störungen auftreten. Bevor daher die beiden Krankheitsbilder im einzelnen behandelt werden, sollen nach einem Abschnitt zur Epidemiologie diese Aspekte näher untersucht werden.

Epidemiologie

Die viel diskutierte Häufigkeitszunahme von Anorexia nervosa in den letzten Jahrzehnten ist durch epidemiologische Studien nicht eindeutig zu belegen. Systematische repräsentative Studien ganzer Bevölkerungsgruppen oder repräsentativer Stichproben liegen kaum vor. Die nachgewiesene Zunahme der Behandlungsinzidenz in den westlichen Industrieländern verweist nicht notwendig auf eine tatsächliche Zunahme der **Erkrankungshäufigkeit**, sie kann auch durch Veränderungen des Krankheitsverhaltens und des Behandlungsangebotes bedingt sein. Hinzu kommt, daß die Studien aufgrund unterschiedlicher Forschungskriterien oft nicht vergleichbar sind. Da die diagnostische Zuordnung von Patienten mit zusätzlicher bulimischer Symptomatik oder untypischen Eßstörungen unterschiedlich gehandhabt wird, kann es zu Überschätzungen des Prävalenzanstiegs für die Anorexia nervosa kommen, die durch die zunehmende Erkrankungshäufigkeit von bulimarektischen Störungen bedingt sind (Schepank 1991). So verwundert es nicht, daß Angaben zur Prävalenz und Inzidenz von Anorexia nervosa stark schwanken. Schätzungen der wahren Prävalenz für die Risikogruppe liegen zwischen 0,1% (Schepank 1991) und 4% (Russel 1977), je nach den angewandten diagnostischen Kriterien. Köhle und Simmons (1990) geben die jährliche Erkrankungsinzidenz der Anorexia nervosa mit 0,1 bis 0,6 pro 100.000 Einwohner, bzw. zwischen 50 und 75 Patienten pro 100.000 Personen der Risikopopulation (Frauen zwischen 15 und 25 Jahren) an.

Auch für die Bulimia nervosa fehlen aus den genannten Gründen bisher noch exakte Zahlen. In der Literatur wird übereinstimmend von einer Zunahme der Erkrankung insbesondere während der letzten 10 Jahre gesprochen. Die Prävalenzschätzungen für die Risikogruppe junger Frauen und Mädchen liegen zwischen 2 und 4% (Fichter 1985). Anorexia nervosa und Bulimia nervosa sind vorwiegend **Erkrankungen junger Mädchen und Frauen** der Mittel- und Oberschicht. Der Anteil männlicher Patienten ist gering. Mester (1981), der die Geschlechterrelation von Anorexiepatienten in 50 publizierten Studien der Jahrgänge 1931 bis 1981 untersuchte, gibt ihn mit 6,4% an. Bei der Bulimia nervosa verhält es sich ähnlich. Hier wird der Anteil männlicher Patienten auf 4,5% geschätzt (Ziolko 1985).

Soziokulturelle Aspekte

Abweichungen von einem physiologisch bedingten Eßverhalten in Form von Anorexie und Hyperphagie mit oder ohne selbstinduziertem Erbrechen hat es offenbar zu allen Zeiten gegeben (Habermas 1990, Ziolko 1985). Interessant und erklärungsbedürftig ist aber, daß Anorexia nervosa und Bulimia nervosa, die als "Zeit- und Modekrankheiten" gelten, fast ausschließlich junge Frauen und Mädchen betreffen. Die Geschlechtsspezifität der beiden Störungen und ihr gehäuftes Auftreten in westlich orientierten Industrieländern sprechen dafür, daß es sich um soziokulturell bedingte Syndrome oder um ethnische Störungen handelt (Habermas 1990).

Im derzeitigen "narzißtischen Zeitalter" westlicher Industrieländer bestimmt sich Attraktivität zu großen Teilen durch körperliche Attribute wie Schlankheit, Jugendlichkeit und körperliche Fitneß. Der Körper wird gezielt nach dem eigenen, letztlich **gesellschaftlich bedingten Ideal** geformt und verändert, wobei die Gesellschaft hierfür bestimmte Kulturtechniken bereitstellt wie z.B. Body-Building, die Produkte der Schlankheits- und Schönheitsindustrie und schließlich Diäten, die Zeitpunkt, Qualität und Quantität der Nahrungsaufnahme reglementieren. Dabei gelingt es der Werbung, indem sie auf das narzißtische Potential eines jeden setzt, die Forderung nach größter Selbstkontrolle und Disziplin beim Essen mit hedonistischen Versprechungen zu verbinden. Der Slogan "du darfst" suggeriert einen folgenlosen Genuß ohne Reue aber eben auf die "light" Art. Wichtige **historische Voraussetzungen** für die Entwicklung dieser Standards der Selbstbeschränkung beim Essen sind der relative Überfluß von Konsumgütern und die weitgehend freie Verfügbarkeit von Nahrung, verbunden mit einer Abnahme ritueller Vorschriften, die Zeiten des Fastens oder auch Zeiten normalen oder auch übermäßigen Essens zu besonderen Festtagen genau bestimmten (Habermas 1990). Während im Lauf der Geschichte diese externalen Kontrollzwänge abnahmen, entwickelten sich zunehmend Restriktionen, die sich die einzelnen selbst auferlegten, um damit bestimmte Effekte der Ernährung auf Körper und Seele zu erreichen oder zu vermeiden. Dieser Trend selbstrestriktiver Nahrungsaufnahme betrifft heute in besonderem Maße Frauen. Button und Whitehouse (1981) referieren Ergebnisse, nach denen 80 bis 90% der Frauen westlicher Kulturen ihre tägliche Kalorienaufnahme überwachen, um dem gängigen Schlankheitsideal zu entsprechen. Bei Männern scheint sich ein hohes Selbstwertgefühl weniger mit Schlankheit als mit physischer Effektivität zu verbinden. Will man die einzelnen Eßstörungen auf die genannten gesellschaftlichen Bedingungen beziehen, lassen sie sich jeweils als Normverstöße gegen das herrschende Schönheits- und letztlich Weiblichkeitsideal verstehen. Während der anorektische Körper quasi als Karikatur und der adipöse Körper im Sinne von Übertreibung den Normenverstoß deutlich markieren, verhält es sich bei der Bulimie anders. Diese Erkrankung besitzt ein hohes Potential an Heimlichkeit. Bulimische Frauen demonstrieren nach außen ein hohes Maß an Konformität, wobei Scham- und Schuldgefühle aufgrund der Erkrankung die Identifizierung mit der weiblichen Norm belegen.

Bruch (1978) vermutet, daß die Modeindustrie mit ihrer **Betonung von Schlankheit** verantwortlich sei für das gehäufte Auftreten von Eßstörungen bei Frauen. Je stärker die Mode diktiere, den Körper ungeschützt und ungestützt zu zeigen, desto stärker fielen die Sanktionen gegenüber Übergewichtigkeit aus. Überblickt man die historische Entwicklung in der Mode, fällt auf, daß das Ideal des erotisch attraktiven Frauenkörpers etwa ab Beginn des 20. Jahrhunderts verknüpft war mit dem Ideal des natürlichen, nicht durch Kleidung oder Korsett manipulierten Körpers. Einen vorläufigen Höhepunkt scheint diese Entwicklung mit der derzeitigen Mode enganliegender Leggins und Mieder gefunden zu haben. Der weibliche Körper als Repräsentationsobjekt ist damit seiner eigentlichen Intimität beraubt. Ob die Mode und die Verbreitung des herrschenden Schlankheitsideals durch die Medien ursächlich für das gehäufte Auftreten von Eßstörungen bei Frauen verantwortlich gemacht werden können, bleibt dennoch fraglich.

Christina von Braun (1992) widerspricht dieser Sichtweise. Sie versteht die Anorexie vielmehr als Kampf um Autonomie im Sinne einer Selbstdefinition, als Bestimmung der eigenen Andersartigkeit in Abgrenzung gegenüber einem anderen bzw. gegenüber einer vorgegebenen Rollenvorschrift. Die anorektischen Frauen weigerten sich, die gesellschaftlich zugeschriebene weibliche Opferrolle, etwa als selbstlose Mutter oder als sich für einen Mann aufopfernde Frau zu übernehmen. Möglicherweise führt die Bulimie als "heimliche Schwester" der Anorexie diesen Kampf mit raffinierteren Mitteln fort. Christina von Braun (1992) sieht den kulturgeschichtlichen Hintergrund der modernen Anorexie sowohl in der Geschichte christlicher Vorstellungen über die Frau als auch in tradierten Verhaltensmustern weiblicher Auflehnung gegen diese Vorstellungen.

Da vor allem Anorexie und Bulimie Erkrankungen sind, die gehäuft mit Beginn des Erwachsenenalters auftreten, stellt sich die Frage, ob sie auch als Ausdruck von Schwierigkeiten in der sekundären Sozialisation verstehbar sind. Tatsächlich haben sich die **Rollenanforderungen an junge Frauen** in den letzten Jahrzehnten verändert. Die Zeitpunkte, zu denen die soziale Identität durch Berufswahl, Heirat oder verbindliche Partnerschaft und die Geburt des ersten Kindes festgelegt wird, liegen für weibliche Jugendliche im Durchschnitt später als noch vor etwa 30 bis 40 Jahren (Habermas 1990). Hieraus resultieren nicht nur Rollenkonflikte zwischen traditionellen und modernen Rollenerwartungen, sondern auch größere Anforderungen bei der eigenverantwortlichen und in höherem Maße als früher selbstbestimmten individuellen Lebensgestaltung. Bräutigam (1986) hat die Frage angeregt, inwieweit die Auflösung traditioneller Normen und Anforderungen, die Jugendlichen früher eine klare Orientierung gaben, heute von diesen durch individuelle Grenzsetzungen ersetzt werden müssen. Die Selbstrestriktion bei der Nahrungsaufnahme wäre dann nur ein Aspekt, der einem verbreiteten gesellschaftlichen Trend folgte. Wie auch immer man die Bedeutung der verschiedenen soziokulturellen Aspekte bewerten mag, so erklären sie doch nicht, warum nur ein bestimmter Prozentsatz an Individuen erkrankt. Hierüber kann nur die Untersuchung des je individuellen Falls Aufschluß geben.

2.8.2 Anorexia nervosa: Symptomatik und diagnostische Kriterien

Auffälligstes Symptom der Anorexie ist der erhebliche Gewichtsverlust oft bis hin zur Kachexie, wobei die Patientinnen selbst das Empfinden haben, zu dick zu sein. Die überzeugt vorgebrachten Klagen, unförmig oder gar fett zu sein, stehen in krassem Widerspruch zum Äußeren der Patientinnen. Sie haben den Charakter einer überwertigen Idee. Auch wenn Hungergefühle durchaus vorhanden sind - die Bezeichnung des Krankheitsbildes als An-orexie ist irreführend -, wird die Nahrungsaufnahme verweigert oder es werden lediglich geringste Mengen kalorienarmer Kost, oft über den ganzen Tag verteilt, aufgenommen. Während die Patienten selbst hungern, versorgen sie Angehörige oder Freunde häufig überreichlich mit gutem, meist selbst zubereitetem Essen, das sie diesen oft regelrecht aufzwingen. Oder aber sie schwelgen in phantasierten Genüssen beim Lesen von Kochbüchern oder Sammeln von Rezepten.

Andere verstecken oder horten Nahrungsmittel. Bei einem Teil der Patienten treten gelegentlich Heißhungeranfälle mit anschließendem Erbrechen auf. Diese Impulsdurchbrüche weden als Verstoß gegen die selbst auferlegte Doktrin streng geahndet und mit weiterem radikalen Fasten oder anderen Methoden der Gewichtsreduktion (z.B. Laxantienabusus, übermäßige sportliche Betätigung) beantwortet. Typisch ist weiterhin eine auffallende Hyperaktivität. Auch bei extremer Abmagerung sind die Patienten rastlos und getrieben. Bei einem Großteil der Patienten finden sich soziale Rückzugstendenzen und z.T. auch bewußt wahrgenommene soziale Defizite. Interesse an gegengeschlechtlichen Kontakten besteht nicht oder wird lediglich in realitätsfernen Phantasien ausgelebt. Die eigene Körperlichkeit wird in allen bedürftigen und triebhaften Aspekten, also auch dem Sexuellen, abgelehnt und bekämpft. Rückzug und soziale Isolation werden rationalisierend, meist mit der Notwendigkeit, für die Schule, die Ausbildung oder das Studium hart arbeiten zu müssen, begründet. Die normal bis überdurchschnittlich intelligenten und begabten Patienten erbringen denn auch, so lange der körperliche Zustand es überhaupt zuläßt, meist sehr gute bis hervorragende Leistungen in den genannten Bereichen.
Bei weiblichen Patienten ist das Ausbleiben der Menarche bzw. das Sistieren der Menses (primäre und sekundäre Amenorrhoe) ein häufiges Symptom, das jedoch nicht notwendig mit dem einsetzenden Gewichtsverlust einhergeht. Bei etwa einem Drittel der Patientinnen bleibt die Periode bereits vor der Abmagerung aus. Auch die regelhaft auftretende Obstipation erklärt sich nicht allein durch die bizarren Nahrungsgewohnheiten oder als überdauernde Folgeerscheinung des häufig betriebenen Laxantienabusus. Sie ist ebenso wie die Amenorrhoe als ein im engeren Sinne psychosomatisches Symptom interpretationsbedürftig.

In Anlehnung an die gängigen Klassifikationssysteme zur Diagnostik (DSM III-R (APA 1987), ICD 10 (WHO 1991), Feighner et. al. (1972)) werden die **wichtigsten Symptome** nochmals zusammengefaßt:

- Das Körpergewicht liegt deutlich unter dem nach Alter und Größe zu erwartenden Gewicht
- Körperideal extremer Magerkeit: Starke Angst vor Gewichtszunahme (Gewichtsphobie) und
- Hochgefühl und Stolz bei Nahrungsverweigerung und Gewichtsverlust
- Körperwahrnehmungsstörungen: Empfinden, selbst bei deutlichem Untergewicht zu dick zu sein
- Der Gewichtsverlust wird selbst herbeigeführt durch: Nahrungsmittelabstinenz, striktes Diäthalten, Erbrechen, Einnahme von Laxantien, Diuretika und Appetitzüglern, motorische Hyperaktivität
- Körperliche Begleit- und Folgeerscheinungen, wie z.B. primäre oder sekundäre Amenorrhoe, Obstipation

Somatische Folgeerscheinungen

Infolge der Mangelernährung und der progredienten Gewichtsabnahme kommt es zu einer Reihe von schwerwiegenden somatischen Sekundärsymptomen. Zu nennen ist hier ein schlechter Allgemeinzustand, gekennzeichnet durch extremes Untergewicht bis hin zur Kachexie, Hypothermie und Bradypnoe. Im kardiovaskulären Bereich lassen sich Arrythmien, Bradykardie, Hypotonie, Akrozyanose und periphere Ödeme feststellen. Störungen im Eiweiß- und Mineralhaushalt, speziell Kaliummangel, sind häufig, ebenso diverse endokrinologische Veränderungen. Die Haut ist atroph und trocken, das Haar meist dünn und brüchig, bei extremer Mangelernährung tritt auch Haarausfall auf. Es kommt zu einer typischen Lanugobehaarung. Dentale Anomalitäten und geschwollene Speicheldrüsen infolge des selbstinduzierten Erbrechens, sind häufig. Die Krankheit mit ihren vielfältigen somatischen Befunden kann auch zum Tod führen. Langzeituntersuchungen erbrachten Letalitätsraten zwischen 5% und 18%.

Differentialdiagnose

Die vielfältigen somatischen Befunde, zumal

wenn sie in einer allgemeinmedizinischen oder internistischen Praxis vorgebracht werden, können zunächst irreführen. Dies gilt, wenn in die Diagnose neben den körperlichen Parametern nicht auch Auffälligkeiten im Verhaltens- und Erlebensbereich mit eingehen. Bei primär somatischen Erkrankungen, wie z.B. chronisch konsumierenden Krankheiten, Hirntumoren, Darmerkrankungen wie Morbus Crohn oder einem Malabsorptionssyndrom finden sich jedoch nicht die typischen Körperwahrnehmungsstörungen und die meist ausgeprägte Gewichtsphobie. Differentialdiagnostisch ist auch die Möglichkeit einer psychiatrischen Erkrankung, z.B. einer primär affektiven Störung oder einer Schizophrenie, zu berücksichtigen.

Die Abgrenzung zu einer Bulimia nervosa kann in den Übergangsbereichen schwierig sein. Wichtigstes Kriterium hier ist das Körpergewicht, das bei Bulimia nervosa Patienten mit Schwankungen immer noch im Normbereich liegt.

2.8.3 Psychodynamik der Anorexie

Auslösende Bedingungen

In den Anamnesen anorektischer Patienten finden sich nur selten dramatische äußere Anlässe, die die Krankheitsentwicklung bedingten. Bei noch weitgehend ungeklärten somatischen und erbgenetischen Faktoren und der Wirksamkeit soziokultureller Determinanten kann die Erkrankung, die meist in der Pubertät beginnt und vorwiegend Mädchen und junge Frauen betrifft, als **Reaktion auf entwicklungsbedingte Anforderungen** gesehen werden. Zu diesen Anforderungen gehören die Auseinandersetzung mit der körperlichen Reifung, die Übernahme und Entwicklung der psychosozialen Geschlechtsrolle und beruflichen Identität und damit verbunden auch die Loslösung von den primären Liebesobjekten der Kindheit, den Eltern, sowie das Eingehen neuer, andersgearteter Beziehungen zu Mitgliedern der eigenen Altersgruppe. Diese Entwicklungsschritte gehen niemals ohne Erschütterung vor sich. Bei anorektischen Patienten zeigen sich jedoch nicht nur die altersspezifischen und passageren Symptome einer Pubertätsaskese. Ihre Reaktion kann als defensives und konstant durchgehaltenes "Nein" auf den durch die Pubertät ausgelösten Zustand von Anspannung und Verwirrung angesichts der anstehenden Aufgaben gesehen werden. Der "goldene Käfig der Magersucht" (Bruch 1978) ist immer auch einer, der ein sich Hinauswagen, sich Auseinandersetzen, Trennen und Neubeginnen ersparen soll. Wie Csef (1987) zeigen konnte, finden sich bei Anorexiepatienten mit Erstmanifestation im Erwachsenenalter die gleichen typischen Grund- und Beziehungskonflikte im zwischenmenschlichen bzw. partnerschaftlichen Bereich, die bei der Pubertätsmagersucht im Elternhaus ausgetragen werden. Es sind dies vorwiegend Konflikte zwischen Autonomie und Abhängigkeit, zwischen Nähe und Distanz oder Konflikte im Zusammenhang mit Selbstbehauptung und Machtanspruch.

Da die Anorexia nervosa eine Erkrankung ist, die vorwiegend junge Frauen und Mädchen betrifft, bleiben in den folgenden Abschnitten psychodynamische Aspekte bei männlichen Patienten unberücksichtigt. Ein psychodynamischer Verstehensansatz hierzu wurde von Burzig (1987) vorgelegt.

Das Aufgeben der genital-sexuellen Entwicklungsstufe und Abwehr der weiblichen Identität

Die Anerkennung und Übernahme der psychosexuellen Rolle als Frau bringt für die Patientinnen eine Reihe von Schwierigkeiten mit sich und wird deshalb in regressiver Weise abgewehrt. Sich als Frau eigenverantwortlich erleben zu können und zu handeln, würde voraussetzen, die Eltern aus der Verantwortlichkeit zu entlassen, die sie z.T. real, z.T. aber auch in der kindlichen Entwicklung als idealisierte Objekte hatten. Diese Aussöhnung und den damit verbundenen Verzicht auf nicht realisierbare Möglichkeiten, können die Patientinnen aber nicht leisten. Sie sind mehr oder weniger bewußt beherrscht durch Ressentiments, nicht genügend bekommen zu haben und generell schlechter ausgestattet und ausgerüstet zu sein. Dieser Groll richtet sich vor allem gegen die Mutter. Die Übernahme der weiblichen Rolle wird auf diesem Hintergrund als weitere Anforderung erlebt und ist mit der Angst verbunden, die Position des zu versorgenden und berechtigt ansprüchlichen Kindes aufgeben zu müssen. Dies käme einer Trennung von der idealisierten (asexuellen) Mutterfigur gleich. Zudem bedeutete die Akzeptanz der sich entwickelnden genitalen Sexualität, so werden zu müssen wie die Mutter und zwar in den von der Patientin abgelehnten sexuellen Aspekten. Zugleich würde sich die Mutter-Tochter-Beziehung grundlegend verändern, indem beide sich erneut mit Themen der ödipalen Rivalität und weiblichen Konkurrenz auseinandersetzen müßten.

Mit der sexuellen Reife versagt auch der Vater als sicherheitgebendes Alternativobjekt. In der ödipalen Auseinandersetzung mit dem Vater kann dieser ebenfalls bedrohliche (z.B. oral verschlingende) Aspekte annehmen. Über die Abwehrmechanismen der Regression und Verschiebung werden die genital sexuellen Triebimpulse auf die orale Ebene verschoben und dort in einem weiteren Abwehrschritt durch Hungern bekämpft. Diese regressiven Prozesse erklären auch das Wiederauftauchen infantiler Sexualtheorien, wie z.B. Phantasien oraler Schwängerung oder Geburt durch den Mund. Die Bildung eines asexuellen Ichideals ("ich bin weder weiblich noch männlich") kann daher auch als Reaktionsbildung bzw. als Abwehr gegen ein Bewußtwerden sexueller Wünsche gesehen werden, die eine Trennung von den primären und eine Hinwendung zu anderen Liebesobjekten implizieren würden. Durch das Aushungern des weiblichen Körpers, mit dem auch eine Verkümmerung weiblicher Funktionen verbunden ist, haben die Patientinnen im Symptom eine Möglichkeit gefunden, die anderen auf Distanz zu halten, u.U. auch machtlos zu machen, ohne sie aber verlieren zu müssen (Willenberg 1991).

Regression auf die Stufe der oralen Ambivalenz

Denken und Verhalten anorektischer Patienten werden im Krankheitsverlauf zunehmend bestimmt durch Inhalte der oralen Entwicklungsstufe. In einer unbewußten Gleichsetzung wird die Nahrungsaufnahme einerseits als Verschmelzung mit einem ambivalent geliebten Objekt, andererseits als dessen Zerstörung erlebt. Beide Alternativen bedrohen das fragile Ich, entweder durch Identitätsverlust oder aber durch den Verlust des Liebesobjekts. Nahrungsbedürfnis, bzw. im weiteren Sinn der eigene Liebesanspruch werden daher als destruktiv erlebt und deshalb vermieden. Dem aus der oralen Ambivalenz resultierenden Schuldgefühl, verstärkt durch oralen Neid und Aggression, begegnen die Patientinnen durch strikte Nahrungsabstinenz. Diese hat so gesehen einen objektschützenden und selbstbestrafenden Charakter. Ebenso kann die Hyperaktivität der Patientinnen, sofern sie nicht als Appetenzverhalten infolge des fortwährenden Hungerns anzusehen ist, eine selbstbestrafende Funktion haben.

Asketische Idealbildung und sozialer Rückzug als Versuch narzißtischer Regulation

Angesichts der als überwältigend erlebten Reifungsanforderungen und bei einem tiefsitzenden Gefühl, die daraus resultierenden Konflikte und Aufgaben nicht meistern zu können, ziehen die Patientinnen die Notbremse. Da sie sich eigene Bedürftigkeit als Schwäche auslegen und auch von anderen entsprechend Verachtung oder aber Übergriffigkeit erwarten, verbietet sich ihnen die Hinwendung zu anderen als potentiellen Helfern. Über eine asketische Idealbildung ("ich brauche nichts und niemanden") wird der Versuch gemacht, dem befürchteten Identitäts- und Kontrollverlust zu begegnen. Die Not wird zur Tugend, anstelle von Bedürftigkeit wird Bedürfnislosigkeit propagiert. Es kommt zu einer unterschiedslosen Feindschaft gegen alles Triebhafte und zu einer Verleugnung eigener Bestrebungen und Ansprüche. Diese werden vielmehr an anderen wahrgenommen und bekämpft. Es sind im Verlauf der Erkrankung immer mehr die anderen, Eltern, Freunde, Ärzte, Therapeuten, die sich im Erleben der Patientinnen mit ihrer Hilfe aufdrängen und wollen, daß sie essen. Sie selbst wollen es nicht, haben oftmals weder Krankheitsgefühl noch Krankheitseinsicht. In gewisser Weise setzt sich mit der Delegation eigener Bedürfnisse an andere ein früheres Beziehungsmuster fort. Im Erleben der Patientinnen waren es auch vor Krankheitsbeginn nicht sie selbst, die etwas wollten, sondern sie erfüllten Anforderungen, die durch Eltern, Freunde, Schule etc. gestellt wurden. In einer Art doppelter Buchführung demonstrieren Negativismus und Verleugnung der Krankheit eine letztlich fiktive Autonomie, sie weisen aber auch deutlich auf Mängel in der bisherigen Identitätsentwicklung hin.

Der narzißtische Triumph, der aus der asketischen Idealbildung herrührt und in die Phantasie einmündet, eine Art Perpetuum mobile zu sein, hält jedoch nicht lange vor. Nahrungs- und Objekthunger können nicht auf halluzinatorischem Weg gestillt werden. Je mehr die Bedürfnisspannung im Verein mit der abwehrbedingten sozialen Isolation und Entfremdung ansteigt, desto stärker müssen dargebotene Versuchungen bekämpft werden. Hinzu kommt als weiterer und wesentlicher dynamischer Faktor ein intensives Neidgefühl (Boris 1984). In idealisierender Verkennung der Realität werden die anderen so wahrgenommen, als ob sie das Erwünschte, nämlich eine bedürfnislose, in sich ruhende Zufriedenheit hätten. Sie werden damit gleichzeitig unverzeihlich mächtig und das Gefühl, als abhängiges und bedürftiges Mängelwesen beschämt zu werden, steigt an. Die Vorstellung, von diesen übermächtigen anderen etwas anzunehmen, Nahrung, einen Rat oder Zuwendung, käme dann dem Zugeständnis gleich, daß die anderen etwas haben, was man nicht hat. Damit wäre aber die narzißtische Vollkommenheitsphantasie absoluter Bedürfnislosigkeit zerstört. Aus diesem Grund müssen die Abwehrbemühungen - Verleugnung der eigenen Bedürftigkeit, Projektion der Bedürfnisse auf andere, Objektabwertung und Idealisierung des eigenen Verzichts - fortlaufend verstärkt werden. Auf paradoxe Weise wird somit der Hunger zum besten Freund. Er garantiert, daß man es geschafft hat.

Verwendung des eigenen Körpers als Objekt

In dem Maße, in dem sich die Patientinnen von der äußeren Objektwelt zurückziehen, wird ihnen der eigene Körper als Objekt wichtig. Die Objektverwendung des Körpers impliziert dabei eine Spaltung in einen erlebenden Selbstanteil und einen distanziert wahrgenommenen Körperaspekt. Für die Patientinnen repräsentiert der magere, untergewichtige Körper ein "gutes" Objekt, mit dem vereint ein Hochgefühl von Allmacht entsteht (Hirsch 1991). Die unbewußte Fusion mit dem "guten", idealisierten Objekt im Zustand äußerster Abmagerung und die daraus resultierende Hochstimmung machen es auch verständlich, warum die Patientinnen die vorhandene vitale Bedrohung nicht erkennen können. Anders verhält es sich, wenn der Körper real oder im Erleben der Patientin normal oder übergewichtig zu werden droht. Er wird dann zum Repräsentanten eines "bösen", verschlingenden und die eigene Autonomie bedrohenden Objekts. Da der jeweilige körperliche Zustand letztlich selbstinduziert ist, kann man auch davon sprechen, daß der Körper für die Patientinnen den Charakter eines Übergangsobjekts bekommt. Als manipulierbares, nicht wirklich zum eigenen Selbst zugehörig erlebtes Objekt kommt er auch dem großen Bedürfnis der Patientinnen nach Selbstbestimmung entgegen (Willenberg 1991).

Die vorangegangene Darstellung der verschiedenen psychodynamischen Aspekte sollte deutlich machen, daß Nahrung und Körperlichkeit in der Anorexie vielfältige psychodynamische Bedeutung haben können. Zentral wichtig, vor allem auch für die Psychotherapie, ist die Regression auf die Stufe der oralen Ambivalenz; sie birgt das Dilemma in sich, daß Liebe zugleich als verschmelzend ersehnt und als verschlingend gefürchtet wird.

2.8.4 Zur Ätiologie und Pathogenese der Anorexia nervosa

Aufgrund der Komplexität der pathogenetisch wirksamen Faktoren scheint ein ätiologisches Modell sinnvoll, das diese Einzelfaktoren nicht nur in ihrer Summation, sondern in ihrer dynamischen und interagierenden Wirkung über die Zeit berücksichtigt. Fichter (1985) unterscheidet prädisponierende Faktoren, auslösende Ereignisse, Bewältigungsversuche durch das Individuum und das soziale Umfeld und schließlich Faktoren, die zur Perpetuierung der Krankheit beitragen.

Die **prädisponierenden Faktoren** sind bereits vor Krankheitsbeginn wirksam. Hierunter können soziokulturelle, soziale und pathogen wirkende familiäre Einflüsse, sowie individuell-psychologische, biologische und genetische Faktoren subsummiert werden. Für eine erbgenetische Determination sprechen Untersuchungen an Zwillingspaaren (Fichter 1985, Schepank 1991 u.a.). Diskutiert werden auch Geburtskomplikationen und damit verbundene Hirnschädigungen. Allerdings ist die Interpretierbarkeit dieser Daten durch die retrospektive Erfassung der Geburtsanamnese stark eingeschränkt. Beim heutigen Stand der Forschung ist keine primäre (hirn)organische Veränderung bekannt, die die Anorexia nervosa bedingt (Fichter 1985). Beschrieben wurden bislang lediglich sekundäre somatische Veränderungen.

Aus psychoanalytischer Perspektive bietet sich eine entwicklungsgeschichtliche Betrachtung an, wobei insbesondere konflikthafte oder defizitäre Verläufe in der Selbst- und Objektbeziehungsentwicklung berücksichtigt werden. Meist werden Störungen bereits in der Frühphase der kindlichen Entwicklung angenommen (Hirsch 1991, Masterson 1977, Bruch 1978, Shugarman und Kurasch 1981, Willenberg 1991 u.a.), die im weiteren Entwicklungsverlauf Folgeschäden bzw. Entwicklungsbeeinträchtigungen nach sich ziehen. Von familientherapeutischer Seite werden dysfunktionale und pathogen wirkende familiäre Interaktionen in den Vordergrund gerückt (Minuchin, Rosman u. Baker 1981 u.a.). Diese sind durch eine enge Verflechtung der familiären Beziehungen und eine ausgeprägte Rigidität der Familienorganisation gekennzeichnet, wodurch die Erarbeitung flexibler Konfliktlösungen erschwert wird. Empirische Untersuchungen zeigen, daß die genannten Faktoren wenig spezifisch und in ihrer Bedeutung für die Krankheitsentwicklung relativ einzuschätzen sind. So findet sich das beschriebene familiäre Beziehungsmuster auch in anderen "psychosomatischen" Familien. Die Annahme, es gäbe eine typische Magersuchtsfamilie, stellte sich als Fiktion heraus. Für sich allein genommen, haben die prädisponierenden Faktoren nur einen begrenzten Aussagewert. Sie erhöhen aber die Auftretenswahrscheinlichkeit der Anorexia nervosa.

Zur Manifestation der Erkrankung bedarf es zusätzlicher **auslösender Ereignisse.** In der Literatur werden hier meist Trennungs- und Verlusterlebnisse genannt oder der Eintritt in die Pubertät und damit verbundene körperliche und seelische Erschütterungen. Die einsetzende Erkrankung kann entweder als Dekompensation eines bis dahin schon labilen Gleichgewichts angesehen werden oder aber als Bewältigungsversuch aktueller Belastungen. In der Literatur wird darauf hingewiesen, daß die Patienten innere und äußere Konflikte auf die Problematik des Essens verschieben und sich so z.B. um die Restitution ihres angeschlagenen Selbstwertgefühls bemühen. Die eintretende Verringerung des Leidensdrucks ist jedoch nur passager. Die Abwehrbemühungen erweisen sich als dysfunktional, da Folgeprobleme resultieren. Genannt wurden hier bereits die zunehmende soziale Isolation und die zunehmende Destabilisierung des psychischen und körperlichen Gleichgewichts. Für die Aufrechterhaltung der Erkrankung, die eine Eigengesetzlichkeit zu entwickeln beginnt, sind **krankheitsperpetuierende Faktoren** in Betracht zu ziehen. Fichter (1985) nennt hier z.B. Auswirkungen der Mangel- und Unterernährung auf die körperliche und psychische Befindlichkeit. Zu denken ist auch an die zunehmende (selbstinduzierte) Entmündigung der Patientinnen. Indem sie sich weigern, für sich selbst Sorge zu tragen, werden zunehmend signifikante andere aus dem sozialen Umfeld oder aber Ärzte und Therapeuten in die Verantwortung gezwungen. Gerade dies führt jedoch, wie dargestellt, zu einer Verstärkung der Abwehr- und Autonomiebemühungen der Patientinnen.

Aufgrund der Komplexität der zusammenwirkenden Faktoren ist es nicht möglich, ein einheitliches Ätiologielogiemodell aufzustellen. Günstigenfalls gelingt es im nachhinein, die jeweilige Bedeutung der Einzelfaktoren zu bestimmen. Je nach Lehrmeinung und Beobachterperspektive wird es dabei zu unterschiedlichen Schwerpunktsetzungen kommen, die zugleich eine hohe Relevanz für die Wahl der therapeutischen Strategie besitzen.

2.8.5 Therapie der Anorexia nervosa

Eine Hauptschwierigkeit der Anorexiebehandlung liegt kurz gesagt darin, daß die Patientinnen ihre Erkrankung nicht als Problem, sondern vielmehr als die Lösung ihres Problems begreifen. Angesichts der Unsicherheiten und Mängel der eigenen Identitätsentwicklung wirkt die Erkrankung durch Negation der eigenen Bedürfnisse und äußeren Anforderungen identitätsstiftend. Wie beschrieben wird die anorektische Lebensweise zum Ideal erhoben. Da dies so ist, verfügen die Patientinnen oft kaum über Krankheitsgefühl oder Krankheitseinsicht. Dementsprechend gering ist auch die Therapiemotivation, verstanden als Veränderungswunsch aus einem bestehenden Leidensdruck heraus.
Der behandelnde Arzt/Therapeut befindet sich somit in einem **Dilemma**. Achtet er den freien Willen und die Autonomie seiner Patientin, macht er sich zum Komplizen ihrer selbstdestruktiven Lebensweise. Er läuft Gefahr, sie verhungern zu lassen und muß sich mit der Frage der Mitschuld auseinandersetzen. Besteht er aber auf Behandlung auch gegen den erklärten Willen der Patientin, darf er sich sicher sein, daß sie ihm jede Mitarbeit verweigern wird. Sie wird die Behandlung nicht als hilfreich, sondern im Gegenteil als gewalttätig und sadistisch erleben. Damit inszeniert sich bereits vor dem eigentlichen Behandlungsbeginn ein Beziehungsmuster, das sich auch im familiären oder weiteren sozialen Umfeld von Anorektikerinnen findet: Im Erleben der Patientin wird der Behandler in die Reihe derer gestellt, die nur ihr Bestes wollen - und, so die Logik der Patientin, genau das wird sie ihm vorenthalten. Bei dieser Ausgangslage, bei der die eigene Bedürftigkeit auf den anderen projiziert und dort bekämpft wird, ist es klar, daß ein therapeutisches Arbeitsbündnis nur schwerlich zustande kommen kann. Hinzu kommt die Tatsache, daß ein bloßes "Wiederauffüttern" zwecklos ist. Ein normalisiertes Gewicht bei Therapieende allein ist kein prognostisch günstiger Faktor (Deter et al. 1989, Engel und Meyer 1991).
Zielsetzung **therapievorbereitender Gespräche** wird daher sein, sich mit der Patientin darauf zu verständigen, daß das anorektische Verhalten Ausdruck einer psychischen Notlage ist, deren psychotherapeutische Bearbeitung sich lohnen kann. Gelingt diese Konsensbildung in einem gemeinsam zu fomulierenden Behandlungsvertrag, ist auch die anzustrebende Gewichtszunahme und -stabilisierung nicht bloßer Selbstzweck, sondern sie wird zur entscheidenden Voraussetzung jeder weiteren psychotherapeutischen Arbeit. Die Beobachtung, daß nicht nur die Patientinnen, sondern paradoxerweise auch die nächsten Angehörigen, die zunächst auf Behandlung bestanden hatten, sich der Behandlung widersetzen, hat dazu geführt, auch die Angehörigen in die Therapieplanung mit einzubeziehen. Dies gilt vor allem bei jüngeren Patientinnen.
Die **Einzelpsychotherapie** der Magersüchtigen muß sich auf die vorn beschriebenen psychodynamischen Konflikte einstellen. Das asketische Ideal, als Reaktionsbildung gegen Gefühle von Hilflosigkeit und Angewiesenheit, stellt das erste therapeutische Problem dar. Für die Patientin bedeutet, sich auf eine Therapie einlassen, die partielle Anerkennung der Tatsache, daß andere Menschen etwas haben, was ihr helfen

könnte. Die Vorgespräche der Therapie sind also häufig ein Ringen um die Anerkennung der Hilfsbedürftigkeit.

Wenn die Patientin auf die Stufe oraler Ambivalenz regrediert ist, muß die Therapie mit diesem spezifischen Beziehungsangebot umgehen. Analytische Psychotherapie, welche die Übertragungsbeziehung fördert, hat darin die Chance, der Patientin immer wieder die starke Ambivalenz zwischen Verschmelzungswünschen und Angst vor der Zerstörung des Objekt, zwischen übergroßer Nähe und abruptem Rückzug erlebbar zu machen und diese Ambivalenz durchzuarbeiten.

Therapeutisch schwer zu beeinflussen ist die Verwendung des eigenen Körpers als Objekt. In der **stationären Psychotherapie** liegt hier eine Chance im Einsatz der nonverbalen Therapien: Die Konzentrative Bewegungstherapie bietet die Möglichkeit, den eigenen Körper nicht nur als Objekt narzißtischer Unterwerfung zu benutzen, sondern seine kommunikativen Möglichkeiten zu erproben. Musik- und Maltherapien bieten weitere Gelegenheit, einen kreativen Raum zu schaffen, der zwischen dem Selbst und den Objekten Abstand verschafft.

Katamnestische Untersuchungen haben gezeigt (Deter et al. 1989), daß eine effektive Anorexiebehandlung eine **Kurz- und Langzeitperspektive** berücksichtigen muß, die nicht nur durch schnelle Gewichtsnormalisierung die körperliche Gefährdung der Patientin aufhebt, sondern sich in einer längerfristigen Planung auch um die psychotherapeutische Bearbeitung der zugrundeliegenden emotionalen Konflikte bemüht. Die empfohlene Behandlung gliedert sich in eine stationär beginnende und poststationär fortzuführende psychotherapeutische Behandlung. Nach Feiereis (1989) ist eine stationäre Behandlungseinleitung unbedingt dann indiziert, wenn es zu einem kritischen Abfall des Gewichts auf 55 bis 60% oder weniger des Idealgewichts gekommen ist, bei bedrohlichen somatischen Komplikationen aufgrund der chronischen Mangelernährung oder bei ausgeprägter Depressivität oder Suizidalität. Bei bestehender vitaler Gefährdung sind zunächst klinisch-internistische Maßnahmen notwendig, die neben hochkalorischer Diät, u.U. auch Sondenernährung, Bettruhe, wenn notwendig medikamentöser Therapie, natürlich auch die Kontrolle relevanter physiologischer Parameter umfassen. Da eine Gewichtszunahme von mehr als ein bis zwei Kilogramm pro Woche für die Patientinnen nicht tolerierbar ist, muß die Kalorienzufuhr kontrolliert erfolgen. Die symptomorientierte, somatische Therapie wird von einer psychotherapeutischen Haltung des gesamten Teams begleitet, die mit Engel und Meyer (1991) als strikt führend und supportiv bezeichnet werden kann. Sobald der körperliche Zustand der Patientinnen dies zuläßt und deutliche Anzeichen der Kooperationsbereitschaft erkennbar sind, kann eine konfliktbearbeitende Psychotherapie beginnen. Die klinische Erfahrung zeigt, daß Patientinnen unterhalb eines bestimmten Gewichts nicht eigentlich psychotherapiefähig sind, so daß die "Wiederauffütterung" bis zur Erreichung eines Basisgewichts in jedem Falle den ersten Schritt der Behandlung darstellt.

Die einzel- und gruppentherapeutische Behandlung wird insbesondere durch nonverbale Therapieangebote unterstützt (z.B. Gestaltungs- und Musiktherapie oder körperorientierte Verfahren). Zu gleicher Zeit werden der Patientin die anfänglich restriktiv gehandhabten Bereiche wie Nahrungsaufnahme, Bettruhe und soziale Kontakte schrittweise in die eigene Verantwortung zurückgegeben. Da sich stabilisierende soziale Beziehungen für den weiteren poststationären Verlauf als besonders wichtig herausgestellt haben, sind vor allem auch gegen Ende der stationären Behandlung familien- und paartherapeutische Gespräche zweckmäßig. Engel und Meyer (1991) empfehlen aufgrund eigener katamnestischer Untersuchungen, die Patientinnen überhaupt nur dann zu entlassen, wenn sie über ein bis zwei stabilisierende soziale Kontakte verfügen. In den meisten Fällen ist eine ambulante Weiterbehandlung sinnvoll und notwendig, zumal in der Phase nach der Entlassung ein hohes Rezidivrisiko besteht.

Wenngleich in der Literatur Heilungs- bzw. Besserungsraten von 50 bis 80% angegeben werden, bleibt oft eine Restsymptomatik bestehen, die sich auf die Thematik des Essens, der Figur und des Gewichts, aber auch auf psychische Bereiche wie Angst, Depression, Zwang und sexuelle Vermeidehaltungen bezieht.

2.8.6 Bulimia nervosa: Symptomatik und diagnostische Kriterien

Kennzeichnend für das Krankheitsbild sind episodisch wiederkehrende Heißhungeranfälle, in denen die Patientinnen mit einer Präferenz von Süßspeisen große Mengen hochkalorischer Nahrungsmittel verschlingen. Die Kalorienzahl pro Anfall wird mit 3000 - 4000 Kalorien, in Einzelfällen in der Größenordnung von 10000 Kalorien angegeben (Feiereis 1989). Der Anfall wird häufig geplant. Die Patientinnen treffen Vorsorge, indem sie immer eine ausreichend große Nahrungsmenge zuhause haben oder eigens dafür einkaufen gehen. Das Essen, zu Beginn des Anfalls meist ich-synton, findet in der Regel in aller Heimlichkeit statt. Typisch ist, daß die Patientinnen während des Anfalls einen Kontrollverlust erleben. Der Heißhungeranfall endet, wenn die Kapazitätsgrenzen des Magens erreicht sind, durch Einschlafen oder Gestörtwerden durch andere, meist aber durch selbst induziertes Erbrechen. Die Sequenz von Essen und Erbrechen kann sich mehrmals bis zur Erschöpfung wiederholen. Das Erbrechen hat häufig den Zweck, eine befürchtete Gewichtszunahme zu verhindern, ebenso wie andere gewichtsregulierende Maßnahmen, wie z.B. strenge Diäten oder die Einnahme von Diuretika, Laxantien oder Appetitzüglern.
Nach dem Anfall fühlen sich die Patientinnen meist deprimiert. Sie verachten sich für ihr impulshaftes Verhalten oder es stellen sich die typischen Leeregefühle ein, die dem Freßanfall vorausgingen. Scham und Heimlichkeit, Selbstverachtung und Depressivität führen zu einer zunehmenden sozialen Isolation. Die enormen Kosten für Nahrungsmittel bedingen oft finanzielle Schwierigkeiten. Der Verlauf ist meist chronisch. Heißhungeranfälle wechseln sich ab mit Phasen normalen Essens und Phasen restriktiver Diäten. Oft dauert es Jahre, bis sich die Patientinnen um professionelle Hilfe bemühen.

In Anlehnung an die heute gebräuchlichen Klassifikationssysteme zur Diagnostik, ICD 10 und DSM III-R werden die wichtigsten Diagnosekriterien nochmals zusammengefaßt:

- wiederholte Episoden von Freßanfällen (mindestens 2 pro Woche)
- das Gefühl, dabei die Kontrolle über das Eßverhalten zu verlieren
- Maßnahmen zur Gewichtskontrolle: Selbstinduziertes Erbrechen, Einnahme von Diuretika, Laxantien, Appetitzüglern, strikte Diäten und übermäßige körperliche Betätigung.
- Anhaltende Sorge um Körperumfang und Gewicht.
- Das Körpergewicht liegt bei Schwankungen im Normbereich.

Die genannten Klassifikationssysteme bemühen sich um eine möglichst präzise Beschreibung und Einordnung des beobachtbaren Verhaltens. Sie liefern quasi das Etikett. Bulimie-Patienten stellen jedoch hinsichtlich der zugrundeliegenden Persönlichkeitsstruktur eine recht heterogene Gruppe dar. Das Syndrom wird im Zusammenhang mit neurotischen Störungen (z.B. Konversion), aber auch mit narzißtischen und Borderline-Störungen beobachtet. Aus psychodynamischer Sicht ist daher zusätzlich zur deskriptiven Symptomerfassung eine differenzierende Diagnostik der Persönlichkeitsstruktur erforderlich.

Somatische Folgeerscheinungen

Das habituelle Überessen und Erbrechen kann zu nachhaltigen und schwerwiegenden körperlichen Komplikationen führen. Häufig sind Erosionen des Zahnschmelzes und eine erhöhte Anfälligkeit für Karies, Parotishypertrophien, Elektrolytverschiebungen und Verletzungen im Rachenraum Folge des Erbrechens. Seltener treten Ösophagus- oder

Magenrupturen auf; vereinzelt wird auch von Todesfällen berichtet. Meist ist den Betroffenen nicht bewußt, daß sie sich körperlich gefährden. Der Übergang zwischen Nicht-Wissen, Verleugnung und bewußt intendierter Selbstschädigung scheint fließend.

Differentialdiagnose

Hier ist zunächst an andere Eßstörungen zu denken. Bei Anorexie-Patienten steht der oft lebensbedrohliche Gewichtsverlust im Vordergrund, während das Gewicht bei Bulimie-Patienten mit Schwankungen im Normbereich liegt und von diesen auch realistisch eingeschätzt werden kann. Sie verfügen auch über eine Krankheitseinsicht, welche bei Anorexie-Patienten in der Regel nicht besteht. Da es aber Übergänge von der Anorexie zur Bulimie gibt, bzw. die bulimische Symptomatik auch bei einer vorwiegend anorektischen Störung auftreten kann, ist die Diagnose in den Grenzbereichen gelegentlich schwierig.
Differentialdiagnostisch müssen auch psychiatrische, z.B. schizophrene Erkrankungen berücksichtigt werden. Störungen des Eßverhaltens treten hier jedoch im Zusammenhang mit Wahnvorstellungen auf. Auch bei bestimmten neurologischen Erkrankungen können bulimische Symptome vorkommen, z.B. bei Hirntumoren, beim Klüver-Bucy-Syndrom und beim Kleine-Levine-Syndrom.

2.8.7 Psychodynamik der Bulimie

Im folgenden werden entsprechend der Sequenz des bulimischen Anfalls verschiedene psychodynamische Aspekte diskutiert. Welche Momente im je individuellen Fall wirksam sind, läßt sich nur in diagnostisch-therapeutischen Gesprächen klären.

Auslösende Bedingungen

Als bewußtes Motiv und Einstieg in die Erkrankung werden häufig Gewichtsprobleme und **Unzufriedenheit mit dem eigenen Körper** genannt. Oft werden Freundinnen erwähnt, die ebenfalls erbrechen, um ihr Gewicht zu halten, oder Berichte in den Medien, die die Patientinnen auf diese Möglichkeit der Gewichtsregulation aufmerksam machten. Eine Patientin sagte in diesem Zusammenhang "irgendwie ist das doch schon fast normal, eigentlich machen es alle". Fragt man nach Krisen oder Veränderungen der Lebenssituation im Vorfeld der Erkrankung, finden sich häufig Ablösungskonflikte vom Elternhaus, Partnerschaftsprobleme und Trennungen aber auch persönliche Erfolge, wie z.B. ein bestandenes Examen.
Diese spezifischen Auslöser verlieren jedoch im Verlauf der Erkrankung, die eine Eigendynamik entwickelt, an Bedeutung. Von außen betrachtet genügen dann oft **geringfügige Anlässe**, um die Symptomatik auszulösen: Etwas klappt nicht auf Anhieb, man kann nicht wie man will oder soll, fühlt sich kritisiert oder schräg angeguckt. Diese Situationen werden, gleich ob sie sich in der Phantasie oder in der Realität abspielen, als narzißtische Kränkung erlebt und mit diffuser Ängstlichkeit, Verlassenheitsgefühlen oder Wut beantwortet. Da die für diese Patientinnen typischen rigiden Norm- und Wertvorstellungen den freien Ausdruck von Affekten nicht zulassen und Verletzlichkeit und Bedürftigkeit dem eigenen Autonomieideal widersprechen (Wurmser 1986, Reich 1992), wird die Auseinandersetzung mit der enttäuschenden Situation oder dem enttäuschenden Anderen vermieden und es kommt zu einem äußeren und inneren Rückzug. Anstelle diffuser Ängstlichkeit und Wut werden Leere und Entfremdungsgefühle erlebt.
In der Folge wird der Konflikt, der sich ursprünglich im zwischenmenschlichen und innerseelischen Bereich abspielte, regressiv auf ein anderes Feld, das der Nahrungsaufnahme, verschoben. Essen und die **gedankliche Beschäftigung mit dem Essen** im Sinne von Entschädigung, Trost oder Belohnung werden zum Garant für Sicherheit und innere Befriedung. Sie helfen, eine Gegenwelt zur enttäuschenden Realität aufzubauen. Letztlich ist aber auch dieser Weg der Entlastung verstellt, da "Kummerspeck" dem eigenen (und gesellschaftlich bedingten) weiblichen Körperideal widerspricht.

Strikte Diäten müssen her, um die eigene Bedürftigkeit auch in diesem Bereich zu begrenzen. Auf diese Weise eingezwängt befreien sich die Patientinnen, indem sie einen Heißhunger"anfall" produzieren. Dabei legt schon die Kennzeichnung der bulimischen Sequenz als Anfall nahe, daß es sich hierbei um ein Geschehen handelt, das sich der willentlichen Beeinflussung entzieht. Man könnte formulieren, daß der sich im bulimischen Verhalten manifestierende Triebdurchbruch und die sich zeigende Bedürftigkeit nur unter der Bedingung des Anfalls, als einem quasi autonom ablaufenden Geschehen, möglich und für die Betroffenen z.T. auch entschuldbar sind. Die "restraint-eating Theorie" (Hermann u. Polivy 1980) hat einen Teilaspekt der dargestellten Dynamik aufgegriffen und zur Klärung bulimischen Verhaltens herangezogen.

Der Umgang mit der Nahrung - triebhafte Aspekte

Während sich die Patientinnen außerhalb der Symptomsequenz eher überangepaßt, leistungsorientiert und trieb- und affektkontrolliert verhalten, kommt es im bulimischen Anfall zu einem **Impulsdurchbruch**. In einem regressiven Strudel manifestieren sich gleichzeitig oder einander folgend unterschiedliche triebhaft bestimmte Verhaltens- und Erlebensmodi. Dabei scheint das Wissen, daß der ganze Vorgang durch Erbrechen anschließend rückgängig gemacht werden kann, der einzig feste Punkt in der Ich-Struktur zu sein (Willenberg 1991).

Auch wenn die Patientinnen - möglicherweise aus Gründen der Scham und in Identifikation mit einer sie verurteilenden Instanz - meist von "Fressen und Kotzen" sprechen, überwiegen zu Beginn häufig libidinöse und **lustvolle Aspekte**. Dies zeigt sich u.a. in der Vorfreude auf das Essen oder bei der Auswahl und Zubereitung der Speisen, verdichtet in der Vorstellung, sich etwas Gutes zu tun. Auch das Essen selbst, das Riechen, Schmecken, Kauen, Schlucken wird als lustvoll erlebt. In anderen Fällen mögen schon zu Beginn oral aggressive und gierige Erlebnisweisen überwiegen: Die Nahrung wird zerbissen, zerkaut und verschlungen, dadurch auch zerstört. Charakteristischerweise kommt es in dieser Phase häufig zu einer hypomanischen Stimmung, zu Größenphantasien, die sich in dem Gefühl äußern, die ganze Welt verschlingen zu können, ein starkes unbezähmbares Tier zu sein. Die triumphale Stimmung und "Festeslaune" (Fenichel 1946, 1981) ist unter strukturellem Aspekt durch den Wegfall und die Überwindung der sonstigen Ängste und Hemmungen verstehbar. Zeitlich begrenzt und episodisch wiederkehrend läßt sich diese Phase des Anfalls durchaus mit gesellschaftlich institutionalisierten Festen vergleichen.

Neben oralen und oral-aggressiven Strebungen setzen sich auch anale Bemächtigungs- und Willkürimpulse durch. Die Nahrung wird verschmiert und verkleckert. Es kommt zu einem chaotischen Durcheinanderessen und Herumsauen, das anteilig auch als lustvoll erlebt werden kann. Auch sexuelle Phantasien tauchen auf, die bedingt durch den stattfindenden regressiven Prozeß, Themen infantiler Sexualtheorien aufgreifen, so z.B. Phantasien oraler Schwängerung und Geburt.

Bedeutsam ist, daß die Patientinnen diese regressiv-lustvollen Aspekte letztlich nicht genießen können. Es kommt zu einem Wechsel der Erlebensperspektive vom Täter zum Opfer, wobei der damit verbundene **Kontrollverlust als bedrohlich** erlebt wird. Auslösend hierfür sind vermutlich die begrenzenden Körpersignale, die sich mit der Füllung des Magens einstellen. Die im Verlauf zunehmende orale Gierigkeit erhält eine verzweifelt ängstliche Beimischung, die dynamisch als Überich-Angst beschrieben werden kann. Es wird dann quasi gegen die drei Überich-Funktionen Selbstbeobachtung, Gewissen und Idealvorstellung angefressen. Die erlebte Lust beginnt sich mit der zunehmenden Füllung des Magens in eine gegen das Selbst gerichtete Kraft zu verwandeln. Der immanente Sadismus zeigt sich in begleitenden Phantasien wie "Ich fühle mich wie ein gemästetes Schwein". Das Essen wird mit Brachialgewalt eingewürgt, z.T. wird in dieser Phase auch Ungenießbares verschlungen, so z.B. Tierfutter oder Abfälle. Manche Patientinnen beginnen bereits zu diesem Zeitpunkt zusammen mit dem Essen auch Abführmittel einzunehmen. Auch die mehr oder weniger bewußten sexuellen Phantasien verlieren ihren lustvollen Charakter.

Spätestens wenn die Kapazitätsgrenze des Magens erreicht ist und sich abdominelle Schmerzen, Atemnot und Übelkeit einstellen, muß das Essen wieder herausbefördert werden. Neben der bewußt erlebten Sorge, an Gewicht zuzunehmen, kommt es auch zu Gefühlen von **Angst, Dysphorie und Schuld**. Der ganze Vorgang soll mit Hilfe des Erbrechens ungeschehen gemacht werden. Der (auto)aggressive Gehalt drückt sich dabei nicht nur im Wort "Kotzen" aus, sondern auch darin, daß es beim schonungslosen Erbrechen auch zu Verletzungen im Rachenraum kommen kann.

Bedeutung und Funktion der Nahrung - objektpsychologische Aspekte

Man kann die bulimische Sequenz auch als Inszenierung eines menschlichen Grundkonflikts verstehen. Es geht um das Streben nach Individuation und sicherer Abgegrenztheit und die gleichzeitige Sehnsucht nach grenzenloser Verbundenheit. Da es sich hierbei um einen antinomischen Konflikt handelt und es keine Lösung gibt, muß das Stück endlos wiederholt werden. Die Nahrung ist hierbei nicht bloßes Requisit, sondern wird mit **objektaler Bedeutung** ausgestattet. In der Literatur wird vor allem der Aspekt betont, daß sie mit dem inneren Bild der Mutter assoziiert ist. Im Verlauf kann die Nahrung ihre Bedeutung jedoch verändern, so daß eine starre Bedeutungszuschreibung hinderlich scheint. Zum Verständnis wichtig ist, daß jeweils idealisierende und Wunschaspekte zusammenfließen mit projektiv verzerrten Einstellungen und realen Beziehungserfahrungen.

Im Erleben der Patientinnen ist die Nahrung zunächst kontrollierbares und **verfügbares Objekt**. Sie ist darin teilweise dem Übergangsobjekt der Kindheit vergleichbar, das als selbst erschaffener, d.h. mit Bedeutung versehener äußerer Repräsentant mütterlicher Funktionen Trennungsängste überwinden und Separationsbemühungen erleichtern helfen soll. Die Nahrung wird zunächst wegen ihrer tröstenden und antidepressiven Wirkung aufgesucht. Der im Verlauf zunehmenden oral-aggressiven Gier entsprechen auf der zwischenmenschlichen Beziehungsebene Anklammerungswünsche und Enttäuschungswut. Das Objekt soll in den eigenen Besitz gebracht und verschlungen werden, um wieder eins mit ihm zu sein und die narzißtische Wunde zu schließen.

Andererseits ist die oral-narzißtische Phantasie, Getrenntheit und Geschiedenheit vom Objekt aufzuheben, für die Patientinnen mit der Gefahr einer Identitätsdiffusion verbunden. Sie können sich dann nicht mehr als eigenständige, abgegrenzte Individuen erleben. Sobald die Nahrung inkorporiert ist, verliert sie die triangulierende Funktion, die sie als äußeres Objekt noch hatte. Sie ist dann nicht mehr im Sinne der Übergangsobjektverwendung als selbst erschaffenes äußeres Objekt kontrollierbar und beherrschbar, sondern droht, die Selbstobjektgrenzen aufzuheben, dies letztlich auch im konkret körperlichen Sinne. Intrapsychisch bedeutet dies die Verschmelzung mit der Objektrepräsentanz, bzw. deren als bedrohlich abgelehnten Aspekten. Die im Heißhungeranfall verschlungene Nahrung wird somit, wenn nicht etwas geschieht, von einem verfügbaren zu einem verfügenden Objekt (Willenberg 1991).

Aus dieser Notsituation befreien sich die Patientinnen, indem sie den Körper als äußeres Objekt erschaffen (Hirsch 1991). Der Körper wird zum **"bösen" Objekt**, indem er als fett, ekelhaft und schmutzig erlebt wird, als einer, der Schuld, Aggression und Bestrafung auf sich zieht und gezwungen werden muß, die verschlungene Nahrung wieder herzugeben. Mit dem Erbrechen wird der Status quo ante wieder hergestellt. Es geht daher nicht nur um Separation und Ausstoßung, sondern auch darum, die Kontrolle über das bedrohliche Objekt wieder zu erlangen. Die Nahrung wird wieder zu einem verfügbaren und kontrollierbaren äußeren Objekt. Am Ende, wenn die letzten Spuren des Anfalles beseitigt sind und nach dem

Rausch die Ernüchterung eintritt, sind die Betroffenen wieder mit sich allein. Es überwiegen jetzt Gefühle von Scham, Reue und Einsamkeit. Der feste Vorsatz, so etwas nie wieder zu tun, und das Wissen, diese Erfahrung letztlich mit niemanden besprechen zu können, führen zu einem weiteren Rückzug und liefern damit zugleich die Weichenstellung für den nächsten Anfall.

2.8.8 Zur Ätiologie und Pathogenese der Bulimie

Die ätiologische Erforschung der Bulimia nervosa muß sich mit einer Reihe von Schwierigkeiten auseinandersetzen. Die "Bulimia nervosa" als diagnostische Kategorie faßt eine sehr heterogene Patientengruppe zusammen. Es wurde bereits darauf hingewiesen, daß die bulimische Symptomatik bei Patienten mit ganz unterschiedlichem psychostrukturellem Reifungsniveau beobachtet wird. Das Spektrum reicht von einem neurotischen bis hin zu einem narzißtischen oder auf Borderlineniveau organisierten Pol. Hinzu kommt, daß die diagnostische Abgrenzung zur Anorexia nervosa in den Übergangsbereichen schwierig ist. Die Ergebnisse vorliegender Studien sind oftmals nicht vergleichbar, da die diagnostische Zuordnung der Patienten unterschiedlich gehandhabt wird, bzw. auch unterschiedliche Diagnosekriterien zugrunde liegen. Zum Teil werden auch beide Krankheitsbilder als Störungen zusammengefaßt, denen eine magersüchtige Fehlhaltung zugrunde liegt. So verwundert es nicht, daß es bislang kein einheitliches Erklärungsmodell der Bulimia nervosa gibt. Insgesamt ist das empirische Wissen über die prädisponierenden, auslösenden und krankheitsperpetuierenden Faktoren dieser heterogenen Störung noch gering. Einige Aspekte aus diesem multikausalen Bedingungsgefüge werden im folgenden dargestellt.

Zu den diskutierten **prädisponierenden Einflüssen** zählen der soziokulturelle, soziale und familiäre Kontext der Krankheitsentstehung ebenso wie individuell-psychologische, biologische und erbgenetische Faktoren. Auf soziokulturelle und soziale Einflüsse, die die Erkrankungshäufigkeit junger Frauen und Mädchen in westlich orientierten Industrieländern mitbedingen, wurde bereits hingewiesen (s.o.). Die Bedeutungseinschätzung des individuell-psychologischen und familiären Kontextes für die Krankheitsentstehung gestaltet sich schwierig. Da es keine prospektiven Untersuchungen über die angenommenen Zusammenhänge gibt, ist die Frage, was als Ursache oder als Folge anzusehen ist, nicht beantwortbar. Auch scheinen die berichteten Ergebnisse nur wenig spezifisch für die Bulimieentwicklung. Herzog et al (1978) zufolge haben Bulimie-Patienten es nicht gelernt, eigene Bedürfnisse richtig wahrzunehmen und durchzusetzen. Auch seien soziale Fertigkeiten nur ungenügend ausgebildet. Bei einem geringen Selbstwertgefühl und der Angst, die Zuneigung anderer leicht zu verlieren, richteten sie sich übermäßig nach den Erwartungen anderer. Das Familienklima ist nach Wurmser (1986) gekennzeichnet durch eine Diskrepanz zwischen "körperlicher Exhibition und emotioneller Verschwiegenheit". Dieser Eindruck wurde in einer empirischen Untersuchung von Fichter und Haberger (1990) teilweise bestätigt, die in den Anamnesen bulimischer Frauen überzufällig häufig sexuelle Übergriffe und sexuellen Mißbrauch fanden.

Überblickt man die psychoanalytische Literatur, die konflikthaft oder defizitär verlaufene Entwicklungsvorgänge untersucht, lassen sich **verschiedene Ansätze** unterscheiden. Die Störung wird gesehen als Resultat einer Entwicklungsstörung und eines Ichdefekts (z.B Sugarman u. Kurash 1981, Swift u. Letven 1984, Hirsch 1991 u.a.) oder als Ausdruck eines reiferen neurotischen Konflikts (Wurmser 1986, Schwartz 1988, u.a.). Diebel-Braune (1991) kritisiert, daß psychoanalytische Autoren, die generell von einer Störung in der Frühgenese ausgehen , in einer "entwicklungspsychologischen Verkürzung" spätere Entwicklungsphasen unberücksichtigt lassen. Nur bei einem Teil der Patientinnen können aufgrund von Störungen der Symbolisierungsfähigkeit, wenig entwickelten Selbst-Objekt-Repräsentanzen und defizitären Ich-Funktionen frühe und gravierende Entwicklungsbeeinträchtigungen angenommen werden. Die Beteiligung oraler Funktionen bei einer Symptomatik verweist nicht notwendig auf eine Mobilisierung oraler Triebe oder eine schwerwiegende Pathogenese in der oralen Phase. Diebel-Braune (1991), die die Notwendigkeit betont, frühkindliche und adoleszente Einflüsse bei der Krankheitsentstehung zu berücksichtigen, fand bei den von ihr untersuchten neurotischen Bulimiepatientinnen eine häufige Verknüpfung von oraler Fixierungsstelle und spezifisch weiblicher Adoleszenzproblematik.

Für die **Krankheitsauslösung** werden verschiedene Belastungsmomente wie Trennungen, Partnerschaftskonflikte oder allgemein kritische Lebensereignisse angenommen. Fichter (1991) beschreibt die **krankheitsperpetuierenden Faktoren** als "bulimischen circulus vitiosus": Das bulimische Verhalten, ursprünglich entwickelt, um ein besseres affektives Gleichgewicht zu erreichen, führt zu sekundären körperlichen und psychischen Veränderungen, die rasch eine Eigendynamik entfalten. Der Körper adaptiert an die veränderte Nahrungszufuhr. Infolge der Heißhungeranfälle und der kompensatorischen gewichtsregulierenden Maßnahmen kommt es zu somatischen Folgeerscheinungen (erniedrigter Blutdruck und Puls, orthostatische Beschwerden, Konzentrationsmängel, Müdigkeit u.a.), die auf das psychische Befinden zurückwirken und zu einer Symptomverstärkung führen. Dieser circulus vitiosus, der natürlich auch Auswirkungen auf die Qualität der sozialen Beziehungen hat, ist bei allen bulimischen Syndromen, unabhängig vom Körpergewicht, zu beobachten.

Es fehlen noch fundierte empirische Untersuchungen, die - nicht gemessen an einem hypothetischen Gesundheitsideal, sondern durch den Vergleich mit Kontrollgruppen - Spezifika der Bulimieentwicklung aufzeigen können. Die Beobachtung, daß die bulimische Symptomatik bei **Patienten mit ganz unterschiedlichem psychostrukturellem Reifungsniveau** vorkommt, wird in empirischen Arbeiten nur wenig berücksichtigt. Solange gesichertes empirisches Wissen noch aussteht, ist die relative Bedeutung der verschiedenen ätiologischen und pathogenetischen Faktoren von Fall zu Fall abzuschätzen. Dabei scheinen insbesondere solche Verstehensmodelle sinnvoll, die im Sinne einer Ergänzungsreihe unterschiedlichste Einflüsse berücksichtigen und Spielraum lassen, sich nach der je individuellen Verlaufsgestalt der Patientengeschichte zu richten.

2.8.9 Therapie der Bulimie

Entsprechend der Heterogenität der Patientengruppe sind auch die psychotherapeutischen Behandlungsmöglichkeiten vielfältig. Diskutiert werden im ambulanten oder stationären Setting symptomzentrierte, kognitiv-behaviorale Ansätze und psychoanalytisch orientierte Einzel- und Gruppentherapien. Daneben existiert ein breites Angebot von Selbsthilfegruppen und Beratungsstellen. Meist empfiehlt sich ein **kombiniertes symptom- und konfliktzentriertes Vorgehen**, das insbesondere bei schwerer erkrankten Patientinnen stationär einzuleiten ist.

Viele Patientinnen bemühen sich erst nach Jahren, wenn die Störung bereits chronifiziert ist, um professionelle Hilfe. Die durchschnittliche Erkrankungsdauer bis zum Behandlungsbeginn geben Paul und Jaccobi (1986) mit etwa fünf bis sieben Jahren an. In dieser Zeit hat die bulimische Symptomatik, im Erleben der Patientinnen meist entkoppelt vom aktuellen Konflikt- und Beziehungsgeschehen, bereits eine **Eigendynamik** entwickelt, die ohne konkrete Hilfen auf der Symptomebene nur schwer zu durchbrechen ist. Zusätzlich ist eine konfliktzentrierte therapeutische Übersetzungsarbeit notwendig, um der Patientin den Rückbezug vom Symptomverhalten auf die zugrundeliegenden Problembereiche zu ermöglichen. Da Bulimikerinnen häufig Meister der doppelten Buchführung sind und ihr Selbsterleben in einen äußerlich gut funktionierenden, angepaßt-kontrollierten und einen impulsgetriebenen, im Vergleich chaotischen Anteil aufgespalten haben, liegt ein wichtiges Ziel und zugleich eine Schwierigkeit der therapeutischen Arbeit darin, die Integration dieser beiden Anteile zu ermöglichen. Im günstigen Fall ergibt sich die Möglichkeit hierzu bereits in den Therapievorgesprächen, wenn die Patientinnen durch erstmaliges gemeinsames Hinschauen mit dem Therapeuten eine Metaebene einnehmen können.

Schwierig kann sein, daß die Patientinnen selbst bei guter Therapiemotivation natürlich auch in der Behandlung ihre **Spaltungsbemühungen** aufrecht erhalten werden. Sie arbeiten dann z.B. recht gut mit, erkennen Konflikte auf der intrapsychischen und Beziehungsebene, sprechen aber nicht oder kaum über die nach wie vor stattfindenden Eß- Brechanfälle. Trotz scheinbar gutem psychotherapeutischem Erfolg ändert sich auf der Symptomebene wenig. Daher hat es sich als nützlich erwiesen, die konfliktbearbeitende Therapie durch ein symptomzentriertes Vorgehen (z.B. "Eßtagebuch") zu ergänzen. Gute Chancen hierfür ergeben sich in einem stationären Setting, das zusätzlich zu den verbalen Therapieangeboten gestalterische oder körperorientierte Therapieverfahren miteinbezieht. Im stationären Setting stehen **symptom- und konfliktzentriertes Vorgehen** in einem interdependenten Verhältnis. Der Grenzenlosigkeit und dem Verlust der Zeitperspektive - viele Patientinnen sind über mehrere Stunden täglich mit ihrem Symptomverhalten beschäftigt - kann durch ein klar strukturiertes und zeitlich begrenztes Therapieangebot begegnet werden. In den meisten stationären Behandlungskonzepten stellt das Führen eines **Eßtagebuches** ein wichtiges therapeutisches Instrument dar. Indem die Patientinnen nicht nur notieren, was sie gegessen und getrunken haben, sondern auch Begleitumstände, Gefühle und Wahrnehmungen vor und nach Eß- Brechanfällen, wird es möglich, in gemeinsamen Gesprächen auslösende und nachfolgende Bedingungen des Symptomverhaltens verstehen zu lernen. Dies ist insofern wichtig, als die Patientinnen ihre Kränkungs- und Konfliktbereitschaften oftmals nicht mehr wahrnehmen können, sondern sofort, quasi reflexartig, mit einem Freßanfall beantworten. Als strukturierendes Angebot übernehmen das Eßtagebuch, das Erstellen von Essensplänen oder andere strukturierende Angebote eine therapeutische Hilfsichfunktion. Darüber hinaus lassen sich diese symptomzentrierten Angebote gut nutzen, um auf charakteristische Beziehungskonflikte (z.B. den Konflikt um Autonomie und Abhängigkeit im Umgang mit therapeutischen Empfehlungen) aufmerksam zu werden.

Da die bulimische Symptomatik auch ein Lösungsversuch für interaktionelle Konflikte ist, wird die Arbeit in der therapeutischen Beziehung zu einem wichtigen kontinuierlichen Diagnostikum und Instrument des Therapieprozesses. Die jeweilige therapeutische Strategie, mehr ichstützend und ichstärkend oder mehr konfliktaufdeckend, wird sich jeweils nach der zugrundeliegenden Persönlichkeitsstruktur der Patientinnen richten. Hier gilt es vor allem, die pathologischen Objektbeziehungen, die Regression und Verschiebung der intrapsychischen Problematik auf die Nahrungsaufnahme und die suchtartige Automatisierung des Erlebens mit dem zunehmenden Verlust von Ich-Funktionen erlebbar zu machen und therapeutisch zu bearbeiten. Das jeweilige "Mischungsverhältnis" der genannten psychodynamischen Faktoren entscheidet über die individuelle Akzentsetzung in der Therapie.

Literatur

BRAUN VON, C.: Das Kloster im Kopf. Weibliches Fasten von mittelalterlicher Askese zu moderner Anorexie. In: K. Flaake & V. King (Hrsg.). Weibliche Adoleszenz. Campus, Frankfurt a.M. 1992, S. 213-239

BRÄUTIGAM, W.: Zur gegenwärtigen Situation der Psychoanalyse. In: Rudolf, G., Rüger, U., Studt, H.H. (Hrsg.).: Psychoanalyse der Gegenwart. Vandenhoeck u. Ruprecht, Göttingen 1986

BRUCH, H.: The golden cage. The enigma of anorexia nervosa. Harvard Univ. Press, Cambridge 1978

BORRIS, H.: The problem of anorexia nervosa. Intern. J. Psychoanal. 65 (1984) 315-322

BURZIG, G.: Psychoanalytische Gesichtspunkte bei männlichen Anorexia-nervosa-Patienten. In: Speidel, H., Strauß, B. (Hrsg.): Zukunftsaufgaben der Psychosomatik, Springer, Berlin 1989, S. 208-214

BUTTON, E.J. & WHITEHOUSE, A.: Subclinical anorexia nervosa. Psychological Medicine 11 (1981) 509-516

CSEF, H.: Anorexia nervosa mit Erstmanifestation im Erwachsenenalter - Unterschiede zur Pubertätsmagersucht und therapeutische Konsequenzen. Zeitschr. Psychother. Med. Psychol. 37 (1987) 301-311

DETER, H.C., PETZOLD, E., HEHL, F.-J.: Differenzierung der Langzeitwirkungen einer stationären psychosomatischen Therapie von Anorexia-nervosa-Patienten. Zeitschr. Psychosom. Med. Psychoanal. 35 (1989) 65-91

DIEBEL-BRAUNE, E.: Einige kritische Überlegungen zum Stand der psychoanalytischen Bulimie-Diskussion. Zeitschr. Psychosom. Med. Psychoanal. 37 (1991) 292-304

ENGEL, K., MEYER, A.E.: Therapie schwer erkrankter Anorexie-Patienten. Zeitschr. Psychosom. Med. Psychoanal. 37 (1991) 220-248

FEIEREIS, H.: Diagnostik und Therapie der Magersucht und Bulimie, Marseille Verlag, München 1989

FEIGHNER, J.P., ROBINS, E., GUZE, S.B,, WOODRUFF, R.A., WINOKUR, G., MUNOZ, R.: Diagnostic criteria for use in psychiatric research. Archives of General Psychiatry, 26 (1972) 57-63

FICHTER, M.M.: Magersucht und Bulimia, Springer, Berlin 1985

FICHTER, M.M.: Ätiologische Faktoren, Diagnostik und Therapie bulimischer Eßstörungen. Zeitschr. Klin. Psychol. 20 (1991) 1-21

FICHTER, M.M., HABERGER, R.: Störungen der psychosexuellen Entwicklung bei Bulimia nervosa. In: Vogt, H.J., Aicher, W., Herms, V. (Hrsg.): Praktische Sexualmedizin. Medical Tribune, Wiesbaden 1990, S. 155-174

HABERMAS, T.: Heißhunger. Historische Bedingungen der Bulimia nervosa. Fischer, Frankfurt a.M. 1990

HERMANN, C.P., POLIVY, J.: A boundary model for the regulation of eating. In: Stunkard, A.J. & Stellar, E. (eds.): Eating and its disorders. Raven, New York 1984

HERZOG, T.: Wirkfaktoren der Bulimie-Behandlung. In: Lang, H. (Hrsg.): Wirkfaktoren der Psychotherapie, Springer, Berlin 1990, S.251-259

HIRSCH, M.: Körper und Nahrung als Objekte bei Anorexie und Bulimie. In: HIRSCH, M. (HRSG.): Der eigene Körper als Objekt. Springer, Berlin 1991, S. 221-228

KÖHLE, K. & SIMONS, C.: Anorexia nervosa. In: Adler, R., Herrmann J.M., Köhle, K., Schonecke, O.W., Uexküll v., T., Wesiak, W. (Hrsg.): Thure von Uexküll. Psychosomatische Medizin, Urban & Schwarzenberg, München 1990, S. 582-613.

MASTERSON, J.: Primary anorexia nervosa in the borderline adolescent - a object relations review. In: Hartocollis, P. (ed.): Borderline personality disorders: The concept, the syndrome, the patient. International Univ. Press., New York 1977, S.475-494

MESTER, H.: Die Anorexia nervosa. Monograhien aus dem Gesamtgebiet der Psychiatrie, Bd. 26, Springer Berlin 1981

MINUCHIN, S., BAKER, L., ROSMAN, B.L.: Psychosomatische Krankheiten in der Familie. Klett-Cotta, Stuttgart 1981

PAUL, T., JACOBI, C.: Ein ambulantes verhaltenstherapeutisches Gruppenprogramm bei Bulimia nervosa. Zeitschr. Psychother. Med. Psychol. 36 (1986) 232-239

REICH, G.: Identitätskonflikte bulimischer Patientinnen, Forum der Psychoanalyse 8 (1992) 121-133

RUSSEL, G.F.M.: The present status of anorexia

nervosa. Psychological Medicine 7 (1977) 363-367

SCHEPANK, H.: Anmerkungen zum Faszinosum "Anorexia nervosa". Zeitschr. Psychosom Med. Psychoanal. 37 (1991) 215-219

SCHEPANK, H.: Erbdeterminanten bei Anorexia nervosa. Ergebnisse von Zwillingsuntersuchungen. Zeitschr. Psychosom. Med. Psychoanal. 37 (1991) 265-281

SEIDLER, G.H. (HRSG.): Anorexie - Öffentliches Geheimnis. Vandenhoeck & Ruprecht, Göttingen 1993

SCHWARTZ, H.: Bulimia, psychoanalytic treatment and theory. Int. Univ. Press, Madison, Connecticut 1988

SPERLING, E. U. MASSING, A.: Der familiäre Hintergrund der Anorexia nervosa und die sich daraus ergebenden therapeutischen Schwierigkeiten. Zeitschr. Psychosom. Med. Psychoanal. 16 (1970) 130-141

SUGARMAN, A. & KURASH, C.: The body as a transitional object in bulimia. International Journal of Eating Disorders 1 (1981) 57-67

SWIFT, H.J.U. U. LETVEN, R.: Bulimia and the basic foult. Journal of the American Academy of Child Psychiatry 23 (1984) 489-497.

WILLENBERG, H.: "Mit Leib und Seel und Mund und Händen" Der Umgang mit der Nahrung, dem Körper und seinen Funktionen bei Patienten mit Anorexia nervosa und Bulimia nervosa, In: M. Hirsch (Hrsg.): Der eigene Körper als Objekt. Springer, Berlin 1991, S.170-220

WURMSER, L.: Die schwere Last von tausend unbarmherzigen Augen. Zur Psychoanalyse der Scham und der Schamkonflikte. Forum der Psychoanalyse 2 (1986) 111-133

ZIOLKO, H.: Bulimie. Zeitschr. Psychosom. Med. Psychoanal. 31 (1985) 235-246

2.9 Posttraumatische Störung (C. Öri)

2.9.1 Begriffsbestimmung und klinisches Bild der posttraumatischen Störung

Eine "posttraumatische Störung" wird durch ein Ereignis hervorgerufen, das Menschen einzeln oder in einer Gruppe in eine Situation außergewöhnlicher oder katastrophaler Bedrohung bringt. Die typischen Symptome treten mit einer Latenz, die Tage bis (meistens höchstens 6) Monate dauern kann, auf.
In den derzeit gültigen diagnostischen Klassifikationssystemen ICD-10 und DSM-III-R werden die Symptome der Nachwirkungen psychischer Traumatisierungen in der Kategorie der "posttraumatischen Belastungsstörung" ("posttraumatic stress disorder") beschrieben. Wir orientieren uns bei der Darstellung des klinischen Bildes größtenteils an dieser diagnostischen Kategorie, sprechen jedoch von "posttraumatischer Störung" und gehen auf aus unserer Sicht notwendige Erweiterungen ein.

Symptomatik

Die Störung ist gekennzeichnet durch das wiederholte Erleben des traumatischen Ereignisses in sich aufdrängenden Erinnerungen oder in wiederkehrenden, stark belastenden Träumen, in denen das Ereignis immer wieder durchlebt wird. Es kann vorkommen, daß eine Person sich so verhält, als ob sie das Ereignis gerade wieder durchlebt. Dem traumatisierenden Ereignis ähnliche Situationen oder etwa Jahrestage, die symbolisch daran erinnern, können zum Erleben intensiven psychischen Leids führen. So werden denn auch jegliche Stimuli, Handlungen und Situationen, die Erinnerungen an das traumatische Ereignis wachrufen, vermieden. Es wird überhaupt eine Erstarrung der allgemeinen Reagibiliät und eine emotionale Anästhesie, die vor dem traumatischen Ereignis nicht bestanden, beobachtet. Die Personen berichten schon bald nach dem Geschehen über ein andauerndes Gefühl von Betäubtsein, über Gleichgültigkeit, Isolierung, Entfremdung, Interessenverlust und ein deutliches Nachlassen der Fähigkeit, Gefühle wahrzunehmen, - vor allem solche, die mit Vertrauen, Zärtlichkeit, Sexualität zusammenhängen. Oft kommt es auch zu einer Aggressionsneigung in Form von Reizbarkeit mit Angst vor Kontrollverlust, bei schweren Fällen zu dramatischen, unvorhersagbaren Aggressions-, Angst- oder Panikausbrüchen. Es besteht ein ständig erhöhtes Erregungsniveau, das sich in Hypervigilanz, übermäßiger Schreckhaftigkeit und Schlaflosigkeit äußert. Ferner Gedächtnisschwäche und Konzentrationsschwierigkeiten auftreten.
Wenn z.B. bedingt durch Unterernährung oder eine Kopfverletzung das Zentralnervensystem direkt betroffen war, gilt es die somatische Komponente des Traumas zu beachten. Als ein charakteristisches, phasisches Element im Ablauf der posttraumatischen Störung enthalten viele klinische Beschreibungen die eines Wechsels zwischen Verleugnung/Vermeidung auf der einen und Wiederbeleben des traumatischen Ereignisses auf der anderen Seite (Horowitz 1980).
Den Eindruck, daß das Individuum an das Trauma fixiert bleibt, ohne jedoch fähig zu sein, es in das Gesamt der gemachten Lebenserfahrung zu integrieren, beschreibt bereits Freud (1893) folgendermaßen:

> "das psychische Trauma respektive die Erinnerung an dasselbe nach Art eines Fremdkörpers wirkt, welcher noch lange Zeit nach seinem Eindringen als gegenwärtig wirkendes Agens gelten muß ..." (S. 85).

Traumatische Ereignisse

Die traumatischen Ereignisse liegen außerhalb der üblichen menschlichen Erfahrung und werden von fast allen Menschen mit intensiver Angst, Schrecken oder Hilflosigkeit erlebt. Einige in der neueren Literatur beschriebene Beispiele sollen hier einen Eindruck von den Dimensionen vermitteln, um die es sich handelt: Zahlreiche Arbeiten enthalten katamnestische Beobachtungen an Überlebenden aus Konzentrationslagerhaft, an Veteranen der Vietnam- und Koreakriege; andere Arbeiten beschäftigen sich mit den psychischen Auswirkungen ziviler, von Natur oder Menschen herbeigeführter Katastrophen, wie z.B. der Flut nach dem Dammbruch am Buffalo Creek, der Speiseölkatastrophe in Spanien, dem Londoner King's Cross Fire, dem Atomreaktorunglück in Harrisburg, dem Bergwerkunglück in Lengede, nach terroristischen Angriffen, nach Folter; weiter sind zu nennen die Untersuchungen an Opfern von Vergewaltigung und frühem sexuellen Mißbrauch; auch kann es, wie andere Studien zeigen, nach (Verkehrs-) Unfällen zu den genannten Reaktionen kommen. Wenn das traumatische Ereignis auf Handlungen von Menschen zurückgeht, hat dies vermutlich schwerere Störungen zu Folge. Die Ereignisse können auch danach unterschieden werden, mit welcher Dauer sie wirken, also ob sie, wie z.B. ein Erdbeben, einmalig auftreten, oder ob Menschen ihnen, wie z.B. in Gefangenschaft (Folter), über längere Zeit dauerhaft ausgesetzt sind. Wichtig erscheint noch die Tatsache, daß auch die ernsthafte Bedrohung oder Schädigung des Lebens nahestehender Menschen die Störung auslösen kann.

In den ICD- und DSM-III-Beschreibungen wird darauf hingewiesen, daß die Störung unabhängig von prämorbiden Persönlichkeitsfaktoren oder neurotischen Erkrankungen in der Vorgeschichte ausgelöst wird. Betrachtet man jedoch die obigen Ausführungen, so wird deutlich, daß man unterscheiden muß, ob ein traumatisches Ereignis allein oder in Gemeinschaft erlebt wird, ob die Ereigisse zufällig oder vom Menschen herbeigeführt wurden, ob sie einmalig oder dauerhaft einwirken, in welchem gesamtgesellschaftlichen Rahmen sie sich abspielen etc. . Diese Differenzierungen auf Seiten der traumatischen Ereignisse führen letzlich zu einer Betrachtung ihrer spezifischen personalen Bedeutsamkeit für das traumatisierte Individuum (Feldmann 1992); das relativiert die Annahme einer gleichförmigen Belastungsreaktion. Man kann somit davon ausgehen, daß es ein Kernsyndrom "posttraumatische Störung" gibt, das bei den meisten Menschen, die einer traumatischen Situation ausgesetzt werden, aktuell konsistent auftritt. Die weitere Ausgestaltung der Störung wird jedoch von den personalen und situationalen Gegebenheiten des Individuums abhängen.

So kann z.B., wie Feldmann (1992) bemerkt, ein "Vergewaltigungssyndrom" und die Bewältigungsversuche des Opfers kaum einer Belastungsreaktion wie nach einer Naturkatastrophe gleichgesetzt werden.
Denkbar ist, daß es in Zukunft auf dem Hintergrund solcher Differenzierungen zur Formulierung verschiedener Unterkategorien der posttraumatischen Störung kommen wird. Eine klinisch wichtige Variante stellt z.B. die in Kapitel 2.3.4 beschriebene "unfallreaktive Somatisierungsstörung" dar.

Varianten des Krankheitsbildes und Differentialdiagnosen

Eine auch hinsichtlich der implizierten Behandlungsmaßnahmen sinnvolle Einteilung der psychischen Reaktionen auf äußere Ereignisse stammt von Marmar (1991). Er unterscheidet (1.) die **akute Belastungsreaktion,** die direkt nach einem traumatischen Ereignis vorübergehend auftritt von (2.) der Wochen oder Monate nach einem traumatischen Ereignis sichtbaren **posttraumatischen Störung.** Als weitere Kategorie schlägt er - in Anlehnung an Horowitz (1987) - (3.) die Kategorie der **posttraumatischen Persönlichkeitsstörung** vor; hiermit beschreibt er komplexe Syndrome, die man noch Jahre nach multiplen oder chronischen Traumata beobachtet und die von zahlreichen charakterologischen Störungen begleitet sind. Differentialdiagnostisch ist die posttraumatische Störung abzugrenzen von dem Vorliegen depressiver, Angst- und phobischer Störungen sowie organisch bedingter psychischer Störungen (posttraumatische Hirnleistungsschwäche).
Neuere neuroendokrinologische Untersuchungen (Yehuda 1992) geben Hinweise darauf, daß sich bei Patienten mit posttraumatischen Störungen neuroendokrinologische Muster aufzeigen lassen, die verschieden sind von denen, die man bei Patienten mit psychiatrischen Erkrankungen

findet. (Speziell untersucht wurden vor allem Patienten mit schweren depressiven Störungen.)
Die sog. Anpassungsstörungen (wie z.B. die sog. Trauerreaktion) können zwar ebenfalls als Folge belastender Lebensereignisse auftreten, jedoch spielen hier die individuelle Disposition oder Vulnerabilität eine größere Rolle.

2.9.2 Geschichte: Von der traumatischen Neurose zur Posttraumatischen Störung

Wie Fischer-Homberger (1975) schreibt,

> "hat man in der Geschichte der traumatischen Neurose geradezu ein Modell der Geschichte der Neurose, in gewissem Sinne sogar der psychiatrischen Krankheiten überhaupt in der Hand".

Die Ende des 19. Jahrhundert beobachteten Beschwerdebilder einer "nervösen" Störung, die z.B. in Anschluß an schwere Eisenbahnunglücke, aber auch nach Bagatellereignissen wie etwa dem plötzlichen Anfahren der Eisenbahn (railway spine), auftraten, bezeichnete man als traumatische bzw. unfallbedingte Neurose. Oppenheim nahm für ihre Verursachung hypothetisch unsichtbar feine Schädigungen im Zentralnervensystem an.
Diesem eher biologischen Standpunkt stellte sich in der Folgezeit - im Zuge der Hypnoseexperimente Charcots, der die traumatische Hysterie als im wesentlichen vorstellungsbedingt ansah - v.a. durch die Erfahrung des 1. Weltkrieges die Auffassung der psychogenen Bedingtheit der traumatischen Neurosen gegenüber. Spätestens ab 1916, so Feldmann (1992), sei die Psychogenese und die ausschließlich psychische Natur der Kampfreaktionen und Kriegsneurosen weitgehend anerkannt gewesen. Die Beobachtungen, daß die Kriegsneurosen oft nach Anerkennung des Rentenbegehrens oder bei Kriegsende abklangen, führten jedoch dazu, nur die unmittelbar an das traumatische Ereignis anschließende Angst- und Schreckreaktion als direkte Traumafolge anzuerkennen. Man sah die Kriegsneurosen als tendenziös an und vermutete dahinter einerseits ein Ausweichen vor den Kriegshandlungen und andererseits eine, den Krankheitsprozeß fördernde, mehr oder weniger bewußte Begehrensvorstellung; diese sah man in einer konstitutionellen Minderwertigkeit begründet. "Psychogen" wurde also mehr i.S. von "vorstellungsbedingt" verstanden und der Begriff Kriegsneurose, aber auch der der unfallbedingten Neurose wurde weitgehend synonym zu dem der Rentenneurose behandelt. Die Beobachtung des Symptomwandels der Kriegsneurosen des 1. und 2. Weltkrieges, von groben hysterischen Darbietungen (wie z.B. bei den sog. "Kriegszitterern") hin zu diskreteren Störungsformen (depressive, vegetative Störungen) legte es nahe, bei der Suche nach Erklärungen für die Entstehung dieser Erkrankungen die historisch-soziokulturelle Situation einzubeziehen. So nahm man unter anderem an, daß die damals bestehenden Angebote der Sozialgesetzgebung eine Hoffnung auf Entschädigung aufkommen ließen; v. Baeyer (1959) prägte später dafür den Begriff der Sozialneurose.
Nach Feldmann (1992) ist die Vorstellung, daß es sich bei der traumatischen Neurose um eine Tendenzreaktion handelt, eine Erscheinung im deutschsprachigen Raum gewesen. Neben dieser vor allem von psychiatrischer Seite vertretenen Meinung gab es jedoch auch andere Auffassungen: hier sind Kronfeld, v. Weizsäcker und vor allem Straus zu nennen. Auf dem Hintergrund seines Verständnisses des seelischen Seins als individuellem historischem Kontinuum hebt Straus die repräsentative Funktion von Ereignissen hervor. In seiner Schrift "Geschehnis und Erlebnis" (1930) schreibt er:

> "Eine Erschütterung tritt nur dann ein, wenn in dem einmaligen Erlebnis allgemeine existentielle Bedeutungen sich zum erstenmal dem Blick darbieten, in die personale Welteinbrechen. Die Erschütterung hängt von der historischen Modalität, von der Erstmaligkeit des Erlebten ab."

In der angloamerikanischen Literatur hat man, wenn überhaupt, dann die durch Bagatellereignisse im zivilen Bereich ausgelösten Unfallneurosen als Entschädigungsneurosen angesehen, Kriegsneurosen wurden jedoch "auf Grund der unvergleichlich stärkeren und anhaltenderen Belastung und Bedrohung, denen der einzelne Soldat ausgesetzt ist, als eigentliche posttraumatische Geschehnisse ohne primäre Zweck- oder Tendenzbestimmung gesehen" (Feldmann 1992).

Eine der ersten umfassenden Beschreibungen traumatischer Reaktionen stammt von Alexandra Adler, die die Opfer der Cocoanut Grove Brandkatastrophe untersuchte. Sie hob mit dem Begriff des "terrifying event" auf die ätiologische Bedeutung eines bestimmten Schweregrads von Stressoren ab (Dreßing und Berger 1991); sie beschrieb damals posttraumatische Neurosen, die wahrscheinlich bei jedem Menschen entstanden wären, da die auslösenden Katastrophen von so immensem Ausmaß gewesen waren und unterschied diese von den traumatischen Neurosen, die einem eher banalen Ereignis folgten. Bei letzeren nahm sie an, daß ein bestehender Konflikthintergrund oder die soziale Situation an der Verursachung der Störung beteiligt waren.

Erst die Erfahrungen mit den Überlebenden aus den national-sozialistischen und japanischen Konzentrationslagern, die dort langandauernd unmenschlichen Belastungen psychischer und physischer Art ausgesetzt waren, bewiesen eindeutig, daß Extrembelastungen auch vorher Gesunde überfordern und zu Schädigungen führen, die sicherlich nicht durch einen Krankheitsgewinn aufrechterhalten werden (Überlebendensyndrom). Anfangs der 50-er Jahre ging man allerdings in den nach den geltenden Wiedergutmachungs- und Entschädigungsgesetzen praktizierten psychiatrisch-neurologischen Gutachtenverfahren noch davon aus, nur solche Störungen anzuerkennen, für die sich ein hirnorganischer Befund erheben ließ. Man nahm ähnlich wie bei den Kriegsneurosen an, "daß auch ein noch so schweres Trauma, sofern es im organischen Substrat keine Spuren hinterlasse, Verhalten und Erleben eines zuvor gesunden, leistungsfähigen Betroffenen prinzipiell nicht dauerhaft beeinträchtigen könne, sondern, daß die Beschwerden, nach Aussetzen des traumatogenen Reizes, in jedem Fall abklängen. Halte der Betroffene daran fest, so habe man es mit einer nicht entschädigungspflichtigen "Rentenneurose" bzw. "Tendenzneurose" zu tun (Grubrich-Simitis 1979). In diesem Zusammenhang veröffentlichte Eissler (1963) seinen die Gutachterpraxis anklagenden Aufsatz: "Die Ermordung wievieler seiner Kinder muß ein Mensch symptomfrei ertragen können, um eine normale Konstitution zu haben?". Es ist dem Engagement von Autoren wie Venzlaff, v.Baeyer und Mitarbeitern, Paul und Herberg zu verdanken, daß es zu einer Humanisierung der Gutachterpraxis, zu einer Kritik an der streng naturwissenschaftlich-medizinischen Betrachtung, zu eingehenden phänomenologisch-anthropologischen Beschreibungen und zu der Weiterentwicklung spezifischer Beurteilungskriterien und Nosologien der traumatischen Störungen kam. Venzlaff (1958) prägte damals den Begriff des "erlebnisreaktiven Persönlichkeitswandels"; er unterschied zwischen Wunschreaktionen, persönlichkeitsbedingten Reaktionen, Reaktionen auf dem Boden einer vorbestehenden Neurose und den eigentlichen erlebnisreaktiven traumatischen Störungen und wies auch auf die besondere "Erlebnisrepräsentanz" des traumatischen Ereignisses, den Einbruch in die subjektiven Sinnzusammenhänge des Individuums und die Folgen für die Persönlichkeit hin.

2.9.3 Psychodynamik des Traumas und seine Verarbeitung

Von den vielen verschiedenen Disziplinen, die sich mit dem Thema beschäftigen, soll im folgenden die psychoanalytische Betrachtung, die die Bedeutung und die Verarbeitung der Bedeutung traumatischer Ereignisse hervorhebt, dargestellt werden. Auf Streßtheorien, Verhaltenstheorien, andere Angsttheorien, andere psychologische (z.B. Coping-, Locus of Control-, Learned helplessness-, Life-event-, Social-support-

Ansatz), psychobiologische und philosophisch-anthropologische Ansätze wird an dieser Stelle nicht eingegangen.

Zum Begriff des Traumas in der Psychoanalyse

Für die psychoanalytische Theorie ist der Begriff Trauma einer der fundamentalsten, aber zugleich auch einer der problematischsten; die Traumatheorie in sich erscheint widersprüchlich und wirft viele theorieimmanente Fragen auf. Radikaler als bei der Betrachtung anderer psychischer Störungen stellt sich beim Trauma die zentrale Frage nach dem "Stellenwert objektiver Ereignisse innerhalb der Analyse subjektiver Sinnstrukturen" (Ehlert und Lorke 1988).
In der psychoanalytischen Literatur werden verschiedene, durch unterschiedliche traumatische Bedingungen hervorgerufene, innerseelische Prozesse beschrieben. Jedoch ist die Formalgenese, d.h. der durch das Trauma bedingte Ablauf der Veränderungen im psychischen Apparat (Lorenzer 1966) letztlich nicht geklärt.

Psychoanalytische Traumatheorien

In einem Aufsatz Balints (1970) werden die traumatheoretischen Überlegungen Freuds anhand zweier Hypothesen skizziert: Die ältere Annahme ("Verführungstheorie") geht vom Vorhandensein eines realen frühen sexuellen Traumas aus; das erschreckende Erlebnis kommt aus der Außenwelt, trifft das Individuum unvorbereitet, durchbricht den Reizschutz und hat eine Erregungsüberflutung der Psyche zur Folge (analog Geburtssituation). Um diese Erregungsmengen zu binden, wird der Wiederholungszwang eingesetzt, dessen klinischer Ausdruck (z.B. in Träumen, in denen die an einer traumatischen Neurose leidende Person das ursprüngliche Trauma mit allen begleitenden Schreckaffekten wiedererlebt) häufig ein neurotisches Symptom ist. Dieser "ökonomischen" Erklärung des Traumas als äußeres Ereignis folgte die zweite Hypothese, in der das Trauma kein äußeres Ereignis ist, sondern vom Individuum selbst als (Inzest-) Phantasie erzeugt wird. Durch die so angenommene Phantasietätigkeit kann es zu Spannungen zwischen den verschiedenen Teilen des psychischen Apparates kommen (indem auf das Ich Phantasien aus dem Es zukommen, die gleichzeitig Über-Ich-Verboten unterliegen).
Die Auffassung vom einmaligen traumatisierenden Eingriff wurde später dahingehend verändert, daß die Schädigungs in der Abfolge von wiederholten Traumen erfolge, die bei Schultz-Henke (1951) Mikrotraumen und bei Khan (1963) kumulative Traumata genannt werden. Weitere Ansätze (z.B. Lorenzer 1966) gewichten nicht so sehr den isolierten Reizeinbruch, sondern das geschlossene Ganze der Umweltkonstellation, innerhalb derer sich das traumatische Geschehen abspielt. Dabei ist es ohne Zweifel, daß auch die psychoanalytische Betrachtung von einer unabdingbaren objektiven Komponente beim Trauma ausgeht, und es nicht so ist, wie es Miller und Masson in ihrer Kritik an der Aufgabe der "Verführungstheorie" vermuten, daß in der psychoanalytischen Betrachtung die Realität zur bloßen Phantasie verkommt (Zepf et al. 1986).

Psychoanalytische Erklärungsansätze der posttraumatischen Psychodynamik

Hier sollen einige Überlegungen über die psychodynamischen Prozesse, die sich aus der Beobachtung der Folgen objektiv schwerwiegender äußerer Traumata ergeben, dargestellt werden. Auf die Psychodynamik infantiler Traumatisierungen und die Frage, inwieweit sich Ähnlichkeiten zu dem hier besprochenen Thema finden ließen, werden wir nicht eingehen.
Gemeinsam liegt den hier betrachteten traumatischen "Reaktionen" also folgendes zugrunde: ein äußeres, objektiv gewaltsames Ereignis trifft ein Individuum unvorbereitet und ist so stark und dem subjektiven Sinnzusammenhang völlig fremd, daß es das Opfer überrennt.
Wie im folgenden beschrieben, kann man sich die posttraumatische Psychodynamik unter Verwendung unterschiedlicher psychoanalytischer Konzepte verständlich machen. Dabei lassen sich Entstehungs- und Be-

wältigungsmodelle nicht immer eindeutig voneinander trennen.

Durchbrechung des Reizschutzes

Im Sinne der Angsttheorie Freuds könnte man sagen, daß das traumatische Ereignis vom Individuum nicht als Angstsignal wahrgenommen werden, daß es nicht als Bedrohung antizipiert werden kann. Das Individuum kann sich nicht dagegen wappnen, da in der traumatischen Situation alle seine bisherigen lebenspraktischen Erfahrungen außer Kraft gesetzt sind. Dieser Vorgang kann gut mit dem Freudschen Modell der Reizüberflutung (Durchbrechung des Reizschutzes) beschrieben werden.

Regression

Es wird in der Literatur immer wieder beschrieben, daß es in der traumatischen Situation zu einer erzwungenen Regression kommt. Das Individuum wird in eine Lage gebracht, in der es sich ausgeliefert und hilflos wie ein Kind fühlt, in der es absolut abhängig ist von den äußeren Bedingungen, in der es Kindheitsängste wiedererleben muß (z.B. Eissler 1963). Dem Angriff von außen durch das traumatisierende Ereignis folgen somit intrapsychische Angriffe durch die Reaktivierung infantiler Ängste, die das Individuum längst glaubte, verarbeitet zu haben. Diese Reinfantilisierung kann auch als Notfallreaktion und somit als aktive Abwehrleistung des Ich auf eine schwere Belastung verstanden werden; sie erscheint als der Versuch, Sicherheit zu erlangen durch den Rückgriff auf Verhaltensweisen aus früheren Entwicklungsphasen. Diese Regression kann bis zu psychotischem Erleben gehen. Im Gegensatz zur Isolierung ist die Regression eher ein passiver Versuch, sich die Realität fernzuhalten, und manche Autoren vermuten, daß es zur Regression kommt, wenn die Isolierung (s.u.) nicht mehr aufrechterhalten werden kann.
Ehlert und Lorke (1988) machen weiterhin darauf aufmerksam, daß man der Ich-Regression auf der einen, die Objektregression auf der anderen Seite gegenüberstellen müsse. Es kommt gleichzeitig zur Reaktualisierung infantiler Selbst- und Objektimagines.
Der Versuch des Ich, sich aus der unerträglichen Hilflosigkeit durch Rückgriff auf infantile Verhaltensmodi zurückzuziehen, ist mit der Suche nach einem Hilfs-Ich verbunden, an das die überlebenswichtigen Ichfunktionen delegiert werden könnten. Das traumatisierte Opfer möchte sich in den Schutz anderer stellen, die damit zu (all-) mächtigen Objekten werden können, von denen das Opfer abhängig ist.
Der letztgenannte Aspekt trifft besonders trauma-tische Situationen, in denen sich wie z.B. bei Folter oder Vergewaltigung eine Opfer-Täter-Konstellation bildet. Er könnte gerade in diesem Fall die oft beobachtete enge Bindung, die zwischen Täter und Opfer entstehen kann, erklären, wobei der Täter das allmächtige Objekt ist, von dem das Opfer die Übernahme der Hilfs-Ich-Funktionen erwartet.

Affektisolierung

Oft erscheinen die traumatisierten Opfer anfangs affektlos, was wie ein Schutz gegen andrängende Überschwemmung durch Panikaffekte imponiert und damit das Funktionieren in der traumatischen Situation aufrechterhält. Diese Abwehr durch Isolierung macht auch das Gefühl des Unwirklichen, Traumartigen aus, das man bei fast allen Opfern am Anfang der traumatischen Situation als eine Art Leugnung der affektiven Bedeutung der traumatischen Situation findet. Grubrich-Simitis (1979) spricht in diesem Zusammenhang von einer "Armierung des Ich durch Automatisierung". Man vermutet, daß dieser Mechanismus, mit dem das Ich versucht, sich die Realität aktiv fernzuhalten, nicht lange aufrechterhalten werden kann und ihm die affektive Bedeutung des traumatischen Erlebnisses nach einer gewissen Zeit klar wird.

Narzißtische Kränkung

Ein weiterer wichtiger Aspekt traumatischer Situationen ist besonders von Eissler (1968) und Grubrich-Simitis (1979) hervorgehoben worden. Ausgehend von Beschreibungen der KZ-Lagerhaft betonten sie, daß

die Insassen jegliche narzißtische Zufuhr von der sozialen Umwelt entbehren mußten. Wenn sicherlich nicht immer so extrem, so stellen traumatische Situationen doch immer durch die in ihnen enthaltene Gefahr der narzißtisichen Entwertung einen Angriff auf das Subjekt dar, den es u.U. mit Regression beantwortet. Die Objektwelt stellt sich als nicht mehr verläßlich dar und das traumatisierte Individuum strebt danach, die narzißtische Kränkung zu vermeiden, indem es die Sicherheit der Einheit einer primären Ungeschiedenheit wieder zu erreichen, die Trennung von Subjekt und Objekt wieder aufzulösen (Zepf et al. 1986) versucht. Damit wird allerdings die Abhängigkeit von den Objekten der aktuellen traumatischen Situation verstärkt (Ehlert und Lorke 1988). In diesen Zusammenhang fügen sich auch psychodynamische Hypothesen über die Bedeutung der Introjektion bzw. Identifikation mit dem Angreifer beim Zustandekommen posttraumatischer Reaktionen. Sie erklären die merkwürdig erscheinende Tatsache der Ergebenheit den Tätern gegenüber und auch, daß die Opfer selber sich schuldig fühlen (so wie eigentlich die Täter); die Destruktivität des traumatogenen Objekts läßt sich in der Selbstdestruktivität des traumatisierten Subjekts wiederfinden (Zepf et al. 1986).
Gerade diese Selbstdestruktivität, die sich bei traumatisierten Individuen immer wieder in den quälenden Wiederholungen des Traumas (sei es in Träumen oder im wiederholten Aufsuchen der traumatischen Situation wie es z.B. bei mißbrauchten Kindern immer wieder beobachtet wurde) zeigt, hat Freud (1920) veranlaßt, einen Wiederholungszwang jenseits des Lustprinzips zu postulieren. In der Hoffnung, durch Wiederholung doch noch zu einem guten Ausgang, zur Versöhnung zu gelangen, liegt der (aktive) Selbstheilungsversuch des Individuums.

Verneinung der Realität

Dadurch, daß die aktuell erlebte Realität in der traumatischen Situation "nur eine Wiederholung dessen darzustellen scheint, was die infantilen Angstphantasien beinhalten, muß die Grenze zwischen Realität und Phantasie immer mehr verschwimmen" (Ehlert und Lorke 1988). Es wird für das Individuum, oft verstärkt durch die Unmöglichkeit zeitlicher und örtlicher Orientierung in der traumatischen Situation (z.B. in Gefangenenlagern), schwierig, zwischen äußerer und innerer Realität, zwischen Realität und Phantasie zu unterscheiden. Amati (1976) faßt ihre Erfahrungen mit Folteropfern folgendermaßen zusammen:

> "Der Gefangene kämpft darum, weiterhin äußere und innere Realität unterscheiden zu können, um zu verhindern, daß das Ganze zu einem schrecklichen Alptraum wird. Hier entscheidet sich, ob man als Person überlebt, oder in einen Zustand totaler Verwirrung fällt."

Oft kommt es zu Vorstellungen wie: "es war alles doch nur ein böser Traum", mit denen versucht wird, den Realitätscharakter ungeschehen zu machen. Dabei kann man nicht davon ausgehen, daß das traumatische Erlebnis verdrängt oder verleugnet werden kann; vielmehr erscheint es so, als ob das traumatische Material (mit allen grausamen Einzelheiten) konserviert würde und wie ein Fremdkörper erhalten bliebe. Dieser Vorgang wird erklärt als Abspaltung des traumatischen Materials vom Bewußtsein.
Neben der Verneinung des Realitätcharakters ist eine andere, infantile Form der Realitätsbewältigung in den Wiederholungsträumen zu sehen. Im Traum und in der Phantasie kann das Individuum versuchen, "den passiv erfahrenen Zustand in die aktive Bemeisterung und Beherrschung zu wenden" (Freud 1920, Zepf et al. 1986).

Man kann nicht verallgemeinernd sagen, mit welchen Modellen man die Psychodynamik eines Menschen, den ein Trauma in seiner jeweiligen Lebenssituation trifft, am besten erklären kann.
Vermutlich gibt es eine gewisse Spezifität auf Seiten der Traumata. So ist denkbar, daß Naturkatastrophen, die nicht durch Menschen verursacht wurden, andere psychodynamische Vorgänge auslösen als Verfolgungs-, Mißbrauch-, oder Foltertraumata oder als der Tod eines nahestehenden Men-

schen oder ein Unfall. Auch ist es auf der anderen Seite vorstellbar, daß es bestimmte psychische Strukturen gibt, die unter dem Druck eines traumatischen, nicht integrierbaren Erlebnisses eher dekompensieren als andere. In diesem Zusammenhang seien die Untersuchungen von Zetzel (1974) erwähnt, die feststellte, daß gerade Menschen, die "supernormal" erschienen, in deren Leben vor dem traumatischen Ereignis Angst überhaupt nicht vorgekommen zu sein schien, schwerer erkranken. Sie erklärte diese Tatsache damit, daß diese Menschen unfähig seien, Angst zu erleben und Angst zu ertragen.

Es läßt sich wohl feststellen, daß die Gemeinsamkeit des Unerwarteten, Plötzlichen der traumatischen Ereignisse zu der beobachtbaren relativ uniformen Reaktion traumatisierter Personen unmittelbar nach dem traumatischen Ereignis führt. Diese Uniformität bleibt jedoch nicht lange bestehen, sondern es kommt im Laufe der Zeit zu Differenzierungen, was Ehlert und Lorke (1988) als den Versuch des Ich verstehen einen objektiv sinnlosen Eingriff, den das Trauma immer darstelle, in die subjektiven Sinnstrukturen zu integrieren. Das Individuum muß um seiner Existenz willen darauf bestehen, daß alles, was ihm widerfährt, einen Sinn hat. Straus (1930) betonte dies, indem er den Begriff der "Sinnentnahme" prägte. Den Prozeß, wie sich das Symptom aus dem subjektiven Erlebnis und das Erlebnis aus dem Ereignis bildet (Lorenzer 1966), gilt es im individuellen Fall zu erklären.

2.9.4 Einige Bemerkungen zur Therapie posttraumatischer Störungen

Daß es keine einheitliche Regel für das therapeutische Vorgehen bei posttraumatischen Störungen geben kann, zeigt schon - wie oben dargestellt - die große Bandbreite dessen, was unter dem Begriff subsumiert wird. Hinzu kommt, daß das therapeutische Vorgehen auch davon abhängt, in welcher Phase nach dem traumatischen Ereignis es stattfindet. In der Literatur werden unterschiedliche therapeutische Vorgehensweisen (Pharmakotherapie, verhaltenstherapeutische Techniken, Hypnose, psychotherapeutische Krisenintervention mehr oder weniger tiefenpsychologischer Provenienz, psychoanalytische Psychotherapie, Psychoanalyse) und nonverbale Therapieformen und auch Kombinationen verschiedener Verfahren in sog. multimodalen oder biopsychosozialen Ansätzen berichtet.

Beginnt die Behandlung in der ersten Phase nach dem Erleben des Traumas in einem Zustand akuter psychischer Desorganisation des Individuums, können die in Kapitel 4.4 formulierten Regeln der Krisenintervention, die ein aktives Vorgehen des Therapeuten und hier speziell eine Einbeziehung der Gegebenheiten des sozialen Umfeldes erfordert, zur Anwendung kommen. In dieser Situation kann vorübergehend auch die Gabe von Psychopharmaka hilfreich sein.

Grundsätzlich ist das Ziel aller therapeutischer Bemühungen darin zu sehen, dem Individuum zu helfen, die gemachte traumatische Erfahrung in sein gegenwärtiges Leben zu integrieren. Obwohl bisher wenig systematische Daten vorliegen, gibt es eine Übereinstimmung dahingehend, daß ein Fokus in der Behandlung posttraumatischer Störungen im (dosierten) Wiederbeleben des traumatischen Ereignisses und damit verbundener Gefühle liegen muß. Damit soll eine Stärkung der Ich-Funktionen, ein Wiedererlangen der Steuerungsfähigkeit und der Verfügbarkeit der Innenwahrnehmung erreicht werden.

Eine über die Krisenintervention hinausgehende psychotherapeutische Behandlung von Patienten mit posttraumatischen Störungen weist dabei einige Besonderheiten auf, die man als Beziehungs- und Gegenübertragungsschwierigkeiten bezeichnen kann.

Es wird immer wieder betont, daß die für eine Behandlung notwendige Herstellung einer Beziehung zwischen Therapeut und traumatisiertem Patient erschwert ist. Dies zum einen, weil vermutlich die in der traumatischen Situation erzwungene Regression die therapeutische Kooperation erschwert. Zum anderen stellt die Therapie mit traumatisierten Patienten Forderungen an den Umgang des Therapeuten mit Realität und Phantasie dahingehend, daß es hier unabdingbar erscheint, zwischen diesen beiden zu unterscheiden, da nur die Benennung der objektiven Realität der Zugang zur inneren Realität des Patienten und damit zur Herstellung einer therapeutischen Beziehung sein kann (Becker und Becker 1987). Es handelt sich hier um eine Phase des gemeinsamen Akzeptierens der traumatischen Wirklichkeit (z.B. des Holocaust (Grubrich-Simitis 1984)). Die Anerkennung der Realität kann schwierig sein, weil sie vom Therapeuten den Umgang mit Abscheu, Entsetzen, Hilflosigkeit und Angst angesichts der oft grausamen Erlebnisse der Patienten fordert.

Grubrich-Simitis (1979) hat in diesem Zusammenhang von "Einfühlungsverweigerung" beim Therapeuten gesprochen. Wie bereits weiter oben erwähnt, ist die Verlegung des traumatischen Vorfalls von der Realität in die Phantasie ein Bewältigungsversuch des Ich, der verbunden ist mit der Illusion, daß die Bewältigung wenn schon nicht in der Realität, dann in der Phantasie möglich ist. Der Behandler würde, wenn er das traumatische Ereignis nur als ein subjektives, mehr oder weniger lebensgeschichtlich determiniertes Ereignis betrachtet, einer Abwehrtendenz des traumatisch verletzten Ichs folgen (Ehlert und Lorke 1988). Weitere Schwierigkeiten in der Behandlung von Patienten mit posttraumatischen Störungen werden in der Gefahr gesehen, daß sich der Therapeut entweder mit dem Opfer oder mit dem Aggressor identifiziert oder daß er an den Omnipotenzgefühlen festhält, daß jedes Trauma zu bewältigen sei.

Es gibt in neuester Zeit aus unterschiedlichen theoretischen und klinischen Richtungen kommend Warnungen vor den negativen Effekten unkontrolliert angewandter sog. kathartischer Methoden. Diese Methoden wollen, indem sie die Betroffenen den traumatischen Ereignissen wiederholt aussetzen, die mit den traumatischen Ereignissen verbundenen Ängste reduzieren, aber sie lassen die ebenfalls damit verbundenen Gefühle von Traurigkeit, Schuld, Scham oder Ärger außer Acht oder führen sogar zu einer Verstärkung dieser Gefühle. Wenn überhaupt, dann sollen diese Verfahren nur angewendet werden in Abwägung der Schwere des Traumas, der Bewältigungsmöglichkeiten des Patienten und des Vorhandenseins assoziierter psychiatrischer und psychosozialer Faktoren, die die Fähigkeiten des Patienten, mit überwältigenden Erfahrungen umzugehen, unterstützen oder verschlechtern können (Silove 1992).

Spezielle Gruppen traumatischer Ereignisse und Modelle ihrer Behandlung

Obwohl zahlenmäßig vermutlich individuelle Störungen durch traumatische Ereignisse des zivilen Lebens im Vordergrund stehen, fordern Dreßing und Berger (1991) daß, in Kenntnis der z.T. schweren und langandauernden psychischen Störungen nach Katastrophen (wie Flugzeugunglücken, Erdbeben etc.), nicht nur die organmedizinische Versorgung der Betroffenen zu gewährleisten sei, sondern daß auch psychiatrische und psychotherapeutische Grundkenntnisse (z.B. in Kriseninterventionstechniken) bei den Primärversorgern und weitergehend z.B. auch bei Hausärzten, an die die Opfer von Katastrophen sich im allgemeinen zuerst wenden, zu gewährleisten seien. Sie plädieren für eine Ergänzung derzeitiger Katastrophenpläne um diese Perspektive. Silove (1992) beschreibt z.B. in angelsächsischen Ländern, eine zunehmende Popularität von sog. "Critical Incidence Stress Debriefings", in denen multidisziplinäre Teams schnelle Kriseninterventionen als eine Form sekundärer Prävention anbieten, deren Effektivität aber bisher noch nicht untersucht worden ist. Sind Menschen Opfer von organisierter Gewalt geworden (politische Folter, Konzentrationslagerhaft, politische Verfolgung), ist ein therapeutisches Vorgehen nur unter Einbeziehung der gesamtgesellschaftlichen Realität denkbar. Erste theoretische und praktische Modelle für die Arbeit mit Extremtraumatisierten wurden anhand der Erfahrungen mit Überlebenden des Holocaust und in jüngerer Zeit in lateinamerikanischen Ländern in der Arbeit mit Opfern politischer Repression entwickelt. Psychisches Leid ist, so Becker (1990), in diesem Fall nie unabhängig vom sozialen Kontext versteh- und behandelbar, was die "Notwendigkeit eines parteiischen Therapeuten, der die politischen Realitäten als solche anerkennen kann und zu deuten weiß, der aber gleichzeitig auch einen internen Raum anerkennen kann" fordert. Zur Behandlung von Opfern politischer Gewalt sind z.B. in Kopenhagen, London und Berlin Behandlungszentren errichtet worden. Die dort gemachten Erfahrungen zeigen, daß einer psychotherapeutischen Arbeit mit dem Fokus auf den direkten Erlebnissen mit dem Trauma aus den folgenden Gründen oft Grenzen gesetzt sind: Diese Opfer politischer Gewalt leiden an einem kontinuierlichen Trauma, das beginnt mit den traumatischen Erfahrungen während der Folter, sich fortsetzt in dem Verlassen von Familie und Heimat, dem Leben als Flüchtlinge oder Insassen von Lagern und dem Gefühl von Unfähigkeit durch den Verlust sprachlicher, kultureller, bildungsmäßiger und beruflicher Kompetenz in einem fremden Land.

Es ist deshalb anfangs wichtiger, auf unmittelbare Sorgen (z.B. um die zurückgebliebenen Verwandten) einzugehen und zu helfen, die Überlebenden zu stabilisieren und ihre Fähigkeiten zu stärken, sich in der neuen Umgebung zurechtzufinden (Silove 1992). Auch bestehende kulturelle und religiöse Verbote über persönliche Erfahrungen zu berichten setzen der therapeutischen Arbeit häufig Grenzen. In der Arbeit mit Opfern politischer Gewalt hat sich der Einsatz von nonverbalen Therapieformen bewährt. Wie z.B. in der Kunsttherapie wird es den Betroffenen ermöglicht ihr Inneres über andere Medien als die Sprache auszudrücken; körpertherapeutische Verfahren scheinen besonders geeignet, über die körperliche Berührung überhaupt in Kontakt zu kommen mit Menschen, deren Vertrauen durch die gemachten traumatischen Erlebnisse zutiefst erschüttert wurde. Die Aufzählung von Traumatisierungen soll mit dem Hinweis auf eine weitere wichtige Gruppe, die Opfer von sexueller Gewalt (früher sexueller Mißbrauch, Vergewaltigung), beendet werden. Bei Feldmann (1992) finden sich über die ausführliche Darstellung der psychischen Folgen von Vergewaltigung hinaus Hinweise auf therapeutische Behandlungsmöglichkeiten, die in wachsendem Maße in institutionalisiertem Rahmen durch die interdisziplinäre Arbeit in Krisenzentren gewährleistet werden.

Literatur

AMATI, S.: Reflexionen über die Folter. Psyche 31 (1976) 228-245

BALINT, M.: Trauma und Objektbeziehung. Psyche 5 (1970) 346-358

BAEYER, W. V.: Neurose, Psychotherapie und Gesetzgebung. In: Franke, V.E., Gebsattel, V.E. von, Schultz, J.H. (Hrsg.): Handbuch der Neurosenlehre Bd. 1, Urban & Schwarzenberg, München Berlin 1959

BECKER, D.: Die Psychotherapie bei Extremtraumatisierten innerhalb der Diktatur - psychische und politische Realität. Psychoanalyse im Widerspruch 4 (1990) 42-69

BECKER, H. U. BECKER, S.: Der Psychoanalytiker im Spannungsfeld zwischen innerer und äußerer Realität. Psyche 4 (1987) 289-306

EHLERT, M. U. LORKE, B.: Zur Psychodynamik der traumatischen Reaktion. Psyche 6 (1988) 502-532

EISSLER, K.R.: Weitere Bemerkungen zum Problem der KZ-Psychologie. Psyche 6 (1968) 452-463

EISSLER, K.R.: Die Ermordung von wievielen seiner Kinder muß ein Mensch symptomfrei ertragen können, um eine normale Konstitution zu haben? Psyche 5 (1963) 241-291

FELDMANN, F.: Vergewaltigung und ihre psychischen Folgen. Enke, Stuttgart 1992

FISCHER-HOMBERGER, E.: die traumatische Neurose. Vom somatischen zum sozialen Leiden. Huber, Bern 1975

FREUD, S.: Jenseits des Lustprinzips. GW XIII (1920) 1-69

FREUD, S.: Über den psychischen Mechanismus hysterischer Phänomene. GW 1 (1893) S. 81-98

GRUBRICH-SIMITIS, I.: Extremtraumatisierung als kumulatives Trauma. Psyche 11 (1979) 991-1023

GRUBRICH-SIMITIS, I.: Vom Konkretismus zur Metaphorik. Gedanken zur psychoanalytischen Arbeit mit Nachkommen der Holocaust-Generation. Psyche 38 (1984) 1-28

HOROWITZ, M.J., WEISS, D. U. MARMAR, C.R.: Diagnosis of Posttraumatic Stress Disorders. Journal of Nervous and Mental Disease Vol. 175, 5 (1987) 267-268

LORENZER, A.: Zum Begriff der "traumatischen Neurose". Psyche 7 (1966) 481-492

MARMAR, C.R.: Brief Dynamic Psychotherapy of Post-Traumatic Stress Disorder. Psychiatr. Ann. 21 (1991) 405-414

SCHULTZ-HENCKE, H.: Lehrbuch der analytischen Psychotherapie. Thieme, Stuttgart 1951

Silove, D.: Psychotherapy and trauma. Current Opinion in Psychiatry 5 (1992) 370-374

STRAUS, E.: Geschehnis und Erlebnis (1931). Springer, Berlin Heidelberg, Reprint 1978

VENZLAFF, U.: Die psychoreaktiven Störungen nach entschädigungspflichtigen Ereignissen (Die sog. Unfallneurosen). Springer, Berlin Göttingen Heidelberg 1958

YEHUDA, R.: Neuroendocrinology of posttraumatic stress disorders. Current Opinion in Psychiatry 5 (1992) 109-112

ZEPF, S., WEIDENHAMMER, B. U. BAUR-MORLOCK, J.: Realität und Phantasie. Anmerkungen zum Traumabegriff Sigmund Freuds. Psyche 40 (1986) 124-144

ZETZEL, E.R.: Die Fähigkeit zu emotionalem Wachstum. Klett, Stuttgart 1974

2.10 Klinische Konzepte der Psychosomatik am Beispiel gastroenterologischer Krankheitsbilder (J. Küchenhoff)

2.10.1 Einleitung

Von Beginn an standen gastroenterologische Krankheiten im Zentrum des Interesses der wissenschaftlichen Psychosomatik. Das Magen-Ulkus und die Colitis ulcerosa gehören zu den am besten erforschten psychosomatischen Krankheitsbildern. Dies hat vor allem 2 Gründe:

- Sehr frühzeitig fielen den Klinikern seelische Probleme der Patienten mit Magengeschwüren und chronisch entzündlichen Darmerkrankungen auf.

- Da dem Gastrointestinaltrakt in der psychoanalytischen Entwicklungspsychologie durch die Konzepte der oralen und analen Phase von vornherein eine große psychologische Valenz zugeschrieben wurde, war es naheliegend, internistische Erkrankungen des Gastrointestinaltraktes auf Störungen der oralen und analen Modi der Objektbeziehungen und Konfliktbewältigungen hin zu untersuchen. Die Geschichte der Psychosomatik im 20. Jahrhundert ließe sich anhand der

Modellvorstellung	**Erläuterung**
1. Das Körpersymptom als Symbol	Ausdrucks-Spezifität: Das Körpersymptom drückt in der Beziehung zu anderen Menschen die unbewußten und nicht verbalisierbaren Beziehungsaspekte aus (Konversion)
2. Das Körpersymptom als Folge spezifischer seelischer Konflikte	Parallelismus: spezifische seelische Konflikte entsprechen spezifischen somatischen Reaktionsmustern
3. Das Körpersymptom als Konsequenz der Unfähigkeit, Konflikte psychisch zu verarbeiten	Spezifität des Regressionsniveaus: Resomatisierung als besonders tiefe Regression in den präverbalen Ausdrucksbereich
	Spezifität der Persönlichkeit: Alexithymie = Unfähigkeit, andere Menschen und eigene Empfindungen differenziert wahrzunehmen; das körperliche Symptom entsteht durch eine "somatische Abfuhr"
	Spezifität des zugrundeliegenden Konflikts (depressiver Grundkonflikt) und seiner charakterlichen Bewältigung
4. Psychische Symptome als Folge körperlicher Erkrankungen	Erforschung der Krankheitsverarbeitung (vor allem Abwehr und Coping); sekundäre Bedeutung seelischer Konflikte

Tabelle 2.10.1

Geschichte der psychosomatischen Gastroenterologie gut nachzeichnen. Die verschiedenen Modellbildungen haben im Verlaufe der Zeit jeweils verschiedene Zugangswege zum Verständnis der psychosomatischen Patienten ermöglicht; keiner dieser Zugangswege ist heute nur noch historisch interessant, keiner kann als völlig überholt gelten, keiner aber kann auch als allein richtig angesehen werden. Wir gehen davon aus, daß die historisch entwickelten psychosomatischen Modelle einander nicht ausschließen, sondern eine relative Gültigkeit behalten haben, d.h. daß sie heute noch als verschiedenartige Zugangsweisen zu bestimmten Untergruppen psychosomatischer Patienten weiterhin relevant sind. Damit betonen wir die Relativität, aber zugleich auch die Vielfalt psychosomatischer Ansätze zum gegenwärtigen Forschungsstand der Psychosomatik.

Die verschiedenen Modelle zu kennen ist wichtig, um in der individuellen Diagnostik entscheiden zu können, mit welchem Konzept der Patient am besten charakterisiert werden kann und welcher psychotherapeutische Zugang sich beim einzelnen Patienten aus der beschriebenen Zuordnung ergibt. Die Tabelle 2.10.1 skizziert einige Modelle des verstehenden Zugangs zu psychosomatischen Symptomen bzw. psychosomatischen Patienten (vgl. Küchenhoff 1992 a, Rudolf 1992).

Modellvorstellungen zur Bedeutung psychosomatischer Körpersymptome

Wir gehen davon aus, daß der Arzt manchen Patienten am ehesten gerecht wird, wenn er die durch einen chronischen Krankheitsverlauf entstandenen Behinderungen als die Quelle der seelischen Probleme aufgreift und infolgedessen zuerst die Krankheitsverarbeitung fördert (Gruppe 4). Anderen Patienten wird er erst zu einer Möglichkeit, sich affektiv auszudrücken und sich selbst und andere wahrnehmen zu können, führen müssen (Gruppe 3). Bei wieder anderen Patienten werden schnell psychische Konflikte deutlich werden, die sich mehr oder weniger gut mit der Krankheit in Verbindung bringen lassen (Gruppe 2), manchmal wird die Körpersymptomatik selbst symbolhaltig sein und eine beredte Sprache sprechen (Gruppe 1), so daß eine psychotherapeutische Behandlung ähnlich wie bei neurotisch Kranken indiziert erscheint. Letztendlich entscheidet also immer die individuelle Diagnostik über die Therapieindikation.

2.10.2 Funktionelle Störungen im gastrointestinalen Bereich

Unter **funktionellen Beschwerden** versteht man pathologische, mit klinischen Symptomen verbundene Störungen der Organfunktionen, ohne daß organdestruktive, pathoanatomisch fixierte somatische Prozesse ablaufen. In der Nomenklatur des Klassifikationssystems ICD-10 werden diese Störungen den sog. **somatoformen Störungen** zugeordnet; die Definition der somatoformen Störungen schließt typische Muster der Arzt-Patient-Beziehung als kennzeichnende Merkmale dieser Patientengruppe ein:

F45 somatoforme Störungen

"Das Charakteristikum ist die wiederholte Darbietung körperlicher Symptome in Verbindung mit hartnäckigen Forderungen nach medizinischen Untersuchungen trotz wiederholter negativer Ergebnisse und Versicherung der Ärzte, daß die Symptome nicht körperlich begründbar sind ... Auch wenn Beginn und Fortdauer der Symptome eine enge Beziehung zu unangenehmen Lebensereignissen, Schwierigkeiten oder Konflikten aufweisen, widersetzt sich der Patient gewöhnlich den Versuchen, die Möglichkeit einer psychischen Ursache zu diskutieren."

Ist ein bestimmtes Organ oder ein bestimmtes Organsystem betroffen, so spricht das ICD 10 von somatoformen autonomen Funktionsstörungen.

F45.3 somatoforme autonome Funktionsstörungen

"Die Symptome werden vom Patienten so

geschildert, als beruhten sie auf der körperlichen Erkrankung eines Systems oder eines Organs, das weitgehend oder vollständig vegetativ innerviert und kontrolliert wird, so etwas des kardiovaskulären, gastrointestinalen oder des respiratorischen Systems."

Zu den **somatoformen autonomen Funktionsstörungen** gehören im oberen Gastrointestinaltrakt die psychogene Aerophagie, also das psychogene Luftschlucken, das Aufstoßen, die Dyspepsie und die Magenneurose. Im unteren Gastrointestinaltrakt sind das Colon irritabile und habituelle Blähungen am wichtigsten.
Die typischen Beschwerden **funktioneller Syndrome des oberen Gastrointestinaltraktes** werden anhand einer Kasuistik beschrieben werden. Bei **funktionellen Beschwerden des unteren Gastrointestinaltraktes** werden abdominelle Schmerzen empfunden, die oft im Unterbauch lokalisiert werden. Ein Teil der Patienten klagt über Diarrhoe oder über Durchfälle im Wechsel mit Obstipation. Schleimige Stühle werden gefunden, allerdings ohne Blutbeimengungen. Anders als die Ulkus-Beschwerden folgen die Symptomschilderungen keiner tageszeitlichen Rhythmik.

Daß die **Interaktion zwischen Arzt und Patient** Bestandteil der Definition funktioneller Beschwerden im ICD-10 ist, hat einen guten Grund; Patienten mit funktionellen Beschwerden bereiten vor allem den Hausärzten oft große Sorgen oder großen Ärger. Die funktionellen Syndrome imitieren schwererwiegende Erkrankungen, so daß der Hausarzt sich zu immer neuen Abklärungsschritten veranlaßt sehen kann - und jede Spezialuntersuchung kann den Patienten in seiner hypochondrischen Krankheitsangst bestärken. von Uexküll und Köhle (1990, S.476) sprechen von einem **Kreislauf der Überweisungen**, der die Beschwerden verstärken kann. Diesem Dilemma ist schwer zu entkommen; für die Diagnose funktioneller Beschwerden müssen andere Erkrankungen, vor allem die weiter unten beschriebenen chronisch entzündlichen Darmerkrankungen, ausgeschlossen werden. Daher müssen die Patienten gründlich somatisch untersucht werden. Wo liegt die Grenze, jenseits derer die Diagnostik den Teufelskreis der Überweisungen ins Rollen bringt? Somatische Abklärungen sollten bei diesen Patienten entschlossen, schnell und einmalig erfolgen, auf Wiederholungsuntersuchungen sollte soweit als möglich verzichtet werden. Soweit apparative Untersuchungen durch klinische Befunderhebungen überflüssig gemacht werden können, sollte dies geschehen.
Die Diagnose der funktionellen Störungen im Bereich des Gastrointestinaltrakts wird aber nicht per exclusionem gestellt. Wie bei anderen psychosomatischen Erkrankungen werden positive Befunde in der psychodiagnostischen Untersuchung für die Diagnosestellung gefordert. Da der psychodynamische Hintergrund funktioneller Beschwerden ausgesprochen vielfältig ist und auf eine Störungsebene nicht reduziert werden kann, ist bei funktionellen Störungen eine Differentialdiagnose zwischen drei Untergruppen klinisch sinnvoll:

- reaktive Krankheitsbilder als Folge akuter seelischer Belastung,
- neurotische Störungen, die sich hinter einer somatischen Symptomatik verbergen,
- eine Kerngruppe von Patienten, die im Sinne der depressiven Somatisierung zu chronifizierender Körpersymptomatik neigt.

Worauf ist also in der **Diagnostik** dieser Patienten zu achten?

- Sind organdestruktive Erkrankungen ausgeschlossen (gründliche medizinische Diagnostik)?
- Wie stark sind die Patienten an ihre Symptom fixiert?
- Lassen sich diagnostische Circuli vitiosi in der Krankheitsanamnese schildern?
- Finden sich aktuelle seelische Belastungen im Vorfeld der Symptombildung?
- Läßt sich aus der biographischen Anamnese der Patienten eine neurotische Vor- und Frühgeschichte eruieren?

- Liegen schwere, depressive Grundkonflikte vor vor?

Funktionelle Beschwerden des Gastrointestinaltraktes sind ausgesprochen häufig; nach von Uexküll und Wesiak (1990, 510) leiden 40 - 60% aller Patienten mit Beschwerden im Gastrointestinaltrakt unter diesen Störungen. Untersucht man eine gesunde Durchschnittspopulation, so leiden etwa 10% unter funktionellen Oberbauchbeschwerden. Entgegen früheren Annahmen finden sich funktionelle Abdominalbeschwerden in allen Altersklassen, sie sind nicht vorwiegend, wie früher angenommen wurde, bei jüngeren Erwachsenen zu finden und nehmen im Alter nicht ab. Die Krankheitsgruppe der funktionellen abdominellen Beschwerden hat also eine eminente sozialmedizinische Bedeutung.
Im folgenden sollen die Beschwerden, die Biographie und die Psychodynamik eines Patienten mit einer "Magenneurose" kasuistisch dargestellt werden.

Kasuistik

Herr A., ein 29 Jahre alter, großgewachsener und hagerer Mann, berichtet mit gequälten Gesichtszügen und in sehr spröden Worten: Er leidet seit 6 Jahren unter tagsüber auftretenden Oberbauchbeschwerden, außerdem unter Durchfällen, Schmerzen und Übelkeit, die Beschwerden haben keine feste tageszeitliche Bindung. Manchmal führt die Übelkeit spontan zum Erbrechen, manchmal führt der Patient zu seiner Erleichterung das Erbrechen willkürlich herbei. Seit einigen Monaten bekomme er immer wieder panikartige Angstzustände, er habe Angst vor dem Durchbruch eines Magengeschwürs. Einige notärztliche und gründliche gastroenterologische Abklärungen, die ohne Befund blieben, konnten den Patienten nicht beruhigen.
Die Beschwerden hatten sich nach einem Umzug des Patienten krisenhaft zugespitzt; er war aus der mütterlichen Wohnung aus- und mit einer Freundin zusammengezogen, die er schon seit vielen Jahren kannte und die ihm nach dem Umzug vorgeworfen hatte, daß er sie vernachlässige, kaum noch etwas mit ihr zusammen unternehme, sondern sich immerfort zurückziehe. Unmittelbar vor der ersten Panikattacke hatte die Freundin eine Schwangerschaft unterbrechen lassen, der Patient war rational mit dieser Schwangerschaftsunterbrechung einig.
Die Lebensgeschichte des Patienten ist durch eine frühe Ehescheidung der Eltern belastet gewesen. Der Vater wird als autoritärer, sehr distanzierter, zugleich beruflich erfolgreicher Mensch sehr ablehnend geschildert. Noch problematischer wird das Verhältnis zur Mutter geschildert, von der der Patient sagt, sie sei nur an Äußerlichkeiten, schöner Kleidung, Geld und Aussehen interessiert gewesen. Zusammen mit dem nur 9 Monate älteren Bruder verläßt die Mutter die Familie, als der Patient 6 Jahre alt ist. Er bleibt mit dem nur ein Jahr jüngeren Bruder beim Vater zurück. Als der Vater 4 Jahre später wieder heiratet, wird der Patient, anders als der jüngere Bruder, in ein Landschulheim abgeschoben. Er bricht die Gymnasialausbildung ab, macht den Hauptschulabschluß und absolviert eine Kochlehre(!). In dieser Zeit wohnt er im Lehrlingsheim. Jahrelang prozessiert er gegen den Vater, zunächst einmal, um bereits mit 17 Jahren vorgezogen volljährig zu werden, später handeln die Prozesse von Unterhaltsforderungen. Zur Mutter kehrt er erst mit 22 Jahren zurück, er lebt mit ihr in einer Art Wohngemeinschaft, ohne daß hier eine herzliche Beziehung zwischen beiden hätte entstehen können. In dieser Zeit beginnt die Oberbauchsymptomatik.

Die depressive Grundstörung des Patienten liegt darin, von frühester Kindheit an keine emotional tragende, ein "Urvertrauen" ermöglichende Beziehung zu den Eltern gehabt zu haben. Durch den Weggang der Mutter im Alter von 6 Jahren und sicherlich schon früher durch das schon vorher angespannte Familienleben ist der Patient in seinen Wünschen nach Geborgenheit und Intimität frühzeitig enttäuscht worden. Weder zum Vater noch zur Mutter konnte sich eine emotional tragfähige positive Beziehung entfalten. Hinzu kommt die schwierige Geschwisterkonstellation durch einen denkbar engen Zeitabstand zwischen den drei Geschwistern, die den Geschwisterneid und die Angst, zu kurz zu kommen bei den Eltern, sicherlich verstärkten. Der Konflikt wird zunächst durch eine schizoide Charakterabwehr bewältigt. Der Patient verselbständigt sich sehr früh, beantragt verfrüht seine Volljährigkeit, er geht gegen den Vater mit juristischen Mitteln vor. Die Charakterabwehr bricht zusammen, als er durch nahe Beziehungen zu Frauen mit eigenen Nähe- und Versorgungswünschen konfrontiert ist.

Die **Behandlung funktioneller Störungen** des Magen-Darm-Traktes ist angesichts der sozialmedizinischen Bedeutung der Krankheitsbilder und angesichts der ausgesprochen großen Vielfalt psychodynamischer Hintergründe eine sehr verantwortungsvolle ärztliche Aufgabe.
Nach einer gründlichen somatischen Abklärung ist ein abgestuftes psychosomatisches Vorgehen zweckmäßig. Nur eine Teilgruppe der Patienten kann - und braucht - in langfristige psychotherapeutische Behandlung übernommen zu werden, nämlich die Patienten mit der beschriebenen Grundstörung. Diese Gruppe kann vom psychosomatisch engagierten Hausarzt identifiziert und überwiesen werden. Für die anderen Patienten empfiehlt sich zunächst eine ärztliche Haltung, die den Teufelskreis der Beschwerden nicht verstärkt; der Arzt sollte also selbstkritisch gegenüber dem eigenen Aktionismus sein und keine medizinischen Maßnahmen zu einer scheinbaren, vordergründigen Beruhigung des Patienten ergreifen, die nicht streng indiziert sind. Dies gilt für Wiederholungsüberweisungen zu invasiver Diagnostik ebenso wie die Verordnung von Tranquilizern oder anderen Psychopharmaka. An die Stelle einer medikamentösen Behandlung können Entspannungsverfahren und eine ärztliche Konfliktberatung im Rahmen der psychosomatischen Grundversorgung treten. Diese Maßnahmen können für die Behandlung konfliktreaktiver funktioneller Störungen ausreichend sein.

2.10.3 Magen- und Duodenalulkus

Einleitende Bemerkungen

Durch die hohe Wirksamkeit der pharmakologischen Therapie der Ulcera duodeni et ventriculi lassen sich heute die akuten Krankheitssymptome schnell abfangen und Sekundärschädigungen gut vermeiden. Die Krankheitsverarbeitung beim Ulkus tritt somit, anders als bei der Colitis ulcerosa oder dem Morbus Crohn, als eine psychosomatische Aufgabe zurück hinter der **Rezidivprophylaxe** durch Psychotherapie. Da der Krankheitsverlauf durch die somatopsychischen Rückwirkungen wenig belastet wird, ist ein Verständnis der psychodynamischen Konflikte und der belastenden Persönlichkeitseigenschaften im Vorfeld der Erkrankung leichter möglich als bei den chronisch entzündlichen Darmerkrankungen. Die besondere Aufgabe im Umgang mit Ulkus-Patienten liegt darin, diagnostisch genau die Persönlichkeit und den Schweregrad der psychischen Störung zu differenzieren, um daraus eine Differentialindikation für psychotherapeutische Verfahren bei Ulkus-Patienten abzuleiten.

Klinik

Typisch für das **Duodenalulkus** sind krampfartige, sich innerhalb von Minuten steigernde epigastrische Schmerzen, die sich durch Nahrungsaufnahme lindern, die also bei nüchternen Magen, z.B. frühmorgens, stark ausgeprägt sind. Beim **Magenulkus** hingegen treten die Schmerzen nach dem Essen auf und bessern sich, wenn der Magen entleert ist. Die Geschwüre heilen innerhalb von Tagen oder Wochen ab, neigen jedoch zu Rezidiven.
Krankheitskomplikationen entstehen durch Ulzerationen tieferer Wandschichten, diese Ulzerationen können zu Blutungen, Perforationen in die Bauchhöhle oder zur Penetration in benachbarte Organe führen. Andere Komplikationen entstehen durch narbige Strikturen bei der Verheilung der Ulzera. Das Ulkus ventriculi kann maligne entarten. Die Diagnose wird radiologisch oder gastroskopisch gesichert.

Psychophysiologische und tierexperimentelle Untersuchungen

Zander (1977) hat mit Hilfe von psychophysiologischen Untersuchungen die psychosomatischen Zusammenhänge bei Ulkuspatienten experimentell weiter aufklären können. Er konnte zeigen, daß Gespräche über spezifische emotional belastende Konflikte einen Spasmus des Magenantrums provozieren können, der während der Gespräche auch röntgenologisch beobachtet werden konnte.

Ein Spasmus kann die Durchblutung der Magenschleimhaut lokal beeinträchtigen und dazu beitragen, daß die protektiven Faktoren der Mucosa gestört werden. Daß frühe Deprivationserfahrungen sich auf die Gesundheit im weiteren Leben auswirken, konnte H.Weiner in eindrucksvollen Tierexperimenten zeigen.
Auch bei Versuchstieren führten frühe Trennungen von den Eltern zu erosiven Gastritiden und Ulzerationen (Weiner 1986). - Daß psychosozialer Streß zu einem erhöhten Rezidivrisiko des Duodenalulkus beiträgt, wurde jüngst - gleichsam als Nebenbefund - durch die internationale RUDER-Studie belegt, die eigentlich die Rezidivpropohylaxe bei Ulcus duodeni mit Ranitidin erforschen sollte (Huber et al 1988).

Psychodynamische Modelle zum Verständnis der Ulkus-Krankheit

Klassisches Modell

Das vor allem von F. Alexander (1951) entwickelte klassische psychoanalytische Modell für die Psychogenese des Magenulkus geht von einer Konflikt- und Persönlichkeitsspezifität aus; der Triebkonflikt des Ulkus-Kranken wird im oralen Triebbereich gesehen. Wünsche nach passiver "Fütterung", nach passiver Pflege und unbedingter Geborgenheit, also regressive Wünsche, sind bei den Ulkus-Patienten demnach ausgesprochen stark, werden aber - auf dem Hintergrund wenig bergender Kindheitserfahrungen - als sehr gefährlich erlebt, vor allem befürchten die Patienten einen Verlust von Autonomie und Unabhängigkeit. Die Folge ist eine Verdrängung der regressiven Wünsche, die dann auf noch nicht vollends aufgeklärten pathophysiologischen Wegen zu den Ulkus-Beschwerden führen. In der Persönlichkeit der Patienten sollen entweder passiv-abhängige Züge oder, wenn die Charakterabwehr dieser Strebungen dominiert, pseudounabhängige Verhaltensweisen und Einstellungen dominieren.

Neuere Entwicklungen

Das soeben vorgestellte, von uns als klassisches Modell bezeichnete Verstehenskonzept der Ulkus-Krankheit hat zweifelsohne immer noch klinische Gültigkeit, wir sehen es als eine mögliche Beschreibungsform der Psychodynamik von Ulkus-Kranken an. Dennoch ist es, wie empirische Untersuchungen zeigten, nicht für die Ulkus-Krankheit spezifisch. Es beschreibt also nicht den spezifischen Ulkus-Patienten, sondern lediglich einen Typus des Ulkus-Patienten. Der Vielfalt der Erscheinungsformen von Ulkus-Patienten wird das klassiche Modell nicht gerecht. Empirisch abgestützt und klinisch angemessener erscheint uns die Gruppeneinteilung, die Overbeck und Biebl (1990) geben. Die Autoren beschreiben 5 Typen von Ulkus-patienten; die Typologie berücksichtigt die - einander verstärkenden - Pathologien der Persönlichkeitsstruktur, der Objektbeziehungen und der Auslösesituation im Vorfeld der Ulkus-Erkrankungen. Die folgende Übersicht faßt die von Overbeck und Biebl gegebene Typologie zusammen (Tab. 2.10.3).
Diese Typologie wurde so ausführlich vorgestellt, weil sie beispielhaft einige, nicht nur für die Pathologie des Ulkus, sondern für psychosomatische Modellbildung überhaupt bedeutsame Konzepte enthält, auf die eigens hingewiesen werden soll:

1. Das Aufgeben von Spezifitätskonzepten, also von Hypothesen über den Ulkus-Patient oder den Triebkonflikt bei Ulkus-Patienten, führt zwar zu komplexeren Modellen, nicht aber zu einer psychodiagnostischen Beliebigkeit.

2. Die vorgestellte Typologie entspricht nicht einem unifaktoriellen Ursache-Wirkungs-Modell wie das klassiche Konzept, sondern einem multifaktoriellen Konstellationsmodell: Die Patienten mit

verschiedenen Persönlichkeitszügen leiden unter verschiedenen psychosozialen Belastungssituationen unterschiedlich stark. Die Konstellationen von Persönlichkeitsstruktur (in der sich die biographischen Erfahrungen niederschlagen), Auslösesituation und Somatisierungsmechanismen sind typisch, aber nicht spezifisch.

3. Die Typologie ist empirisch recht gut fundiert.

Zusammenspiel von Persönlichkeit, Belastungssituation und Psychodynamik bei verschieden Typen der Ulkus-Kranken (nach Overbeck und Biebl)

Persönlichkeit	psychosoziale Belastungs situation im Vorfeld der Erkrankung	psychodynamische Mechanismen
1. Der psychisch Gesunde oder neurotisch depressiv wirkende Ulkus Kranke		
gut integriert oder neurotisch-depressiver Konflikt	schwerwiegend-spezifisch oder unspezifisch	temporäre Ich-Regression und Resomatisierung, Aggressionsproblematik auf der oralen oder analen Stufe
2. Der charakterneurotische, pseudounabhängige Ulkus-Patient		
zwanghaft oder rigide	spezifisch: Kränkung, Versagung, Liebesverlust	Zusammenbruch der Charakterabwehr, Aggressionsproblematik auf der analen oder oralen Stufe
3. Der soziopathische Ulkus-Kranke		
Ich-schwach abhängig sehr auf Bezugsperson angewiesen	schon kleine Versagung von Liebe und Zuwendung (äußere Versagung, kein Triebkonflikt)	Ulkus als psychophysiologisches Korrelat Aggressionsproblematik auf der archaisch-narzißtischen Stufe
4. Der psychosomatische Ulkus-Kranke		
alexithym, phantasiearm, ausdruckslos	oft unspezifische Belastungssituation	Unfähigkeit, Konflikte psychisch zu verarbeiten, Neigung zu multiplen psychosomatischen Beschwerden, Aggressionsproblematik auf der archaisch-narzißtischen Stufe
5. Der normopathische Ulkus-Kranke		
überangepaßt starke Verleugung, vor allem der eigenen Leistungsgrenzen	chronisch-autodestruktive Überarbeitungs und Überlastungssituation	Unfähigkeit, analaggressive Konflikte offen zu verarbeiten

Tabelle 2.10.3

Die Schwierigkeiten in der Integration **aggressiver Regungen** spielen in vielen psychosomatischen Konzepten zur Ulkus-Entstehung eine große Rolle. Die oft von den Patienten geschilderte Haltung, sie würden Ärger in sich hineinfressen, ließ sich auch in empirischen Untersuchungen bestätigen (Möhlen & Brähler 1984). Sie ist auch klinisch immer wieder eindrucksvoll. Wegen der Bedeutsamkeit der aggressiven Triebschicksale wurde in der Tabelle besonders auf sie hingewiesen. Dabei ist zu unterscheiden, ob es sich um archaische, ungezielte Wutaffekte handelt (sog. narzißtische Wut), ob die Aggression mit dem oralen Triebkonflikt verbunden ist (oral-aggressive oder oral-sadistische Strebungen) oder ob anale Aggression in Form von Retentivität und übermäßigem Konkurrenzdenken dominant sind.

Die folgenden Auszüge aus dem Erstgespräch mit einem Ulkus-Patienten sollen als Beispiel für einen charakter-neurotisch abwehrenden Ulkus-Patienten dienen.

Kasuistik

Der 35 Jahre alte Patient, von gedrungener Gestalt, sehr akkurat gekleidet, trägt einen kleinen Aktenkoffer bei sich, der ihn wie einen Vertreter erscheinen läßt. Er gibt sich im Gespräch zunächst mitteilsam und freundlich. Vor 6 Monaten ist zum zweiten Mal ein Magengeschwür aufgetreten; das erste Geschwür war vor 4 Jahren plötzlich entstanden; jedes Mal hat der Patient alle Warnzeichen, z.B. sich langsam steigernde Magenschmerzen, nicht wahrgenommen, bis er eines Tages während der Arbeitszeit zusammengebrochen ist. Er stellt die Charakterabwehr jeder aggressiven Strebung in der Selbstbeschreibung dar: Er ist ein Mensch, der eigene Sorgen und Leiden zurückstellt, der sich vor allem um andere kümmert und Kränkungen einfach schluckt. Vor 4 Jahren war er durch Sorgen um den heute 10 Jahre alten Sohn belastet; der Sohn litt unter Angstzuständen und wurde kinderpsychiatrisch behandelt. Zwar hat der Patient sich, seiner Haltung entsprechend, sehr um den Sohn gekümmert, im Gespräch aber wird dennoch der untergründige Haß auf den Sohn deutlich; er nennt ihn "Pascha", er findet den Sohn in seinen Ansprüchen unersättlich, der Sohn habe die Familie während einiger Monate völlig beherrscht. Die regressiv-ängstliche und anklammernde Anspruchshaltung des Sohnes mobilisiert im Patienten eigene Wünsche nach Versorgung und Zuwendung, zugleich Neidgefühle auf den Sohn, der sich so viel herausnimmt; diese Konfrontation mit abgewehrten eigenen Impulsen führt zu einem Zusammenbruch der Charakterabwehr des Patienten, die ja durch hingebungsvolle Aggressionslosigkeit und altruistische Abtretung eigener Ansprüche an andere geprägt war. Das Rezidiv der Ulkus-Krankheit koinzidiert mit übermäßiger beruflicher Belastung. Als Abteilungsleiter einer Speditionsfirma hat der Patient mindestens 1[illegible] Stunden gearbeitet; der untergründige Haß richtet sich nun auf seinen Chef, der es sich im Unterschied zu ihm selber gut gehen lasse und ihn zugleich ausbeute.

Die regressiven Wünsche nach passiver Versorgung, die Wut auf die Versagung dieser Wünsche und die Charakterabwehr durch altruistische Abtretung inszenieren sich auch im diagnostischen Gespräch. Der Patient geht bereitwilligst auf meine Fragen ein und kommt meinen Wünschen sogleich entgegen. Er ist aber - obgleich er zu Beginn über den Charakter des Gespräches aufgeklärt wurde - sofort überzeugt, daß ich ihn auf lange Zeit ohne jede weitere Absprache in Psychotherapie übernehmen könne. Als ich ihn nochmals darauf aufmerksam mache, daß es sich nur um eine diagnostisches Gespräch handelt, ist er sehr enttäuscht, seine Offenheit schwindet und weicht einem vorwurfsvoll-aggressiven Rückzug. Prognostisch günstig ist, daß diese Enttäuschung sich im Erstgespräch ansprechen läßt und mit dem Patienten relativiert werden kann.

Therapie der Ulkus-Krankheit

Die moderne **pharmakologische Therapie** mit H_2-Rezeptorenblocker und Anticholinergika ist heute so wirksam, daß sie als das Mittel erster Wahl in der Therapie des akuten Ulkus angesehen werden muß. Da die Patienten auf diese Weise schnell gesunden, ist die Motivation der Ulkus-Patienten für eine längerfristige Behandlung, auch für eine längerfristige Psychotherapie, nicht sehr ausgeprägt. Zu berücksichtigen ist ferner, daß bei den 30% der Ulkus-Kranken, die eine chronische Ulkus-Krankheit entwickeln, die Krankheit spontan ausheilt.

Die geringe Motivation hängt sicher auch mit dem sekundären Krankheitsgewinn zusammen, den die medizinische Versorgung, vor allem klinisch stationäre Behandlungen, den Patienten gewähren; sie sind durch eine Krankenhausbehandlung oft entlastet und in ihren regressiven Wünschen befriedigt (vgl. Dollinger et al 1990). Ist der Patient dennoch für eine Psychotherapie motiviert, so richtet sich die Therapieindikation nach der oben gegebenen Typologie: der psychisch Gesunde oder neurotisch - depressiv erscheinende Ulkus-Patient kann durch eine zeitlich begrenzte **psychotherapeutische Krisenintervention** oder **Fokaltherapie** eine wertvolle Hilfe für die Verarbeitung der schwerwiegenden psychosozialen Belastungssituation erhalten.
Für den Typus des charakterneurotisch abwehrenden Ulkus-Patienten empfiehlt sich die ambulante **psychoanalytisch orientierte Psychotherapie**, wobei die Gesichtspunkte zum Tragen kommen, die bei der Psychotherapie der depressiven Somatisierung (Kapitel 2.3.4) beschrieben wurden. Soziopathische oder psychosomatische Ulkus-Patienten profitieren am besten von einer **stationären** psychotherapeutischen Behandlung. Durch die Tatsache, daß viele Therapeuten an der Behandlung des Patienten beteiligt sind, kann das Problem, daß dic Patienten sich sehr auf reale Bezugspersonen angewiesen fühle, relativiert und zugleich dem Patienten deutlich gemacht werden.

Die nonverbalen Therapieverfahren wie Konzentrative Bewegungstherapie, Musiktherapie oder Gestaltungstherapie sind für den alexithymen Ulkus-Patienten u.U. entscheidend, weil sie den vorsichtigen Aufbau einer eigenen Phantasiewelt ermöglichen. Der normopathisch abwehrende Ulkus-Patienten kann sowohl von der stationären wie auch von der ambulanten Psychotherapie profitieren. In jedem Fall ist in der Therapie die Durcharbeitung aggressiver Konflikte bedeutsam. Liegt der Schwerpunkt auf oral-aggressiven oder analen Triebimpulsen, fällt die Behandlung relativ leicht. Liegen hingegen archaisch-narzißtische aggressive Konflikte vor, wird mit einer längeren psychotherapeutischen Behandlungszeit gerechnet werden müssen.

2.10.4 Colitis ulcerosa

Zunächst werden die Krankheitsbilder Colitis ulcerosa und Morbus Crohn getrennt voneinander vorgestellt und dann die therapeutischen Wege für beide Krankheiten gemeinsam beschrieben. Für beide Krankheiten spielt die Frage der somatopsychischen Rückwirkungen eine besondere Rolle:

- Wie können die Patienten mit der Diagnosestellung und der damit verbundenen ungewissen Zukunftsperspektive fertig werden?
- Wic verarbeiten sie persistierende körperliche Beschwerden und persistierende körperliche Behinderungen?

Klinik

Die Colitis ulcerosa ist, wie der Name schon sagt, eine auf den Dickdarm begrenzte chronische Darmentzündung, die mit ulzerösen Läsionen der Kolonschleimhaut einhergeht, die aber in der Regel die Darmwand nicht durchdringen, anders als bcim Morbus Crohn. Die Krankheit kann sehr unterschiedlich schwer verlaufen. Leichte Verläufe sind durch mäßig erhöhte Stuhlfrequenz und Diarrhoe gekennzeichnet, Blut- und Schleimbeimengungen im Stuhl sind nur gering. Auch das Allgemeinbefinden ist nur leicht reduziert. Schwere Verläufe dagegen sind durch häufige, bis zu 30 mal pro Tag stattfindende, blutig-schleimig-eitrige Durchfälle charakterisiert, die unter heftigen Tenesmen entleert werden. Das Abdomen kann bei der Untersuchung schmerzhaft sein, die Krämpfe im Unterbauch sind für die Patienten oft subjektiv sehr leidvoll. Das Allgemeinbefinden kann schwerstens beeinträchtigt sein, die Patienten haben Fieber, leiden unter Übelkeit und Erbrechen. Ähnlich wie beim Morbus Crohn verläuft die Krankheit meist chronisch-rezidivierend, u.U. aber auch chronisch persistierend. Ebenfalls ähnlich wie beim Morbus Crohn ist die Krankheit nicht auf den Darm beschränkt; extraintestinale Symptome sind vor allem Arthritiden, aber auch das Erythema nodosum oder Iridozyklitiden.

Psychosomatische Aspekte der Colitis ulcerosa

Die klinischen Beschreibungen von Colitis-ulcerosa-Patienten in der Psychosomatik ähneln einander sehr, sie lassen sich in der Praxis auch oft bestätigen (Engel 1979). Colitis-Patienten werden übereinstimmend als passiv und konfliktvermeidend beschrieben, die Patienten gelten als anhänglich und abhängig von dominierenden Bezugspersonen (sog. Schlüsselfiguren). Oft wird die narzißtische Störung der Patienten hervorgehoben: Ihr Selbstwertgefühl sei beeinträchtigt, zur narzißtischen Stabilisierung sei die permanente Abhängigkeit einer wichtigen, Schutz garantierenden Bezugsperson unerläßlich (Zepf et al 1981 a und b). Daher reagierten Colitis-Patienten auf den - realen oder imaginierten - Verlust dieser Schlüsselfiguren mit einer somatischen Dekompensation, also mit einem Krankheitsschub.
Recht eindeutig sind die Befunde zur Auslösung der Krankheitsschübe, auch sie sind nicht für die Colitis ulcerosa spezifisch. Verlusterlebnisse spielen die entscheidende Rolle und zwar werden - wiederum reale oder drohende - Verluste persönlicher Bindungen, sozialer Netzwerke, beruflicher Position oder materieller Sicherheiten genannt.
Die psychosozialen Folgen der Krankheit sind gravierend und die Einflüsse auf die Persönlichkeit und die seelischen Konflikte der Patienten, also die somato-psychischen Rückwirkungen, müssen unbedingt berücksichtigt werden, sowohl in der Klinik als auch in der Forschung. Bislang ist dies unzureichend geschehen. Die Patienten erkranken vornehmlich im jungen Erwachsenenalter, in dem sie sich eine psychosoziale Position aufbauen müssen. Häufige, krankheitsbedingte Fehlzeiten können zu massiven Problemen am Arbeitsplatz führen. Schamprobleme auf Grund der Angst, durch unbeherrschbare plötzliche Durchfälle aufzufallen oder anstößig zu werden, können zu sozialem Rückzug und einer Einschränkung des Freundeskreises führen. Die Selbstwertproblematik kann durch den Verlust der Ausscheidungskontrolle in einen Circulus vitiosus hineingetrieben werden, der auch die Partnerwahl etc. sehr erschweren kann (vgl. Feurle et al. 1983, Probst et al. 1989).

Kasuistik

Im Alter von 23 Jahren erkrankte der Patient am zweiten Schub einer Colitis ulcerosa. Er litt unter Schmerzen im linken Unterbauch, bald darauf unter einer massiven Diarrhoe mit mindestens 10 blutig-schleimigen Stühlen pro Tag. Nach 4 Monaten internistischer Behandlung mit Acetylsalicylsäure- und Cortison-Präparaten wurde der Patient in der Psychosomatischen Klinik Heidelberg vorgestellt.
Im Vorgespräch war der Patient freundlich und kooperativ. Seine Schilderungen waren übermäßig genau und detailverliebt, zugleich ausgesprochen nüchtern und ohne emotionale Höhen und Tiefen, so daß die gleichförmige Erzählform im Kontrast zu der (sachlichen) Dramatik der schweren Erkrankung stand.
Die Krankheit begann, als der Patient im 3. Semester eines technischen Studiums stand. Er hatte zuvor eine Lehre absolviert, hatte das Studium mit großer Ernsthaftigkeit begonnen und viel gearbeitet, stand nun vor den ersten Zwischenprüfungen. Sie bedeuteten für ihn einen weiteren Schritt in die eigene Selbständigkeit, die ihm rational willkommen, aber emotional ungeheuer bedrohlich war. Noch wohnte er zuhause; wegen der Krankheit brach er das Studium ab und arbeitete in seinem Ausbildungsberuf als Elektroinstallateur in einem Handwerksbetrieb ganz nahe dem Elternhaus (sekundärer Krankheitsgewinn). Die Beziehung zur Mutter wurde als ausgesprochen eng dargestellt; sie hatte in seinem Erleben immer Zeit für ihn, ließ ihm zugleich wenig Selbständigkeit und signalisierte ihm, daß er für sie unentbehrlich ist. Die enge Mutterbindung ließ dem Patienten keinen Raum für freundschaftliche oder intime Beziehungen zu Frauen. Der Vater blieb gegenüber der Mutter blaß.
Die stationäre Psychotherapie bedeutete für den Patienten eine große Herausforderung für seine Trennungsfähigkeit und die Differenzierung von der Primärfamilie. Zunächst al-

lerdings wiederholte sich in der Gruppe schnell die familiäre Beziehungskonstellation: Der Patient blieb zunächst höflich und zurückhaltend, gab anderen Patienten im Gespräch immer den Vortritt, ging nur auf andere ein, stellt sich selber nicht dar. Nach solchen Gruppensitzungen litt er regelmäßig unter heftigen Darmkrämpfen. Die Gruppe konnte ihm den Zusammenhang zwischen Enttäuschung und Darmsymptomatik aufzeigen, der Patient lernte seine Durchfälle als "Stimmungsbarometer" zu verstehen und sich nach den eigenen, so schwer zugänglichen Gefühlen zu fragen, wenn er Darmkrämpfe spürte. So nahm er allmählich seine z.T. sehr starken Wutaffekte wahr, vor allen den Mitpatienten gegenüber, von denen er annahm, daß sie in der Therapie erfolgreicher abschnitten. In der ambulanten Phase der psychoanalytischen Gruppentherapie befreundete der Patient sich mit einer Mitpatientin. Gleichsam im Schutz der Gruppe hatte er mit ihr die ersten sexuellen Erfahrungen, die sein Selbstbewußtsein stärkten. Zugleich konnte er auch im Rahmen der Gruppentherapie nicht davon absehen, sogleich die Beziehung zu einer "Schlüsselfigur" aufzunehmen und sich erneut in symbiotisch anmutende Abhängigkeiten zu begeben. 5 Jahre nach Ende der Gruppentherapie lebt der Patient, nunmehr verheiratet, mit der gleichen Frau zusammen. Die Kolitis ist in der Zwischenzeit nicht wieder aufgeflammt.- Die Bewertung des Therapieergebnisses bleibt zwiespältig. Die enge, sprachlos-symbiotische Verbindung zur Mutter konnte bearbeitet, die Ablösung vom Elternhaus gefördert und die ersten Trennungserfahrungen bearbeitet werden. Auf der anderen Seite hat der Patient sich auch in der Gruppe sogleich eine "Schlüsselfigur" gewählt und sich so vor den Auseinandersetzungen in der Gruppe geschützt.

2.10.5 Morbus Crohn

Der Morbus Crohn, 1932 erstmals beschrieben, war lange Zeit internistisch nur schwer von der Colitis ulcerosa zu differenzieren. Die psychosomatische Forschung hat sich sehr bald nach der Erstbeschreibung mit der Krankheit befaßt; dabei sind allerdings bis ca. 1980 die krankheitsdependenten Rückwirkungen weitgehend unberücksichtigt geblieben - eine Tatsache, die den Aussagegehalt vieler früher empirischer Studien stark beeinträchtigt.

Klinik

Der Darm kann beim Morbus Crohn überall, d.h. vom Mund bis zum Anus, von der chronischen, meist rezidivierend, selten persistierend verlaufenden Entzündung betroffen werden.
Die Patienten leiden unter schmerzhaften Durchfällen oder unter Unter- bzw. Oberbauchschmerzen. Da die Entzündung die Darmwand durchwandert (transmurale Entzündung), entstehen relativ häufig Fisteln zwischen Darm und angrenzenden Organen bzw. der Haut, die ausgesprochen lästige Folgeprobleme aufwerfen können. An extragastrointestinalen Symptomen finden sich neben Malabsorptionssyndromen häufig Arthritiden, Haut- oder Augensymptome. Allgemeinbefinden und Gewicht können erheblich reduziert sein, so daß sich gelegentlich die Differentialdiagnose zur Anorexia nervosa stellt. Fistel- und Darmresektionen sind im Krankheitsverlauf häufig.

Die Ursachen der Erkrankung sind unbekannt. Eine multifaktorielle Genese wird vermutet, Diätfaktoren (Einfluß von Zukker), genetische Faktoren und immunologische Prozesse (Antikörper gegen exogenes Pankreassekret) werden als zumindest pathogenetisch wirksame Faktoren angesehen.

Psychodynamische Aspekte des Morbus Crohn

Über ein in sich schlüssiges psychodynamisches Modell für die Genese des Morbus Crohn besteht keine Einigkeit (vgl.Paar 1988, Weiß und Zacher 1986). Immerhin werden einige Persönlichkeitsmerkmale und Konfliktsituationen immer wieder herausgestellt. M.Crohn-Patienten werden häufig als kritische, sensible und empfindliche Menschen beschrieben, in der Literatur findet sich besonders oft die Kennzeichnung "pseudounabhängig", die Patienten legen sehr viel Wert auf Selbstabgrenzung und Autonomie. Häufig werden zwanghafte Persönlichkeitsstrukturen diagnostiziert. Der Kontakt mit

Morbus-Crohn-Patienten ist wegen der Kombination von empfindsamer Verletzbarkeit und nach außen vorgestellter Selbständigkeit und Autonomie oftmals nicht einfach. Im Vergleich zu Colitis-ulcerosa-Patienten werden Morbus-Crohn-Patienten also als aktiver, selbständiger und mißtrauischer charakterisiert. Dieser klinische Eindruck konnte allerdings in empirischen Studien nie recht bestätigt werden (vgl.z.B. Biebl et al. 1984, Ahrens 1986).

Auslösend können Trennungssituationen wirken oder sog. In-between-Situationen (Paulley 1989), die dadurch gekennzeichnet sind, daß die Patienten zwischen zwei Konfliktparteien stehen und sich selber hin und her gerissen fühlen. Andere Belastungssituationen im Vorfeld eines Schubes stellen Trennungserfahrungen oder verstärkte berufliche Anforderungen dar.

Eigene Forschungsergebnisse zum Morbus Crohn (Küchenhoff 1992 b) berücksichtigen den somatischen Befund im Krankheitsverlauf und seine Wechselwirkung mit seelischen Faktoren. Wir konnten sehen, daß die Persönlichkeitsfaktoren beim Morbus Crohn, untersucht man ein nicht-selektiertes Krankengut internistischer Patienten, sehr variieren. Testpsychologisch ist das Spektrum von Persönlichkeitsfaktoren ebenso groß wie in der Normalbevölkerung, lediglich ein gewisser Schwerpunkt liegt bei zwanghaften Persönlichkeitsstrukturen.

Auch beim Morbus Crohn also haben wir **keine Persönlichkeitsspezifität** gefunden. Ähnlich wie bei der Colitis ulcerosa konnten wir aber psychosoziale Belastungen im Vorfeld der Erkrankung ausfindig machen, die für einen Einfluß seelischer Faktoren auf die Krankheit sprechen. Dabei fanden auch wir die in der Literatur als typisch angegebene Konstellation der In-between-Situation. Trennungen von als Selbstobjekte narzißtisch besetzten Menschen, also von Menschen, die das eigene Selbstwertgefühl und das Selbstbild stabilisieren müssen, sind als auslösende Belastungsfaktoren im Vorfeld von Krankheitsschüben ebenfalls bedeutsam. Darüber hinaus scheint die Konstellation eine Rolle zu spielen, daß die Patienten gerade dann erkranken, wenn sie in Situationen geraten, in denen unbewußte Schuldgefühle mobilisiert werden, also in Situationen, in denen sie selbst eine Trennung herbeiführen wollen, durch den Abschied von den Eltern oder den Partnern aber in erhebliche Über-Ich-Konflikte geraten.

In den eigenen Untersuchungen wurden Einflußfaktoren gefunden, die sich auf den **Verlauf ungünstig** auswirken: Patienten, die stark unter Trennungsängsten litten und die überdauernde Merkmale einer depressiven Persönlichkeit zeigten, und Patienten, die bagatellisierende oder mutlose Krankheitsbewältigungsstrategien anwandten, zeigten einen ungünstigeren Krankheitsverlauf als Patienten, die psychopathologisch unauffällig waren und die Krankheit aktiv bekämpften.

Die Wahl der Bewältigungsmechanismen hing wiederum z.T. von der Krankheitsvorerfahrung ab, lange Krankheitsvorgeschichten prädisponierten zu einem depressiven, resignativen Coping. Unterhalb der Ebene von globalen Aussagen zur Psychogenese des Morbus Crohns konnten also interessante Beobachtungen zu psychogenen Einflüssen auf den Krankheitsverlauf gemacht werden. Aus unseren Befunden lassen sich wichtige Risikopatientengruppen unter den Morbus-Crohn-Patienten bestimmen:

- Patienten mit depressiven Persönlichkeitsstrukturen bedürfen besonderer ärztlicher Unterstützung;
- massive depressive Reaktionen auf akute Krankheitsschübe sind in der Regel nicht als Trauerreaktion aufzufassen, sondern als Warnzeichen für schwererwiegende depressive Störungen;
- langfristig kranke Patienten bedürfen einer besonders behutsamen und intensiven psychotherapeutischen Unterstützung.

2.10.6 Therapeutische Maßnahmen bei chronisch-entzündlichen Darmerkrankungen

Die Wahl geeigneter Psychotherapiemaßnahmen ergibt sich aus den vorgestellten psychopathologischen und psychodynamischen Befunden. Wenn ein chronisch kranker Patient durch seine Krankheit über lange Zeit auf Ärzte angewiesen ist, stellen sich in der Arzt-Patient-Beziehung übertragungsähnliche Beziehungsmuster her, mit anderen Worten: Die Persönlichkeit des Arztes kann ähnlich wie andere nahe Bezugspersonen der Patienten so wichtig werden, daß der Arzt zur Aufrechterhaltung des narzißtischen Gleichgewichtes des Patienten existentiell bedeutsam wird. Daraus ergibt sich, daß die therapeutische Beziehung möglichst kontinuierlich aufrechterhalten werden sollte; Arztwechsel sind bei diesen Patienten besonders zu vermeiden. Wenn sie aus äußeren Gründen notwendig werden, müssen sie unbedingt vorbereitet werden. Dadurch, daß Krankheit und Krankheitsfolgen auf das psychische Wohlergehen der Patienten stark zurückwirken, ist eine Isolierung der seelischen Faktoren durch eine psychotherapeutische Spezialbehandlung problematisch, d.h. daß eine fachpsychotherapeutische Behandlung nicht das Mittel der ersten Wahl bei dieser Patientengruppe ist, aber auch, daß, wenn eine Psychotherapie neben der medizinischen Behandlung durchgeführt wird, die Kooperation zwischen Psychotherapeuten und Internisten oder Chirurgen von entscheidender Bedeutung ist.

Die Therapie erster Wahl ist die **integrierte psychosomatische Versorgung** der Patienten, eine Form der Behandlung also, in der die somatischen, psychischen, psychosomatischen und somatopsychischen Aspekte in der Hand eines Arztes oder einer ärztlichen Praxis oder eines Behandlungsteams bei stationären Behandlungen liegen. Besonders günstig behandeln können deshalb die integrierten psychosomatischen Abteilungen der internistischen Kliniken, die also die akuten Schübe der Patienten fachinternistisch behandeln können, die aber zugleich von allem Anfang an mit dem Patienten psychotherapeutisch arbeiten können. Ist eine stationäre Therapie nicht indiziert oder nicht nötig, sollte die integrierte psychosomatische Versorgung beim Hausarzt liegen, der für diese schwerkranken Patientengruppen in der Regel ein Internist ist.

Die Gefahr, die Hausärzte mit dieser Forderung zum Hoffnungsträger der Therapie einer schwer zu behandelnden Patientengruppe zu machen und damit zu überfordern, liegt auf der Hand. Dennoch ist durch die Abrechnungsziffer "Psychosomatische Grundversorgung" eine materielle Basis für eine etwas eingehendere psychosomatische Betreuung gerader solcher Patienten geschaffen worden. Es ist zu hoffen, daß auch die Psychotherapie in der ärztlichen Praxis in Zukunft nicht ein Zuschußgeschäft für den niedergelassenen Arzt, der den Zusatztitel Psychotherapie erworben hat, bleiben wird.

Die psychosomatische Behandlung von Colitis-ulcerosa- und Morbus-Crohn-Patienten verbietet Schematisierungen; sie hat sich nach den Anforderungen der Patienten und damit auch nach dem Krankheitsverlauf zu richten. Wir schließen uns der Erfahrung von Feiereis an, daß bestimmte Formen der Psychotherapie durchaus auch in der **Akutphase** greifen können. Sie werden dann als Entspannungstherapien oder als autohypnotische Verfahren i.S. des Autogenen Trainings durchgeführt, aber auch stützende gesprächstherapeutische Angebote sind hier nützlich. Lediglich eine konfrontative oder forciert aufdeckende Psychotherapie wird in der Akutphase unangemessen sein. Die stützende Therapie kann fließend, d.h. auch innerhalb ein und desselben Krankenhausaufenthaltes, in eine tiefenpsychologisch orientierte Psychotherapie übergehen.

Die psychotherapeutische Behandlung chronisch entzündlicher Darmerkrankungen liegt also zunächst und in erster Linie in den Händen des - möglichst integrativ - psychosomatisch arbeitenden Internisten. Techniken der psychosomatischen Grundversorgung in der ärztlichen Praxis werden z.Zt. vielfältig ausgearbeitet und müssen weiter erforscht werden. Es bieten sich, wie bereits erwähnt, Entspannungsverfahren neben stützenden Gesprächen an. Ein besonders nützliches Feld ärztlich-psychotherapeutischer Maßnahmen scheint uns in der Förderung des Copingverhaltens zu liegen. Bei chronischem Verlauf der Krankheit ist es eine wichtige ärztliche Aufgabe, die subjektiven Krankheitsphantasien des Patienten zu kennen und auf sie so einzuwirken, daß die Einschränkungen des Copingverhaltens, die durch irrationale Krankheitsphantasien bedingt sind, aufgeweicht oder aufgelöst werden können.

Der Hausarzt muß nicht alleine tätig werden; für die meisten Patienten bietet sich die Empfehlung an, in entsprechende **Selbsthilfeorganisation** zu gehen. Die DCCV, also die Selbstorganisation chronisch-entzündlicher Darmerkrankungen, ist eine große, strukturiert und sehr wirksam arbeitende Organisation. Spezifische **psychotherapeutische Maßnahmen**, die über die Kompetenz des integriert-psychosomatisch arbeitenden Hausarztes hinausgehen, können aus zwei Gründen indziert sein:

- Ausgesprochen affektabwehrende alexithyme Patienten, bei denen gleichwohl dem Untersucher eine erhebliche, psychodynamisch wichtige seelische Belastung auffällt:
  Diese Patienten können von all den Therapieformen profitieren, die ihre Möglichkeiten zu intrapsychischen Konfliktarbeitung erweitern bzw. vorbereiten können (Konzentrative Bewegungstherapie, assoziative Maltherapie, Massagen).

- Auf der anderen Seite des Spektrums stehen Patienten, die neurotisch strukturiert erscheinen und klar isolierbare, mit subjektivem Leidensdruck vorgetragene und vom Patienten reflektierbare seelische Konflikte haben. Diese Patienten können von aufdeckenden, psychoanalytisch orientierten Therapieformen, selbst von Psychoanalysen, profitieren, dies allerdings erst im relativ symptomfreien Intervall.

Literatur

AHRENS, S., DEFFNER, G., FEIEREIS, H.: Zur Differenzierung von Colitis- und M.Crohn - Kranken anhand psychosozialer Variablen. Zschr. psychosom. Med. 32 (1986) 301-315

ALEXANDER, F.: Psychosomatische Medizin. de Gruyter, Berlin 1951

BIEBL, M., PLATZ, T., KINZL, J., JUDMAIER, G.: Psychosomatische Untersuchung bei Patienten mit Colitis ulcerosa und M.Crohn. Prax. Psychother. Psychosom. 29 (1984) 184-190

DOLLINGER, H.C., DEMLING, J., JORASCHKY, P., PLESS, A.: Peptische Magen-Darm-Erkrankungen. Organische und psychosomatische Aspekte. Springer Verlag, Berlin Heidelberg New York 1990

ENGEL, G.L.: Colitis ulcerosa. In: von Uexküll, T. (Hrsg.): Psychosomatische Medizin. Urban & Schwarzenberg, München Wien Baltimore 1979

ERMANN, M.: Die Persönlichkeit bei psychovegetativen Störungen. Klinische und empirische Ergebnisse. Springer Verlag, Berlin Heidelberg New York 1987

FEIEREIS, H.: Colitis ulcerosa. In: von Uexküll, T. (Hrsg.): Psychosomatische Medizin. Urban & Schwarzenberg, München Wien Baltimore, 4.Aufl. 1990 S.782-797

FEIEREIS, H.: Morbus Crohn. In: von Uexküll, T. (Hrsg.): Psychosomatische Medizin. Urban & Schwarzenberg, München Wien Baltimore, 4.Aufl. 1990 S.798-814

FEURLE, G.E., KELLER, O., HASSELS, K., JESDINSKY,H.J.: Soziale Auswirkungen des Morbus Crohn. Dtsch. Med. Wschr. 108 (1983) 971-975

HUBER, U., DOTZER, F., MEHRL, J.: Moderne Ulkus-Therapie. Erkenntnisse aus der Heilungsphase der RUDER-Studie. Fortschr. Med. 106 (1988) 1-15

KÜCHENHOFF, J.: Körper und Sprache. Zur Theorie und Klinik somatoformer und psychosomatischer Störungen. Asanger, Heidelberg 1992a

KÜCHENHOFF, J.: Psycho-somatische Wechselwirkungen. Zur Interaktion seelischer und somatischer Faktoren im Krankheitsverlauf des M.Crohn. Habilitationsschrift Heidelberg 1992b

MÖHLEN, K., BRÄHLER, E.: Beschwerdebild und

Selbstkonzept von Patienten mit Ulkus duodeni vor und 4 Jahre nach der Operation. Zschr. psychosom. Med. Psychoanal. 30 (1984)150-163

PAAR, G.: Psychosomatische Aspekte bei Patienten mit M.Crohn- Versuch einer Standortbestimmung. Psychother. med. Psychol. 38 (1988) 376-389

PAULLEY, J.W., PELSER, H.E.: Psychological Management for Psychosomatic Disorders. Springer Verlag, New York 1989

PROBST, B.: Soziale Integration von M.Crohn- und Colitis-ulcerosa- Patienten. Med Diss Lübeck 1989

OVERBECK G., MÖHLEN, K., BRÄHLER, E. (HRSG.): Psychosomatik der Ulkuskrankheit Springer Verlag, Berlin Heidelberg New York 1990

RUDOLF, G.: Körpersymptomatik als Schwierigkeit der Psychotherapie. Prax. Psychother. Psychosom. 37 (1992) 11-123

SCHÜFFEL, W., VON UEXKÜLL, T.: Ulcus duodeni. In: von Uexküll, T. (Hrsg): Psychosomatische Medizin. Urban & Schwarzenberg, München Wien Baltimore. 4.Aufl. 1990 761-780

V. UEXKÜLL, T., KÖHLE, K.: Funktionelle Syndrome in der Inneren Medizin. In: von Uexküll, T. (Hrsg): Psychosomatische Medizin. Urban & Schwarzenberg München Wien Baltimore, 4.Aufl. 1990 475-491

WEINER, H.: Die Geschichte der psychosomatischen Medizin und das Leib-Seele-Problem in der Medizin. Psychother. med. Psychol. 36 (1986) 361-391

WEIß, H., ZACHER, A.: Konfliktstrukturen und Biographie bei M.Crohn-Patienten. Zschr. klin. Psychol. Psychopath. Psychother. 34 (1986) 351-367

ZEPF, S., KÜNSEBECK, H.W., SITARO, N.: Körperbeschwerden und narzißtische Objektbeziehung bei Patienten mit Colitis ulcerosa. Zschr. psychosom. Med. 27 (1981a) 59-72

ZEPF, S., KÜNSEBECK, H.W., SITARO, N.: Untersuchungen zum Selbstwertgefühl von Patienten mit Colitis ulcerosa. Psyche 3 (1981b) 142-156

2.11 Psychosomatische Bewegungsstörungen

2.11.1 Körper und Bewegung

In der Medizin wird der menschliche Körper vor allem im Hinblick auf seine biologische Beschaffenheit und physiologischen Funktionen untersucht; dabei konzentrieren sich die verschiedenen medizinischen Disziplinen auf unterschiedliche Organsysteme, z.B. die Haut, das Skelettsystem, die inneren Organe, das Endokrinium, das Nervensystem usw. Im Unterschied dazu richtet sich die Aufmerksamkeit der Psychosomatik auf den ganzheitlichen, belebten bzw. beseelten Körper, das ist der handelnde Körper, der Körper in Bewegung. Als integraler Bestandteil der Persönlichkeit verknüpft Körperlichkeit das Erleben von Objektqualität (einen Körper haben), mit einer Subjektqualität (körperlich sein). Viele psychische Akte sind von Körpervorgängen begleitet:
Die Regulation von Nähe und Distanz, das Aushandeln von Über- und Unterlegenheit, die erotisch-sexuelle Anziehung, alle Ausgestaltungen sozialer Beziehung werden im Kern körperlich erlebt und zumindest in Ansätzen auch körperlich vollzogen. Handlung und Handlungsbereitschaft sind an das skeletomuskuläre System gebunden; dessen psychomotorischer Anteil steht dort im Vordergrund, wo die Mitteilung eigener Absichten und Befindlichkeiten oder die Verarbeitung fremder Ausdruckssignale intendiert wird. Im sozialen Raum stellt sich die Persönlichkeit also weitgehend über das Bewegungssystem dar.

Bewegungsstörungen in Gestalt von Lähmungen, Tics, Dystonien oder Anfallsleiden werden im neurologischen Zusammenhang diskutiert (Kap. 2.13). Jenseits von dieser Symptomatik, die meist als "neurologisch" klassifiziert wird, werden vielfältige Fehlhaltungen, Bewegungseinschränkungen und vor allem schmerzhafte Bewegungsstörungen in der Orthopädie oder Rheumatologie gesehen. Diagnostisch werden diese Bilder unter dem Begriff der Fibromyalgie, des Zervikalsyndroms, des Schulter-Arm-Syndroms oder des chronischen Kreuzschmerzes gefaßt.
Nach Umfragen in der Bevölkerung klagen im Alter zwischen 40 und 60 Jahren 80-90% der Frauen und 70-80% der Männer über unterschiedlich ausgeprägte Schmerzen im Bereich von Kreuz, Rücken, Schultern, Nacken; über ständige Schmerzen berichten ca. 20% der Frauen und ca. 10% der Männer dieser Altersgruppe. 42% aller Rehabilitationsmaßnahmen sind durch Störungen des Bewegungssystems begründet, dabei handelt es sich wiederum zu ca. 80% um chronische Rückenbeschwerden. Dieser klinische Bereich ist also sozialmedizinisch von großer Bedeutung.

Eine Schwierigkeit der Beurteilung und Behandlung liegt darin, daß es eine sichere Korrelation zwischen dem Ausmaß der Befunde und der Intensität der Beschwerden nicht gibt. Patienten mit röntgenologisch nachweisbaren erheblichen Deformationen der Wirbelsäule können beschwerdefrei sein; bei anderen, die über schwere Beeinträchtigungen klagen, lassen sich nur geringfügige degenerative Erscheinungen nachweisen.

2.11.2 Psychosomatische Konzepte

Patienten mit schmerzhaften Bewegungseinschränkungen werden bei akuter Symptomatik mit muskelrelaxierenden, analgetischen und entzündungshemmenden Medikamenten, meist Injektionen behandelt. Auch wenn sie auf diese Weise eine Symptomlinderung erfahren, ist damit noch wenig über die Ursachen der Störungen ausgesagt. Wie auch bei anderen Erkrankungen greifen monokausale Erklärungen nicht, es spielen viele Faktoren ineinander und darunter befinden sich zu einem nicht geringen Anteil auch psychische Momente insofern, als soziale Belastungen und psychische Anspannungen sich körperlich ausdrücken. Ähnlich wie bei der vorausgegangenen Diskussion der gastroenterologischen Störungen lassen sich dabei drei psychodynamische

Ansätze unterscheiden:

1. Das Beschwerdebild bringt einen psychischen Konflikt im Sinne der Konversion symbolisch durch Körpersprache zum Ausdruck.

2. Die Symptomatik entsteht infolge der Tatsache, daß ein neurotischer Konflikt sich in Körperhaltung und Bewegung verfestigt hat.

3. Die Körpersymptomatik ist Ausdruck eines abgewehrten depressiven Grundkonflikts, stellt also eine depressive Somatisierung dar.

Die Konversion findet ihre Darstellung im Zusammenhang mit der Hysterie (Kapitel 2.7) bzw. den neurologischen Krankheitsbildern (Kapitel 2.13.2); die depressive Somatisierung wurde in Kapitel 2.3.4 beschrieben. Bisher am wenigsten beachtet wurde der zweitgenannte Modus der Symptombildung - **Verankerung des neurotischen Konflikts in der Körperhaltung** -, er soll nun etwas ausführlicher erörtert werden.
Es ist in den vorigen Kapiteln immer wieder betont worden, daß sich konflikthafte Erfahrungen vor allem aus der Kindheit tief in die unbewußten Schichten der Persönlichkeit eingraben und von dort Einstellungen und vor allem Beziehungserwartungen färben. Dieser Vorgang ist aber keineswegs auf das Psychische zu reduzieren, er läßt sich durchaus auch im Körperlichen registrieren. Begriffe wie "Leibgedächtnis", "Handlungsgedächtnis", "vegetatives Gedächtnis" versuchen diesen Sachverhalt zu fassen. Die Orthopädin und Psychotherapeutin H. Heinl demonstriert in ihren Schriften und Seminaren eindrucksvoll, wie sich in typischen Körperhaltungen von Patienten, die unter schmerzhaften Bewegungsstörungen leiden, jene "eingefrorenen" Gesten und Impulse auffinden lassen, die Bestandteil alter Beziehungskonflikte darstellen. Die diagnostische Kunst ist es, bei der körperlichen Untersuchung des erkrankten oder schmerzhaften Körperteils und bei der Wahrnehmung der Bewegungseinschränkungen nicht nur in anatomischen Dimensionen zu denken (z.B. die Anspannung und Verkürzung eines bestimmten Muskels), sondern auch den Ausdrucksgehalt der Bewegung auf sich wirken zu lassen (daß der Patient z.B. in bestimmter Weise den Kopf abwendet, den Arm an sich hält, oder bestimmte Bewegungen der Gliedmaßen und des Rumpfes vermeidet).
Typischerweise handelt es sich dabei um motorische Handlungsimpulse, die durch Gegenimpulse eben noch unter Kontrolle gehalten werden. Damit blockieren sie aber auch die freie Verfügbarkeit über einen speziellen Teil des Bewgungssystems. Es kommt zu schmerzhaften Muskelverspannungen und in der Folge evtl. zu entzündlichen oder degenerativen Prozessen. In der Untersuchungssituation wird der Patient auf seine Haltungen aufmerksam gemacht, es wird ihm vermittelt, welchen Eindruck er damit beim Untersucher auslöst und er wird ermutigt, zu prüfen, ob aktuelle Konflikte oder zurückliegende Belastungen damit zu tun haben können. Das folgende **klinische Beispiel** gibt H. Heinl aus ihrer orthopädischen Erfahrung:

> Eine 34-jährige Patientin kommt zum ersten Mal zur Untersuchung. Sie klagt seit Wochen über Schmerzen im linken Gesäß. Sie richtet an mich die Frage, ob diese Schmerzen mit ihrer Hüftdysplasie oder mit Eigenblutinjektionen zusammenhängen, die ihr eine Heilpraktikerin zur Stärkung verabreicht. Sie berichtet weiter, daß im Alter von 3 Jahren eine Pfannendachplastik und monatelange Beckengipsbehandlung, im Alter von 21 Jahren eine Umstellungsosteotomie und im Alter von 23 Jahren eine Trochanterverlagerung durchgeführt worden war. Sie wirkt distanziert, die Mimik ist fast unbeweglich, gefaßt, die Stimme gepreßt und die Augen tieftraurig. Ihr Verhalten, ihre Traurigkeit berühren mich, der Gang zur Heilpraktikerin wegen Gesäßschmerzen macht mich stutzig. Was sucht sie dort wirklich? Eine Stärkung durch Eigenblutinjektionen? Die orthopädische Untersuchung ergibt Verkürzungshinken links. Die Verkürzung von 2,5 cm ist durch Schuherhöhung ausgeglichen, am linken Oberschenkel typische Narbe nach Osteotomie, die Wirbelsäule und beide Hüftgelenke sind schmerzfrei beweglich, deutlicher Druckschmerz des Glutäus med. links an seinem

Ursprung. Die klinische Untersuchung ergibt keinen Hinweis für eine Hüftgelenkreizung links. Eine Röntgenuntersuchung halte ich daher zunächst nicht für erforderlich. Die orthopädische Diagnose: Fibromyalgie des m. Gluteus links infolge Fehlstatik bei Hüftdysplasie. Die Diagnose war aufgrund des klinischen Befundes aus orthopädischer Sicht schlüssig. Hierbei hätte ich es bewenden lassen und konventionell orthopädisch behandeln können. Aber da ist die Trauer in den Augen und der Gang zur Heilpraktikerin. Ich spreche sie auf ihre Traurigkeit an. Sie bricht in Tränen aus. Sie pflegt ihren Mann zu Hause im Endstadium einer Darmkrebserkrankung. Sie erwartet den Tod in den nächsten Wochen. Sie weint für sich allein, weil er ihre Tränen nicht aushalten kann. Ich vermute, daß ihre Schmerzen im Zusammenhang mit der Pflege stehen und erhoffe mir mit der Rekonstruktion der Pflegesituation diagnostische Hinweise zu erhalten. Ich lasse mir an der Untersuchungsliege zeigen, wie sie an sein Bett tritt. Sie nähert sich von links und hält dann plötzlich inne. Sie kann den Anblick des Todkranken nicht verkraften. In dem Konflikte, näher zu treten oder sich abzuwenden, spannt sich der Glutäus med. links tastbar kräftig an. So nur bringt sie die Kraft auf, nicht in sich zusammenzusinken, den Stand zu behalten. Sie spürt und erkennt den Zusammenhang ihrer Schmerzen mit der Pflegesituation. Sie ist erleichtert, daß ihr Hüftgelenk nicht erkrankt ist. Sie weiß, daß sie auch andere "Schwachstellen", wie sie sagt, im Körper für ihre seelischen Konflik te hat. Sie beschließt, zur Linderung der Schmerzen abends ein warmes Bad zu nehmen und verläßt mich, aus der Erstarrung gelöst, mit dem Vorsatz noch durchzuhalten.

Zwei Jahre danach kommt sie wieder, sie berichtet, daß mit dem Tod ihres Mannes, 3 Tage nach ihrem Besuch bei mir vor zwei Jahren, die Gesäßschmerzen verschwunden waren.

Die theoretische Grundlage für das Verständnis dieser Vorgänge wurden bereits von Wilhelm Reich gelegt, F. Perls hat sie in die gestalttherapeutische und A. Lowen in die bioenergetische Richtung weiterentwickelt.

Die entwicklungspsychologische Basis dieser Störungen sehen wir vor allem in den Autonomiebemühungen eines kindlichen Selbst, das weder in seiner körperlichen Kraft noch in seiner sozialen Rolle stark genug ist, sich durchzusetzen oder sich gegen Angriffe Erwachsener zu schützen. Insbesondere ist das Kind in dieser Entwicklungsstufe dadurch angreifbar und verletzlich, daß es nicht nur seine Unabhängigkeit gegen die Objekte behaupten möchte, sondern gleichzeitig in starkem Maße anlehnungsbedürftig und anhänglich ist. So finden sich unter den eingefrorenen motorischen Impulsen, die den Kern der schmerzhaften Bewegungsstörung ausmachen, häufig

- **regressive Impulse** (Weichwerden, Sich-gehen-Lassen, Es-laufen-Lassen) abgewehrt durch stramme Haltungen der Leistungsbereitschaft und Dienstbarkeit. Eine Variante der abgewehrten regressiven Impulse bildet der Ausdruck von Klage, Schmerz, Verzweiflung und der Impuls, sich hilfesuchend an andere zu wenden; auch diese Regung ist durch den Gegenimpuls des Sich-Zusammenreißens blockiert.
- **Fluchtimpulse und Schutzreaktionen** (Sich-klein-Machen, den Kopf einziehen, das Gesicht abwenden, die Schultern hochziehen, den Atem anhalten) als Ausdruck der aggressiven Wehrlosigkeit gegen Angriffe und Demütigungen. In diesem Stillhalten ist zugleich aber auch der Impuls enthalten, sich nicht völlig zu unterwerfen, sondern durchzuhalten, sich vorübergehend totzustellen usw. Eine spezielle Variante des Fluchtimpulses ist die körperliche Abwendung als Teil ei nes Ambivalenzkonflikts (dableiben oder weglaufen, zu jemandem stehen oder sich von ihm abwenden, eine Haltung zu Ende führen oder sie aufgeben).
- **aggressive Impulse** (Zähne zusammenbeißen, Fäuste ballen, Bauchdecken und Beinmuskeln anspannen) als Ausdruck von Ärger und Wut, die jedoch aus Angst vor Strafe und Überwältigung nicht entladen oder gezeigt werden dürfen.

Von theoretischem Interesse ist die Tatsache, daß in diesen Fällen die Impulse, zu flüchten, anzugreifen, sich anzulehnen usw. nicht bereits als psychische Akte verdrängt

werden, sondern daß die Impulse bis zur Handlungsbereitschaft, d.h. bis zur Innervation der entsprechenden Muskulatur erhalten sind. Es darf vermutet werden, daß dieser Sachverhalt bei allen Menschen eine wichtige Rolle spielt, daß aber eine Psychotherapie, die sich mehr auf die Wortesprache als auf die Körpersprache konzentriert, diesen Bereich leicht übersieht.
Theoretisch bedeutsam ist ferner, daß nicht nur die Beziehungserfahrung des Selbst in einem körperlichen Gedächtnis gespeichert ist, sondern daß sich in den Körperhaltungen durchaus auch die wichtigen Introjekte auffinden lassen. Typische Körperhaltungen, Bewegungen oder Gesten mögen biologisch vererbt sein ("er bewegt sich genau wie sein Vater"). Es gibt jedoch genügend Hinweise dafür, daß auch solche motorischen Eigenschaften, die bei wichtigen Bezugspersonen erst (z.B. krankheitsbedingt) im späteren Leben aufgetreten sind und somit nicht vererbt sein können, von einem Kind durch Identifikation aufgenommen und bei späteren Erwachsenen als Bestandteil seines Bewegungsstils erkennbar bleiben. Introjekte stellen also durchaus nicht nur intrapsychische Bilder dar, sondern sind durchaus "inkorporiert".

2.11.3 Körperorientierte Psychotherapie

Bei den schmerzhaften Bewegungsstörungen, gleichgültig welcher Genese (Konversion, Körperausdruck des Konflikts, depressive Somatisierung) ist die Aufmerksamkeit des Patienten weitgehend auf den Körper zentriert und das Angebot einer Psychotherapie im traditionellen Sinne erscheint ihm wenig hilfreich. In diesen Fällen haben körperorientierte Therapieverfahren ihre besondere Chance. Gleichzeitig sind diese Verfahren nicht auf die Behandlung körperlicher Symptomatik beschränkt, sie werden überall dort mit Gewinn eingesetzt, wo Störungen des emotionalen Ausdrucks eine Rolle spielen. Sie sind daher besonders geeignet für solche Patienten, die bezüglich ihrer Problematik "sprachlos" sind und für die es zunächst einmal wichtig ist, einen Zugang zu ihrer Innenwelt zu eröffnen, sich kennenzulernen und sich ausdrücken zu lernen. In diesem Sinne werden körperorientierte Therapieverfahren häufig in der Eröffnungsphase einer Psychotherapie, z.B. im stationären Setting eingesetzt.

Es ist nicht leicht, einen Überblick über körperorientierte Psychotherapien zu gewinnen, weil sich auf diesem Feld **unterschiedliche Verfahren** entwickelt haben, die sich auf verschiedenartige historische Quellen berufen und sich auf unterschiedliche Theorien stützen. Die Verfahren sind entweder mehr **konfliktaufdeckend** oder mehr die Wahrnehmung und die Bewegung des Körpers **übend**. Die gestalttherapeutische Körperarbeit und Bioenergetik wurde schon erwähnt. Sie hat Ähnlichkeit mit der Konzentrativen Bewegungstherapie (KBT), die zunehmend psychoanalytisch ausgerichtet ist. Funktionelle Entspannung (FE) und Atemtherapie befinden sich in ihrem Ansatz zwischen den obengenannten Verfahren und den eigentlichen Entspannungsverfahren (Autogenes Training, progressive Entspannung). Auf die Wahrnehmung des Körpers im emotionalen und kommunikativen Kontext zielen gestalttherapeutische awareness-Übungen, während die Methode von Feldenkrais das Körperbewußtsein und die Verfügung über die eigene Motorik intensiviert. Tanz- und Bewegungstherapie nutzen die rhythmische und freie Bewegung, Meditationstechniken stützen sich auf gebundene Bewegungsabläufe und Atemtechniken. In der Musiktherapie ist die Bewegung in den musikalischen Ausdruck eingebunden. Alle diese Verfahren lassen sich kombinieren mit gestalterischen Techniken (Zeichnen, Malen, Modellieren in der Gestaltungstherapie; Imaginieren im Katathymen Bilderleben; Inszenieren in der Psychodrama-Therapie). Die Charakterisierung als "Kreativ-Therapien" macht deutlich, daß es meist nicht darum geht, eine starre Form nachzuvollziehen, sondern auf kreativem Wege Ausdrucksmöglichkeiten für die Innenwelt zu schaffen. Die körperorientierten Therapieverfahren befinden sich, was ihre Institutionalisierung betrifft, eher am Rande des Spektrums der

Psychotherapien: Sie verfügen nicht über ein einheitliches Berufsbild, sie durchlaufen unterschiedliche Ausbildungswege, sie sind in ihrer Effizienz wissenschaftlich wenig evaluiert und, was vielleicht am wichtigsten ist, sie gehören offiziell nicht zur Leistungspflicht der Krankenkassen. So gibt es Ärzte und Psychologen, die diese Verfahren erlernt haben und sie ggfs. als Psychotherapie mit der Kasse abrechnen. Es gibt Körpertherapeuten, die vom Grundberuf Krankengymnasten oder Ergotherapeuten sind und ihre Therapien auf diesem Wege als ärztlich verordnete Maßnahmen abrechnen. Es gibt Angehörige unterschiedlicher Berufe, häufig Pädagogen, die körperorientierte Verfahren anbieten. Hier verläuft eine fließende Grenze zwischen körpertherapeutischer Krankenbehandlung und körperorientierter Selbsterfahrung für jedermann. In der stationären Psychotherapie sind körperorientierte Verfahren fester Bestandteil des Behandlungsangebotes; sie werden meist von entsprechend weitergebildeten Krankengymnastinnen und Ergotherapeutinnen durchgeführt, seltener von ärztlichen oder psychologischen Mitarbeitern/Mitarbeiterinnen.

Es scheint in der Natur der Sache zu liegen, daß körperorientierte Psychotherapien wie auch die übrigen "nonverbalen" Therapieverfahren in der praktischen Anwendung sehr effizient und unmittelbar erlebnisaktivierend wirken, während die Versuche, sie in Theoriesprache zu erklären, oft weniger überzeugen. Die Sprache der Worte, der theoretischen Abstraktion und die Sprache des körperlichen Erlebens sind offenbar schwer in Einklang zu bringen.

Obwohl die Vertreter der einzelnen oben angeführten Richtungen meist die Abgrenzung ihres Verfahrens gegenüber den anderen betonen, lassen sich doch eine Reihe wichtiger **Gemeinsamkeiten** aufzeigen: Alle Verfahren sind insofern psychotherapeutisch, als die den Patienten

- den Zugang zum eigenen (meist verschütteten) Erleben wieder zu eröffnen helfen und
- ihn ermutigen, sein Erleben zum Aus druck zu bringen, es hörbar und sichtbar zu machen und somit zu kommunizieren.

Die körperorientierten Verfahren verfolgen damit die gleichen Ziele wie die sprachgebundenen Psychotherapien, nur daß sie sich nicht primär auf sprachliche Produktionen (Worte, Erinnerungen, Geschichten) des Patienten beziehen, sondern auf Körperhaltungen, Bewegungen, Inszenierungen oder Gestaltungen. Im zweiten Schritt gilt es freilich auch hier, das Geschehen in Worten durchzuarbeiten, es zu reflektieren und es sich zu eigen zu machen.

Eine weitere Gemeinsamkeit der genannten Verfahren liegt in der Tatsache, daß sie die Aufmerksamkeit fokussieren ("Konzentration"), sie auf das Erleben des eigenen Körpers in diesem Augenblick richten, insofern sind die Verfahren "präsentisch". Ein Wort wie Gewahrwerden (awareness) soll, in Abhebung von "wahrnehmen" den Akt der Vergegenwärtigung, des Hier und Jetzt der körperlichen Erfahrung, unterstreichen. Psychodynamisch betrachtet sind es **basale Ich-Erfahrungen**, die auf diese Weise aktualisiert werden: Die Erfahrung des eigenen Gewichts auf der Unterlage, die muskuläre Spannung und Entspannung, der Rhythmus des Ein- und Ausatmens, die Sinnesempfindungen der Haut, des Tastens, des Fühlens, der Muskelsinn. Diese Erfahrungen des körperlichen Ich sind verknüpft mit **basalen Beziehungserfahrungen**: Getragenwerden, Gehaltenwerden, Berührtwerden, Gesehenwerden. Da nach psychodynamischem Verständnis hier "frühe" Erfahrungen des Ich bzw. der Beziehungen angerührt werden, verwundert es nicht, daß damit zugleich intensive Affekte ausgelöst werden können.

Eine weitere gemeinsame Dimension des Körpererlebens betrifft die Erfahrung des **Ausgerichtetseins des Selbst auf die Objektwelt**. Hier geht es um Bewegungsansätze, Handlungsimpulse im Raum und gegenüber den Objekten, also z.B. um die Versuche, den eigenen Standort zu finden, die eigenen Grenzen abzustecken, dem umgebenden Raum zu strukturieren, sich den anderen Objekten anzunähern oder sie auf Distanz zu halten, Kontakte herzustellen, Verbindungen einzugehen und Abschied zu nehmen. So wie auf einer frühen Stufe die basalen Erfahrungen des Körper-Ich beim Patienten verschüttet sein können, so geht es hier darum, das wollende Ich wiederzufinden, das seine eigenen Bedürfnisse und Wünsche wiederentdeckt und sie im Umgang mit anderen Menschen in eigener Verantwortung realisiert oder zurücknimmt. Auch damit sind starke Affekte der Angst, des Schuldgefühls und der Scham verknüpft. Es kostet den Körpertherapeuten meist keine große Mühe, diese emotionalen Prozesse bei seinem Patienten oder Klienten zu aktivieren, es erfordert jedoch viel therapeutische Kunst, vor allem Einfühlungsvermögen, Taktgefühl und eigene emotionale Tragfähigkeit, um das ausgelöste affektive Erleben für den Patienten in einem längeren Prozess der Durcharbeitung und Entwicklung produktiv werden zu lassen.

Literatur

BECKER, H.: Konzentrative Bewegungstherapie. Integrationsversuch von Körperlichkeit und Handeln in den psychoanalytischen Prozeß. Thieme, Stuttgart 1989

BUDJUHN, A.: Die psycho-somatischen Verfahren. Konzentrative Bewegungstherapie und Gestaltungstherapie in Theorie und Praxis. Modernes Lernen, Dortmund 1992

CHODOROW, J.: Dance Therapy and Depth Psychology. The moving imagination. Routledge, London New York 1992

DAHLMANN, W.: Konzentrative Bewegungsübungen - eine psychophysiologische Therapieform. In: Brähler, E. (Hrsg.): Körpererleben. Springer, Berlin Heidelberg 1986 S. 110-124

DOLTO, F.: Das unbewußte Bild des Körpers. Quadriga, Weinheim 1989 (franz. 1984)

EICH, W. (HRSG.): Psychosomatische Rheumatologie. Springer, Berlin Heidelberg 1991

FEIEREIS, H.: Die psychosomatische Dimension bei Erkrankung der Bewegungsorgane. In: Studt, H.H. (Hrsg.): Psychosomatik in Forschung und Praxis. Urban & Schwarzenberg, München 1983, S. 411-430

FELDENKRAIS, M.: Bewußtheit durch Bewegung. Suhrkamp, Frankfurt 1978

FUCHS, M.: Funktionelle Entspannung. Hippokrates, Stuttgart 1989

GRÄFF, CH.: Konzentrative Bewegungstherapie in der Praxis. Hippokrates, Stuttgart 1983

HEINL, H.: Psychosomatische Schmerzsymdrome der Bewegungsorgane. Der Zugang der Gestalttherapie. In: Eich, W. (Hrsg.): Psychosomatische Rheumatologie. Springer, Berlin Heidelberg 1991, S. 143-157

HEINL, H.: Körpertherapie in der Praxis. In: Buchheim, P., Cierpka, M., Seifert, Th. (Hrsg.): Der Körper in der Psychotherapie. Springer, Berlin Heidelberg 1992 S. 146-160

HEINL, H.: Einige Aspekte zur psychosomatischen Orthopädie (unveröffentlichtes Manuskript)

LOWEN, A.: Körperausdruck und Persönlichkeit, Grundlagen und Praxis der Bioenergetik. Kösel, München 1981 (engl. 1958)

MIDDENDORF, I.: Der erfahrbare Atem. Jungfermann, Paderborn 1984

MÜNZEL, K., TUNNER, W.: Körperarbeit in der Psychotherapie: Bioenergetik und Gestalttherapie. In: Baumann, U., Berbalk, H., Seidenstücker, G. (Hrsg.): Klinische Psychologie. Trends in Forschung und Praxis Bd. 6, Huber, Berlin 1984 S. 167-186

MOSER, T.: Körpertherapeutische Phantasien. Suhrkamp, Frankfurt 1989

PETZOLD, H.: Die neuen Körpertherapien. Junfermann, Paderborn 1977

PETZOLD, H.: Leiblichkeit: Philosophische, gesellschaftliche und therapeutische Perspektiven. Junfermann, Paderborn 1985

PONGRATZ, J.: Leitsymptom: Wirbelsäulenschmerzen - Eine psychosomatische Studie. Zeitschr. Psychosom. Med. 26 (1980) 12-39

SCHORS, R., KÖPPELMANN, N.: Chronische Rückenschmerzen im Zusammenhang mit belastenden Lebensereignissen. Der Schmerz 6 (1992) 110-120

Weintraub, A.: Die Psychosomatik des Rheumakranken. In: Jores, A. (Hrsg.): Praktische Psychosomatik. Huber, Bern 1981

Zander, W.: Neurotische Körpersymptomatik: Zum Verständnis der Psychosomatischen Medizin. Springer, Berlin, Heidelberg 1989

2.12 Somatopsychische Störungen (H. Schmidt)

2.12.1 Das klinische Erscheinungsbild

Definition:

Wir wollen von somatopsychischen Störungen sprechen, wenn das seelische Befinden (das Denken, Fühlen und Handeln) einer Person und/oder deren soziales Zusammenleben mit den Personen ihrer Umgebung in der Folge einer körperlichen Erkrankung gestört ist. Einen Krankheitswert oder Störungswert im klinischen Sinne wird man dieser Störung nur dann beimessen, wenn sie in ihrer Qualität, Intensität oder Dauer aus einem dem Patienten und der jeweiligen Erkrankung angemessenen Rahmen fällt. Objektive Kriterien für dieses "richtige Maß" sind kaum benennbar. Leitend und maßgebend bei der diagnostischen Einschätzung sollte das subjektive Leiden des Patienten oder der ihm nahestehenden Personen sein. So werden wir bei einem Patienten, der nach der Amputation einer Hand infolge eines Arbeitsunfalles trauert, zunächst einmal nicht von einer somatopsychischen Störung sprechen. Um den Verlust eines körperlichen Organes und damit verlorener Lebensmöglichkeiten zu trauern, ist eine angemessene Reaktion. Wenn aber dieser Patient auch nach einem Jahr noch keinerlei Lebensfreude wieder zu empfinden vermag, liegt es nahe, von einer depressiven somatopsychischen Störung zu sprechen.

Symptomatik

Das klinische **Erscheinungsbild** der somatopsychischen Störung ist äußerst vielfältig, es umfaßt ein breites Spektrum

- affektiver Mißempfindungen,
- kognitiver Beeinträchtigungen
- Verhaltensauffälligkeiten sowie
- Veränderungen in den sozialen Beziehungen.

Im affektiven Bereich finden wir am häufigsten depressive Symptome, Ängste, Scham und Aggression (Zorn, Wut und Haß). Auf den Schmerz, der sowohl somatopsychische Störung als auch Krankheitssymptom sein kann, werden wir später eingehen.

Die **Depressivität** äußert sich affektiv z.B. in Form von Niedergeschlagenheit, Bedrücktheit, Verzweiflung, Neigung zum Weinen. Diese Patienten verbinden ihre Erkrankung mit Selbstwertzweifeln, Schuldgefühlen, Hoffnungslosigkeit und Interesseverlust, sie zeigen sich eingeschränkt in ihren Aktivitäten und in ihrer Handlungsbereitschaft. Gesteigerte, kompensatorisch erscheinende Aktivität läßt sich oft als "kontradepressiv", einer Depression entgegenstrebend, verstehen.

Beispiel:

Ein 65-jähriger Handelsvertreter, der nach einer Rektumkarzinom-Operation vor einem Jahr einen Anus praeter trägt und bei dem vor 3 Wochen bei einer Nachsorgeuntersuchung Lebermetastasen diagnostiziert wurden. Ihm wurde ein Arteria hepatica Katheter mit einer Pumpe zur Infundierung von Zytostatika implantiert. Während seines stationären Aufenthaltes kam es zweimal zu depressiven Einbrüchen in Form von Weinkrämpfen, die vom Patienten als "Absturz in die Hölle" beschrieben werden. Er berichtet in tatkräftiger und gefaßter, tapferer Weise von seinem Leben, von seinem Geschäftsaufbau in den letzten Jahren, die Übergabe an die Kinder ist geregelt. Eigentlich habe er das Leben jetzt mehr genießen wollen. Er spricht häufiger in "wir"-Form, meint damit seine Frau, die offensichtlich eine sehr wichtige Bezugsperson ist. Auf meine Rückfragen nach früheren Krisen erzählt er, daß er im Krieg, damals 21-jährig, Bomberpilot gewesen sei. Bei jedem Flug habe man nicht gewußt, ob man zurück käme. Die feindlichen Jäger hätten einen ja bis zum Heimatflughafen verfolgt. Auch hiervon erzählt der Patient immer noch ohne sichtbare Affekte in der ihm eigenen kontrollierten Art. Dann berichtet er, daß er vor der Operation zu seiner Frau gesagt habe: "Mama, jetzt geht es wieder zum Feindflug!" Im gleichen Augenblick bricht der Patient in ein heftiges Weinen aus, verbirgt sein Gesicht zwischen den Händen und wendet sich ab. Kurz darauf hat er sich wieder völlig gefaßt, teilt mir mit, er könne sich diese Reaktion überhaupt nicht erklären.

Auch die **Ängste** stellen sich in sehr verschiedener Weise dar und können ebenfalls neben dem affektiven Erleben kognitive Vorstellungen und Verhaltensweisen miteinbeziehen. Wir begegnen ihnen in diffusen Formen, wie ängstlicher Gespanntheit, angstvoller Getriebenheit oder latenter Bereitschaft zur Angstüberflutung, jedoch auch in Form von Panikattacken und phobischen Entwicklungen. Die Vorstellungen, die Angstinhalte gelten dem weiteren Verlauf des körperlichen und seelischen Befindens, sie gelten den sozialen Beziehungen und sie gipfeln in Todes- und Existenzängsten. Die unterschiedlichen inhaltlichen Ausformungen lassen sich ordnen in die Angst vor dem Verlust von Eigenständigkeit (Ich-Verlust), Angst vor Isolation (Du-Verlust), Angst vor Endlichkeit und Endgültigkeit sowie Angst vor dem Unberechenbaren (vgl. Riemann 1961). Angstmotiviertes Verhalten ist oft Vermeidungsverhalten, wir finden aber auch die aktive Hinwendung zu dem, was Angst macht, im "kontraphobischen" Verhalten.

Beispiel:

35-jähriger Patient mit einem Morbus Hodgkin unter chemotherapeutischer Langzeitbehandlung, infauste Prognose. Patient berichtet, daß er nach Möglichkeit (bei körperlich geschwächtem Zustand) mit seinem Wagen hohe Geschwindigkeiten um 200 km/h fahre. Er möchte sich selber bestätigen, daß er es noch könne. Angst empfinde er nicht dabei, bestätigt auf Rückfrage, daß seine Frau Angst in solchen Situationen habe, was ihn nicht zu berühren scheint. Er berichtet dann spontan über seine ambivalente Einstellung gegenüber dem Krankenhaus, das auf der einen Seite lebenswichtig sei, auf der anderen Seite ihn ständig an den Tod erinnere: "Alle, die ich hier kennengelernt habe, sind inzwischen tot."

Die **Scham** ist der Affekt des sich dem Blick, dem Erkennen und dem Urteil Ausgeliefert-Fühlens und zugleich der Affekt des sich demgegenüber Verhüllens und Sich-Schützens. Die Scham betrifft ganz unmittelbar die sichtbaren körperlichen Aspekte der Erkrankung und der Behandlung, betrifft aber auch die krankheitsbezogenen Phantasien des Patienten. Wie die Depression und die Angst hat auch die Scham ihren Antagonisten: das Zeigen. Dieses Zeigen (z.B. eine Hautexazerbation durch Psoriasis) kann lustvoll sein, aber auch Unterwerfung oder einen aggressiven Impuls beinhalten.

Beispiel:

Eine 63-jährige Patientin mit einem am Hals sichtbaren Lymphomrezidiv berichtete, daß sie nicht mehr wie früher die Dorfstraße benutze, wenn sie ihre Schwester auf der anderen Seite des Dorfes besuche, sondern sie gehe jetzt hinten herum durch die Gärten.

Nach Depression, Angst und Scham finden **aggressive Affekte** ebenfalls in unmittelbarer Form (wie ungerichteter Wut) ihren Ausdruck, beziehen jedoch auch kognitive Vorstellungen mit ein (z. B. Zorn oder Haß auf Krankheitsursachen oder auf den erkrankten Körper) und ebenso die Verhaltensebene. Aggressives Verhalten kann sich gegen die Personen in der Umgebung richten, aber auch gegen die eigene Person (z.B. im Suizidversuch, wobei sich diese Handlung auch als depressiv klassifizieren ließe). Aggressive Affekte führen am ehesten zu sozialen Konflikten.

Beispiel:

65-jährige Patientin mit Zustand nach Ovarialkarzinom, Totaloperation, danach Chemotherapie. Die Chemotherapie war sehr belastend, führte zu Herzbeschwerden, Haarausfall (das war das Schlimmste für die Patientin) und zu rezidivierendem Erbrechen. Ich sehe die Patientin ein Jahr danach, als sie wegen Gallensteinen operiert werden soll. Sie sagt mir im Hinblick auf ihre Krankheits- und Behandlungsgeschichte: "Die Chemotherapie hat mich kaputt gemacht". Die im Kontakt spürbare Wut teilt sie mir in einer Erzählung über den Enkel mit, der gesagt habe: "Ich möchte reingehen und die zusammenschlagen, die haben meine Oma hingemacht". Als ich der Patientin sage, daß der Enkel ausdrückt, was andere auch empfinden könnten, lacht die Patientin erleichtert: "Ja, gerade dem einen Arzt möchte ich am liebsten den Hals umdrehen".

Diese Patientin kann ihren aggressiven Affekt zunächst nicht selbst fühlen, bringt ihn projektiv über den Enkel zum Ausdruck. Im Dialog mit dem Therapeuten kann sie sich dann der eigenen aggressiven Vorstellung bewußt werden. Patienten, die ihre anderen Personen geltenden aggressiven Impulse nicht fühlen können, richten diese oft auf den eigenen Körper, bringen dann z.B. Haßgefühle gegenüber den erkrankten Organen zum Ausdruck.

Somatopsychische Störungen drücken sich auch unmittelbar **im kognitiven Bereich** aus, sei es bspw. in Form von Konzentrationsstörungen, Wahrnehmungsstörungen, Beeinträchtigung der Realitätsprüfung oder sei es in Form von Zwangsgedanken.

Beispiel:

So berichtet ein an inoperablem Darm-Ca erkrankter Landwirt von quälendem nächtlichem Grübeln darüber, wo und wie er die Ratten auf seinem Hof erfolgreich, das heißt absolut sicher, bekämpfen könnte.

Auch **Verhaltensauffälligkeiten** können sowohl in der beschriebenen Weise Teilaspekte affektiver Störungen sein als auch einen eigenständigen somatopsychischen Symptomwert haben. Ein Beispiel dazu wäre die relativ häufige Nahrungsverweigerung bei leukämiekranken Jugendlichen unter chemotherapeutischer Behandlung die noch vor wenigen Jahren oft als Anorexie fehleingeschätzt wurde.

Störungen in den sozialen Beziehungen als somatopsychisches Symptom können das gesamte soziale Umfeld der Patienten betreffen, also Partner, Familienangehörige, Freunde, berufliche Kollegen, jedoch insbesondere auch die Beziehung des Patienten zum Arzt und anderen Behandelnden. Wenn sich das seelische Befinden verändert (z.B. der vorher so lebensfrohe Partner fühlt sich jetzt depressiv und ängstlich), wenn dieses zu reaktiven Verhaltensweisen führt (z.B. nicht die Depressivität wird gezeigt, sondern erhöhte Reizbarkeit), wenn sich dann auch die Bedeutung der sozialen Umwelt verändert (z. B. eine verstärkte Angewiesenheit auf die wohlwollende Kompetenz des Arztes empfunden wird), dann verändert sich damit die Einstellung des Patienten zu den Personen seiner Umgebung. Es ändert sich auch - z.T. in Wechselwirkung - die Einstellung dieser Personen zum Patienten. Wenn diesen Veränderungen nicht adäquate Konfliktlösungsmuster auf beiden Seiten zur Verfügung stehen, ist von einer Störung in den sozialen Beziehungen zu sprechen.

Eine sehr häufige Form einer solchen Störung ist die **soziale Isolation,** die in der Folge eines sozialen Rückzuges des Patienten einerseits und eines aussondernden Verhaltens seiner Umwelt andererseits entsteht. In der Angst vor Ablehnung, Verurteilung und Beschämung durch die Umwelt vermeidet der Patient soziale Kontakte. Diese Ängste sind als Projektion eines Selbstbildes mit Selbstwertzweifeln, Schuldgefühlen, Schamgefühlen zu verstehen. Ein Beispiel hierzu wäre die o.g. Patientin, die nicht mehr die Dorfstraße benutzt, sondern hinten herum durch die Gärten geht, diesen Gang also nicht mehr mit einem Schwätzchen auf der Dorfstraße verbindet. Daß in vielen Fällen Ablehnung auf andere projiziert wird, schließt nicht aus, daß diese Ablehnung gleichzeitig auch tatsächlich gegeben ist. Wir finden z. B. bei der AIDS-Erkrankung oder auch bei der Krebserkrankung immer wieder irrationale Ängste vor Ansteckung (das sind Ängste vor dem sich ausbreitenden Zerstörerischen, welches das Zerstörerische in einem selbst aktualisieren könnte), auf Grund derer Personen in der Umgebung des Patienten den Kontakt mit ihm vermeiden, ihn aktiv isolieren. So berichtete eine Patientin mit einem Mamma-Ca, daß eine zuvor gute Freundin das Geburtstagsgeschenk nicht wie üblich mit einem Kaffeebesuch verband, sondern der Patientin das Geschenk vor die Wohnungstür legte.

Neben den Affekten und Einstellungen und den damit in Wechselwirkung stehenden Beziehungskonflikten lassen sich andere Aspekte der Störung des sozialen Befindens mit dem Begriff der **Rolle** verstehen. Rolle ist zu definieren als die Summe der eigenen und/oder der sozialen Erwartungen an eine Person, sei es z.B. als Kind, Ehepartner,

Vorgesetzter, Patient, Arzt, Freund usw. Diese Erwartungen sind z.T. kollektiv geteilt, z.T. familiär oder individuell ausgestaltet. Innerhalb eines sozialen Systems (z.B. einer Familie) sind diese Rollen in einer Form von Gleichgewicht verteilt. Wenn nun eine Person erkrankt und damit in ihren Handlungsmöglichkeiten eingeschränkt ist (z. B. erwerbsunfähig wird), ist dieses Gleichgewicht gestört. Das erfordert Veränderungen in der Rollenverteilung (z. B. daß jetzt der Ehepartner die finanzielle Versorgung der Familie übernimmt). Auch hier ist dann von einer Störung zu sprechen, wenn für die erforderlichen Umverteilungen der Rollen keine angemessenen Lösungen gefunden werden.

Eine häufige somatopsychische Störung, die alle genannten Bereiche (Affekte, Kognitionen, Handeln und die sozialen Beziehungen) umfaßt, ist eine **Störung des Sexuallebens** von Patienten. Wir finden sie häufig in Form des Verlustes des sexuellen Interesses, jedoch auch in Form funktioneller Störungen (Impotenz, Anorgasmie etc.), sowohl bei den Patienten als auch bei ihren Partnern. Es besteht oft ein enger Zusammenhang mit Veränderungen der körperlichen Gestalt (z. B. Amputationen, Anus praeter, Hautexazerbationen u. a.) und Funktionsstörungen (z.B. Lähmungen, Inkontinenz u.a.), also sichtbaren, sinnlich wahrnehmbaren Symptomen der Krankheit oder Behandlungsfolgen.

2.12.2 Person und Krankheit

In der Abb. Seite 262 ist der Versuch unternommen worden, das **Bedingungsgefüge,** innerhalb dessen sich somatopsychische Störungen in ihrer jeweiligen Form ausgestalten, graphisch darzustellen. Die wesentliche darin enthaltene Aussage ist: Somatopsychische Störungen sind Auswirkungen eines Krankheitserlebens, das auf einer Sinnentnahme beruht, die von einem Patienten auf dem Hintergrund seiner Lebensgeschichte bezüglich einer aktuellen körperlichen Erkrankung vorgenommen wird. Und zwar wollen wir diese Auswirkungen dann als somatopsychische Störungen bezeichnen, wenn sie - wie eingangs definiert - zu subjektivem Leiden des Patienten oder seiner sozialen Umgebung führen. Das Kernstück dieses Modells ist also die spezifische Sinnentnahme, die der Patient trifft, und die dann zu einem spezifischen Krankheitserleben führt. Dieser Begriff stammt aus der Heidelberger anthropologischen Tradition und wurde von E. Straus (1930) in seiner Theorie des psychischen Traumas verwendet. Die Spezifität der Sinnentnahme ist von einer Vielzahl interdependenter Faktoren abhängig, von denen die wesentlichen in dem Diagramm dargestellt sind. Abb. S. 262

Den Hintergrund bildet eine Lebensgeschichte, deren Randbedingungen die Konstitution des Patienten, seine biologischen Gegebenheiten sowie seine dingliche und soziale Umwelt darstellen. Diese Lebensgeschichte findet ihren kumulativen Niederschlag in, und wird rückwirkend mitbestimmt durch Erfahrungen, Körperlichkeit und Persönlichkeitsstruktur des Patienten. Wir sprechen von dem Patienten als einer "gewordenen Person", die durch ihre Geschichte so geworden ist wie sie ist und die zugleich diese Geschichte und die aktuelle soziale Situation mitgestaltet hat. Die maßgebenden Erfahrungen für das Werden einer Person sind Beziehungserfahrungen. Sie sind zum einen persönlichkeitsstrukturbildend, bleiben zum anderen aber auch in Form inhaltlicher, affektbetonter Erinnerungen bestehen (siehe hierzu Kap. 1.3 und 1.4). Für unsere Überlegungen über die kranke Person besonders relevant sind Erfahrungen mit bedrohlichen Situationen, Krisenerfahrungen sowie spezifische Erfahrungen mit der Krankheit, von der der Patient sich aktuell betroffen sieht.

Krankheit, Behandlung und Behandler (sowie die entsprechende Behandlungsinstitution) stehen in einem engen Bedingungszusammenhang und sind dementsprechend im Diagramm zusammengefaßt. Im **Hinblick auf die Krankheit** selbst ist der Patient zunächst mit den Symptomen und mit einer Diagnose konfrontiert, im weiteren auch mit dem Wissen/Unwissen über Ursachen und mit dem Verlauf der Erkrankung. Der Verlauf hat eine zeitliche Perspektive, Krankheiten treten als einmaliges Ereignis auf oder schubweise sowie chronisch, aus klinischer Sicht finden sich Remissionen, Stagnation, aber auch Progredienz oder Rezidive, letztlich geht es um Heilbarkeit und Unheilbarkeit. Die Behandlung umfaßt nicht nur die therapeutischen Maßnahmen selbst (z.B. Operation), sondern auch die Nebenwirkungen (z.B. Schmerzen) und die Behandlungsfolgen (z.B. Entfernung eines Tumors, aber auch: Anlage eines Anus praeter). Neben dem Arzt als wichtigster behandelnder Person sind Patienten mit schweren körperlichen Erkrankungen, die stationäre Behandlung erfordern, mit einer Vielzahl von Behandelnden und damit einer Vielzahl von sozialen Erwartungen und Konflikten konfrontiert.

Jede körperliche Erkrankung ist sowohl mit generellen als auch mit ganz spezifischen Aspekten verbunden. Dementsprechend finden wir bei vielen Patienten (jetzt einmal über die persönlichkeitsspezifischen Faktoren hinweg betrachtet) generelle Züge der Sinnentnahme bei dem Ereignis Erkrankung überhaupt sowie gemeinsame Züge des **Krankheitserlebens** bei spezifischen Krankheitsbildern.

Krankheit stellt eine Störung in der Selbstverständlichkeit des Lebensvollzuges dar, die Beschwerden oder die Behandlungsnotwendigkeiten schränken den Raum der gewohnten Handlungsmöglichkeiten ein. Der Patient ist solcherart mit Grenzen konfrontiert sowohl in der Gegenwart als auch (bei eingeschränkter Heilbarkeit oder bleibenden Behandlungsfolgen) in seiner Zukunftsperspektive. In dem, was er selber nicht mehr zu tun vermag, ist er angewiesen auf seine soziale Umwelt (Familie, Freunde, Arzt). Sinnentnahme und das Krankheitserleben im Hinblick auf diese Basiserfahrung von Krankheit beziehen sich auf die Themenbereiche von Kränkung, Entmachtung, Autonomieverlust, Scham, Verrat, Enttäuschung und Verlust. Die Vorstellung, vom "Schicksal" so etwas wie diese Krankheit "zugefügt" bekommen zu haben im Vergleich zu anderen, die besser davonkommen, kann die zugehörigen Affekte dieser Erlebensweisen noch intensivieren.

Hinsichtlich der spezifischen Aspekte unterschiedlicher körperlicher Erkrankungen wollen wir uns auf einige beispielhafte Hinweise beschränken und im übrigen auf die weiterführende spezifische Literatur verweisen.

Im weiten Spektrum der **Krebserkrankungen** (Tumore und systemische Formen) werden Sinnentnahme und Krankheitserleben sehr bestimmt durch die reale Todesbedrohung, durch die Ungewißheit des Verlaufes, durch Verlust von Organen, Körperteilen und Funktionen. Sie werden auch durch die zytostatischen, operativen und radiologischen Behandlungen bestimmt, die einerseits als heilend, andererseits als "Gift", "Verstümmelung" und "Verstrahlung/Verbrennung" erlebt werden. Spezifisch für die Krebserkrankung ist des weiteren eine kollektive Psychologisierung und Mythologisierung, innerhalb derer Krebs zum Inbegriff des sich ausbreitenden Bösen wird. In der bewußten Sinnentnahme erscheint dann das Böse in Vorstellungen von Gewalt ("die Diagnose war wie ein Bombeneinschlag") und Aggression ("der Tumor frißt mich von innen auf"). In der unbewußten Sinnentnahme geht es dann vielfach um das "Böse" in einem selbst, also um die als böse innere Objekte repräsentierten, mit Aggression und Schmerz verbundenen früheren Objektbeziehungserfahrungen. Deren drohende Aktualisierung führt bei gleichzeitig erschwertem Zugang zu guten inneren Objekten zum Störungsbild der Krise. Bei der Krebserkrankung (und vergleichbar bedrohlichen Krankheitsbildern) ist auf diesem Hintergrund mit einer chronischen latenten Krisenbereitschaft zu rechnen.

Spezifische Faktoren, die bei **Herzinfarkt-Patienten** Sinnentnahme und Krankheitserleben bestimmen, sind Schmerz, Plötzlichkeit und persistierende Todesbedrohung durch ein ebenso plötzliches Rezidiv.

Bei den **Rheumaerkrankungen** sind der Schmerz, die Bewegungseinschränkung und die Unheilbarkeit die maßgeblichen Faktoren. Schmerz als spezifischen Krankheitsfaktor finden wir zwar bei einer Vielzahl von Erkrankungen, aber für Rheuma (sowie in der Zahnmedizin und in der Kieferorthopädie) ist Schmerz als Symptom nahezu synonym mit der Erkrankung, "Rheuma ist Schmerz".

Das Krankheitserleben bei **HIV-positiven Patienten** wird spezifisch dadurch bestimmt, daß die Ursache eine Infektion durch eine andere Person ist, daß der Patient selbst eine Infektionsquelle darstellt, und daß der Infektionsweg über Sexualität und needlesharing führt und mit Randgruppen (Homosexuellen und Drogenabhängigen) in Verbindung steht.

Bei der **Multiplen Sklerose** steht die Unberechenbarkeit des Verlaufes, der jederzeit jeglichen Bereich des körperlichen Funktionierens betreffen kann, im Vordergrund.

In dieser begrenzten und nur beispielhaften Auflistung seien als letztes noch die **Hauterkrankungen** aufgeführt, deren symptomatische Spezifität in der oft entstellenden Sichtbarkeit und im Juckreiz besteht. In der Behandlung ist das Sich-einsalben oder Gesalbt-werden ein wesentlicher Faktor. Zweifach stehen hier angenehme und unangenehme Erfahrungen (in der Sinnentnahme das Gute und das Böse) sehr eng beieinander: dort, wo die Haut juckt und schmerzt, besteht einerseits der Impuls zu aggressivem Kratzen, andererseits wird das lindernde Salben eben dort ersehnt. Dieses Salben ist aber wiederum nicht nur wohltuend, sondern (z. B. bei cortisonhaltigen Medikamenten) auch mit unangenehmen Nebenwirkungen verbunden.

2.12.3 Sinnentnahme und Krankheitserleben

In unserer Konzeption von Sinnentnahme und Krankheitserleben können diese sowohl bewußter als auch unbewußter Natur sein. Die daraus hervorgehenden somatopsychischen Störungen können als reaktiv, als neurotisch und als traumatisch beschrieben werden. Mit **reaktiven somatopsychischen Störungen** ist gemeint, daß die zugrunde liegenden Belastungen und Konflikte primär aus dem aktuellen Kontext stammen, und daß die Störung wieder verschwindet, wenn der aktuelle Konflikt sich lösen läßt. Wenn hingegen die Sinnentnahme und damit das Krankheitserleben und die Störung maßgeblich mitbestimmt werden durch eine lebensgeschichtlich bestimmte persistierende Konfliktthematik, dann werden wir von einer **neurotischen somatopsychischen Störung** sprechen. **Traumatisch** werden Sinnentnahme und Krankheitserleben, wenn die durch die äußere Realität hervorgerufenen Vorstellungen und Affekte nicht mehr in die Persönlichkeitsstruktur, in Selbst- und Objektrepräsentanzen, integriert werden können. Im folgenden seien diese Prozesse in drei Beispielen veranschaulicht.

Beispiel für ein reaktives Krankheitserleben:

Die 56-jährige verheiratete Frau, Landwirtin, wird mit der Verdachtsdiagnose eines Magen-Ca in die Chirurgie eingeliefert. Der Patientin ist die Verdachtsdiagnose bekannt, Krebs heißt für sie (Sinnentnahme): "Dann ist es aus". Das Krankheitserleben wird bei dieser Patientin im Verlauf der Diagnostik in Erinnerungen aus ihrer Lebensgeschichte erkennbar, die sie mir in diesem Verlauf mitteilt. So erzählt sie sehr früh von ihrem Vater, der nach dem Kriegsende zu einem Verhör abgeholt wurde, gefangen gehalten blieb und starb, ohne daß sie ihn noch einmal sprechen konnte. Patientin teilt in dieser Erinnerung ihr Krankheitserleben von Schmerz und Trauer mit.

Im weiteren Verlauf der Untersuchungen erhärtet sich der Verdacht einer Krebserkrankung, die Patientin erinnert eine Szene aus der Zeit vor dem Kriegsende: Der Vater und der Onkel hätten aus einer nahegelegenen Mühle einen Sack Mehl geholt, was ihnen gelungen sei, obwohl sie dabei unter Maschinengewehrbeschuß kamen. Patientin spricht in diesem Erinnerungsbild von Aggression und Angst sowie von Hoffnung auf einen guten Ausgang.

Als ihr zum Abschluß der Diagnostik mitgeteilt wurde, daß sie an einem inoperablen Mageneingangskarzinom erkrankt sei, sagte sie: "Dann muß ich verhungern". Das daraus folgende Krankheitserleben teilte die Patientin in einem Erinnerungsbild aus der Nachkriegszeit mit: Damals hätte niemand mehr etwas zu essen gehabt, auch die Tiere nicht, die Pferde hätten die Grasnarbe weggefressen. Die Wiesen seien schwarz geworden. In diesem Bild spricht die Patientin von ihrer Trauer.

Das Krankheitserleben der Patientin ist eine angemessene Reaktion auf die aktuelle Situation. Das in den Bildern mitgeteilte Krankheitserleben war sehr bewußtseinsnah. Sie wollte jedoch ihre Familie mit ihrem Erleben nicht belasten, sie war immer die Starke und Tröstende in der Familie gewesen. So nutzte sie die Gespräche mit den Therapeuten, um sich der in den Bildern mitgeteilten Gefühle bewußt zu werden. In der Familie kam es zu einer Kommunikationsstörung zu einem Zeitpunkt, als sowohl die Patientin als auch die Angehörigen die Diagnose kannten, aber auf Grund eines unglücklichen Verlaufes der Aufklärungsgespräche nicht wußten, ob die jeweils andere Seite die Diagnose ebenfalls kannte. In dieser Situation hatten die Angehörigen Angst, das Zimmer der Patientin zu betreten, die Patientin nahm entgegen ihrer sonstigen Gewohnheit keinen aktiven Kontakt mit den Angehörigen auf.

Beispiel für ein neurotisches Krankheitserleben:

Ein 30-jähriger Diplom-Ingenieur berichtet von einem Rezidiv einer bakteriellen Infektion der Haut in der Leistenbeuge, aufsteigend über den Unterbauch. Er geht nicht zum Hautarzt, nimmt Juckreiz, Schmerzen und Ängste vor dem Unberechenbaren des weiteren Krankheitsverlaufes in Kauf. Er begründet dies damit, daß es ihm unangenehm sei, sich "da unten" anschauen zu lassen. Auf Nachfrage: Der Arzt könnte dann an eine Geschlechtskrankheit denken, was er, der Patient, mit unkontrolliertem Sexualleben verbinde. Die manifeste Sinnentnahme, daß mit der Hautinfektion im Genitalbereich ein ausschweifendes Sexualleben vermutet werden könnte, führt zu Scham und Angsterleben. Dieses Krankheitserleben ist in dem Sinne neurotisch, als der Patient auf dem Hintergrund einer sexualfeindlichen Erziehung zum einen, einer traumatisch erlebten Trennung vom Vater (der die Mutter wegen einer anderen Frau verließ) zum anderen, seine sexuellen Wünsche mit Angst und Scham verbindet. Die diesen Affekten zugrundeliegende verurteilende Einstellung zur Sexualität erlebt der Patient nicht bewußt als seine eigene und somit als konflikthaft gegenüber seinen sexuellen Wünschen, sondern er projiziert diese Einstellung auf das Bild eines Arztes, der real noch gar nicht in Erscheinung getreten ist. Die unbewußte Sinnentnahme lautet also: "Jetzt ist erkennbar geworden, daß ich meine Sexualität nicht zügele, daß ich deswegen schlecht bin". Mit der Projektion dieser unbewußten Sinnentnahme auf den Arzt verbindet sich dann das bewußte Erleben von Angst und Scham.

Beispiel für traumatisches Krankheitserleben:

Eine 34-jährige Krankenpflegerin entdeckt einen Knoten in der linken Brust. Der Hausarzt überweist sie zur Probeexzision in die Chirurgie, sie läuft am Aufnahmetag von der Station weg. Bei erneuter Aufnahme stimmt sie einer Probeexzision zu, der Befund stellt sich als positiv heraus, die Indikation zur Ablatio wird gestellt. Die Patientin verweigert die Einwilligung zur Operation. In daraufhin folgenden Gesprächen mit dem Psychotherapeuten verfällt sie jedesmal in einen schockartigen Zustand, sobald die anstehende Brustamputation thematisiert wird. Die Patientin wird bleich, die Augen füllen sich mit Tränen, sie weint aber nicht, der Atem wird flach, die Patientin wird sprachlos, nur das Wort "Nein" bringt sie über ihre Lippen. Dieses "Nein" scheint dem Therapeuten dabei jedoch nicht eine Entscheidung auszudrükken, sondern die Unfähigkeit, daß ihr Widerfahrende zu erfassen und sich zu entscheiden. Erst nach mehreren Gesprächen läßt sich mit der Patientin verstehen, daß sie ihre Krebserkrankung als tödlich bedrohlichen Angriff, als Kränkung und als Bestrafung erlebt. Die Kindheit der Patientin war geprägt durch Mangel an Zuwendung und Halt einerseits, Gewalt zwischen den Eltern andererseits, die hätten sich angebrüllt "wie die Kühe auf dem Schlachthof". Aggression wurde für die Patientin auf diesem Hintergrund identisch mit sadistischer Gewalt. Die Patientin konnte zunächst ihre Verlassenheitsgefühle, Verlust und Angst sowie heftigste Wut nicht integrieren. Erst viel später vermochte sie dieses Erleben in Bildern auszudrücken: Wie ein verletztes, gejagtes Tier zu sein und zugleich ein Dampfkessel kurz vor der Explosion.

Die Sinnentnahme kann sich unmittelbar auf die Krankheitsrealität beziehen ("dann muß

ich verhungern"), sie ist dann persönlichkeitsspezifisch und lebensgeschichtlich bedingt durch die getroffene Auswahl aus der Vielzahl möglicher Vorstellungen über die Krankheit. Der persönliche Hintergrund kann jedoch auch inhaltlich mit einbezogen sein, z. B. indem Krankheit und Selbstbild gleichgesetzt werden, indem Vergleiche zwischen Krankheitssymptom und persönlichen (Beziehungs-) Erfahrungen gezogen werden, und indem Ursachenforschung oder Verlaufsprognosen mit der Lebensgeschichte in Verbindung gebracht werden.
Wenn solche Überlegungen dem Erklärungsbedürfnis dienen, Ursachen und Verlauf wieder der subjektiven (gedanklichen) Kontrolle unterworfen werden sollen, entspricht dieses dem Konzept der subjektiven Krankheitstheorie.
Mit einer Sinnentnahme, die in der Lebensgeschichte begründet ist, wird zugleich Lebensgeschichte geschrieben, da das Krankheitserleben der Gegenwart zum Bestandteil der zukünftigen Lebensgeschichte wird. Sinnentnahme ist insofern immer auch Sinngebung.

In der bisherigen Darstellung wurde wiederholt implizit auf den letzten Aspekt des Diagramms verwiesen, auf die Auswirkungen des Krankheitserlebens und der Sinnentnahme auf das aktuelle Befinden des Patienten, auf seine Person und auf die aktuelle Situation. Wie eingangs definiert sind diese Auswirkungen dann als somatopsychische Störungen mit Krankheitswert zu betrachten, wenn sie ein Leiden für den Patienten und seine Umwelt darstellen, dessen Qualität, Intensität oder Dauer aus einem diesem Patienten und der jeweiligen Erkrankung angemessenen Rahmen fällt. Diese Auswirkungen auf das aktuelle Befinden, auf die Person, auf die soziale Situation und auf die Krankheit sind im Diagramm in dem abgerundeten Rechteck zusammengefaßt. Mit diesen Auswirkungen und Veränderungen konstelliert sich eine neue aktuelle Situation. Am Ende des schraffierten, auf "Rückwirkungen" verweisenden Pfeiles müßte in diesem zeitlichen Sinne ein neues Diagramm stehen, innerhalb dessen sich der bisher beschriebene Prozeß mit veränderten Bedingungen wiederholt.

2.12.4 Der Schmerz

Der Schmerz nimmt in der Reihe der somatopsychischen Störungen eine Sonderstellung ein. Die Besonderheit liegt darin, daß Schmerz zum einen Symptom einer Krankheit, bedingt durch eine körperliche Ursache, ist, zum anderen und zugleich einen Aspekt des Krankheitserlebens darstellt. Zwischen dem Schmerz als Symptom der Krankheit (als Abstraktum) und dem Schmerz als Krankheitserleben - und das allein ist es, was wir vom Patienten erfahren - liegt die Sinnentnahme. Schmerz als Krankheitserleben wird durch diese Sinnentnahme beeinflußt. Die Intensität des Schmerzerlebens kann abhängig davon sein, wer vom Patienten für die Ursache des Schmerzes verantwortlich gemacht wird. Der Schmerz kann dabei zum Ausdruck von aggressiven Impulsen werden, die sich sowohl gegen die eigene Person als auch gegen andere richten. Auf diese Weise, aber auch z. B. als Schrei nach Zuwendung, kann Schmerz eine interaktionelle Bedeutung erhalten. Wir finden Schmerz auch im Dienste der Abwehr: Wenn beispielsweise die Angst vor der tödlichen Bedrohung durch einen Tumor nicht gefühlt wird, weil der körperlich empfundene Schmerz das Krankheitserleben beherrscht.
Eine depressive Sinnentnahme wie: "Die Operationswunde schmerzt, weil sie nicht heilt: ich bin selber schuld daran, geschieht mir recht" kann über die Aktivierung schmerzhafter Beziehungserfahrungen (böser innerer Objekte) bei gleichzeitig erschwertem Zugriff zu tröstenden Beziehungserfahrungen (guten inneren Objekten) das Schmerzerleben intensivieren und dann wieder die depressive, autoaggressive Qualität der Sinnentnahme verstärken. Diesen zirkulären, selbstverstärkenden Zusammenhang zwischen Sinnentnahme einerseits (induziert durch Erkrankung und organisch bedingten Schmerz) und Schmerzerleben andererseits wollen wir - im Rückgriff auf

v. Weizsäckers Begriff des "Gestaltkreises" - als **depressiven Schmerzkreis** bezeichnen. Dieser findet eine physiologische Parallele in Verspannungen in der Folge des Schmerzerlebens, die wiederum schmerzverstärkend wirken können.

Die Wirkung von Entspannungstechniken auf das Schmerzerleben läßt sich theoretisch beschreiben als Umkehrung im depressiven Schmerzkreis. Eine Induktion von Entspannung kann die Aktivierung guter innerer Objekte fördern, zugleich die körperlichen Verspannungen mindern. Das kann eine antidepressive Sinnentnahme (wie z. B. Hoffnung auf Wundheilung) ermöglichen, die eine Minderung des Schmerzerlebens mit wiederum nachfolgender Entspannung bewirken kann.

Mit diesem Modell läßt sich auch erklären, unter welchen Bedingungen Entspannungstechniken (abgesehen von beherrschender Dominanz der körperlichen Ursachen) nicht wirken oder kontraindiziert sein können. Wenn nämlich z. B. der Schmerz der Abwehr von Angst dient, droht deren Bewußtwerdung bei einer Reduktion des Schmerzerlebens.

Der Schmerzkreis ist paradigmatisch zu sehen für das, was am Ende des vorigen Abschnittes über die Auswirkungen des Krankheitserlebens generell gesagt wurde: Das Krankheitserleben (und damit auch die somatopsychische Störung) des Patienten, seine Person, seine soziale Situation und seine Krankheit sind als sich verändernde Bestimmungsstücke eines zirkulär fortschreitenden Prozesses zu verstehen.

Es ist naheliegend, in diesem Veränderungspotential den Ansatz für psychotherapeutische Behandlungen somatopsychischer Störungen zu sehen.

2.12.5 Psychotherapeutische Behandlung

Die wichtigste Therapie bei somatopsychischen Störungen sind **Gespräche mit dem behandelnden Arzt** unter Einbeziehung sozialer Ressourcen. Der Arzt sollte in der Lage sein, mit seinem Patienten eine Beziehung aufzubauen, innerhalb derer der Patient sein Krankheitserleben, seine Ängste und Hoffnungen, seine Wut und Verzweiflung, aber auch seine sozialen Konflikte, insbesondere die mit dem Arzt, thematisieren kann. Besonders bei Patienten, die in ihrem Krankheitserleben stark regrediert sind, sowie in Fällen, in denen es sich um Konflikte in der Arzt-Patient-Beziehung handelt, sollte der Arzt in der Lage sein, diese zu erkennen und die Initiative zu solchen Gesprächen selbst ergreifen zu können. Eine Einbeziehung des Patienten in den Stand und den Verlauf von Diagnostik und Behandlung ist als Prophylaxe gegen eine Vielzahl von somatopsychischen Störungen anzusehen. Eine wichtige Voraussetzung für solche Gespräche ist, daß der Arzt sich sein eigenes Krankheitserleben, die Vorstellungen und Gefühle, die er selber mit Krankheit und Behandlungsmethoden verbindet, bewußt machen und aushalten kann. Eine solche psychosomatische Kompetenz kann der Arzt über therapeutische Selbsterfahrungsgruppen und über kontinuierliche Balintgruppenarbeit erwerben.

Diese Überlegungen gelten für solche somatopsychischen Störungen, die wir im Vorangehenden als reaktiv bezeichnet haben. Wenn das Krankheitserleben als traumatisch zu bezeichnen ist, der Patient also in eine akute seelische Krise gerät, kann das den behandelnden Arzt sowohl affektiv als auch in seiner therapeutischen Kompetenz überfordern. Eine dann indizierte **Krisenintervention** wäre von einem Psychotherapeuten durchzuführen (siehe Kap. 4.4). Die Einbeziehung eines Dritten kann dabei schon dadurch entlastend wirken, daß der Patient nicht länger befürchten muß, daß sein Arzt, auf dessen Zuwendung er sich angewiesen erlebt, seine heftigen Affekte möglicherweise nicht ertragen kann.

Wir hatten von einer latenten Krisenbereitschaft bei chronisch Kranken gesprochen. Diese ist ebenfalls am besten in einer tragfähigen Arzt-Patient-Beziehung aufgehoben. Wenn deren Grenzen jedoch erreicht sind, der Patient sich nicht ausreichend strukturieren kann, sein Krankheitserleben nicht mehr integrierbar ist in seine persönliche und soziale Struktur, ist eine

Form psychotherapeutischer Behandlung indiziert, die als tiefenpsychologisch fundierte Begleitung zu bezeichnen ist.

Diese **tiefenpsychologisch fundierte Begleitung** ist in ihrer Konzeption am ehesten zu vergleichen mit der stützend-strukturierend orientierten Psychotherapie. (Siehe Kap. 4.3). Sie unterscheidet sich jedoch durch den Umstand der körperlichen Erkrankung des Patienten, die immer wieder maßgebend wird sowohl für die Inhalte als auch für die Affektlage der Gespräche. In einer solchen Begleitung übernimmt der Therapeut zum einen Hilfs-Ich-Funktionen (kognitive Strukturierung, Planung, Beratung, Entscheidungshilfen u.a.). Zum anderen übernimmt der Therapeut die Funktion, Affekte, Vorstellungen und Beziehungswünsche sowie -ängste vorübergehend und in diesem Sinne stellvertretend für den Patienten "aufzubewahren". Wenn dem Patienten der Zugriff auf seine guten inneren Objekte erschwert ist, aggressive und beängstigende Vorstellungen sein Erleben beherrschen, kann dann der Therapeut diese guten inneren Objekte stellvertretend repräsentieren - in der Beziehung sind dann diese guten Beziehungserfahrungen nicht verloren, sondern präsent und geschützt vor den destruktiven Impulsen, die den Patienten beherrschen.

Beispiel:

Es handelt sich um eine 65-jährige Patientin, deren Gesicht durch ein leukämisches Infiltrat sehr entstellt war. Die Patientin: "Wenn ich in den Spiegel schaue, dann sehe ich einen Wolf." Während der stationären internistischen Behandlung wollte sie die Station nicht mehr verlassen, aus Angst vor dem Angestarrtwerden durch die anderen Menschen, wie sie sagte. Ich erfuhr dann wenig später, daß sie gleichwohl einen Spaziergang in Begleitung eines Krankenpflegers gemacht hatte. Auf meine Frage, wie es ihr dabei mit ihrer Angst, angestarrt zu werden, ergangen sei, sagte die Patientin: "Ach, wissen Sie, der Pfleger hat mich so fest am Arm gehalten, da habe ich daran gar nicht gedacht."

Umgekehrt kann der Therapeut auch die aggressiven Affekte des Patienten stellvertretend aufnehmen, und, wenn er eben nicht destruktiv für die Beziehung damit umgeht, dem Patienten die Möglichkeit geben, diese aggressiven Anteile mit weniger Angst zu reintegrieren.

Die Indikation einer **konfliktaufdeckenden psychotherapeutischen Behandlung** in Form von tiefenpsychologisch fundierter Psychotherapie oder analytischer Psychotherapie ist grundsätzlich am ehesten bei neurotischen somatopsychischen Störungen gegeben, wenn also die Sinnentnahme das Krankheitserleben mit bestehenden neurotischen Konflikten verbindet. Für eine Indikation gelten zunächst einmal die allgemeinen Kriterien (siehe Kap. 4.1.6) hinsichtlich Persönlichkeitsstruktur, Ichstärke, Motivation usw. Maßgebend ist jedoch auf jeden Fall der körperliche Zustand des Patienten. In einem fortgeschrittenen Stadium der Erkrankung ist der Patient oft in einem Maße regrediert, daß seine Beziehungswünsche realer Antwort auch auf der Handlungsebene bedürfen.

Begleitung schwerkranker Patienten kann zu **Sterbebegleitung** werden. Eine solche Behandlung konfrontiert den Therapeuten mit eigenen Grenzen hinsichtlich der Intensität der mit Todesvorstellungen verbundenen Affekte. Dabei ist eine Trennung (Beendigung der Therapie) in der letzten Lebensphase zumeist traumatisch und muß vermieden werden. Der Therapeut ist also gehalten, **vor** Übernahme einer solchen begleitenden Behandlung zu entscheiden, ob er sich potentiell einer solchen Intensität aussetzen will. Dem Arzt, der diese Entscheidungsfreiheit zumeist nicht hat, und der sich gleichwohl bis an seine Grenzen gefordert sieht, ist - sinnvollerweise vorbeugend - die Teilnahme an einer Supervision/Balintgruppe zu empfehlen.

Psychotherapie mit chronisch kranken und /oder schwerkranken Patienten ist stets auch Psychotherapie im Angesicht des Todes (auch wenn Patient und Therapeut immer wieder zu dessen Verleugnung tendieren). Der Tod ist dabei ein innerlich vorgestellter Tod. In dieser Vorstellung verbinden sich, wie auch in anderen Aspekten des Krankheitserlebens, Vorstellungen über die äußere körperliche und soziale Realität von Krankheit und Tod mit Vorstellungen über den inneren, seelischen Tod. Die Differenzierung von äußerer und innerer Realität im Krankheitserleben ist ein wesentlicher inhaltlicher Aspekt der psychotherapeutischen Behandlung.

In der Behandlung dieser Patienten sieht sich der Therapeut mit **heftigen Gegenübertragungsreaktionen** konfrontiert, mit denen er auf Grund seiner eigenen Persönlichkeitsstruktur auf die Affekte und Beziehungswünsche des Patienten antwortet. Diese Reaktionen betreffen zum einen Allmachts- und Ohnmachtsvorstellungen, zum anderen heftige aggressive Impulse. Allmachts- und Ohnmachtsvorstellungen beziehen sich auf die Heilbarkeit/Unheilbarkeit der körperlichen Erkrankung. Sinnentnahmen psychosomatischen Inhaltes (subjektive Krankheitstheorien), sowohl auf Seiten des Patienten als auch auf Seiten des Therapeuten, bilden die Schnittstelle oder Verbindung zwischen den Vorstellungen über seelische Heilbarkeit/Unheilbarkeit einerseits und körperlicher Heilbarkeit/Unheilbarkeit andererseits. Die Realität der psychosomatischen Zusammenhänge, mit der Patient und Therapeut konfrontiert sind, ist jedoch die, daß solche Zusammenhänge zwar grundsätzlich bestehen können (das ist der Stand der Forschung), daß aber im Einzelfall das Bestehen eines solchen Zusammenhanges und schon gar seine Qualität unbekannt sind. Gleichwohl zeigt die Erfahrung, daß Patient und Theapeut immer wieder "erhebende" Vorstellungen über die Heilbarkeit der körperlichen Erkrankung durch die psychotherapeutische Behandlung entwikkeln. Ohnmacht und Haßgefühle entstehen dann, wenn die Realität sich diesen Allmachtsvorstellungen nicht fügt, die Krankheit fortschreitet, der "Absturz" in die Konfrontation mit der Sterblichkeit folgt.

In ihrer tiefen narzißtischen Gekränktheit entwickeln körperlich schwerkranke Patienten starke narzißtische Restitutionswünsche, Wünsche nach einer Regression in eine "heilende Gemeinsamkeit". In der Gegenübertragung kann der Therapeut diese Wünsche geradezu wie einen Sog empfinden, was einerseits zu heftigen aversiven Impulsen führen kann, andererseits zu Impulsen, diesen Wünschen nachzugeben. Oft sind diese Impulse wiederum nicht nur mit Vorstellungen von "Heilung durch Liebe" bezüglich des seelischen Leidens des Patientens verbunden, sondern beziehen die körperliche Realität der Krankheit mit ein. Auch die Enttäuschung solcher regressiven heilenden Beziehungswünsche kann heftige Ängste und Haß auf die äußeren und inneren Objekte hervorrufen, die sich diesen Wünschen nicht fügen, sich nicht kontrollieren lassen.

So ist der Therapeut in der Behandlung dieser Patienten oft mit heftigen destruktiven Impulsen des Patienten konfrontiert. Doch auch in ihm selbst werden solche Impulse evoziert. Dies geschieht erstens über den Abwehrmechanismus der projektiven Identifizierung, der Patient induziert seine Haßgefühle (deren Wahrnehmung zu bedrohlich wäre) im Therapeuten. Zweitens konfrontiert die Behandlung den Therapeuten mit seiner Begrenztheit, nämlich nicht heilen zu können, den Verlauf der Erkrankung nicht kontrollieren zu können. Das kann zu Gefühlen von Hilflosigkeit und narzißtischer Kränkung führen, die dann zu aggressiven Gegenübertragungsreaktionen führen. Drittens entwickelt der Therapeut aus der Gegenübertragungsvorstellung, in der Beziehung der Überlebende zu sein, Gefühle von Überlebensschuld und Überlebensscham. Um sich derer zu erwehren, werden wiederum aggressive Impulse mobilisiert. Solche aggressiven Gegenübertragungsreaktionen manifestieren sich beispielsweise in Todeswünschen dem Patienten gegenüber, werden ausagiert in vergessenen Terminen, führen zu Reaktionsbildungen (überzogene Schonhaltung dem Patienten gegenüber) oder auch zu depressiven Symptomen beim Therapeuten (z.B. Insuffizienzgefühlen u.a.). Im günstigsten Fall kann sich der Therapeut dieser Gefühle bewußt werden und sie zum Verständnis der inneren Dynamik des Patienten nutzen.

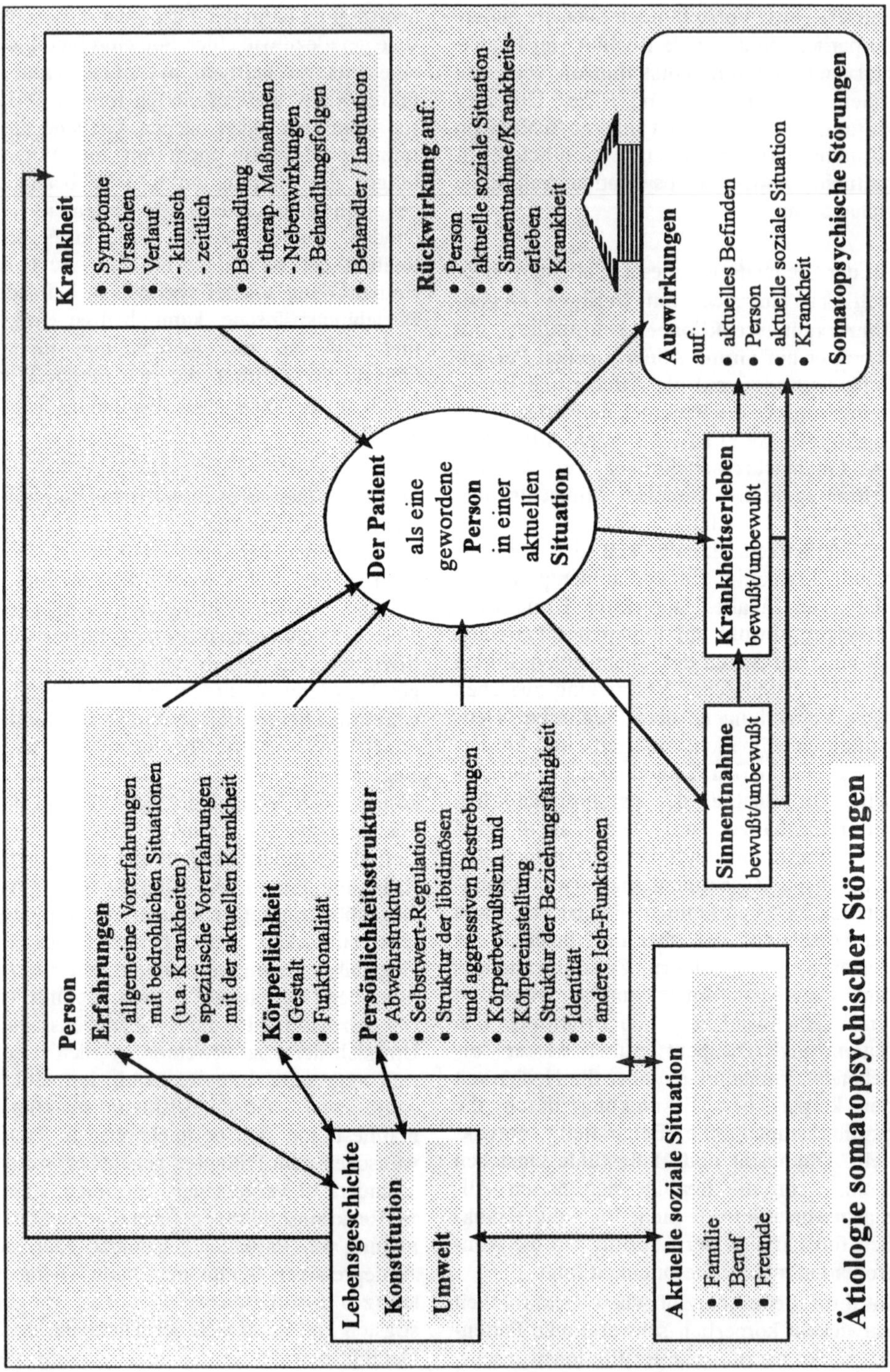

Tabelle 2.12.1

Literatur

BEUTEL, M.: Bewältigungsprozesse bei chronischen Erkrankungen. In: U. Koch (Hrsg.): Psychologie in der Medizin. Edition Medizin, Weinheim 1988

BRODA, M. U. MUTHNY, F.A.: Umgang mit chronisch Kranken. Thieme, Stuttgart 1990

CLEMENT, U.: HIV-positiv. Enke, Stuttgart 1992

DETER, H.-C. U. SCHÜFFEL, W. (HRSG.): Gruppen mit körperlich Kranken, Springer, Berlin 1988

EICH, W. (HRSG.): Psychosomatische Rheumatologie. Springer, Berlin 1991

EISSLER, K.R.: Der sterbende Patient. Frommann-Holzboog 1978

GEBSATTEL VON, V.E.: Prolegomena einer medizinischen Anthropologie. Springer, Berlin 1954

FRIEDRICH, H., SPOERRI, O. U. STEGMANN-ACHEAMPONG, S.: Missbildung und Familiendynamik. Vandenhoeck & Ruprecht, Göttingen 1992

HOFFMANN, S.O. U. EGLE, U.T.: Der psychogen und psychosomatisch Schmerzkranke. Psychother. Med. Psychol. 39 (1989) 193-201

KÄCHELE, H. U. STEFFENS, W. (HRG.): Bewältigung und Abwehr. Springer, Berlin 1988

KOCH, U., LUCIUS-HOENE, G. U. STEGIE, R. (HRSG.): Handbuch der Rehabilitationspsychologie. Springer, Berlin 1988

KÜCHENHOFF, J.: Körper und Sprache. Asanger, Heidelberg 1992

LANGER, M.: Somatopsychische Gynäkologie. Springer, Wien 1990

MEERWEIN, F. (HRSG.): Einführung in die Psychoonkologie. Huber, Bern 1981

MUTHNY, F.A. (HRSG.): Krankheitsverarbeitung. Springer, Berlin 1990

RECHENBERGER, H.-G.: Die psychische Situation der chronisch Hautkranken. Akt. Dermatol. 8 (1982) 153-156

RIEMANN, F.: Grundformen der Angst. Reinhardt, München 1981

SCHWARZ, R.: Psychoätiologische Theorien der Krebsentstehung und deren empirische Überprüfung am Beispiel des Mamma- und Bronchialkarzinoms. Unveröffentliche Habilitationsschrift, Heidelberg 1990

SEIDLER, G.H.: Die psychosoziale Verarbeitung einer Erkrankung an Multipler Sklerose. Zschr. Psychosom. Med. 31 (1985) 61-80

SEIDLER, G.H.: Zur psychosozialen Verarbeitung einer Querschnittslähmung. Zschr. Psychosom. Med. 32 (1986) 333-348

STRAUS, E.: Geschehnis und Erlebnis (1930). Springer, Berlin Reprint 1978

WEIZSÄCKER, V., V.: Arzt und Kranker I. Koehler, Stuttgart 1949

2.13 Die psychotherapeutische Relevanz von neurologischen Krankheitsbildern (P. Henningsen)

2.13.1 Einleitung: Die Beziehung zwischen Neurologie und Psychotherapie

Die moderne Neurologie hat derzeit weder personell, institutionell noch wissenschaftlich besonders enge Beziehungen zur Psychotherapie und Psychosomatik. Die Situation steht im Kontrast zur früher recht engen Verflechtung der beiden Fachgebiete, die über das in anderen "somatischen" Disziplinen bekannte Maß deutlich hinausging. Bezeichnend dafür ist z.B. der bis in die erste Hälfte des 19. Jahrhunderts übliche Gebrauch der Krankheitsbezeichnung "Neurose" für alle, d.h. auch die organischen Funktionsstörungen des Nervensystems (Reynolds 1990). Sigmund Freuds Lebenslauf und berufliche Praxis legen nahe, daß Neurologie und Psychoanalyse zwar ähnliche Wurzeln und inhaltliche Berührungspunkte haben, daß ein zugleich neurologisch und psychoanalytisch orientierter Zugang zum Patienten aber nicht praktikabel ist - erinnert sei an seine Äußerung dazu: "Von solchen Untersuchungen mußte ich die Analytiker aus erziehlichen Gründen fernhalten, denn Innovation, Gefäßerweiterung, Nervenbahnen wären zu gefährliche Versuchungen für sie gewesen, sie hatten zu lernen, sich auf psychologische Denkweisen zu beschränken" (zitiert nach Weizsäcker 1933). Einige phänomenologisch und psychoanalytisch interessierte Neurologen in der ersten Hälfte des 20. Jahrhunderts folgten weder Freuds "pädagogischem" Rat noch den Selbstbeschränkungen der immer weitergehend an den Naturwissenschaften orientierten Neurologie: Sie versuchten sich an einer integrativen Betrachtungsweise, die die verschiedenen Dimensionen der Lebenswirklichkeit eines Kranken mit einem klinisch-neurologischen Symptom zusammenschauen soll - am bekanntesten dafür sind die auf einer umfassenden medizinischen Anthropologie gründende Gestaltkreislehre Viktor von Weizsäckers, die wahrnehmungsphänomenologische Zugangsweise Kurt Goldsteins sowie die Neuropsychologie A.R. Lurijas. Diese Ansätze haben zu einem besseren Verständnis der Dualität einer subjektiven Erlebensdimension und einer objektiven Beschreibung neurophysiologischer und klinisch neurologischer Phänomene bei neurologischen Kranken beigetragen; im Gegensatz zu einem psychoanalytisch-psychotherapeutischen oder "rein" somatisch-neurologischen Zugang zum Patienten bleibt aber unklar, wie diese integrativen Ansätze in methodisch reflektierter Weise therapeutische Relevanz haben können. Reflektiertes therapeutisches Handeln scheint mit dem zwangsläufigen Ausblenden bestimmter "integrativer" Erkenntnisanteile verbunden zu sein - diese Tatsache fördert einseitige Kausalitätsansprüche im Sinne von "psychogener versus organischer Symptom-Genese" und erschwert die Verständigung von Neurologen und Psychotherapeuten.

Ziel der Darstellung ist deshalb eine knappe Vororientierung nicht nur über ausgewählte Krankheitsbilder, sondern auch über die ihnen gegenüber charakteristischen Einstellungen des Diagnostikers bzw. Therapeuten. Dabei wird das Risiko in Kauf genommen, gegenseitige "strukturelle" Verständigungsschwierigkeiten von Neurologen und Psychotherapeuten überzubetonen - das wäre aber u.E. immer noch fruchtbarer, als gegenseitiges Verstehen und die Heilwirkung vom guten Willen einfach zu unterstellen.

Die Krankheitsbilder sind im folgenden ungefähr danach geordnet, wie häufig bei ihnen - in absteigender Reihe - ein psychoanalytisch-psychotherapeutischer Zugang als handlungsrelevant erachtet wird. Psychotherapeuten und Neurologen können sich in dieser Einschätzung durchaus unterscheiden; insofern läßt sich die Anordnung auch so verstehen, daß für die ersten beiden Gruppen von Krankheitsbildern (Konversion und Somatisierung) Einigkeit über die Bedeutung der sogenannten "psychogenen Komponente" bei möglicher Diskrepanz im Umgang damit besteht, während das Ausmaß dieser "psychogenen" Komponente bei anderen Krankheitsbildern (fokale Dystonien und Tics) in unterschiedlicher Weise zwischen den Psychotherapeuten und Neurologen umstritten ist. Bei den klassisch neurologischen Krankheitsbildern herrscht wieder relative Einigkeit über die weitreichende Dominanz der organischen Komponente. Mit dieser Formulierung wird auch betont, daß solche Einteilungen immer abhängig vom gegenwärtigen Wissens- und Diskussionsstand sind.

2.13.2 Ein erstes psychogenes Krankheitsbild: Die Konversionsstörung

Konversionsstörungen manifestieren sich klassischerweise (aber nicht ausschließlich, vgl. Adler 1990) als Funktionsstörungen der Willkürmotorik und/oder der Sensorik bzw. der Sinnesorgane; sie sind daher in der Neurologie relativ zu anderen somatischen Fächern besonders häufig anzutreffen. Sie gelten bis heute als Inbegriff psychogener Erkrankungen mit körperlicher Manifestation.
Im Sprachgebrauch liegt gerade bei diesen Störungen eine wichtige Quelle von Verständnisproblemen (vgl. Zander 1990): Neurologen gebrauchen die Ausdrücke psychogen, hysterisch und funktionell meist synonym (die früher übliche Differenzierung "funktionell" im Sinne "organisch ohne strukturelle Läsion" versus "psychogen" wird nur noch selten vorgenommen) und meinen damit in aller Regel die gleichen Bilder, die vom Psychotherapeuten/Psychosomatiker als Konversionssymptome bezeichnet werden. Die Bezeichnung **"psychogen"** ist für Neurologen fast immer diagnostisch ausreichend, vor allem wenn sie gleichzeitig bedeutet: "nicht zu meinem Fachgebiet gehörig".
Aus psychotherapeutischer Sicht ist der Begriff "psychogen" mißverständlich, als diagnostische Aussage unvollständig und bestenfalls ein Oberbegriff, bzw. eben ein von Neurologen verwandtes Synonym für Konversionsstörungen. Der Begriff "Konversionsstörung" kann dabei genausowenig als vollständige Diagnose angesehen werden wie der der "psychogenen Störung" - er bildet aus psychoanalytisch-psychotherapeutischer, aber z.B. auch aus psychiatrischer Sicht bekanntlich nur eine Achse in einem multiaxialen Diagnoseschema, zu dessen Vervollständigung u.a. noch Einschätzungen der Persönlichkeitsstruktur, der Objektbeziehungsmodi etc. gehören. Dabei ist zu beachten, daß Konversionstörungen keineswegs deckungsgleich sind mit der Diagnose einer hysterischen Neurose: es gibt Konversionsstörungen im Rahmen anderer psychischer Erkrankungen ebenso, wie es hysterische Neurosen ohne Konversionsstörungen (z.B. mit dissoziativen Phänomenen) gibt (vgl. Kap. 2.7 Hysterie). Auf Symptomebene obliegt dem Psychotherapeuten auch die differentialdiagnostische Abgrenzung der Konversionsstörungen von psychophysiologischen Syndromen, Hypochndrie, Simulation und Artefakterkrankungen (Adler, 1990).

Manifestationsformen

Die bekanntesten Konversionsstörungen in der Neurologie sind der Willkürmotorik zuzuordnen: **Lähmungen** einzelner Bewegungen (es sind nie Muskeln gelähmt!) oder komplexerer Bewegungsabläufe, wie z.B. Gangstörungen, gehen meist mit Gefühlsstörungen der betroffenen Körperteile einher. In den meisten Fällen ist die Differentialdiagnose zu einer Lähmung aufgrund einer organischen Erkrankung des Nervensystems eindeutig zu stellen. Der Ausdruckscharakter der Störung ist häufig sehr deutlich; es lassen sich immer wieder "klassische" Versuchungs-/ Versagungssituationen als Auslöser eruieren.

Psychogenen Anfällen gilt in den letzten Jahren ein vermehrtes Interesse. Sie sind differentialdiagnostisch meist relativ leicht von vasovagalen Synkopen, häufig jedoch nur schwer von bestimmten Formen epileptischer Anfälle abzugrenzen. Insbesondere haben neue Erkenntnisse über die Klinik und Neurophysiologie sogenannter komplexpartieller Anfälle des Frontallappens deutlich gemacht, wie sehr sich die Phänomenologie von Anfällen ähneln kann, die als psychogen oder als epileptisch eingeschätzt werden. Psychogene Anfälle können in doppelter Hinsicht mit Selbstschädigungen einhergehen: 1. Stimmt die differentialdiagnostische Regel nicht, daß psychogene Anfälle selbst nicht zu Verletzungen führen; 2. ergibt sich aus der insbesondere bei gehäuften psychogenen Anfällen bis zur diagnostischen Klärung notwendigen intensiven Diagnostik und Therapie nicht selten eine indirekte Selbstschädigung. Immer wieder wird die Beobachtung gemacht, daß in der Anamnese von Mädchen und jungen Frauen mit psychogenen Anfällen sexueller Mißbrauch in der Familie häufiger zu finden ist als bei anderen Patienten mit Konversionsstörungen (vgl. Shen et.al. 1991) - ob dies Ausdruck einer "wahren" Verteilung oder einer Wahrnehmungsverzerrung durch die größere historische und situative Evidenz zugrundeliegender sexueller Konflikte bei Anfällen ist, bleibt noch zu klären.

(Stationär) psychotherapeutische Behandlungversuche von Patienten mit psychogenen Anfällen scheitern nicht selten daran, daß relativ viel Erfahrung mit Anfällen jeder Art notwendig ist, um im Umgang mit solchen Patienten angesichts der angstauslösenden Dramatik des Symptoms die nötige Gelassenheit bewahren zu können - die Patienten schaffen es ggf. zuverlässig, etwaige Unsicherheiten so auszuspielen, daß gegenseitige Vorwürfe und Entwertungen von Neurologen und Psychotherapeuten an die Stelle von Kooperation treten.

Konversionsstörungen im Übergangs- bzw. Überlappungsbereich von willkürlich und unwillkürlich innervierter Muskulatur wie z.B. **Schluckstörungen** mit und ohne Globusgefühl oder **Blasenentleerungsstörungen** sind in der neurologischen Differentialdiagnostik ebenfalls nur selten mit ausreichender Sicherheit zu diagnostizieren, dies liegt an der großen Anzahl und den schwer überschaubaren Wirkungsmechanismen möglicher organischer Ursachen. Dennoch gibt es unstrittig immer wieder Fälle einer psychogenen Schluckstörung, gelegentlich abzugrenzen von einer Schluckangst als Manifestationsform einer Herzneurose (Balzer 1990). Bei vielen **Funktionsstörungen der Sinnesorgane und kognitiven Funktionen** kommt in der neurologischen Differentialdiagnose darüber hinaus eine psychische Genese im Sinne einer Konversionsstörung in Betracht: Dies gilt z.B. für (Farben)Blindheit, Gesichtsfeldeinschränkungen, Anosmie, Amnesien und Dämmerzustände, Gleichgewichts- und Koordinationsstörungen sowie Stottern.

Bei den bisher aufgezählten Symptomen und Störungen ist die pragmatische Gleichsetzung von psychogen und konversionsbedingt gerechtfertigt. Anders sieht es für **psychogenen Schwindel** aus: In darauf spezialisierten neurologischen Ambulanzen gehört der sogenannte phobische Attacken-Schwankschwindel zu den häufigsten Schwindelformen. Dieser plötzlich, meist durch eine Eigen- oder Fremdbewegung im peripheren Gesichtsfeld ausgelöste Schwindel geht typischerweise mit Todesangst einher und wird von Psychotherapeuten meist den Angstneurosen zugeordnet. Daneben gibt es aber auch Fälle von psychogenem Schwankschwindel, der ohne heftige begleitende Affekte einhergeht und bei dem sich die Kriterien einer Konversionsstörung finden lassen.

Zwei Aspekte von psychogenen bzw. Konversionsstörungen in der Neurologie müssen noch betont werden: Länger anhaltende Symptome dieser Art können mit organischen Folgen einhergehen, so führt eine psychogene Lähmung auf Dauer auch zu einer Muskelatrophie durch mangelnden Gebrauch. Umgekehrt können primär organische Symptome im Sinne einer sekundären Symbolisierung (Engel und Schmale) eine unbewußte Bedeutung erlangen und psychogen "ausgestaltet" werden. Besonders eindrucksvoll ist das bei Patienten mit einer Epilepsie, die neben epileptischen Anfällen auch psychogene Anfälle entwickeln können.

Der Umgang mit Patienten mit Konversionsstörungen

Dem **Neurologen**, dessen Hauptaufgabe darin besteht, organisch-neurologische Erkrankungen zu diagnostizieren und zu behandeln, präsentieren sich diese Patienten häufig mit gravierenden "Ausfällen" sensomotorischer Funktionen, die bei zunächst unterstellter organischer Genese von vornherein nach dringlicher organmedizinischer Differentialdiagnostik verlangen. Die Möglichkeiten der modernen bildgebenden Diagnostik sowie der chirurgischen und anderen interventionellen Therapieformen tragen zu dieser "Atmosphäre der Dringlichkeit" entscheidend bei. Diese Atmosphäre - z.B. in einer Notaufnahme - erschwert die Erhebung einer sorgfältigen Anamnese, die Beachtung von Widersprüchlichkeiten, die bei der körperlichen Untersuchung hinweisend für eine nicht primär organische Genese der "Ausfälle" sind und die Aufmerksamkeit für die charakteristisch unbeteiligt und wenig beunruhigt wirkenden Patienten (Stichwort "belle indifférence"). Häufig entsteht erst nach negativen Befunden aus der apparativen Zusatzdiagnostik der "Verdacht", daß eine Psychogenese im Sinne einer Konversionsstörung vorliegt. Der durch das Symptom anfänglich induzierte Appell an die rasche diagnostische und therapeutische Kompetenz des Neurologen schlägt dann nach einer Phase **diagnostischer Unsicherheit** häufig um in ein Gefühl der (wieder hergestellten) **situativen Überlegenheit** - man ist dem Patienten nicht "auf den Leim gegangen" und hat ihn "entlarvt". Diese Gefühle rühren auch daher, daß die Diagnose einer Konversionsstörung von neurologischer Seite her ohne Berücksichtigung des psychischen oder Beziehungs-Befundes zum Patienten gestellt werden kann: Der Neurologe gründet seine Diagnose darauf, daß er in der Regel besser weiß als der Patient, daß bestimmte Störungsmuster neurophysiologisch nicht erklärbar sind. Dieses Wissensverhältnis zwischen Neurologen und Patient ist historisch Veränderungen ausgesetzt: nimmt diese Informationsdiskrepanz wie im Falle des klassisch "hysterischen" Arc de Cercle ab (viele Nichtärzte wissen mittlerweile um die nicht-organische Genese), tritt die Störung auch seltener auf. Wenn andererseits ehemals als psychogen oder als Konversionsstörung angesehene Krankheitsbilder nach Fortschritten in der Kenntnis der Neurophysiologie der Logik neurologischer Diagnostik folgend rückwirkend als organisch verursacht eingestuft werden müssen (das Störungsmuster ist doch neurophysiologisch erklärbar - vgl. Frontallappenanfälle), kann das manchmal mit dem Gefühl einhergehen, sich beim entsprechenden Patienten "entschuldigen" zu müssen.

Das therapeutische Arbeitsbündnis ist in einem solchen Klima der gegenseitigen Überlistung, der Entlarvung und Verunsicherung oft labil; es gelingt dem Neurologen dann nicht, die vielfach in der Tradition Viktor von Weizsäckers empfohlene Haltung eines "ja, aber nicht so" (d.h.: Ich verstehe, daß du in Not bist, das brauchst du mir aber nicht auf diese Weise zu zeigen) dem Patienten zu vermitteln. Wenn es vor allem bei noch geringer Symptomdauer gelingt, dieser Haltung Authentizität zu geben, wirkt sich das nicht selten so aus, daß das Symptom sehr rasch aufgegeben werden kann. Hält eine Konversionsstörung länger an, bestehen neurologische Therapieversuche meist aus einer Kombination suggestiver und übender Verfahren (z.B. Placeboinfusion und Krankengymnastik).

Der offenkundigste Unterschied im Umgang eines psychodynamisch orientierten **Psychotherapeuten** mit einem Patienten mit Konversionsstörung liegt darin, daß für ihn die Diagnose z.B. einer "psychogenen Lähmung" nicht End-, sondern Ausgangspunkt seiner Diagnostik ist - er muß prüfen, ob sich im diagnostischen Gespräch positive Anhaltspunkte für einen symbolischen Ausdruckscharakter der Störung ergeben, die sie aus seiner Sicht als Konversionsstörung von anderen psychogenen Störungen und von organischen Erkrankungen abgrenzt. Dazu ist eine "multiaxiale" diagnostische Einschätzung (s.o.) unumgänglich. Je unsicherer die neurologische Diagnose einer "Psychogenie" ist, desto bedeutsamer wird dieses Aufsuchen positiver Kriterien einer solchen Störung.

Charakteristisch ist eine stärkere Wahrnehmung der schwierigen, langwierigen und gelegentlich prognostisch sehr ungünstigen Aspekte im Umgang mit Patienten mit Konversionsstörungen. Das hängt auch damit zusammen, daß Psychotherapeuten seltener als Neurologen Gelegenheit haben, einen

Patienten mit akut aufgetretener Konversionsstörung zu sehen. Bei längerer Symptomdauer treten zunehmend Aspekte des im Gegensatz zum primären Krankheitsgewinn nicht symbolisch gehaltvollen sekundären Krankheitsgewinns bis hin zum Rentenbegehren in den Vordergrund. Allerdings wächst mittlerweile auch bei Neurologen das Bewußtsein dafür, daß ein beträchtlicher Teil von Patienten mit Konversionsstörungen daran - unabhängig von Ausmaß und Art der Behandlung - chronisch erkranken (vgl. Lempert und Schmidt 1990)

2.13.3 Somatisierungsstörungen

Kennzeichnend für Patienten mit Somatisierungsstörungen ist das anscheinende Mißverhältnis zwischen anhaltenden Klagen über körperliche Beschwerden (insbesondere Schmerzen) und einer nur geringen Funktionsstörung bei ebenfalls nur kleiner oder gar nicht nachweisbarer struktureller Organläsion (vgl. Kap. 2.3.4 Die depressive Somatisierung). Typischerweise wird synchron oder anamnestisch über vielfältige Beschwerden an unterschiedlichen Körperteilen geklagt. Dem Neurologen präsentieren sich solche Patienten am häufigsten mit Kopf-, Gesichts- und Rückenschmerzen. Typisch sind Funktionseinschränkungen wie Kraftminderung oder Sehschwäche, die mit Schmerzen einhergehen und nicht wie häufig bei Konversionsstörungen, unabhängig von ihnen bestehen. Nicht selten gehen dem Auftreten der Beschwerden banale körperliche Traumen oder Unfälle voraus. Das Mißverhältnis von Klagen, Funktionsstörungen und objektivierbarem Befund liegt dem zugrunde, was auch als Aggravation beschrieben wird. Das vorwurfsvoll klagende Verhalten von Patienten mit Somatisierungsstörungen ist ein wichtiges Unterscheidungskriterium gegenüber Patienten mit Konversionsstörungen. Zur Psychodynamik, zum Umgang und zu psychotherapeutischen Ansätzen vgl. Kap.2.3.4.

Noch ein Klärungsversuch zum Begriff **psychogene Schmerzen,** der im Kontext von Konversions- und Somatisierungsstörungen bei neurologischen Patienten eine Rolle spielt: Schmerzen sind streng genommen als ausschließlich subjektives, mentales Phänomen auch in Fällen organischer Verursachung psychogen. Unter pragmatischen Gesichtspunkten werden mit diesem Begriff solche Formen von (meist chronischen) Schmerzen benannt, bei denen 1. das Ausmaß der Schmerzen in einem unangemessenen Verhältnis zu den organischen Ursachen (falls überhaupt vorhanden) steht und vor allem 2. positive Hinweise auf eine spezifische Persönlichkeits- oder biografisch bedeutsame Konfliktsituation bestehen, in deren Rahmen dem Schmerzerleben eine bestimmte Bedeutung zukommt. Deskriptiv lassen sich Fälle psychogener Schmerzen sowohl einem (erweiteren - vgl. Hoffmann und Egle 1989) Konzept von Konversions- als auch den Somatisierungsstörungen (aber auch anderen Diagnosen, z.B. im Rahmen eines Wahns) zuordnen.

2.13.4 Fokale Dystonien und Tics

Während für Konversions- und Somatisierungsstörungen weitgehende Einigkeit zwischen Psychotherapeuten und Neurologen über die ätiologische und auch therapeutische Relevanz der sog. psychogenen Komponente des Krankheitsbildes herrscht, sind Bewegungsstörungen wie fokale Dystonien (Torticollis, Schreibkrampf, Meige Syndrom etc.) und einfache und komplexe Tics bis zum Gilles de la Tourette-Syndrom (GTS) als Krankheitsgruppe dadurch ausgezeichnet, daß sowohl klinisch wie wissenschaftlich traditionell Uneinigkeit über eben diese Frage besteht.

Es ist hier nicht der Ort, anhand der jeweils vorgebrachten Argumente für eine psychogene oder organische Genese dieser Bewegungsstörungen das Problematische an einer solchen Alternative überhaupt zu diskutieren; wegen der großen pragmatischen Bedeutung, die die Einstellung des jeweiligen Arztes im Umgang mit einem davon betroffenen Patienten hat, soll hier der Stand der Diskussion dennoch kurz skizziert werden.

Tics und fokale Dystonien galten lange Zeit als durch vier Merkmale gekennzeichnet: Den fehlenden Nachweis hirnstruktureller Läsionen oder neurophysiologischer Funktionsstörungen, das nur sehr geringe Ansprechen auf medikamentöse Therapieversuche, situationsgebunden starke Schwankungen in der Symptomausprägung sowie häufig eine hohe prima facie-Evidenz für symbolische Symptom-Interpretationen. Obwohl das nicht zu belegen ist, dürften diese Merkmale mindestens so sehr wie therapeutische Erfolge dazu beigetragen haben, daß Patienten mit diesen Bewegungsstörungen seit den 20er Jahren dieses Jahrhunderts die besondere Aufmerksamkeit von Psychoanalytikern mit Interesse an neurologischen Krankheitsbildern auf sich zogen. Fokale Dystonien wie Torticollis spasticus und Schreibkrampf wurden als Konversionssymptom interpretiert, Tics häufig als Zwangshandlungen im Rahmen einer Zwangsneurose. Allerdings wurde auch von psychoanalytisch-psychotherapeutischer Seite immer wieder betont, daß auch organische Erkrankungen und Dispositionen (insbesondere des Extrapyramidalsystems) eine wesentliche Rolle bei der Symptommanifestation spielen. Von einzelnen überraschend erfolgreichen Ausnahmen abgesehen ging der Reichtum an Verständnisansätzen insgesamt mit nur geringem psycho- oder somatotherapeutischem Therapieerfolg einher (historische Übersichten bei Lamprecht 1979 und Kütemeyer und Schulz 1990b).

Von neurologischer Seite her ist in den letzten fünf bis zehn Jahren Bewegung in die seit Jahrzehnten im wesentlichen unveränderte Debatte gekommen. Die Erfolge in der symptomatischen Behandlung von fokalen Dystonien durch Muskelinjektionen mit Botulinustoxin, einem peripheren Nervengift, haben die Frage Psycho- vs. Organogenese in ähnlicher Weise nebensächlich gemacht wie das schon länger für die effiziente Pharmakotherapie bei Magengeschwüren gilt.

Für Tic-Erkrankungen, insbesondere das GTS, gilt wie für die klinisch mit ihnen verwandten Zwangserkrankungen auf Grund von neueren genetischen, neuropharmakologischen und neuroradiologischen Befunden eine "ursächliche" organische Läsion bzw. Funktionsstörung als sehr viel besser gesichert als früher (Rogers 1992).

Dies führt gelegentlich dazu, daß Neurologen der Ansicht sind, Patienten mit schweren Tics (wie auch solche mit fokalen Dystonien) vor "psychogenie-wütigen" Psychotherapeuten bewahren zu sollen - obwohl sich diejenigen unter ihnen mit differenzierteren multifaktoriellen Krankheitsmodellen auf diese Art oft mißverstanden fühlen müssen. Zwangsläufig führt dieses Erstarken einer organisch symptomzentrierten Erklärungs- und Behandlungsstrategie auch zu einem stärkeren Ausblenden der subjektiven Erlebensdimension solcher Erkrankungen, die (unabhängig von der Frage eines psychotherapeutischen Zugangs) Paradefälle einer offenkundigen Kombination von objektivierbarer Bewegungsstörung und subjektiver Wahrnehmungsveränderung sein könnten (Sacks 1989).

Wegen der aktuell umstrittenen Ätiologie sei in dieser Gruppe noch das nicht zu den Bewegungsstörungen gehörige **Chronic fatigue-Syndrom,** erwähnt, eine erst in den letzten Jahren neu und noch uneinheitlich abgegrenzte Erkrankung mit psychophysischer Ermüdung und Muskelschmerzen als Kernsymptome ohne sicher faßbare organische Veränderungen (Nix 1991, Wessely 1991). Gegenwärtig ist eine Diskussion darüber im Gange, inwieweit diese bislang kaum therapierbare Erkrankung als psychogen im Sinne einer Depression oder Angstneurose mit körperlichen Begleitsymptomen oder als organische Erkrankung z.B. durch einen noch unerkannten Virus oder Immundefekt anzusehen ist.

2.13.5 Einige "klassisch" neurologische Krankheitsbilder

Diese am unschärfsten umrissene Gruppe soll Krankheitsbilder umfassen, bei denen trotz aller Einigkeit über die Relevanz eines organischen Erklärungs- und Therapiezugangs ausreichende Ansatzpunkte klinischer und theoretischer Art dafür bestehen, auch einen psychotherapeutischen Zugang im Dienste einer effektiveren Behandlung mitzuberücksichtigen. Die rudimentären Anmerkungen sollen zeigen, daß diese psychotherapeutische Relevanz gerade "unterhalb" der Ebene weitausholender psychoanalytischer Interpretationen von Symptom und Persönlichkeit bei Patienten mit organischen Erkrankungen zum Tragen kommt. Gleichzeitig wird aber deutlich, daß der praktischen Kooperation von Psychotherapeuten und Neurologen in dieser großen Gruppe von Krankheiten bislang enge Grenzen gesetzt sind (bzw. daß ein Kooperationsmodell von Spezialisten hier an seine Grenzen kommt)- denn an die Kooperation werden zum einen wegen der engen Verflechtung organischer und psychischer Aspekte höhere Anforderungen gestellt als sonst, zum anderen rechtfertigt es die handlungspraktisch häufig überwiegende Bedeutung organischer Aspekte, die psychischen zu "übersehen". Anders gesagt: psychische Aspekte in Entstehung und Verlauf dieser Erkrankungen als bedeutsam anzuerkennen ist nicht gleichbedeutend damit, ein umfassendes psychodynamisches Verständnis des Patienten anzustreben und ein integriertes oder gesondertes psychotherapeutisches Vorgehen als praktisch notwendig zu erachten. Ein Junktim von Forschen und Heilen ist nicht immer notwendig.

Kopfschmerzen

Die neurologische Klassifikation primärer Kopfschmerzformen ist an klinisch-deskriptiven Merkmalen, pathophysiologischen Hypothesen und pharmakologischen Effekten orientiert. Die Differentialdiagnose und Abgrenzung von sekundären Kopfschmerzen (bei Hirntumoren, Entzündungen etc.) ist schwierig und umfangreich, therapeutisch sind oft Versuche mit verschiedenen Medikamenten notwendig, bis ein befriedigendes pharmakotherapeutisches Ergebnis erzielt werden kann. Obwohl gerade für die häufigsten primären Kopfschmerzformen, Spannungskopfschmerzen, Migräne sowie analgetika-induzierte Kopfschmerzen, relativ eindeutig von Mischformen zwischen psychogenen und organischen Schmerzen gesprochen werden kann (vgl. Bischoff 1990, Egle et.al. 1991), die Bedeutung einer "psychogenen Komponente" also auf der Hand liegt, findet diese in der neurologischen Praxis eine relativ geringe Beachtung (z.B. in Form erweiterter Anamnesen bis hin zur Überweisung zum Psychotherapeuten - dem entspricht von psychotherapeutischer Warte her die häufige Nicht-Beachtung pathophysiologischer Mechanismen z.B. bei der Migräne und den daraus resultierenden Möglichkeiten für eine effiziente Pharmakotherapie). Daß dies nicht nur Folge der notwendigen Konzentration auf die somatische Diagnostik, sondern eventuell auch der spezifischen Interaktion mit den häufig als zwanghaft und latent aggressiv beschriebenen und deshalb vielleicht besonders gerne "auf somatische Distanz" gehaltenen Patienten ist, kann hier nur vermutet werden.

Lumboischialgien

Seit der Entdeckung von Bandscheibenschäden als häufiger Ursache von Rücken- und Beinschmerzen in den 40er Jahren dieses Jahrhunderts dominiert bei vielen Ärzten und Patienten ein mechanistisches Modell dieser Erkrankung mit entsprechender Vorliebe für chirurgisch-orthopädische Therapieverfahren (Kütemeyer und Schultz 1990a). Dazu passend werden die vielen Befunde zum psycho-somatischen Bedingungsgefüge bei der Entstehung von Rückenschmerzen mit und ohne Bandscheibenläsionen nur sehr zögernd rezipiert: psychophysische Zusammenhänge der Affektverarbeitung durch Anspannung der autochthonen, "ausdrucksstarken" Rückenmuskulatur mit Dauerkompression und Schädigung der Bandscheibe, dazu die oben genannten Aspekte des subjektiven Schmerzerlebens und der Chronifizierung. Patienten mit Lumboischialgie sind auch ein Beispiel dafür, daß sich aus diesen plausiblen Zusammenhängen keineswegs eine schematische Indikation zu begleitender Psychotherapie (z.B. im Rahmen eines vorwiegend passivierenden nichtoperativen Behandlungskonzepts mit strenger Bettruhe) ergibt. Auch beim Vorliegen relevanter psychogenetischer Aspekte kann selbstverständlich z.B. eine traditionelle physikalisch-krankengymnastische Behandlung im Einzelfall angemessener und erfolgreicher sein - das hängt von der Motivation des Patienten ebenso ab wie von der Stabilität seiner Bewältigungsstrategien etc.

Epilepsien

Diese Krankheitsgruppe (ausgespart bleiben hier Epilepsien als Folge schwerer frühkindlicher oder progredienter Hirnschädigungen) ist ein gutes Beispiel dafür, daß eine enge Verflechtung von chronisch-organischer Krankheit und Lebensweise nicht allzu eng nur im Hinblick auf Coping bzw. Krankheitsverarbeitung verstanden werden darf. Die Anfallshäufigkeit als wesentliches Kriterium der Schwere einer Epilepsie ist nicht nur abhängig von der Art der neurophysiologischen Störung, sondern wesentlich auch von der Compliance des Patienten bei der Tabletteneinnahme und der Einhaltung "diätetischer" Maßnahmen wie der Regulierung des Schlaf-Wach-Rhythmus, des Alkoholkonsums etc. Außerdem können bestimmte (seltene) Anfallsformen "psychogen" (durch -z.T. suchtartige- Autostimulation) ausgelöst, andere (häufigere) in Anfangsstadien (deren subjektiver Gehalt z.T. lebensgeschichtlich mitdefiniert ist) im Fortgang unterdrückt werden. Diese therapeutisch wichtigen Zusammenhänge des Krankheitsverhaltens sind verzahnt mit den psychosozialen Folgen von Epilepsie, der Krankheitsverarbeitung. Die Persönlichkeit des Patienten spielt nicht nur in der (bekannten) Weise eine Rolle, daß sie als "prämorbider" Parameter diese Faktoren beeinflußt, sie ist selbst insofern noch direkter mit der Erkrankung verknüpft, als bestimmten Formen von Epilepsie bestimmte Persönlichkeitstypen zugeordnet werden können - allerdings nicht "pseudo-kausal" im Sinne einer Prädisposition (in der Tradition von F.Dunbar) oder somatopsychischen Folgeerscheinung, sondern vorsichtig als deskriptive Korrelation (der sog. Aufwachtyp bei generalisierten Epilepsien ist mit seiner "sorglosen" Verleugnungstendenz ein ganz anderer als der haftend-zwanghafte Typ bei fokalen Epilepsien - vgl. Janz 1969). So vielfältig und interessant, aber auch ungesichert und unerforscht die hier nur anzudeutenden Fragen zu "psychogenen Komponenten" bei Epilepsien sind, so wenig Handlungskonsequenzen haben sie derzeit für die Kooperation von Neurologen und Psychotherapeuten - die Behandlung von Patienten mit Epilepsie muß fast immer in der Hand von Neurologen bleiben.

Multiple Sklerose

Befunde aus der Psychoneuroimmunologie führen gegenwärtig zu einem neuen Blick auf psychosomatische Zusammenhänge bei der Schubauslösung und insofern dem Krankheitsverlauf bei Patienten mit Multipler Sklerose. Erkenntnisse über die vielfältigen bidirektionalen Wechselwirkungen von Psyche bzw. ZNS und Immunsystem erhöhen nicht nur allgemein die Plausibilität für die Annahme psychischer Einflüsse auf den Verlauf der (zumindest partiell) als Autoimmunerkrankung zu verstehenden Multiplen Sklerose - mittlerweile liegen neben epidemiologisch gesicherten Daten über den Zusammenhang von psychischem "Streß" und Schubauslösung auch solche über die Korrelation von hoher Depressivität zwischen Schüben und stärkerer Immunsuppression vor (Foley et.al. 1992). Auch wenn diese Befunde keineswegs eindeutig als "Psychogenie"-Beweis für Schubauslösungen interpretiert werden dürfen (Schiffer et al 1991), tragen sie dennoch zu einer wieder erhöhten Aufmerksamkeit für psychische Faktoren im Sinne eines "aktiven" Verlaufsparameters bei, die ein Gegengewicht schafft zur gegenwärtig intensiven Erforschung "passiver", als Defizite erfaßter kognitiv-psychischer Veränderungen in der Folge von MS (Ron und Feinstein 1992).

Hirnnervenläsionen

Isolierte Hirnnervenläsionen, die (bislang) nicht auf eine bestimmte zugrundeliegende Krankheit zurückgeführt werden können, d.h. idiopathischer (früher z.T. auch gebräuchlich: rheumatischer) Natur sind, betreffen besonders häufig den VI., VII. und VIII. Hirnnerv in seinen beiden Teilen. Besonders bei Hörstürzen und Vestibularisausfällen als idiopathischen Läsionen des cochleären bzw. vestibulären Anteils des VIII. Hirnnerven mehren sich in letzter Zeit systematische Hinweise auf die Bedeutung emotionaler "Streß"-Situationen im Vorfeld dieser Erkrankungen (Eagger et.al. 1992, Lamparter et.al 1991), typisch sind eigenen Erfahrungen zufolge - zum Teil bewußtseinsnahe - aversive Affekte wie unterdrückte Wut. Plausible Hypothesen für die Verbindung von Affekt und Hirnnervenfunktionsstörung fehlen allerdings bislang.

Andere neurologische Erkrankungen

In welcher Deutlichkeit bei einer organisch-neurologischen Erkrankung psychische Aspekte sichtbar werden, hängt nicht zuletzt davon ab, wie genau auf sie geachtet wird. Insofern ist es auch von persönlicher Erfahrung und historischen "Trends" abhängig, ob bei einer bestimmten Erkrankung psychische Aspekte "nur" im immer gültigen (somato-psychischen) Sinn von Krankheitsverarbeitung eine Rolle spielen oder noch im Hinblick auf die Krankheitsentstehung. Letztlich ist es eine Frage nach der Art der in der scientific community akzeptierten Evidenz, denn auf anekdotischer Ebene lassen sich für fast jedes Krankheitsbild Hinweise für die Bedeutung psychischer Aspekte bei Entstehung und Verlauf finden - und eine systematische Anwendung von Einzelfallforschung zur Evaluation solcher "Anekdoten" steht in der Neurologie noch weitgehend aus.

Stehen bei vorwiegend organisch determinierten neurologischen Erkrankungen therapeutisch Probleme mit coping bzw. Krankheitsverarbeitung zur Behandlung an, kann dies im Rahmen spezieller psychologischer Dienste wie in der psychosozialen Beratung bei Krebspatienten oder in der Rehabilitationspsychologie (Seidler 1988) geschehen. Beispiele für neurologische Krankheiten mit relativ gering eingeschätzter Relevanz psychischer Aspekte für Krankheitsentstehung und Verlauf sind Chorea Huntington als genetisch determinierte degenerative Erkrankung, Hirntumoren, Polyneuropathien etc.

Geht man von der gegenwärtigen Versorgungsrealität einer inhaltlichen wie institutionellen Trennung von neurologischer und psychotherapeutischer Medizin aus, lassen sich, einer Einteilung nach Krankheitsgruppen folgend, zwei Formen der "Überlappung" von psychotherapeutischer Medizin und Neurologie differenzieren: zum einen gibt es eine Gruppe von Erkrankungen, die Konversions- und Somatisierungsstörungen, bei denen Einigkeit über die handlungspraktisch-therapeutisch vorwiegende Relevanz der psychischen Beschreibungs- und Erklärungsebene besteht. In der praktischen Kooperation zwischen Psychotherapeuten und Neurologen geht es dann um eine Verständigung über den Umgang mit diesen Patienten, u.a. um die Entscheidung, ob eine reguläre Psychotherapie indiziert ist.

Anders sieht es aus bei der großen Gruppe von Erkrankungen, bei denen die handlungspraktische Relevanz einer psychischen Beschreibungsebene für Krankheitsentstehung und Verlauf umstritten ist. Hier scheint die Aufgabe des Psychotherapeuten derzeit eher darin zu bestehen, durch geeignete Beiträge in Forschung wie in Konsiliar- und Liaisondienst auf die spezifische Relevanz der psychischen Beschreibungsebene bei einzelnen Erkrankungen aufmerksam zu machen. Dafür sind Beiträge, die auf die subjektive Erlebensdimension bei organischen Erkrankungen fokussieren, erfahrungsgemäß besser geeignet als komplexe und schwer intersubjektiv prüfbare psychodynamische Konstrukte. Läßt sich diese psychische Beschreibungsebene (auch mit Hilfe von Modellen aus der psychosomatischen Grundlagenforschung, z.B. zu den Korrelationen von psychischem Erleben und zentralnervösen Prozessen bzw. zur Psychoneuroimmunologie) in eine plausible Beziehung zur somatischen Beschreibungsebene bringen, steigt auch die Einsicht in die Notwendigkeit von Psychotherapie bei manchen Patienten mit organisch-neurologischen Erkrankungen. Daß diese Einsicht aber - bei psycho- sehr viel mehr als bei somatotherapeutischen Maßnahmen - auch von solch bekannten Faktoren wie Motivation und Widerstandsphänomenen abhängt, braucht hier nicht noch einmal breiter ausgeführt zu werden.

Literatur

ADLER, R.: Konversion. In: Uexküll, Th.v.(Hg.): Psychosomatische Medizin 4.Aufl.München 1990 pp 467-474.

BALZER, W.: Schluckangst. Überlegungen zur Symptomatik und Psychodynamik der Herzphobie. PPmP 40 (1990) 397-400.

BISCHOFF, C., ZENZ, H., TRANE, H.C.: Kopfschmerz. In: Uexküll, Th.v. (Hg.): Psychosomatische Medizin 4. Aufl. München 1990 pp 549-564

CREED, F., FIRTH, D., TIMOL, M., METCALFE, R., POLLOCK, S.: Somatization and Illness Behaviour in a Neurology Ward. J.Psychosom.Res. 34 (1990) 427-437.

EAGGER, S., LUXON, L.M., DAVIES, R.A., COELHO, A., RON, M.A: Psychiatric morbidity in patients with peripheral vestibular disorder: a clinical and neuro-otological study. J. Neurol. Neurosurg. Psych. 55 (1992) 383-387.

EGLE, U.T., SCHWAB, R., PORSCH, U., HOFFMANN, S.O.: Ist eine frühe Differenzierung psychogener von organischen Schmerzpatienten möglich? Literaturübersicht und Ergebnisse einer Screeningstudie. Nervenarzt 62 (1991) 148-157.

FOLEY, F.W., TRAUGOTT, U., LAROCCA, N.G., SMITH, C.S., PERLMAN, K.R., CARMO, L.S., SCHEINBERG, L.C.: A prospective study of depression and immune dysregulation in multiple sclerosis. Arch.Neurol. 49 (1992) 238-244.

HOFFMANN, S.O., EGLE, U.T.: Der psychogen und psychosomatisch Schmerzkranke. Entwurf zu einer psychoanalytisch orientierten Nosologie. PPmP 39 (1989) 193-201.

JANZ, D.: Die Epilepsien. Spezielle Pathologie und Therapie. Stuttgart 1969.

KÜTEMEYER, M., SCHULZ, U.(1990A): Lumbo-Ischialgie-Syndrome. In: Uexküll, Th.v.(Hg.): Psychosomatische Medizin 4. Aufl.München 1990 pp 835-847.

KÜTEMEYER, M., SCHULTZ, U.(1990B): Neurologie. In: Uexküll, Th.v.(Hg.): Psychosomatische Medizin 4.Aufl.München 1990 pp 975-999.

LAMPARTER, U., SCHENCKING, S., ZEKORN, B.: Der Hörsturz - eine psychosomatische Krankheit? Akt. Neurol. 18 (1991) S19.

LAMPRECHT, F.: NEUROLOGIE. IN: HAHN, P. (HG.): Psychosomatik Bd.2, pp 1-46. Kindlers "Psychologie des 20. Jahrhunderts". (1979) Weinheim 1983.

LEMPERT, T., SCHMIDT, D.: Natural history and outcome of psychogenic seizures: a clinical study in 50 patients. J.Neurol.237 (1990) 35-38.

NIX, W.A.: Das Chronic-fatigue-Syndrom: Erkrankung des Muskels oder der Seele? Akt. Neurol. 18 (1991) 185-187.

REYNOLDS, E.H.: Structure and Function in Neurology and Psychiatry. Brit.J.Psychiatry 157 (1990) 481-490.

ROGERS, D.: Neuropsychiatry of Movement Disorders. Curr. Opinion in Psychiatry 5 (1992) 84-87.

RON, M.A., FEINSTEIN, A.: Multiple sclerosis and the mind. J. Neurol.Neurosurg.Psych. 55 (1992) 1-3.

SACKS, O.: Neuropsychiatry and Tourette's. In: Mueller (Hg.): Neurology and Psychiatry. A meeting of minds. Basel 1989.pp 156-174.

SEIDLER, G.H.: Ausgewählte neurologische Krankheitsbilder: Spina bifida, Querschnittslähmung, Multiple Sklerose, Parkinsonismus, Hydrozephalus. In: U.Koch et.al.(Hg.): Handbuch der Rehabilitationspsychologie pp 585-609. Berlin 1988.

SHEN, W., BOWMAN, E., ROUTLEDGE, B., COONS,P., MARKAND, O.: Sexual and physical abuse in the pseudoseizure population. Ann.Neurol.30 (1991) 293.

WEIZSÄCKER, V.V.: Körpergeschehen und Neurose. Analytische Studie über somatische

Symptombildung (1933). Wiederabdruck: Gesammelte Schriften Bd.6. Frankfurt 1986.

WESSELY, S.: Chronic fatigue syndrome. J.Neurol. Neurosurg. Psych. 54 (1991) 669-671.

2.14 Funktionelle Sexualstörungen (U. Clement)

2.14.1 Sexuelle Störungen in der medizinischen und psychotherapeutischen Praxis

Die Häufigkeit sexueller Störungen wird im Vergleich mit anderen psychosomatischen und neurotischen Störungen leicht unterschätzt. Mehr als bei diesen erhöhen hier Peinlichkeits- und Schamgefühle die Schwelle, überhaupt professionelle Hilfe in Anspruch zu nehmen. Diese Schamgefühle, verbunden mit der immer noch bestehenden Tabuisierung von Sexualität, bestehen auf Seiten der Patienten ebenso wie auf der Seite der professionellen Helfer. Das führt dazu, daß sexuelle Probleme meist relativ spät ins Gespräch kommen, wenn sie sich bereits zu chronifizierten Störungen entwickelt haben.

Meist sind Hausärzte oder bestimmte Fachärzte (Gynäkologen, Urologen, Hautärzte, Internisten) die ersten, die von einer sexuellen Symptomatik erfahren. Eine Befragung von Hamburger Ärzten (Schorsch et al. 1977) kommt zu der Minimalschätzung von 1100 Patienten, die in Hamburg pro Woche primär wegen eines sexuellen Problems einen Arzt aufsuchen.

Weitere 1200 haben als Nebensymptom eine sexuelle Störung. Das entspräche über 0,1 % der Bevölkerung, die im Laufe einer Woche wegen sexueller Probleme zum Arzt gehen. Der weitaus größte Anteil entfällt dabei auf die sexuellen Funktionsstörungen (oder funktionellen Sexualstörungen). Obwohl die Bedeutung einer kompetenten ärztlichen Beratung nicht zu unterschätzen ist, ist doch die Mehrzahl der Hausärzte nicht in der Lage, selbst eine intensivere Behandlung dieser Symptome durchzuführen.

Ihre Aufgabe ist neben der Diagnostik hier vor allem, den Patienten einen Zugang zu einem psychosomatischen Symptomverständnis zu ermöglichen, um damit den Weg zu einer psychotherapeutischen Behandlung zu erleichtern.

2.14.2 Funktionelle Sexualstörungen bei Männern

Bei Männern stehen drei Symptombilder im Vordergrund: die Erektionsstörung, die vorzeitige und die ausbleibende Ejakulation.

Erektionsstörung (erektile Dysfunktion, "Impotenz")

Wenn trotz ausreichender sexueller Appetenz der Penis nicht, nicht genügend oder nicht lange genug steif wird, um den Geschlechtsverkehr zu ermöglichen, spricht man von einer Erektionsstörung. Differentialdiagnostisch ist von großer Bedeutung, ob die Erektion total oder partiell gestört ist. Wenn eine Erektion bei der Masturbation, bei sexuellen Phantasien, bei anderen Sexualpraktiken als beim Koitus oder beim morgendlichen Erwachen möglich ist (partielle Störung), kann man von einer psychischen Ursache ausgehen, die dann genauer zu explorieren ist. An organische Ursachen muß gedacht werden, wenn die Erektion in keiner Situation möglich ist (totale Störung). Aber auch in diesem Fall kann die Störung psychisch verursacht sein, etwa durch eine Depression. Idealerweise sollte in diagnostisch fraglichen Fällen eine koordinierte psychosomatische und urologische Diagnostik stattfinden.

Vorzeitige Ejakulation (Ejaculatio praecox)

Wann ein Samenerguß als vorzeitig zu bezeichnen ist, läßt sich nicht sinnvoll objektivieren. Die meisten Männer erleben aber eine ungewollte Ejakulation vor, beim oder unmittelbar nach dem Einführen des Penis als vorzeitig. Oft wird sie auch als weniger intensiv erlebt. Die vorzeitige Ejakulation ist vom schnellen Geschlechtsverkehr zu unterscheiden, den manche Männer bevorzugen und der nicht mit einem Leidensdruck verbunden ist.
Die vorzeitige Ejakulation ist abhängig vom Alter und von der sexuellen Erfahrung. Bei jungen, sexuell unerfahrenen und mit der Partnerin unvertrauten Männern tritt sie häufiger auf und nimmt oft mit wachsender

Erfahrung und Vertrautheit mit der Partnerin von selbst ab.

Ausbleibende Ejakulation (Ejaculatio deficiens, Anorgasmie)

Dieses Symptom ist relativ selten. Es ist verwandt mit der verzögerten Ejakulation (ejaculatio tarda), bei der es erst nach ausgiebigem, subjektiv als quälend lang erlebtem Verkehr oder anderer Stimulation zum Orgasmus kommt. Diese Störung ist fast immer primär, kommt also höchst selten nach einer störungsfreien Phase vor.
Die ausbleibende Ejakulation ist von der nur äußerlich ähnlichen retrograden Ejakulation ("trockener Orgasmus") zu unterscheiden, bei der das Ejakulat nicht durch die Harnröhre nach außen, sondern in die Harnblase gelangt . Das Orgasmuserleben ist dabei nicht beeinträchtigt. Die Ursache ist hier stets eine körperliche; das Symptom ist in der Regel die Folge einer Prostata-Adenom-Operation, bei der die Mündung des Ductus deferens in Richtung der Blase verlagert wird.

2.14.3 Störungen bei Frauen

Erregungsstörungen

Darunter versteht man das Ausbleiben der Lubrikation (Feuchtwerden der Scheide) und damit verbundener sexueller Erregungsgefühle. Erregungsstörungen können auftreten, obwohl Lustgefühle empfunden werden. Sie sind also nicht identisch mit Appetenzstörungen. Häufig ist das Orgasmuserleben mitbetroffen; es gibt aber auch Frauen, deren Orgasmusfähigkeit nicht durch die Erregungsstörung beeinträchtigt ist.

Orgasmusstörung (Anorgasmie)

Orgasmusstörungen treten häufig in Verbindung mit Erregungsstörungen auf, sie können aber auch ohne Beeinträchtigungen der Erregung vorkommen. Frauen, die an dieser Störung leiden, erleben sich sexuell appetent und erregungsfähig, kommen aber nicht über die Plateauphase der sexuellen Erregung hinaus. Die Orgasmusfähigkeit der Frauen ist weitaus variabler als die der Männer. Einerseits kommt höchstens die Hälfte aller Frauen immer oder fast immer beim Geschlechtsverkehr zum Orgasmus (im Gegensatz zu fast allen Männern), andererseits können nicht wenige Frauen multiple Orgasmen erleben (was bei Männern nur in seltenen Fällen möglich ist). Bei Frauen, die manchmal beim Verkehr einen Orgasmus haben und manchmal nicht, ist der darauf bezogene subjektive Leidensdruck meist gering.

Vaginismus

Der Vaginismus ist eine unwillkürliche, reflexartige Verkrampfung des Scheideneingangs und der Beckenbodenmuskulatur beim Koitusversuch. Sie führt zu einer so starken Verengung des Scheideneingangs, daß der Penis nicht eingeführt werden kann. In schweren Fällen ist auch eine gynäkologische Untersuchung oder das Einführen von Tampons oder Vaginalzäpfchen nicht möglich. Die Verkrampfung ist als solche nicht schmerzhaft. Zu Schmerzen kann es aber sekundär kommen, wenn die Partner versuchen, das Glied "mit Gewalt" einzuführen, was ohnehin nicht möglich ist.
Die sexuelle Appetenz und Erregung, auch die Orgasmusfähigkeit sind bei Frauen mit Vaginismus nicht notwendigerweise beeinträchtigt. Der Vaginismus ist fast immer eine primäre Störung. Vaginistische Symptome nach einer störungsfreien Zeit sind extrem selten.

Schmerzhafter Geschlechtsverkehr (Dyspareunie, Algopareunie)

Schmerzen beim Verkehr, die nicht organisch verursacht sind (durch Vernarbungen nach Operationen oder Unfällen, Infektionen etc.), können entweder als leichte Form des Vaginismus gesehen werden oder als Symptom von Erregungsstörungen aufgrund der fehlenden Lubrikation.

2.14.4 Ursachen und Psychodynamik

Somatogen-psychogen

Der körperliche Allgemeinzustand hat Einfluß auf die sexuelle Appetenz, die sexuellen Funktionen und das sexuelle Erleben. Entsprechend können sich körperliche Erkrankungen auswirken, können bestimmte Operationen und medikamentöse Behandlungen Einfluß nehmen.

Das Spektrum dieser potentiellen Krankheiten kann hier nicht einmal andeutungsweise dargestellt werden. Einzelheiten finden sich in Bancroft (1985), Bräutigam u. Clement (1989) und Hertoft (1991). Aus psychosomatisch-psychotherapeutischer Perspektive empfiehlt sich, bei internistischen und neurologischen Erkrankungen eine diagnostische Einschätzung einzuholen, wieweit endokrinologisch und physiologisch die sexuelle Funktion beeinträchtigt sein kann. Bei positivem Befund wird sich das psychosomatische Handeln auf die psychische Verarbeitung der sexuellen Behinderung konzentrieren. Bei negativem und - was in der Praxis häufig vorkommt - uneindeutigem Befund ist eine psychodiagnostische Einschätzung zu erarbeiten, die die Psychodynamik verursachender und aufrechterhaltender Faktoren (die nicht identisch sein müssen!) aufzeigt. Im wesentlichen lassen sich relevante Faktoren auf der psychodynamischen, der paardynamischen und der lerntheoretischen Ebene identifizieren:

Psychodynamik

Die funktionellen Sexualstörungen lassen sich krankheitstheoretisch entweder als Ausdruck neurotischer Konflikte oder ich-struktureller Störungen verstehen. Die Umkehrung dieses Sachverhaltes - daß neurotische oder Persönlichkeitsstörungen Ausdruck sexueller Konflikte sind - gilt nur dann, wenn man eine wesentliche Differenzierung einführt: Viele neurotische und ich-strukturelle Störungen beeinträchtigen die sexuelle Funktion nicht, sie drücken sich aber immer im sexuellen Erleben aus. Zum Beispiel ist die sexuelle Funktion angstneurotischer Patienten nicht mehr beeinträchtigt als bei anderen Menschen. Das sexuelle Erleben ist aber immer eingefärbt von der Angstthematik. Das häufig zugrundeliegende Thema des Verlustes nahestehender Personen läßt angstneurotische Patienten ihre Sexualität sehr anklammernd gestalten. Der zentrale Wunsch ist hier die Kontrolle des Partners; Sexualität wird dann als Bestätigung der unbedingten Nähe des Partners gebraucht und gelebt. Hier ist sexuelles Verhalten und Erleben das Darstellungsfeld, nicht aber die Ursache des Konflikts. Dies gilt für Neurosen, Persönlichkeitsstörungen und psychosomatische Krankheiten generell. (vergl. Kap. 1.4.14).

Triebkonflikte

Sexuelle Symptome sind, wie andere neurotische Symptome auch, als das Ergebnis eines Konfliktes zu verstehen, der - vereinfacht - so beschrieben werden kann: Triebwünsche können Angst auslösen. Diese Angst wird kompensiert, indem das Ich mit einem Verzicht auf die Sexualfunktion reagiert. Mit diesem Verzicht sind die Triebwünsche um ihre Realisierungschance gebracht und damit entschärft. Die Angst kann dann in dem Maß abnehmen, wie das Symptom sich verfestigt.

Sexuelle Symptome sind also nicht primär als Mangel an Wünschen zu verstehen, sondern als Stabilisierung des psychischen Haushalts. Der primäre Symptomgewinn ist immer die Angstreduktion. Triebwünsche sind nicht nur im engeren Sinn genitale Wünsche nach Eroberung und Hingabe. Vielmehr kann Angst auch durch Wünsche entstehen, die in der psychoanalytischen Sprache "prägenital" genannt werden, z.B. Versorgungswünsche oder Unterwerfungslust, aber auch reaktive Impulse wie Enttäuschungswut oder stummer Ärger. Es ist nicht allein der Inhalt der Triebwünsche, sondern das Ausmaß ihrer Bedrohlichkeit, das die Symptombildung begünstigt. Ganz entscheidend ist es, die durch Angstbindung ich-stabilisierende Funktion sexueller Symptome zu verstehen.

Beziehungsängste

Sexuelle Symptome treten im Kontext sexueller Beziehungen auf, sind also Teil einer Interaktion. Die Ausrichtung auf einen Partner kann spezifische Ängste auslösen. So

können Scham, Unterlegenheitsgefühle, vor allem aber Hingabeängste wirksam sein. Diese Ängste sind häufig, nicht aber notwendigerweise unbewußt. Die Schwierigkeit, sich hinzugeben, sich "fallen zu lassen", wird gelegentlich von den Patienten selbst beschrieben, also die beeinträchtigte Fähigkeit zur passageren Ich-Regression, ohne die ein Orgasmuserleben schwer möglich ist.
Die Fähigkeit, Regression auch lustvoll erleben zu können, setzt eine relativ entwickelte Ich-Struktur voraus. Im Zusammenhang sexueller Störungen heißt das, daß das Ich die eigenen oder vom Partner geäußerten sexuellen Wünsche verarbeitet, kanalisiert und erst dann in Verhalten übersetzt. Diese verzögernde, relativierende, an die aktuelle Situation anpassende Verarbeitung ist eine wichtige Ich-Funktion, die auch vor Überwältigungsgefühlen schützt. Nur dann ist das partielle Aufgeben von Kontrolle möglich, ohne daß eine starke Angst vor Autonomieverlust oder gar vor Destruktion entsteht. Patienten, die in ihrer Lebensgeschichte diese Ich-Funktion nicht genügend ausbilden und die Erfahrung, sich selbst schützen zu können oder geschützt zu werden, nicht zuverlässig verinnerlichen konnten, müssen intime Nähe als potentielle Bedrohung erleben. (Kap. 1.4.3).

Gewissensängste

Sexuelle Wünsche können von einem strengen Über-Ich zensiert werden. Dieser "klassische" Konflikt spielt für die Generationen, die in einer permissiven Zeit sozialisiert wurden, kaum mehr die Hauptrolle bei der Entstehung sexueller Symptome. Bei älteren und bei stark traditionell kirchengebundenen Patienten ist er aber immer noch zu finden.

Paardynamik

Häufig hat auch der manifest symptomfreie Partner einen Anteil an der Störung. Wenn eine Störung im Verlauf einer Partnerschaft auftritt, muß daran immer gedacht werden. Hatte ein Partner die Störung bereits vor der aktuellen Partnerschaft, kann durch die unbewußte Partnerwahl das Symptom weiter aufrechterhalten werden. Schwerer zu durchschauen als offene Feindseligkeit oder Machtkämpfe zwischen der Partnern sind latente Konflikte. Deren Dynamik hat Willi (1975) mit seinem Kollusionsmodell beschrieben. Unter Kollusion versteht man das unbewußte Zusammenspiel beider Partner in einem gemeinsamen Grundkonflikt. Die manifeste Gegensätzlichkeit im Verhalten (z.B. Gemeinsamkeitsintention des einen, Autonomiebestrebung des anderen Partners) sind danach das Ergebnis der Abwehr eines gemeinsamen Konflikts, den jeder Partner in sich trägt, der aber zwischen den Partnern dargestellt wird. Jeder Partner übernimmt eine Seite des Konflikts, und delegiert die Gegenseite an den Partner, wo er sie bekämpft.
Deshalb ist paardynamisch immer daran zu denken, daß der symptomfreie Partner ein unbewußtes Interesse an der Störung des anderen haben kann, auch wenn er manifest über die Störung klagt.

Selbstverstärkungsmechanismus

Bei chronischen Störungen läßt sich immer ein Selbstverstärkungsmechanismus erkennen, der das Symptom aufrechterhält, auch wenn die psychodynamischen Ursachen für das erste Auftreten des Symptoms mittlerweile nicht mehr wirksam sind. Das Auftreten eines Mißerfolgs oder einer sexuellen Frustration wird ängstlich für die nächste sexuelle Situation vorweggenommen und schafft einen Erwartungsdruck, der seinerseits erst recht zum befürchteten Resultat führt. Gerade bei sexuellen Symptomen ist dann eine unentrinnbare Selbstbeobachtung festzustellen.

2.14.5 Therapie

Die für die Therapieindikation entscheidende Frage ist, ob die Behandlung besser allein oder mit beiden Partnern als Paartherapie durchgeführt wird. Prinzipiell gilt, daß die symptomorientierte Paartherapie bei funktionellen Sexualstörungen die erfolgversprechendere Behandlungsform ist (Arentewicz u. Schmidt 1980). Da sexuelle Störungen immer auch Störungen der sexuellen Interaktion mit einem Partner sind, ist es sinnvoll, die sexuelle Interaktion zum Fokus der Therapie zu machen. Das ist das Prinzip der Paartherapie nach Masters und Johnson (s.u.). Voraussetzung ist, daß der Partner bereit ist, das sexuelle Problem als auch ihn selbst betreffend zu sehen. Außerdem muß der wegen der Symptome zunächst um Behandlung nachsuchende Partner seinerseits daran interessiert sein, das Problem in der gegenwärtigen Partnerschaft zu lösen. Schließlich sollten keine akuten Trennungsprobleme im Vordergrund stehen.

Eine Einzeltherapie ist dann sinnvoller als eine Paartherapie (abgesehen natürlich vom Fehlen eines Partners oder wenn der Partner nicht zu einer Paartherapie bereit ist), wenn der Patient wenig symptomfixiert ist und sich das sexuelle Symptom nur als eine Facette einer neurotischen oder Persönlichkeitsstörung darstellt. Dann aber unterscheidet sich die Therapie nicht wesentlich von anderen Neurosenbehandlungen. Einzeltherapien von Patienten, die sehr auf ihr sexuelles Symptom fixiert sind, haben eine schlechte Prognose.

Gruppentherapien können dann indiziert sein, wenn es sich um relativ symptomhomogene Gruppen handelt. So gibt es gute Erfahrungen mit therapeutischen Frauengruppen für Patientinnen, die an Errregungs- und Orgasmusstörungen leiden (Barbach 1974, Leiblum u. Ersner-Hershfield 1977, Schorsch et al 1984). Reine Männergruppen haben sich weniger durchgesetzt (Clement 1985, Kaplan et al 1974).

Paartherapie nach Masters und Johnson

Dieses von W. Masters und V. Johnson (1973) in den 60 er Jahren entwickelte und später von Kaplan (1974) und Arentewicz u. Schmidt (1980) weiterentwickelte Behandlungskonzept beruht mehr auf pragmatischen als auf theoriegeleiteten Überlegungen. Es läßt sich therapieschulisch nicht eindeutig zuordnen. Am ausgeprägtesten sind aber seine verhaltentherapeutischen Anteile. Das Therapiesetting ist eine Paar-, Team-, Fokal- und Kurztherapie.

Paartherapie: Es wird davon ausgegangen, daß es in einer Partnerschaft mit sexuellen Funktionsstörungen einen unbeteiligten Partner nicht gibt. Es ist danach sekundär, wer Symptomträger und wer symptomfrei ist. Nur durch eine Veränderung der sexuellen Interaktion läßt sich das Problem beheben.

Teamtherapie: In der Regel wird das Patientenpaar von einem Therapeutenteam behandelt, also einer Therapeutin und einem Therapeuten. Die Überlegung dabei ist, daß jeder Partner auf der Therapeutenseite einen Vertreter des eigenen Geschlechts hat.

Fokaltherapie: Die Behandlung beschränkt sich auf die sexuelle und partnerschaftliche Kommunikation. Dies geschieht im Bewußtsein, daß diese Sphäre zwar von der Biographie der einzelnen Partner und von der "Außenwelt" der Intimsphäre beeinflußt ist, daß diese Parameter aber in der Behandlung nur indirekt berücksichtigt werden.

Kurztherapie: Die Behandlungsdauer ist begrenzt. Sie läßt sich in einem quasi-stationären Setting (2-3 wöchige Dauer bei täglichen Sitzungen) oder einem ambulanten Setting (30-40 Sitzungen bei 1-2 Sitzungen/Woche) durchführen.

Das Konzept der Therapie beruht auf einer Reihe systematisch aufeinanderfolgender Verhaltensanweisungen. In jeder Sitzung werden dem Paar bestimmte "Übungen" aufgegeben, die in der Folgesitzung besprochen werden. Diese steigen in ihrem "Schwierigkeitsgrad" von entspannungsbetonten nichtgenitalen bis zu genital erregungsbetonten Übungen. Sie werden mit einer zeitlichen Begrenzung (30 Minuten/Tag) und einer strengen Trennung von aktivem und passivem Part, der mehrmals gewechselt werden soll, aufgegeben. Während der Therapie besteht ein vorübergehendes Koitusverbot, welches das Paar von der

sexuellen Versagensangst entlasten soll.
Dieses Grundschema wird für die einzelnen Störungen noch durch spezifische Schritte ergänzt, die in das auf erfahrungsorientierte Angstreduktion angelegte Vorgehen eingebettet sind. Das Vorgehen im einzelnen beschreiben Arentewicz u. Schmidt (1980). Es hat dann eine gute Prognose, wenn es konsistent angewendet wird, nicht aber dann, wenn einzelne Elemente (etwa das Koitusverbot oder einzelne Übungen) aus dem Kontext der Paartherapie genommen werden und improvisiert mit anderen Behandlungsformen verbunden werden.

2.14.6 Das Thema Sexualität im diagnostischen Gespräch

Eine Sexualanamnese ist Bestandteil jeder psychodiagnostischen Exploration, unabhängig von der Symptomatik. Dabei zielt die Exploration der psychosexuellen Entwicklung und der gegenwärtigen Sexualität nicht primär auf den Störungsaspekt der Sexualität. Vielmehr lassen sich aus der Kenntnis der sexuellen Erfahrungen eines Patienten wichtige Hinweise auf seine Beziehungsgestaltung, seine Persönlichkeitsstruktur, seine Wünsche und Phantasien und seinen Umgang mit Konflikten gewinnen.
In der Regel sprechen Patienten nicht von sich aus sexuelle Themen an. Dies hat zu der verbreiteten Annahme geführt, es müsse zunächst ein ganz besonders vertrautes Verhältnis im Gespräch entstehen, ehe Sexualität thematisiert werden könne. Diese Annahme ist plausibel, aber unzutreffend. Vielmehr können Fragen nach sexuellen Erfahrungen und Erlebnissen gerade dann unbelastet gestellt werden, wenn sie im Fluß des diagnostischen Gesprächs en passant, als ganz normaler Aspekt des Lebens auftauchen. Wenn der Interviewer zu sehr auf eine 'intime', vertrauensvolle Atmosphäre wartet, macht er Sexualität zu einem Sonderthema, erhöht die Schwelle des sogenannten "Tabuthemas" und schafft so erst die Befangenheit, die er dann vertrauensvoll abbauen will.
Die Kunst bei der **Thematisierung von Sexualität** im diagnostischen Gespräch ist es, das Extrem der gehemmten Vorsicht ebenso zu vermeiden wie das der kontraphobischen Forschheit. Das ist möglich, indem der Interviewer sich klarmacht, daß mehr die Professionalität als die Vertrautheit des Gesprächs einen Schutz darstellt, der es dem Patienten ermöglicht, über Erfahrungen zu sprechen, die in einem Alltagsgespräch schwer oder erst nach längerer Bekanntheit möglich wären.

Ein wesentliches Element der professionellen Gesprächssituation ist die rollengebundene Asymmetrie der Gesprächspartner. Die Möglichkeit der Selbstoffenbarung des Patienten setzt die komplementäre Zurückhaltung des Therapeuten voraus. Im Gespräch über Sexualität heißt professionelle Zurückhaltung, daß der Interviewer die sexuellen Erfahrungen, Wünsche, Ansichten, Enttäuschungen des Patienten nicht bewertet, und daß er im Gespräch eigene Vorlieben und Abneigungen weder zur Sprache bringt noch indirekt zum Maßstab macht.
Einer speziellen Erwähnung bedarf die **Wortwahl** bei Sexualanamnesen. Auch hier besteht die Kunst darin, weder in wissenschaftliche Sprödigkeit noch in populäre Flapsigkeit zu verfallen. Es empfiehlt sich, ein neutrales, wenig affektbesetztes Vokabular zu verwenden, also z.B. von Geschlechtsverkehr (oder Verkehr), von Scheide und Penis zu sprechen. Gerade die Affektminimierung in der Wortwahl unterstreicht die Normalität des Themas Sexualität im diagnostischen Gespräch. Das gilt auch und gerade, wenn für den Patienten seine persönlichen Sexualerfahrungen ganz und gar nicht neutral oder normal sind.

Sexualanamnesen sprechen persönliche Geheimnisse an. Deshalb sollte sich der Interviewer klarmachen, daß er ohnehin nicht alles erfahren wird. Er kann aber durch einfühlsame und geschickte Gesprächsführung dem Patienten ermöglichen, viel zu berichten, ohne daß Schamgefühle aufkommen müssen oder ohne daß er sich ausgehorcht fühlen muß. Dazu einige gesprächstechnische Hilfen:

Die Kontrolle an den Patienten geben

In Gesprächssituationen, in denen eine befangene Atmosphäre die Gesprächssituation prägt, ist es von Vorteil, das nicht zu überspielen, sondern aufzugreifen. Das geschieht am besten dadurch, daß der Untersucher ausspricht, daß er etwas über die Intimität des Patienten erfahren möchte, ihm aber auch nicht seine Geheimnisse entlocken möchte. "Zwingen Sie sich nicht dazu, alle Ihre Geheimnisse auszupacken. Sagen Sie mir nur das, was Sie sagen möchten" sind Formulierungen, die zum einen deutlich machen, daß der Untersucher die Zurückhaltung des Patienten respektiert. Zum anderen bietet der Interviewer damit eine kooperative Situation an, die der Patient mitkontrollieren kann und die er nicht zu verweigern braucht. Das Bewußtsein dieser Kontrollierbarkeit macht den Patienten dann eventuell sogar mitteilungsbereiter.

Paraphrasieren

Indem der Interviewer die Patientenbeschreibung mit eigenen Worten nachformuliert oder zusammenfaßt, signalisiert er, daß er selbst beteiligt ist und vermeidet die nur zuhörende Rolle, die leicht als kontrollierend erlebt werden kann. Indem er selbst auch sexuelle Sachverhalte benennt, trägt er zur Normalisierung des Themas bei.

Verneinen ist einfacher als "zugeben"

Gerade Fragen nach schambesetzten oder zumindest sehr intimen Erfahrungen können Widerstand und die Antwortverweigerung provozieren. Deshalb ist es oft günstiger, ein bestimmtes Verhalten in der Frageformulierung einfach vorauszusetzen, statt es direkt zu erfragen. Also nicht: "Haben Sie in letzter Zeit Selbstbefriedigung praktiziert/ gemacht?", sondern: "Bestehen die Erektionsschwierigkeiten auch bei der Selbstbefriedigung?" Mit dieser Unterstellung, daß der Patient überhaupt masturbiert, signalisiert der Untersucher, daß er es mit einer gewissen Selbstverständlichkeit sieht. Wenn die Vermutung falsch ist, fällt es dem Patienten erheblich leichter, sie zu negieren, als wenn der Untersucher zu abwartend ist oder zu plump direkt fragt ("Onanieren Sie denn?"). In diesem Fall induziert der Untersucher Schamgefühle mit dem Ergebnis, daß er die Antwortschwelle erhöht.

Die Möglichkeit von Ambivalenzen/Konflikten formulieren

Nach derselben Überlegung kann es günstig sein, Zwiespältigkeiten, Unzufriedenheiten, Konflikte als möglich und denkbar zu formulieren. In diesem Sinne ist z.B. die Frage "Sind Sie mit Ihrem Sexualleben zufrieden?" besonders ungeeignet. Sie legt eine pauschale positive Antwort nahe, die dann auch wenig aussagt. Ergiebiger dagegen sind Fragen, die eine Differenzierung nahelegen, wie: "Im sexuellen Leben gibt es ja Situationen, mit denen man ganz befriedigt ist, dann wieder andere, die einem unangenehm sind. Wie sieht das in Ihrem Sexualleben aus?" Damit erleichtert der Untersucher den Einstieg in einen Bericht über auch widersprüchliches und konflikthaftes Erleben.

2.14.7 Diagnostisches Gespräch bei Patienten mit sexuellen Störungen

Sexualanamnesen bei Patienten, die primär wegen eines sexuellen Problems zur Untersuchung kommen, sind in der Regel leichter zu erheben als bei anderen Patienten. Mit dem Gang zu einer psychotherapeutischen Einrichtung haben sie sich bereits entschieden, von sich aus über Sexualität zu sprechen. Damit ist die Gesprächsschwelle zwar niedriger, die Sexualanamnese muß dagegen differenzierter sein und sich mehr auf Details der Störung konzentrieren. Die folgende **Übersicht über Inhalte der Sexualanamnese** faßt die wesentlichen Aspekte zusammen, die angesprochen werden sollten:

A. Symptomatik

Aus der Beschreibung des Beschwerdebildes soll deutlich werden, ob es sich um eine Störung oder Verhaltensabweichung handelt, in der

- die sexuelle Funktion (Appetenz, Erregung, Orgasmus)
- die sexuellen Wünsche (Objektpräferenz)
- die Geschlechtsidentität (Mann sein Frau sein)

im Vordergrund stehen.

Wichtige äußere Merkmale der Symptomatik, die bereits Hinweise auf die latente Dynamik geben können, sind:

chronisch/situativ:
Wann tritt die Störung auf? Welche situativen Variationen sind erkennbar? handelt es sich um einen chronischen oder phasischen Verlauf?

Partnerabhängigkeit:
Tritt die Störung nur mit einem bestimmten Partner auf?

B. Auslösesituation und subjektive Bewertung

Auslösesituation

Gibt es auffallende biographische Ereignisse in zeitlicher Nähe zum ersten Auftreten der Störung, auch wenn der Patient sie als unwichtig sieht?

Subjektive Bewertung

Welche subjektive "Theorie" hat der Patient über die Störung (d.h. sieht er die Ursachen in persönlichen Belastungen, in körperlichen Fehlfunktionen oder in der Partnerschaft?)
Welche Vermutung über die Bewertung des Partners/der Partnerin hat er/sie?
Warum kommt der Patient gerade jetzt?

C. Gegenwärtige Sexualität

Partnerschaft

- Wie hat sich die Partnerbeziehung entwickelt?
- Gibt es äußere Ungleichgewichtigkeiten und Abhängigkeiten?
- Sind die Partner in ihrer Ich-Stärke relativ gleich oder ungleich?
- Welche Wertigkeiten werden von den Partnern geteilt, welche sind umstritten? (wichtigste Themen: Kinderwunsch, Berufstätigkeit, Außenkontakte)?
- Welche relevanten Allianzen im nahen Umfeld der Partnerschaft (Herkunftsfamilien, Kinder) gibt es?

Sexualität in der Partnerschaft

- Ist das sexuelle Problem in der Partnerschaft entstanden oder hat es einer der Partner "mitgebracht"?
- Welchen Stellenwert hat die Partnerschaft in der Beziehung? Ist die Sexualität eher ein "Abbild" der sonstigen Beziehung (z.B. ebenso vermeidend, lieblos, rigide etc.) oder eher eine "Nische", die ganz anders erlebt wird?
- Wird das sexuelle Problem in der Partnerschaft symmetrisch (i.S.: es ist "unser Problem") oder komplementär (ein Partner wird als ungestört, der andere als gestört definiert) gesehen?
- Gibt oder gab es sexuelle Beziehungen außerhalb der Partnerschaft? Wenn ja: Wurden diese unterschiedlich erlebt? Weiß der Partner davon?

D. Sexuelle Entwicklung

Elternhaus

- Welches sexuelle "Klima" herrschte im Elternhaus?
- Gibt es Vorstellungen über die sexuelle Beziehung der Eltern?
- Welches Bild besteht vom gleichgeschlechtlichen, welches vom gegengeschlechtlichen Elternteil?
- Wie reagierten die Eltern auf das kindliche und jugendliche Interesse?

Kindliche und jugendliche Sexualität

- In welchem emotionalen Kontext und mit welchen Partnern wurden die ersten Sexualerfahrungen gemacht?
- Gab es Mißbrauchserfahrungen?

(bei Homosexuellen)

- Wann entstand die Gewißheit über die eigene Homosexualität und wie wurde sie verarbeitet?

E. Einbeziehung des Partners

Bei vielen sexuellen Störungen kann die Einbeziehung des Partners in die Anamnese sinnvoll sein. Damit ist noch kein paardynamisches Erklärungsmodell impliziert. Es gibt unterschiedliche Meinungen darüber, wie sinnvoll es ist, mit beiden Partnern auch allein zu sprechen. Dafür spricht, daß dann faktische oder emotionale Geheimnisse ausgesprochen werden können, die der abwesende Partner nicht hören soll, die aber zum Verständnis der Störung notwendig sind. Dagegen spricht, daß der Therapeut, der diese Geheimnisse im Vertrauen erfährt, in seinen Interventionen unfrei werden kann, weil gerade in dem Geheimnis (z.B. einer anderen Beziehung) der Schlüssel zum Symptom liegen kann, den er nicht nutzen kann.

Literatur

ARENTEWICZ, G., SCHMIDT, G.: Sexuell gestörte Beziehungen. Springer, Heidelberg 1980

BARBACH, L.G.: Group treatment of preorgasmic women. J. Sex Marit. Ther. 1 (1974) 139-145

BRÄUTIGAM, W., CLEMENT, U.: Sexualmedizin im Grundriß. Thieme, Stuttgart 1989

BUDDEBERG, C.: Sexualberatung. Enke, Stuttgart 1983

CLEMENT, U.: Männergrupen - Frauengruppen. Zur therapeutischen Relevanz eines großen Unterschiedes. Sexualmedizin 14 (1985) 504-511

FREUD, S.: Drei Abhandlungen zur Sexualtheorie. GW V (1905) S. 27-145

HERTOFT, P.: Klinische Sexologie. Deutscher Ärzte-Verlag, Köln 1991

KAPLAN, H.S.: The New Sex Therapy. Brunner & Mazel, New York 1974

KAPLAN, H.S., KOHL, R.N., POMEROY, W.B., OFFIT, A.K., HOGAN, B.: Group treatment of premature ejaculation. Archives of Sexual Behavior 3 (1974) 443-452

LEIBLUM, S.R., ERSNER-HERSHFIELD, R.: Sexual enhancement groups for dysfunctional women: An evaluation. J.Sex.Marit.Ther. 3/2 (1977) 139-152

MASTERS, W.H., JOHNSON, V.E.: Human Sexual Inadequacy. Little, Brown: Boston (Dtsch.Ausg.: Impotenz und Anorgasmie 1973. Goverts, Krüger, Stahlberg, Frankfurt/M. 1970

PFÄFFLIN, F., CLEMENT, U.: Sexualstörungen. In: Baumann, U, Berbalk, H., Seidenstücker, G. (Hrsg.): Klinische Psychologie - Trends in Forschung und Praxis Bd. 4 (1981) 287-307

SCHORSCH, E., BRAND, T., SCHMIDT, G., SPENGLER, A.: Zur Versorgung von Patienten mit sexuellen Störungen. Sexualmedizin 6 (1977) 585-590

SCHORSCH, E., SCHMIDT, G., CLEMENT, U., DORSCH, M., GALEDARY, G., HAUCH, M., KLEBER, R.A.: Sexualberatungsstelle der Abteilung für Sexualforschung, Universität Hamburg - Konzept und Ergebnisse 1979-1984. Hamburg 1984

SIGUSCH, V. (HRSG.): Therapie sexueller Störungen. 2. Aufl., Thieme, Stuttgart 1980

WILLI, J.: Die Zweierbeziehung. Rowohlt, Reinbek 1975

WILLI, J.: Therapie der Zweierbeziehung. Rowohlt, Reinbeck 1978

3 Diagnostik

Diagnostik im medizinischen Sinne zielt auf die objektivierende Feststellung von Krankheitsprozessen. Kennzeichnend für die psychosomatische Diagnostik ist die Tatsache, daß der Untersucher nicht (nur) als objektivierender **Außenbeobachter** tätig wird, sondern daß er sich partiell in die Beziehung mit dem Patienten einläßt und als **teilnehmender Beobachter** die Persönlichkeit des Patienten auf sich wirken läßt; dabei beachtet er vor allem seine eigene emotionale Reaktion auf den Patienten (Gegenübertragung im weiteren Sinne). Angestrebt wird das **Verstehen der Krankheit als bio-psychosoziales Geschehen**, d.h. die Berücksichtigung der unterschiedlichen Perspektiven des Biologischen, Personalen, Interpersonellen und Soziokulturellen, wie sie einleitend (Kap. 1.1) beschrieben wurden. Im Mittelpunkt der Diagnostik steht das Gespräch (z.B. als tiefenpsychologische Anamnese, biographische Anamnese, psychoanalytisches Interview). Demgegenüber besitzen psychodiagnostische Verfahren (die Anwendung von Tests, Schätzskalen und Fragebögen) ergänzende Bedeutung.

Im folgenden werden Zielsetzungen und Vorgehensweisen psychosomatischer Diagnostik beschrieben; dazu gehört es, daß der Untersucher geeignete Techniken an die Hand bekommt, vor allem aber geht es darum, daß er seinen Patienten verstehen lernt. Deshalb beginnen wir mit der Beschreibung der diagnostischen Situation aus der Sicht des Patienten.

3.1 Das diagnostische Gespräch aus der Sicht des Patienten

Die Ziele des Patienten verdienen eine gesonderte Betrachtung, weil sie nicht selbstverständlich identisch sind mit den Zielen des Therapeuten. Für einen Teil der Patienten trifft zu, daß sie, ebenso wie die Therapeuten, die Frage nach der Behandelbarkeit der Störung in den Vordergrund stellen; hierbei handelt es sich um solche Patienten, die sich bereits nach abgeschlossener oder wiederholter Diagnostik und geklärter Motivation auf der Suche nach einem Behandlungsplatz befinden.

Wenn jemand aber zum ersten mal in ein diagnostische Gespräch eintritt, ist er meist mit der Frage beschäftigt: "Woher kommen meine Beschwerden?" Er will die Ursache seiner Störung kennenlernen, eine Erklärung für sie bekommen; nicht wenige Patienten hoffen insgeheim oder zugegebenermaßen auf körperliche Ursachen, die dann auch konsequenterweise durch Medikamente oder Operationen beseitigt werden könnten. "Lieber hätte ich einen Tumor als etwas Psychisches", äußert ein Patient. Die Feststellung einer psychosomatischen Störung anstelle einer körperlichen Krankheit bedeutet für viele Patienten ein Trauma, eine Bankrotterklärung, eine Beschämung. Die Gründe dafür sind vielschichtig: für die körperliche Krankheit kann man nichts, die psychische Störung wird rasch mit Selbstverschulden verknüpft, das Unverständliche des Geschehens macht ratlos ("Wie sollen denn aus seelischen Sachen richtige Schmerzen kommen?"). Die Frage nach der weiteren Entwicklung der Störung ist mit spezifischen Ängsten verbunden ("Ich habe Angst, ich lande in der Psychiatrischen Anstalt und komme nie mehr heraus"). Dennoch versucht der Patient sich anzupassen ("Das ist psychisch sagen die Ärzte und denen soll man ja vertrauen"). Aber zugleich bewegen ihn starke Zweifel ("Entweder bin ich verrückt oder die Ärzte sind es"). Die Angst vor dem unbenennbaren psychischen Geschehen mündet letztlich in die Befürchtung, für nicht zurechnungsfähig erklärt und sozial ausgegrenzt zu werden ("Wenn das die Nachbarn oder die Berufskollegen erfahren ...").

Im diagnostischen Gespräch mit dem Psychotherapeuten setzt sich ein Problem fort, das häufig bereits die **Beziehung zum Hausarzt** belastet hat. Da in der Regel kein orga-

Patient

Ebene der **objektiven Fakten**	Ebene der **subjektiven Bedeutungen**
1. Klinisches Bild	
Symptome	Beschwerden
Befunde	subj. Krankheitserleben
Krankheitsverlauf	subjekt. Krankheitstheorien
Vorbehandlungen	Therapieerfahrungen
	Therapieerwartungen
2. Symptomauslösende Konfliktsituation	
Veränderungen der aktuellen Lebenssituation	Bedeutung der Veränderungen als symptomauslösende Versuchungs-Versagungssituation
3. Aktuelle Lebensrealität	
Äußere Realität	Innere Realität
Aktuelle Lebenssituation	Struktur des Ich, Über-Ich
Partnerschaft	Struktur des Selbst
Familie	Struktur der Objektbeziehung
Beruf	Strukturelle Vulnerabilität
wirtschaftl. Situation	Reife der Triebwelt
soziale Situation	Intrapsychische Konflikte
	Konfliktlösungsstrategien
	Konfliktbewältigungsmuster
4. Biographische Situation ("Genese")	
Objektive Verhältnisse und wichtige Menschen	Subjektives Erleben der eigenen Geschichte
Eltern	Lebensstil und Atmosphäre der eigenen Familie
Geschwister	Erziehungsstil
Großeltern	Eigene Rolle im Familienganzen
Soziale Umwelt	Emotionale Bindungen
Wirtschafl. Situation u. Verluste	Belastungen, Traumen
Soziale Situation	Psychosexuelle Entwicklung
Schule	
Berufsentwicklung	

Tabelle 3.2a

organischer Befund für seine Beschwerden gefunden wurde, fürchtet der Patient, der somatisch "nichts hat", aber dennoch unter seinen Beschwerden leidet, als Simulant oder eingebildeter Kranker zurückgewiesen zu werden. Da die diagnostischen und (pharmako-) therapeutischen Bemühungen des Hausarztes meist wenig Hilfe gebracht haben, ist er nicht imstande, dem Arzt positive Rückmeldungen zu geben. Eine emotional positiv getönte Arzt-Patient-Beziehung, in welcher beide Beteiligten im Krankheitskonzept übereinstimmen und im gleichen Therapiekonzept effektiv zusammenarbeiten,

T h e r a p e u t

5. Ebene der Patient-Therapeut-Beziehung

Vorherrschende Beziehungsmuster und Interaktionsangebote des Patienten
Spezifisches Übertragunsangebot des Patienten
Eigene emotionale Antwort auf die Persönlichkeit des Patienten (Gegenübertragung)

6. Ebene der klinischen Interpretation

Zentraler Beziehungskonflikt
Strukturelle Vulnerabilität
Neurotische Modi der Bewältigung
Dynamik der symptomauslösenden Situation
Psychodynamische Bedeutung der Erkrankung
Konfliktlösung durch Krankwerden
Interaktionelle Bedeutung des Krankseins
Sekundäre Verarbeitung des Krankseins

7. Ebene der klinischen Schlußfolgerungen

Diagnose (bezüglich Symptom, Struktur, diagnostischer Klassifikation)
Differentialdiagnose
Prognostische Einschätzung (spontane Entwicklung und therapeutische Chance)
Indikationsentscheidung
Therapieplanung

Tabelle 3.2b

ist hier nicht möglich. Es entsteht ein Zirkel zwischen den Klagen des Patienten, die dieser zunehmend intensiviert, um gehört zu werden und den verstärkten Therapieempfehlungen des Arztes. Wenn schließlich die Überweisung an einen Nervenarzt, Psychotherapeuten oder eine Psychosomatische Klinik erfolgt, geschieht dies u.U. mit beiderseitiger Skepsis und unterschwelliger Enttäuschung.

Der Psychosomatische Patient ist häufig ...

- für den Arzt ein "Problempatient"
- symptomchronifiziert
- vielfach durchuntersucht
- von vielen Behandlungsversuchen enttäuscht
- verunsichert, weil er angeblich "nichts hat"
- beunruhigt, weil ihm niemand helfen kann
- besorgt, daß man ihn für "verrückt" halten könnte
- bereit, sich gegen diesen Vorwurf zu verteidigen
- und sich defensiv-aggressiv gegen die Medizin zu wenden
- bereit, sich für diese Schwierigkeiten selbst die Schuld zu geben
- affektiv belastet durch Gefühle der Enttäuschung, Verunsicherung, Beschämung, Resignation, Selbstvorwürfe, defensive Aggressivität

Diese Überlegungen machen deutlich, daß Patienten nicht selten beunruhigt und zwiespältig in ein diagnostisches Gespräch eintreten, auch wenn sie zugleich den Wunsch verspüren, sich mit ihren Sorgen jemandem anzuvertrauen und Hilfe zu erlangen. Im Gesprächsverlauf werden sie ihre Ängste und ihre Abwehr nochmals verstärken, wenn die zentralen, bis dahin beiseite gehaltenen Konflikte angerührt werden.
Auf der anderen Seite gilt für viele Patien-

ten, die zum diagnostischen Gespräch kommen, daß sie damit bereits eine große Hürde überwunden haben: Nach langem Zweifeln und Zögern (das manchmal Monate und Jahre dauern kann) haben sie sich entschlossen, sie haben sich erkundigt, sie haben sich für jemanden entschieden, sie haben angerufen, sie sind hingegangen und stellen sich nun der Situation. Diese Aktion stellt einen der wichtigsten Schritte in der aktiven Auseinandersetzung mit der eigenen Problematik dar. "Nachdem ich in der Ambulanz angerufen und mich nach Gesprächsmöglichkeiten erkundigt hatte, ging es mir zum ersten mal wieder besser", äußert eine depressive Patientin, die über Wochen hinweg unter einem völligen sozialen Rückzug gelitten hatte. So bildet denn die von **Hoffnung** getragene **Eigenaktivität** den einen Pol und der **Zweifel**, die Skepsis und Abwehr den anderen Pol des subjektiven Erlebens von Patienten in der diagnostischen Situation.
Für den Hausarzt ist es wichtig, sich in die Situation des Patienten einfühlen zu können und ihn in seinem Entscheidungsprozess behutsam zu begleiten. Dabei ist für ihn die eingespielte Zusammenarbeit mit einer regionalen Psychosomatischen Klinik oder einem niedergelassenen Psychotherapeuten hilfreich, wenn es gilt, das Krankheitsbild und die Behandlungsindikation fachkompetent abklären zu lassen.

3.2 Ziele des diagnostischen Gespräches aus der Sicht des Therapeuten

Diagnostik wird nicht um ihrer selbst willen betrieben, sie ist stets Prüfstein für eine evtl. Behandlung. So lautet die wichtigste Frage für den Therapeuten nicht etwa: "Welche Diagnose gebe ich dem Patienten?", sondern: "Kann ich zusammen mit diesem Patienten dessen Störung verstehen?" Und daraus leiten sich die Fragen ab: "Kann ich selbst mit meinen psychotherapeutischen Mitteln zusammen mit diesem Patienten diese Störung bearbeiten?" "Welche therapeutische Maßnahme oder Institution bietet dem Patienten eine therapeutische Chance?" Das halbstrukturierte diagnostische Gespräch versucht eine Reihe von Themen zu klären, die zusammengenommen ein psychodynamisches Verständnis der Persönlichkeit und ihrer aktuellen Störung erlaubt. Dabei kommt es nicht darauf an, eine Reihenfolge von Themen einzuhalten, sondern die Themenschwerpunkte im Auge zu behalten, während das Gespräch sich spontan entwickelt. Die vorrangige Aufgabe des Therapeuten ist es, ein Klima zu schaffen, in dem der Patient sich mitteilen kann. Dabei ist es wichtiger, daß er zuhört, als daß er Fragen stellt ("Wer Fragen stellt bekommt Antworten, sonst nichts", sagte Balint dazu).
Die **Techniken der Gesprächsführung** sind prinzipiell die gleichen wie in therapeutischen Gesprächen, daher wird im Hinblick darauf auf Kapitel 4.1.3 ff verwiesen; dort wird beschreiben, was der Therapeut zur Gestaltung und Handhabung der Gesprächssituation tun kann.
Die wichtigsten **Themen**, die es in dem diagnostischen Gespräch zu verstehen gilt, sind in der Übersicht 3.2a/3.2b zusammengestellt, sie werden danach im einzelnen besprochen.

3.2.1 Persönlichkeitsstruktur und symptomauslösende Konfliktsituation

Die Psycho-Logik der Diagnostik gründet auf dem Zusammenspiel von **Fakten und Bedeutungen**. Was ein reales äußeres Lebensereignis (z.B. die Auflösung einer Partnerbeziehung) für den Patienten subjektiv bedeutet, hängt von seiner lebensgeschichtlich gewachsenen Persönlichkeitsstruktur ab. Wenn er in seiner innerpsychischen Realität sehr auf harmonisch-konstante Beziehungen angewiesen ist, bedeutet eine Trennung (oft schon der nur angedeutete Verlust eines wichtigen Menschen) für ihn eine Gefahr von möglicherweise katastrophalen Ausmaßen; diese kann so starke Ängste und Enttäuschungen mobilisieren, daß er aus seiner inneren Balance gerät und "Symptomatik" im Sinne von depressiven Verstimmungen, Suizidimpulsen, Angstzuständen, körperlichen Schmerzen usw. entwickelt. Für einen Menschen mit einer ganz anderen Lebensge-

Häufigkeit von symptomauslösenden Situationen

Beziehungsthemen		**Familienthemen**	
Trennung/Scheidung	12 %	Trennung/Rückkehr zu/von Eltern	3 %
Schwangerschaft/Geburt eines Kindes	11 %	Krankheit oder Tod der Eltern	4 %
Aufnahme erster Beziehungen	10 %	Veränderungen in der weiteren Familie	5 %
Verlobung/Heirat	10 %		
Aufnahme außerehelicher Beziehungen	7 %		
Berufl. Veränderungen des Partners	7 %	**Sozioökonomische Themen**	
Gesundh. Probleme des Partners	1 %	Beginn der Ausbildung	10 %
		Abschluss der Ausbildung	7 %
		Berufliche Veränderungen	9 %
		Finanzielle Veränderungen	2 %
		Ortswechsel/Wohnungswechsel	2 %

Tabelle 3.2.1

schichte und entsprechend anderer Persönlichkeitsstruktur hat das gleiche äußere Ereignis eine andere Bedeutung; er beschränkt sich darauf, den Verlust zu betrauern oder fühlt sich möglicherweise durch die Trennung erleichtert.

Der symptomauslösende Konflikt, sofern er überhaupt erfaßt werden kann, besteht oft in **Veränderungen der Lebenssituation**, wie sie, meist undramatisch, im Laufe der Lebens immer wieder auftauchen (sogenannte Schwellensituationen): Verlassen des Elternhauses, Abschluß der Berufsausbildung, Aufnahme oder Beendigung von Partnerbeziehungen, Änderung des Familiengefüges oder der Berufssituation. Diese überindividuellen äußeren Situationen, die in jedem Leben vorkommen, können für eine entsprechend disponierte Person eine innere Belastung darstellen, die sie nicht mehr bewältigen kann und an der sie erkrankt.

In einer Untersuchung der symptomauslösenden Situationen bei 170 Patienten fanden wir in einer früheren Untersuchung folgende Verteilung der Ereignisse (Rudolf 1974) Tab. 3.2.1

Die Ergebnisse lassen erkennen, welches große Gewicht Veränderungen in zwischenmenschlichen Beziehungen besitzen; sie erfordern ein Maß der Umstellung (social re-adjustment, wie es in der life-stress-Forschung heißt), das für jeden Menschen eine Belastung darstellt, für eine auf wenige Beziehungsmuster eingeengte Persönlichkeitsstruktur jedoch eine nicht zu bewältigende Aufgabe bedeuten kann.

Die symptomauslösende Situation enthält die Elemente der Versuchung und der Versagung; **Versagung** bedeutet, daß ein äußeres Ereignis einen wunden Punkt berührt, indem es z.B. einer lebenslangen Folge von Trennungen einen weiteren Verlust hinzufügt, also den Wunsch nach Geborgenheit und Sicherheit erneut enttäuscht, so daß alte Schmerzen reaktiviert werden. Das Wesen der **Versuchung** liegt darin, daß ein lange gehegter unerfüllter, verdrängter Wunsch durch veränderte äußere Bedingungen in die Nähe der Erfüllung gerückt wurde; es wurden "schlafende Hunde geweckt", aber mit der neu erwachten Lebendigkeit wächst auch die Angst vor der eigenen Bedürftigkeit oder Triebhaftigkeit. Der neurotische Konflikt zwischen Wunsch und Abwehr wird u.U. so intensiviert, daß das bisherige Gleichgewicht unter Symptombildung zusammenbricht.

Der symptomauslösende Konflikt ist nicht immer leicht zu entdecken, insbesondere dann nicht, wenn die Störung chronifiziert oder schleichend verlief. Wenn aber Patient und Therapeut gemeinsam einen evidenten Eindruck von den konflikthaften Bedingungen des Krankwerdens gewinnen konnten, dann haben sie damit zugleich den dynamischen Fokus für die künftige Therapie erarbeitet. Die Gewißheit über den symptomauslösenden Konflikt ist zugleich ein positives prognostisches Merkmal; solange dieser Zusammenhang nicht hergestellt werden konnte, gilt die Hypothese einer psychogenen Störung nicht als sicher bestätigt.

3.2.2 Innere Struktur und äußere Realität

Die subjektive Bedeutung, die der Patient seinen äußeren Ereignissen zumißt, charakterisiert sein typisches Erleben. Für den Untersucher ist es wichtig, beides kennenzulernen und aufeinander zu beziehen - den inneren Lebensentwurf und die äußere Lebensrealität, die innere Beziehungserwartung und die gelebten Beziehungen, die inneren Bedürfnisse, Hoffnungen und Befürchtungen und die Praxis des Alltagslebens. Das eine ohne das andere bleibt unlebendig; es reicht nicht aus, bloße Fakten zu sammeln, ohne zu wissen, wie der Patient sie emotional bewertet. Ebensowenig liefern seine Gefühlseinstellungen und Phantasien ein anschauliches Bild, wenn die soziale Wirklichkeit dahinter ganz zurücktritt. Die psychische Struktur manifestiert sich im Umgang mit der **sozialen Wirklichkeit**, umgekehrt spiegelt die selbstgestaltete Realität die innere Welt. Wenn wir uns für die soziale Wirklichkeit des Patienten, seine wichtigen Menschen, seinen Beruf, seine Lebensziele interessieren, erfahren wir viel und teilen Wichtiges mit ihm; es wird dann leichter zu verstehen, wie er sich dabei fühlt, was er erlebt, was er hofft und fürchtet.

In der intrapsychischen Situation des Patienten ist alles Struktur, was regelhaft wiederkehrt, seine Art, Konflikte zu erleben und Lösungen zu suchen, sein Stil, sich gegen unliebsame Innenwahrnehmungen und Affekte zu schützen (Abwehr), seine Verletzlichkeit und Kränkbarkeit durch bestimmte Situationen, seine unbewußten Bedürfnisse und Ängste, seine Art, sich auf andere Menschen einzustellen und Beziehungen einzugehen. In Kapitel 1.4 wurden diese strukturellen Elemente im einzelnen dargestellt, ebenso wie die wichtigen Bedürfnisse in Kapitel 1.5.

3.2.3 Die biographische Wirklichkeit

In dem Begriff "biographische Anamnese" ist das aktive Interesse an der Lebensgeschichte des Patienten ausdrücklich verankert; das psychoanalytische Interview achtet dagegen stärker auf die Reinszenierung der biographischen Erfahrungen in der therapeutischen Begegnung. Gleichgültig, ob eine mehr direkte oder indirekte Technik des Zugangs zur Biographie gewählt wird, es gibt kein psychodynamisches Verständnis des Patienten ohne Kenntnis seiner Lebensgeschichte. Wenn man einen Patienten nicht versteht, weiß man in der Regel zu wenig von seiner Geschichte. Die aktuellen Verhaltensmuster und Erlebnisstereotype, die Gefühlseinstellungen und Beziehungserwartungen sind gewachsen im Umgang mit den wichtigen Menschen der Kindheit und weiterentwickelt im Jugend- und Erwachsenenalter. Sie enthalten Antworten auf die durchlebten Situationen und Bewältigungsversuche für erfahrene Schwierigkeiten und Traumen; sie spiegeln Identifikationen mit wichtigen Menschen und Versuche, sich antithetisch von ihnen abzugrenzen; sie bilden die Summe der Erfahrung und die daraus abgeleiteten Entwürfe für das künftige Leben. Die meisten der verinnerlichten Erfahrungen sind gerade nicht dem bewußtseinsfähigen Gedächtnis verfügbar, sie sind unbewußt, u.U. auch dem Körper eingeprägt ("vegetatives Gedächtnis").

In welcher Weise dabei insbesondere die Eindrücke der frühen Entwicklungsstufen die Persönlichkeit prägen, ist in Kapitel 1.3 dargestellt.

Der Diagnostiker muß sich eine Haltung erarbeiten, aus der heraus er seinen Patienten mit all seinen Eigentümlichkeiten annehmen und wertschätzen kann. Das gelingt ihm am ehesten dadurch, daß er ihn in seiner lebensgeschichtlichen Entwicklung mit ihren oft tragischen Verstrickungen kennenlernen durfte. Die biographische Sicht begünstigt ausdrücklich keine "Viktimisierung" des Patienten - die Tendenz, ihn einseitig als Opfer seiner Eltern oder seiner Verhältnisse zu sehen und damit in einer Anklagehaltung stecken zu bleiben -, sondern vermittelt als historische Methode einen Eindruck von der Schicksalshaftigkeit des menschlichen Lebens über die Generationen hinweg. Diese Sicht ist nicht allein auf das Subjekt des Patienten zentriert, sie umfaßt auch die wichtigen Personen vorausgegangener Generationen als erlebende Subjekte und reflektiert ferner ihre soziokulturellen und zeittypisch geprägten Lebensumstände. Man kann dem Untersucher nur empfehlen, sich die Biographie seines Patienten so anschaulich wie möglich, wie einen historischen Film oder einen geschichtlichen Roman, vor Augen zu führen. Wenn Patient und Therapeut in ihrer Zusammenarbeit dieses Ziel erreichen, hat das ein prognostisch positives Gewicht.

3.2.4 Die Patient-Therapeut-Beziehung

Alles was im diagnostischen Gespräch geschieht, was mitgeteilt und verschwiegen wird, was in den Beteiligten an Vermutungen, Empfindungen und Handlungsimpulsen aufkommt, läßt sich (auch!) als Ausdruck der Beziehung zwischen Patient und Therapeut verstehen. An ihr sind beide Partner gleichermaßen beteiligt. Die Asymmetrie der Beziehung, die von dem zurückhaltenden Therapeuten absichtlich wenig strukturierte Situation, der Freiraum, der dem Patienten angeboten wird, führen dazu, daß er einen relativ großen Anteil an der Beziehungsgestaltung gewinnt, daß er sich darstellen und seine Erfahrungen inszenieren kann.
Wie in jedem professionellen Gespräch ist es die Aufgabe des Therapeuten, die Voraussetzungen für eine positive Beziehung zu schaffen, die wiederum die Zusammenarbeit ermöglicht (s. Techniken der Gesprächsführung Kapitel 4.1.3). Zu den professionell geübten Fähigkeiten des Therapeuten gehört es, den Patienten als Gegenüber wahrzunehmen und gleichzeitig introspektiv die eigene emotionale Antwort auf den Patienten zu registrieren. Wo die Medizin lehrt, daß der Arzt als Person zurücktreten soll, um die Krankheit des Patienten objektivieren zu können, lautet die psychotherapeutische Empfehlung gerade umgekehrt, daß er seine subjektiven Regungen, Empfindungen und Phantasien durchaus ernst nehmen muß, um die interaktionelle Ausstrahlung seines Gegenübers und die gemeinsam entwickelte Beziehung erfassen können. Der Therapeut wird selbst zum Instrument der Untersuchung (vergl. Kap. 4.1.5 Die therapeutische Beziehung).

3.2.5 Der Verlauf des diagnostischen Gespräches

Wie jedes soziale Ereignis läßt sich auch das diagnostische Gespräch auf seine inhärenten Strukturen hin untersuchen. Durch inhaltsanalytische Verfahren läßt sich aufzeigen, wie sich die Beziehung zwischen Patient und Therapeut bereits in den ersten Minuten des Gespräches aufbaut (Wilke 1992). Im Idealfall zeigt sich folgende Sequenz der Eröffnung:

Therapeut:

Offene Frage (z.B. "Was führt Sie her?")

Patient:

1. Selbstdefinition als Patient (z.B.: "Ich habe seit einem Jahr Angstzustände")
2. Kurze Geschichte der Störung ("Das hat so angefangen ...")
3. Emotionale Zuspitzung der Geschichte (Krisensignal) ("Ich halte das nicht mehr aus")
4. Appell an den Therapeuten ("Deshalb komme ich jetzt zu Ihnen")
5. Berufung auf wichtige andere ("Eine Freundin war mal hier und der hat es geholfen")

Eine solche Reihenfolge spiegelt eine relativ "gesunde" Technik, einen anderen Menschen als Helfer zu gewinnen. Strukturell gestörte Patienten und solche mit Somatisierungsstörungen weichen erheblich von dieser Ideallinie ab und gestalten die Beziehung schwierig, indem sie das Gespräch z.B. mit einem Vorwurf an die Ärzte eröffnen, indem sie nicht definieren, um welche Symptomatik es sich handelt, keine emotionale Notlage und kein Hilfsanliegen signalisieren, keinen Grund angeben, warum sie gerade jetzt zu diesem Therapeuten kommen usw. In diesen Fällen manifestieren sich die Beziehungsschwierigkeiten zwischen Patient und Therapeut bereits in den frühesten Gesprächsabschnitten. Mikropsychologische Analysen des interaktionellen Geschehens lassen erkennen, daß in solchen Fällen die mimische Einschwingung der Beteiligten mißlingt. Für den Therapeuten ist es wichtig, seine Aufmerksamkeit auf diese Elemente zu richten, sie zu verstehen und zu bearbeiten, ehe er den Patienten definitiv verfehlt und sich beide enttäuscht voneinander abwenden.

3.2.6 Synopsis: Die psychodynamische Interpretation

Es gilt nun, die bisher gewonnenen Elemente zu einem Gesamtbild zu verknüpfen. Bisher wurde das Krankheitsbild als subjektives Leiden des Patienten und objektivierbares Geschehen erfaßt, die Persönlichkeit des Patienten wurde sichtbar in ihrer Beziehung zur äußeren Realität, in ihrer lebensgeschichtlichen Entwicklung und in der Beziehung zum Therapeuten. Eine Veränderung der äußeren Lebenssituation wurde für diesen speziellen Menschen zur inneren Belastung, die er nicht mehr ausgleichen konnte. Er entwickelte eine Symptomatik, die zu seinem Konflikt und seiner Persönlichkeit paßt, allerdings nicht pathognomonisch ist (s. auch Kapitel 2.1 Krankheitsdisposition und Symptombildung). Nun gilt es zu prüfen, ob das Krankwerden mehr ist als nur die Störung des bisherigen inneren Gleichgewichts, ob sich nicht ein vorübergehender Lösungsversuch des zugrundeliegenden Konflikts oder ein Aufschub der definitiven Konfliktlösung darin beobachten läßt. Die Aussage, das Symptom sei ein Lösungsversuch, eine kreative Leistung, ist deshalb so wichtig, weil sie zugleich eine Empfehlung für den therapeutischen Umgang nahelegt, nämlich das Symptom nicht sofort beseitigen zu wollen. Symptom und Krankheit haben einen wichtigen Stellenwert im inneren Gleichgewichtssystem und damit einen unbewußten Sinn, der nicht immer leicht zu entschlüsseln ist und nicht vorschnell psychologisiert werden sollte.

Wenn es dem Untersucher gelingt, die **logische Kette** (zwischen den Elementen Biographie, Persönlichkeitsstruktur, auslösendem Konflikt, Erkrankung) zu schließen, dann ist (bei Ausschluß primär organischer Befunde) das Vorliegen einer psychogenen Störung weitgehend gesichert.

Bis eine solche abschließende Interpretation möglich ist, müssen Patient und Therapeut in einer Vielzahl von Rollen agieren. Der

Der Patient als	Der Psychotherapeut als	Der Psychotherapeut als
1. Klagender	1. Chronist	5. Interpret
2. Berichterstatter	2. Objektiver Beobachter	6. Prognostiker
3. Introspektiver Beobachter	3. Teilnehmender Beobachter	7. Therapeut
4. Interpret	4. Introspektiver Beobachter	
5. Regisseur		

Tabelle 3.2.6

Patient beginnt als subjektiv Klagender mit seinen Beschwerden; er ist ein halbwegs objektiver Berichterstatter seiner sozialen Wirklichkeit; er ist ein introspektiver Beobachter, der seine Innenwahrnehmung einem anderen mitteilt; er ist ein Theoretiker, der Konzepte seiner Person und seiner Krankheit entwickelt; er ist der Regisseur für die Inszenierung seiner Person und Geschichte im diagnostischen Gespräch. Auch der **Psychotherapeut** hat eine Vielzahl von Rollen: Er ist der Chronist für die Geschichten des Patienten, ferner der objektive Beobachter seines Gegenübers; er ist der introspektive Beobachter, der die eigene innere Reaktion auf die Gegenwart des anderen zu erfassen versucht; er ist der teilnehmende Beobachter, der sich empathisch auf die Erfahrungen des anderen einläßt und doch von ihm abgegrenzt bleibt. Darüber hinaus muß er sich aber zwischenzeitlich von dieser Ebene entfernen und das gesamte Geschehen zwischen dem Patienten und ihm und letztlich innerhalb des Patienten interpretieren und prognostisch bewerten (Die dabei verwendeten **prognostischen Kriterien** sind in Kapitel 4.1.6 ausführlich beschrieben). Zuguterletzt hat der Untersucher als potentieller Therapeut nochmals eine andere Rolle, indem er die Behandlung plant, verabredet oder vermittelt.

3.2.7 Diagnostische Klassifikation

Diagnosen in der Medizin haben den Anspruch, klinische Entitäten zu klassifizieren. Hinter jeder Diagnose steht ein Muster bestehend aus klinischen Erscheinungen, morphologischen und pathophysiologischen Befunden, ätiopathogenetischen Konzepten und typischen Verlaufsgestalten. Die Übertragung dieses an Körperkrankheiten entwickelten Ordnungssystems auf psychische und psychosomatische Störungen ist nicht einfach, weil sich schwerlich ein psychisches "Organ" in Anlehnung an die Körperorgane beschreiben läßt.

So werden zunächst die Symptome als Ordnungsgesichtspunkte gewählt (Angst-, Zwangs-, Herz-, usw. Neurose) oder es wird Verhalten zugrunde gelegt (Störungen des Eß-, Kontakt-, Sexualverhaltens); man nimmt die gesamte Persönlichkeit zum Gegenstand (Persönlichkeitsstörung vom ...-Typus) oder klassifiziert im Hinblick auf das Funktionsniveau der Persönlichkeit ("frühe Störung") oder auf den zentralen Konflikt und seine Verarbeitung ("Autonomie-Abhängigkeitskonflikt").

Die Verwendung von Diagnosen war in psychotherapeutischen Kreisen nie beliebt, weil darin die Gefahr gesehen wurde, Menschen vorschnell zu etikettieren und bewertend zu beurteilen, darüber hinaus betonen Diagnosen die pathologischen Aspekte eines Menschen. Andererseits ist der Gebrauch von diagnostischen Begriffen zur Verständigung unerläßlich.

Die international gebräuchlichen Diagnosensysteme sind stark von psychiatrischem Denken geprägt und sie spiegeln die jeweilige Entwicklung in dieser Gemeinschaft. Trotz dieser Einschränkungen werden das amerikanische System DSM (in der derzeitigen Version DSM 3R) und das von der WHO begründete System ICD (derzeit 10. Revision) am häufigsten verwendet. Bemühungen, ein diagnostisches Ordnungssystem zu entwikkeln, das dem psychotherapeutischen Denken besser entgegenkommt sind im Gange.

Folgende sind die wichtigsten, für den Bereich Psychosomatik/Psychotherapie in Frage kommenden Diagnosegruppen des Systems ICD-10 (jede dieser Diagnosen hat nochmals bis zu 10 Untergruppen).

In diesem psychiatrisch orientierten System fällt auf, daß psychosomatische Störungen recht global behandelt werden und die Psychosomatosen gar nicht vorkommen, weil sie zu den internistischen Krankheiten gerechnet werden.

F 32	depressive Episoden
F 33	rezidivierende depressive Störungen
F 40	phobische Angstsstörung
F 41	andere Angststörung
F 42	Zwangsstörungen
F 43	Reaktionen auf schwere Belastungen und Anpassungsstörungen
F 44	dissoziative und Konversionsstörungen

F 45	somatoforme Störungen
F 50	Eßstörungen
F 51	nichtorganische Schlafstörungen
F 52	sexuelle Funktionsstörungen
F 53	Mißbrauch nicht abhängig machender Substanzen
F 60	Persönlichkeitsstörungen
F 63	abnorme Gewohnheiten und Störungen der Impulskontrolle
F 64	Störungen der Geschlechtsidentität
F 65	Störungen der Sexualpräferenz
F 66	psychische und Verhaltensprobleme in Verbindung mit der sexuellen Entwicklung und Orientierung

3.3 Befundschema für diagnostische Gespräche

Das folgende Schema umfaßt tiefenpsychologische, biographische und im engeren Sinne psychoanalytische Gesichtspunkte der Untersuchung. Idealerweise sollte der Untersucher im Anschluß an das Gespräch über die folgenden Punkte Auskunft geben können; realistischerweise wird er bestimmte Akzente setzen, er wird absichtlich bestimmte Bereiche stärker beachten als andere oder er wird unwillentlich in der Interaktion mit dem Patienten stärker auf einzelne Bereiche geführt und von anderen abgelenkt.

1	**Äußere Erscheinung und Auftreten**
	Allgemeiner Eindruck vom Patienten in der Untersuchungssituation. Gesprächseröffnung und Selbstdarstellung des Patienten
2	**Klinisches Bild**
2.1	Subjektive Beschwerden
2.2	Klinisches Bild (psychische und körperliche Symptomatik, Persönlichkeitsproblematik)
2.3	Verlauf (Symptombeginn, Symptomdauer, Krankheitsverlauf)
2.4	Krankheitsverhalten (bisherige diagnostische und therapeutische Maßnahmen, Arztbesuche, Krankschreibungen, Klinikaufenthalte, Heilverfahren, Medikamente, speziell Psychopharmaka; psychiatrische und psychotherapeutische Vorbehandlungen). Überweisungsmodus (auf wessen Veranlassung kommt der Patient gerade hierher?)
2.5	Frühere Erkrankungen (Gesundheit/Krankheit früher; Primordialsymptomatik)
2.6	Einstellung des Patienten (was veranlaßt den Patienten, gerade jetzt einen Therapeuten aufzusuchen?)
3	**Auslösende Situation**
	Äußere Lebenssituation und Lebensveränderungen, in denen der Patient erkrankt ist
4	**Aktuelle Lebenssituation**
4.1	Beziehungssituation (Alter und Geschlecht des Partners, Geschichte der Beziehung, soziale Realität des Partners, emotionale und sexuelle Beziehung zum Partner)
	Eigene Kinder (Alter, Geschlecht, Einstellungen und Erwartungen, Kinderwunsch, Abtreibungen)
	Soziale Kontakt zu gleich- und gegengeschlechtlichen Freunden, Gruppenkontakte

Tabelle 3.3a

4.2 Berufliche Situation
(aktuelle Berufstätigkeit, Berufsentwicklung, ursprüngliche Berufsplanung, zukünftige Berufshoffnungen, Zufriedenheit, Belastungen, Konflikte im Beruf)
4.3 Ökonomische Situation
(Wohnsituation, Geldsituation, Einkünfte, Schulden, Abhängigkeiten, Stil im Umgang mit Geld)
4.4 Wertorientierung (weltanschaulich, politisch, religiös, künstlerisch, sportliche Interessen)

5 Biographie

5.1 Soziale Situation der Elternfamilie (Alter, Beruf, sozioökonomische Situation der Eltern, Krankheiten, Abwesenheiten, Lebensentwicklung der Eltern und Großeltern)
5.2 Geschwisterkonstellation
(Geschwisteranzahl, Alter, Altersabstand, erkrankte, verstorbene Geschwister)
5.3 Psychische Situation der Elternfamilie
(Emotionale Beziehung Patient/Mutter, Patient/Vater, Patient/Angehörige; vorrangige emotionale Bindungen, wichtigste Beziehungspersonen, Familienatmosphäre, Erziehungsstil)
5.4 Psychosexuelle Entwicklung in Kindheit und Adoleszenz
(Reifung der Identität, sexuelle Entwicklung, Aufnahme von Beziehungen zu gleich- oder gegengeschlechtlichen Partnern)
5.5 Schulische und berufliche Entwicklung
(Schulleistungen, Schulabschluß, Berufsplanung, Berufsqualifikation)

6 Standardfragen (nicht als Routine, sondern gegebenenfalls)

Früheste Erinnerung, ein Traum, Selbstvorstellung als Tier

7 Selbst- und Objektvorstellung

Vorstellung des Patienten von sich selber, Vorstellung des Patienten von wichtigen Menschen und seiner Beziehung zu ihnen

8 Patient-Therapeut-Beziehung

Aspekt Beziehung: Wie entwickelt sich die Beziehung im Gespräch? Welche emotional wichtigen Augenblicke gibt es im Gespräch? Was "inszeniert" der Patient in der Beziehung zum Untersucher?
Aspekt Kooperation: Welche Einstellungen und Erwartungen signalisiert der Patient gegenüber Psychotherapie? Wie reagiert er auf die Intervention des Therapeuten, entwickelt sich ein Miteinander oder ein Gegeneinander?

9 Zusammenfassung und Beurteilung

9.1 Psychodynamische Hypothese der Störungen
Klinisches Bild, aktuelle Problematik, bisheriger Verlauf
Unbewußter Konfliktschwerpunkt, bisherige Bewältigungsstrategien, Struktur der Persönlichkeit, Objektbeziehungsmuster
Genese der Persönlichkeitsstruktur (prägende und pathogene Bedingungen der Biographie)

Tabelle 3.3b

Psychodynamik der Erkrankung in der logischen Kette: Biographie, Struktur, auslösende Situation, Erkrankung.
Psychodynamischer Sinn der Störung
Beziehungsbereitschaft, Übertragungstendenzen
Fokus der evtl. Psychotherapie

9.2 Prognostische Gesichtspunkte
Motiviertheit, Aktivität, Einsicht, bisherige Lebensbewältigung, emotionaler Kontakt zum Untersucher, vorrangige Abwehrhaltungen, Reaktion des Patienten auf Konfliktwahrnehmung und Probedeutung, Realisierungschancen einer Therapie

10 Diagnose (multiaxiale psychodynamische Diagnostik)

Syndrom: ICD 10
Konflikt: Libidinöser Triebkonflikt, Konflikt um Autonomie und Abhängigkeit; Konflikt um Objektbindung und Objektverlust; Konflikt um Nähe und Distanz.
Neurotische Bewältigung: Schizoid; altruistisch-fürsorglich; überkompensatorisch aktiv; regressiv; normativ; narzißtisch; manisch-philobatisch; zwanghaft; hysterisch.
Strukturell:
Im Bereich des **Ich:** Unsichere Ich-Grenzen; eingeschränkte Impulssteuerung; eingeschränkte Toleranz für negative Affekte; eingeschränkte Affektsteuerung; eingeschränkte Differenzierungsfähigkeit für eigene Affekte; eingeschränkte Differenzierung von innen und außen; eingeschränkte Realitätsprüfung; eingeschränkte Fähigkeit zur Antizipation; eingeschränkte Urteilsfähigkeit; eingeschränkter Reizschutz.
Im Bereich des **Selbst:** Selbstwertregulation narzißtisch; Selbstbild und Identität unsicher; Autonomie des Selbst beeinträchtigt; Reifung der Persönlichkeit uneinheitlich.
Im Bereich der **Objektbeziehungen:** Selbst-Objekt-Differenzierung eingeschränkt; Ausdrucksfähigkeit für eigene Affekte eingeschränkt; Verständnis für fremde Affekte eingeschränkt; Internalisierung und Objektkonstanz eingeschränkt; Schuld- und Trauerfähigkeit eingeschränkt; Einfühlung in die Objekte eingeschränkt; Nähe-Distanz-Regulierung eingeschränkt
Beziehung: Zentraler Beziehungskonflikt, zentrales Beziehungsangebot, wichtigste Übertragungsbereitschaft

11 Indikation

Empfehlung eines Therapieverfahrens, das der Erkrankung, der Persönlichkeit und der aktuellen Situation des Patienten angemessen ist; anderweitige Beratungen, Empfehlungen

Tabelle 3.3c

Literatur

ADLER, R., HEMMELER, W.: Praxis und Theorie der Anamnese. Fischer, Stuttgart 1989

ARGELANDER, H.: Das Erstinterview in der Psychotherapie. Wiss. Buchgesellschaft Darmstadt 1970

ARNDS, H.G.: Die Praxis psychoanalytisch-diagnostischer Anamnesentechnik. Zeitschr. Psychother. Med. Psychol. 23 (1973) 238-246

BALINT, M.: Der Arzt, sein Patient und die Krankheit. Klett, Stuttgart 1957

BASTINE, R.: Klinische Psychodiagnostik. In: Bastine, R. (Hrsg.): Klinische Psychologie Bd. 2, Kohlhammer, Stuttgart 1992 S 1-56

BECKMANN, D.: Der Analytiker und sein Patient. Untersuchungen zur Übertragung und Gegenübertragung. Huber, Bern 1974

BRÄHLER, E., FELDER, H., BRÄHLER, C.: Das Sprechverhalten von Therapeut und Patient im psychotherapeutischen Erstinterview. Zeitschr. f. Klin. Psychol. 16 (1987) 234-247

CLYNE, M.B.: Die Diagnose. In: Balint, E., Norell, J.S. (Hrsg.): Fünf Minuten pro Patient. Suhrkamp, Frankfurt 1977

DILLING, H., MOMBOUR, W., SCHMIDT, M.H. (HRSG.): Internationale Klassifikation psychischer Störungen. ICD 10 Kap. V. Huber, Bern 1992

DÜHRSSEN, A.: Die biographische Anamnese unter tiefenpsychologischem Aspekt. Vandenhoeck & Ruprecht, Göttingen 1981

GRANDE, T., PORSCH, U., RUDOLF. G.: die biographische Anamnese als Ergebnis der Therapeut-Patient-Interaktion und der Einfluß auf Prognose und Indikationsentscheidung. In: Lamprecht, F. (Hrsg.): Spezialisierung und Integration in Psychosomatik und Psychotherapie. Springer, Berlin Heidelberg 1987

GRANDE, T., WILKE, S., NÜBLING, R.: Symptomschilderung und initiale Beziehungsgestaltung von weiblichen und männlichen Patienten in psychoanalytischen Erstinterviews. Zeitschr. Psychosom. Med. 38 (1992) 31-48

HEISING, G., BECKMANN, D.: Gegenübertragungsreaktionen bei Diagnose- und Indikationsstellung. Zeitschr. Psychother. Med. Psychol. 21 (1971) 2-8

HELMCHEN, H., RÜGER, U.: Neurosen und psychosomatische Erkrankungen als klassifikatorisches und diagnostisches Problem. Zeitschr. Psychosom. Med. 26 (1980) 205-216

REIMER, CH., BURZIG, G.: Klassifikation psychischer Störungen aus psychoanalytischer Sicht. Nervenarzt 49 (1978) 261-267

RUDOLF, G.: Die Bedeutung von Lebensveränderungen für den Ausbruch neurotischer Symptomatik. Psychother. Med. Psychol. 24 (1974) 198-215

RUDOLF, G.: Untersuchung und Befund bei Neurosen und psychosomatischen Erkrankungen. Beltz, Weinheim Basel 1981

RUDOLF, G.: Aufbau und Funktion von Fallgeschichten im Wandel der Zeit. In: Stuhr, U., Deneke F.W. (Hrsg.): Die Kultur der Fallgeschichte - zwischen Verstehen und Messen. Asanger, Heidelberg 1992

SCHNEIDER, W., HOFFMANN, S.O.: Diagnostik und Klassifikation neurotischer und psychosomatischer Störungen. Fundamenta Psychiatrica 6 (1992) 137-142

SCHUMACHER, W.: Psychodynamische versus psychiatrische Diagnose. Zschr. Psychoanal. Theorie Prax. 1985, 47-63

SCHÜßLER, G., LEIBING, E., RÜGER, U.: Multiaxiale Diagnostik in der Psychosomatik und Psychotherapie - Ein Erfahrungsbericht. Zschr. Psychosom. Med. 36 (1990) 343-354

STUDT, H.H., ARNDS, H.G.: Probleme der psychosomatischen Diagnostik. In: Psychologie des 20. Jahrhunderts, Bd. 9, Kindler, Zürich 1979

WILKE, S.: Die erste Begegnung. Eine konversations- und inhaltsanalytische Untersuchung der Interaktion im psychoanalytischen Erstgespräch. Asanger, Heidelberg 1992

4 Psychotherapie

4.1 Allgemeine Prinzipien

4.1.1 Gegenstand und Voraussetzung der Psychotherapie

Psychotherapie ist Krankenbehandlung mit psychologischen Mitteln: "Hier ist es nicht das Medikament, das heilt, sondern der Arzt, das heißt die Persönlichkeit des Arztes, insofern er psychischen Einfluß durch sie ausübt" (Freud 1905). Eine weitgreifende Definition von Strotzka (1975) lautet:

> "Psychotherapie ist ein bewußter und geplanter interaktioneller Prozeß der Beeinflussung von Verhaltensstörungen und Leidenszuständen, die in einem Konsensus (möglichst zwischen Patient, Therapeut und Bezugsgruppe) für behandlungsbedürftig gehalten werden, mit psychologischen Mitteln (durch Kommunikation) meist verbal, aber auch averbal, in Richtung auf ein definiertes, nach Möglichkeit gemeinsam erarbeitetes Ziel (Symptomminimalisierung und/oder Strukturänderung der Persönlichkeit) mittels lehrbarer Techniken auf der Basis einer Theorie des normalen und pathologischen Verhaltens".

Für alle Therapieschulen gilt als Ziel, daß der Patient im Rahmen einer professionell gestalteten Beziehungssituation in die Lage versetzt werden soll, sich mit seinem Selbst auseinanderzusetzen, es zu entwickeln und zu verändern; dabei bilden **Symptomreduzierung** und **Umstrukturierung** der Persönlichkeit die wichtigsten Veränderungskriterien. Die Einflußnahme des Therapeuten und die Art, wie er die Beziehung gestaltet, erfolgt auf der Grundlage methodisch definierter, lehr- und lernbarer Techniken, setzt also eine mehrjährige Weiterbildung und Selbsterfahrung voraus. Es ist zweckmäßig zu unterscheiden zwischen dem **Fachpsychotherapeuten**, der als speziell weitergebildeter Arzt (Facharzt für Psychotherapeutische Medizin oder Zusatztitel "Psychoanalyse" bzw. "Psychotherapie) oder Psychologe (Psychologischer Psychotherapeut) seine Therapieverfahren anwendet und dem Allgemeinarzt oder Facharzt in der Praxis, der unter Verwendung eines gewissen Repertoires von psychotherapeutischen Kenntnissen ein psychologisches Verständnis für den von ihm medizinisch behandelten Patienten entwickelt ("psycho-somatische Grundversorgung").

Da sich Psychotherapie in den jedermann zugänglichen Kategorien von Sprache und Beziehung abspielt, glauben manche Ärzte oder Psychologen, sich auf ihren gesunden Menschenverstand und ihre Intuition verlassen zu können ("Mit einem Patienten reden kann doch jeder"). Wahrscheinlich gibt es keine andere therapeutische Disziplin, in der die Verführung so groß ist, sich auf seine Alltagsüberzeugungen zu stützen und auf Expertenwissen zu verzichten.

Die Durchführung einer Psychotherapie setzt auf seiten des Patienten **Behandlungsbedürftigkeit** voraus; diese ist gegeben, wenn bei ihm Leidenszustände oder krankhafte Störungen im Bereich der Körperfunktionen, des Verhaltens, der Erlebnisverarbeitung oder der sozialen Beziehungen vorliegen und diese Störungen vom Patienten nicht willentlich beeinflußt werden können (so heißt es sinngemäß in den Psychotherapie-Krankenkassenrichtlinien). Wie dort weiter ausgeführt wird, muß der Krankheitsprozeß vom Untersucher im Rahmen seines Theoriesystems auf Krisen seelischen Geschehens oder auf pathologisch veränderte seelische Strukturen zurückgeführt werden können. Ferner wird in den Richtlinien ausgeführt: "Die Theoriesysteme müssen seelische und körperliche Symptome als Ausdruck des Krankheitsgeschehens eines ganzheitlich gesehenen Menschen wahrnehmen und berücksichtigen. Sie müssen den gegenwärtigen, lebensgeschichtlichen und gesellschaftlichen Faktoren in ihrer Bedeutung für das Krankheitsgeschehen gerecht werden". Auf diese als Krankheit diagnostizierten seelischen Störungen sollen die methodisch definierten therapeutischen Interventionen einen systematisch verändernden Einfluß nehmen und die Bewältigungsfähigkeit des Individuums verbessern. Psychotherapie im

Rahmen der kassenärztlichen Versorgung setzt also eine Krankheitstheorie und eine wissenschaftlich reflektierte Behandlungstechnik voraus; zur Zeit werden diese Voraussetzungen von den psychoanalytisch fundierten Therapien und der Verhaltenstherapie erfüllt; daneben sind auch übende und suggestive Verfahren (wie z.B. Autogenes Training) abrechenbar, ferner die **psychosomatische Grundversorgung**: "Dabei handelt es sich um eine möglichst frühzeitige, differentialdiagnostische Klärung psychischer und psychosomatischer Krankheitszustände in ihrer ätiologischen Verknüpfung und in der Gewichtung psychischer und somatischer Krankheitsfaktoren. Die psychosomatische Grundversorgung umfaßt seelische Krankenbehandlung durch verbale Interventionen und durch übende Psychotherapieverfahren bei akuten seelischen Krisen, auch im Verlauf chronischer Krankheiten und Behinderungen" (Richtlinien 1987).

Mit der Einführung der Psychotherapie als **Leistungspflicht der Krankenkassen** in der Bundesrepublik Deutschland (1967) wurden die neurotischen und psychosomatischen Störungen ansatzweise vom Odium der selbstverschuldeten, eingebildeten, nicht ganz ernst zu nehmenden Krankheit befreit und erhielten den gleichen Anspruch auf gesellschaftliche Rücksichten und therapeutische Hilfen wie jede organische Erkrankung. Freilich ist der Krankheitsbegriff in diesem Kontext nicht unumstritten, weil die Grenzen zwischen eindeutig krankhaften seelischen Prozessen und subjektiven Leidenszuständen, wie sie in jedem Leben unvermeidlich vorkommen, nicht immer leicht zu ziehen sind; die zweite unscharfe Grenze verläuft zwischen Psychotherapie als unbedingt notwendiger Therapiemaßnahme und psychotherapeutischer Begleitung, die mehr der Weiterentwicklung und Entfaltung der Persönlichkeit dient. Die Notwendigkeit, in einem Antrag an den Kassengutachter eine Interpretation des Krankheitsgeschehens zu liefern und einen Behandlungsplan aufzustellen sowie die Begrenzung der von den Krankenkassen finanzierten Anzahl von Therapiesitzungen sind pragmatische Versuche, die psychotherapeutische Krankenbehandlung im erforderlichen und wirtschaftlichen Umfang zu realisieren.

4.1.2 Therapiesetting und theoretische Fundierung

Psychotherapie kann in unterschiedlichen äußeren Rahmenbedingungen (settings) durchgeführt werden: In der Einzeltherapie arbeitet ein Patient mit einem Therapeuten zusammen, in der Paar- und Familientherapie sitzt der Therapeut zwei Partnern oder einer Familiengruppe gegenüber, in der Gruppenbehandlung umfaßt das Therapiesetting 8-10 Patienten; die Kindertherapie bezieht in unterschiedlichem Umfang die Eltern und Familienangehörigen in die Behandlung mit ein. In den meisten Psychotherapien (außer der Einzeltherapie) kann der Therapeut sich durch Co-Therapeuten unterstützen lassen. Eine Sonderstellung nimmt die stationäre Psychotherapie ein, die dem schwerer gestörten Patienten eine Verknüpfung von mehreren Therapien anbietet; darunter findet sich eine Vielzahl von Verfahren, die sich weniger auf das Gespräch als auf das Körpererleben beziehen (z.B. Bewegungstherapie) oder die sich kreativer Medien bedienen (z.B. Gestaltungstherapie, Musiktherapie); sie wirken erlebnisaktivierend für Patienten, die zunächst wenig Zugang zu ihrer inneren Welt haben und über Sprache wenig davon mitteilen können. Was auf diesem Wege ausgedrückt oder mitgeteilt werden kann, muß dann freilich in die Sprache der Worte übersetzt werden, damit der Patient das Erlebte für sich persönlich integrieren kann.

Wichtig für die Ausgestaltung einer Psychotherapie ist die theoretische Orientierung des Therapeuten bzw. seiner Institution. Wir konzentrieren uns in diesem Buch auf die **psychoanalytisch fundierten**, d.h. **konfliktaufdeckenden Psychotherapieverfahren**, ihre Ziele und Techniken werden im folgenden ausführlich beschrieben. Eine zweite wichtige Gruppe von Psychotherapien umfaßt die verhaltensmodifizierenden Verfahren, die ursprünglich rein lerntheoretisch fundiert waren und heute vielfältige andere Ansätze integrieren. Zwischen den Vertretern der psychoanalytisch aufdeckenden und der behavioralen Therapien gibt es seit jeher lebhafte Diskussionen über das, was therapeutisch wirksam ist, was wissenschaftlich nachgewiesen werden kann und nicht zuletzt über Therapieziele. Die Auseinandersetzungen beziehen sich auf grundsätzliche Unterschiede im Verständnis der menschlichen Person, sind aber darüber hinaus oft berufspolitisch überformt. Mittel- und längerfristig ist eine Annäherung und Integration der unterschiedlichen Therapieverfahren zu erwarten, da keine Gruppe ganz auf die unbestreitbaren Vorteile der übrigen Ansätze verzichten kann.

In Entwicklung begriffen ist die differentielle Indikation, aufgrund derer das jeweils geeignete Therapieverfahren für die jeweilige Störung gewählt werden kann. Ergänzende psychotherapeutische Verfahren stellen die übenden, hypnoiden Verfahren dar, in denen vorzugsweise Techniken der körperlichen Entspannung vermittelt werden (z.B. Autogenes Training, Entspannungstechnik nach Jakobson). Dabei lernt der Patient durch autosuggestive Techniken, seine Muskulatur zu entspannen und seine vegetativen Zentren umzustellen, um auf diesem Wege innerer Angespanntheit, Unkonzentriertheit oder auch Schlaflosigkeit zu begegnen.

Eine Reihe weiterer Psychotherapieverfahren, die nicht in die kassenärztliche Versorgung integriert sind, weisen unterschiedliche Behandlungstechniken auf, ähneln sich aber in ihrem Ansatz, die in der menschlichen Persönlichkeit bereitliegende Fähigkeit zu Wachstum und Selbstentfaltung zu aktivieren; hierzu rechnen z.B. die Gesprächspsychotherapie nach Rogers, das Psychodrama nach Moreno und die verschiedenen Ausformungen der Gestalttherapie. Diese Verfahren verzichten auf ein Krankheitsmodell, können aber therapeutisch genutzt werden; sie finden häufig Anwendung in der Beratung und Selbsterfahrung.

4.1.3 Grundlagen und Techniken der Gesprächsführung

Die folgenden Ausführungen beschreiben stichwortartig, wie der Untersucher/Therapeut eine günstige Gesprächsatmosphäre herstellen (oder zunichte machen) kann und welche Interventionen ihm zur Gestaltung des Gespräches zur Verfügung stehen. Hier werden zunächst einige allgemeine Grundsätze besprochen, die im nächsten Abschnitt hinsichtlich der Gesprächsziele (diagnostisch, therapeutisch, beratend etc.) unterschieden wird.
Die folgende Aufstellungen enthält eine Reihe von Haltungen und Interventionen, die geeignet sind, ein diagnostisches, therapeutisches oder allgemein ein ärztliches Gespräch positiv zu gestalten:

Zur Verfügung stehen

Den inhaltlichen Rahmen der Gesprächssituation definieren
Die relative Ungestörtheit der Situation sicherstellen (bzgl. Besuchen, Telefonaten, Terminen)
Die verfügbare Zeit definieren
Zum Sprechen ermutigen (durch offene Fragen)
Raum geben, Zeit lassen, zuhören
Im Kontakt bleiben (durch Blick, Mimik, paraverbale Äußerung)
störend: Die Rahmenbedingungen offenlassen, unter Zeitdruck sprechen, selber reden wollen, drängen

Anteilnehmende Beobachtung

Sich innerlich mit Interesse auf den anderen ausrichten
Sich in die Gefühlslage und Lebenssituation des anderen einfühlen
Sich von seinen Mitteilungen und seiner Ausstrahlung berühren lassen
Versuche, den anderen zu verstehen
Die entstehende Beziehungsgestalt erfassen
störend: Rasch nach Ursachen und Erklärungen suchen, Fakten ermitteln wollen, "bohrende" Fragen stellen

Positive Resonanz geben

Signale des Interesses und des Verstehens geben
Das Gehörte aufgreifen
Es wiederholen, paraphrasieren, zusammenfassen
Die emotionalen Erlebnisgehalte in Worte fassen
Das Gehörte akzeptieren und unterstützen
störend: Das Gehörte bewerten ("richtig/falsch"), dagegenhalten ("Sie haben keinen Grund ...")

Differenzieren

Weiterführende und klärende Fragen stellen
Differenzierungen vornehmen
Benachbarte Themen eröffnen
Zum Fragen ermutigen
störend: Ein einzelnes Thema "totreden", ohne Vorbereitung das Thema wechseln

Wir-Bildung

Sich über die Vorgehensweise einigen
Gemeinsamkeit in der Zielsetzung erarbeiten
(Arbeitsbeziehung etablieren)
Unterschiede und Gegensätze der Zielsetzung akzeptieren
(Grenzen der Kooperationsmöglichkeiten anerkennen)
störend: Zusammenarbeit als selbstverständlich unterstellen, Patienten moralisierend verpflichten, auf die Autorität des Experten pochen

Selektiv-authentische Mitteilungen

Mitteilungen von Wahrnehmungen des Therapeuten (spiegeln, aufmerksam machen)
Mitteilungen von Erleben und Emotionen des Therapeuten ("Antwort")
Mitteilungen von Vermutungen über Zusammenhänge (Interpretationen, Deutungen)
Mitteilungen von Fachinformationen (Beratung)
störend: Den Patienten durch den eigenen Affekt überfordern; überredende Ratschläge geben, theoretische Interpretationen geben

Die Schwierigkeit der Gesprächsführung im Sinne der sechs genannten Punkte liegt darin, daß der Untersucher/Therapeut den Fokus seiner Aufmerksamkeit immer wieder verändern muß: Er versucht sein Gegenüber, den Patienten, wahrzunehmen und kennenzulernen, zunächst von außen objektivierend, dann auch empathisch einfühlend, wobei er die Inhalte der Mitteilung ebenso beachten muß wie die nonverbale Ausstrahlung; zugleich ist er bemüht, die eigene emotionale Resonanz auf den anderen zu registrieren und schließlich versucht er das Ganze der sich herstellenden Beziehung, das "Wir" der gemeinsamen Interaktion zu erfassen. Das ist viel verlangt und so wird der einzelne meist eine der Ebenen besser erfassen können als die übrigen, vielleicht sogar manche völlig aus dem Auge verlieren. Das ist kein Nachteil, denn gerade die Akzente und Lücken der Beobachtung liefern wichtige Hinweise auf die beteiligten Persönlichkeiten und ihre Art, eine Beziehungssituation zu gestalten. Wenn der Untersucher zudem in einer Selbsterfahrungs- oder Balintgruppe etwas von seinen persönlichen Eigenheiten oder Schwierigkeiten kennenlernen konnte, vermag er auch den Anteil des Patienten an der Beziehungsgestaltung leichter zu verstehen.

Das gemeinsame Anliegen der oben aufgeführten Punkte ist die **Aufnahme der Beziehung** zum Patienten und die **Aushandlung der Kooperationsmöglichkeiten**. Erst auf der Grundlage der Beziehung ist es möglich, die gemeinsame Arbeit aufzunehmen. Der letztgenannte Punkt, die selektiv-authentischen Mitteilungen des Therapeuten, berührt bereits die diagnostischen und therapeutischen Techniken, die in den folgenden Abschnitten ausführlicher besprochen werden.

4.1.4 Zielsetzungen des Gespräches

Alltagsgespräche dienen in erster Linie dem Kontakt, der Herstellung und Aufrechterhaltung von Beziehungen, aber auch ihrer Regulierung und Umgestaltung, indem der eine auf den anderen einzuwirken versucht. Zum anderen werden in Gesprächen auf unterschiedlichen Beziehungsebenen stets auch Information ausgetauscht.

Das professionelle Gespräch mit seiner diagnostischen oder therapeutischen Zielsetzung gleicht dem Alltagsgespräch insofern, als es nur dann wirksam wird, wenn eine tragfähige Beziehung zum Gegenüber hergestellt werden konnte; im Unterschied zum Alltagsgespräch hat es jedoch auch einen artifiziellen, experimentellen Charakter, weil es verabredungsgemäß ein persönliches Gespräch unter Fremden darstellt, die sich im Rahmen eines gesellschaftlich verabredeten Rollenmusters begegnen. Therapeut und Patient füllen sehr unterschiedliche Rollen aus, so daß sich eine asymmetrische und komplementäre Beziehung zwischen Hilfesuchendem und Helfer ergibt. Innerhalb dieser asymmetrischen Beziehung stellt sich ihnen eine gemeinsame Aufgabe, die sie in begrenzter Zeit und unter Einhaltung bestimmter Regeln zu lösen haben. Als wichtigste Aufgaben professioneller Gespräche im psychotherapeutischen Bereich lassen sich unterscheiden: die diagnostische Klärung einer Störung (diagnostisches Gespräch), die therapeutische Beeinflussung einer Störung (therapeutisches Gespräch), die Beratung im Umgang mit gegebenen Störungen (Beratungsgespräch), die stützende Begleitung bei aktuellen, u.U. krisenhaften Belastungen (stützendes Gespräch). Es empfiehlt sich für den Therapeuten, sich möglichst bald nach der Kontaktaufnahme klarzumachen, welche Art von Gespräch stattfinden soll, d.h. welches Anliegen der Patient hat und welches Angebot der Therapeut machen kann und will. Im folgenden werden die für die einzelnen Gesprächstypen charakteristischen Vorgehensweisen des Therapeuten aufgelistet.

Das diagnostische Gespräch

a) Beziehungsaufnahme (s. 4.1.3: Zur Verfügung stehen, anteilnehmende Beobachtung, positive Resonanz geben)
b) Systematisches Sammeln von Fakten und Verstehen ihrer subjektiven Bedeutung:
   bezüglich Befinden, Beschwerden, Erkrankung, Behandlungsversuchen
   bezüglich aktueller äußerer Lebenssituation und darin enthaltenen Lebenskonflikten
   bezüglich intrapsychischer Konflikte und Verletzlichkeiten
   bezüglich Beziehungsinszenierungen in der Patient-Therapeut-Situation
   bezüglich lebensgeschichtlicher Wurzeln des aktuellen Erlebens
c) Hypothesenbildung über den Zusammenhang zwischen aktueller Störung, äußerer Belastung, innerem Konflikt und lebensgeschichtlicher Prägung
d) Einschätzung der Verlaufs- bzw. Therapieprognose
e) Erarbeitung einer Therapiemotivation und ggfs. einer therapeutischen Arbeitsbeziehung
f) Erstellung eines Behandlungsplanes (Indikationsentscheidung)

Die Techniken der Diagnostik werden im einzelnen in Kapitel 3 dargestellt, hier geht es vor allem um die Abgrenzung unterschiedlicher Gesprächsziele.

Das therapeutische Gespräch

a) Vorausgegangen im diagnostischen Gespräch: Beziehungsaufnahme und diagnostische Abklärung
b) Vorausgegangen im diagnostischen Gespräch: Verabredung des Rahmens der therapeutischen Zusammenarbeit (Zeit, Setting, Regeln, Finanzierung)
c) Anreichern und Durcharbeiten der im diagnostischen Gespräch entwickelten Konfliktthemen
d) Erarbeitung eines Verständnisses der Zusammenhänge
e) Erarbeitung von Alternativen (neue

Erlebnismöglichkeiten, andere Verhaltensmuster, Zukunftsplanung und Neuorientierung)

f) Am Ende der Therapie: Akzeptieren von Grenzen und Abschieden

Hier wird nur die prinzipielle Abfolge therapeutischer Themen angedeutet, die ausführliche Darstellung der Techniken erfolgt in Kapitel 4.2

Das beratende Gespräch

a) Beziehungsaufnahme (zur Verfügung stehen, anteilnehmende Beobachtung, positive Resonanz geben)
b) Das Informationsanliegen des Patienten herausarbeiten
Ihn ermutigen, Fragen zu formulieren
c) Dem Patienten Informationen geben (z.B. über Befunde, Diagnosen, geplante Eingriffe, Medikationen, über Chancen und Risiken)
d) Den Patienten ermutigen, emotionale Reaktionen mitzuteilen
Selber Signale des einfühlenden Verstehens geben
e) Angebot, zur Verfügung zu stehen für weitere Fragen und im Falle zunehmender emotionaler Belastung

Im beratenden Gespräch tritt der Therapeut mit seiner Persönlichkeit stärker in Erscheinung als in den übrigen Gesprächsformen. Er muß entscheiden, was er dem Patienten an Belastungen zumuten kann (z.B. in der Mitteilung gravierender Befunde und Diagnosen); dabei ist nicht zu vermeiden, daß er selbst durch den Inhalt des Gespräches persönlich berührt wird (z.B. bei Themen der lebensgefährlichen Erkrankung oder der Wahrscheinlichkeit des Sterben-müssens, Fragen der Sexualität, der Empfängnisverhütung oder Abtreibung). So ist es wichtig, daß er im Umgang mit diesen heiklen Gesprächsthemen seinen Stil findet, der die Grenzen eigener Belastbarkeit ebenso beachtet wie jene des Patienten. Es ist jedem Arzt und Psychologen zu wünschen, daß er die Gelegenheit findet, sich in Beratungsgesprächen praktisch zu üben und eine relativ sichere Vorstellung von den eigenen Möglichkeiten und Grenzen zu erwerben (z.B. in entsprechenden Seminaren, Balintgruppen, Anamnesegruppen usw.), weil er sonst gezwungen ist, in einem der wichtigsten Bereiche der Medizin, der Begegnung mit dem Patienten autodidaktisch unprofessionell zu verfahren.

Das stützende Gespräch

a) Beziehung aufnehmen (zur Verfügung stehen, anteilnehmende Beobachtung, positive Resonanz geben)
b) Zur Mitteilung ermutigen und sie entgegennehmen (Anhören)
c) Den Ausdruck der zugehörigen Affekte zulassen
d) Die aktiven Belastungen bzw. die vorauslaufenden Konflikte benennen, ordnen
Überblick und Distanz schaffen
e) Ansatzpunkte für die eigene Initiative herausarbeiten
f) soziale Verbindlichkeiten schaffen (Terminplanung, Einbeziehung Dritter)

Das stützende Gespräch hat fließende Übergänge zur psychotherapeutischen Krisenintervention (s. Kapitel 4.4); es wirkt bereits dadurch stützend, daß der Belastete sich mitteilen kann und angehört wird, daß seine Affekte von einem anderen ausgehalten werden. Emotionale Ausbrüche müssen nicht wie Blutungen sofort gestoppt werden; es wirkt entlastend, ihnen vorübergehend freien Lauf zu lassen und stabilisierend, wenn anschließend die kognitive Kontrolle und Handlungskompetenz wiedergewonnen werden.

4.1.5 Die therapeutische Beziehung

Der viel verwendete Begriff "Arzt-Patient-Beziehung" oder "Patient-Therapeut-Beziehung" scheint inhaltlich klar zu sein; gleichwohl beinhaltet er ein so vielschichtiges Geschehen, daß es zweckmäßig ist, die einzelnen Beziehungsebenen gesondert zu untersuchen. Als Grundlage für die Begegnung zwischen einem Patienten und einem professionellen Helfer bestehen gesellschaftliche Konventionen, die beiden Partnern typische Rollen zuweisen, diese sind verschieden, und zwar asymmetrisch komplementär. Der Soziologe T. Parsons (1979) hat für die soziale **Rolle des Patienten** das Anrecht auf Schonung, Rücksicht und Behandlung hervorgehoben, verbunden mit der Verpflichtung, sich um seine Gesundung zu bemühen und seine Verpflichtung, sich vom Experten helfen zu lassen. Je nach dem sozialen Status des Patienten ist seine Unterordnung und Hilfserwartung gegenüber der Kompetenz und Autorität des Helfers unterschiedlich stark ausgeprägt. Je größer die ohnehin bestehende Statusdifferenz zwischen Patient und Arzt ist, desto stärker betont der Patient die hilfreiche Autorität des Arztes, dem er sich fügt, an die er aber auch starke passive Erwartungen richtet. Nicht uninteressant ist die Tatsache, daß sich auf der Seite der Patienten gegenwärtig häufiger Frauen, auf der Helferseite mehr Männer finden (je nach Institution in der Größenordnung von 60:40 oder 70:30). Die soziale **Rolle des Helfers** ist spiegelbildlich zu der des Patienten gestaltet: Er hat die Verpflichtung zu helfen, vorhandene Beschwerden zu lindern und Gesundheit zu fördern. Dazu wird ihm eine gewisse Verfügungsgewalt über den Patienten, speziell über dessen Körper und seine Lebensweise eingeräumt. Für seine Leistungen steht ihm eine Bezahlung zu, ohne daß er die Notlage des Patienten wirtschaftlich ausnutzen darf. Angesichts des Ungleichgewichts von Macht und Ohnmacht der beiden Partner wurden ethische Normen etabliert, um den Patienten zu schützen.

Das alles scheint selbstverständlich, aber es bedarf nur eines Blickes auf ein z.B. afrikanisches oder asiatisches Medizinsystem, um zu zeigen, wie stark die ritualisierten Interaktionen auch unseres Medizinsystems in unserer soziokulturellen Tradition und in deren Verständnis von Krankheit und Gesundheit wurzeln.

In dieser allgemeinen Beziehungsmatrix unterscheidet sich das berufliche Selbstverständnis des Psychotherapeuten von dem des Arztes. Während der Arzt gegenüber seinem Patienten eine aktive Verantwortungshaltung einnimmt, also aufgrund seiner Expertenschaft entscheidet, anordnet und handelt, betont der Psychotherapeut die Gemeinsamkeit der therapeutischen Bemühungen und die Eigenaktivität und Selbstverantwortung des Patienten. Als **psychotherapeutische Grundhaltung** gilt in allen psychotherapeutischen Schulen idealerweise eine wohlwollend freundliche, respektvolle und um Verständnis bemühte Einstellung zum Patienten, die auch über längere Zeit verläßlich aufrechterhalten wird. Von psychoanalytisch orientieren Therapeuten wird zudem der Verzicht auf eigene Handlungsabsichten, eine "wohlwollende Neutralität" angestrebt; der Therapeut bemüht sich, den Patienten absichtslos, unbefangen, voraussetzungslos", in gleichschwebender Aufmerksamkeit" zu begleiten (Freud 1912). Die therapeutische Grundeinstellung als Ergebnis langjähriger Schulung soll es dem Therapeuten ermöglichen, auch unter schwierigen Bedingungen Kontakte herzustellen und Beziehungen aufrechtzuerhalten, sie stellt die Grundlage seiner interaktionellen Kompetenz dar.

Es versteht sich von selbst, daß der Therapeut, um sich diesem Beruf zuwenden zu können, im Laufe seiner Lebensgeschichte ein starkes Interesse für Menschen und eine Helfermotivation entwickelt haben muß. Dabei bildet die Erfahrung, daß eigene Probleme bewältigt und schwierige Entwicklungsbedingungen im Rahmen einer oft langen Selbsterfahrung (Lehranalyse) verarbeitet werden können, eine wichtige Voraussetzung.

Patient und Therapeut machen einander ihre jeweils individuellen, spezifischen **Beziehungsangebote**. Dabei wird vom Therapeuten erwartet, daß er seine eigenen Beziehungsmotive und Interaktionsstereotype durch die Selbsterfahrung so gut kennengelernt hat, daß er sie nicht mit denen des Patienten vermischt; vielmehr soll er sie so gut steuern können, daß er die eigenen Interessen und die des Patienten stets auseinanderhalten kann. Wenn das mißlingt, werden therapeutische Beziehungen zu persönlichen

Beziehungen, in denen der Therapeut aufgrund seiner stärkeren Position seine Interessen eher befriedigen kann, so daß zurecht von einem Mißbrauch der therapeutischen Situation gesprochen wird.
Wenn sich der Therapeut entsprechend der therapeutischen Grundhaltung in der Strukturierung der Beziehungssituation zurückhält, tritt automatisch das Beziehungsangebot des Patienten in den Vordergrund. Die angebotene offene Beziehungsgestalt wird vom Patienten nach seiner Erfahrung und Erwartung geschlossen. Er inszeniert seine unbewußten frühen Beziehungskonflikte und seine bevorzugte Art ihrer Bewältigung. Als Regisseur der Szene trägt er dem Therapeuten eine bestimmte Rolle an (die eines ersehnten, nie erreichten, enttäuschten, drohenden, strafenden, verfügbaren usw. Objekts).
Auf einer strukturell reifen Ebene handelt es sich dabei um das **Übertragungsangebot** des Patienten, der bestimmte historische Personen seiner Lebensgeschichte im anderen sucht und wiederzufinden glaubt. Wenn die zentrale Persönlichkeitsstruktur des Patienten regrediert oder wenig ausgereift ist, enthält sein Beziehungsangebot nicht die Aspekte einer historischen personalen Übertragung, sein Angebot scheint das einer Nicht-Beziehung. Anstelle einer "Szene" entsteht eine Atmosphäre der Spannung, des Mißtrauens, der diffusen Bedürftigkeit, des Sich-Nicht-Erreichens und Nicht-Verstehens. Differentialdiagnostisch hilfreich ist das Erleben der **Gegenübertragung** auf seiten des Therapeuten. Im Falle eines personalen Übertragungsangebotes in einer Szene antwortet auch seine Gegenübertragungsphantasie mit szenischen Bildern; er erlebt objektgerichtete Emotionen und Handlungsimpulse, die ihm selbst und seiner Beziehung zum Patienten eine relativ klare Kontur geben. Bei einer "frühen" Störung des Patienten richtet dieser kein personales Übertragungsangebot an den Therapeuten, sondern signalisiert direkte Ansprüche auf Bedürfnisbefriedigung bzw. Erlösung aus einer unerträglichen Frustrationsspannung (bei gleichzeitig unbewußter Betonung, daß niemand das Bedürfnis befriedigen und die Erregungsspannung lindern kann). Der Therapeut kann dies auch an seinem typischen Gegenübertragungserleben ablesen: Er fühlt sich auf diffuse Weise aktiviert, gefordert, beunruhigt, besorgt, bedroht, verwirrt, gelähmt, zunichte gemacht; es leitet sich für ihn daraus keine personale Rolle ab, die er übernehmen und in der er die Szene mitgestalten könnte. Bezogen auf unser Modell der frühen Störung entsteht keine Interaktion zwischen klar abgegrenzten Objekten, sondern es teilen sich Befindlichkeiten eines Subjektes mit, das vom Objekt noch nicht sicher geschieden ist.
Wenn bisher von der Gegenübertragung als Antwort des Therapeuten die Rede war, so wird damit deren reaktiver Teil betont. Es gibt freilich auch Übertragungen, die der Therapeut aufgrund seiner Geschichte auf den Patienten entwirft. Speziell im Umgang mit altersverschiedenen Patienten (sehr jungen oder deutlich älteren Menschen) wird für den Therapeuten die eigene Kindes- oder Elternübertragung spürbar, die er auf den Patienten entwirft.
Das bisher beschriebene interaktionelle Geschehen erfolgt reflektorisch, es stellt sich initial in jeder Begegnung her. Was danach folgt, ist ein **Aushandlungsprozeß:** Beide Beteiligte versuchen, die Situation entsprechend ihrem Beziehungsentwurf zu gestalten, insbesondere bemühen sie sich, den anderen für die ihm angetragene Rolle zu gewinnen. Die Kunst des Therapeuten besteht darin, diesen Vorgang aufzuzeigen und ihn mit dem Patienten gemeinsam zu untersuchen. Das erfordert auf seiten des Therapeuten Taktgefühl und Intuition und verlangt vom Patienten, die emotionale Belastung einer solchen Reflektion auf sich zu nehmen und die angebotene Einsicht zu verkraften. Zugleich beginnt damit die therapeutische Arbeit. Wenn es dem Patienten gelungen ist, den Therapeuten für sein Problem zu interessieren und wenn es dem Therapeuten gelingt, den Patienten für seine Technik des Darübernachdenkens zu gewinnen, ist die Grundlage der **therapeutischen Arbeitsbeziehung** geschaffen. Es ist dies ein Kooperationsmuster, in dem beide motiviert sind, den begonnenen

Weg miteinander weiterzugehen, weil sie dies für notwendig, zweckmäßig und aussichtsreich halten und weil sie einander die dafür nötige Kompetenz und Tragfähigkeit zuschreiben. Der Arbeitsaspekt liegt für den Patienten insbesondere in der Bereitschaft, mit den vom Therapeuten vorgeschlagenen Mitteln auf ein gemeinsam definiertes Ziel hinzuarbeiten.

Der interaktionelle Aushandlungsprozeß kann freilich statt in die therapeutische Kooperation auch in ein Trennungsmuster münden: die Partner beschließen, ihre Interaktionsangebote und Überzeugungsversuche einzustellen und sich voneinander zu trennen.

Die therapeutische Arbeitsbeziehung gründet zu einem guten Teil auf der **Arbeitsmotivation** beider Partner; sie haben unterschiedliche Gründe, die Anstrengung auf sich zu nehmen. Für den Therapeuten ist der Beruf, der Erwerb des Lebensunterhaltes eingebettet in eine persönliche Helfermotivation sowie in ein allgemeines Interesse an anderen Menschen und in wissenschaftliche Ambitionen. Der Patient ist aus seiner Not heraus motiviert; aus dem Leiden an seiner Symptomatik und seinen Problemen hat er oft nach langem Zögern die Entscheidung getroffen, jetzt etwas zu unternehmen, sich einer Person und einer Methode anzuvertrauen. Er stützt sich dabei meist auf Empfehlungen von Angehörigen, Freunden oder Ärzten, die aus eigener Erfahrung seine Hoffnungen unterstützen. Über den Wunsch hinaus, passiv "behandelt" zu werden, kann sich der Patient in den diagnostischen Vorgesprächen für eine aktive Mitarbeit gewinnen lassen. Seine Motiviertheit beinhaltet den Wunsch nach Veränderung, die Bereitschaft, darauf hinzuarbeiten, auch wenn das emotionale Belastung bedeutet, und die Hoffnung, daß das eigene Bemühen mit der professionellen Unterstützung zu einem

Aspekte der Patient-Therapeut-Beziehung

Patient	Therapeut
"Patient" als soziale Rolle	"Professioneller Helfer" als soziale Rolle Psychotherapeutische Grundhaltung
Persönliches Beziehungsangebot (Als Verarbeitung der zentralen Beziehungserfahrung)	Persönliches Beziehungsangebot (Als Verarbeitung der zentralen Beziehungserfahrung)
Übertragungsangebot (Als Ausdruck des zentralen Beziehungskonflikts)	Gegenübertragungsangebot
Motivation zur Zusammenarbeit	Motivation zur Zusammenarbeit

Diagnostische oder therapeutische Interaktion als Aushandlungsprozeß

führt zu

Therapeutischer Arbeitsbeziehung
(Kooperationsmuster)

oder

Trennungsmuster

Tabelle 4.1.5

positiven Ergebnis führt. Die Motivationselemente des Patienten müssen meist vor der Therapie erst erarbeitet werden, ihr Vorhandensein oder Fehlen ist von größter prognostischer Bedeutung.
Therapeutische Arbeitsbeziehung ist nicht gleichbedeutend mit wechselseitiger Sympathie; häufig bedeutet sie die Entschlossenheit, unübersehbare Beziehungsschwierigkeiten (z.B. Mißtrauen, Angst, Feindseligkeit auf seiten des Patienten) gemeinsam zu bearbeiten. Voraussetzung dafür ist ein gewisses Zutrauen des Patienten in die fachliche Kompetenz und persönliche Eignung des Therapeuten und auf seiten des Therapeuten ein basaler Respekt für die Persönlichkeit des Patienten und die Akzeptanz für seine lebensgeschichtliche Geprägtheit.

4.1.6 Prognose und Indikation

Der medizinische Begriff der Indikation meint, daß ein Behandlungsverfahren bei einer bestimmten Störung zwingend angezeigt ist, weil die Ursachen der Störung dies erfordern oder weil die Symptomatik nur auf diesem Wege gelindert oder Gefahr abgewehrt werden kann. Psychotherapie ist dagegen niemals "zwingend" indiziert, vor allem kann sie nicht nur mit Blick auf die Krankheit und unabhängig von der Meinung des Patienten indiziert werden.
Verstehen wir also Indikation zunächst eher als Eignung eines bestimmten Psychotherapieverfahrens für einen Patienten mit einer spezifischen Störung. Gleichwohl wurden Indikationsfragen der Psychotherapie und ganz besonders in der Psychoanalyse stets eingehend erörtert (Baumann und Wedel 1981). In den Anfängen der Psychoanalyse fand man, daß Hysterien und Zwangsneurosen von Psychoanalyse profitierten, wogegen narzißtische Neurosen wegen ihrer Unfähigkeit zur Übertragung nicht geeignet schienen. Gleichwohl wurde, wie schon Fenichels 10-Jahres-Berichte der Berliner Psychoanalytischen Poliklinik erkennen ließen, stets auch Psychotherapie jenseits der klaren Indikationsgrenzen durchgeführt, z.B. wurden "um die Zugänglichkeit und etwa nötige Modifikation der psychoanalytischen Technik zu erproben, auch leichte Psychosen, Psychopathien, Kriminelle und mannigfache Charakteranomalien behandelt".
Im folgenden werden Themen der Prognose und Indikation im Hinblick auf Psychotherapie allgemein erörtert; Indikationen für spezielle Therapieverfahren, wie z.B. Gruppenpsychotherapie interaktionelle Therapie, Krisenintervention usw. werden im Zusammenhang mit den jeweiligen Therapien erörtert.
Diagnosen geben nur wenig sichere Anhaltspunkte für die Psychotherapie-Indikation; seit jeher sind **prognostische Gesichtspunkte** dafür ausschlaggebend. Dabei wurden zunächst vor allem Persönlichkeitsmerkmale des Patienten im Hinblick auf die psychotherapeutische Beeinflußbarkeit beachtet. Freud (1904) nennt "Erziehbarkeit als die Eigenschaft, auf die es für die Brauchbarkeit der psychoanalytischen Behandlung ankommt"; gemeint ist damit die Entwicklungsfähigkeit und Veränderbarkeit des Patienten. Im Laufe der Zeit entwickelte sich aus der reichen psychoanalytischen Therapieerfahrung eine evidente Vorstellung von den prognostisch relevanten Persönlichkeitsmerkmalen, wie sie z.B. von Heigl (1972) zusammenfassend dargestellt wurden. Ergänzend dazu haben wir inzwischen gelernt, nicht allein die Persönlichkeit des Patienten prognostisch einzuschätzen, sondern den interaktionellen Prozeß zwischen Patient und Therapeut zu berücksichtigen. Es ist der Patient, der sich entschließt, z.B. seine Herzangst kardiologisch oder psychotherapeutisch behandeln zu lassen; es sind sein Krankheitskonzept und seine Therapieerwartung, die er an den Therapeuten heranträgt; der Therapeut seinerseits macht dem Patienten ein bestimmtes Angebot, z.B. das eines konfliktaufdeckenden Gespräches, in welchem er biographische Zusammenhänge erfragt und Konfliktthemen in Probedeutungen anspricht. Wenn der Patient bereit ist, darauf einzugehen, ist er in den Augen des Therapeuten kooperativ und einsichtig. Wenn beide Gesprächspartner für die Fortführung der therapeutischen Gesprä-

che motiviert sind, wenn einer den anderen für kompetent und schätzenswert hält und wenn sich beide auf einen therapeutischen Rahmen (Setting, Zeit, Bezahlung) einigen konnten, dann stellt dieser gelungene Prozeß der Begegnung und Aushandlung das wichtigste prognostische Merkmal dar. Es gibt keinen zuverlässigeren Prädiktor für eine effektive therapeutische Beziehung als diese frühen Formen der Beziehungsaufnahme, die sich bereits im diagnostischen Gespräch einschätzen lassen.
Indikation zur Psychotherapie ist somit eine Frage der Passung zwischen der Hilfserwartung des Patienten und dem Angebot des Therapeuten und auch umgekehrt zwischen dem, was der Patient an Beziehungen (oft genug an schwierigen Beziehungen) anbietet und dem, was der Therapeut an Beziehungsgestaltung zu leisten vermag. Unter dieser interaktionellen Prämisse lassen sich die prognostisch relevanten Persönlichkeitsmerkmale sowohl als faktische Gegebenheiten der Person (der Patient besitzt das Merkmal Entwicklungsfähigkeit) wie auch als interaktionelle Zuschreibung (der Therapeut hält den Patienten für entwicklungsfähig) verstehen. Die folgende Liste prognostischer Merkmale, die sich sowohl individuell wie interaktionell lesen läßt, hat sich psychotherapeutisch bewährt.

1. Motivationale Faktoren beim Patienten

Leidensdruck: "Der nächste Motor der Therapie ist das Leiden des Patienten und sein daraus entspringender Heilungswunsch" (Freud 1913). Im gegenteiligen Fall zieht der Patient z.B. mehr Nutzen als Leiden aus seiner Symptomatik.

Krankheitsgefühl: Der Patient anerkennt rational und emotional, daß der krank ist und Hilfe braucht. Im gegenteiligen Fall wird das Kranksein verleugnet (z.B. bei der Magersucht als das Bemühen, eine schlanke Figur zu bekommen).

Einsicht: Das Interesse und die Fähigkeit, sich selbst introspektiv zu verstehen und z.B. Zusammenhänge zwischen seiner psychischen Verfassung und seiner Krankheit herzustellen. Im gegenteiligen Falle werden Erklärungen für die eigene Situation bevorzugt außerhalb der eigenen Person gesucht.

Konfliktbewußtsein: Gemeint ist die Einsicht in eigene intrapsychische Schwierigkeiten oder in die eigene Beteiligung an interpersonellen Konflikten; das Gegenteil meint die Verleugnung innerer und äußerer Konflikte.

Veränderungswunsch: Der Veränderungswunsch beschränkt sich nicht auf den Wunsch nach Symptomwegfall, sondern schließt auch die Absicht ein, die inneren Einstellungen und äußeren Gegebenheiten zu verändern.

Bereitschaft, selbst aktiv zu werden: Der Patient ist bereit und in der Lage, eigene Beiträge zur therapeutischen Zusammenarbeit zu liefern. Im gegenteiligen Falle überwiegt die passive Erwartung, von einem mächtigen Helfer geheilt oder getragen zu werden.

Bereitschaft zu emotionaler Belastung: Der Patient ist bereit und in der Lage, sich den schmerzlichen Affekten auszusetzen, die zwangsläufig aufkommen, wenn er sich mit seinen unbewältigten Konflikten konfrontiert. Im gegenteiligen Fall vermeidet der Patient emotionale Belastung, indem er die Konfliktthemen nicht an sich heranläßt.

2. Strukturelle Faktoren in der Person des Patienten

Narzißtische Kränkbarkeit: Erschwert die selbstkritische Betrachtung der eigenen Situation und ihrer Konflikte.
Agiertendenzen: Erschwert das Reflektieren der eigenen Situation, weil stattdessen rasch Handlungsimpulse aktiviert werden.

Suchtzüge: Bedeuten das Ausweichen vor Belastungen durch das Festhalten an Ersatzbefriedigungen.

Autodestruktive Tendenzen: Positive Entfaltungs- und Entwicklungsmöglichkeiten werden durch selbstquälerische und selbstzerstörerische Impulse unterlaufen.

Kontaktvermeidung: Durch emotionale Distanzierung und sozialen Rückzug umgeht der Patient notwendige Klärungen und Regulationen von Beziehungen.

Paranoides Mißtrauen: Projektionsneigungen, präventive Aggressivität und Entwertung der Objekte erschweren die Beziehungen.

Mangelnde Impulskontrolle: An die Stelle von Denken, Vorstellen und Phantasieren tritt der Impuls, sofort entsprechend dem aktuellen Bedürfnis zu handeln.

Mangelnde Affekttoleranz: Aufkommende negative Affekte können nicht ertragen werden.

Ausgeprägter Krankheitsgewinn: Die Symptomatik bringt Ersatzbefriedigungen, das Kranksein schafft Vorteile, die schwer aufgegeben werden können.

3. Interaktionelle Faktoren

Der Therapeut sieht bei seinem Patienten **entwicklungsfähige** kreative Seiten.

Der Therapeut sieht bei seinem Patienten **kooperative** motivierte Seiten.

Der Therapeut ist emotional angesprochen durch die Unausweichlichkeit der **lebensgeschichtlichen Entwicklung** bei seinem Patienten.

Der Therapeut spürt Respekt für die bisherige **Lebensbewältigung** seines Patienten.

Der Therapeut **versteht** gut, um welche Problematik es sich bei dem Patienten handelt.

Der Therapeut ist überzeugt, daß er mit **seinen therapeutischen Mitteln** und mit seiner Persönlichkeit diesen Patienten fördern kann.

Der Therapeut ist **motiviert**, die Behandlung bei diesem Patienten durchzuführen.

Der Patient hält den **Therapeuten** für **willens und kompetent**, ihn zu behandeln.

Die erste Gruppe der prognostisch bedeutsamen motivationalen Faktoren stellen vor allem **positive Merkmale** des Patienten dar, die vom Therapeuten registriert oder aufgrund einer positiven Einstellung des Therapeuten dem Patienten zugeordnet werden. Die dritte Liste der prognostisch bedeutsamen interaktionellen Faktoren beschreibt das gleiche Thema nun aber ausdrücklich aus der Sicht der positiven, motivierten, kooperativen Beziehungen, die beim Therapeuten von dem Gefühl eigener Kompetenz und wechselseitiger Wertschätzung getragen ist. Die zweite Liste der prognostisch bedeutsamen strukturellen Faktoren beschreibt am ehesten Elemente der persönlichkeitsstrukturellen Vulnerabilität, die es dem Patienten schwer machen, eine Beziehung herzustellen und sein Ich im Gleichgewicht zu halten; ihr Vorliegen macht die Therapie schwieriger, aber nicht unmöglich. Wenn der Therapeut jedoch viele der motivationalen Faktoren (Liste 1) bei seinem Patienten vermißt, liegt die Vermutung nahe, daß er auch keine besonders gute Beziehung zu diesem Patienten aufnehmen konnte. Wenn aber viele der interaktionellen Faktoren aus der dritten Liste vom Therapeuten ungünstig eingeschätzt werden, sollte er die Therapie lieber nicht beginnen, weil wichtige Voraussetzungen im Bereich der therapeutischen Arbeitsbeziehung nicht gegeben sind. Nach unseren Untersuchungen stellen diese Einschätzungen einen bedeutsamen Prädiktor für das Zustandekommen und den effektiven Verlauf der Therapie dar. Es ist dieser positive Vorweg-Entwurf des Therapeuten, der die Therapie über lange Zeit bis zu einem positiven Ergebnis trägt (Rudolf 1991, Rudolf und Manz 1993).

4.1.7 Therapeutischer Veränderungsprozeß

Der Grundgedanke aufdeckender Psychotherapie lautet: eine verläßliche Beseitigung der Symptomatik erfolgt dadurch, daß die unbewußten Wurzeln der Symptomatik aufgedeckt werden und die dort befindlichen konflikthaften Persönlichkeitsbereiche umstrukturiert werden. Der Gegenstand dieser aufdeckenden und umstrukturierenden Therapie ist allgemein gesprochen das Selbst des Patienten und seine Beziehung zu den Objekten. Der Patient, der sich als Subjekt diesem Prozeß unterzieht, macht sich selbst, seine Person und sein Leben zum Gegenstand der Aufdeckung und Veränderung. Im Unterschied zu einer Selbstanalyse, die jemand alleine, z.B. über die Verfertigung von Tagebüchern oder anderen künstlerischen Produktionen vornehmen könnte, erfolgt die therapeutische Analyse i n n e r h a l b einer Beziehung zu einem Therapeuten; der Gegenstand, "das Selbst und seine Beziehungen", wird dadurch fokussiert (hier) und aktualisiert (jetzt) auf "das Selbst in seiner Beziehung zum Therapeuten".

Welches sind die unbewußten und vorbewußten Aspekte, die in der Therapie aufgedeckt und umstrukturiert werden sollen? In der Logik unserer Untersuchung geht es um

unbewußte Konflikte, d.h. psychodynamisch unbewußt wirksame Kräfte im Sinne von
- ungelebten Bedürfnissen
- verdrängten Gefühlen (Angst, Schmerz, Wut, Scham, Schuld)
- verdrängten szenischen Erinnerungen (enttäuschenden kränkenden, ängstigenden Beziehungserfahrungen)
- nicht bewußte Normen und Idealansprüchen

Vulnerabilität der psychischen Struktur (unbewußt oder vorbewußt) im Sinne von
- Kränkbarkeit
- Verletzlichkeit
- Störbarkeit, Erregbarkeit
- Angstbereitschaft
- Objektbedürftigkeit

Störungen der Regulationsprozesse: Einseitigkeit, Rigidität oder Insuffizienz des
- Abwehrstils und
- Bewältigungsstils

Die drei Punkte der unbewußten bzw. vorbewußten Dynamik beeinflussen sich gegenseitig: Die unbewußten Konflikte stellen die zentralen Themen dar, die einen Menschen früh geprägt haben und die ihn sein Leben lang beschäftigen; seine spezifische strukturelle Vulnerabilität setzt einen weiteren Akzent in seinen zentral wichtigen Themen (z.B. daß jemand auf bestimmte Gegebenheiten sehr angewiesen oder für bestimmte Themen sehr empfänglich ist), zugleich markiert die Verletzlichkeit die Grenzen seiner Belastbarkeit (daß jemand durch bestimmte Ereignisse schnell kränkbar, störbar, erregbar, enttäuschbar ist). Durch Abwehr- und Bewältigungsmaßnahmen versucht die Persönlichkeit ihr Gleichgewicht nach innen und außen immer wieder herzustellen. Diese Prozesse werden dabei keineswegs als pathologische Vorgänge verstanden, sondern als persönlichkeitsspezifische Möglichkeiten, um mit inneren und äußeren Konflikten umzugehen, d.h., sie, soweit es geht, zu lösen oder sie, wo keine Lösung möglich ist, zu integrieren. In der Psychotherapie soll also aufgedeckt werden, welche unbewußten Konflikte jemand in sich trägt, welche Möglichkeiten er nutzt, um damit leben zu können und welche Grenzen ihm darin gesetzt sind. Dieses grundsätzliche Problem wird anläßlich aktueller symptomauslösender Konflikte bearbeitet und zwar dadurch, daß die Konflikte in der Therapie nochmals aktualisiert werden.

Elemente des therapeutischen Prozesses

Die obengenannten psychodynamischen Gesichtspunkte sind aus der Sicht des Therapeuten theoretisch formuliert, d.h.die einzelnen Begriffe stellen Abstraktionen psychischen Erlebens beim Patienten dar. Was vollzieht sich konkret an subjektiv erfahrbarem und objektiv beobachtbarem Geschehen im therapeutischen Prozeß und welche Ziele haben die einzelnen Prozeßelemente?

Der Bericht des Patienten in der therapeutischen Situation ist eine **Selbstdarstellung** vor den Augen und Ohren des Therapeuten; indem der Patient ausspricht, was er denkt und empfindet und woran er sich erinnert, macht er eine **Mitteilung** an einen anderen, er offenbart etwas Persönliches von sich. Die therapeutisch gestaltete Situation bringt es mit sich, daß der Patient zu seinem Zuhörer mehr und mehr eine **vertrauensvolle Beziehung** aufbaut. Der Therapeut fördert diese Entwicklung durch seine Grundhaltung (s. Kapitel 4.1.3, 4.1.5). Diese Aktivität des Patienten zielt darauf ab, daß er sich jemandem öffnen kann, daß er jemanden findet, der ihm zuhört, ohne kritisch zu bewerten; jemand, der durch sein Zuhören zur Fortsetzung des Berichtes ermutigt; jemand, der fortan etwas von ihm weiß und etwas mit ihm teilt; jemand, der das ihm Anvertraute als Chronist aufbewahrt und es als vertrauliche Mitteilung schützt; jemand, der das Belastende des Berichtes aushält; jemand, der in den unzusammenhängenden Mitteilungen den roten Faden findet und Sinnzusammenhänge schafft.

Das therapeutische Ziel ist es, daß der Patient über das Mitteilen und Sich-Anvertrauen mehr und mehr von sich erlebt und erfährt. Er begegnet sich selbst in immer neuen aktuellen und regressiven Zusammenhängen, er muß die Ängste, Zweifel und narzißtischen Kränkungen dieser **Selbstkonfrontation** aushalten, um die **Selbstexploration** voranzutreiben und schließlich zu einer **Selbstreflektion** zu gelangen. Das Ziel dieser vom Therapeuten geförderten Aktivität des Patienten ist der vertiefte und erweiterte Blick in das eigene Selbst **(Einsicht)**, wobei es vor allem gilt, bisher ausgeblendete und verdrängte Innenwahrnehmungen zuzulassen **(Verbreiterung des Bewußtseins-Umfangs)**.

Das Feld, in dem sich diese Entwicklung vollzieht, ist die therapeutische Beziehung, im Spezialfall der Psychoanalyse ist es die **Übertragungsbeziehung**. Dabei knüpft der Patient mehr und mehr an frühere Erlebnismuster an, es werden lebensgeschichtlich alte Beziehungserfahrungen in der Patient-Therapeut-Beziehung aktualisiert. Jetzt gewinnt die **Aktivität des Therapeuten** größeres Gewicht, der daran festhält, die entstandene Beziehung und die darin enthaltenen Aspekte der Übertragung zum Gegenstand gemeinsamer Reflektion zu machen. In seinen Interventionen stellt er Hypothesen über Sinnzusammenhänge her **(Deutung)**; er spricht die Vermeidehaltungen des Patienten (z.B. sein Rationalisieren, Agieren, Sexualisieren, Blockieren) als **Widerstand** gegen die mögliche Einsicht und notwendige Änderung an. Der Terminus "Durcharbeiten" läßt etwas von der zeitbeanspruchenden Mühsal dieser Aktivität erkennen.

Dieser Prozeßabschnitt benötigt Zeit; wieviel er braucht, um ein akzeptables Therapieziel zu ermöglichen, ist umstritten; die psychoanalytische Standardbehandlung räumt einen langen Entwicklungszeitraum ein, die psychoanalytische Kurztherapie stützt sich auf die Erfahrung, daß relativ wenig Anregungen wichtige Entwicklungen in Gang setzen können. Unabhängig von der Länge der Durcharbeitungs- und Entwicklungszeit steht als letzter Therapieabschnitt die Beendigung an; sie vollzieht sich nicht von selbst, nur weil die verabredete Zeit verstrichen ist, sondern sie erfordert eine aktive Leistung von Patient und Therapeut. Es gilt für beide, die entstandene Übertragungsbeziehung aufzulösen und sich aus der therapeutischen Beziehung zu verabschieden. Die Konfrontation mit dem **Abschied**, mit dem Thema der Grenzen von Zeit (gemeinsamer Zeit, Lebenszeit), mit den Grenzen des Erreichbaren und Veränderbaren, mit dem Abschied von illusionären Hoffnungen stellt einen der stärksten Entwicklungsanreize der Psychotherapie dar. Wenn die Partner dieses Thema umgehen, verschenken sie eine wichtige Therapiechance.

4.1.8 Therapieziele und Therapieeffekte

In den bisherigen Beschreibungen des therapeutischen Prozesses stand das Bemühen um die **Aufdeckung** unbewußter Strukturen im Mittelpunkt. Worin besteht nun die Umstrukturierung, um derentwillen die Anstrengung des Aufdeckens unternommen wurde? Das Aufdecken selbst bedeutet bereits eine **Umstrukturierung**, weil z.B. ein bewußt gewordener Beziehungswunsch, zumal wenn er aus der Verborgenheit des Selbst herausgetreten ist und an einen anderen Menschen (z.B. den Therapeuten) gerichtet wurde, sich aus einer unbewußten, subjektiven psychischen Realität in eine bewußt verantwortete, kommunikative Realität verwandelt hat. Jeder Akt der **Bewußtwerdung** eröffnet dem Ich die Möglichkeit, selber Stellung zu beziehen, das eigene Bedürfnis oder Gefühl zu akzeptieren und sich um seine Realisierung zu bemühen oder von den als vergeblich erkannten Hoffnungen Abschied zu nehmen und ihre Unerfüllbarkeit zu betrauern. Das bewußt Gewordene, das jetzt erlebbar und verantwortbar ist, kann so oder so abgeschlossen werden. Es muß nicht länger im blinden Wiederholungszwang eines unbewußten Bedürfnisses wiederholt und wiederholt werden, ohne daß das bewußte Ich den Sinn dieses seines Tuns verstehen und ihm gegensteuern könnte.
Ein wichtiger Aspekt der Konfrontation mit bisher **unbewußten Bedürfnisregungen** betrifft also die Schließung einer offenen Gestalt; etwas, das lange ersehnt, erhofft, entbehrt wurde, soll endlich erfüllt oder, falls unerfüllbar, aufgegeben werden. Das gilt für viele relativ ausgereifte Beziehungswünsche. Anders ist die Situation im Umgang mit bisher unbewußten, unausgereiftkindlichen Bedürfnissen, die das erwachsene Ich ungern akzeptiert und verantworten möchte. Die Begegnung mit den eigenen aggressiv-destruktiven Impulsen, mit polymorph-perversen Regungen, mit überwältigend heftigen Emotionen von Haß, Neid, Verachtung, Schmerz, Enttäuschung schafft eine Konfrontation mit der **eigenen Schattenseite**, die wenig akzeptabel, wenig liebenswert, kleinlich-egoistisch oder zum Fürchten wirkt. Umstrukturierung bedeutet, auch diese Seite der Persönlichkeit, die bisher abgespalten war, in die eigene Verantwortung hineinzunehmen, im Umgang mit ihr einen neuen Modus vivendi zu finden. Dadurch erfolgt eine Entidealisierung der eigenen Person und eine stärkere Auseinandersetzung mit dem eigenen Gewissen. Das Verständnis für die eigenen Schattenseiten erlaubt auch eine größere Toleranz für die Schwächen anderer Menschen.
Das neu gewonnene und verbreiterte Selbstverständnis erreicht eine wirkliche Evidenz erst durch das Verständnis und die Akzeptanz der eigenen lebensgeschichtlichen Wurzeln. Auch die Begegnung und **Auseinandersetzung mit der eigenen Lebensgeschichte** erfordert einen mühevollen Prozeß der Aufdeckung. Neben der Tatsache, daß diese Beschäftigung viele schmerzliche Erfahrungen wiederbelebt, viele verdrängte Bedürfnisse und steckengebliebene Entwicklungsansätze anspricht, gründet der Widerstand gegen die kritische, autobiographische Sicht nicht nur im Festhalten an der altgewohnten Sichtweise, sondern auch in der Loyalität gegenüber den wichtigen anderen, mit denen der einzelne eine Geschichte gelebt hat. Wir wissen aus Zeiten des gesellschaftlichen Umbruchs, was es heißt, z.B. die Geschichte des Nationalsozialismus, der Stalinzeit, der DDR neu zu schreiben, welche Emotionen der Verunsicherung und Erregung ausgelöst werden, wenn plötzlich alles nicht mehr wahr ist, was vorher gegolten hat. Geschichte neu schreiben, sei es eine gesellschaftliche oder eine individuelle, heißt massive Umwertungen vorzunehmen; da können aus idealisierten Gestalten Bösewichte werden, Unbeteiligte entpuppen sich als Täter, Verurteilte und Ausgestoßene erweisen sich als unschuldig, schwarze Schafe und Verrückte sind im Nachhinein die eigentlich originellen und kreativen Menschen, eigenes Sich-Heraushalten war im Grunde Feigheit, eigene Tollkühnheit

beruhte auf mangelnder Voraussicht, eigene Ängstlichkeit war im Nachhinein wohlbegründete Vorsicht. Da die eigene Geschichte stets auch die Geschichte der eigenen Familie und die der engeren und weiteren sozialen Gruppe darstellt, gestaltet das Subjekt im Umschreiben seiner Geschichte auch seine Position im sozialen (und politischen) Raum neu.

Die Übernahme der Verantwortung für unbewußte Impulse und Gefühle, die Akzeptanz der eigenen Schwächen und schwierigen Seiten, die Entdeckung von bisher ungenutzten kreativen Bereichen und Konfliktlösungstechniken, das neu gewonnene biographische Selbstverständnis begünstigen einen Vorgang der Wandlung, der von Balint als **Neubeginn** charakterisiert wurde. Das neu erarbeitete innere Gleichgewicht, die neugewonnenen zwischenmenschlichen Kompetenzen, die erweiterte Sicht der eigenen Position im sozialen und gesellschaftlichen Raum, die mit therapeutischer Unterstützung gewonnene Zukunftsorientierung schaffen die Voraussetzung für neue Ansätze der Selbstverwirklichung: Jemand, der sich hoffnungslos in der Sackgasse fühlte, für den es kein Vor und Zurück gab, der nicht leben und nicht sterben konnte, macht einen neuen Entwurf für sein Leben und nimmt die Verwirklichung dieses Entwurfs in die Hand. Die Umstrukturierung des praktischen Handelns von einem unbewußt determinierten zu einem bewußt verantwortenden Handeln ist für das Subjekt wohl die wichtigste Konsequenz psychotherapeutischer Arbeit in ihrer aufklärerischen Zielsetzung. So schreiben viele Patienten als Ziel einer angestrebten Psychotherapie - neben dem selbstverständlichen Wunsch, körperliche und psychische Symptome zu verlieren oder mit ihren Beziehungen zu Menschen und ihrer Arbeit wieder zurechtzukommen -, vor allem das dringende Verlangen, aus einer hoffnungslosen Sackgassensituation des Lebens herauszufinden (Rudolf 1991, S. 271):

> "Ich möchte gerne wissen, wer oder was ich wirklich bin, möchte wissen, ob meine Realität die wirkliche Realität ist".
> "Ich möchte mein zielloses Suchen aufgeben können".
> "Ich möchte wieder so etwas fühlen wie Freude, Glück, Zuversicht".
> "Mein Leben so einrichten, daß sich das Gefühl der Sackgasse und der Ausweglosigkeit nicht mehr so schnell einstellt."
> "Möchte glauben an die Zukunft."
> "Möchte meinem Leben wieder einen Sinn geben."

4.1.9 Kriterien therapiebedingter Veränderungen

Die "erfolgreiche" Psychotherapie soll eine Umstrukturierung des Erlebens und Verhaltens und im Zusammenhang damit das Abklingen der Symptomatik bewirken. Die Beurteilung des Therapieeffekts anhand dieser beiden Kriterien kann prinzipiell durch den Patienten selbst, durch den Therapeuten oder durch einen unbeteiligten Außenbeobachter (Forscher) erfolgen. Ergebnisse der Psychotherapieforschung lassen erkennen, daß aus diesen drei Perspektiven sehr unterschiedliche Einschätzungen des Therapieergebnisses resultieren (s. Kapitel Therapieforschung).

Es gibt kaum einen psychotherapeutischen Autor, der nicht etwas zum Thema der Therapieziele beigetragen hätte; ein Literaturüberblick findet sich bei Mertens (1990). Im folgenden werden die wichtigsten Themen um vier Stichworte gruppiert. Als **Therapieerfolg** wird es gewertet, wenn diese Therapieziele bzw. einige davon erreicht werden.

Aufhebung von Entwicklungshemmungen bezüglich:

- **Vertrauen**, **Sicherheit** (statt Mißtrauen und paranoider Ängste gegenüber der bösen Welt)
- **Individuation, Autonomie** (statt Fremdbestimmtheit, Abhängigkeit oder Verwobenheit mit den anderen)
- **Gewissen** (statt eines strengen Über-Ich und irrationaler Pflichten - und Moralvorstellungen)

Bedürfnisse (Erleben der eigenen bedürfnishaften Ausrichtung, der eigenen Willens- und Handlungsimpulse, der hoffnungsvollen Zukunftsorientierung; Entspannen- und Regredierenkönnen; Zulassenkönnen von passiven Bedürfnissen)
Emotionen (lebendiges Erleben und differenziertes Wahrnehmen von Freude, Neugier, Trauer, Ärger, Verachtung, Schuld, Scham usw.; Wegfall von einseitig vorherrschenden Affekten wie Ängstlichkeit, Beschämung, Schuldgefühl, Enttäuschung)
Konstruktive Aggressivität (Initiative und Durchsetzungsfähigkeit statt Blokkierung der eigenen Handlungsimpulse
Sexualität (Akzeptanz der Geschlechtsidentität, genitaler Primat statt Fixierung auf Befriedigung von Partialtrieben)

Entwicklung des Ich bezüglich:

Realitätsprüfung (Trennung von innerer und äußerer Wahrnehmung, von Phantasie und Realität)
Frustrationstoleranz (Ertragenkönnen von Leid, Enttäuschung und Versagung statt Festhalten an Glückshoffnungen oder masochistischen Haltungen)
Trauerfähigkeit (Akzeptieren von Grenzen, Verlusten, Tod, Vergänglichkeit, unvermeidlichen Veränderungen)
Ambivalenztoleranz (Synthetisierung von Gut und Böse im Selbst oder in den Objekten)
Kreativität (Synthese von Primärprozessen und Sekundärprozessen; Nutzung von Phantasie und Humor)
Regulationsprozesse (Reife, flexible Abwehr; kreative soziokulturelle Anpassung; Wiederherstellung gestörten inneren Gleichgewichts durch flexible Bewältigungsmaßnahmen und Coping-Strategien)

Entwicklung des Selbst bezüglich:

Selbstbild (Reflektion des Selbst mit seinen kommunikativen, emotionalen, handlungsbereiten, kreativen und widersprüchlichen Seiten)
Selbstverständnis (Kennen, Verstehen und Akzeptieren der vielfältigen Aspekte des eigenen Selbst und seiner Geschichte; Sinnstruktur des eigenen Lebens)
Selbstidentität (Eindeutigkeit und Kontinuität der persönlichen, biographischen, sozialen, sexuellen Identität)
Selbstwertgefühl (weder Überbewertung (Anspruch auf Grandiosität und Omnipotenz), noch Unterbewertung (Insuffizienzgefühle) des Selbst; kein erhöhtes Selbstideal; Akzeptanz der eigenen Begrenztheiten und Schwächen)
Körperliches Selbst (lebendiges, geschlechtsgebundenes Erleben des körperlichen Selbst mit seinen alterstypischen Möglichkeiten und Begrenzungen)

Entwicklung der Beziehungsfähigkeit bezüglich:

Kontakt und **Kommunikation** (Regulierung von Nähe und Distanz (weder symbiotische Bedürfnisse noch Beziehungsvermeidung); sich verständlich machen und andere verstehen können; direkte emotionale Verständigung (statt indirekter "erpresserischer" Kommunikation)
Beziehung zu Gleichaltrigen (mit Freunden und Gruppen sein können, ohne die Individualität zu verlieren oder im Mittelpunkt stehen zu müssen)
Intimität (Fähigkeit zu stabilen nahen Beziehungen; Reziprozität von Geben und Nehmen; nah sein und allein sein können)
Generativität (Verantwortung übernehmen und Erfahrung weitergeben)
Empathie (partielle Identifizierung ohne Verschmelzung)
Lebensgeschichtliche Fundierung (abgeschlossene Auseinandersetzung mit den wichtigen Personen der eigenen Lebensgeschichte; Versöhnung mit ihnen oder Distanzierung von ihnen; Akzeptieren der eigenen persönlichen Geschichte)

Diese Sammlung von Merkmalen zeigt ein breites Spektrum möglicher therapeutischer Veränderungen; kein Patient leidet an allen zugehörigen Einschränkungen und niemand erreicht durch Psychotherapie strukturelle Veränderungen auf allen diesen Gebieten. Im Sinne der Fokusfestlegung erscheint es sinnvoll, bei Therapiebeginn die zentral wichtigen Probleme und damit die jeweils angestrebten Therapieziele festzulegen. Das schließt nicht aus, daß im Prozeß der Behandlung weitere Konflikte als wichtig erkannt und andere Ziele gesteckt werden. Im Rahmen der Umstrukturierung im Therapieverlauf geschieht es regelhaft, daß sich die Ausrichtung des Patienten auf die Symptomklage und Symptombeseitigung verändert und daß er den Mut und die Einsicht entwickelt, die tieferliegende Problematik wahrzunehmen. Das Risiko dieses Vorganges liegt in der unendlichen Analyse, die nicht von selbst zu einem zwingenden Schlußpunkt gelangt. C.G. Jungs Beispiel von der Ameise, die das Britische Museum durchwandert, soll veranschaulichen, daß das Ich die Bilder und Motive in den Räumen seines Unbewußten niemals vollständig erfassen kann.

Literatur

BASTINE, R.: Adaptive Indikation in der zielorientierten Psychotherapie. In: Baumann, U. (Hrsg.): Indikation zur Psychotherapie. Urban & Schwarzenberg, München 1981, S. 158-168

BASTINE, R.: Psychotherapie. In: Bastine, R. (Hrsg.): Klinische Psychologie. Kohlhammer, Stuttgart 1992 S. 179-308

BASTINE, R.; FIEDLER, P., GRAVE, K., SCHMIDTCHEN, S., SOMMER, S.: Grundbegriffe der Psychotherapie. Edition Psychologie, Weinheim 1982

BAUMANN, U., WEDEL, B. VON: Stellenwert der Indikationsfrage im Psychotherapiebereich. In: Baumann, U. (Hrsg.): Indikation zur Psychotherapie. Urban & Schwarzenberg, München 1981, S. 1-138

BLASER, A.: Der Urteilsprozeß bei der Indikationsstellung zur Psychotherapie. Huber, Bern 1977

DEUTSCHE PSYCHOANALYTISCHE GESELLSCHAFT (HRSG.): 10 Jahre Berliner Psychoanalytisches Institut. Int. Psychoanal. Verlag, Wien 1930

FABER, F.R., HAARSTRICK, R.: Psychotherapierichtlinien. Gutachterverfahren in der Psychotherapie. Jung Johann, Neckarsulm München 1989

FREUD, S.: Über Psychotherapie (1905) GW V, S. 11-26

FREUD, S.: Ratschläge für den Arzt bei der psychoanalytischen Behandlung (1912) GW VIII, S. 376-387

FREUD, S.: Zur Einleitung der Behandlung (1913) GW VIII, S. 477

FROMM-REICHMANN, F.: Intensive Psychotherapie. Hippokrates, Stuttgart 1959

HEIGL, F.: Indikation und Prognose in Psychoanalyse und Psychotherapie. Vandenhoeck & Ruprecht, Göttingen 1972

KÖHLE, K., RASPE, H.H.: Das Gespräch während der ärztlichen Visite: Empirische Untersuchungen. Urban & Schwarzenberg, München 1982

KRIZ, J.: Grundkonzepte der Psychotherapie. Psychologie Verlagsunion, München 1989

LEUTZINGER, M.: Psychotherapeutische Denkprozesse. Kognitive Prozesse bei der Indikation psychotherapeutischer Verfahren. PSZ Ulm 1981

MEERWEIN, F.: Das ärztliche Gespräch. Grundlage und Anwendungen. Huber, Bern 1974

MERTENS, W.: Behandlungsziele der Psychoanalyse. In: Mertens, W.: "Einführung in die psychoanalytische Therapie" Bd. 1 Kohlhammer, Stuttgart 1990, S. 123-159

MINSEL, W.R., SCHELLER, R. (HRSG.): Psychotherapie. Kösel, München 1981

PARSONS, T.: Definition von Krankheit und Gesundheit im Lichte der Wertbegriffe und der sozialen Struktur Amerikas (1964). In: Mitscherlich, A., Brocher, T., Mehring, O., Horn, K. (Hrsg.): Der Kranke in der modernen Gesellschaft. Kiepenheuer, Köln 1970

PSYCHOTHERAPIERICHTLINIEN (Richtlinien des Bundesausschusses der Ärzte und Krankenkassen über die Durchführung der Psychotherapie in der kassenärztlichen Versorgung). Deutscher Ärzteverlag Köln 1987

RUDOLF, G.: Indikationen zur Psychotherapie. In: Rudolf. G.: Die therapeutische Arbeitsbeziehung. Springer, Berlin Heidelberg 1991, S. 74-98

RUDOLF, G.: Wie Patienten die Psychotherapie erleben. In: Rudolf, G.: Die therapeutische Arbeitsbeziehung. Springer, Berlin Heidelberg 1991, S. 267-276

RUDOLF, G., VON ESSEN, C., PORSCH, U., GRANDE, T.: Psychotherapeutische Institutionen und ihre Patienten. Zschr.Psychosom. Med. 34 (1988) 19-31

RUDOLF, G., GRANDE, T., PORSCH, U.: Prognose und Indikation. Von der Objektivierung der Patienteneigenschaften zur Analyse der Arzt-Patient-Beziehung. In: Lamprecht, F. (Hrsg.): Spezialisierung und Integration in Psychosomatik und Psychotherapie. Springer, Berlin Heidelberg 1987

RUDOLF, G., GRANDE, T., PORSCH. U.: Die initiale Patient-Therapeut-Beziehung als Prädiktor des Behandlungsverlaufs. Zschr.Psychosom. Med. 34 (1988) 32-49

RUDOLF, G., MANZ, R.: Zur prognostischen Bedeutung der therapeutischen Arbeitsbeziehung. Psychother.Psychosom.Med.Psychol. (1993) 193-199

RUDOLF, G., STILLE, D.: Die Bedeutung der positiven Persönlichkeitsmerkmale und Abwehrhaltungen für die Einschätzung der Behandlungschancen von Psychotherapiepatienten. Psychother.Psychosom.Med.Psychol. 34 (1984) 161-170

SCHÜFFEL, W.: Sprechen mit Kranken - Erfahrungen mit studentischen Anamnesegruppen. Urben & Schwarzenberg, München 1983

SCHULTZ-HENCKE, H.: Lehrbuch der analytischen Psychotherapie. Thieme, Stuttgart 1951

STREEK, U., ALBERTI, L., HEIGL, F., KOLLMANN, M., TRAMPISCH, H.J.: Der lange Weg zur Psychotherapie. Zschr. Psychosom. Med. 32 (1986) 103-116

STROTZKA, H.: Psychotherapie und Tiefenpsychologie. Springer, Wien New York 1982

ZIMMER, D.: Die therapeutische Beziehung. Edition Psychologie, Weinheim 1983

4.2 Dynamische Psychotherapie

4.2.1 Zur Entwicklung von Psychotherapieverfahren auf psychoanalytischer Grundlage

Psychotherapien werden nicht von einem Urheber neu geschaffen und dann unverändert weitergegeben; sie entwickeln sich ständig weiter, wobei die Therapeuten bzw. Autoren jeweils Anregungen ihrer Zeit aufgreifen, sie in ihr bevorzugtes Therapieverfahren hineinnehmen und es dadurch modifizieren.

Ausgehend von der klassischen Psychoanalyse gibt es viele Abwandlungen durch verändertes Setting, wie z.B. Gegenübersitzen statt Couchlage, seltenere Termine, kürzere Behandlungszeit, strukturiertere Interventionstechniken. Die meisten psychoanalytisch fundierten Psychotherapien, wie z.B. die Kurz- und Fokaltherapie und die dynamische Psychotherapie sind so entstanden; auch die Übertragung des psychoanalytischen Grundgedankens auf Gruppen, Paare und Familien stellt eine solche Modifikation dar. Darüber hinaus wird die Ausgestaltung von Psychotherapien durch theoretische Weiterentwicklungen und, in geringerem Umfang, durch Ergebnisse der Therapieforschung beeinflußt. Heute spielen in der kassenärztlichen psychotherapeutischen Versorgung die modifizierten psychoanalytischen Verfahren eine zunehmend wichtige Rolle gegenüber der Psychoanalyse.

Wir können an dieser Stelle nicht die gesamte geschichtliche Entwicklung nachzeichnen und auch nicht jede Therapiemodifikation im einzelnen darstellen. Entsprechend der aktuellen praktischen Bedeutung beginnen wir mit den Behandlungsformen, die in den Psychotherapierichtlinien als "tiefenpsychologisch fundierte Psychotherapie" charakterisiert sind. Wir greifen drei ihrer Formen heraus und beschreiben die dynamische Psychotherapie (Kapitel 4.2), die interaktionelle Psychotherapie (Kapitel 4.3) und die psychotherapeutische Krisenintervention (Kapitel 4.4). Die Psychoanalyse als das älteste und elaborierteste Verfahren, dessen Ausübung eine spezielle und aufwendige Weiterbildung erfordert, schließt die Beschreibung der Einzeltherapien ab. Es folgen die Verfahren, die in stärkerem Maße das therapeutische Setting modifizieren: Die Gruppenpsychotherapie (4.6), die stationäre Psychotherapie (4.7) und die Paar- und Familientherapie (4.8). Den Abschluss bilden therapeutische Anwendungen bei speziellen Patientengruppen: Kinder- und Jugendlichenpsychotherapie (4.9) und Psychotherapie bei älteren Patienten (4.10).

Überall dort, wo Psychoanalyse praktiziert wurde, gab es auch Psychoanalytiker, die versuchten, das Verfahren zeitlich abzukürzen, es durch aktive Techniken zu intensivieren und es auch für Patienten verfügbar zu machen, die nicht die Zeit, das Geld und die Motivation aufbringen, mehrere Sitzungen wöchentlich über Jahre hinweg zu absolvieren. Es versteht sich, daß Psychoanalytiker, die so handelten, entweder von vornherein nicht zum Kern der psychoanalytischen Bewegung gehörten oder durch ihr Tun ihren Status riskierten. Ferenczi z.B. geriet über die Entwicklung seiner aktiven Technik in eine krisenhafte Auseinandersetzung mit Freud; er beeinflußte seinen Landsmann M. Balint, der in London theoretisch und behandlungspraktisch eigene Wege beschritt. Balint blieb zwar innerhalb der psychoanalytischen Gemeinschaft, stellte jedoch für sich fest, daß er nicht gerade zum "psychoanalytischen Zentralmassiv" gehörte. Zu Balints Arbeitsgruppe gehörte Malan, der 1963 eine psychoanalytische Kurztherapie unter Berücksichtigung der zentralen psychoanalytischen Theorien vorlegte. In Malans Konzept spielte der Konfliktfokus eine wichtige Rolle; Balint selbst gab 1972 ein Buch über "Fokaltherapie" heraus.

Die amerikanische Entwicklung in Richtung dynamischer Psychotherapie setzte bereits 1946 mit Alexander und French ein, die in ihrem Buch über psychoanalytische Therapie die Möglichkeit einer psychoanalytisch fundierten Psychotherapie unter dem Begriff "Dynamic psychotherapy" beschrieben; Bibring griff ihn 1954 auf. Gleichzeitig wurden Bemühungen intensiviert, die Behandlungszeit bzw. die Zahl der Sitzungen zu

verringern und Verfahren zu erproben, die unter den Begriffen "short-term-psychotherapy" (Wolberg 1965, 1980; Sifneos 1972, Mann 1973, Davanloo 1978) oder unter der Malanschen Bezeichnung "brief psychotherapy" (Bellak und Small 1965, Small 1971) dargestellt wurden. In der deutschsprachigen Literatur wurde das Thema z.B. von Klüwer (1971), Beck (1974) und Leutzinger-Bohleber (1985) aufgegriffen. Eine neue Entwicklung bedeutete die Veröffentlichung von Therapiemanualen für die dynamische Psychotherapie (Luborsky 1984, Strupp und Binder 1984), in denen erstmals präzise das behandlungstechnische Vorgehen erläutert wurde. Mit dem Niedergang der klassischen Psychoanalyse in den USA gewannen diese pragmatischen Behandlungsformen zunehmend an Bedeutung; zugleich boten sich diese vom Umfang her begrenzten Behandlungen für die wissenschaftliche Evaluation in besonderer Weise an.
Im deutschsprachigen Raum entwickelte A. Dührssen (1972) ihre "Dynamische Psychotherapie", wobei sie sich als Kindertherapeutin auf die Erfahrung der Elterngespräche stützte; dabei war sichtbar geworden, daß durch wenige Sitzungen über lange Zeit verteilt wichtige therapeutische Wirkungen erzielt werden konnte. Im Gegensatz zu den Protagonisten der Kurztherapie ging es ihr nicht um die Abkürzung der Behandlungszeit, sondern um die Beschränkung des Sitzungsumfanges.

> "Es handelt sich um eine dialogische Therapie, bei der das pathogen bedeutungsvolle Erlebnismaterial des Patienten sowohl im freien Einfall wie durch stimulierende und klärende Fragen der therapeutischen Bearbeitung zugänglich gemacht wird. Bei sehr flexiblem Arrangement hinsichtlich der Dichte der angesetzten Behandlungsstunden werden den Patienten - trotz begrenzter Stundenzahl - die notwendigen Zeiten für Reifung und Umstellung bis zum Abschluß der Therapie gelassen. Kurzfristige regressive Vorgänge und aufkommende Übertragungsreaktionen werden dabei gleichermaßen genutzt". (Dührssen 1988, S. 2)

Damit sollte eine psychoanalytisch fundierte Therapie auch für solche Patienten möglich werden, die für die Psychoanalyse selbst wenig geeignet schienen, z.B. ältere Menschen, junge Erwachsene, wenig ich-starke Patienten und insbesondere Angehörige der unteren sozialen Schichten, wie sie in dem von Dührssen geleiteten Institut auf Kosten der gesetzlichen Krankenversicherung behandelt wurden. Ähnlich wie Luborsky und Strupp und Binder lieferte auch Dührssen (1988) einen Leitfaden für das Verfahren der dynamischen Psychotherapie.

Die Reaktion der klassischen Psychoanalyse auf derartige Bemühungen war früher sehr kritisch ablehnend und ist heute oft noch skeptisch. Viele Autoren waren zunächst bemüht, ihr Vorgehen möglichst innerhalb des geltenden psychoanalytischen Theoriensystems zu beschreiben, sie betonten den Prozeß der Übertragungsanalyse und hielten an der Deutung als wichtigstem therapeutischem Instrument fest, um auf diese Weise zu belegen, daß ihre dynamische Psychotherapie ein legitimes Kind der Psychoanalyse sei. Auch die weniger konservativen Autoren haben zunächst vor allem die Parallele zwischen der klassischen Psychoanalyse und der dynamischen Psychotherapie hervorgehoben. Erst in neuerer Zeit wurden die besonderen Möglichkeiten dynamischer Psychotherapie und das Eigenständige dieses Verfahrens betont. Im Laufe der Zeit hat sich eine gewisse Polarisierung dahingehend entwickelt, daß sich zwei psychoanalytische Richtungen gegenüberstehen: die Erfahrung der einen Gruppe ist, daß in 30-80 Sitzungen therapeutisch sehr viel erreicht werden kann, während die andere Gruppe die Überzeugung vertritt, daß eine wirkliche Umstrukturierung der Persönlichkeit nur in einer langen Analyse von ca. 400 - 1000 Sitzungen erreicht werden kann. Die empirisch wissenschaftliche Klärung dieser Frage steht noch aus.

Im folgenden werden wir uns auf die Beschreibung der dynamischen Psychotherapie konzentrieren. In den "Psychotherapierichtlinien" wird sie unter dem Begriff "tiefenpsychologisch fundierte Psychotherapie" gefaßt. Die Definition lautet:

> "Die tiefenpsychologisch fundierte Psychotherapie umfaßt ätiologisch orientierte Therapie-

formen, mit welchen die unbewußte Psychodynamik aktuell wirksamer neurotischer Konflikte unter Beachtung von Übertragung, Gegenübertragung und Widerstand behandelt werden.
Eine Konzentration des therapeutischen Prozesses wird durch Begrenzung des Behandlungszieles, durch ein vorwiegend konfliktzentriertes Vorgehen und durch Einschränkung regressiver Prozesse angestrebt". (Psychotherapierichtlinien)

Für diese Therapieform werden im Gutachterverfahren im Höchstfall 100 Sitzungen bewilligt. Ohne ausführlichen Antrag kann eine Kurztherapie von 25 Sitzungen durchgeführt werden.

4.2.2 Indikation und Therapieziel

Bei der Indikation zur dynamischen Psychotherapie kommen sehr unterschiedliche Gesichtspunkte zum Tragen. Auf der einen Seite des Spektrums stehen relativ gut strukturierte und introspektive Patienten, die aus vergleichsweise wenigen therapeutischen Anregungen bereits viel Gewinn ziehen können. Auf der Gegenseite finden sich Patienten, für die zeitaufwendige und verbindliche Langzeittherapien nicht in Frage kommen: Sei es, weil sie "zu krank" sind und daher eine stützende oder bestenfalls fokal aufdeckende Behandlung benötigen, sei es, weil sie nur ein geringes psychologisches Krankheitsverständnis und eine begrenzte Psychotherapiemotivation entwickeln konnten, sei es, daß sie nach den Regeln ihrer soziokulturellen Schicht wenig darin geübt sind, über sich selbst und ihre Probleme zu sprechen. Eigene Untersuchungen zeigten, daß die Bereitschaft des Patienten, an seiner inneren Autonomie festzuhalten und sich nicht einer lang dauernden therapeutischen Abhängigkeit auszusetzen, dazu beiträgt, daß diese Patienten therapeutische Hilfe in nur begrenztem Umfang in Anspruch nehmen. Die spezielle Indikationsstellung der Therapeuten spiegelt in diesem Falle also die spezifische Hilfserwartung der Patienten wider.
Dynamische Psychotherapie benötigt, mehr als z.B. die Langzeitpsychoanalyse, eine initiale Verabredung zwischen dem Patienten und Therapeuten, eine Einigung über den Konfliktfokus und über die Zeit, die man für seine Bearbeitung aufwenden will. In diesem strukturierten Vorgehen liegt ein beträchtlicher Unterschied zur psychoanalytischen Langzeitbehandlung, wo der Therapeut den Prozeß in Gang setzt, um ihn dann solange es nötig ist zu begleiten. Wenn ein Therapeut beide Haltungen vermischt und gewissermaßen Psychoanalyse im Gegenübersitzen beginnt, wird er Mühe haben, den interaktionellen Prozeß - der sich im Gegenübersitzen und zumal bei mehreren Wochenstunden rasch und intensiv entfaltet - so zu lenken, daß das Geschehen innerhalb der verfügbaren Zeit durchgearbeitet und beendet werden kann.

Alle Veröffentlichungen zu diesem Therapieverfahren betonen die **Bedeutung des Fokus**. Während die Psychoanalyse unter der Prämisse arbeitet, daß sich unter dem Einfluß des psychoanalytischen Settings und speziell in der sich entwickelnden Übertragungsbeziehung das zentrale Konfliktthema des Patienten spontan darstellt, betont die dynamische Psychotherapie die Notwendigkeit, dieses zentrale Thema, den dynamischen Fokus, aktiv und gemeinsam zu entwickeln und zu bearbeiten.
Als dynamischer Fokus gilt das, was der Therapeut im Einvernehmen mit dem Patienten als zentralen Konflikt verstanden hat. In der Geschichte der Psychotherapie werden ähnliche Begriffe verwendet, um das zentrale Thema des Patienten zu kennzeichnen: Alexander und French (1946) nannten es den Kernkonflikt, Wallerstein und Robbins (1956) sprachen vom neurotischen Kernkonflikt, Luborsky (1977) vom zentralen Beziehungskonflikt. Strupp und Binder (1984) betonen, daß es sich dabei um ein Arbeitsmodell handelt, innerhalb dessen Therapeut und Patient gemeinsam versuchen, das zentrale zwischenmenschliche Dilemma im Leben des Patienten zu verstehen. Die bereits erwähnten Therapiemanuale von Luborsky, Dührssen, Strupp und Binder beschreiben, wie ein solcher Fokus entwik-

kelt und wie er therapeutisch bearbeitet wird. Die Autoren unterscheiden sich in manchen Details, lassen aber eine Reihe von Gemeinsamkeiten erkennen.
Im **Unterschied zum Setting der Psychoanalyse** (Couchlage des Patienten, mehrere Sitzungen pro Woche, Gesamtdauer über mehrere Jahre, Grundregel des freien Einfalls) erfolgt hier die Therapie im Gegenübersitzen, mit seltenen Terminen und über kürzere Zeit. Dadurch tritt an die Stelle des selbstreflexiven Monologs des Patienten eher ein Dialog zwischen Patient und Therapeut. Ältere Untersuchungen unserer Arbeitsgruppe ließen erkennen, daß der Therapeut im Vergleich zu der Psychoanalyse einen deutlich höheren Sprechanteil hat. Die Situation ist insgesamt strukturierter und weniger regressionsfördernd; der Therapeut ist aktiver am Geschehen beteiligt, indem er spiegelt, nachfragt, kommentiert und deutet, um den Fokus durchzuarbeiten. Die visuellen Kontakte, die mimischen Austauschprozesse im Gegenübersitzen lassen ihn eher zu einer realen Interaktionsfigur als zu einer Übertragungsfigur werden. Gleichwohl kann das Übertragungsgeschehen auch auf dieser Ebene der Interaktion gut bearbeitet werden.
Die einzelnen Vertreter dynamischer Psychotherapien unterscheiden sich hinsichtlich der Intensität der Übertragungsbearbeitung; nach Strupp und Binder sollte sie intensiv geschehen, in der Behandlungstechnik von Dührssen spielt sie eine nachgeordnete Rolle.
Das Ziel aller psychodynamischen Psychotherapien ist es, einen zentralen Konflikt aufzudecken und durchzuarbeiten und dadurch weitere spontane Veränderungsprozesse in Gang zu setzen. Zu Beginn der Behandlung sollen supportive Techniken die Beziehungsaufnahme fördern, der Patient erlebt dadurch eine erste Entlastung. In der folgenden Phase der Materialsammlung hört der Therapeut die Berichte des Patienten an, er gewinnt nach und nach ein Bild vom Leben und der Lebensgeschichte des Patienten. Für den Patienten bedeutet das Erzählen ein Mitteilen (er teilt seine Geschichte mit einem anderen) und zugleich ein Betrachten (in seinen verschiedenen Geschichten lernt er seine Situation aus unterschiedlichen Perspektiven sehen). Aus der Verflechtung von aktuellen Realbeziehungen, biographischen Beziehungserfahrungen und aktuellem Beziehungserleben in der therapeutischen Situation (Luborsky spricht in diesem Zusammenhang von der Beziehungstriade) wird allmählich der zentrale Konflikt sichtbar, der in der folgenden Phase des Durcharbeitens auf den unterschiedlichen Beziehungsebenen erlebt und verstanden werden soll. Dabei gilt es, das komplizierte Gefüge von Bedürfnissen, Befürchtungen, Abwehr- und Selbstschutzhaltungen als dynamischen Hintergrund des aktuellen Verhaltens und der gegenwärtigen Erkrankung zu verstehen. Die abschließende Phase der Trennung schließlich beinhaltet die Aufgabe, die inzwischen entstandene Beziehung zwischen Patient und Therapeut wieder zu lösen und sich im Zusammenhang mit diesem Trennungsprozeß mit dem unvermeidlichen Thema der Grenzen (zeitliche Grenzen, eigene Begrenztheit und die der anderen, Grenzen im Erreichen von Zielen) auseinanderzusetzen und sich mit dem Thema des Abschieds zu konfrontieren. Gleichzeitig ist damit das Thema der Neuorientierung und des Neubeginns unter veränderten Bedingungen verknüpft.

4.2.3 Therapeutische Themen und Techniken

Es lassen sich die zu bearbeitenden Themen und erforderlichen therapeutischen Interventionen schwerlich in wenigen Sätzen zusammenfassen, dennoch wollen wir im folgenden Abschnitt versuchen, einen Überblick zu geben über einige zentrale Aspekte dynamisch-psychotherapeutischen Vorgehens.

Subjektives Befinden: Die Klage entgegennehmen

Ähnlich wie die traditionelle Konversation beginnt auch ein Großteil der Sitzungen der dynamischen Psychotherapie mit Fragen und Anmerkungen zum subjektiven Befinden.

Der Therapeut eröffnet z.B. "Wie ist es Ihnen inzwischen ergangen?" oder "Was beschäftigt Sie heute?" Der Patient gibt daraufhin einen Bericht, wie gut oder schlecht es ihm aktuell geht; wenn der Patient sehr unter Symptomdruck steht, beginnt er die Stunde meist mit einer entsprechenden Mitteilung (z.B. "Seit Freitag hat das Erbrechen wieder ganz stark zugenommen"). Nicht selten hat diese Symptomschilderung den Charakter der Klage, wenn nicht sogar der Anklage, die (auch) an den Therapeuten gerichtet ist. Seine Aufgabe ist es, diese Klage entgegenzunehmen, sie gelten zu lassen, ohne sofort nach Erklärungen oder nach Auswegen zu suchen. Für den Patienten bietet die Möglichkeit, sich bei jemandem über etwas beklagen zu dürfen, eine wichtige und partiell entlastende Erfahrung.
Nicht immer stehen Klagen am Anfang der Sitzung, es können ebenso gut Erfolgsberichte gegeben werden (z.B. "Seit Freitag habe ich kein einziges Mal erbrechen müssen"). Auch hier ist es wichtig, daß jemand da ist, dem der Erfolg mitgeteilt wird und der möglicherweise den zugehörigen Affekt von Erleichterung verbalisiert.

Das Narrativ: Geschichten aus der aktuellen Lebensrealität

Berichte über Symptome oder Symptombesserungen gehen in der Regel irgendwann über in Erzählungen von kürzlichen Begebenheiten. Der Therapeut signalisiert Interesse an solchen Begebenheiten und ermutigt den Patienten, sie im einzelnen zu schildern. Ihm wird auf diese Weise die Lebensrealität des Patienten durch die Brille seiner subjektiven Wahrnehmung vermittelt. Durch klärende Nachfragen regt der Therapeut an, die Situation möglichst zu differenzieren, z.B. im szenischen Ablauf den eigenen Anteil und den Anteil der wichtigen Objekte zu unterscheiden. Diese differenzierte Wahrnehmung ist die Voraussetzung dafür, daß dann auch die subjektive Bedeutung, das subjektive Erleben der Situation ins Auge gefaßt werden kann (s. unten). Der Therapeut ist gleichzeitig der Chronist für die Geschichten (oder Träume) des Patienten, er wird bei Gelegenheit darauf zurückkommen und ähnlich strukturierte Geschichten nebeneinanderstellen, damit die stereotype Struktur des Erlebens sichtbar werden. Während die Behandlungstechnik der Psychoanalyse der Phantasiewelt besondere Aufmerksamkeit schenkt, gilt es in der dynamischen Psychotherapie durchaus als hilfreich, die soziale und zwischenmenschliche Realität, z.B. auch die Berufswelt, genauer zu betrachten und sich ein anschauliches Bild davon zu machen.

Die Interaktion: Wahrnehmung von Beziehungsrealität

In diesem Falle ist ein sehr spezieller Ausschnitt der aktuellen Lebens- und Beziehungsrealität gemeint: Er betrifft die Patient-Therapeut-Beziehung. Mit seiner Anregung, diese ins Auge zu fassen, bleibt der Therapeut zunächst auf der Ebene der Wahrnehmung. Der Patient soll ermutigt werden, sein Bild des Gegenübers und seinen Eindruck der interaktionellen Situation zu formulieren. Auch hier steht zunächst die kognitive Ebene im Vordergrund, ehe ihre emotionale Wertung und weiterführende Phantasie hinzugenommen werden. Der therapeutische Akzent liegt zunächst auf der Selbstwahrnehmung und dem Erleben des Gegenübers in der Interaktion des therapeutischen Hier und Jetzt. Verknüpfungen mit biographischen Vorerfahrungen (die zentrale Beziehungserfahrung) und mit der daraus gewachsenen Übertragungsbereitschaft werden sich im Verlauf der Behandlung anschließen.

Die intrapsychische Situation: Introspektion und Konfrontation

Im Blick auf alle bisher genannten Realitäten werden nun die äußere soziale Lebensrealität und die Beziehungsrealität in der therapeutischen Begegnung darauf untersucht, was sie beim Patienten auslösen, welche Gefühle, Vorstellungen und Absichten er gegenüber seinen Objekten erlebt, was er umgekehrt auf Seiten der anderen vermutet. Im Wesentlichen geht es um den

Versuch, introspektiv eine Wahrnehmung des eigenen Selbstbildes, des eigenen Selbstwertes, der eigenen Phantasien und Wünsche zu ermöglichen. Aufgabe der Therapie ist es, diese introspektive Wahrnehmung zu aktivieren; darüber hinaus wird der Therapeut versuchen zu ordnen, Zusammengehöriges zu verknüpfen oder zumindest Vermutungen über Zusammenhänge zu äussern. Im Falle einer konfrontativen Intervention weist er den Patienten auf widersprüchliche oder einander ausschließende oder konflikthaft verknüpfte Innenbefindlichkeiten hin. Manche Patienten folgen der Anregung zur Introspektion leichter als andere, die nur sehr schwer ein Bild ihrer selbst gewinnen können. In diesem Falle sind Behandlungstechniken angezeigt, wie sie im nächsten Kapitel der interaktionellen Psychotherapie beschrieben werden.

Die biographische Erfahrung: Reflektion und Reaktivierung

Der Versuch eines biographisch-dynamischen Verstehens ist ein zentrales Anliegen dynamischer Psychotherapie. Der Therapeut fragt dem Sinne nach "Woher kennen Sie das?" und regt den Patienten an, in seiner Lebensgeschichte nachzusehen, ob er ähnliche äußere Situationen oder innere Erfahrungen kennengelernt hat. Im Wesentlichen geht es um zentrale Beziehungserfahrungen des Patienten, die er zunächst als ein Ich/Früher aus der Perspektive des Ich/Heute betrachtet. In der Regel bleibt es nicht bei einer distanzierten Betrachtung, sondern die wichtigen Erfahrungen werden affektiv wiederbelebt. Auf der introspektiven Ebene kann der Patient etwas von der Brisanz und Lebendigkeit weit zurückliegender Lebenserfahrungen spüren. Sie lassen sich nun auch mit den aktuellen Erfahrungen der äußeren Lebensrealität oder der therapeutischen Beziehungsrealität verknüpfen und dort als Übertragungen verstehen. Erst das Selbstverständnis für die eigenen lebensgeschichtlichen Wurzeln läßt das aktuelle Erleben und Verhalten plötzlich sinnvoll und zweckmäßig erscheinen, insbesondere dort, wo bisher Abwehrhaltungen oder Bewältigungstechniken gegen frühere Erfahrungen zu einem scheinbar sinnlosen, möglicherweise sogar selbstschädigenden Verhaltensstil geführt hatten.

Neuorientierung: Durcharbeiten und Abschiednehmen

Die bisherigen Themen haben wichtige Fakten zutage gefördert. Für den Patienten stellt sich nun die Frage, wie er damit umgehen möchte. Aufgabe des Therapeuten ist es, den Patienten in der Durcharbeitung dieses Materials zu unterstützen und zu ermutigen. Der Patient kann

- gegen alte Erfahrungen kämpfen und anwüten, er kann sie
- loslassen, Verzicht leisten und sie abtrauern,
- er kann das Geschehene akzeptieren und sich damit aussöhnen, und er kann schließlich
- Neues versuchen, umlernen und eine neue Zukunftsperspektive entwickeln.

Es geht also in dieser Phase um den Abschied von dem alten und das Riskieren des bisher ungelebten Lebens.
Gleichzeitig verbunden ist damit der Abschied von der Therapie und der Person des Therapeuten, das Zulassen von Trauer und Enttäuschung, die Entidealisierung des Therapeuten und der Verzicht auf eigene Lebensillusionen.

Die Effizienz dynamischer Psychotherapie ist in der Psychotherapieforschung relativ gut untersucht. Das liegt u.a. daran, daß Zeit, Dauer und Anzahl der Sitzungen überschaubar und daher der Erforschung zugänglich sind (im Gegensatz z.B. zur Langzeitpsychoanalyse). Die Ergebnisse sind befriedigend, eine summarische Bewertung des Verfahrens ist jedoch nicht sinnvoll, da es bei sehr unterschiedlichen Störungen angewendet wird.

Literatur

ALEXANDER, F., TH.M. FRENCH: Psychoanalytic Therapy. Ronald Press Co., New York 1946

BALINT, M., P.H. ORNSTEIN & E. BALINT: Focal Psychotherapy. An Example of Applied Psychoanalysis. Tavistock, London 1972

BECK, D.: Die Kurzpsychotherapie. Eine Einführung unter psychoanalytischem Aspekt. Hans Huber, Bern Stuttgart Wien 1974

BELLAK, L., L. SMALL: Kurzpsychotherapie und Notfall-Psychotherapie. Suhrkamp, Frankfurt 1972 (engl. 1965)

BIBRING, E.: Psychoanalysis and the Dynamic Psychotherapies. J. Am. Psychoanal. Ass 2 (1954) 745-770

BLASER, H., HEIM, E., RINGER, C., THOMMEN, M.: Problemorientierte Psychotherapie. Ein integratives Konzept. Huber, Bern 1992

DAVANLOO, H.: Basic Principles and Techniques in Short-Term Dynamic Psychotherapy. SP Medical & Scientific Books, New York London 1978

DÜHRSSEN, A.: Analytische Psychotherapie in Theorie, Praxis und Ergebnissen. Verlag für Medizinische Psychologie im Verlag Vanenhoeck & Ruprecht, Göttingen 1972

DÜHRSSEN, A.: Dynamische Psychotherapie. Ein Leitfaden für den tiefenpsychologisch orientierten Umgang mit Patienten. Springer, Berlin Heidelberg New York London Paris Tokyo 1988

DÜHRSSEN, A., JORSWIECK, E., FAHRIG, H., HARLING, H., RUDOLF, G.: Ein Vergleich verschiedener psychotherapeutischer Techniken mit Hilfe psycholinguistischer Methoden. Zschr.Psychosom.Med. 20 (1974) 1-24

GRÜNTZIG, M., M. MEYER-LEUZINGER: Die fokussierende Beratung. Psyche 22 (1978) 1059-1088

HEIGL-EVERS, A., F. HEIGL: Was ist tiefenpsychologisch fundierte Psychotherapie. Psychother. Med. Psychol. 33 (1983) 63-68

KLÜWER, R.: Erfahrungen mit der psychoanalytischen Fokaltherapie. Psyche 25 (1971) 932-947

LACHAUER, R.: Der Fokus in der Psychotherapie. Fokalsätze und ihre Anwendung in Kurztherapie und anderen Formen analytischer Psychotherapie. Pfeiffer, München 1992

LEUZINGER-BOHLEBER, M.: Psychoanalytische Kurztherapien. Zur Psychoanalyse in Institutionen. Westdeutscher Verlag, Opladen 1985

LEUZINGER-BOHLEBER, M.: Psychoanalytische Fokaltherapie. Prax. Psychother. Psychosom. 33 (1988) 59-69

LUBORSKY, L.: Einführung in die analytische Psychotherapie. Springer, Berlin Heidelberg New York 1988 (engl. 1984)

MALAN, D.H.: Psychoanalytische Kurztherapie. Eine kritische Untersuchung. Rowohlt, Hamburg 1972 (engl. 1963)

MANN, J.: Psychotherapie in 12 Stunden. Walter-Verlag, Olten 1978 (engl. 1973)

RUDOLF, G., PORSCH, U.: Indikationsstellung und therapeutische Interaktion bei dynamischer Psychotherapie und analytischer Standardbehandlung. Zschr.Psychosom.Med. 33 (1987) 221-237

SIFNEOS, P.E.: Short-Term Psychotherapy and Emotional Crisis. Harvard University Press, Cambridge 1972

SMALL, L.: The Briefer Psychotherapies. Brunner Mazel, New York 1971

STRUPP, H.H., BINDER, J.L.: Kurzpsychotherapie. Klett-Cotta, Stuttgart 1984 (engl. 1984)

WOLBERG, L.R. ET AL: Short-Term Psychotherapy. Grune & Stratton, New York and London 1965

WOLBERG, L.R.: Handbook of Short-Term Psychotherapy. Thieme-Stratton Inc., New York 1980

4.3 Interaktionelle Psychotherapie

4.3.1 Zur Entwicklung der interaktionellen Psychotherapie

Die Anwendung dynamischer Psychotherapie bei Patienten mit stärkeren ich-strukturellen Störungen ließ vor allem deren Schwierigkeiten in der Beziehungsgestaltung erkennen. Es war nicht der neurotische Konflikt, der in einer Übertragungsbeziehung sichtbar wurde, vielmehr zeigten sich Formen des Nichtzustandekommens oder Abreißens der Beziehung oder Formen der projektiven, agierenden Verwicklung in der Beziehung. Der eigene theoretische Ansatz zur Klärung dieses Problems (Rudolf 1977) zentrierte sich auf die Ich-Funktion der Intentionalität, d.h. die basale emotionale Ausrichtung des Subjekts auf sein Gegenüber. Störungen in diesem Bereich des Ich sind gleichbedeutend mit gestörter Kommunikation im nonverbalen Bereich. Entsprechend wurde die therapeutische Aufmerksamkeit auf den Bereich des Intentional-Kommunikativen gerichtet und die ich-strukturelle Störung im Fokus der Beziehung bearbeitet. Dabei ließ sich der intentional-kommunikative Rückzug als narzißtischer Selbstschutz verstehen, als Versuch, kränkende und beschämende Aspekte des eigenen Selbst nicht wahrnehmen zu müssen. Den unbewußten dynamischen Hintergrund bilden Enttäuschungserfahrungen in den frühen Objektbeziehungen; die Begegnung mit diesen Themen mobilisiert heftige Affekte, so daß sie immer wieder reflektorisch, z.B. durch Beziehungsabbruch und Ich-Entfremdung vermieden werden müssen.

Als vorrangige Aufgabe des Psychotherapeuten wurden in diesem Kontext seine Verfügbarkeit als Hilfs-Ich beschrieben; er soll verläßlich zur Verfügung stehen, die Realität aufrecht erhalten und dem Patienten durch Spiegelungstechniken die Erarbeitung eines Selbstbildes ermöglichen. In der Neuausgabe von "Krankheiten im Grenzbereich" (Rudolf 1987) wird das interaktionszentrierte therapeutische Vorgehen beschrieben als die "Bemühung, die intentionale Funktion des Patienten zu aktivieren, so daß er in die Lage versetzt wird, sich mit einem erlebnisbereiten und handlungsfähigen Ich auf die Objektwelt einzulassen".

Eine andere Entwicklungslinie der interaktionellen Psychotherapie stammt aus der Gruppenpsychotherapie. In ihren Bemühungen um eine Differenzierung des gruppentherapeutischen Vorgehens schrieben Heigl-Evers und Heigl 1973: "Wir haben in unser gruppentherapeutisches Modell einige Begriffe aus der Sozialpsychologie und Gruppendynamik einbezogen und haben versucht, sie in unsere psychoanalytische Grundorientierung zu integrieren". Bei der Namensgebung der "Interaktionellen Gruppenpsychotherapie" hat die "themenzentrierte interaktionelle Methode" (Cohn 1979) Pate gestanden. Gegenstand der Therapie ist das manifeste interaktionelle Verhalten, die Verhaltensregulierung zwischen den Individuen, die soziale Position und die Rolle, die der Einzelne in der Gruppe einnimmt und dem anderen zuschreibt. Cohns Prinzip der "selektiven Authentizität" wird von Heigl-Evers und Heigl aufgegriffen; zu der neuartigen Technik des Gruppentherapeuten gehört die selektive Mitteilung von Gegenübertragungsreaktionen (die Analyse der Übertragung ist nicht Gegenstand dieser Therapiemethode).

In den 80er Jahren veröffentlichten Heigl-Evers und Heigl zusammen mit Mitarbeitern eine Reihe von Arbeiten, in denen sie die psychoanalytisch interaktionelle Therapie, nun nicht mehr nur auf Gruppen bezogen, als Methode zur Behandlung präödipaler Störungen beschrieben. Sie beziehen sich dabei auf ein inzwischen elaboriertes Konzept der ich-strukturellen Störung. Auch werden von den Autoren daraus therapeutisch-technische Empfehlungen abgeleitet (z.B. das Prinzip "Antwort" statt des Prinzips "Deutung"). Im folgenden wird die interaktionelle Einzeltherapie besprochen, die interaktionelle Gruppentherapie wird in Kapitel 4.6 berücksichtigt.

4.3.2 Indikation: Auf welche Störung bezieht sich die interaktionelle Psychotherapie

Bei der interaktionellen Psychotherapie sind die spezifischen Einstellungen und Interventionen des Therapeuten auf spezifische Eigenschaften bzw. Störungen des Patienten zugeschnitten. Die Aufgabe für den Therapeuten liegt kurz gesagt darin, sich mit seinem Beziehungsangebot auf die (eingeschränkten) Beziehungsmöglichkeiten des Patienten einzustellen. Die Einschränkung des Patienten liegt im Funktionsniveau seiner Persönlichkeit begründet, d.h. in einem aktuell regredierten oder wenig entwickelten Selbst, das von den Objekten unzureichend abgegrenzt ist. (Die Struktur der Persönlichkeit und die strukturellen Störungen sind in Kapitel 1.4 ausführlich beschrieben). Die wichtigsten Merkmale dieser "frühen Störung" werden in der folgenden Tabelle nochmals zusammengestellt.

Natürlich finden sich niemals alle diese Elemente der strukturellen Störung gleichzeitig bei einem Patienten; vielmehr sehen wir in einem Falle stärkere Einschränkungen der Ich-Funktionen und Ich-Grenzen, ein anderes Mal eine unreife Gestaltung der

Persönlichkeitsstrukturelle Elemente, auf welche sich die Technik der interaktionellen Psychotherapie bezieht

eingeschränkte Selbst-Objekt-Differenzierung
geringe Autonomie des Selbst
fehlende Selbstbeobachtung, Selbstreflektion, Introspektionsfähigkeit
geringe Differenzierungsfähigkeit für eigene Affekte
unsicheres Selbstbild, geringes Selbstverständnis
Angst vor Fragmentierung des Selbst
oberflächlich angepaßtes (falsches) Selbst

projektive und projektiv-identifikatorische Einstellung zu den Objekten
der Andere als Teil des verlängerten Selbst
wenig Empathiefähigkeit und Gegenseitigkeit
Teilobjektbeziehung(Objekt nur gut oder nur böse)
Verschmelzungs- oder Ausstoßungstendenzen gegenüber Objekten
utilitaristische Objektbesetzung
wenig gute innere Objekte, kein Für-Sich-Sorgen-Können
wenig Objektkonstanz
geringere Differenzierungsfähigkeit für Affekte des anderen

Ich-Regression
unsichere Ich-Grenzen
geringe Tragfähigkeit für negative Affekte
eingeschränkte Fähigkeit der Impulssteuerung
frühe Abwehrformen (Spaltung, Projektion, Entwertung, Idealisierung, Verleugnung)
geringe Sublimierungsfähigkeit, Agieren statt Phantasieren
Durchsetzung des Erlebens mit prägenitalen Triebimpulsen
Beeinträchtigung der Ich-Funktionen (Denken, Urteilen, Antizipieren)
Über-Ich unnachsichtig streng, inkongruent, nach außen projiziert, nicht über Schuldgefühle regulierend

Tabelle 4.3.2

Objektbeziehungen, in einem dritten Fall mehr die Brüchigkeit und Unsicherheit des eigenen Selbst vorherrschen.
Der gemeinsame Nenner aller erwähnten Störungselemente ist darin zu sehen, daß der seelische Binnenraum wenig differenziert ist, so daß wir auch keinen deutlichen Konflikt zwischen intrapsychischen Strukturen (zwischen Ich, Es und Über-Ich) erkennen können; es hat vielmehr den Anschein, als ereigne sich der Konflikt zwischen Teilaspekten des Selbst einerseits und Menschen und Situationen der Außenwelt andererseits. Beeindruckend ist immer wieder die Tatsache, daß sich neben deutlichen Störungselementen, die sich z.B. auch in heftigen Agiertendenzen und autodestruktiven Impulsen zeigen, ganz andere, stabile und leistungsfähige Persönlichkeitsanteile finden und daß der Patient auf erstaunliche Weise zwischen diesen beiden Teilpersönlichkeiten hin- und herwechseln kann.

4.3.3 Die therapeutische Haltung

Der Therapeut, der sich für interaktionszentrierte Psychotherapie entscheidet, richtet sein therapeutisches Handeln auf die beschriebenen strukturellen Dimensionen, die sich vor allem in der Interaktion und Kommunikation manifestieren. Er tut es in der Annahme, daß der Patient durch eine ausgeprägte psychoanalytische Haltung mit ihrer Abstinenz und den deutenden Interventionen überfordert wäre, weil ihm das selbstreflexive Über-Sich-Nachdenken, das sich wie von Außen-Betrachten-Können (im Sinne der therapeutischen Ich-Spaltung) ebensowenig möglich ist, wie eine gleichzeitig nahe und doch sicher abgegrenzte Beziehung zum Therapeuten.
Die therapeutische Haltung und Technik bezieht sich unmittelbar auf die beschriebene Verfassung des Patienten. Wer die eigenen Bedürfnisse und Affekte nicht differenziert wahrnehmen kann, benötigt darin eine Unterstützung durch ein ihn wahrnehmendes Gegenüber; zugleich braucht jemand, der zu Verwicklungen und Verschmelzungen tendiert, die besondere Beachtung von Grenzen und Abgrenzungen, er bedarf der Entwirrung von Ich und Du, die immer wieder projektiv durcheinandergeraten; schließlich benötigt er ein besseres Gefühl für die eigenen objektgerichteten Intentionen und ein sichereres Verständnis für die Intentionen des anderen.
Die beschriebenen strukturellen Eigenschaften des Patienten bleiben nicht ohne Auswirkung auf den Therapeuten, der in der Regel mit deutlichen **Gegenübertragungsgefühlen** antwortet. Die projektiven Verwicklungsangebote, der Wechsel von Idealisierung und Entwertung, die Kommunikationsabrisse sind geeignet, ihn zu verwirren, er fühlt sich oft ratlos, gelähmt, hilflos, ungeschickt und unfähig; dann ist er wieder sehr hineingezogen in die Konfliktsituation des Patienten, so daß er sich auch außerhalb der Sitzungen kaum davon lösen kann. Unter Umständen erlebt er große Distanz zu dem Patienten, der sich wenig anziehend und liebenswert zeigt und ihm zuweilen distanzlos-angriffig begegnet. Er spürt die starke Erwartung des Patienten, daß er - der Therapeut - endlich etwas Entscheidendes tun möge und er registriert, daß alles, was er tut, ohne Wirkung bleibt, im Patienten nichts hinterläßt. Manchmal fühlt er sich als Person, vor allem aber in seiner professionellen Kompetenz zunichte gemacht und ausgelöscht.
Zu den wichtigen therapeutischen Aufgaben gehört es, diese Gegenübertragungsempfindungen handhaben zu lernen, sie zu verstehen, z.B. als projektiv identifikatorische Widerspiegelung dessen, was der Patient selber fühlt. Zentral wichtig ist es für den Therapeuten, das So-Sein des Patienten, seine Art der Kontaktaufnahme, seine Rückzugs- und Selbststabilisierungsversuche akzeptieren zu lernen. Das gelingt am besten über das Verständnis der Biographie, welche die Tragik der Entwicklung aufzeigt und unterstreicht, daß der Patient sich nur so und nicht anders entwickeln konnte. Der so gewonnene persönliche Respekt für den Patienten - Heigl-Evers u. Heigl sprechen vom "Erbarmen" - basiert nicht allein auf den persönlichen Ressourcen eines Therapeuten, der viel Sympathie für andere Menschen zur Verfü-

Die therapeutische Haltung in der interaktionellen Psychotherapie
präsent, verfügbar sein tragfähig, verläßlich im Kontakt bleibend
Unlust aushaltend Klagen aufnehmend, organisierend sie allmählich sprachlich symbolisierend
Mitteilungen anreichernd durch eigene Bilder,Affekte, Vorstellungen positivierende Phantasien
selektiv-authentisch antwortend sich abgrenzend (Alterität), konfrontierend

Tabelle 4.3.3

gung hat, er ist auch eine professionell erarbeitete Haltung des Verstehens und Akzeptierens.
Aus dem Gesagten läßt sich ableiten, daß der **Therapeut** als Objekt des Patienten **bestimmte Rollen** einnehmen und variieren muß. Am Anfang gleicht er einem Primärobjekt; in dieser Position ist er ein Gegenüber, das verläßlich und tragfähig in der Beziehung bleibt, präsent und mit Interesse auf den Patienten ausgerichtet, auch wenn dessen Beziehungsschwierigkeiten und Unlustaffekte die Situation belasten. Initial muß der Therapeut vor allem die Klagen des Patienten aufnehmen (die Containerfunktion im Bionschen Sinne), sie in Worte fassen, sie dadurch für den Patienten organisieren und allmählich symbolfähig werden lassen. Er tut das, indem er die Mitteilungen des Patienten durch eigene Einfälle, Bilder und Geschichten anreichert. Auf diesem Wege substituiert der Therapeut Ich-Anteile des Patienten, er stellt sich vorübergehend als Hilfs-Ich zur Verfügung.
Schließlich wird der Therapeut nicht deuten (die bis dahin unbewußten Innenvorgänge des Patienten), sondern im Sinne von Heigl-Evers und Heigl "antworten"; das bedeutet, daß er sich als erlebendes Gegenüber des Patienten zu erkennen gibt, indem er selektiv (innerhalb der Grenzen des für den Patienten Zumutbaren) eigene authentische Empfindungen, Gedanken und Einfälle mitteilt. Durch die Mitteilungen eigener Gedanken, Bilder und Einfälle kann er das Erleben des Patienten im positiven Sinne kommentieren und ergänzen, ihm neue Bedeutungsnuancen zuteilen, es ggfs. auch umdeuten. Damit betont er in Abgrenzung gegen die Verschmelzungstendenzen des Patienten seine "Alterität" ("wir sind zwei getrennte Personen, mit unterschiedlichen Wahrnehmungen, Einschätzungen, Empfindungen usw."). Diese therapeutische Haltung beinhaltet eine deutliche Veränderung gegenüber der anfänglichen Einstellung des verfügbaren Primärobjekts und des verläßlich begleitenden Hilfs-Ichs; in letzter Konsequenz enthält diese Haltung auch deutliche konfrontative Seiten, welche den aggressiven Spaß an der neugewonnenen Autonomie unterstreichen.

4.3.4 Die therapeutischen Techniken

Technik wird hier - wie immer im psychotherapeutischen Bereich - verstanden als die praktische Anwendung des therapeutischen Handlungswissens, das sich wiederum auf Konzepte der Störung und Theorie in ihrer Veränderung stützt. Der folgende Überblick beschreibt eine Reihe von therapeutischen Aktivitäten, die in der interaktionellen Psychotherapie eine wichtige Rolle spielen; vergleichbare Prinzipien gelten wahrscheinlich für alle aufdeckenden Psychotherapien, in diesem Fall ist jedoch die aktive, strukturierende Haltung des Therapeuten ausgeprägter als z.B. in der dynamischen Psychotherapie und erst recht in der Psychoanalyse.

Das Ich aktivieren

Der Patient, der Mühe hat, sein Selbst zu bestimmen und es klar abgegrenzt von den Objekten zu erfahren, soll zunächst etwas von seinem eigenen "Ich" erleben können. Das kann geschehen im erlebenden, empfindenden Bereich (seiner kognitiven und affektiven Seite) und im Bereich seiner intentionalen Ausrichtung und Handlungsbereitschaft. Die Anregung des Therapeuten lautet dem Sinne nach: "Wenn Sie genauer in sich hineinhorchen, auf Ihre stimmungsmäßige und körperliche Verfassung achten, werden Sie etwas von sich mitbekommen, z.B. angedeutete Empfindungen oder Bruchstücke von Handlungsabsichten" (vgl. auch Kapitel 2.11.3 Körpertherapien). Die auf diese Weise angeregten Eigenwahrnehmungen des Patienten haben zunächst weniger den Charakter von "ich bin es, der etwas fühlt oder will", sondern eher vage die Bedeutung von "es regt sich in mir etwas". Der Therapeut ermutigt nach und nach, ein "ich" zu riskieren, die Erfahrungen als "zu mir gehörig" zu nehmen, auch wenn die erlebten Regungen zunächst vielgestaltig und widersprüchlich sind und sich noch ganz und gar nicht in ein ganzheitlich geordnetes Bild der eigenen Person ("das bin ich selbst") integrieren lassen. Durch die Aktivierung des Ich-Erlebens soll vor allem auch eine Differenzierung der Affektwahrnehmung begünstigt werden (zunächst bezüglich der eigenen affektiven Regungen, später auch der Affektäußerungen des anderen). In diesen Bemühungen steht der Therapeut dem Patienten als eine Art von Hilfs-Ich oder Teil-Ich zur Verfügung.

Im Gegensatz zu diesem Vorgehen stützt sich die Psychoanalyse von vornherein auf ein dem Patienten verfügbares Ich, das, zur Selbstreflektion aufgefordert, innere Bilder, Vorstellungen und Phantasie betrachten und alsbald auch den Psychoanalytiker als Adressaten und Gegenstand der Phantasien miteinbeziehen kann. Diese Fähigkeit muß in der interaktionellen Psychotherapie erst entwickelt werden, wozu u.a. der folgende Schritt notwendig ist.

Objektgerichtete Intentionen wahrnehmen

In diesem Schritt wird herausgearbeitet, daß sich die Empfindungen und Handlungsimpulse fast immer auf vorgestellte oder anwesende Personen beziehen lassen. Der Patient wird ermutigt, das Intentionale seines Erlebens zu registrieren, d.h. die Tatsache, daß er als "Ich" auf Objekte ausgerichtet ist. Dabei kann er spüren, daß er affektiv gefärbte Handlungsabsichten auf die Objekte richtet, daß er Wünsche und Forderungen an sie heranträgt und daß er die jeweilige Beziehung zu beeinflussen und zu regulieren sucht. Das gleiche Geschehen läßt sich auch unter dem Aspekt von Kommunikation zwischen einem Ich und den Objekten verstehen, das Ich hat den Objekten etwas mitzuteilen. Der Therapeut lenkt die Aufmerksamkeit auf die intentionale und kommunikative Seite des Patienten und ermutigt ihn, die Verantwortung dafür zu übernehmen.

Die Konkretisierung dieses Ansatzes kann auf zwei Ebenen erfolgen: Einmal auf der realen Ebene der Patient-Therapeut-Interaktion und zum anderen auf der Ebene des inneren Dialogs mit biographisch wichtigen Menschen.

Hier ist nochmals die Haltung des Therapeuten zu betonen, der sich nicht als Projektionsschirm der Übertragungen des Patienten sieht, sondern als Realperson, die den Patienten anfangs in seinen Intentionen unterstützt und begleitet, ihm als bestätigendes Hilfs-Ich zur Verfügung steht und ihn ermutigt, seine Affekte und Impulse im Probierfeld der realen Patient-Therapeut-Beziehung zuzulassen und zu erproben. Gleichzeitig übt er mit dem Patient zusammen die Verbalisierung des interaktionellen Erlebens ein. Dieser Aspekt des Erprobens und Übens im interaktionellen Feld spielt in der interaktionellen Gruppentherapie eine besonders wichtige Rolle.

Die biographischen Bedingungen kennenlernen

Der Blick in die eigene Lebensgeschichte stellt bereits einen ersten distanzierenden Schritt dar. Das Ich/heute schaut auf das Ich/früher (Seidler) und versucht damit ein Verständnis seiner selbst zu gewinnen. Es geht jetzt nicht mehr nur darum, als Ich zu erleben und als Ich interaktionell zu handeln, sondern auch darum, ein Bild dieses erlebenden und handelnden Ich zu gewinnen. Der Therapeut fordert den Patienten auf, das in der aktuellen interaktionellen Situation Wahrgenommene (z.B. eine ängstliche Vermeidehaltung) daraufhin zu prüfen, wie lange es schon zurückreicht oder unter welchen früheren Bedingungen es erlebt wurde. Oft gelingt es dem Patienten, typische Beispiele (Deckerinnerungen) aus seiner biographischen Erfahrung zu beschreiben und darin einen zentralen Beziehungskonflikt mit den zugehörigen schwierigen Bezugspersonen sichtbar zu machen. Die von außen betrachtende, reflektierende Sicht des biographischen Geschehens kann intensiviert und der innere Dialog aktiviert werden, wenn der Therapeut den Patienten anregt, sich das damalige Geschehen wie die Szene eines Romans, ein Foto oder einen Film anzuschauen. Nicht selten gelingt es auf diese Weise, daß das Ich/heute eine verständnisvolle Einstellung zu dem Ich/früher in der biographischen Szene entwickelt; das geschieht u.U. erst nachdem das Ich/heute vorübergehend recht kritisierend, distanzierend, ablehnend auf das Ich/früher reagiert hat.

Das Vorgehen macht den Unterschied zur Psychoanalyse nochmals deutlich: Wenn es dort darum geht, die unbewußten Phantasien gegenüber den biographisch wichtigen Menschen bewußt zu machen und diese Schattenseite des Erlebens mit ihren infantilen und destruktiven Aspekten zu integrieren, geht es in der interaktionellen Psychotherapie darum, das gegenwärtige interaktionelle Erlebensmuster, dem der Patient sich passiv ausgeliefert fühlt, biographisch verständlich und damit sinnvoll werden zu lassen. Indem die schwer verständlichen und abgelehnten Aspekte des eigenen Verhaltens zunächst einmal registriert und dann akzeptiert werden können, beginnt auch die Selbstablehnung und Entwertung sich aufzulösen.

Den inneren Dialog beleben

In der Bearbeitung biographischer Themen war bereits der innere Dialog zwischen dem Ich/heute und dem Ich/früher angesprochen worden. Diese Form des Dialogs zwischen unterschiedlichen Ich-Anteilen oder zwischen Selbstrepräsentanzen und Objektrepräsentanzen kann auf vielfältige Weise intensiviert werden. Das Ich, das ja aus Beziehungserfahrungen aufgebaut ist, kann auf diese zurückgreifen und sie wiederbeleben; widersprüchliche Ich-Anteile können sich miteinander in Verbindung setzen. Während der Patient aufgrund seiner Struktur zunächst versuchen wird, ganz in **einer** Ich-Befindlichkeit zu bleiben und die andere auszublenden, hält der Therapeut als Chronist unterschiedliche Ich-Aspekte fest und spiegelt sie dem Patienten wider. Gegenüber einem sehr dissoziierten Patienten, der in einer Stunde ganz als hilfloses Kind agiert und in einer anderen Sitzung als überlegene, abwertende, alles kontrollierende Person auftaucht, versucht der Therapeut durch Spiegelung die Verbindung herzustellen ("ich sehe Sie einmal in dieser Verfassung und einmal in jener, offenbar gibt es in Ihnen beide Möglichkeiten, aber die beiden Hälften haben noch wenig Bezug zueinander"). Der Therapeut bemüht sich also nicht, die Widersprüche zu glätten oder zu leugnen, er betont vielmehr ihre Existenz, die für den Patienten schwer zu verkraften ist und er betont auch die Notwendigkeit, daß beide unter einem Dach koexistieren müssen. In dem Maße, wie der Patient akzeptieren lernt, daß er einmal so ist und einmal so und vor allem daß beides zugleich zu seiner Person gehört, schafft er den Übergang vom Ich zum Selbst ("das alles bin ich selbst"). Er muß die affektive Spannung zwischen den unterschiedlichen Ich-Zuständen ertragen lernen, er muß die Gekränktheit, die Wut und die Scham angesichts seiner Unvollkommenheit in den eigenen und den Augen der Anderen aushalten.

Das Selbst in der Interaktion mit dem Therapeuten kennenlernen

Nachdem der Patient sein eigenes Ich zum Objekt genommen hat, zu ihm in Beziehung getreten ist, die Mitteilungen seiner Teil-Ichs, aber auch die seiner Bedürfnisse und seiner Über-Ich-Instanzen kennengelernt hat, steht er vor der schwierigen Aufgabe, dieses Selbst zu akzeptieren so wie es ist. Das wichtigste Probierfeld dafür ist wieder die Patient-Therapeut-Beziehung, in der die Frage aufgeworfen wird, ob der Therapeut als Gegenüber imstande ist, das Selbst des Patienten auszuhalten oder zu akzeptieren oder gar wertzuschätzen. Verständlicherweise wird die Selbstwertschätzung des Patienten durch die Wertschätzung des Therapeuten verstärkt. Zugleich sucht der Patient in den seltensten Fällen offen nach der Anerkennung und Akzeptanz des Therapeuten, er setzt nicht selten alles daran, diese Wertschätzung in Frage zu stellen, indem er sein unliebenswertes Selbst in den Vordergrund rückt und gewissermaßen zu dessen Ablehnung auffordert. In diesem Stadium der Therapie nähert sich das Vorgehen dem analytischen an, in dem die Reinszenierungen negativer Beziehungserfahrungen durchgearbeitet werden müssen, damit schließlich auch die positiven Möglichkeiten zugelassen werden können.

Die Beschreibung macht deutlich, daß der Therapeut zur Verwirklichung der beschriebenen Ziele seine Haltung und Techniken im **Behandlungsverlauf** modifizieren muß. Er beginnt als unterstützendes bestätigendes Teil-Ich, als verläßlicher Begleiter des Patienten und entwickelt sich nach und nach zu einem vom Patienten getrennten Gegenüber, der sein Anderssein, seine Alterität, seine eigene Sichtweise betont und es damit möglich macht, daß zwischen zwei getrennten Individuen eine Beziehung ausgehandelt werden kann. Insbesondere die **Beendigungsphase** der Therapie betont das Thema der Getrenntheit der Personen, der Begrenztheit der gemeinsamen Zeit, der Unterschiedlichkeit beider persönlicher Ziele. An dieser Stelle wird der Patient nicht selten seine Verschmelzungstendenzen intensivieren und seine Hilfsbedürftigkeit unter Beweis stellen, während der Therapeut im Vertrauen auf die neu gewachsenen Strukturen an dem Plan der Trennung festhält und ihn realisiert. Die dadurch ausgelösten schmerzlichen Gefühle der Verlassenheit und der Enttäuschungswut sind geeignet, der Verselbständigung zuzuarbeiten, dadurch, daß die Phantasie von der Einheit mit dem idealisierten Therapeuten aufgegeben wird.

Zwei therapeutische Verfahren, die gleichfalls interaktionelle Akzente aufweisen:

Körperorientierte Psychotherapie (siehe Kapitel 2.11.3, S. 247) **Psychotherapie bei Somatisierungsstörungen** (siehe Kapitel 2.3.4, S. 163)

Literatur

CREMERIUS, J.: Gibt es zwei psychoanalytische Techniken? In: Cremerius, J.: Vom Handwerkszeug der Psychoanalyse. Das Werkzeug der psychoanalytischen Technik. Frommann Holzboog, Stuttgart 1984 S. 187-209

COHN, R.: Von der Psychoanalyse zur themenzentrierten Interaktion. Klett/Cotta, Stuttgart 1980

FÜRSTENAU, P.: Die beiden Dimensionen des psychoanalytischen Umgangs mit strukturell ichgestörten Patienten. Ein Beitrag zur Erweiterung der psychoanalytischen Praxeologie. Psyche 31 (1977) 197-207

HEIGL-EVERS, H., HEIGL, F.: Gruppentherapie: interaktionell-tiefenpsychologisch fundiert (analytisch orientiert) - psychoanalytisch. Gruppentherapie und Gruppendynamik 7 (1973) 132-157

HEIGL-EVERS, H., HEIGL, F.: Das interaktionelle Prinzip in der Einzel- und Gruppenpsychotherapie. Zschr.Psychosom.Med. 29 (1983) 1-14

HEIGL-EVERS, A., STREECK, U.: Psychoanalytisch-interaktionelle Therapie. Psychother.Med. Psychol. 35 (1985) 176-182

HEIGL-EVERS, A., HEIGL, F.: Die psychoanalytisch-interaktionelle Therapie - eine Methode zur Behandlung prädipaler Störungen. In: Rudolf, G., Rüger, U., Studt, H.H. (Hrsg.): Psychoanalyse der Gegenwart. Vandenhoeck & Ruprecht, Göttingen 1987 S. 181-197

HEIGL-EVERS, A., NITZSCHKE, B.: Das Prinzip "Deutung" und das Prinzip "Antwort" in der psychoanalytischen Therapie. Zschr.Psychosom.Med. 37 (1991) 115-127

LOCH, W.: Anmerkungen zum Thema Ich-Veränderungen, Ich-Defekte und psychoanalytische Technik. Psyche 31 (1977) 216-227

RUDOLF, G.: Über die Schwierigkeiten, zwischenmenschliche Beziehungen mit Hilfe psychoanalytischer Beschreibungsmodelle zu erfassen: Eine Kritik der Ich-Psychologie. Zschr.Psychosom.Med. 22 (1944) 135-149

RUDOLF, G.: Das Konzept der Intentionalität und die Klinik der schizoiden Neurose. In: Rudolf, G.: Krankheiten im Grenzbereich von Neurose und Psychose. Vandenhoeck & Ruprecht, Göttingen 1977 S. 46-50

RUDOLF, G.: Die Behandlung intentional-kommunikativer Störungen. In: Rudolf. G.: Krankheiten im Grenzbereich von Neurose und Psychose. Vandenhoeck & Ruprecht, Göttingen 1977 S. 178-190

RUDOLF, G.: Ergänzende Ausführungen zum Begriff der Intentionalität und seiner psychotherapeutischen Anwendung. In: Rudolf. G.: Krankheiten im Grenzbereich von Neurose und Psychose. Neuausgabe Deutscher Studienverlag Weinheim 1987 S. 193-201

SEIDLER, G.: Scham und Geschlecht. Die Analyse eines Affektes. Vandenhoeck & Ruprecht, Göttingen 1993

4.4 Psychotherapeutische Krisenintervention

4.4.1 Die therapeutische Haltung

Krisen stellen eine Ich-Regression dar, in deren Rahmen das Gleichgewicht zwischen regulierenden Ich-Funktionen einerseits und andrängenden Handlungsimpulsen und Emotionen andererseits drastisch gestört ist.
Im Falle der lauten **Überstimulierungskrise** sind die regulierenden Funktionen nach innen und die adaptiven Funktionen nach außen vorübergehend außer Kraft gesetzt. Handlungsimpulse und Affekte überfluten das Ich, das nicht mehr Herr im eigenen Hause ist. Indem das Ich seine Kohärenz verliert, fürchtet der Betreffende "außer sich zu geraten, zu explodieren, zu platzen, Amok zu laufen, verrückt zu werden"; er erlebt einen "Nervenzusammenbruch". Die Krisenintervention versucht die Überflutungsprozesse zu unterbrechen, indem sich der Therapeut kurzfristig als steuerndes, strukturierendes Hilfs-Ich zur Verfügung stellt.
In der stummen **Unterstimulierungskrise** geraten sehr intensive Emotionen der Enttäuschungswut und der depressiven Verzweiflung unter eine zunehmend übersteuernde Abwehr; nach außen hin ist der Patient erstarrt, versteinert, unkommunikativ, unexpressiv, während er sich zugleich dem Druck der inneren Empfindungen auf quälend-hilflose Weise ausgeliefert fühlt.
Der **Umgang mit Krisenpatienten** stellt den Psychotherapeuten vor besondere Aufgaben. Die laute Krise mit ihrer Affektüberflutung und den andrängenden Handlungsimpulsen wirkt ansteckend; Panik und Chaos des Patienten drohen jeden anderen mit fortzureißen und drängen ihn zu intensiven Hilfsmaßnahmen; sie können bei dem Helfer vorübergehend Allmachtsgefühle aufrufen, die aber meist bald in Ohnmachtsempfindungen übergehen. Die stumme Krise des zunehmend in sich zurückgezogenen, z.B. präsuizidalen Patienten hat auf ihre Art etwas Bedrohliches, das ebenfalls zu starker Aktivität auffordert und doch zugleich den Helfer zurückweist und hilflos macht. Mehr als andere Störungen lösen Krisensituationen heftige **Gegenübertragungsgefühle** aus. Die Verwirrung und Verwicklung beginnt nicht selten damit, daß der Patient, was angesichts der Krisensituation verständlich ist, auf ungewöhnlichem Wege und zu besonderen Zeiten zum Therapeuten kommt, z.B. in der Klinik nach Dienstschluß oder in der Praxis außerhalb der Sprechzeiten. Er findet sich häufig in Begleitung einer "wichtigen Person" (eines Pfarrers, Rechtsanwaltes, Arztes, Therapeuten oder eines Angehörigen), die den Anspruch des Patienten auf intensive Sofortmaßnahmen unterstreicht und es dem Therapeuten schwer macht, in seiner professionellen Rolle zu bleiben.
Um so wichtiger ist es, daß der Therapeut imstande ist, **sich abzugrenzen**, die bei ihm durch die Situation ausgelösten eigenen intensiven Affekte, vor allem Ängste zu akzeptieren und zu bewältigen und, von da ausgehend, dem Patienten ein strukturiertes Angebot machen zu können. Dieses Bemühen des Therapeuten, sich selbst und die Situation zu strukturieren, wird durch die Inszenierung des drängenden Patienten unterlaufen und kann leicht scheitern; um so wichtiger ist es für den Therapeuten immer wieder zu seiner Struktur zurückzufinden. Notfalls kann er kurzfristig denselben Weg beschreiten wie der Patient, d.h. er kann sich hilfesuchend an einen Kollegen wenden, der triangulierend dazwischentritt und ihm hilft, die verlorengegangene eigene Position zurückzugewinnen.
Die erste Voraussetzung für effektive psychotherapeutische Krisenintervention ist also, daß der Therapeut sich durch die Krise des Patienten nicht selber nachhaltig destabilisieren läßt, sondern in der Lage bleibt, das Krisenthema - bei seinem Patienten ebenso wie bei sich selber - auszuhalten. Das heißt nicht, daß er von dem Konfliktthema unberührt bleiben könnte, sondern daß er für seine eigene Person und sein Leben eine Einstellung zu den häufig zugrundeliegenden Themen (Beziehungsverluste, Verlust von Hoffnung und Illusion, Kompetenzverluste, Selbstwerteinbrüche, Sinnverlust und Suizidimpulse) entwickeln konnte. Der Umgang mit der Gegenübertragung stellt für

den Therapeuten ein erstes und emotionales Problem der Krisenintervention dar; dagegen verlangt das "behandlungstechnische Vorgehen" ein kognitives Sachwissen über Techniken der Regressionssteuerung, der Angstbewältigung und der Strukturierung von Interaktionen.

Die psychodynamische Sichtweise gibt dem Therapeuten zusätzlich motivationale Hilfen, die zugleich therapeutisch wirken: Durch die psychoanalytische Theorie wird das **Krisengeschehen positiviert;** sie betrachtet die Krise nicht im Modell von Kurzschluß, Rohrbruch, Unfall oder anderen technischen Defekten, sondern sie sieht darin ein Signal für anstehende Reifungsschritte, für fällige Entscheidungen und Neuorientierungen. Die Situation hat sich krisenhaft zugespitzt dadurch, daß die fälligen Veränderungsschritte bisher nicht geleistet und nicht gewagt werden konnten und daß nun einige zusätzliche Tropfen der äußeren Belastung das Faß zum Überlaufen gebracht haben. Für den analytischen Therapeuten stellt sich daher weniger die Aufgabe, ein defektes System zu reparieren, sondern bisher ungenutzte kreative Entwicklungsmöglichkeiten zu aktivieren. Das mag übertrieben positiv klingen, zumal nicht in jeder hoffnungslos festgefahrenen und krisenhaft zugespitzten Situation von vornherein kreative Aspekte sichtbar werden; sie müssen oft mühsam aus der scheinbar ausweglosen Problematik herausgearbeitet werden. Wenn der Therapeut jedoch die Zuversicht besitzt, daß bei einem Patienten wichtige unbewußte Entwicklungen bereitliegen, die bislang nicht realisiert werden konnten, dann bildet diese hoffnungsorientierte Einstellung einen therapeutisch wichtigen Gegenpol zu der des Patienten, der in einer chaotisch-ausweglosen Gegenwart versunken ist und keine Zukunft mehr erkennen kann.

4.4.2 Therapeutische Techniken

Die Praxis der Krisenintervention läßt sich in einer Reihe von Schritten ordnen:

1. **Kontakt herstellen:**
   Der erste Schritt ist, wie in jeder psychotherapeutischen Maßnahme, von dem Bemühen gekennzeichnet, zu dem Patienten einen Rapport herzustellen, der die Beziehungsgrundlage für eine therapeutische Zusammenarbeit liefert. Dabei spielt die Ermutigung, sich mitzuteilen, eine wichtige Rolle; wenn der Patient so viel Zutrauen faßt, daß er dem Therapeuten von dem aktuellen Geschehen etwas mitteilen kann, wird dadurch eine erste Entängstigung bewirkt. Oft war es ja gerade das nicht mitgeteilte, vor sich selber und der Öffentlichkeit verborgene Konfliktthema, das die krisenhafte Spannung erzeugt hatte.

2. **Struktur schaffen:**
   Strukturierung dient zunächst einmal der Abgrenzung des Therapeuten selbst; er definiert den zeitlichen Rahmen, in dem er zur Verfügung steht und legt die Möglichkeiten und Grenzen seines Hilfsangebotes dar. Die Maßnahme wirkt indirekt strukturierend auf den Patienten, der erleben kann, daß seine eigene chaotische Bewegtheit die Grenzen des noch strukturierten Anderen nicht überfluten kann. Innerhalb einer Institution (Psychotherapiestation, Psychosomatische Klinik) ist es zweckmäßig, den organisatorischen Ablauf einer Krisenintervention strukturell festzulegen, damit alle Beteiligten im Bedarfsfalle wissen, was zu tun ist (s. unten).

3. **Konfliktfokus aufsuchen:**
   Therapeut und Patient bemühen sich gemeinsam zu unterscheiden zwischen dem aktuellen **äußeren Krisenanlaß** und dem länger vorbereiteten **inneren Konflikt**, der nicht genügend wahrgenommen werden konnte. Durch diese Unterscheidung wird der **Sinn der Krise** verstehbar: Durch innere und äußere Entwicklungen bedingt, drängt seit einiger Zeit etwas Neues an, dessen Wahrnehmung vermieden wurde, weil es Angst macht. Der bewußt erlebte äußere Krisenanlaß hat nicht selten den Charakter einer zusätzlichen Belastung, die dann zur vorder-

gründigen Erklärung der inneren Spannung herangezogen wird. In der Regel verbergen sich dahinter weitere, tieferreichende Konfliktthemen. Für den einzelnen ambulanten Psychotherapeuten oder für das Team einer Klinik stellt sich die Aufgabe, eine Hypothese über den wichtigsten **Konfliktfokus** zu erstellen, der in der Kriseninterventionstherapie bearbeitet werden soll. Aus dem Gesagten ergibt sich, daß es nicht unbedingt sinnvoll ist, eisern an dem einmal definierten Fokus festzuhalten (wie es zuweilen in der Fokaltherapie empfohlen wird), sondern das Augenmerk gerade auf die Verschachtelung und wechselseitige Stellvertretung von Konflikten zu richten.

4. **Emotionale Konfrontation:**
Der Therapeut bemüht sich, den Patienten in inneren Kontakt zu bringen mit seiner Krise, ihn vor allem die zugehörigen **Emotionen wahrnehmen** und **akzeptieren** zu lassen. Der Patient soll vorübergehend in seine affektive Verfassung eintauchen, das bedeutet für ihn eine **Konfrontation** mit Affekten der Angst, Scham, Enttäuschungswut, Gekränktheit und Verzweiflung. Weil er diese heftigen Emotionen nicht nur für sich alleine erlebt, sondern sie dem Therapeuten mitteilt, ist es wichtig, daß dieser die destruktive Kraft dieser Vorgänge nicht fürchtet, sondern sie entgegennehmen und aushalten kann. Durch die emotionale Konfrontation soll der Patient auch in die Lage versetzt werden, seine unterschiedlichen Affektzustände, die er zunächst meist als eine diffuse Flutwelle erlebt, zu differenzieren; er erfährt z.B., daß hinter seiner Angst große Wut steckt oder daß in seiner depressiven Verzweiflung viel Gekränktheit enthalten ist.

5. **Kompetenzen wiedergewinnen:**
Hier gilt es eine Distanz zu schaffen zwischen dem Patienten als Person und seiner Krise als einem Ereignis. Es wird ein systematischer **Überblick** über die Probleme erarbeitet, evtl. eine **Rangfolge** ihrer Wichtigkeit und eine Reihenfolge, in der sie angegangen werden können. Dadurch wird die Entscheidungs- und **Handlungskompetenz** des Patienten bestärkt, der die kognitive Kontrolle zurückgewinnt und sich in der Entscheidung übt, wann er sich welchen Problemen zuwendet. In diesem Vorgang gewinnt das zuvor regredierte Ich seine Funktion als steuernde Instanz, als Zentrum der erlebenden und handelnden Person zurück.

6. **Ressourcen aufsuchen:**
Äußere Ressourcen sind wichtige Menschen, die den Patienten in der Situation unterstützen können, ferner beratende und helfende Institutionen. **Innere Ressourcen** sind Fähigkeiten oder Eigenschaften, auf die der Patient zur Lösung seiner Probleme zurückgreifen kann. Manchmal sind es richtungsweisende Träume, die in der Krisensituation besonders deutlich erfahren werden. Das Aufsuchen der Ressourcen erfordert eine ermutigende, bezüglich der inneren Ressourcen gelegentlich auch suggestive Haltung des Therapeuten, der dem Patienten bestimmte Bewältigungsmöglichkeiten als durchaus auch in ihm vorhanden aufzcigt und nahelegt. ("Sie werden sich entscheiden, ob Sie ...; Sie werden sich einen Überblick schaffen über ...; Sie werden das für Sie Wichtigste zuerst in Angriff nehmen ..."). In der zentralen Aufgabe der Krisenintervention, Entscheidungsfähigkeit und Handlungsfähigkeit des Ich wiederzuerlangen, wird an dieser Stelle die Unterstützung durch positive innere und äußere Objekte aktiviert.

7. **Realprobleme angehen:**
Auch an dieser Stelle wird strukturiert, nun jedoch im Hinblick auf **Ziele**, die noch in der Zukunft liegen. Dazu kann es gehören, die **Zeit zu strukturieren** (Terminplan), die Abfolge von einzelnen Schritten zu erörtern, evtl. Hausaufgaben zu stellen. Durch die Abfolge von Lösungsschritten in der Zeit wird in dem

Patienten die verlorengegangene Zeitperspektive wieder gefestigt. An die Stelle des zeitlosen Chaos, das nur Gegenwart und keine Zukunft kennt, wird die Zeitstruktur wieder eingeführt: Entscheidungen der Gegenwart zielen auf Handlungen in der Zukunft, Ereignisse der Vergangenheit helfen die Gegenwart zu verstehen. Dadurch wird das amorphe Ich wieder differenziert; das Ich/heute vermag die Vergangenheit des Ich/früher zu reflektieren und sich auf das Ich/zukünftig zu entwerfen.

8. **Neubeginn definieren:**
Unter der Verwendung früher schon vorhandener und inzwischen neu gewonnener Kompetenzen gilt es, die Krisensituation im Hinblick auf kreative Möglichkeiten umzudeuten, ihre Bedeutung als Reifungsschritt und Neuorientierung zu würdigen. Es gilt zu prüfen, ob durch die Krise neue Erlebensmöglichkeiten eröffnet wurden, die eine Ergänzung zu früher erworbenen Erlebnis- und Bewältigungsmöglichkeiten und Konfliktlösungsmustern darstellen.

4.4.3 Stationäre und ambulante Krisenintervention

Die **stationäre Krisenintervention** stellt einen Spezialfall dar. Um den einzelnen Mitarbeiter vor Belastungen und das ganze Team vor Agierversuchungen zu schützen, haben sich uns folgende Verabredungen bewährt:
Der Erstkontakt zur Diagnostik erfolgt durch den diensthabenden Mitarbeiter der Ambulanz; die Indikationsentscheidung zur ambulanten oder stationären Krisenintervention wird in Absprache mit dem Oberarzt getroffen. In der nächstfolgenden Fallkonferenz wird der therapeutisch zu bearbeitende Konfliktfokus diskutiert und vom Erstuntersucher protokolliert; dort wird auch der erforderliche Zeitraum der Krisenintervention (stationärer Aufenthalt von 2-4 Wochen oder ambulant ca. 5-10 Sitzungen) festgelegt.
Das **stationäre Therapieangebot** ist stärker strukturiert als bei üblichen Behandlungen, es umfaßt pro Woche: 3 Einzeltherapiesitzungen (Inhalte entsprechend der vorher beschriebenen Liste), 2 therapeutische Visiten; tägliche Schwesterngespräche (z.B. zur Strukturierung des Tages); therapeutische Gespräche mit der Sozialarbeiterin (Klärung aktueller Konflikte im sozialen und ökonomischen Bereich, Antizipation sozialer Realität nach der Entlassung), Teilnahme an den Kreativtherapien (z.B. freies Gestalten) und gemeinsame Stationsaktivitäten (Vollversammlung). Bei Aufenthalt länger als 14 Tage: Teilnahme an der interaktionellen Gruppentherapie (3 Sitzungen pro Woche).

Der zeitliche Umfang der **ambulanten Krisenintervention** ist sehr variabel; zweifellos geschieht das Wichtigste bereits in der ersten Sitzung. Es ist empfehlenswert, mindestens eine weitere Sitzung zu haben, damit eine Strukturierung von der ersten auf die zweite Sitzung hin vorgenommen werden kann (z.B. durch Aufgabenstellung, Terminplanung, Sich-Berichten-Lassen) und um einen Eindruck vom Verlauf der Entwicklung zu bekommen. Die meisten Kriseninterventionen beschränken sich auf einige wenige Sitzungen, gleichwohl gibt es von dort aus Übergänge zu einer Kurz- oder Fokaltherapie. Nicht selten wird das in der Krise sichtbar gewordene, bis dahin verborgene Konfliktthema den Anlaß zu einer längerfristigen psychotherapeutischen Behandlung geben.
Bei Krisen innerhalb laufender Psychotherapien kann sich die Krisenintervention im Hinblick auf eine kurze triangulierende Intervention durch einen Dritten im ambulanten Setting beschränken, damit die eigentlichen Krisenpartner, in diesem Fall ein Patient und ein Therapeut, ihr gemeinsames Konfliktthema (häufig geht es um Fragen der Therapiebeendigung und der Auflösung der Übertragung) abschließend bearbeiten können.
Natürlich gelingt es nicht immer, Krisen durch fokale Interventionen in kurzer Zeit zu beheben, u.U. ist der Kontrollverlust so ausgeprägt, die Überflutung durch Angst und Wutimpulse so heftig, die Suizidalität so

ausgeprägt, daß vorübergehende stationäre Aufnahme in einer Psychiatrischen oder Psychosomatischen Klinik erforderlich wird; dabei ist es wichtig, daß die stationäre Einrichtung jenes Maß an äußerer Struktur anbieten kann, über das der Patient zur Zeit innerlich nicht verfügt. Unter diesem zentralen Gesichtspunkt einer äußeren strukturellen Abstützung, dort wo innere Struktur außer Kraft gesetzt ist, lassen sich sehr unterschiedliche Maßnahmen, wie z.B. die vorübergehende Verordnung von Psychopharmaka, die Einbeziehung von privaten und professionellen Helfern und Institutionen, vorstellen.

Das **gemeinsame Ziel aller Kriseninterventionen** ist es, daß der Patient, der vorübergehend die Kompetenz verloren hat, sein Leben mit seinen Mitteln zu gestalten, durch kurzfristige Entlastung und Unterstützung möglichst rasch wieder in die Lage versetzt wird, die Verfügung über sich selbst zurückzugewinnen. Mit dieser wiedergewonnenen Bewältigungskompetenz kann er sich dann, mit oder ohne weitere psychotherapeutische Unterstützung, der Bearbeitung seines Kernkonflikts zuwenden, sei es, um einen Verlust zu verarbeiten (**Trennungskrise**) oder um einen Reifungsschritt zu riskieren (z.B. **Ablösungskrise** des Jugendlichen, **Entwicklungskrise** des Erwachsenen), sei es, eine Veränderung der gesundheitlichen Situation zu bewältigen (**somatopsychische Krise**) oder einen neuen Umgangsstil mit dem Partner, sei es, für ein verändertes Zusammenleben oder für eine Trennung zu entwickeln (**Beziehungskrise**). Die zurückkehrende Aktivität des Patienten unter einer effektiven Krisenintervention beschränkt sich nicht darauf, sich mit seinen inneren Konflikten zu beschäftigen und sich selber zu verstehen, sondern vor allem auch wieder handlungsfähig zu werden. Was zunächst als **intrapsychischer Konflikt** erfahren wurde, gewinnt die Dimension der **äusseren Auseinandersetzung** zurück. Der Patient, der sich vorübergehend als hilfloses Opfer überwältigender inneren und äußerer Mächte erlebt hatte, spürt zu seiner Entlastung, daß er wieder in der Lage ist, eigene Interessen zum Ausdruck zu bringen und u.U. auch aktiv durchzusetzen. Man darf darauf vertrauen, daß eine Persönlichkeitsstruktur, die krisenhaft desintegriert war, die spontane Tendenz hat, aus der Regression wieder aufzutauchen und die psychischen Abläufe unter der Führung des Ich zu synchronisieren. Die Struktur eines Krisenpatienten gleicht nicht einem Porzellangefäß, das zerbrochen und recht und schlecht zusammengekittet werden muß; sie gleicht eher einem Sportler, der bei einem komplizierten Bewegungsablauf gestürzt ist, für kurze Zeit hilflos am Boden liegt, dann aber seinen Bewegungsrhythmus wiederfindet. Was bleibt, ist das Wissen um eine Schwäche, eine Verletzlichkeit der Struktur, die dazu neigt, unter dem Druck bestimmter Belastungen innerlich heftig zu reagieren, ohne äußerliche Konsequenzen ziehen zu können und sich dadurch einen Konflikt schafft, der sich schließlich nicht anders als krisenhaft entladen kann.

Abschließend sei kurz auf die **Krisenintervention bei posttraumatischen Störungen** hingewiesen. In diesen Störungsfällen erfolgt die Ich-Regression weniger unter dem Druck ungelöster innerer Konfliktspannungen als unter dem Einfluß äußerer Belastungsereignisse; die Psychodynamik dieses Geschehens ist in Kapitel 2.9 ausführlich darstellt. Da die psychischen Folgen des Traumas sehr verschieden sein können, je nachdem ob es durch Menschen zugefügt oder durch schicksalshafte Ereignisse bewirkt wurde, ob das Opfer eine einmalige Traumatisierung erfuhr (z.B.. in einem Unfall) oder langjährig mißhandelt wurde (z.B. in Lagerhaft und Folter) kann es auch kein einheitliches therapeutisches Vorgehen geben.

Angesichts der großen Zahl von Verkehrsunfällen, die sich jährlich in Deutschland ereignen, gibt es allein aus diesem Grunde eine nicht geringe Zahl von Menschen, die unter Angstsymptomen im Sinne posttraumatischer flash back Reaktionen leiden. Immer wieder tritt ihnen die Szene des Unfallereignisses plötzlich und angsterregend ins Bewußtsein. Sie sind nie sicher vor dem

Einbruch dieser Bilder, die sie im Wachen, vor dem Einschlafen oder in ihren Träumen heimsuchen. Manche entwickeln Vermeidungsstrategien: nicht Auto fahren, nicht einmal daran denken, nichts tun, was an das Ereignis erinnern könnte. Andere versuchen, in kontraphobischer Aktivität dagegen anzukämpfen. Manche Patienten entwickeln eine andere Symptomatik, welche die Aufmerksamkeit gewissermaßen auf einen Nebenschauplatz abzieht und somit einen Bewältigungsversuch darstellt: eine anorektische Eßstörung, ein Stottern oder eine Ich-Einschränkung auf einem beliebigen Gebiet. Der psychotherapeutische Umgang mit dieser Thematik weist Ähnlichkeiten mit der Krisenintervention auf, weil das zentrale Ziel darin liegt, daß der Patient die Kontrolle über seine intrapsychischen Vorgänge zurückgewinnt.

Ein Beispiel:

Eine 40-jährige Patientin wurde in einen schweren Verkehrsunfall verwickelt, in dem mehrere Menschen ums Leben kamen. Sie selbst, die dem Geschehen passiv ausgeliefert war, erlitt Knochenbrüche und Wirbelsäulenverletzungen, die sie für längere Zeit ans Bett fesselten. Da es sich um eine sehr aktive, leistungsorientierte und um Geltung bemühte Frau handelte, lag die subjektive Bedeutung des Unfalltraumas für sie vor allem in der völligen Entmächtigung. Da sie ihr Lebtag bemüht war, die Dinge in der Hand zu behalten und sich durchzukämpfen, war das ohnmächtige Ausgeliefertsein an das Unfallereignis und das nachfolgende Krankenlager für sie in besonderer Weise ängstigend und deprimierend. Das gleiche galt für die nun gegen ihren Willen einschießenden Bilder des schrecklichen Unfallgeschehens. Das erste psychotherapeutische Gespräch stand unter dem Motto: "Wir wollen uns gemeinsam ein Bild machen, was für ein Mensch sie vor dem Unfall waren". Das Gespräch erbrachte zwei Akzente, zum einen die erwähnte aktive, ehrgeizige und aufstiegsorientierte Seite der Patientin, ihr starker Wunsch, sich nicht unterkriegen zu lassen und angestrebte Ziele zu erreichen. Als ein zweites, psychodynamisch wichtiges Thema deutete sich die Entwicklungsgeschichte dieser ihrer Aktivität an: Die Eltern, speziell der Vater, hatten, bedingt durch die Wirren des Krieges ihre Lebensziele nicht erreichen können und ihre Hoffnungen an die Tochter delegiert. In der Erinnerung an den Tod ihrer Eltern reagierte die Patientin sehr emotional, wobei sich in das Gefühl des frühzeitig Verlassenwordenseins auch deutliche Schuldgefühle mischten. Der Therapeut faßte das Gespräch dahingehend zusammen, daß er ihre starken aktiven Seiten hervorhob, die sie in ihrem Leben gezwungen war zu entwickeln und er benannte auch die anhänglichen, verpflichteten Haltungen gegenüber wichtigen Menschen (und das darin liegende Risiko der Entwicklung von Schuldgefühlen). Die Patientin war durch das Gespräch emotional sehr bewegt, sie entwickelte in den nächsten Tagen einen hoch fieberhaften Infekt, erholte sich aber rasch und bat um ein weiteres Gespräch.

Im zweiten Gespräch wurden bereits initial Züge einer idealisierenden Vaterübertragung sichtbar, sie stellte den Therapeuten in die Reihe mit anderen wichtigen Personen, die sie in ihrem Leben kennengelernt hatte und äußerte die Hoffnung, er werde ihr zeigen, wie sie die Angst vor den einschießenden Unfallbildern überwinden könne. Der Therapeut ging auf die Erwartung ein, ihr einen Weg zu zeigen, er schlug ihr vor, mit dem inneren "Film" des Unfallgeschehens so zu verfahren, wie sie es nach eigenem Bericht mit den Fernsehnachrichten tat (sie schaltete sie ein, wenn sie interessiert war und schaltete sie ab, wenn sie ihr zuviel wurden). Der Untersucher unterstellte, sie werde wahr scheinlich eines Tages das Bedürfnis haben, sich mit dem Unfall zu beschäftigen, sie solle aber warten, bis das Interesse sich von selbst melden und sie sich stark genug fühle, diesen inneren Film anzusehen.

Im dritten Gespräch berichtete die Patientin sehr erfreut, daß sie nach dem Fernsehmodus mit ihrem Unfallangst-Thema verfahre; sie habe ihr Interesse verschiedentlich kurz auf das Unfallgeschehen gerichtet und, als es ihr zuviel wurde, das Thema wieder beiseite gestellt.

Im vierten Gespräch berichtete sie, daß keine Angstzustände mehr aufgetreten waren und daß sie sich weiterhin portionsweise mit dem Thema beschäftige. Im übrigen waren aber die Themen der aktuellen Alltagsbewältigung und Zukunftsorientierung ganz in den Vordergrund gerückt. Patientin hatte nun kein Gesprächsanliegen an den Therapeuten mehr, zur Sicherheit ließ sie sich von ihm die Adresse eines Kollegen in ihrer Wohngegend geben, damit sie sich bei Bedarf dort Unterstützung holen könnte.

Das kurze Fallbeispiel zeigt, daß die Krisenintervention angesichts einer posttraumatischen Symptomatik darauf zielt, das frühere Gleichgewicht wieder herzustellen, wenn man es so nennen will, die Abwehr wieder zu stabilisieren. Nach einem zeitlich kurzen Eintauchen in eine regressive Entwicklung und der kurzen Aktualisierung einer idealisierten Vaterübertragung pendelte sich das Gleichgewicht von regressivem Hilfesuchen und autonomem Selbermachen wieder auf die Autonomieseite ein. Damit hatte die Patientin ihr zentrales Beziehungsmuster wiedergewonnen: "Ich bin stolz darauf, alleine zurechtzukommen - so wie Vater das von mir erwartet". gleichzeitig hat das Unfallereignisse eine korrigierende Erfahrung hinterlassen: "In einer Situation der Ohnmacht kann ich mir zur Not auch helfen lassen".

Literatur

BELLAK, L., FAITHORN, P.: Crisis and Special problems in psychoanalysis and psychotherapy. Brunner and Mazel, New York 1981

Everstine, D.S., Everstine, L.: Krisentherapie. Klett/Cotta, Stuttgart 1985 (engl. 1983)

KAST, V.: Der schöpferische Sprung. Vom therapeutischen Umgang mit Krisen. Walter, Olten und Freiburg 1990

LINDEMANN, E.: Jenseits von Trauer. Beitrag zur Krisenbewältigung und Krisenvorbeugung 1985

PFLÜGER, P.M. (HRSG.): Kurzpsychotherapie und Krisenintervention. Bonz, Fellbach 1978

PÖLDINGER, B., STOLL-HÜRLIMAN, M.: Krisenintervention auf interdisziplinärer Basis. Huber, Bern 1980

ROSIN, U.: Sationäre Krisenintervention in der Psychotherapie. In: Beese, F. (Hrsg.): Stationäre Psychotherapie. Vandenhoeck & Ruprecht, Göttingen 1978

SIFNEOS., P.E.: Short Term Psychotherapy and emotional Crisis. Harvard University Press, Cambridge London 1972

(s. auch Literatur Kapitel 3.3.2 Suizidalität)

4.5 Psychoanalyse (G. Schneider)

4.5.1 Entwicklung der Psychoanalyse

Die Grundlagen der Psychoanalyse sowohl als Theoriegebäude wie als therapeutisches Verfahren wurden von Freud in den 90er Jahren des letzten Jahrhunderts entwickelt, und zwar zum einen aus der therapeutischen Arbeit mit seinen vor allem an hysterischen Störungen leidenden Patientinnen heraus, zum anderen auf der Grundlage der Erkenntnisse aus seiner persönlichen Selbstanalyse. Freud wandte sich bald nach dem Aufbau einer Privatpraxis (1886) der Hypnose zu, die er im Rahmen eines zusammen mit Breuer entwickelten **hypnokathartischen Verfahrens** anwandte (1887). Dabei wurden die Kranken in den Zustand der Hypnose versetzt und aufgefordert, vergangene, traumatisch erlebte Ereignisse, die mit den Symptomen verbunden waren, plastisch und zusammen mit dem sie begleitenden Affekt zu erinnern und auszusprechen. Es war dies ein affektintensiver Vorgang, der zunächst zu markanten symptomatischen Verbesserungen führte (Freud 1895). Freud verstand den therapeutischen Effekt als durch das affektgeladene Erinnern mögliche "Abreaktion" des "eingeklemmten Affekts", der durch das Trauma, z.B. eine sexuelle Verführung, ausgelöst worden war und psychisch nicht hatte verarbeitet werden können. Dementsprechend betrachtete er als eigentlich pathogenen Faktor traumatische, den Kranken unzugänglich gewordene Erinnerungen, d.h. sie leiden eigentlich an "Reminiszenzen".

In dem Gesagten sind bereits Kernelemente des psychoanalytischen Krankheits- und Behandlungsverständnisses enthalten. Die gegenwärtigen Symptome werden mit unbewußten, dem Bewußtsein nicht zugänglichen und damit seiner Verfügung entzogenen "verdrängten" Erinnerungen an frühere Lebensereignisse in einen Bedingungszusammenhang gebracht dergestalt, daß diese sich in den Symptomen einen Ausdruck verschaffen; die Heilung von einem Symptom beruht demzufolge umgekehrt auf dem Bewußtwerden des Verdrängten. Dieses Bewußtwerden ist ein kognitiv-affektiver Vorgang (affektives Erinnern), der im Gegensatz zur traumatisierenden Situation die psychische Verarbeitung des Affektes ermöglicht (Abreaktion), wobei der Sprache in diesem Vorgang eine zentrale Rolle zugesprochen wird.

In den nachfolgenden Jahren wandte sich Freud allmählich von der Hypnose ab und kam über die suggestiv aufgeladene **Druckprozedur,** bei der er den Kranken im Falle des Stockens von Erinnerungen die Hand auf die Stirn legte und darauf drängte, daß ihnen beim Wegziehen der Hand etwas einfallen werde, zur **freien Assoziation** mit der Aufforderung, alles zu sagen, was gerade durch den Kopf gehe. Dieses Verfahren setzte er auch selbst für die Analyse seiner eigenen Träume ein. Aus dem daraus resultierenden Material erschloß er mittels **Deutungen** die zugrundeliegenden unbewußten Inhalte (Freud 1900). Dabei wurde zunehmend anstelle der Abreaktion die **Einsicht** als therapeutischer Wirkfaktor hervorgehoben, Einsicht allerdings im obigen Sinne als kognitiv-affektiver Prozeß verstanden. Überdies etabliert Freud in diesen Jahren den äußeren Rahmen, in dem eine Psychoanalyse - der Ausdruck wird zum ersten Mal 1896 verwendet (Freud 1896) - stattfindet: Der Patient liegt auf einer Couch, der Analytiker sitzt, ihm zuhörend, in einem Sessel hinter der Couch (1904).

Insgesamt beinhaltet die skizzierte Entwicklung eine qualitative Veränderung von einem vormals aktiv-drängenden, teils mit Suggestionen und auch körperlichen Interventionen arbeitenden zu einem nunmehr deutlich zurückhaltenden therapeutischen Vorgehen, das den Patienten einen Raum anbietet, in dem sie sich außerhalb der alltäglichen Rationalitäts- und Normzwänge im Medium der Sprache frei entfalten können. Dabei ist die **Leitidee**, daß sich ihre psychisch bedingte neurotische "Blockierung", an der sie in der äußeren Realität leiden, in diesem therapeutischen Freiraum manifestiert und damit im konkreten Hier und Jetzt der therapeutischen Bearbeitung zugänglich wird.

Es waren vor allem zwei Entdeckungen Freuds, die diese Entwicklung angestoßen haben und die zu Eckpfeilern der psychoanalytischen Therapie- und Behandlungstechnik geworden sind: Widerstand und Übertragung. Unter **Widerstand** können wir all die Kräfte verstehen, die sich in der Behandlung, entgegen dem bewußten Wunsch des Patienten, dem Einsichts- und Gesundungsprozeß in den Weg stellen - Freud bekam ihn z.B. in der Unüberwindbarkeit der Ablehnung von Patientinnen, sich hypnotisieren zu lassen, zu spüren. Die Hypnose selbst war ein Versuch, den Widerstand gegen das Erinnern zu umgehen, und bei der Druckprozedur sollte er durch Druck und Suggestion direkt durchbrochen werden. Beiden Verfahren liegt also eine negative Sicht des Widerstands zugrunde, der zugunsten des therapeutisch Entscheidenden, der Aufdeckung des Verdrängten, als zu durchbrechende Blockade verstanden wird. Insofern wird der Widerstand in seiner positiven Funktion, der Aufrechterhaltung eines bestimmten psychischen Gleichgewichts, gleichsam nicht anerkannt. Es wundert demzufolge nicht, daß Freud feststellen mußte, daß der momentane therapeutische Erfolg durch die Hypnose oft unstabil und nicht von längerer Dauer war, denn ein Teil des Symptom-Widerstand-Gefüges blieb bei diesem Vorgehen unbeachtet.

Eine der großen Einsichten Freuds besteht darin, die positive Funktion des Widerstands ins Auge zu fassen und das therapeutische Vorgehen daran zu orientieren: ihn nicht mehr durchbrechen zu wollen, sondern ihn zu verstehen, d.h. vor die Aufdeckung des Verdrängten selbst rückt die Aufdeckung des Widerstands (Freud 1913). Eine ähnliche Umorientierung vom Versuch der Ausschaltung/Überwindung zum Verstehen und zur Einbeziehung in die therapeutische Arbeit finden wir bei der **Übertragung**, die Freud als "falsche Verknüpfung" in dem Sinne versteht, daß der Patient "aus dem Inhalte der Analyse auftauchende peinliche Vorstellungen auf die Person des Arztes überträgt", statt sich zu erinnern und sie "korrekt" mit der lebensgeschichtlich eigentlich gemeinten Person zu verbinden, so wenn z.B. ein früher auf den Vater gerichteter Wunsch nach Zärtlichkeit nunmehr dem Analytiker gilt (1895, 308f). Nicht nur waren solche Verknüpfungen "falsch", sie hatten z.T. auch den Effekt, daß Heilungen nicht auf die kathartische Abreaktion zurückgingen, sondern sozusagen ein Liebesgeschenk an Freud waren, sog. **Übertragungsheilungen**, und "plötzlich wie weggefegt waren, wenn sich das persönliche Verhältnis zum Patienten getrübt hatte" (1925, 52).

Verständlicherweise sieht Freud demzufolge die Übertragung zunächst negativ, als etwas den therapeutischen Bewußtmachungsprozeß Blockierendes, erkennt aber einige Jahre später beim Nachdenken über das Scheitern einer Behandlung (Fall Dora), daß dieses Mißlingen auf seine mangelnde Beachtung der Übertragung zurückzuführen war und formuliert die entscheidende Einsicht, daß die Übertragung, "die das größte Hindernis für die Psychoanalyse zu werden bestimmt ist, ... zum mächtigsten Hilfsmittel derselben (wird), wenn es gelingt, sie jedesmal zu erraten und dem Kranken zu übersetzen" (1905, 281).

Mit den Begriffen Widerstand, Übertragung, freie Assoziation und Deutung sind die für Freud wesentlichsten Momente der Behandlungstheorie und -technik angeführt. Eine zusammenhängende Darstellung der Behandlungslehre hat er selbst nicht ausgearbeitet - eine Art Summe, im weiteren immer wieder einmal durch neue Facetten ergänzt, bilden die sogenannten **"technischen Schriften"** der Jahre 1911 bis 1915, die er selbst als "Ratschläge" bezeichnete, wie sie sich ihm für ihn selbst als "einzig zweckmäßig" ergeben hatten (1912, 376). Die **Entwicklung nach Freud** läßt sich unter drei Aspekten beschreiben. Zum einen gibt es bis in die 50er/60er Jahre hinein eine starke Tendenz, im Rahmen der "Mainstream-Psychoanalyse" ein psychoanalytisches Standardvorgehen als Idealtechnik zu kodifizieren (z.B. Eissler), was seinerseits entsprechende kritische Gegenbewegungen ausgelöst hat (vgl. Thomä & Kächele 1985). Zum anderen sind in "psychoanalytischen Subkulturen" außerhalb der Mainstream-Psychoanalyse (z.B. Ferenczi, Balint, M.

Klein, Kohut) behandlungstechnische Vorstellungen entwickelt worden, die in Teilen über die von Freud vorgezeichnete Perspektive hinausgingen. Von hier aus haben einerseits im Laufe der Zeit neue Konzepte Eingang auch in die Mainstream-Diskussion gefunden (z.B. Holding- und Containing-Funktion). Andererseits haben sich auf diese Weise auch separate Schulen gebildet (z.B. Kohut, Lacan). Schließlich sind aufgrund der Herausforderung durch spezielle Krankheitsbilder, insbesondere die Zunahme der sogenannten frühen oder ich-strukturellen Störungen, Therapiestrategien entwickelt worden, die zwar psychoanalytisch fundiert sind, von dem hier zu behandelnden psychoanalytischen Standardverfahren aber qualitativ abweichen.

4.5.2 Grundprinzipien des psychoanalytischen Behandlungsverfahrens

Die Grundorientierung des Behandlungsverfahrens "Psychoanalyse" ist stringent auf die in anderen Zusammenhängen in diesem Band dargestellte Krankheitskonzeption bezogen. Es bezieht sich genuin auf **Neurosen**, worunter mißlungene Lösungsversuche unbewußter, in ihrer Genese infantiler Konflikte verstanden werden. Auf der Grundlage solcher unbewußter Konflikte entstehen Symptome, wenn aktuelle Konfliktsituationen aufgrund ihrer Intensität im Rahmen der vorhandenen Persönlichkeitsressourcen nicht mehr verarbeitbar sind.

Eine **psychoanalytische Behandlung** zielt demzufolge auf die Umkehrung des Erkrankungsprozesses dergestalt, daß der dysfunktional gewordene neurotische Lösungsversuch und Symptombildung abgelöst werden kann durch eine "realitätsorientiert-bewußte Konfliktwahrnehmung und -bewältigung". Da die pathogen wirkenden Konflikte unbewußt sind, ist das Hauptziel demnach deren allmähliche Bewußtmachung; denn dann befinden sie sich im Einflußbereich des bewußten Ichs mit seinen reflexiven und handlungsbezogenen Ressourcen. Der Patient selbst kann unter Berücksichtigung der durch seine innere und äußere Realität gegebenen Rahmenbedingungen (Aspekt der Faktizität) für sich neue Lösungswege entwickeln (Aspekt der Potentialität). Die Psychoanalyse ist also ihrem Grundansatz nach ein **konfliktaufdeckendes**, auf Bewußtmachung abzielendes **Verfahren,** in dem es darum geht, den Bereich der bewußten (Selbst-) Verfügbarkeit wieder herzustellen und zu erweitern - genau das ist der Inhalt des von Freud formulierten **Therapieziels:** "Wo Es war, soll Ich werden" (1932, 86).

Dieser Zielvorstellung entsprechend werden in einer Psychoanalyse keine direktiven oder suggestiven Techniken angewandt (z.B. keine Ratschläge oder Aufforderungen), weil dies unbewußt dem Patienten bestätigen würde, daß er doch "zu klein" für Selbständigkeit und Selbstverantwortung wäre. Dieser Vermeidung korrespondiert die **Reflexion der Situationsasymmetrie** durch den Analytiker, d.h. er behält die aus der Art der Behandlungssituation und möglichen Abhängigkeitstendenzen des Patienten (z.B. Unterordnungswünsche oder Neigung zu Idealisierung) resultierenden Infantilisierungspotentiale im Auge, deutet sie an den entsprechenden Stellen und zieht daraus keinen narzißtischen Gewinn (z.B. was für ein großartiger und wichtiger Therapeut, der einzige für den Patienten, er sei) (Aspekt der Ziel-Mittel-Kongruenz).

Zwei Aspekte sind mit dem Gesagten eng verbunden, die spezifische Art der Entwicklung des analytischen Therapieprozesses und die Notwendigkeit der Lehranalyse. Was das erstere betrifft, so gibt der Analytiker im Sinne des Prinzips der Nicht-Direktivität kein Thema vor, vielmehr bietet er einen Raum an, den der **Analysandt** - ich wähle diese Schreibweise, um die sowohl rezeptive (Analysand) wie aktive Rolle (Analysant) des Patienten-in-Analyse hervorzuheben - entsprechend seiner aktuellen Dynamik mit seinen eigenen Einfällen eröffnet und gestaltet. Dementsprechend entfaltet sich der **analytische Prozeß** anders als bei alltäglichen Problemlösungsprozessen nicht planvoll-gerichtet und nicht nach Ziel/Teilziel-**Vorga**ben, sondern entsprechend der solcherart **nicht** vorausbestimmbaren, vielmehr erst nach und nach deutlich werdenden je individuellen unbewußten Dynamik im Wechselspiel zwischen "progressiven", auf Krankheitsüberwindung und Neuentfaltung hindrängenden Kräften einerseits und dem gegenläufig fungierenden, auf Erhaltung des status quo gerichteten Widerstand andererseits.

Zur Orientierung in diesem Prozeß steht dem Analytiker sein theoretisches und behandlungstechnisches Wissen zur Verfügung. Letzteres ist nicht als instrumentelles Subsumptionswissen vorzustellen, das idealiter in der Form "wenn a, dann tue b" kodifizierbar wäre, sondern als Rahmen- und Orientierungswissen. Denn trotz des Allgemeinen einer jeden neurotischen Erkrankung (nomothetischer Aspekt) bezieht sich der Analytiker konkret doch auf die **je individuelle Lebensgeschichte** als deren Bedingungshintergrund (idiographischer Aspekt). Dementsprechend gibt es zwar auch neurosenspezifische Techniken, doch sind diese allgemeine Rahmenempfehlungen (z.B. stärkerer Aktivitäts-Passivitätswechsel bei zwangsneurotischen Patienten) und keine standardisierenden Vorgehensfestlegungen. Es handelt sich also um einen **je individuellen Prozeß**, in den auch die Person des Analytikers einbezogen ist (Aspekte der Übertragung und Gegenübertragung) und der durch die darin aktualisierten aggressiven und libidinösen Gefühle zumindest phasenweise affektiv durchaus ein "heißer Prozeß" ist.

Insgesamt handelt es sich bei einer **Psychoanalyse** also um einen **komplexen, kognitiv-affektiven, interpersonellen Prozeß,** in den die Subjektivität des Analysandten wie die des Analytikers einbezogen sind. Vor allem diese beiden Momente: das der subjektiven und das der affektiven Aufladung des analytischen Prozesses, machen es unabdingbar, daß der **Analytiker** im Sinne einer **kontrollierten Subjektivität** sich selbst und die in ihm und dem Analysandten ausgelösten Affekte versteht und mit ihnen umgehen kann, eine Aufgabe, die sich in jeder Analyse in je individueller Weise neu stellt. Um dies leisten zu können, ist es notwendig, daß der Analytiker sich in seinen eigenen unbewußten Reaktionsdispositionen und Phantasien und in seinem lebensgeschichtlichen Geworden-sein kennenlernt, was nur über eine tiefgehende eigene Erfahrung als Analysandt möglich ist. Für die **Ausbildung zum Psychoanalytiker** impliziert dies die **Notwendigkeit,** sich selbst einer **persönlichen Analyse** zu unterziehen, und weist auf den besonderen Stellenwert dieser Lehranalyse im Rahmen der Ausbildung hin.

4.5.3 Der Rahmen einer psychoanalytischen Behandlung

Was zunächst den äußeren Rahmen, das sog. **Setting** betrifft, so handelt es sich bei einer Psychoanalyse stricto sensu, der **psychoanalytischen Standardtechnik,** um eine hochfrequente (mehrere Behandlungsstunden pro Woche) und längerfristige Behandlung. Zweck des Behandlungsarrangements (Analysandt auf der Couch, Analytiker außerhalb seines Gesichtsfeldes hinter der Couch) ist es, durch die Stillstellung der Motorik wie den Verzicht auf die mögliche Orientierung und Ausrichtung des Verhaltens an den evtl. wahrgenommenen mimisch-gestischen Reaktionen des Gegenübers dem Analysandten eine ungestörtere und weniger ablenkungsanfällige Innenzuwendung zu ermöglichen. Dies trägt dazu bei, die Bedingungen für eine **Regression im Dienste des Ichs** zu schaffen, das temporäre "Eintauchen" in gegenwärtige und frühere Erlebensmodalitäten und Phantasiebildungen "außerhalb" unserer kontrollierten Alltagsrationalität. Dadurch wird im Sinne der übergreifenden Zielvorstellung der Bewußtmachung der Zugang zu unbewußtem Material ermöglicht.

Das primäre **Medium der Kommunikation** zwischen Analysandt und Analytiker ist die Sprache oder besser noch das Sprechen; denn der Analytiker nimmt nicht nur das Gesagte selbst auf (semantischer Aspekt), sondern auch das Wie des Sagens (paraverbaler Aspekt) und die sich in ihm andeutende emotionale Befindlichkeit des

Analysandten. Hinzu kommen die anderen nicht-verbalen Eindrücke, z.B. die Art von Begrüßung und Verabschiedung oder Bewegungen und emotionale Äußerungen während des Liegens.

Hinsichtlich der Art des Sprechens teilt der Analytiker vor der Aufnahme der Behandlung die **Grundregel** mit: Der Analysandt möge sagen, was ihm gerade durch den Kopf gehe, ohne sich durch selbstkritische Einwendungen wie, was ihm da jetzt komme, sei banal, unwesentlich usw., oder Gefühle von Peinlichkeit abhalten zu lassen. Auch dies ist eine Maßnahme zur Förderung der Regression, da die Forderungen der Alltagsrationalität nach sinnvoll-gerichteter Mitteilung suspendiert werden. Selbstverständlich wird die Grundregel vom Analysandten durchaus nicht durchwegs erfüllt, zum einen, weil es viele andere legitime Äußerungswünsche gibt, z.B. das bewußte Ansprechen ihn im Hier und Jetzt bedrängender Probleme, zum anderen, weil es innere Widerstände gegen die durch die Grundregel induzierte Annäherung an das Unbewußte gibt, die sich etwa im Stocken von Einfällen, in Peinlichkeitsgefühlen und einem daraus resultierenden Verschweigen oder der erwähnten kritischen Selbstzensur äußern. Pointiert hat deswegen Anna Freud formuliert, daß "nicht die Befolgung der analytischen Grundregel an und für sich, sondern der Kampf um die Befolgung der Grundregel ... das (ist), worauf es uns ankommt" (1936, 15).

Mit der Grundregel ist auf seiten des Analysandten die **freie Assoziation** als Prinzip des regressionsorientierten Zugangs zum eigenen psychischen Inneren formuliert. Auf seiten des Analytikers entspricht dem die **gleichschwebende Aufmerksamkeit,** ein nicht-gerichtetes und nicht-beurteilendes, offen aufnehmendes Zuhören ohne Vor-Orientierung an irgendwelchen Bildern oder sonstigen konkreten vor-gefertigten Zielvorstellungen über den Analysandten. Komplementär dazu ist seine kognitiv-emotionale **interpretierende Verarbeitungstätigkeit,** zu der auch die Entscheidung darüber gehört, was und in welcher Weise er zu dem jeweils gegebenen Behandlungszeitpunkt dem Analysandten z.B. in Form einer Deutung mitteilt.

Die Einstellung und Tätigkeit des Analytikers hat also zwei einander ergänzende Seiten. Die eine ist die **regressionsorientierte Ausrichtung** auf unbewußte Prozesse, den sog. Primärprozeß im Analysandten (und in Form der Beachtung der eigenen Gegenübertragung auch in sich selbst; (primärprozessualer Aspekt); die andere ist die **Ich-orientierte, kognitiv-emotionale Verarbeitung,** psychoanalytisch als Sekundärprozeß bezeichnet (sekundärprozessualer Aspekt). Diese beiden Seiten machen auch die Anforderungen an den Analysandten aus. Zum einen erfordert das analytische Setting die Fähigkeit zur Regression (primärprozessualer Aspekt). Insofern diese Regression aber nicht um ihrer selbst willen eingeleitet wird, sondern im Sinne des Therapieziels der Bewußtmachung final im Dienste des Ichs initiiert wird, muß der Analysandt zum anderen bereit und fähig sein, sich davon auch wieder zu distanzieren, sich mit seinen Erfahrungen und den Verstehensangeboten des Analytikers kognitiv-emotional zu beschäftigen und sie zu verarbeiten (sekundärprozessualer Aspekt). Die Fähigkeit zu dieser Doppelung: sich zugleich auf regressive Prozesse einlassen und sich von ihnen distanzieren zu können, ist für eine analytische Behandlung unabdingbar und wird **therapeutische Ich-Spaltung** genannt.

Der zwischen diesen beiden Polen fluktuierende analytische Prozeß ist sowohl lustvoll-expansiv (z.B. Erweiterung von Selbsteinsicht und Realitätskompetenz, Liebesfähigkeit) wie schmerzhaft, langwierig - er vollzieht sich in kleinen Schritten in einem Hin und Her von Vor und Zurück - und mühselig (z.B. Aufgabe von Illusionen, Erkennen unangenehmer Wahrheiten). Im Hinblick auf diese letzteren Aspekte ist eine Analyse (auf beiden Seiten) immer auch **therapeutische Arbeit,** und die Beziehung zwischen den beiden Beteiligten ist neben allem anderen zugleich eine **therapeutische Arbeitsbeziehung** oder ein **therapeutisches Arbeitsbündnis**. Auf seiten des Analysand-

ten hat dieses Bündnis motivational seine Basis in seiner auf Selbstentwicklung hinzielenden Progressionstendenz, aus der Krankheit herauszukommen, mit der sich sein bewußtes Ich identifiziert; denn sonst wäre er überhaupt nicht zu einer Behandlung gekommen. Sein konkreter Beitrag im Verlauf der Analyse ist die beschriebene Bereitschaft zur therapeutischen Mitarbeit.
Der Beitrag des Analytikers hat zwei Komponenten. Die eine ist schlicht die, gute analytische Arbeit zu leisten, d.h. den Analysandten zu verstehen und ihm dieses Verstehen in einer adäquaten Weise zu vermitteln, so daß er nicht nur die konkreten Inhalte aufnehmen, sondern auch die analytische Verstehensfunktion als solche sich allmählich zu eigen machen kann. Die andere Komponente ist die, daß der Analytiker dem Analysandten gegenüber eine freundliche, durch eine grundsätzliche Sympathie geprägte Einstellung aufbaut und z.B. zu Beginn der Analyse auch durch Erklärungen auf dessen spezielle Schwierigkeiten mit den ungewöhnlichen und möglicherweise emotional zunächst recht belastenden Aspekten des Settings eingeht (Greenson). Auf diese Weise kann sich eine **positive** oder **hilfreiche therapeutische Beziehung** aufbauen, von der man aus der empirischen Psychotherapieforschung weiß, daß sie ein wichtiger Prädiktor des Therapieerfolges ist.
So wichtig dieses letztere ist und so selbstverständlich es sich auch anhört, es gilt doch zugleich auch, sich die Grenzen der emotionalen Zuwendung zum Analysandten bewußtzumachen, und zwar im Dienste **seiner** Entwicklung. Der Nicht-Direktivität des Analytikers entspricht seine Haltung der **Neutralität,** in der er z.B. auf mögliche Wünsche des Analysandten nach Geführtwerden etwa in Form von Ratschlägen, Empfehlungen oder wertenden Stellungnahmen nicht direkt eingeht, sondern deren Bedeutung mit ihm zu verstehen sucht, auch wenn dies für den Analysandten zunächst sehr schmerzlich sein kann und z.B. als kalte, verständnislose Zurückweisung erlebt wird. Ähnliches gilt für Wünsche nach direkter (auch körperlicher) Zuwendung: Sie sollen nicht befriedigt, sondern verstanden und verstehbar gemacht werden - es ist dies mit der von Freud formulierten **Abstinenzregel** gemeint, daß "die analytische Kur ... in der Entbehrung durchgeführt werden (solle)" (1915, 313). Diese Regel besagt also nicht, daß der Analysandt dem Analytiker als Person emotional gleichgültig zu sein hätte. Es wäre aber gegen das Ziel, ihn in die Lage zu versetzen, in der Auseinandersetzung mit der konkreten Realität eine Form zu finden, in der er seine Wünsche verwirklichen und damit Befriedigung finden kann, wenn der Analytiker z.B. aufgrund seiner Sympathie für den Analysandten dessen Wünsche - oder gar noch in bezug auf diesen geweckte eigene Wünsche - direkt erfüllen würde, statt sie mit ihm zu verstehen. Er würde ihm damit die Illusion vermitteln, etwas mit ihm (wie als Kind in der Familie) haben zu können, was es in angemessener Weise nur **außerhalb** der analytischen Situation in der Welt geben kann - so wie die sexuelle Befriedigung außerhalb der Familie zu suchen ist. Das Abstinenzprinzip ist seiner unbewußten Bedeutung nach also dem Inzestverbot gleichzusetzen. Von da aus wird verständlich, warum Freud (1912, 380f) mit seiner Aufforderung, der Analytiker solle seine therapeutische Aufgabe wie ein **Chirurg** angehen, ein so krasses Bild für die notwendige Distanz des Analytikers zum Analysandten formuliert hat.

Eine andere bekannte Metapher Freuds, nach der "der Arzt ... undurchsichtig für den Analysierten sein und wie eine **Spiegelplatte** nichts anderes zeigen (soll), als was ihm gezeigt wird" (1912, 384), verweist auf eine weitere zentrale Bedeutung des Neutralitätsgebots. Wie schon angedeutet beruht die psychoanalytische Behandlung darauf, daß die unbewußte, störungsbedingende Dynamik des Analysandten sich in der **Übertragung** auf den Analytiker aktualisiert und damit in der Analyse selbst als **Übertragungsneurose** zugänglich und bearbeitbar wird. Auf der Basis des Arbeitsbündnisses ist es die Hauptaufgabe des Analytikers, die Bedingungen dafür zu schaffen. Dazu dienen zum einen die beschriebenen regressionsfördernden Aspekte des Settings, zum anderen seine neutral-abstinente Haltung, in der er im Kontrast zum alltäglichen sozialen Umgang miteinander als konkretes persönliches Gegenüber vergleichsweise wenig konturiert und insofern auch wenig identifizierbar ist. Genau auf diese Weise stellt er sich als jemand zur Verfügung, in bezug auf den der Analysandt ein breites Spektrum unbewußter Phantasien und Interaktionsmuster im Sinne der zu bearbeitenden Übertragungsneurose aktualisieren kann.

4.5.4 Die zentralen Elemente der psychoanalytischen Behandlungstechnik

Übertragung:

Wie zuletzt beschrieben ist die Übertragung die Aktualisierung der unbewußten Störungsdynamik in bezug auf den Analytiker, das Hauptarbeitsfeld in einer psychoanalytischen Behandlung. In der von Freud geprägten **traditionellen Auffassung** von Übertragung als **"falsche Verknüpfung"** (1895, 308) wurde dabei der Wiederholungs- und Verzerrungscharakter hervorgehoben. **Wiederholung** bedeutet, daß alte Beziehungserfahrungen und -wünsche unbewußt den jetzigen Umgang mit anderen strukturieren - etwa wenn in irgendwie mit Autorität ausgestatteten Personen (wie dem Analytiker) analog zum eigenen Vater nur autoritäre Figuren gesehen werden, denen man sich passiv-resignativ unterwerfen muß -, **Verzerrung** beinhaltet, daß dem entsprechende, in bezug auf früher verständliche und angemessene Gefühle und Verhaltensweisen jetzt nicht mehr passen - etwa abgrundtiefe Verlassenheitsgefühle bei der zeitweiligen Trennung von einer heute wichtigen Bezugsperson (wie dem Analytiker, der in Urlaub geht), analog zu der emotionalen Abwendung der Mutter früher. Die Bewußtmachung der Übertragung richtet sich demzufolge darauf, im Hier und Jetzt das inadäquat gewordene Einst, auf das der Analysandt unbewußt fixiert ist, aufzuzeigen. In der Perspektive dieses Übertragungsbegriffs gibt es neben dem Bereich des "verzerrten Analytikerbilds" einen davon freien Bereich, das bereits erwähnte **Arbeitsbündnis** und die sogenannte **reale Beziehung**, womit die "korrekte" Wahrnehmung des Analytikers durch den Analysandten außerhalb der unbewußten Dynamik gemeint ist (Greenson).

In einer Art Komplementärkontrast zur klassischen steht die in den beiden letzten Jahrzehnten entwickelte und sich allmählich stärker ausbreitende **moderne Auffassung**, Übertragung als **Neuschöpfung** im Hier und Jetzt der Beziehung zum Analytiker zu begreifen. Hier entfällt die klare Unterscheidung zwischen "verzerrt" und "korrekt", vielmehr beinhaltet die Übertragung des Analysandten seine **"selektive Aufmerksamkeit und Empfänglichkeit** für gewisse Facetten einer in hohem Grad mehrdeutigen und interpretationsbedürftigen Reaktion seines Analytikers" (Mertens 1990, Bd. 2, 182). Auch hier wird diese Selektivität als lebensgeschichtlich geprägt angesehen, doch geht sie von der sozusagen "interpretativ möglichen Realität" des Analytikers aus, in den quasi nicht einfach etwas "hineinerlebt" wird, was mit seinem Sich-verhalten gar nichts zu tun hätte. Im Vergleich zum einseitigen klassischen Spiegelplattenmodell kann man also hier von einer interpersonalen oder **interaktionalen Sichtweise** sprechen. Eine wichtige praktische Konsequenz aus dieser durch Gill inaugurierten Sichtweise ist es, in der Übertragungsanalyse vor genetischen Deutungen gründlich deren konkrete Bedeutung im Hier und Jetzt zwischen Analytiker und Analysandt zu klären, d.h. die gegenwartsbezogene "Interaktionsoberfläche" vor deren lebensgeschichtlichen Fundierung zum Thema zu machen (z.B. nicht: Sie erleben mich jetzt wie Ihren Vater, sondern: Sie erleben mich jetzt, wenn ich Sie auf Ihre Verspätung hinweise, als streng und strafend). Auf welchem theoretischen Standpunkt man auch steht: Diese letztere Empfehlung kann heutzutage als generelle Maxime im Umgang mit Übertragungsdeutungen angesehen werden.

Was die **Inhalte der Übertragung** betrifft, das sich jeweils konkret in ihr äußernde psychische Moment, so sind die wichtigsten Unterscheidungen die nach **Trieb und Abwehr**, nach den verschiedenen **Instanzen** (Es, Ich, Über-Ich), nach den **Stufen der Libidoentwicklung** (oral, anal, phallisch, genital) und nach den **Selbst- und Objektrepräsentanzen** (vor allem Selbst, Eltern, Geschwister). So kann z.B. eine Übertragung situativ durch sexuelle Wünsche, aggressive Impulse (Trieb) oder eine affektlose Rationalisierungstendenz (Abwehr) charakterisiert sein. Weitere Beispiele sind Vater-, Mutter-, Geschwisterübertragungen, in denen der Analytiker Züge erhält, die Aspekten der psychischen Repräsentanz dieser frühen Bezugspersonen entsprechen.

Eine wichtige Unterscheidung ist die zwischen **positiver** und **negativer Übertragung.** Unter ersterer versteht man alle solche Einstellungen dem Analytiker gegenüber, die Liebe und Zuneigung beinhalten, mit Äußerungsformen wie Respekt, Vertrauen, Mögen, Sehnsucht, Verliebtheit bis hin zur ausgeprägten Erotisierung (sexualisierte Übertragung). Entsprechend versteht man unter negativer Übertragung alle die Einstellungen in bezug auf den Analytiker, die Haß und Ablehnung beinhalten, wie etwa Feindseligkeit, Neid, Mißtrauen, Ärger, Verachtung, Wut, Haß. Die milde positive Übertragung ist auf seiten des Analysandten ein wichtiger Teil des Arbeitsbündnisses. Im Verlaufe einer tiefgehenden Analyse werden darüber hinaus heftigere positive wie negative Affekte in der Übertragung aktualisiert.

Gegenübertragung

Mit diesem Begriff wird thematisiert, daß der Analytiker selbst mit seinen eigenen Reaktionstendenzen und insbesondere auch mit seinen eigenen unbewußten Anteilen in die Dynamik des analytischen Prozesses einbezogen ist, z.B. indem er seinerseits plötzlich ausgesprochen positive oder negative Gefühle und Handlungsimpulse dem Analysandten gegenüber erlebt. Wie die anderen psychoanalytischen Kernbegriffe stammt auch der Begriff der Gegenübertragung von Freud. Er formulierte die bis in die 50er Jahre hinein vorherrschende **traditionelle Auffassung**, nach der sie im Sinne des Spiegelplattenideals des Analytikers einen zu überwindenden subjektiven **Störfaktor** auf dessen Seite darstelle, so daß der Analytiker "diese Gegenübertragung in sich erkennen und bewältigen müsse" (Freud 1910, 108). Inhaltlich geht es dabei um die **Reaktion** des Analytikers auf den Analysandten, wobei der problematische und zu kontrollierende Aspekt insbesondere seine **unbewußte** Reaktion auf die Übertragung des Analysandten ist.

Anders als bei Widerstand und Übertragung hat Freud in bezug auf die Gegenübertragung keine Umkehrung seiner "Negativposition" formuliert. Dies geschah erst Anfang der 50er Jahre durch Analytiker wie Paula Heimann und Margaret Little, die die **moderne Auffassung** der positiven **Erkenntnisfunktion** der Gegenübertragung begründet haben, nach der auf diese Weise wichtige Einblicke in die Innenwelt des Analysandten zu gewinnen sind. Dabei ist der Grundgedanke, daß die Gegenübertragung des Analytikers in ihren zentralen Anteilen spezifisch durch die Dynamik des Analysandten mitgeformt wird. Beispiele dafür sind die konkordante und komplementäre Gegenübertragung (Racker). Unter **konkordanter Gegenübertragung** versteht man, daß der Analytiker sich unbewußt mit den Selbstrepräsentanzen des Analysandten identifiziert und demzufolge ähnliche Gefühle wie dieser erlebt. Eine **komplementäre Gegenübertragung** besteht in der Identifizierung mit Objektrepräsentanzen, so daß der Analytiker ähnliche Gefühle wie die einer früheren wichtigen Bezugsperson des Analysandten erlebt, z.B. Unterdrückungsimpulse ihm gegenüber. In beiden Fällen kann der Analytiker über die Klärung der "Herkunft" solcher Gefühle, für die natürlich eine gründliche Kenntnis seiner selbst vonnöten ist, wichtige Aufschlüsse über die Dynamik des Patienten gewinnen.

Inhaltlich findet sich die moderne Auffassung häufig mit der o.g. **interaktionalen Sichtweise** verbunden. Für sie ist das **ganzheitliche Verständnis** charakteristisch, nach dem zur Gegenübertragung **sämtliche** dem

Analysandten gegenüber im Analytiker entstehenden Gefühle und Haltungen gerechnet werden, d.h. sie umfaßt sowohl **nicht-reaktive** generelle, nicht auf den speziellen Analysandten bezogene, wie speziell auf ihn bezogene **reaktive** neurotische wie nichtneurotische Anteile des Analytikers. In dieser Perspektive ist also nicht nur zu reflektieren, was der Analysandt im Analytiker auslöst (traditionell: Die Übertragung geht der Gegenübertragung voran), sondern auch, was der Analytiker aufgrund seiner Person im Analysandten auslöst oder hemmt (Ergänzung: Die Gegenübertragung geht der Übertragung voran).

Widerstandsanalyse

Wie bereits erwähnt versteht man unter **Widerstand** all das auf seiten des Analysandten, was sich seinem Einsichts- und Gesundungsprozeß widersetzt. Rein phänomenologisch kann man dabei zu keiner erschöpfenden Einteilung kommen, da buchstäblich alles in den Dienst des Widerstands genommen werden kann - was nun allerdings zu einem bestimmten Zeitpunkt der Behandlung wie und warum als solcher zu qualifizieren ist, ist nicht willkürlich, sondern ist im Kontext der aktuellen Dynamik des analytischen Prozesses zu verstehen. So kann z.B. das scheinbar zufällige Zuspätkommen zu einer Stunde da heraus motiviert sein, daß beim letzten Mal sehr angstbesetzte Themen zur Sprache gekommen sind, denen der Analysandt ausweichen möchte; es kann aber auch der Ausdruck einer Autonomie- oder Kritikregung gegenüber dem Analytiker sein, die allerdings - hier liegt in diesem Falle der Widerstand - etwa aus Angst vor emotionaler Abwendung nicht verbal direkt "unter seinen Augen" formuliert werden soll.

Was die **Klassifikation der Widerstände** betrifft, so werden sie in einer **intrapsychischen Sichtweise** nach ihrer Herkunft aus den Instanzen Es, Ich, Über-Ich unterschieden (Freud 1926, 191ff). **Es-Widerstände** zeigen sich in der fehlenden Bereitschaft, eine libidinöse Besetzung von einem Objekt abzuziehen, obwohl dieses nicht zur Triebbefriedigung zur Verfügung steht. **Überich-Widerstände** beruhen auf Haß und unbewußten Schuldgefühlen und zeigen sich z.B. in der **negativen therapeutischen Reaktion**, bei der Analysandten an solchen Stellen, an denen ein Behandlungsfortschritt möglich wäre, mit einer diesen zunichte machenden Verschlimmerung ihrer Symptome reagieren. Zu den **Ich-Widerständen** rechnet der **Verdrängungswiderstand** gegen das Auftauchen libidinöser Triebregungen und der **sekundäre Krankheitsgewinn**, bei dem anstelle einer Veränderung an Symptomen "festgehalten" wird. Ergänzend kann man hier den **Identitätswiderstand** (Erikson) anführen, der im Dienste der Stabilität und Sicherheit des Selbst unbewußt auch an neurotischen Problemlösestrukturen festhalten läßt, die immerhin die Sicherheit des Funktionierend-Bekannten bieten und die Angst vor dem Ungewiß-Neuen vermeiden helfen.

Behandlungstechnisch wichtiger als die intrapsychische ist die **interpersonelle Sichtweise**, die Freud mit einem dritten Komplex von Ich-Widerständen eingeführt hat, den in der alltäglichen analytischen Arbeit wichtigsten **Übertragungswiderständen**, unter die sich auch die genannten Widerstandsformen subsumieren lassen. Zwei Formen lassen sich hier unterscheiden, der Widerstand gegen das Bewußtwerden der Übertragung und der Widerstand gegen die Auflösung der Übertragung (Gill). Der **Widerstand gegen das Bewußtwerden der Übertragung** betrifft zum einen das mögliche Sträuben eines Analysandten, sich überhaupt in eine Übertragung verwickeln zu lassen (Abwehr der Übertragung). Zum anderen handelt es sich im Rahmen einer Übertragung darum, daß bestimmte Impulse libidinöser oder aggressiver Art gegenüber dem Analytiker nicht manifest werden sollen (Übertragung der Abwehr und Abwehr-Übertragung). Hierhin rechnet auch der oben angegebene Verdrängungswiderstand.

Mit dem **Widerstand gegen die Auflösung der Übertragung** ist gemeint, daß Analysandten mehr oder weniger lange Zeit brauchen, um sich von ihr abzulösen, d.h. die

Differenz zwischen dem Einst und dem Jetzt zu erkennen und eine dem Jetzt gegenüber angemessenere Haltung zu entwickeln und nicht mehr "wie immer schon" zu reagieren, z.B. die Reaktionsdisposition "Unterwürfigkeit" aufgrund einer als autoritär erlebten Beziehung zum Vater in der Übertragung auf den Analytiker zu erleben und sich über das Verstehen und die andersartige neue Erfahrung mit dem Analytiker davon abzulösen. Hierhin gehören auch die Widerstände gegen die Auflösung stark erotisierter oder stark negativer Übertragungen (Es-, Überich-Widerstände).

Als generelle **Regel** gilt seit Freud in der Psychoanalyse, daß von der Ich-nahen Oberfläche auszugehen ist (1914, 127). Konkret heißt das, daß - im Gegensatz zur Laienvorstellung, daß der Analytiker fortwährend inhaltliche Tiefendeutungen gebe - die **Widerstandsanalyse der inhaltlichen Deutung unbewußter Triebimpulse vorangeht** (W. Reich). Schematisch kann man das entsprechende schrittweise Vorgehen nach der sogenannten **"Daß-, wie-, warum-, was-Regel"** (Fenichel) wie folgt skizzieren: Es muß dem Analysandten zunächst gezeigt werden, **daß** er abwehrt (Konfrontation), sodann, **wie** er das tut (Klärung), dann, **warum** er es tut (Deutung des Widerstandsmotivs und ggf. auch des -modus), und schließlich, **was** er abwehrt (Deutung der unbewußten Triebinhalte). Dies ist kein einmaliger, sondern ein im Verlauf der Analyse vielfältig wiederholter Prozeß.

Deutung

Deuten ist das charakteristische und zentrale Interventionsmittel des Analytikers und meint das aufdeckende Bewußtmachen unbewußter Phänomene. Daß Deutungen diesen zentralen Stellenwert haben, bedeutet aber nicht, daß sie in jeder Analysestunde vorkommen müßten, vielmehr können sie mit der Aussicht auf eine verändernde Wirkung erst nach einer entsprechenden, möglicherweise langen Vorbereitungsarbeit eingesetzt werden. Zu den vorbereitenden Schritten gehören die **Konfrontation**, das Ansprechen eines Sachverhalts durch den Analytiker mit dem Zweck, die Aufmerksamkeit des Analysandten darauf zu richten (z.B. ein regelmäßiges Schweigen zu Beginn der Stunde), und die **Klarifikation** (Klärung), durch die der Sachverhalt noch schärfer eingestellt und detailliert, also insgesamt vertieft wird. Daran kann sich eine **Deutung** als Aufdeckung eines bis dato dem Analysandten unbekannten Sinnzusammenhangs anschließen. Ein damit idealiter über eine gefühlsfundierte Einsicht zugänglich gewordener neurotischer Komplex ist auf diese Weise aber noch nicht ad acta gelegt. Es ist darauf bezogen ein Anfang gemacht, und der Analysandt muß sich sein Verständnis in einer längeren analytischen Arbeit mit dem Analytiker allmählich aneignen und damit auch für seinen alltäglichen Lebenskontext nutzbar machen - man nennt diesen Prozeß das **Durcharbeiten**. Insgesamt machen die genannten vier Schritte das **Analysieren** aus (Greenson).

Ihrem Bezugspunkt nach kann man Inhalts-, Widerstands-, Übertragungs- und genetische Deutungen unterscheiden. **Inhaltsdeutungen**, z.T. auch **Tiefendeutungen** genannt, beziehen sich direkt auf unbewußte Triebregungen (z.B. Haß- oder Liebesimpulse gegenüber den Eltern). Nach der oben angeführten "Oberflächenregel" sind ihnen die **Widerstandsdeutungen** vorgeordnet, die intrapsychisch formuliert werden können (z.B.: Sie schämen sich, daß Sie diese sexuellen Wünsche haben und vermeiden es daher lieber, sie sich konkret anzuschauen), vor allem aber in den oben geschilderten Formen übertragungsbezogen zum Thema werden (z.B.: Sie schämen sich, daß bei Ihnen mir gegenüber ein solcher Wunsch nach Zärtlichkeit auftaucht).

In der letzteren Hinsicht gehören die Widerstandsdeutungen zu den **Übertragungsdeutungen**. Gemäß der Oberflächenregel sollte der Analytiker auch hier Wahrnehmungen oder Phantasien in bezug auf ihn mit dem Analysandten zunächst im Hier und Jetzt vertiefen und erweitern, um zu **Übertragungsdeutungen im Hier und Jetzt** oder **aktualgenetischen Übertragungsdeutungen** (Thomä und Kächele) zu kommen (z.B.:

Sie scheinen mich da ganz unerreichbar und über allem stehend zu erleben). Auf ihrer Grundlage können dann auf die lebensgeschichtliche Vergangenheit, insbesondere die Kindheit verweisende **rekonstruktive Übertragungsdeutungen** formuliert werden (z.B.: Könnte es sein, daß Sie ähnliches mit Ihrem Vater erlebt haben und deswegen das Gefühl hatten, ihm nicht wirklich nahekommen zu können?). In theoretischer Hinsicht entspricht diese Vorgehensweise dem oben dargestellten interaktionalen Übertragungsbegriff. Dem traditionellen Begriff entsprechend wurden früher dagegen regelhaft direkt genetisch orientierte **klassische Übertragungsdeutungen** gegeben (z.B.: Sie erleben mich jetzt autoritär, wie Sie Ihren Vater autoritär erlebt haben). Analog dazu wurden Vergleiche des Analytikers mit gegenwärtigen Bezugspersonen formuliert und auf Kindheitserfahrungen zurückbezogen.

Die klassische Übertragungsdeutung mit ihrem direkten Vergangenheitsbezug ist zugleich eine Form der **genetischen Deutung**. Deren andere Form ist eine solche ohne Übertragungsbezug, in der der Analytiker beispielsweise die psychische Bedeutung eines Kindheitsereignisses formuliert (z.B.: Ihr einziges Geschwister starb, als Sie zwei Jahre alt waren - da wurde Ihre Mutter Ihnen gegenüber ängstlicher und hat Sie in Ihren expansiven Impulsen stärker eingeschränkt). Nahe daran steht die **Rekonstruktion**, die in umfänglicherer Weise als die mehr punktuelle genetische Deutung Teile der Kindheitsvergangenheit des Analysandten in den Verstehenszusammenhang seiner Störung einbezieht. Während für Freud die möglichst umfängliche Rekonstruktion des Verdrängten Ziel und primärer therapeutischer Wirkfaktor der Analyse war (1905, 175), ist dies in der heutigen, zentral auf die Bearbeitung der Übertragung ausgerichteten analytischen Arbeit nur ein Aspekt unter anderen, dem nicht mehr diese besondere Bedeutung zugemessen wird.

Zwei weitere Bereiche werden ebenfalls Gegenstand von Deutungen, übertragungsexterne Aspekte und Träume. Neben den Übertragungs- gibt es **Nicht-Übertragungsdeutungen**, die sich auf dem Analysandten unbewußte Verhaltensweisen außerhalb der Analyse beziehen (z.B.: Könnten Sie auch Neid verspürt haben, als Sie hörten, was Ihr Freund alles hat?). **Außer-Übertragungsdeutungen** dagegen fokussieren Eindrücke und Einstellungen des Analysandten gegenüber Personen seines Umfelds außerhalb der Analyse und führen diese in Analogie zu den genetischen Übertragungsdeutungen auf frühere Beziehungserfahrungen zurück (z.B.: Ihre Freundin erscheint Ihnen da wie Ihre Mutter). Diese beiden Arten von Deutungen außerhalb der Übertragung spielen in der praktischen Arbeit eine Rolle, sollten jedoch nicht von der eigentlichen analytischen Arbeit in der Übertragung ablenken, sondern eine Ergänzungsfunktion haben. Darüber hinaus ist es wichtig, den evtl. Widerstandscharakter solcher **Nebenübertragungen** auf Personen außerhalb der Analyse "statt" auf den Analytiker im Auge zu behalten und ggf. zu deuten.

Träume und **Traumdeutungen** sind auch heute noch ein wichtiger Teil der analytischen Arbeit, weil sie in besonderer Weise einen Zugang zur unbewußten Dynamik eröffnen können - Psychoanalyse ist aber bei weitem nicht identisch mit Traumanalyse. Auch hier kann man die schon mehrfach thematisierte Bedeutungsumgewichtung von einer intrapsychischen zu einer interpersonellen Betrachtungsweise konstatieren. In der **traditionellen Sichtweise** geht es darum, anhand der Einfälle des Analysandten zu seinen Träumen aus dem manifesten Trauminhalt die latenten Traumgedanken zu erschließen, d.h. die unbewußten Wünsche, die der Traum verschleiert darstellt. Zwei bekannte Zugangsweisen in diesem Rahmen sind **Deutungen auf der Objektstufe**, die sich auf die im Traum artikulierten Objektbeziehungen und -beziehungswünsche libidinöser und aggressiver Art beziehen, und **Deutungen auf der Subjektstufe**, in denen die verschiedenen Aspekte des Traums als Darstellungen von Selbstanteilen des Analysandten verstanden werden. Gegenüber der klassischen wird in der interaktional geprägten **modernen Sichtweise** der Traum im

Rahmen der Übertragung gesehen. Dabei untersucht der Analytiker z.B., in welcher Rolle oder Form er im Traum abgebildet ist - entsprechende Deutungen kann man deshalb **Übertragungsdeutungen von Träumen** nennen.

Weitere Aspekte

Wie bereits erwähnt sind auch von Schulen außerhalb des psychoanalytischen Mainstream Einflüsse auf diesen ausgegangen und z.T. aufgenommen worden. Hier kann nur schlagwortartig auf einige wichtige Aspekte hingewiesen werden. In der Schule von M. Klein ist vor allem die Rolle negativer Affekte und behandlungstechnisch der entsprechende Umgang mit der **negativen Übertragung** thematisiert worden. Insbesondere der **Neid** ist von hier aus mit ins Zentrum der Aufmerksamkeit gerückt. Kohut zeigte in bezug auf **narzißtische Persönlichkeitsstörungen**, daß entgegen Freuds Annahme auch hier Übertragungen auf den Analytiker entwickelt werden, die sog. **Selbstobjektübertragungen**, so daß auch für solche Patienten eine analytische Behandlung möglich wurde.
Zwei weitere Konzepte betreffen vor allem den Umgang mit frühgestörten Patienten. Von Winnicott stammt der Begriff der **Holding function** (Haltefunktion). Damit ist eine schutz- und sicherheitsgebende mütterliche Haltung und Einstellung des Analytikers in Ergänzung zu dessen väterlicher Deutungsfunktion angesprochen, so z.B. wenn er dem Analysandten in einem entsprechenden Augenblick sein Verstehen für dessen momentane abgrundtiefe Angst vermittelt. Es ist dies eine Haltung, die den Umgang mit tieferen, nicht mehr durch verbale Deutungen erreichbaren regressiven Zuständen, die zum Bereich der präverbalen **Grundstörung** (Balint) gehören, ermöglicht.
Von großer Bedeutung für den analytischen Umgang mit den heftigen Affekten frühgestörter Patienten ist das von Bion stammende Konzept des **Containing** (von to contain: enthalten). Gemeint ist, daß der Analytiker solche Affekte zunächst einmal zulassen und in sich aufbewahren kann, ohne den dadurch möglicherweise auch in ihm ausgelösten Affektimpulsen nachzugeben und mit- oder gegenzureagieren, z.B. einen massiven, verletzenden verbalen Angriff zurückzugeben oder sich gekränkt zurückzuziehen. Seine Aufgabe ist es vielmehr, mit diesen Affekten innerlich zurechtzukommen, sie zu verarbeiten und sie in quasi verdauter oder "entgifteter" Form dem Analysandten deutend wieder zur Verfügung zu stellen. So kann dieser über das Modell des Analytikers erfahren und lernen, daß seine Affekte nichts Zerstörendes haben müssen und daß es möglich ist, mit ihnen innerlich umzugehen und sie unter Kontrolle zu bringen. Ein wichtiger Mechanismus der Affektinduktion beim Analytiker ist hier der von M. Klein entdeckte Abwehrmechanismus der **projektiven Identifizierung**, mittels dessen, bildlich gesprochen, schwer erträgliche Gefühle und Befindlichkeiten vom Analysandten in den Analytiker verlagert werden.

4.5.5 Indikation zur psychoanalytischen Behandlung und Modifikationen der Standardtechnik

Indikation

Die grundlegende Voraussetzung für eine psychoanalytische Behandlung ist die **Fähigkeit** des Patienten **zur therapeutischen Ich-Spaltung**. Angesichts des hohen inneren wie äußeren Aufwands - Phasen psychischer Belastung und Symptomverschlechterung, Zeit, evtl. Geld - kommen weitere innere wie äußere Faktoren dazu. **Innere Faktoren** sind z.B. hohe Eigenmotivation, ausreichende Belastbarkeit (Ich-Stärke), prinzipielle Aufgeschlossenheit gegenüber seelischen Vorgängen, Introspektionsfähigkeit sowie die Bereitschaft zur therapeutischen Mitarbeit, die sich an seiner Fähigkeit zeigt, auf Verstehensangebote des Analytikers in Form von Probedeutungen emotional eingehen zu können. **Äußere Faktoren** sind z.B. eine einigermaßen stabile äußere Lebenssituation in Ausbildung oder Beruf und das absehbare Verbleiben in der geographischen

Nähe des Wohnorts des Analytikers mindestens in den kommenden zwei bis drei Jahren. Es sind dies Voraussetzungen, die in Vorgesprächen vor der Aufnahme einer Behandlung, den **probatorischen Sitzungen**, abgeklärt werden müssen. Diese Sitzungen dienen für beide Parteien zudem der Klärung, ob sie eine tragfähige therapeutische Beziehung im Sinne eines therapeutischen Arbeitsbündnisses aufbauen können.

Eine solche **interpersonelle** und die **äußeren Rahmenbedingungen wie inneren (Ich-)Ressourcen einbeziehende Sichtweise** hat die frühere, eher statische **nosologische Sichtweise** abgelöst, bei der die Indikation für eine Analyse darin gesehen wurde, daß der Patient an einer auf ödipalem Niveau strukturierten Neurose litt (z.B. reife Hysterie (Konversionsneurose), Phobie, Zwangsneurose). Die klinische Erfahrung zeigt vielmehr, daß zum einen nosologisch das Indikationsspektrum viel weiter gefaßt werden kann, zum anderen, daß auch diese sog. reifen Störungen zumeist deutliche **genuine** präödipale Störungsmomente aufweisen.

Modifikationen

Hier lassen sich zwei Grundformen unterscheiden, solche, die die im vorangehenden dargestellte **psychoanalytische Standardtechnik in ihren Kernelementen nicht verändern**, und solche, die nicht mehr in die Standardtechnik integrierbar sind. Was den ersten Fall betrifft, so kann man etwa im Standardvorgehen an solchen Punkten, wo es aus dem analytischen Prozeß heraus angemessen erscheint, Interventionen einbringen, die nicht dem Deutungsideal entsprechen, also z.B. supportive (unterstützende) Elemente in Krisensituationen. Man spricht dann von einem **Parameter** und verbindet damit die Vorstellung, daß er im weiteren Verlauf wieder in den Deutungsprozeß einbezogen werden kann (Eissler). Hier kann auf das Problem einer rigiden und idealisierenden Normativierung der Standardtechnik und die entsprechende kritische Diskussion (etwa Thomä & Kächele 1985) hingewiesen werden (Problem der orthodoxen normativen Idealtechnik).

Die andere Form von Modifikationen besteht in der **psychoanalytisch fundierten Entwicklung neuer therapeutischer Interventionen und** darüberhinaus **Therapiesettings, die nicht mehr als Parameter in die Standardtechnik integrierbar** sind und dies auch nicht sein sollen, weil sie für eine andere therapeutische Ausgangslage als die für eine Psychoanalyse stricto sensu gedacht sind. Dies gilt z.B. für stark ich-strukturell gestörte Patienten mit einer noch nicht entwickelten Fähigkeit zur therapeutischen Ich-Spaltung, was sich in der Übertragung in einer mangelnden Unterscheidungsfähigkeit zwischen "Analytiker-wie" und "Analytiker-als" zeigen kann (z.B. können Borderline-Patienten den Analytiker hier und jetzt "als" die böse Mutter erleben, ohne die in der Wahrnehmung des Einst-im-Jetzt, des "wie" die Mutter gelegene Differenz von Vergangenheit und Gegenwart psychisch zu realisieren). Ein anderes Beispiel sind Patienten, bei denen aus dem einen oder anderen Grund die zur Analyse gehörende Regression vermieden oder gering gehalten werden soll. Die Indikation zu einer solchen modifizierten therapeutischen Vorgehensweise wird dementsprechend positiv gestellt.

Die wichtigsten analytisch fundierten **Therapievarianten** dieser Art sind zum einen die **psychoanalytisch orientierten Psychotherapien,** Langzeittherapien bis 240 Stunden mit einer Frequenz von regelmäßig ein bis zwei Wochenstunden im Sitzen, und die kürzeren und niederfrequenteren **tiefenpsychologisch fundierten Psychotherapien** mit bis zu 80 Stunden bei max. einer Wochenstunde im Sitzen. Zum anderen sind hier die **psychoanalytischen Kurz- und Fokaltherapien** über 15 bis 40 Stunden mit einer ähnlichen Frequenz wie zuletzt zu nennen, bei denen die Behandlung auf einen zentralen Konflikt beschränkt wird (Fokus). Schließlich gehören hierhin die **psychoanalytischen Gruppentherapien** und ferner die **stationären psychoanalytisch orientierten Behandlungen**, bei denen über einen Zeitraum zwischen einem und sechs Monaten psychoanalytisch orientierte Gespräche z.B.

in Form einer Fokaltherapie zusammen mit anderen Verfahren (Gruppe, nonverbale Verfahren) zum Einsatz kommen. Die genannten Therapieformen werden in den übrigen Abschnitten des Kapitels 4 ("Psychotherapie") behandelt.

Literatur

FREUD, A.: Das Ich und die Abwehrmechanismen. (1936). Zit. nach: München, Kindler (o.J.).

FREUD, S.: Studien über Hysterie. (1895). GW I, 75-312.

FREUD, S.: L'Hérédité e l'Étiologie des Névroses. (1896). GW I, 405-422.

FREUD, S.: Die Traumdeutung. (1900). GW II/III.

FREUD, S.: Die Freudsche psychoanalytische Methode. (1904). GW V, 1-10.

FREUD, S.: Bruchstück einer Hysterie-Analyse. (1905). GW V, 161-286.

FREUD, S.: Die zukünftigen Chancen der psychoanalytischen Therapie. (1910). GW VIII, 103-116.

FREUD, S.: Ratschläge für den Arzt bei der psychoanalytischen Behandlung. (1912). GW VIII, 375-388.

FREUD, S.: Zur Einleitung der Behandlung. (1913). GW VIII, 453-478.

FREUD, S.: Erinnern, Wiederholen und Durcharbeiten. (1914). GW X, 125-136.

FREUD, S.: Bemerkungen über die Übertragungsliebe. (1915). GW X, 305-321.

FREUD, S.: "Selbstdarstellung". (1925). GW XIV, 31-96.

FREUD, S.: Hemmung, Symptom und Angst. (1926). GW XIV, 111-206.

FREUD, S.: Neue Folge der Vorlesungen zur Einführung in die Psychoanalyse. (1932). GW XV.

GREENSON, R.R.: Technik und Praxis der Psychoanalyse. Klett/Cotta, Stuttgart 1981.

HAYNAL, A.: Die Technik-Debatte in der Psychoanalyse. Freud, Ferenczi, Balint. Fischer, Frankfurt 1989.

HOFFMANN, S.O. (Hrsg.): Kritische Beiträge zur Behandlungskonzeption und Technik in der Psychoanalyse. Fischer, Frankfurt 1983

HOFFMANN, S.O.: Psychoanalyse. In: R.J. Corsini (Hrsg.). Handbuch der Psychotherapie. Bd. 2, Psychologie Verlags Union, München Weinheim (1987). 978-1007.

MERTENS, W.: Einführung in die psychoanalytische Therapie. Bd. 1-3, Kohlhammer, Stuttgart 1990/91.

TARACHOW, S.: Einführung in die Psychotherapie. Klett/Cotta, Stuttgart 1979.

THOMÄ, H., KÄCHELE, H.: Lehrbuch der psychoanalytischen Therapie. Bd. 1: Grundlagen. Bd. 2: Praxis. Springer, Berlin 1985/88.

4.6 Psychoanalytische Gruppenpsychotherapie (G. H. Seidler)

4.6.1 Entwicklung und Begriffsbestimmung

Gruppenpsychotherapie findet statt in **natürlichen Gruppen**, so beispielsweise in der Gruppe der Familie: **Familientherapie**. Mitglieder einer Institution oder eines Teams können sich zu einer Gruppe zusammenfinden, in der es um die Bearbeitung von Konflikten und Problemen geht: in so einem Fall spricht man von **Institutions- bzw. Teamsupervision** oder - **beratung**. Eine Gruppenpsychotherapie kann mit oder ohne Therapeuten stattfinden: **Selbsthilfegruppe** vs. **Therapiegruppe**. Sie kann sich unterschiedlicher Medien bedienen: Musik-, Körper- oder Gestaltungstherapie lassen sich auch gruppentherapeutisch realisieren. In einer traditionellen Psychotherapiegruppe ist das gesprochene Wort das Medium, und wenn sich der Therapeut an der Psychoanalyse orientiert, wird von **psychoanalytischer Gruppenpsychotherapie** gesprochen.

Ihre **geschichtliche Entwicklung** beginnt in den ersten 20 Jahren dieses Jahrhunderts. Der zeitgeschichtliche Hintergrund ist dabei bestimmt durch die Entstehung und Wirksamkeit großer "Bewegungen": So gab es die "Frauenbewegung", die "Jugendbewegung", die Völkische und die Kommunistische Bewegung. Die wissenschaftliche Aufarbeitung dieser Vorgänge gehört in den Bereich der Soziologie und der Geschichtswissenschaft. In einem strengen Sinne unseres Fachgebietes kann nicht von "Gruppen" im gemeinten Sinne gesprochen werden, eher von "Massen": Der Stellenwert des Individuums wurde peripher. Die Herausbildung der existentialistischen Philosophie stellt unter dieser Perspektive eine Gegenbewegung dar; sie betonte die Einmaligkeit und Unverwechselbarkeit des jeweiligen Individuums. In der Nachkriegszeit ist die Diskussion dieser Vorgänge zu kennzeichnen, z.B. durch das Buch von Riesman (1950): Die einsame Masse, später durch z.B. die Arbeit von Mitscherlich (1963): Auf dem Wege zur vaterlosen Gesellschaft oder durch das Buch von Marcuse (1964): Der eindimensionale Mensch. In ihnen wird auch die Thematik der Bedeutung des Vaters thematisiert, in anderer Terminologie geht es um das Verschwinden des "dritten Objektes", der Transzendenz, des orientierenden Maßstabes. Diese Fragen liegen dem zugrunde, was als Triangulierungsproblematik in der gegenwärtigen Diskussion aktuell ist, wenn es um Möglichkeiten therapeutischer Beeinflussung seelischer Strukturbildung geht (Seidler, im Druck).

Die genannten Zusammenhänge haben zu tun mit der für die Theoriebildung der Gruppenpsychotherapie zentralen Frage nach dem Verhältnis des einzelnen zur Gruppe und umgekehrt. Als Folge und als Ausdruck von Bemühungen, Individuum und Gruppe aufeinander zu beziehen, können die Vorläufer verstanden werden, die zu dem führen, was wir heute "analytische Gruppenpsychotherapie" nennen: So faßte Pratt 1906 Patienten einer Tuberkulosestation in den Vereinigten Staaten zu einer Therapiegruppe zusammen, Moreno spielte mit therapeutischer Zielsetzung mit Gruppen von Kindern in Wien Stegreiftheater und bildete Diskussionsgruppen mit sozial Randständigen und Slavson prägte 1934 den Begriff "Group Psychotherapy" im Rahmen seiner Arbeit in einer Kinderabteilung einer Psychiatrischen Klinik. Auf der Grundlage eines zunehmend weiter ausgearbeiteten theoretischen Konzeptes hat allerdings wohl als erster Foulkes 1940 psychoanalytische Gruppenpsychotherapie betrieben (Schulte-Herbrüggen 1979; Pines 1979). Die von ihm entwickelte Methode wird weiterhin von einer großen Anzahl von Gruppenpsychotherapeuten angewandt; sie ist weiter unten kurz beschrieben. In den folgenden Jahren gab es eine Reihe von Autoren, die die Methode der Gruppentherapie mit unterschiedlichen Akzentsetzungen weiter ausbauten und zu ihrer Verbreitung beitrugen. Seit Anfang der fünfziger Jahre entwickelten Michael und Enid Balint eine Technik zur Leitung von Gruppen, deren Mitglieder als Angehörige medizinischer und therapeutischer Berufe ihre Erfahrungen mit Patienten zur Diskussion stellten. Diese Methode einer modifizierten Supervisions- bzw. Selbsterfahrungsgruppe gehört heute in das Weiterbildungscurriculum eines jeden psychotherapeutisch tätigen Arztes. Seit Mitte der sechziger Jahre hat eine Arbeitsgruppe um Heigl-Evers und Heigl in der Fachklinik für Psychogene und Psychosomatische Erkrankungen in Tiefenbrunn Gruppentherapie im Hinblick auf unterschiedliche Indikationen theoretisch und praktisch weiter entwickelt (Schulte-Herbrüggen 1979). In Deutschland praktizierende Gruppenpsychotherapeuten stehen entweder mehr in dieser Tradition, oder sie orientieren sich stärker an Foulkes.

Der wesentliche Unterschied der Gruppentherapie-Situation zu der der **therapeutischen Dyade** liegt im Phänomen der **Pluralität**: "Menschliche Pluralität ist eine Vielheit, die die paradoxe Eigenschaft hat, daß jedes ihrer Glieder in seiner Art einzigartig ist." (Arendt 1960, S. 165). Einzeltherapie und Gruppentherapie verhalten sich, was die Realität der Pluralität angeht, geradezu konträr zueinander: In der Einzeltherapie wird die Situation eines Menschen so singulär gestaltet, wie das in Anwesenheit eines anderen Menschen überhaupt erreichbar ist, in einer Gruppentherapie-Situation sind "viele Andere" real präsent, und wie sie erlebt werden - als Fremde, die eine auf Ausschließlichkeit gerichtete Beziehung zu dem Therapeuten stören, als Geschwister, von denen jedes um die Gunst des Therapeuten konkurriert, oder wie sonst - hängt von der Reife und den Konflikten des jeweiligen Patienten ab. In dieser Situation der Pluralität steht nun jedes Individuum vor der Aufgabe, unter den Bedingungen der Gruppe seine eigene Konflikthaftigkeit, seine eigene Symptomatik, jeweils auf dem Hintergrund der eigenen Biographie zu verarbeiten und sich mit der zunächst angstauslösenden Gruppensituation zu arrangieren. Dabei gibt es in einer solchen Therapiegruppe kein Thema; es gilt die **"Regel der freien Interaktion"** (Moreno, J.L. 1959), die sinngemäß formuliert etwa besagt, jeder solle so freimütig wie möglich sprachlich mit den anderen Teilnehmern in Verbindung treten. Während **Arbeitsgruppen** dadurch gekennzeichnet sind, daß sie sich zur Bewältigung einer gemeinsam vorgegebenen Aufgabe zusammengefunden haben, also etwa gemeinsam eine Prüfungsfrage bearbeiten oder sich auf ein bevorstehendes Examen vorbereiten, ist eine Therapiegruppe nach dem **"Prinzip der Minimalstrukturierung"** organisiert und jeder der Teilnehmer hat, in der Regel in einem individuellen Vorgespräch mit dem Gruppentherapeuten, zur Orientierung nur die genannte Grundregel genannt bekommen. Das Verhalten des Therapeuten ist dabei durch zwei Merkmale gekennzeichnet: Durch das der **Anonymität** und durch das der **Abstinenz**. Anonymität bedeutet dabei, daß der Therapeut als Person tendenziell gar nicht in Erscheinung tritt, so daß der Patient keine Informationen über ihn hat. Der Gedanke dabei ist der, daß es dem Patienten möglich sein soll, nicht "dem Therapeuten zuliebe" bestimmte Seiten seiner Person stärker zu betonen, sondern seine gegenwärtig nicht erlebbaren Regungen, ohne Einschränkung durch den Therapeuten, im Zusammenspiel mit diesem zur Darstellung bringen kann. Das Gebot der Anonymität gilt im Prinzip für alle analytischen Psychotherapieverfahren, unabhängig von der konzeptuellen Grundlage, mit Ausnahme der psychoanalytisch-interaktionellen Gruppenpsychotherapie, wie sie von Heigl-Evers und Heigl (1973, 1983, 1987) entwickelt worden ist. Das Gebot der Abstinenz gilt auch in dieser Methode. Es beinhaltet für den Therapeuten den Verzicht auf die Befriedigung narzißtischer, aggressiver und libidinöser eigener Bedürfnisse in der Beziehung zu den Teilnehmern der Gruppe. Nur so ist es ihm möglich, in **gleichschwebender Aufmerksamkeit** (Freud 1912, 1923) sich allen Patienten und insbesondere jeder Seite bei jedem einzelnen Patienten unparteiisch zuwenden zu können.

Es gibt also eine Reihe von Gemeinsamkeiten zwischen den konzeptuell unterschiedlich orientierten Methoden der Gruppentherapie. Die Unterschiede lassen sich von der divergierenden Beantwortung zweier Fragen ableiten:

- Wie wird dem Phänomen der Pluralität Rechnung getragen?
- Wie wird versucht, unterschiedlichen Krankheitsgruppen und Störungsbildern gerecht zu werden?

Diese erstgenannte Frage wird von Frau Heigl-Evers als die "Gretchenfrage" der Gruppentherapie bezeichnet (Heigl-Evers und Heigl 1979).

4.6.2 Zum unterschiedlichen Umgang mit dem Phänomen der Pluralität in Gruppen

Das eine Extrem besteht darin, einzelne Patienten in einer Gruppensitzung so weit wie möglich nach den Prinzipien der Einzelanalyse zu behandeln, das andere, die Teilnehmer summarisch als "die Gruppe" anzusprechen, also im strengen Wortsinn "Psychoanalyse der Gruppe" zu betreiben. Vertreter der erstgenannten Position sind etwa Wolf und Schwartz (1962). Sie fokussieren auf die unbewußte **Dynamik des Einzelnen** und auf die Erforschung intrapsychischer Prozesse, wobei die Gruppenteilnehmer ebenso wie der Therapeut den jeweils im Mittelpunkt stehenden Patienten explorieren. Die Entwicklung spontaner Interaktionen zwischen den Teilnehmern wird durch direktives Therapeutenverhalten eher verhindert. So bleibt das Geschehen dyadisch: "viele" beschäftigen sich mit "einem". Querverbindungen zwischen den "vielen" untereinander werden nicht gefördert und nicht genutzt.
Ungefähr gleichzeitig entwickelte Bion (1961) in London ein Konzept, in dem der Therapeut der **Gruppe wie einer Person** gegenübertritt, der aus dem analytischen Denken abgeleitete Merkmale und Eigenschaften zugeschrieben werden. Dadurch wird das Geschehen wieder zu einem dyadischen, mit einem Therapeuten und "der Gruppe" als den beiden Interaktionspartnern. Im deutschen Sprachraum haben Argelander (1963/64) und Ohlmeier (1973) diesen Ansatz aufgegriffen und weiter ausgearbeitet. Dabei hat Argelander seine Aufmerksamkeit mehr auf Homogenisierungs-Phänomene gerichtet, während Ohlmeier ein Konzept herausgearbeitet hat, nach dem in einer Gruppe eine charakteristische Familiengruppensituation entstünde, die dann durchgearbeitet werden könne, im Unterschied zur Einzelanalyse, in der der Aspekt der Auseinandersetzung mit einzelnen Beziehungspersonen das Bild bestimme. Kritisch ist gegenüber der letztgenannten Position zu fragen, wie denn individualspezifische Früherfahrungen zu einer überpersonalen Manifestation von Familienkonflikten kommen können. Anders formuliert beinhaltet diese Kritik den Aufweis des Mangels einer Konzeptualisierung des Phänomens der Pluralität.

Das Konzept von Foulkes dürfte neben dem des "Göttinger Modelles" das sein, nach dem in Deutschland gegenwärtig am häufigsten gruppenpsychotherapeutisch gearbeitet wird. Im Unterschied zu den bisher referierten Autoren richtet Foulkes seine Aufmerksamkeit sowohl auf die **Gruppe als ganze wie auch auf den einzelnen** in der Gruppe. Zentral ist in seinem Denken das Konzept der "Matrix": Die neurotische Störung des einzelnen versteht er als Kommunikationsstörung, und diese als Niederschlag verinnerlichter frühkindlicher Beziehungskonflikte mit den Eltern. Aus dem Muster dieser Störung bildet sich in Verbindung mit den Beziehungsnetzen der anderen Gruppenmitglieder ein latentes Netzwerk, eben die Matrix. Diese Matrix ist die unterliegende Netzwerkstruktur, aus der heraus sich neue, aktuelle Beziehungen unter den Gruppenmitgliedern knüpfen. Der Therapeut hat die Aufgabe, mit dem Fokus seiner Aufmerksamkeit und auch mit seinen Interpretationsbemühungen ständig zu alternieren von der interindividuellen auf die intraindividuelle Ebene. Aus der Matrix, aus der eine vorsprachliche Verständigung der Gruppenteilnehmer resultiere, drängten ständig latente Erlebnisinhalte an und führen zur Artikulation von Konflikten in der Gruppe. Dieser aus ihrer vorsprachlichen Wirkungsweise zu bewußt artikulierbarer Sprache zu verhelfen, ist die eigentliche Deutungsarbeit des Therapeuten.

Das "Göttinger Modell" wurde von Heigl-Evers und Heigl mit einer ganzen Reihe von Mitarbeitern seit etwa Mitte der sechziger Jahre entwickelt. Das Konzept beinhaltet als **"Schichtmodell"** drei nach Indikationsbereich (s.u.) und Interventionsstil unterschiedene Gruppenpsychotherapie-Methoden: Die psychoanalytisch deutende, die tiefenpsychologisch fundierte und die psychoanalytisch antwortende (interaktionelle) (Heigl-Evers und Heigl, 1973), und ein elaboriertes Fort- und Weiterbildungscurriculum. Das Bemühen der Autoren geht dabei dahin, "Gruppe" als primär soziales Gebilde, das damit zunächst Forschungsgegenstand der Sozialwissenschaften ist, so zu konzeptualisieren, daß es als therapeutisches Medium für eine Mehrzahl von Individuen wirksam werden kann.

Jeder, der sich mit anderen, ihm zunächst unbekannten Teilnehmern zu einer Gruppe zusammenfindet, ohne daß es ein gemeinsames Thema zu bearbeiten gibt, ohne daß ein Bezug auf allen bekannte strukturierende Regeln möglich ist und ohne daß es angstbindende, weil Orientierung gebende Aufgaben- und Funktionsverteilungen unter den Mitgliedern gibt, wird zumindest unruhig werden: Die Autoren gehen davon aus, daß das **Prinzip der Minimalstrukturierung** zu einem **"inneren Notstand"** bei allen Teilnehmern führe, der dann bestimmte, ganz charakteristische **Gruppenleistungen** stimuliere. Orientiert am **topographischen Modell der Psychoanalyse** (vgl. Rapaport 1960) wird herausgearbeitet, daß sich diese zwar auf allen drei Ebenen - der unbewußten, der vorbewußten und der bewußten - gleichzeitig abbilden, sie allerdings, in Abhängigkeit vom strukturellen Reifeniveau der Teilnehmer einer bestimmten Gruppe, eine **Manifestationsdominanz** auf je einer dieser Ebenen erkennen lassen. Unter Rückgriff auf den sozialpsychologischen Begriff der **Norm** wird die Gruppenleistung auf der bewußten Ebene konzeptualisiert: Sind in einer Gruppe überwiegend Patienten mit ausgeprägten Überich-Defekten (sogenannte frühgestörte Patienten), werden sich relativ schnell verhaltensregulierende Regeln herausbilden. Handelt es sich um Patienten, deren Störung einem mittleren Strukturniveau entspricht, wird auf das Konzept der **psychosozialen Kompromißbildung** zurückgegriffen: Die Gruppenleistung betrifft die Umschaltstelle intrapsychischer und interpersoneller Konflikte, soziodynamische Phänomene, z.B. Untergruppenbildungen, Kollusionen und ähnliche Vorgänge dienen der Regulierung der Homöostase des Individuums und der ganzen Gruppe. Handelt es sich um Patienten mit klassischen Neurosen, manifestieren sich die Gruppenleistungen überwiegend auf der unbewußten Ebene: Es kommt zu **gemeinsamen Tagträumen**, die als ich-modifizierte Abkömmlinge unbewußter Phantasien verstanden werden können und die es dem Therapeuten erlauben, sich bei seinem Interventionsstil auf die **Deutung** eines solchen Regressionsniveaus einzulassen. Der Pluralität wird dabei in diesem Konzept dadurch Rechnung getragen, daß die Wirkung des Einzelnen auf die Gesamt-Gruppenleistung berücksichtigt wird, also darauf, auf welcher Ebene diese ihre Manifestationsdominanz aufweist.

4.6.3 Die differentielle Indikation von Gruppentherapieverfahren für unterschiedliche Krankheitsgruppen

König (1979) weist darauf hin, daß der Indikationsbereich der analytischen Gruppenpsychotherapie sich vergleichbar dem der Einzelanalyse entwickelt und verändert habe: zunächst für Neurose-Kranke, dann auch für psychosomatisch Kranke (Hahn 1971) und Psychose-Kranke (Pohlen 1972). Bei der Indikationsstellung wird ein Therapeut verschiedene Aspekte abwägen und zueinander in Beziehung setzen:

Auf der Seite des Patienten

- Wie ist seine Fähigkeit zur **Frustrations- und Unlusttoleranz** einzuschätzen? In einer Gruppensituation weht in der Regel ein rauherer Wind als in der geschützteren therapeutischen Dyade; Patienten, die die Kränkung der Realpräsenz anderer Teilnehmer zum gegebenen Zeitpunkt (noch) nicht tolerieren können, sollten u.U. zunächst einzeltherapeutisch behandelt werden.

- Wie ist seine Fähigkeit zur **Regression** und zur **therapeutischen Ich-Spaltung** einzuschätzen? Bei der Beurteilung dieser Ich-Funktionen geht es darum, ein Bild davon zu gewinnen, wie sich jemand in einer relativ unstrukturierten Situation erleben wird. Wird es möglich sein, sich den eigenen Phantasien zu überlassen oder wird jemand in unerträgliche Angstzustände geraten, ist jemand in der Lage, bei sich Erlebensformen zu entdecken, die aus früheren Erfahrungen stammen und trotzdem noch zu unterscheiden sind von der gegenwärtig realen Situation?
- Über welche Möglichkeiten zur Wahrnehmung, Differenzierung und Steuerung von **Affekten** verfügt ein Patient? Hier geht es um die Beurteilung der Impulshaftigkeit bzw. **Steuerungsfähigkeit** eines Patienten. Es kann nämlich andere Gruppenteilnehmer zunächst sehr beunruhigen, wenn der Therapeut im Hinblick auf einen einzelnen Patienten möglicherweise sehr nachdrücklich intervenieren muß, wenn dieser etwa in einen Affektsturm gerät. Allerdings kann dann die Bearbeitung dieser Beunruhigung die anderen Teilnehmer in die Lage versetzen, auf der einen Seite die mögliche Wucht affektiver Abläufe wahrzunehmen, auf der anderen Seite ihre prinzipielle Steuerbarkeit, auch durch die Hilfs-Funktion des Therapeuten, zu erkennen.

- Was sind die bevorzugten **Abwehr- und Schutzmöglichkeiten** eines Patienten? Die Einschätzung dieses Merkmales ist wichtig, wenn der Therapeut sich ein Bild davon machen will, wie ein Patient in einer bestimmten Gruppe, in der vielleicht gerade ein Therapieplatz zur Verfügung steht, zurechtkommen wird. Jede unstrukturierte Situation führt bei jedem Menschen zu einer gewissen Beunruhigung, wobei es unterschiedliche Möglichkeiten gibt, sein seelisches Gleichgewicht zu regulieren. Wird jemand so tun, als sei "alles normal" (Leugnung), wird jemand mit scheinbar vernünftigen Erklärungen sich die Situation plausibel machen (Rationalisierung, Intellektualisierung), wird jemand vielleicht "die Klinik" oder "den Therapeuten" für die schwer aushaltbare Situation verantwortlich machen (Externalisierung) und/oder sich mit anderen Teilnehmern gegen ihn verbünden (psychosoziale Kompromißbildung)? Bei der Beantwortung dieser Frage ist dann auch, vielleicht mehr noch als bisher, die angestrebte Gruppe im Auge zu behalten, wobei überlegt werden muß, wie der neu aufzunehmende Patient in ihre etablierte Schutz- und Abwehrkonfiguration hineinpassen wird.

Zusammenfassend berücksichtigt die Indikation auf seiten des Patienten also sein Strukturniveau, die Differenziertheit seiner Ich-Funktionen einschließlich seiner Abwehr- und Schutzmöglichkeiten, den bevorzugten Modus seiner Affektbeziehungen und die psychosexuelle Färbung seiner inneren und äußeren Konflikte.

Auf seiten der bestehenden Gruppe

Im Unterschied zur Einzeltherapie, in der bei der Indikationsstellung die Frage der "Passung" zwischen lediglich zwei Menschen überlegt werden muß, ist bei der Indikationsstellung zur Gruppenpsychotherapie auch zu berücksichtigen, daß nicht jeder Patient in jede Gruppe paßt. Dabei kann der Therapeut es so halten, daß er eine eher homogene Gruppe anstrebt, also Wert darauf legt, daß die Patienten untereinander im Hinblick auf bestimmte Merkmale möglichst ähnlich sind, oder aber er zieht es vor, in einer eher heterogenen Gruppe zu arbeiten. **Homogene Gruppen** können z.B. so aussehen, daß jeder der Patienten an derselben Krankheit leidet, der gleichen sozialen Schicht angehört oder aber die Patienten untereinander sehr ähnlich sind im Hinblick auf das Strukturniveau ihrer Persönlichkeitsstörung. Solche Gruppen werden angeboten z.B. für Patientinnen mit Eßstörungen, für Menschen mit bestimmten chronischen Krankheiten oder für Patienten mit einer Suchtproblematik. Gelegentlich werden sie von Beginn an als Selbsthilfegruppen konzeptualisiert oder aber sie verändern sich im Laufe ihres Bestehens in diese Richtung, wobei gelegentlich ein Therapeut als Supervisor im Hintergrund tätig bleibt. Heterogene Gruppen sind meistens der sozialen Realität näher, und es stellen sich eher Probleme aus dem Alltagsleben der Patienten dar.

Auf seiten des Therapeuten, hinsichtlich seiner behandlungstechnischen Möglichkeiten

Der Therapeut muß eine Vorstellung davon haben, mit welchen Patienten er erfahrungsgemäß besonders gut oder besonders schlecht arbeiten kann, und er muß wissen, für welche Gruppen von Patienten seine Behandlungsmethode geeignet ist. So hat die Erfahrung, daß bestimmte Patienten auf die unstrukturierte Situation einer Therapiegruppe mit schwer aushaltbaren Angstzuständen reagieren können, zur Differenzierung von Gruppenmethoden im "Göttinger Modell" geführt. Die klassische psychoanalytische Gruppentherapie gilt als geeignet für Patienten mit Neurosen und Persönlichkeitsstörungen, die auf hohem Strukturniveau organisiert sind. Die Patienten müssen die Fähigkeit haben, mit **Deutungen** des Therapeuten arbeiten zu können, d.h., sie müssen eine ausreichende Fähigkeit zur therapeutischen Ich-Spaltung aufweisen. Dann können sie mit ihnen vorher unbewußten eigenen Wünschen in Berührung kommen und sich diese zu eigen machen. Patienten mit psychosomatischen Störungen, mit Angstzuständen, mit Phobien und mit Persönlichkeitsstörungen, die einem mittleren Strukturniveau zuzuordnen sind, werden in diesem Modell mit der tiefenpsychologisch fundierten Therapiemethode behandelt. Der Therapeut wird sein Augenmerk richten auf vorbewußte Gruppenleistungen, auf sogenannte **psychosoziale Kompromißbildungen**. Er wird aufzeigen, welche Möglichkeiten die Mitglieder der Gruppe benutzen, um sich in Untergruppenbildungen oder in Kollusionen mit anderen Teilnehmern vor unangenehmen Gefühlen zu schützen. Für Patienten auf niedrigem Strukturniveau, also Borderline-Patienten, schweren narzißtischen Störungen, Patienten mit einer präpsychotischen Persönlichkeitsstruktur, insbesondere auch für Patienten mit Suchtkrankheiten gilt die interaktionelle Gruppenpsychotherapie als Methode der Wahl. Hier arbeitet der Therapeut nicht mit der Technik der Deutung, er wird also nicht versuchen, dem bzw. den Patienten unbewußtes Erleben bewußt zu machen. Er wird dem gegenüber **antwortend** intervenieren: D.h., er wird unter teilweiser Aufgabe seiner Anonymität den Patienten sein eigenes affektives Erleben zur Verfügung stellen, und er wird **selektiv authentisch** als Person in Erscheinung treten dann, wenn es ihm darauf ankommt, dem Patienten zu verdeutlichen, daß er, der Patient, andere Menschen als **Teilobjekt** benutzt.

4.6.4 Therapieziele der analytischen Gruppenpsychotherapie

Die Theorie der Psychoanalyse impliziert ein ideales Menschenbild, das zur Orientierung bei der Formulierung von Therapiezielen dienen kann. Es beinhaltet die Vorstellung, daß aus "... den Reaktionen gegen die Triebansprüche des Ödipuskomplexes ... die wertvollsten und sozial bedeutsamsten Leistungen des menschlichen Geistes" hervorgehen, "sowohl im Leben des Einzelnen wie wahrscheinlich auch in der Geschichte der menschlichen Art überhaupt." (a.a.O.). Mit diesem vielleicht etwas komplizierten Gedanken ist auf die **Notwendigkeit der seelischen Strukturbildung** hingewiesen, insbesondere auf die Etablierung der Struktur des Ich und des Über-Ich sowie auf die des Ich-Ideals. Diese Strukturen haben regulierende und orientierende Funktion für das Leben und Erleben des jeweiligen Individuums, sie bewirken z.B., daß Handlungen nicht impulshaft ausgeführt werden, sondern daß zwischen Handlungsimpuls und Realisierung ein zeitliches Moratorium entsteht, das der Planung und dem "Probehandeln" dienen kann. Seelische Struktur bewirkt z.B. auch, daß die Abfuhrqualität von Affekten zurücktritt zugunsten von Beziehungsregulierung und daß sich ein seelischer Binnenraum ausbildet, der über Phantasie und über die Entwicklung von Symbolen gesteuerte soziale Realität überhaupt erst möglich macht. Auf der Grundlage dieses Verständnisses lassen sich für unterschiedliche Patientengruppen umschriebene Ziele formulieren.

Als im Vordergrund stehendes Therapieziel bei Patienten mit klassischen Neurosen, an denen und für die die Psychoanalyse entwikkelt wurde, kann eine Auflösung innerer Konflikte angesehen werden. Die zugrundeliegende Vorstellung über die Pathogenese ihrer Störungsbilder ist dabei die, daß eine Fixierung auf kindlichem Niveau stattgefunden hat und infolgedessen aktuelle Beziehungsmöglichkeiten nach infantilen Befriedigungsmöglichkeiten abgetastet werden. Das **klassische Instrument** zur Behandlung dieser Störungsbilder ist die **Deutung**: Es kommt darauf an, dem Patienten bewußt zu machen, daß er die Gegenwart unter der Dominanz der Vergangenheit interpretiert. Symptome gelten als Kompromißbildung zwischen unbewußten infantilen Wünschen und ihrer Abwehr; gelingt es, einen unbewußten Konflikt im Erleben zugänglich zu machen, wird dem Symptom in der Regel das Wasser abgegraben. Solche Patienten werden, wie ausgeführt, in klassischen psychoanalytischen Gruppen behandelt; es stellen sich Vernetzungen unbewußter Wünsche der einzelnen Mitglieder dar, die der Gruppentherapeut deuten und damit dem Erleben zugänglich machen kann.

Für eine bestimmte Gruppe von Patienten, deren Störungsbilder zwischen denen der klassischen Neurosen und denen der "Frühstörungen" liegt, ist bezeichnend, daß Über-Ich- und Ich-Funktionen konflikthaft eingeschränkt sind. Sie sind in der Regel durch Deutungen zu erreichen, wobei sie ihre Störungen quasi in einem Mittelfeld zwischen individueller Symptomatik und interaktionell dargestellter Beziehungsproblematik gestalten. Therapieziele bei diesen Patienten ergeben sich aus den Symptomen, wenn diese psychodynamisch verstanden werden: Es gilt, die vorhandene seelische Struktur dieser Patienten zu festigen und auszubauen und konflikthaft eingeschränkte Funktionsdefizite durch Bearbeitung der Konflikte aufzuheben. Dem gegenüber geht es bei den **frühgestörten Patienten** darum, seelische Strukturbildung anzustoßen. Diese Patienten verfügen in der Regel nicht über die Möglichkeit, Konflikte innerseelisch abzubilden und sie durch Kompromißbildung zu integrieren, sondern sie tragen ihre inneren Unverträglichkeiten in die äußere soziale Wirklichkeit mit der Folge interaktioneller Beziehungsstörungen. Dementsprechend sind diese Patienten nicht durch **Deutungen** zu erreichen, sondern es kommt darauf an, ihnen durch **Antwort**,also durch die Mitteilung von Affekten, die der Therapeut in der Interaktion zu ihnen erlebt, zu einer vermehrten Selbst- und Fremdwahrnehmung zu verhelfen. Die Vorstellung dabei ist die, daß sich auf diesem Wege Selbst- und Ichstrukturen herausbilden und in der Folgezeit auch Überichstrukturen als verhaltensregulierende seelische Instanzen entwickeln können.

4.6.5 Interventionstechniken und Setting-Modalitäten

Gruppenpsychotherapie findet ambulant und stationär statt. Man unterscheidet geschlossene und halboffene Gruppen. Offene Gruppen, die dadurch gekennzeichnet wären, daß die Zusammensetzung der Gruppe sich bei jeder Sitzung ändern kann, haben sich nicht bewährt. **Geschlossene Gruppen** sind dadurch gekennzeichnet, daß alle Teilnehmer gleichzeitig anfangen, die Gruppe über einen zeitlich definierten Zeitraum geführt wird und dann alle Teilnehmer gleichzeitig ihre Therapie beenden. In **halboffenen Gruppen** findet ein Wechsel der Teilnehmer kontinuierlich statt: Verläßt ein Gruppenmitglied die Gruppe, kann ein neues Gruppenmitglied seine Therapie beginnen. Im ambulanten Rahmen ist es in der Regel schwer, geschlossene Gruppen durchzuführen. Dagegen finden in Kliniken sowohl geschlossene wie halboffene Gruppen statt. Die Sitzungsfrequenz beträgt im ambulanten Rahmen ein bis zwei Sitzungen in der Woche, in der Regel jeweils von 90- bis 100-minütiger Dauer, im stationären Rahmen finden meistens drei bis vier Sitzungen in der Woche statt. Die Zusammensetzung einer Gruppe wird von den unterschiedlichen Gruppenpsychotherapeuten verschieden gehandhabt: Einige Therapeuten legen Wert auf eine homogene Zusammensetzung, also eine möglichst große Ähnlichkeit der Teilnehmer im Hinblick auf verschiedene Merkmale, andere bevorzugen eine heterogene Zusammensetzung, achten also darauf, daß im Hinblick auf Alter, Strukturniveau und ähnliches deutliche Unterschiede zwischen den Mitgliedern einer Gruppe bestehen. Übereinstimmung besteht wahrscheinlich dahingehend, daß im Falle einer heterogenen Zusammensetzung die Differenzen nicht allzu stark ausgeprägt sein sollten, weil es sonst dazu kommen könnte, daß ein Mitglied dauernd in einer bestimmten Position arretiert bleibt. Angestrebt wird in der Regel eine Teilnehmerzahl zwischen acht und zwölf Mitgliedern, wobci dic Gruppe zur Hälfte aus Frauen und aus Männern bestehen sollte.

Insbesondere von den Autorinnen und Autoren des "Göttinger Modelles" wurde der Konzeptualisierung von Interventionsmöglichkeiten große Bedeutung zugemessen. Heigl-Evers und Heigl (1988) haben dazu dem **Prinzip "Deutung"** das **Prinzip "Antwort"** gegenübergestellt. Es kommt zur Anwendung im Rahmen der psychoanalytisch-interaktionellen Gruppenmethode, die für Patienten mit ausgeprägten Strukturdefiziten entwickelt wurde. Hier kommt es nicht darauf an, unbewußte Konflikte bewußt zu machen, sondern hier ist es entscheidend, den Patienten zu einer deutlicheren Selbstabgrenzung zu verhelfen, die Bildung seelischer Strukturen zu fördern und eine Differenzierung von Selbst- und Objektrepräsentanzen zu begünstigen. Der Therapeut teilt selektiv-authentisch seine antwortende Emotionalität dem Patienten mit, d.h., was er sagt, muß von ihm authentisch erlebt worden sein, aber er wird seine Antwort so dosieren, daß die Alteritätstoleranz des Patienten nicht überschritten wird. Damit ist die Fähigkeit des Patienten gemeint, ihm zunächst aus eigenem Erleben Unvertrautes wahrnehmen und sich zu eigen machen zu können.

Literatur

Arendt, H.: Vita activa oder "Vom tätigen Leben" Kohlhammer, Stuttgart 1960

Argelander, H.: Die Analyse psychischer Prozesse in der Gruppe. Psyche 17 (1963/64), 450-470, 481-515.

Bion, W.R.: Experiences in groups and other papers. Tavistock Publications, London 1961

Freud, S. (1912): Ratschläge für den Arzt bei der psychoanalytischen Behandlung. G.W. 8, 377-387.

Freud, S. (1923): Das Ich und das Es. GW XIII, 234-289.

Freud, S. (1934): Psycho-Analysis. GW XIV, 297-307.

Hahn, P.: Der Herzinfarkt in psychoanalytischer Sicht. Vandenhoeck & Ruprecht, Göttingen 1971.

Heigl-Evers, A., Heigl, F.: Gruppentherapie: Interaktionell - tiefenpsychologisch fundiert (analytisch orientiert) - psychoanalytisch. Gruppentherapie und Gruppendynamik 7 (1973), 132-153.

Heigl-Evers, A., Heigl, F.: Konzepte der analytischen Gruppentherapie. In: Heigl-Evers, A. (Hrsg.): Lewin und die Folgen. Psychologie des XX. Jahrhunderts, Bd. 8, Kindler, Zürich 1979, 763-777.

Heigl-Evers, A., Heigl, F.: Das interaktionelle Prinzip in der Einzel- und Gruppenpsychotherapie. Zeitschrift für Psychosomatische Medizin 29 (1983), 1-14.

HEIGL-EVERS, A., HEIGL, F.: Die psychoanalytisch-interaktionelle Therapie - eine Methode zur Behandlung präödipaler Störungen. In: Rudolf, G., Rüger, U., Studt, H.H. (Hrsg.): Psychoanalyse der Gegenwart. Vandenhoeck & Ruprecht, Göttingen 1987, S. 181-197.

HEIGL-EVERS, A., HEIGL, F.: Zum Prinzip "Antwort" in der psychoanalytischen Therapie. In: Klußmann, R., Mertens, W., Schwarz, F. (Hrsg.) Aktuelle Themen der Psychoanalyse. Springer, Berlin 1988, S. 85-97.

KÖNIG, K.: Die analytische Gruppenpsychotherapie und ihre Anwendung auf Patienten. In: Heigl-Evers, A. (Hrsg.): Lewin und die Folgen. Psychologie des XX. Jahrhunderts Bd. 8, Kindler, Zürich 1979, S. 790-794.

MARCUSE, H. (1964): Der eindimensionale Mensch. In: Marcuse, Herbert: Schriften, Bd. 7. Suhrkamp, 1. Auflage Frankfurt/Main 1989.

MITSCHERLICH, A. (1963): Auf dem Wege zur vaterlosen Gesellschaft. In: Mitcherlich, A.: Gesammelte Schriften, III. Suhrkamp, 1. Auflage Frankfurt/Main 1983.

MORENO, J.L.: Gruppenpsychotherapie und Psychodrama. Thieme, Stuttgart 1959.

OHLMEIER, D.: Gruppenpsychotherapie und psychoanalytische Theorie. In: Uchtenhagen, A., Battegay, R., Friedemann, A. (Hrsg.): Gruppentherapie und soziale Umwelt. Hans Huber, Bern, 1975, S. 548-557.

PINES, M.: S.H.Foulkes' Beitrag zur Gruppentherapie. In: Heigl-Evers, A. (Hrsg.): Lewin und die Folgen. Psychologie des XX. Jahrhunderts, Bd. 8. Kindler, Zürich 1979, S. 719-723.

POHLEN, M.: Gruppenanalyse. Vandenhoeck & Ruprecht, Göttingen 1972

RIESMAN, D. (1950): Die einsame Masse. Rowohlt, Reinbeck b. Hamburg 1968.

SCHULTE-HERBRÜGGEN, O.: Historische Aspekte der Gruppentherapie. In: Heigl-Evers, A. (Hrsg.): Lewin und die Folgen. Psychologie des XX. Jahrhunderts, Bd. 8. Kindler, Zürich 1979, 733-740.

SEIDLER, G.H.: Scham und Geschlecht. Die Analyse eines Affektes. Vandenhoeck & Ruprecht, Göttingen (im Druck)

WOLF, A., SCHWARTZ, E.K.: Psychoanalysis in groups. Grune and Stratton, New York, London 1962.

4.7 Stationäre Psychotherapie

Die Möglichkeiten ambulanter Psychotherapie, wenn sie überhaupt in einer Region angeboten wird, stoßen an ihre Grenzen, wo die Störung des Patienten so überwältigend ist (z.B. bei überflutender Angst, schweren Selbstschädigungstendenzen, ausgeprägten Eßstörungen usw.), daß er nicht zu einer ambulanten Behandlung gehen kann oder seinen Lebensalltag nicht mehr bewältigt. Es kann auch sein, daß die Störung chronifiziert ist, daß ambulante psychotherapeutische und medikamentöse Behandlungsversuche erfolglos verliefen und daß nun für Patienten, Angehörige und behandelnde Ärzte ein Punkt erreicht ist, an dem es so nicht mehr weitergeht: Körperliche Schäden haben sich eingestellt, der Beruf kann nicht mehr ausgeübt werden, die Frage der Berentung stellt sich und der Patient selbst fühlt sich hoffnungslos in einer Sackgasse seines Lebens gefangen. Unter diesen Bedingungen bietet sich stationäre Psychotherapie als letzter Versuch an, die Schwierigkeiten konzentriert anzugehen, manchmal auch als erster Versuch eines Zugangs, der nicht organmedizinisch oder medikamentös ausgerichtet ist. Die meisten Psychotherapeutischen Kliniken behandeln vor allem chronifizierte Neurosen und psychosomatische Störungen, Persönlichkeitsstörungen und Eßstörungen. Manche Kliniken bieten spezielle Behandlungsprogramme, z.B. für eßgestörte Patienten oder für solche, die in Alkohol- Medikamenten- und Drogenabhängigkeit geraten sind. So unterscheiden sich die Kliniken in dem speziellen Typus von Patienten, der ihnen über Krankenkassen oder Rentenversicherungsträger zugewiesen wird, sie unterscheiden sich auch bezüglich ihrer regionalen Gegebenheiten, der Größe der Stationen und der Gesamtbettenzahl, der psychotherapeutischen Qualifikation ihrer Mitarbeiter, der Forschungsorientierung, wie sie an Universitätsabteilungen vorherrscht oder hinsichtlich wirtschaftlicher Überlegungen, wie sie für Einrichtungen freier Träger wichtig sind. Wir lassen hier die verhaltensmodifizierenden Therapieansätze beiseite und beschränken uns auf die stationären psychodynamischen Therapien.

4.7.1 Zur Entwicklung der stationären Psychotherapie

Die geschichtlichen Wurzeln stationärer Psychotherapie reichen in die 20er Jahre zurück, eine breite Entfaltung erfolgte in den 50er Jahren; die Entwicklung zur stationären Psychotherapie vollzog sich in Deutschland sehr viel intensiver als in anderen Ländern.

Schon in den 20er Jahren war V. von Weizsäcker bemüht, psychosomatische Ansätze in die Klinik zu integrieren; in einer "Neurotikerabteilung" innerhalb der Nervenabteilung der Medizinischen Universitätsklinik Heidelberg versuchte er eine Patientenbetreuung entsprechend den Prinzipien zu realisieren, die er später als Anthropologische Medizin konzeptualisiert hat. Bereits damals zeigte es sich, daß sich die medizinischen und psychotherapeutischen Ansätze nicht leicht integrieren lassen, weil sie ganz verschiedene Konzepte von Krankheit und Therapie verwenden und dadurch für alle Beteiligten sehr verschiedene Rollen vorschreiben.

Ein zweiter geschichtlich bedeutsamer Versuch besteht in der konsequenten Übertragung ambulant-psychoanalytischer Gesichtspunkte auf eine klinisch-therapeutische Einrichtung; in diesem Sinne eröffnete E. Simmel 1927 das Sanatorium "Schloss Tegel" in Berlin als Psychoanalytische Klinik. Simmel, der bald darauf gezwungen war zu emigrieren, förderte mit seinen Ideen die Entwicklung ähnlicher Einrichtungen in USA, z.B. die der Menninger-Klinik (Senf 1988). Schließlich ist G. Groddek zu nennen, der in seinem Baden-Badener Sanatorium internistische Erkrankungen mit einer Mischung von psychoanalytischer Deutung, pädagogischer Belehrung und der Verabreichung von Diät und Massagen behandelte.

Nach dem zweiten Weltkrieg entstanden in Deutschland eine ganze Reihe von Psychotherapeutischen Kliniken, so z.B. die Klinik für Psychogene Störungen in Berlin-Grunewald (1948), das Niedersächsiche Landeskrankenhaus Tiefenbrunn (1949), die Psychosomatische Klinik Umkirch bei Freiburg (1949) und als erste universitäre Einrichtung die Psychosomatische Klinik Heidelberg (1950). Inzwischen gibt es stationäre psychotherapeutische Einrichtungen in nahezu allen Psychosomatischen Universitätsabteilungen, ferner das etwa Zehnfache an Behandlungsplätzen in ca. 30 privaten und kommunalen Kliniken der Bundesrepublik. Während die universitären Behandlungsplätze als Krankenhausbetten anerkannt sind, wird nur ein Teil der privaten und kommunalen Betten von den Krankenkassen finanziert, während die übrigen im Bereich der Rehabilitation von den Rentenversicherungsträgern genutzt werden.

4.7.2 Konzepte stationärer Psychotherapie

Die psychotherapeutische Hotel-Klinik

Das historisch bedeutsame, aber heute nicht mehr angewandte Konzept sieht die Anwendung der psychoanalytischen Therapie in einer traditionellen Klinik vor, die dadurch zu einer Art psychoanalytischem Hotel wird. Mitscherlichs Anfänge in der Heidelberger Psychosomatischen Klinik werden so beschrieben und ebenso die amerikanische Privatklinik Chesnut Lodge. In diesem Modell hatte der Therapeut keine weiteren nennenswerten Funktionen auf der Station und die Station wurde therapeutisch kaum genutzt.

Die therapeutische Gemeinschaft

Das Konzept entstand Ende des zweiten Weltkrieges in Großbritannien unter dem Druck der Erfordernis, eine große Zahl psychisch erkrankter Soldaten zu behandeln. Der Begriff selbst wurde 1946 von Main geprägt und von einer Reihe britischer Autoren, unter ihnen S.H. Foulkes und W.R. Bion, aufgegriffen. Der Grundgedanke war, eine Station als ein Gruppenganzes anstatt einer Ansammlung einzelner verhaltensgestörter Individuen zu betrachten. Diese gruppenorientierte Grundeinstellung beinhaltete für die Autoren eine Reihe von Konsequenzen, insbesondere für die Organisationsstruktur in einer Klinik oder einer Station. "Hierarchie" wurde dabei als tendenziell hinderlich betrachtet, sie sollte durch eine horizontale demokratische Struktur ersetzt werden. Die Offenheit und Durchlässigkeit für Informationen und Gefühle zwischen den verschiedenen Berufsgruppen galt als förderlich für die Entwicklung des Gemeinschaftssinnes und hatte Vorrang vor Privatheit und Abgegrenztheit. Dieses Konzept der Wertschätzung von Gemeinschaft und das verstärkte Interesse für Gruppenpsychotherapie haben in den 70er Jahren die Entwicklung stationärer Psychotherapie stark beeinflußt.

Bipolare Therapiekonzepte

Zwischen der Situation der Therapie einerseits und der Situation der Stationsrealität andererseits eröffnet sich zwangsläufig ein Spannungsfeld: In der Therapie wird der Patient in seinen Vorstellungen, Phantasien und Absichten ermutigt und evtl. gedeutet, im Zusammenleben auf der Station muß er sich mit den Mitpatienten und dem Behandlungsteam handelnd und lernend auseinandersetzen.

Die systematische Berücksichtigung dieser beiden Aspekte wurde als bipolares Behandlungskonzept bezeichnet (Enke 1965). Zauner (1975) hat die beiden Pole als "Therapieraum" und "Realitätsraum" gekennzeichnet. Während im Bereich des Therapieraumes die deutend interpretative analytische Haltung vorherrscht, muß im Realitätsraum das Verhalten des Patienten realitätsnah beantwortet werden. Im Therapieraum können die üblichen sozialen Normen vom Patienten verbal übertreten werden, im Realitätsraum muß es positive oder negative Sanktionen geben, sowohl von seiten des Klinikpersonals als auch von seiten anderer Patienten. Heigl und Nehrenz (1975) haben beschrieben, daß es zu den Aufgaben der Therapeuten gehört, die

Wechselwirkungen zwischen beiden Feldern zu erfassen und sicherzustellen, daß die parallel zueinander sich entwickelnden Prozesse zusammengeführt werden. Heigl (1978) sieht das Verhältnis der beiden Räume so, daß der Realitätsraum der Klinik dem Patienten ein Durcharbeiten dessen ermöglicht, was im Therapieraum an Einsichten gewonnen werden konnte.

Integrative Modelle

Das bipolare Modell wurden mit dem Hinweis kritisiert, daß es in dem Therapieraum zu Abspaltungen von Übertragungen kommen könne, die dann schwer wieder in die therapeutische Arbeit zwischen Therapeut und Patient einbezogen werden könnten (Janssen 1985). Als Antwort auf diese Problematik wurden integrative Modelle vorgeschlagen, die den Dualismus überwinden sollten. Das setzt voraus, daß die Gruppe der Therapeuten und Stationsmitarbeiter durch intensive Kommunikation in die Lage versetzt wird, die vom Patienten aufgespaltenen Übertragungsangebote wieder zusammenzufügen, wie Arfsten und Hoffmann (1978) betonen. Dazu muß alles, was der Patient inszeniert und äußert, von dem gesamten Team besprochen werden.

Das Wesentliche des integrativen Therapiekonzepts besteht also darin, daß das gesamte klinische Feld als therapeutischer Raum verstanden wird.

> "Auf der Station muß sich der einzelne Patient mit einer Vielzahl von Personen auseinandersetzen, so daß der stationäre Aktionsraum ein Geflecht von konfliktträchtigen Versuchungssituationen, Frustrationen, Abhängigkeiten, Identifizierungen usw. umschließt. In diesem reichen Arsenal "geeigneter Objekte" sucht und findet der Patient in jedem Fall seine signifikanten Objektbeziehungen bzw. Partial-Objektbeziehungen, sie werden ihm geradezu aufgedrängt. Insofern ist es konsequent, das gesamte klinische Feld als einen mehrdimensionalen therapeutischen Raum zu begreifen, in welchem der Patient in einem optimalen Spektrum von Beziehungsangeboten seine Konflikte von den infantilen bis zu den aktuellen sozialen Aspekten inszeniert und therapeutisch bearbeitet" (Senf 1988).

4.7.3 Indikation zur stationären Psychotherapie

Die Indikation zur stationären Psychotherapie ist gegeben bei Krankheitsbildern, die sich so zugespitzt haben, daß sie das Schonklima der Klinik, die ständige therapeutische Betreuung oder ärztliche Kontrolle benötigen. Das ist der Fall bei **chronifizierten Neurosen**, die z.B. wegen ausgeprägter Phobien, schwerer Angstzustände oder anhaltender Depressivität ihren Alltag nicht mehr meistern, oft nicht einmal mehr die Wohnung verlassen können. U.U. kann stationär realisiert oder zumindest begonnen werden, was an Therapie unter ambulanten Bedingungen nicht möglich ist.

Stationär-psychotherapeutische Behandlung ist ebenso indiziert bei Patienten mit ausgeprägten **persönlichkeitsstrukturellen Störungen**, die in ihrer beruflichen und zwischenmenschlichen Situation gescheitert sind oder z.B. Züge von Selbstbeschädigung oder Sucht entwickelt haben. Bei ihnen können in dem geschützten und regressionsfördernden Rahmen der Station Prozesse psychischer Strukturbildung angestoßen und seelische Differenzierung in verschiedenen Bereichen gefördert werden. Das trifft häufig auch zu für Patienten mit **Eßstörungen**, denen neben den strukturfördernden auch symptomzentrierte Behandlungsangebote ("Eßprogramm") gemacht werden müssen.

Stationäre Psychotherapie hat ihre Chancen auch bei Patienten mit **Somatisierungsstörungen**. Sie reagieren auf Konflikte nicht psychisch, sondern mit funktionell-organischen Krankheitszeichen; ihre Schwierigkeit liegt darin, daß sie meist von der körperlichen Natur ihrer Leiden überzeugt und auf körperlich-medizinische Behandlungsverfahren ausgerichtet sind.

Die Lage dieser Patienten ist häufig durch soziale Schwierigkeiten (wirtschaftliche Not, Verlust des Arbeitsplatzes, Suchtprobleme) kompliziert. Sie lehnen ambulante Psychotherapie häufig ab ("Ich bin doch nicht verrückt"). Bei einer Aufnahme in die Psychosomatische Klinik steht in ihren Augen nicht die psychotherapeutische Arbeit, sondern das körperliche Ausspannen, die "Kur" im Vordergrund. Trotz dieser prognostischen Schwierigkeiten lassen sich bei einem großen Teil von ihnen durch stationäre Psychotherapie günstige Entwicklungen einleiten. Für sie ist ein wichtiges Therapieziel erreicht, wenn sie erstmals soweit zu sich selber kommen, daß sie Einsicht in die eigene Situation gewinnen und etwas für sich zu tun lernen.

Gelegentlich ist stationäre Psychotherapie dort indiziert, wo eine Distanzierung aus dem häuslichen oder alltäglichen sozialen Milieu notwendig erscheint, weil dies die Symptomatik unterhält. Schließlich kann sich eine Indikation ergeben, wenn es darauf ankommt festzustellen, ob ein Patient von Psychotherapie überhaupt profitieren kann, wenn es um eine erweiterte diagnostische und prognostische Klärung geht oder wenn eine zugespitzte Problematik eine Krisenintervention erforderlich macht. Eine Indikation, die heute an Bedeutung verliert, früher aber häufig gegeben war, hatte "regionale Gründe" dort, wo ambulante Psychotherapie nicht in ausreichendem Maße angeboten werden konnte.

4.7.4 Die Realität der stationären Psychotherapie

Manche Patienten erwarten von einer stationären Psychotherapie, daß sie dort rund um die Uhr in einem psychotherapeutischen Intensivprogramm fitgemacht und umgekrempelt werden, so daß sie die Station nach 14 Tagen als neue Menschen verlassen können. Andere erhoffen sich vor allem körperliche Schonung, Ruhe und Ausspannen, manchmal auch so etwas wie Heilschlaf, damit die Symptome und Probleme von ihnen abfallen. Beides bietet stationäre Psychotherapie nicht an, weder das Aktivtraining noch die absolute Ruhigstellung, sondern, entsprechend den beschriebenen Konzepten, eine Vielzahl von psychotherapeutischen Anregungen und dazwischen ausreichend Freiraum, um sich im Umgang mit den Mitpatienten und Schwestern mit der eigenen Thematik auseinandersetzen zu können.

Der zeitliche Rahmen liegt in der Größenordnung von Wochen und Monaten; das durchschnittliche Behandlungsangebot der Heidelberger Psychosomatischen Klinik liegt bei 12 Wochen, in anderen Kliniken beträgt es 6-8 Wochen, in wieder anderen etwa 1/2 Jahr. Diagnostische Abklärungen oder Kriseninterventionen können Aufenthalte von 2 oder 4 Wochen erforderlich machen.

Für den einzelnen Patienten wird im Hinblick auf seine Problematik und Persönlichkeitsstruktur ein Therapieprogramm zusammengestellt, das sich in der Regel aus folgenden Elementen kombiniert. (Tabelle 4.7.4 a/b)

Behandlungstechnische Schwierigkeiten im stationären Setting betreffen den Umgang mit den regressiven Prozessen: Es gilt das richtige Maß zu finden zwischen der therapeutisch erwünschten und der zum Widerstand werdenden **Regression**; ferner der Umgang mit der Abstinenz gegenüber Übertragungswünschen, die im täglichen Miteinander des Stationsgeschehens aktualisiert werden; der Umgang mit dem Agieren, das auf der Station unvermeidlich und eingeplant ist und dennoch das Team erheblich belasten kann. Trotz dieser Probleme liegen die Abbruchquoten bei stationärer Therapie relativ niedrig; gelegentlich erfordert die Zuspitzung einer Krisensituation oder Suchtproblematik die Verlegung in eine Psychiatrische Klinik.

Wenn in ambulanten Vorgesprächen die Behandlungsmotivation der Patienten bearbeitet und die Indikation sorgfältig gestellt wurde, besteht trotz der Selektion von schwierigen und chronifizierten Krankheitsverläufen eine gute Erfolgschance für die behandelten Patienten. Selbst dort, wo eine Klinik nicht selber die Indikation stellen kann, sondern zugewiesene Patienten aufnimmt, werden ca. 60% deutlicher Besserungen im Behandlungsverlauf registriert.

Einzelpsychotherapie:	2-3 Sitzungen pro Woche; Ziel: Fokale Konfliktaufdeckung
Analytische Gruppenpsychotherapie:	3-5 Sitzungen pro Woche; Ziel: Auf das Gruppengeschehen zentrierte Bearbeitung von Konflikten
Interaktionelle Gruppenpsychotherapie:	3-4 Sitzungen pro Woche; Ziel: Auf Interaktion und Selbstwahrnehmung zentrierte Bearbeitung von Konflikten
Therapeutische Visite:	1-3 wöchentliche 20-Minuten-Gespräche zwischen Patient, Stationsarzt und Schwester; Ziel: Fokussiertes Ansprechen von Ereignissen und Schwierigkeiten im Bezug zur Stationsrealität (Umgang mit Mitpatienten, Ausgang, Hausordnung, ärztliche Untersuchungen, Entlassung)
Gestaltungstherapie:	1-2 Gruppen- oder Einzelsitzungen pro Woche; Ziel: Zugang zur eigenen Problematik über gestalterische Mittel
Konzentrative Bewegungstherapie:	1-2 Einzel- oder Gruppensitzungen pro Woche; Ziel: Zugang zur eigenen Problematik über das Erleben von Körper und Bewegung
Musiktherapie:	1-2 Einzel- oder Gruppensitzungen pro Woche; Ziel: Zugang zur eigenen Problematik über die expressive und kommunikative Seite von Klangerzeugung
Sozialtherapie:	Sitzungen nach Verabredung; Ziel: Durcharbeiten von persönlichen Schwierigkeiten im Hinblick auf die soziale Realität (Ausbildung, Wohnung, Versicherung, Finanzfragen)
Schwesterngespräche:	Gespräche mit Schwestern über Themen der Tagesstrukturierung und der Gesundheitspflege, Medikamenteneinnahme, des Essens, des Ausgangs usw.
Chefvisite: **Oberarztvisite:**	Kurzkontakte mit dem Klinikleiter oder dem Stationsoberarzt; Ziel: Klärung des Konfliktfokus und der aktuellen Behandlungssituation
Eßprogramm:	Eßbegleitung durch die Schwestern bei anorektischen Patienten, Führung und Bearbeitung des Eßtagebuchs bei bulimischen Patienten

Tabelle 4.7.4a

Patienten-Vollversammlung:	Wöchentliche Stationsgruppe aller Patienten zur Diskussion von Themen der gemeinsamen Stationsrealität
Teamkonferenzen:	Wöchentlich für jede Untergruppe von Patienten; Teilnahme aller Team-Mitglieder und Therapeuten; Ziel: Integratives Verständnis der aktuellen Situation des Patienten, Entwurf der nächsten Behandlungsschritte
Supervision:	Innerhalb der Klinik für Einzel- und Gruppentherapeuten, externe Supervision für das Behandlungsteam; Ziel: Verstehen (und evtl. Gegensteuern), was vom Patienten inszeniert und induziert wird, dadurch indirekte therapeutische Intervention

Tabelle 4.7.4b

Katamnestische Nachuntersuchungen lassen erkennen, daß die Besserungen vorhalten.

Literatur

ARFSTEN, A.J., HOFFMANN, S.O.: Stationäre psychoanalytische Psychotherapie als eigenständige Behandlungsform. Prax.Psychother. 23 (1978) 233-245

BEESE, F. (HRSG.): Stationäre Psychotherapie. Vandenhoeck & Ruprecht, Göttingen 1978

BECKER, H., SENF, W. (HRSG.): Praxis der stationären Psychotherapie. Thieme, Stuttgart 1988

BRÄUTIGAM, W.: Verbale und präverbale Methoden in der stationären Therapie. Zschr. Psychosom.Med. 24 (1978) 146-155

ENKE, H.: Bipolare Gruppenpsychotherapie als Möglichkeit psychoanalytischer Arbeit in der stationären Psychotherapie. Psychother. Psychosom.Med.Psychol. 15 (1965) 116-121

ERMANN, M.: Regression in der stationär-analytischen Psychotherapie. Zschr.Psychosom.Med. 28 (1982) 176-188

ERMANN, M.: Psychovegetative Störungen und stationäre Psychotherapie. Prax.Psycho ther.Psychosom. 28 (1983) 131-138

GAITZSCH, U., ERMANN, M.: Psychotherapie in einer Psychosomatischen Klinik. In: Haase, H.J.. (Hrsg.): Psychotherapie im Wirkungsbereich des Psychiatrischen Krankenhauses. Peri.Med. Erlangen 1980 S. 177-185

HEIGL, F., NEUN, H. (HRSG.): Psychotherapie im Krankenhaus. Thieme, Stuttgart 1978

HEIGL, F., NERENZ, K.: Gruppenarbeit in der Neurosenklinik. Gruppenpsychother. Gruppendyn. 9 (1975) 96-105

HILPERT, H.: Über den Beitrag der therapeutischen Gemeinschaft zur stationären Psychotherapie. Zschr.Psychosom.Med. 29 (19 83) 28-36

JANSSEN, P.L.: Behandlungsmodelle der stationären Psychosomatik und Psychotherapie.Prax. Psychother.Psychosom. 28 (1983) 95-102

JANSSEN, P.L.: Psychoanalytische Therapie in der Klinik. Klett/Cotta, Stuttgart 1987

KÖNIG, K.: Der Einfluß des klinisch-psychotherapeutischen Settings auf die konfliktorientierte Behandlungsmotivation der Patienten. Psychother.Psychosom.Med.Psychol. 25 (1975) 103-108

LAMPRECHT, F., SCHMIDT, B., BERNHARD, P.:

Stationäre Psychotherapie: Kurz- und Langzeiteffekte. In: Quint, H., Janssen, P. (Hrsg.): Psychotherapie in der psychosomatischen Medizin. Springer, Berlin Heidelberg 1986 S. 144-155

Loos, G.: Spiel-Räume. Musiktherapie mit magersüchtigen und frühgestörten Patienten. Fischer, Stuttgart 1986

Main, T.F.: The hospital as a therapeutic institution. Bull. Menninger Clin. 10 (1946) 66-70

Neun, H. (Hrsg.): Psychosomatische Einrichtungen. Was sie (anders) machen und wie man sie finden kann. Vandenhoeck & Ruprecht, Göttingen 1987

Ploeger, A.: Das Prinzip der therapeutischen Gemeinschaft als Struktur und Prozess in der stationären Psychotherapie. Psychother. Psychosom.med.Psychol. 79 (1979) 54-61

Rudolf, G., Grande, T.: Differentialindikation zwischen ambulanter und stationärer Psychotherapie neurotischer und psychosomatischer Störungen aus psychosomatischer Sicht. in: Möller H.-J., (Hrsg.): Therapie psychiatrischer Erkrankungen. Enke Stuttgart 1993, S. 591-597

Rüger, U.: Stationär-ambulante Gruppenpsychotherapie: Ein langfristiges Behandlungsmodell. Springer, Berlin Heidelberg 1981

Schepank, H., Tress, W. (Hrsg.): Die stationäre Psychotherapie und ihr Rahmen. Springer, Berlin Heidelberg 1988

Schmeer, G.: Das Ich im Bild. Ein psychodynamischer Ansatz in der Kunsttherapie. Pfeiffer, München 1992.

Senf, W.: Behandlungsergebnisse bei stationärer Psychotherapie. Eine empirische Nachuntersuchung von 116 Patienten zur differentiellen Wirksamkeit stationär-ambulanter Psychotherapie. Habilitationsschrift, Heidelberg 1987

Senf, W.: Theorie der stationären Psychotherapie. In: Becker, H., Senf, W. (Hrsg.): Praxis der stationären Psychotherapie. Thieme, Stuttgart 1988, S. 22

Simmel, E.: Die psychoanalytische Behandlung in der Klinik. Int.J.Psychoanal. 14 (1928) 352-370)

Tress, W., Ehl, M.: Die stationäre psychoanalytische Behandlung bei schweren Störungen der Persönlichkeit. Psychiatr.Prax. 14 (1987) 115-120

Weizsäcker, V. von: Soziale Krankheit und soziale Gesundheit. Vandenhoeck & Ruprecht, Göttingen 1955

Zauner, J.: Analytische Kindertherapie in der Klinik. In: Hau. T.F. (Hrsg.): Klinische Psychotherapie in ihren Grundzügen. Hippokrates, Stuttgart 1975

Literatur: siehe auch Kap. 2.11.3 Körperorientierte Psychotherapie

4.8 Paar- und Familientherapie (G. Voll)

4.8.1 Entwicklung und Konzepte der Familientherapie

Die Familientherapie hat sich in den 30er und 40er Jahren als eigenständige Methode entwickelt mit Schwerpunkt in der Schizophreniebehandlung (Sullivan, Fromm-Reichmann u.a.). Die Familientherapie etablierte sich zunächst in der psychiatrischen Disziplin und war weitgehend von psychoanalytischen Schulen geprägt.
In den 50er und 60er Jahren waren vor allem drei Forschergruppen maßgeblich, repräsentiert durch die Gruppe um Lidz von der Yale-Universität, die Gruppe um Wynne am NIMH (National Institute of Mental Health) und die Gruppe um Jackson, Bateson und Haley in Stanford. Lidz, Wynne und Jackson waren alle durch ihre Arbeit in Chestnut Lodge beeinflußt. Das Konzept des "double bind" (Bateson, Jackson, Haley), der Begriff der "Pseudogegenseitigkeit" und der "chismatischen" bzw. "asymmetrischen" Familien von Schizophrenen wurden geprägt.
In den 60er bis 80er Jahren kam es zu einer explosionsartigen Entwicklung familientheoretischer Modelle, die von Wissenschaftlern aus unterschiedlichsten Fächern, z.B. der Soziologie, Kommunikationstheorie, Kybernetik, Lerntheorie, Krisentheorie u.a. geprägt wurden.
Abgesehen von der Sexualtherapie und kognitiven Methoden im Bereich der Schizophrenie- und Depressionstherapie können zwei Hauptströmungen unterschieden werden, die der analytischen und die der systemischen Familientherapie. Im deutschsprachigen Raum ist die Familientherapie zu einem Sammelbegriff für verschiedene Konzepte, Methoden und Institutionalisierungen geworden, bleibt jedoch nach wie vor ein verbindendes Modell, das sich von anderen Therapieformen (Einzeltherapie, Gruppentherapie, körperorientierte Verfahren) unterscheidet.

Für alle familientherapeutischen Ansätze gelten folgende Grundannahmen:

- Das Ganze der Familie ist mehr (anders) als die Summe seiner Teile,
- die Behandlungseinheit ist nicht das Individuum, sondern das familiäre Bezugssystem,
- die Veränderung eines Familienmitgliedes führt zu Familiensystemveränderung und umgekehrt,
- der individuumzentrierte Krankheitsbegriff wird in Frage gestellt, der identifizierte Patient bzw. Index-Patient wird sogar oftmals als das gesündeste, weil sensibelste und wandlungsfähigste Mitglied der Familie betrachtet.

Zu den **psychoanalytisch** orientierten familientherapeutischen Entwürfen zählen die von L.W. Wynne, T. Lidz, H.E. Richter, H. Stierlin, I. Boszormenyi-Nagy u.a. Die psychoanalytisch orientierten Modelle gehen von unbewußten Konflikten aus, die z.T. generationenübergreifend sind, und versuchen die Widerstände gegen deren Aufdeckung in der Übertragungs-Gegenübertragungsbeziehung zu bearbeiten, um Einsicht zu erzielen. Im Gegensatz zu Freuds wissenschaftlicher Position, der den Fokus der Neurosengenese schwerpunktmäßig im innerseelischen Drama seiner Patienten gesehen hat, wird im analytisch-familientherapeutischen Denken der Schwerpunkt im realen Drama der Familie gesehen.

Der Begriff **Strukturelle Familientherapie** wurde von S. Minuchin in der Philadelphia Child Guidance geprägt. Das strukturelle Modell beschreibt eine homöostatisch aufrecht erhaltene Familienstruktur, die sich durch wiederholte Interaktionsmuster herausbildet. Die Therapie konzentriert sich auf die aktuellen Interaktionen, nicht auf lebensgeschichtlich frühere Erfahrungen und deren Niederschlag im Verhalten. Ziel ist weniger die Vermittlung von Einsicht als vielmehr die Veränderung der Interaktionsmuster und damit der Familienstruktur. Die Therapeuten übernehmen aktiv die Kontrolle über die Familie, ziehen die Führung in der Hierarchie an sich. Es wird ständig ein "Lageplan", eine "Landkarte" entworfen, d.h. die Rolle und Macht jedes Familien-

mitgliedes, die Grenzen der Subsysteme (bestimmt durch Generation, Geschlecht, Interessen, Funktionen), die Umleitung von Konflikten sowie Koalitionen werden beurteilt. Nach Minuchin vermittelt die Familie den Angehörigen die "Matrix der Identität" über das Gleichgewicht des Erlebens von Zugehörigkeit und Getrenntsein, das mit dem Konzept der Grenze erfaßt wird. Die Klarheit der Grenzen zwischen den Subsystemen bildet einen Indikator für das intakte Funktionieren einer Familie. Besondere Bedeutung kommt dabei dem ehelichen oder elterlichen System zu. Haley beschreibt sogenannte "perverse Dreiecke", nämlich Durchbrechungen der Trennung der Generationen, in denen z.B. ein Sündenbock gesucht wird oder eine Umleitung des Konfliktes über ein Kind zu beobachten ist, von Haley genannt "das ewige Dreieck".
J. Haley nennt seine Vorgehensweise in Abgrenzung zu Minuchin **"strategisch"** oder **"problemlösend"**. Sie ist am deutlichsten von der Systemtheorie beeinflußt. Ziel ist nicht Einsicht, sondern die Veränderung der Sichtweisen der Familienmitglieder auf die Realität der Familie. Symptome sind lediglich Anzeichen von Dysfunktionalität. Alle Interaktionen unterliegen den Gesetzen der zirkulären Kausalität. Oft wird hier die paradoxe Verschreibung eingesetzt.

Aus dem klassischen Mailänder Familientherapiekonzept entwickelte sich eine **Familientherapie "zweiter Ordnung"**, die sich von der Familienrealität weitgehend zu emanzipieren versucht. (L. Boscolo, G. Cecchin, L. Hoffmann (88)). Sie beruft sich auf Bateson, Maturana und Varela, die als Konstruktivisten bezeichnet werden. Objektive und diagnostizierbare Probleme existieren in dieser systemischen Perspektive nicht mehr, es geht um "konsensuelle Übereinstimmung in einem sozialen Kontext". Daraus folgt das Paradigma: "Nicht das System schafft das Problem, sondern das Problem erschafft ein System." Der Begriff Therapie wird durch "Konsultation", der Begriff Intervention durch "Konversation" ersetzt. Das Konzept der Konversation beinhaltet eine größere Gleichheit zwischen Familie und Team, der Familientherapeut legt die Expertenrolle ab und auch das Konzept der Diagnose. Wichtig ist nicht, daß die therapeutischen Konstrukte mit den Gegebenheiten der Umgebung übereinstimmen, es reicht, daß sie "passen".

Unter dem Begriff **Entwicklungsorientierte Familientherapie** werden Richtungen und Strömungen subsumiert, die schwer voneinander abgrenzbar sind. Bosch (77) bezeichnet als "entwicklungsorientiert" die Therapierichtungen, denen phänomenologische Denkansätze zugrundeliegen, z.B. die Individualpsychologie Adlers, die Gesprächspsychotherapie, Gestalttherapie, themenzentrierte Interaktion und familientherapeutische Ansätze vor allem Satirs und Kemplers. Der Ansatz kann auch als existentialistisch oder humanistisch bezeichnet werden. Diese Verfahren können der humanistischen Psychologie (z.B. vertreten u.a. durch Rogers) zugerechnet werden, die in den 50er Jahren als dritte Strömung neben der Psychoanalyse und dem Behaviorismus entstand. Häufig im Gebrauch sind nonverbale Kommunikationsanteile, wie z.B. Familienskulpturen, Rollenspiele etc. Nach V. Satir werden Symptome nicht als Krankheit, sondern als Bewältigungs-Strategie (Coping) betrachtet und damit positiv konnotiert.

Die systemische Familientherapie hat im wesentlichen am beobachtbaren Verhalten orientierte interaktionelle Modelle ("kybernetische Wende) geschaffen. (Watzlawick, Haley, Minuchin, Satir) . Die systemische Familientherapie ist schwieriger zu definieren, theoretisch und technisch vielfältiger als die analytische Familientherapie. Neben dem Grundbegriff der Autopoiese (Selbstorganisation), der Betonung von Wechselwirkungen und Funktionen statt Inhalten, werden neuerdings die verändernden Wirkungen des Therapeuten im Behandlungssystem reflektiert. (Sogenannte "Zweite kybernetische Wende"). Im therapeutischen Vorgehen sind die paradoxe Intervention, die positive Konnotation, die zirkuläre Befragung, häufige Pausen und eine Schlußintervention kennzeichnend. Zwei Therapeuten sprechen mit der Familie, ein oder zwei Therapeuten beobachten dies durch den Einwegspiegel, während der Pausen bespricht man sich, bildet systemische Hypothesen, gibt diese der Familie in einer Schlußintervention bekannt. Die Therapeuten bemühen sich um Neutralität gegenüber jedem Familienmitglied.

In Deutschand hat H. Stierlin ein zunächst analytisch orientiertes Modell entworfen, das unter Aufnahme der Ansätze von Boszormenyi-Nagy, S. Minuchin, der Mailänder Schule u.a. nach systemischen Gesichtspunkten weiterentwickelt wurde. Fünf Hauptperspektiven sollen hier kurz dargestellt werden:

Bezogene Individuation

Individuation bedeutet Unterscheidung des Selbst von dem Anderen, Differenzierung, Abgrenzung. Sie bleibt jedoch ohne die Fähigkeit zur Integrationsleistung unvollständig. Zwei Hauptstörungen der "bezogenen Individuation" sind zu unterscheiden, zum einen Überindividuation, d.h. starre Abkapselung und schizoide Isolation bis hin zu paranoiden Zügen, im anderen Falle Unterindividuation, d.h. Verlust der interpersonellen und intergenerationellen Abgrenzung, Tendenzen zur Fusion (sogenannte undifferenzierte Familien-Ich-Masse) oder auch ein Pendeln zwischen diesen beiden Extremen. Die wichtigste therapeutische Konsequenz daraus beinhaltet, daß die einzelnen Personen lernen müssen, sich besser abzugrenzen, z.B. nur im eigenen Namen, d.h. in der Ichform zu sprechen, auf unzulässige Verallgemeinerungen zu verzichten.

Interaktionsmodi von Bindung und Ausstoßung

In jeder Familie wirken bindende und ausstoßende Kräfte, die die Prozesse von Trennung, Ablösung und Individuation bestimmen. Der Bindungsprozeß zwischen Eltern und Kindern läßt sich auf der Es-Ebene, der Ich-Ebene und der Über-Ich-Ebene beschreiben. Auf der Es-Ebene werden Kinder z.B. durch massive Verwöhnungen gebunden, während Ich-Bindungen sich auf der kognitiven Ebene auswirken; Kinder erhalten dann z.B. Zuschreibungen von Eigenschaften wie Bosheit oder Klugheit und werden dadurch in ihrer Fähigkeit zur Selbst- und Realitätswahrnehmung behindert. Bindungen auf der Über-Ich-Ebene zeigen sich in Loyalitäts- und Schuldkomplexen, wenn z.B. Trennung als Verbrechen erlebt wird.
Ausstoßung findet sich häufig bei zerbrochenen Familen (z.B. Scheidungs-Familien), wenn z.B. Kinder für ihre Eltern im wesentlichen nur Belastung sind oder Eltern, die sich in neuen Beziehungen investieren möchten, Kinder aus früheren Ehen ausstoßen.

Delegation

Hier geht es um Aufträge und Vermächtnisse, die über Generationen hinweg wirksam sind und im Gegensatz zum archaischen Bindungsmodus selektive Handlungsfreiheiten zulassen. Auf der Es-Ebene werden z.B. Triebwünsche der Eltern ausagiert (z.B. im sexuellen Bereich), auf der Ich-Ebene werden narzißtische Ideale der Eltern verfolgt (Erfolg erringen), auf der ÜberIch-Ebene werden "offene Schulden" der Eltern beglichen (Wiedergutmachung).
Delegation ist nicht primär pathologisch, wird es aber, wenn die Aufträge die Fähigkeiten des Kindes überfordern oder adäquate Bedürfnisse des Kindes nicht berücksichtigen ("Wunderkinder") oder wenn es sich um widersprüchliche Aufträge, z.B. Leistungserwartung und Verwöhnung zugleich handelt, wenn Loyalitätskonflikte gegenüber verschiedenen Auftraggebern induziert werden (Kind wird Aliierter im Ehekrieg), oder wenn Aufträge die Delegierten mit Normen und Gesetzen in Konflikt bringen. Das abwegige Verhalten wird dabei nicht nur als Pathologie, sondern auch als Opferleistung für die gesamte Familie vom Therapeuten anerkannt. Der therapeutische Ansatz ist eine gerechte Rück- und Umverteilung der Aufträge innerhalb der Familie.

Mehrgenerationenperspektive von Schuld und Verdienst

Unter dieser von Boszormenyi-Nagy entwickelten Perspektive geht es um die Offenlegung der "Verdienstkonten", d.h. was einzelne Familienmitglieder sich über Generationen hinweg an Gutem oder Bösem angetan haben, welche Vermächtnisse erfüllt oder nicht erfüllt wurden. Therapeutisch geht es um Versöhnungsarbeit und einen rekonstruktiven Dialog.

Status der Gegenseitigkeit

Diese Perspektive wurde später eingefügt. Gemeint ist vor allem die negative Gegenseitigkeit, ein sogenannter "maligner Clinch", (Bateson 1973), gekennzeichnet durch gegenseitige Abwertungen, die sich in "symmetrischen Eskalationen" aufschaukeln. Ein therapeutischer Ansatz ist z.B. die paradoxe Intervention, mit dem Ziel, ein solches "System zu sprengen".

4.8.2 Behandlungstechniken

Einige der in der Familientherapie verwendeten Interventionstechniken oder therapeutischen Haltungen werden im folgenden stichwortartig aufgeführt:

Allparteilichkeit, Neutralität

Der Therapeut bleibt nicht neutral, sondern bemüht sich um Empathie mit allen Familienmitgliedern und um eine nach allen Seiten gerichtete Parteinahme ("Allparteilichkeit", Boszormenyi-Nagy 1973). Die Mailänder Schule hat dagegen den Begriff der "Neutralität" geprägt, d.h. Parteinahme für irgendein Familienmitglied wird vermieden. Zeitweilig wird auch eine wechselnde Parteilichkeit strategisch eingesetzt.

Aktivität

In der Familientherapie ist der Therapeut mehr gefordert als in der Einzel- oder Gruppentherapie, da destruktive Muster sich rasch verstärken und Abwehrmanöver sich festigen. Hier sind oft früh einsetzende strukturierende Interventionen erforderlich.

Betonung des Positiven, positive Konnotation

Dort, wo zunächst nur Pathologie erscheint, sollten die positiven Aspekte anerkannt werden, z.B. die Opferleistung eines Indexpatienten für die Familie, was Scham, Schuld und Ängste abbauen hilft.

Mobilisierung der Ressourcen in der Familie

Wichtig ist, die Bereitschaft und Einsatzfreudigkeit von Familienmitgliedern wahrzunehmen und zu fördern, ihre Bereitschaft zum Trauern und zu Veränderungen. Ein sogenanntes **Begegnungsmodell** wird dem **Modell Systemarbeit** gegenübergestellt:
Das Begegnungsmodell sucht einen individuierenden, befreienden innerfamiliären Dialog in Gang zu bringen (bei eher weniger gestörten Familien), während das Modell Systemarbeit auf Systemveränderung (bei eher mehr gestörten Familien) abzielt. Die Systemarbeit, die niederfrequent stattfindet (alle vier bis sechs Wochen), führt bestenfalls zur Einleitung der Familientherapie nach dem Begegnungsmodell, die dann höherfrequent (ca. einmal pro Woche) folgen kann. **Joining (Minuchin)**: Der Therapeut versucht sich auf das Weltbild seines Gegenübers einzustellen, sich bewußt an die Systemregeln der Familie anzupassen, mit der Familie dadurch in vertrauensvollen Kontakt zu kommen.

Stockwerkarbeit, Technik des "Reih-Um"

Hier wird auf die Stellungnahme des einzelnen Familienmitgliedes Wert gelegt, verschiedene Sichtweisen des Problems sind dabei möglich und erwünscht.

Netzförmige Interaktion

Der Therapeut versucht die Familienmitglieder dazu anzuhalten, nicht ihn, sondern einander direkt anzusprechen.

Umdefinition des Problems

Das Familienproblem hat nicht nur für den identifizierten Patienten, sondern für jeden einzelnen in der Familie eine Bedeutung. **Umdeutung (Reframing):** Nach dem Vorbild des Märchens "Hans im Glück" geht es um eine positive Symptombewertung, wobei Bedeutungsbeimessungen und Bewertungen von Ereignissen bearbeitet werden.

Paradoxe Intervention

Das systemische Paradox stellt die machtvollste und zugleich gefährlichste Interventionstechnik in der Familientherapie dar, die eine hohe Ebene des therapeutischen Könnens voraussetzt. Die paradoxe Intervention soll, wenn sie befolgt wird, genau das Gegenteil von dem erreichen, was sie scheinbar erreichen soll. Erfolgreich ist sie, wenn die Familie den therapeutischen Instruktionen Widerstand leistet und direkte Interventionen zuvor kontinuierlich mißachtet hat. Meist handelt es sich um Familien mit dem Kennzeichen der symmetrischen Eskalation oder des malignen Clinchs, deren System durch solche Interventionen gesprengt werden kann. Die paradoxe Intervention beinhaltet das höchste Risiko für Therapieabbrüche.

Zirkuläre Befragung

Der Familienwiderstand wird umgangen, indem man Auskünfte indirekt durch Aussagen, die ein Dritter in Anwesenheit der anderen Betroffenen macht, erlangt ("Was glauben sie, was Ihre Frau darüber denkt, wenn Ihre Tochter..."). Dies gilt als entlastende und kommunikationsfördernde Intervention.

Arbeit an den Grenzen

Gemeint ist einerseits die Aufweichung starrer Grenzen, sowohl der Innen- wie Aussengrenzen, andererseits die Verfestigung diffuser Grenzen. Oft ist schon die Sitzordnung der Familie ein "soft indicator". Weitere Indikatoren sind häufige Unterbrechungen beim Gespräch durch bestimmte Familienmitglieder, Unterstützungen, Hilfeleistungen.

Genogramm "family map" (Familienanamnese)

Hier wird eine skizzenhafte Aufzeichnung wichtiger Familienereignisse und deren Daten hergestellt. Namen, Alter, Heiratsdaten der Eltern, Namen und Alter der Kinder, Todesfälle, Scheidung, Wiederverheiratung, Krankheiten etc. werden in einer Art Stammbaum dargestellt. Es sollten wenigstens drei Generationen beschrieben werden. Dies wirkt entlastend und angstabbauend, weil es einen Schritt vom Symptomträger weggeht.

Die Familienskulptur

Der Therapeut oder ein Familienmitglied ordnet die ganze Familie räumlich so an, daß sich eine stimmige Repräsentation der emotionalen Beziehungen der Familienmitglieder ergibt. Sie muß von den betroffenen Personen als solche bestätigt, ggf. verändert werden. Indem sie viele an Sprache gebundene Abwehrphänomene unterläuft, eignet sie sich zur Bewußtmachung von Haltungen, von Nähe- Distanzregulierung (horizontale Ebene) und von Autorität und Unterordnung (vertikale Ebene). Nach Minuchin ist die Skulptur als universale Sprachform repräsentativ für die emotionalen Verhältnisse in der Familie.

4.8.3 Indikation und Anwendungsbereiche

In den familientherapeutischen Konzepten werden keine klaren Kriterien genannt, wann welche Form von Familientherapie, mit welchem Ziel und in welchem Kontext indiziert ist. Solche Indikationen sind oft nicht eindeutig zu stellen und werden flexibel gehandhabt. Überhaupt kann nur eine kleine Zahl psychologisch aufgeschlossener Familien erreicht werden, die sich nicht in harmonisierende Konfliktvermeidung, verschmelzende Bindung und indirekte Form der Kommunikation flüchten. Nach Wirsching (1990) ergeben sich Indikationen vor allem bei schweren und chronifizierten Störungen Jugendlicher und junger Erwachsener (Psychosen, psychosomatische Krankheiten, Alkohol- Drogenabhängigkeit, Suizidalität), Störungen des Kindes- und Jugendalters und bei Interaktionskonflikten, z.B. Paarkrisen, wenn Probleme aus starken Bindungen und Abhängigkeiten erwachsen. In den unterschiedlichen Konzeptualisierungen der Paartherapie finden u.a. systemische und familientherapeutische Ansätze zahlreiche Anwendung. Bei Familien in Auflösung ist Familientherapie oft nicht realisierbar, hier sollte in erster Linie eine tragfähige Beziehung zum ausgestoßenen Patienten hergestellt werden. Nicht zuletzt gewinnt die Familientherapie auch in der Gerontologie an Bedeutung, wo es um Vereinsamung oder Ausstoßung von kranken, alten und sterbenden Menschen geht.

In der **stationären Psychotherapie** ist eine Einbeziehung der Familientherapie sinnvoll und möglich, soweit alle Therapeuten im Team zusammenarbeiten und ein ähnliches Veränderungsmodell für die Familie entwerfen. Familiengespräche können auch zu Beginn der Behandlung sinnvoll sein, z.B. um diagnostische Aufklärung zu erhalten. Dabei sollte das Team jedoch darauf achten, daß es sich nicht um einen Gegenübertragungswiderstand in Form von Gegenübertragungsagieren handelt. Bei einer Kombination von Einzel- und Familiengesprächen könnte der Einzeltherapeut die Individuierungsmöglichkeiten des Patienten betonen, der die Familiengespräche führende Therapeut dagegen die Bedingung für den Zusammenhalt der Familie.

Im **ambulanten Bereich** gilt die Kombination von Familien-, Paar- und Einzeltherapie durch verschiedene Therapeuten eher als schwierig, da die Verstehens- und Vorgehensweisen der einzelnen Therapeuten oft sehr unterschiedlich sind und somit für Familien widersprüchliche Mitteilungen resultieren. Die Domäne der Familientherapie ist nach wie vor die sozial- und kinderpsychiatrische Betreuung, weitere Schwerpunkte liegen bei ambulanten Beratungsstellen (Ehe-, Familien-, Lebensberatung) und in der sozialpsychiatrischen Versorgung. Paar- und Familientherapie können nach den Psychotherapierichtlinien der KBV nicht abgerechnet werden. Allerdings ist eine sporadische Einbeziehung wichtiger Bezugspersonen im einzeltherapeutischen Setting vorgesehen.

4.8.4 Zur Diskussion familientherapeutischer und psychoanalytischer Ansätze

Die Auseinandersetzung zwischen der systemtheoretischen und der psychoanalytischen Konzeptualisierung der Familientherapie trägt oftmals polemische und auch destruktive Züge. Die Psychoanalyse, für die der Begriff der Verinnerlichung zentral ist, die die sogenannten inneren Objekte, d.h. den Niederschlag der realen Beziehungen im Subjekt ins Zentrum stellt, dabei den Widerspruch zwischen Individuum und Gesellschaft betont, bezeichnet die Systemtheorie oft als anpasserisch und manipulatorisch. Nicht von ungefähr beriefen sich die kritischen Soziologen der 30er Jahre (Max Horkheimer, Studien über Autorität und Familie) auf die Psychoanalyse. Systemtheoretiker werfen dagegen der Psychoanalyse vor, ihre Anthropologie sei eine "Art Schattenboxen" mit Akteuren, die Erinnerungen geworden sind, weil das Beziehungssystem nur symbolisiert werde durch "Figuren" der Bezugspersonen (Duss von Werdt). In systemtheoretischen Abhandlungen ist oft vom "kausal-reduktionistischen Denken der Psychoanalyse" die Rede, welches dem "systemisch-zirkulären Paradigma" der Systemtheorie gegenüberstehe. Der kausal-reduktionistische Determinismus - so lautet die analytische Gegenposition - sei von Systemikern projektiv in die psychoanalytische Auffassung hineingelesen worden.

Kritik von feministischer Seite an der Familientherapie (wie auch an der Psychoanalyse) benennt die versteckte Frauenfeindlichkeit, die fehlende Reflexion des Konzeptes "Familie", den autoritären Behandlungsstil, die militärische Sprache, die von Männern oder männlichem Denkstil dominierten Theorien (Welter-Enderlin (87) u.a.) Als "Familismus" wird die zu enge Fokussierung auf "die Familie" kritisiert, als "Sexismus" werden latente Vorurteile gegenüber Geschlechterbeziehungen in den gängigen Theorien bezeichnet. Ebenso wird die "Fiktion der Gleichheit aller Elemente" in der Familiensystemtheorie angegriffen, die die tatsächliche ökonomische und soziale Benachteiligung der meisten Frauen leugnet.

Ein anderer kritischer Einwand (Körner 1992) bezieht sich darauf, daß eine Erklärung des Gegenstandes der Familientherapie, nämlich die Familie, in keinem der genannten Ansätze zu finden ist. Familie wird einfach als gegeben vorausgesetzt, es wird eine "Natürlichkeit der Familie" suggeriert.

Abschließend ist noch kritisch zu bemerken, daß die Familientherapie die Forschungsergebnisse aus der Angehörigenbetreuung von Schizophrenen ("expressed emotions", Hahlweg 86) wenig beachtet hat, wonach vor allem familientherapeutische Bemühungen erfolgreich sind, die den Patienten in seiner Krankenrolle annehmen und ihm im Sinne des Streß-Vulnerabilitätskonzepts seine emotionalen Spannungen reduzieren helfen. Stützende Betreuung solcher Patienten ist nach systemischer Auffassung eigentlich nicht denkbar, weil individuelle Veränderungen nicht gefragt sind. Dies ist problematisch und verhindert eher eine Integration zwischen individuellen und systemischen Perspektiven, die einander sinnvoll ergänzen könnten.

Literatur

BATESON, G.: Geist und Natur. Suhrkamp, Frankfurt 1982 (engl. 1979)

BATESON, G.: Ökologie des Geistes. Suhrkamp, Frankfurt 1985 (engl. 1972)

BOSZORMENYI-NAGY: Unsichtbare Bindungen. Klett-Cotta, Stuttgart 1981 (engl. 1973)

CIERPKA, M. (HRSG.): Familiendiagnostik. Springer, Berlin Heidelberg 1988

DUSS VON WERDT, J.: Mehrpersonentherapie als Infragestellung und Symptom gegenwärtiger gesellschaftlicher Entwicklungen. Prax. Psychother.Psychosom. 29 (1984) 37-46

DUSS VON WERDT, J., WELTER-ENDERLIN, R.: Der Familienmensch. Klett, Stuttgart 1980

HALEY, J.: Direktive Familientherapie. Pfeiffer, München 1977

HORKHEIMER, M., ADORNO, TH.: Familie. In: Classens, P., Millhoffer (Hrsg.): Athenäum.-Fischer, Frankfurt/M. 1973

KÖRNER, W.: Die Familie in der Familientherapie. Beiträge zur psychologischen Forschung. Westdeutscher Verlag, Opladen 1992, Bd. 22

MATURANA, H.R., VARELA, F.J.: Der Baum der Erkenntnis. Scherz, Bern München Wien 1987

MINUCHIN, S.: Familie und Familientherapie. Lambertus, Freiburg 1977

MINUCHIN, S.: Praxis der strukturellen Familientherapie. Lambertus, Freiburg 1983

SATIR, V.: Familienbehandlung, Kommunikation und Beziehung in Theorie, Erleben und Therapie. Lambertus, Freiburg 1973 (engl. 1964)

SATIR, V., BALDWIN, A.: Familientherapie in Aktion. Jungfermann, Paderborn 1987

SELVINI PALAZZOLI, M. ET AL: Paradoxon und Gegenparadoxon. Klett, Stuttgart 1977

SELVINI PALAZZOLI, M.: Hypothetisieren, Zirkularität, Neutralität. Familiendynamik 6 (1981) 123-140

STIERLIN, H.: Von der Psychoanalyse zur Familientherapie. Klett, Stuttgart 1975

STIERLIN, H.: Delegation und Familie. Suhrkamp, Frankfurt 1978

STIERLIN, H., ET AL: Das erste Familiengespräch. Klett, Stuttgart 1980

TOMM, K.: Der Mailänder familientherapeutische Ansatz: Ein vorläufiger Bericht. Zschr. System. Therapie 1 (4) (1984)

WATZLAWICK, P. ET AL: Menschliche Kommunikation. Huber, Stuttgart 1969 (engl. 1967)

WATZLAWICK, P.: Die erfundene Wirklichkeit. Beiträge zum Konstruktivismus. Piper, München 1981

WELTER-ENDERLIN, R.: Familismus, Sexismus und Familientherapie. Familiendynamik 12 (3) (1987) 261-281

WIRSCHING, M.: Familientherapie, neuere Entwicklungen und Ausblick. Zschr. Psychosom. Med. 36 (1990) 127-130

4.9 Psychotherapie bei Kindern und Jugendlichen (H. Fahrig)

4.9.1 Die spezifischen Voraussetzungen des Kindes

In der Kinderpsychotherapie werden Kinder vom 4. bis zum 13. Lebensjahr behandelt, in der Jugendlichenpsychotherapie vom 14. bis zum 18./20 Lebensjahr. Die Voraussetzungen, die ein Kind zur Kinderpsychotherapie mitbringt, sind wesentlich andere als die des Erwachsenen.

Die Lebenssituation des Kindes ist gekennzeichnet durch Abhängigkeit von seinen Eltern, ihrer Zuneigung, Fürsorge, Versorgung, Billigung von Aktivitäten, Erlaubnis von Unternehmungen, Beurteilung von Taten und Leistungen, Wertungen von Eigenschaften, Verhaltensweisen und Ansichten, Erwartungen hinsichtlich seiner Entwicklung.

Die Angsttoleranz von Kindern ist geringer als bei Erwachsenen. Kinder erleben ihre Eltern in der Regel als sehr mächtig, nehmen deren Worte absoluter und gültiger und fühlen Drohungen und Liebesentzug ängstlicher, als viele Erwachsene es sich vorstellen können, obwohl sie auch Kinder waren. Auf Trennungen von vertrauten Beziehungspersonen reagieren Kleinkinder mit großer Angst. Die Frustrationstoleranz des Kindes ist bei akuten Versagungen geringer als beim Erwachsenen, bei dauernden Versagungen, wie zum Beispiel anhaltender Ablehnung, fortwährender Reglementierung oder permanentem Schulversagen scheinbar sehr groß. Die relative seelische Stabilität bei Dauerfrustration erreicht das Kind allerdings nur durch Abwehrmechanismen, wie Regression, Verdrängung, Identifizierung mit dem Angreifer oder Verleugnung der Realität, ein Abwehrmechanismus, der vor allem von Jugendlichen benützt wird.

Eine eigene Motivation des Kindes zur Psychotherapie besteht zu Beginn der Behandlung oft nicht. Die meisten Kinder haben keine Krankheitseinsicht, sind fremdmotiviert. Ein Arbeitsbündnis läßt sich nur mit älteren Kindern vereinbaren. Der Therapeut kann jedoch in der Regel das Interesse des Kindes für die Behandlung in den ersten Stunden wecken oder muß sich über längere Zeit auf die Motivation der Eltern stützen, die das zunächst widerstrebende Kind zuverlässig bringen.

Die häufigsten Symptome, die zur Vorstellung von Kindern führen, sind Ängste, vor allem Trennungsangst und Phobien, aggressives Verhalten unterschiedlichster Genese, Verweigerungsverhalten, das sich in Eßstörungen, sozialen Anpassungsstörungen, Schulleistungsstörungen, Tagnässen und Stuhlverhaltung zeigen kann; funktionelle Körperstörungen, wie Bauchschmerzen, Kopfschmerzen, Bettnässen, Einkoten, Stottern und Tics, depressive Verstimmungen, Zwänge, Magersucht und Bulimie.

Sekundäre neurotische Entwicklungen bei primär vorwiegend organischen Erkrankungen beobachten wir bei frühkindlicher Hirnschädigung, bei Behinderung, bei Asthma, Neurodermitis und M. Crohn. Bei der frühkindlichen Hirnschädigung können Ängste persistieren oder eine Impulssteuerungsschwäche kann ab Pubertät durch Zwänge abgewehrt werden müssen.

Ein Fallbeispiel:

Ein knapp 6-jähriger Junge wird wegen schwerer nächtlicher Angstzustände vorgestellt. Er berichtet von einem sich wiederholenden Angsttraum. Darin tritt ein gefährliches Monster auf, das der Patient mit seiner Mutter identifiziert, die vor gut einem Jahr männliches Zwillinge geboren hat, auf die der Patient sehr eifersüchtig ist. Den ungelösten Konflikt über die nachgeborenen Zwillinge stellt der Patient auf einer analogen Ebene dar und löst ihn auch auf dieser. Über zahlreiche Stunden spielen der Patient und der Therapeut mit einer Ritterburg, zu welcher es viele Soldaten, Trapper und Indianer gibt. Patient wählt zunächst sehr vorsichtig für beide Spieler die Ritter und Soldaten aus, gibt dem Therapeuten die schwachen und lahmen, denen schon ein Bein fehlt. Er selbst nimmt immer die "Zwillingsritter" ein offenbar unbesiegbares Paar, das, hat der Kampf erst begonnen, die Ritter und Pferde des Therapeuten augenblicklich vernichtet. Patient erlebt also offenbar seine Zwillingsbrüder als übermächtig und identifiziert sich mit ihnen und ihrer Stärke (Identifikation mit dem Angreifer). Im Verlauf von etwa 10 Stunden des Spiels mit der Ritterburg verändert sich zunächst die Länge der Vorbereitungszeit für die Auswahl der Streitkräfte. Sie wird immer kürzer. Außerdem gibt der Patient dem Therapeuten immer mehr und bessere Soldaten. Schließlich, in der entscheidenden Stunde, überläßt der Patient die "Zwillingsritter" dem Therapeuten und besiegt sie. Die Eltern berichten von positiven Veränderungen des Patienten, der zugänglicher, kooperativer geworden ist und dessen Angstträume nicht mehr auftreten.

4.9.2 Die Wurzeln psychogener Störungen bei Kindern

Wir fassen psychogene Störungen auf als intrapsychische Veränderungen, die durch soziopathogene Eigenschaften des Kindes selbst in ihrer Wirkung auf andere, durch prägende Erlebnisse und durch Beziehungen vor allen zu Eltern und Geschwistern entstanden sind. Diese Veränderungen bestehen aus Veränderungen des Icherlebens, des Selbsterlebens sowie spezifischen Beziehungsmustern, die wichtige motivationale Bedürfnissen und Strebungen beeinträchtigen können.
Die wichtigsten Motivationen oder Grundbedürfnisse bis zur Pubertät sind:

Das Streben nach Sicherheit, Kontakt, Sättigung, Ruhe und Akzeptanz. Störungen in diesen Grundbedürfnissen lassen sich in folgenden Bereichen beobachten:

Folgen des nicht Gesichertseins sind vor allem Ängste und Störungen des Selbstwerterlebens. Die Ängste sind verstärkte oder über das übliche Alter hinaus gehende Trennungsängste mit Anklammern an die Mutter und Schlafstörungen, ferner Phobien, vor allem Klaustrophobie, Tierphobien, Schulphobie und Herzphobie; Unruhezustände, persistierendes Daumenlutschen; Bettnässen und Einkoten.
Die Selbstwertproblematik zeigt sich in Unsicherheit, Schüchternheit, übermäßiger Anpassung, Mittelpunktsbedürfnis, Kaspern und kompensatorischen Größenphantasien.

Als Folge von **Mangelerleben** und Versagungen im Bereich des Kontaktbedürfnisses können Kontakt- und Beziehungsstörungen resultieren mit Kontaktscheu, Blickkontaktstörung, Bindungslosigkeit, Vertrauenslosigkeit, Hoffnungslosigkeit und Distanzlosigkeit. Stereotypien, motorische Unruhe sowie ein depressives Syndrom sind mögliche Folgen. Auch eine vorzeitige Verselbständigung kann eintreten. Die Vertrauenslosigkeit in bezug auf Menschen kann eine narzißtische Entwicklung einleiten.
An klinischer Symptomatik treten ab Pubertät Entfremdungserlebnisse, Depersonalisations- und Derealisationserlebnisse auf. Im körperlichen Bereich finden wir Dysmorphophobie, Hypochondrie, Erröten und wahrscheinlich Hauterkrankungen wie alopezia areata und lichen ruber planus.

Das neugierige Erkunden, Spielen, Konstruieren, in Besitz nehmen, Festhalten, der Erwerb von Fertigkeiten und Wissen, sowie die Durchsetzung von Motiven zu Angriff und Verteidigung, Bemächtigung und Unterwerfung sowie der Revierabgrenzung.
Störungen in der Entwicklung des Neugierverhaltens können durch zu starke Reglementierung und Gehorsamkeitserziehung, durch zu große Furcht vor allem Neuen, wozu Kinder mit MCD disponiert sind, durch Verwöhnung oder durch Alleingelassen werden entstehen. Die Folge können, eine Einschränkung des Interesses und der Expansivität sein mit allen Konsequenzen für den Erwerb von Wissen und der sozialen Kompetenz. Die Kinder fallen auf durch Langeweile, Desinteresse mit Lern- und Leistungsstörungen, Wissensmängel, passive Beschäftigungen, Ausweichen in Ersatzbefriedigungen vor allem auch in die Phantasie, Pseudologien, sowie Zwänge. Im Bereich von Körperstörungen sehen wir Gebundenheit der Motorik, Einschränkung der aggressiven Möglichkeiten sowie Tics, Stottern, Haarausreißen, Nägelbeißen und Adipositas.
Entwicklung zur Autonomie, das Streben nach Unabhängigkeit und Selbstständigkeit

durch Erfolge im Erwerb von sozialer Kompetenz im Umgang mit Menschen und dem Erwerb von Wissen mit dem Ziel, sich von den Eltern ablösen zu können und finanziell unabhängig zu werden.

Die Autonomieentwicklung wird beeinträchtigt durch jede Art von Einschränkung der Möglichkeiten und Wünsche zur Verselbständigung. Dies geschieht zum einen durch Defizite, die im Bereich der Kontakt- und Bindungsfähigkeit und des Neugierverhaltens erworben wurden zum anderen durch ambivalente Beziehungen oder ödipale Fixierungen an die Eltern. Es resultieren eingeschränkte Fähigkeiten zum sozialen Lernen, zur Selbstbehauptung, zur Durchsetzung eigener Ziele, zur Dominanz über andere und zur Einschätzung der Realität. Dies zeigt sich im einzelnen als Überangepaßtheit, Unterwürfigkeit, regressives Agieren, persistierende ödipale Bindungen, Schulangst, Prügelknabensituation, Tagnässen und hysterisches Verhalten. Ab Pubertät kommt es zu Ablösungskonflikten, Magersucht, Bulimie und konversionshysterischen Störungen wie Astasie, Abasie, Globusgefühl und Anaesthesie. Das Verfehlen der Entwicklung zur Autonomie führt zum Verbleiben in der psychischen und materiellen Abhängigkeit von den Eltern.

4.9.3 Die Vielfalt des therapeutischen Geschehens zwischen Spielhandlung und Deutung

In der Therapie sollen pathologische Beziehungsmuster verändert werden, neurotische Gehemmtheiten oder Fixierungen aufgehoben werden sowie Lösungsmöglichkeiten für unbewußte Konflikte aufgezeigt werden. Wie dies geschieht, kann nur teilweise belegt werden.

Wichtige Faktoren im therapeutischen Geschehen dürften die Darstellung, Interpretation und Neuordnung pathologischer Beziehungsmuster in der Beziehung zum Therapeuten sein. Dies ist verbunden mit einer korrigierenden emotionale Erfahrung am Therapeuten.

Rahmenbedingungen analytischer Kinderpsychotherapie

In einem Behandlungszimmer, das Spielzeug, Kasperletheater, Puppen, Kaufladen, Spielzeugwaffen und kreatives Material (Knete, Ton, Malfarben, Fingerfarben) bereitstellt, wird dem Kind ein Raum zur freien Entfaltung geboten. Das Kind bestimmt, was gespielt wird.

Durch Zurückhaltung in seinen Intentionen erweitert der Therapeut den Freiraum des Kindes. Die Zurückhaltung des Therapeuten führt zur Mobilisierung unterdrückter Impulse, Angst- und Schuldgefühle, eingeschliffener Verhaltensweisen und verdrängter Konflikte. Das Kind überträgt die von seinen Beziehungspersonen gewohnten Beziehungsmuster auf den Therapeuten, wobei oft eine Aufspaltung der Übertragung zwischen dem Therapeuten, den realen Elternfiguren, Lehrern oder Erziehern erfolgt.

Die Besonderheit kindlicher Kognition

Das Kind ist kein kleiner Erwachsener. Bis zum Ende seines 12. Lebensjahres denkt es magisch, symbolisch und anschaulich, nicht operational wie Erwachsene. Der freien Assoziation des Erwachsenen in der Psychoanalyse entspricht beim Kind die frei assoziierte Spielhandlung. Die Handlungen sind Malen, Formen, Sandspiel, erfundene Phantasiespiele mit Rittern, Indianern, Kasperlepuppen in Häusern, Puppenstuben, Kaufläden, Ritterburgen. Rollenspiele als Cowboy, Polizist, Räuber, Gespenst und Tier, Vater-Mutter-Kind, Lehrer-Schüler, Arzt-Kind und andere wichtige Beziehungen. Das Kind delegiert also Handlungen, in denen es seine Konflikte darstellt, an andere Figuren, die es selbst und die Personen seiner Umgebung repräsentieren. Es stellt seine Konflikte auf analogen Ebenen dar. Die Verschiebung der eigenen Konflikte auf analoge Ebene bewirkt eine Angstverminderung, welche die Darstellung des Konfliktes überhaupt erst möglich macht. Es werden sowohl intrapsychische Konflikte z.B. zwischen Es und Über-Ich dargestellt als eine Auseinandersetzung zwischen Krokodil und Polizist, als auch interpersonale Konflikte mit unter-

schiedlichen Figuren, wobei Äußeres und Charaktere der Figuren die Eigenschaften der realen Personen widerspiegeln. Je menschlicher die Figuren sein dürfen, um so weniger Angst hat das Kind in der Regel, umso bewußtseinsnäher ist ihm sein Konflikt.
Je menschenferner die Darstellungsebene durch Tiere, Geister, Hexen, Fabelwesen, um so unbewußter sind die Konflikte. Natürlich ist die Wahl der Figuren auch altersabhängig und von individuellen Vorlieben bestimmt. Symbolische Darstellungen und Archetypen werden von Kindern wie selbstverständlich benützt, und der Therapeut muß über entsprechende Kenntnisse verfügen, wenn er sie verstehen will.

Erkennen und Bewußtwerden

Das Grundsätzliche des therapeutischen Prozesses sehen wir im Erkennen und Verstehen bisher verborgener, unbewußter seelischer Zusammenhänge. Im Phantasie-, Rollen - oder Sandspiel transponiert das Kind innere Konflikte nach außen, setzt sie um in Handlungen zwischen Personen oder in eine statische Szene (Sandbild). Damit werden die Konflikte der Wahrnehmung zugänglich. Die Handlungen führen zu Lösungsversuchen für den Konflikt in der Auseinandersetzung der handelnden, untereinander sprechenden Personen. Wertet man Sequenzen solcher Spielhandlungen aus, läßt sich das Fortschreiten der Konfliktlösung feststellen.

Symbole erscheinen zunächst diffus, später spannungsgeladen, polarisiert, bis schließlich eine Integration der dem Symbol immanenten Gegensätze zu beobachten ist. Das Phantasie- und Rollenspiel des Kindes ist die seinem Denken gemäße Ebene, auf der es sein inneres Erleben nach außen bringt und erkennen kann.
Diese Erkenntnis ist vollwertig. Erkenntnis oder Bewußtwerdung sind nicht identisch mit der operationalen Formulierung des Geschehens. So ist der wichtigste Unterschied zwischen Erwachsenen- und Kindertherapie die unterschiedliche kognitive Ebene, auf der die Bewußtwerdung, die Erkenntnis sich vollzieht.

Wunschbefriedigung und Körperkontakt

Die direkte Wunschbefriedigung wird bei Kindern anders gehandhabt als bei Erwachsenen. Wichtig ist, daß bisher abgeblockte Wünsche vollständig erlebt und ausreichend akzeptiert werden, vor allem Wünsche, die früher als unberechtigt, schlecht, böse usw. bezeichnet wurden, nun als legitime Wünsche auftreten können und zum Teil auch, z.B. durch gemeinsames Kochen und Essen, eine Zeitlang befriedigt werden. Es wird dadurch eine qualitative Veränderung des Erlebens beim Auftreten der Wünsche erreicht. Eine Wunschbefriedigung wird abgelehnt, wenn sich das Kind in regressivem Agieren verliert und zu lange auf einer regressiven Stufe zum Zwecke der Befriedigung stehen bleibt. Im Gegensatz zur Erwachsenen-Therapie wird bei Kindern Körperkontakt zugelassen, wenn das Kind dadurch akute Angst oder Gefühle von Ungeborgenheit kompensieren muß oder der Körperkontakt Bestandteil eines Rollenspiels ist. Körperkontakt, den das Kind zur sexuellen Stimulation benützen möchte, oder verletzende körperliche Aggression gegen den Therapeuten werden in jedem Fall durch Ablenkung auf produktive Tätigkeiten unterbunden.

Die Übertragung

Ein besonders wichtiger Beziehungsfaktor in der analytischen Psychotherapie ist die Übertragung. Der Patient bezieht den Therapeuten in seine gewohnten Beziehungsmuster ein und erwartet von ihm ähnliche Reaktionen wie von seinen Eltern. Wie geht man mit dieser Übertragung bei Kindern um? Wir haben sehr häufig die Erfahrung gemacht, daß Kinder auf verbale Übertragungsdeutungen negativ reagieren mit Zuhalten ihrer Ohren oder anderen Zeichen des Protestes. Um eine Übertragungsdeutung annehmen zu können müßte das Kind über die Fähigkeit zur sogenannten "therapeutischen Ichspaltung" verfügen, also eine ausreichende Abstraktionsfähigkeit und Reflektionsfähigkeit haben und seine Affekte sowie das Beziehungsgeschehen kognitiv und theoretisch erfassen können. Die meisten Kinder können dies nicht ohne weiteres leisten, können die Übertragung nicht auf der Bewußtseinsebene abhandeln. Kinder erleben die Offenlegung ihrer Gefühle von Enttäuschung, Zuneigung, Trauer oder Wut als Bloßstellung und Entlarvung und damit als Herabsetzung mit Beschämung und Kränkung, nicht als eine vielleicht hilfreiche Interpretation zum Verstehen ihres Verhaltens. Wir beantworten deshalb die Übertragung der Kinder, die sich meist in Handlungen äußert, nicht mit einer verbalen Übertragungsdeutung, sondern ebenfalls durch Handlungen. Dieses Verhalten gibt dem Kind die Möglichkeit, sich an der von den Eltern abweichenden Haltung des Therapeuten neu zu orientieren. Wir sprechen die Übertragung also nicht an, sondern begegnen ihr durch eine Haltung, die eine andere ist als die der Eltern. Die vom Kind erwartete Reaktion der Eltern spüren wir an unserer spontanen Gegenübertragung, der wir aber nicht nachgeben. Wir reagieren manchmal sogar paradox, indem wir beispielsweise provozierenden Forderungen zunächst nachkommen. Durch dieses Vorgehen macht das Kind in der Beziehung zum Therapeuten eine andere, neue Erfahrung, die sein altes Beziehungsmuster schließlich verändert. Eine unspezifische neue Beziehungserfahrung für Kinder kann schon sein, daß der Therapeut das Kind durch seine gesamte Haltung ermuntert, sich frei zu äussern, im Spiel auch ihm als Erwachsenen gegenüber kritische Bemerkungen zu wagen. Anders als bisher macht der Patient die Erfahrung, daß er in Gegenwart eines Erwachsenen z.B. aggressive Spielszenen vorführen kann, ohne bestraft zu werden und daß er sich auch dem Therapeuten gegenüber offen äußern kann, ohne dafür kritisiert zu werden.

Die szenische Darstellung in einer Spielhandlung

Unsere am häufigsten angewandte Technik im Umgang mit der Übertragung ist, sie umzulenken auf **analoge Ebenen** (Fahrig 1989, 1990). Damit sind gemeint die Ebenen des Puppenspiels, zum Beispiel mit Kasperlepuppen oder anderen Figuren, im Sandspiel, beim Malen und kreativen Gestalten. Diese Ebenen, und hierin liegt ein wichtiger Unterschied zur Psychoanalyse des Erwachsenen, werden von Kindern spontan für die Darstellung ihres unbewußten Materials, ihrer Konflikte gewählt.
Die szenische Darstellung im Rollenspiel mit dem Therapeuten, im Kasperlespiel mit verteilten Rollen, im Puppenspiel u.s.w. ist der freien Assoziation des Erwachsenen vergleichbar, als frei assoziierte Spielhandlung meist noch weniger kontrolliert durch das Bewußtsein als die freie Assoziation beim Erwachsenen.

In den szenischen Darstellungen, die sich als Handlungen meist über mehrere Stunden fortsetzen, stellt das Kind sich selbst und ihm bekannte Personen auf einer analogen Ebene dar. Der Kasperle vertritt es selbst, der Seppel seinen Freund oder Bruder, der Polizist oder König seinen Vater oder das Überich, die Gretel die Schwester, die Hexe die Mutter oder entsprechende Selbstanteile. Auf der analogen Ebene werden nun die für diese Personen relevanten Sätze gesprochen und Affekte agiert, die Vorwürfe und Enttäuschungen, die Wut, der vernichtende Haß, wird die Demütigung ausgeglichen durch Sieg über den Verfolger, wird der Vater ausgeschaltet, damit der Kasperle selbst König werden kann. Der Therapeut spricht als die Figur, die er führt mit den Figuren, die der Patient führt. Er kann in diesem Gespräch sich entweder ganz auf die Führung des Patienten verlassen, der ihm vorsagt, was er sagen soll und machen muß, oder er kann nach eigenen Einfällen mitspielen. Das Kind geht in der Umsetzung seiner neu gewonnenen Einsichten weiter als der Erwachsene. Es probiert die neuen Möglichkeiten im Spiel, macht also seine neuen Erfahrungen bereits in der Therapiestunde. Dies liegt daran, daß das Kind seine neu gewonnenen Möglichkeiten nicht bloß in der Phantasie, sondern gleich in der spielerischen Realität probieren kann. Probiert es im Spiel eine neue, ungehemmtere Verhaltensweise, macht es spontan etwas sehr ähnliches, wie das, was die Verhaltenstherapie methodisch anwendet. Es stellt sich beispielsweise einer ängstigenden Situation jetzt mit neuen Möglichkeiten der Anpassung. Auch der Grad der Desensibilisierung, die Entfernung vom Angstobjekt, wird vom Kind spontan selbst gewählt. Die Variation besteht jedoch nicht in der räumlichen Entfernung, sondern in einer "Angstverdünnung", indem das Kind eine Darstellungsebene wählt, die seine Angsttoleranz berücksichtigt.

Das Deuten

In der Deutung wird dem Patienten ein neuer Einblick in Zusammenhänge über sich selbst gegeben. In der Kinderpsychotherapie kann die Deutung auf ganz unterschiedlichen Ebenen erfolgen. Der Therapeut kann dem Patienten direkt etwas sagen, es zu ihm im Spiel indirekt von einer Puppe sagen lassen, es durch Kommentare von Puppen sagen lassen, was sie über die Puppe denken, die der Patient gerade führt und für die er spricht. Und schließlich sind alle spontanen unbewußten Handlungen des Therapeuten und sein mimischer Ausdruck Deutungen des Verhaltens des Patienten. Denn seine Mimik sagt: Das gefällt mir, das mißfällt mir, das erschreckt mich, das macht mich traurig.

Diese theoretische Annahme, daß alles, was der Therapeut sagt oder nicht sagt, tut und nicht tut, gleichgültig auf welcher Ebene der Beziehung vom Patienten wahrgenommen wird und damit Bedeutung hat für den therapeutischen Prozeß, setzt einen besonderen Akzent auf die emotionale Einstellung des Therapeuten zum Patienten und das Verstehen der unbewußten Konflikt-Dynamik. Was nun der Therapeut im einzelnen tut und auf welche Ebene der Deutung er sich begibt, hängt zum einen vom Kind und dessen Möglichkeiten ab zum anderen von der Struktur des Therapeuten und dessen Möglichkeiten sich zu äußern.

Der Therapeut kann sich kognitiv auf eine **"Lücke"** im Erleben des Patienten einstellen und nun versuchen, das Gespräch im Spiel so zu lenken, daß eine Bearbeitung der Lücke resultiert. So wird zum Beispiel bei verdrängter Aggressivität ein Krokodil als "lieb" bezeichnet, werden dessen gefährliche Eigenschaften nicht realisiert, wird ein Rosenbusch, mit dem sich der Patient identifiziert, ohne Dornen gezeichnet, weil man ihn sonst nicht mehr gießen würde, sich also um den Patienten nicht mehr kümmern würde.

Es ist nun die Aufgabe des Therapeuten, diese neurotische "Lücke" im Erleben des Patienten zu erkennen, zu verstehen und ihm zum Auffüllen der Lücke zu verhelfen. Beim "lieben Krokodil" äußert der Therapeut Zweifel an der Gutartigkeit von Krokodilen. Beim Rosenbusch erkennt der Patient durch die Einfälle zu seiner Zeichnung seine Lücke selbst, indem er die Gründe nennt, warum man den Rosenstrauch nicht mehr gießen wollte.

Der Therapeut kann sich auf eine ihm bekannte aktuelle, **reale Konfliktsituation** des Patienten beziehen und im Mitspielen, also auf einer analogen Ebene, einen Part übernehmen, der den Patienten unterstützt, ihm Lösungsmöglichkeiten für den Konflikt anbietet.

Der Therapeut kann sich "innerlich einstellen" auf den Fokus des zentralen, **unbewußten Konfliktes** des Patienten und kann dann "weitgehend unbewußt" sich dem überlassen, was ihm beim Sprechen gerade einfällt. Wir haben dies an anderem Ort (Fahrig 1973) als assoziative Gesprächsführung beschrieben, wobei sich der Therapeut, ohne viel nachzudenken, vom Patienten führen läßt und assoziativ auf das antwortet, was dieser sagt. Bei diesem Vorgehen kommt es zu besonders lebhaften, weil ganz spontanen Spielhandlungen und starken Affekten.

Nicht jedem Therapeuten liegt dieses Vorgehen. Schließlich kann der Therapeut aus dem Spielgeschehen heraustreten und bestimmte Vorgänge im Spiel deutend kommentieren oder **interpretieren:** "Jetzt verstehe ich, warum der Kasper so wütend auf den Seppel ist, weil der ihn dauernd auslacht!" Der Therapeut bleibt dabei aber immer noch auf der Spielebene, interpretiert den Konflikt auf der Erlebnisebene der Spielfiguren, nicht auf der des Patienten.

Die Möglichkeiten des Therapeuten auf der analogen Ebene, sich indirekt mit dem Patienten auseinanderzusetzen sind nahezu unbegrenzt. Er kann dem Patienten Mut machen, er kann ihn stützen, in Frage stellen, kritisch beleuchten, er kann den Figuren Fragen stellen, dem Spiel selbst eine Richtung geben, die der Patient nicht sieht, weil er in diesem Bereich eine Lücke hat, ein spezifischen Beziehungsmuster überträgt oder gehemmt ist.

Die therapeutische Wirkung der Spielhandlung auf analogen Ebenen

Durch die Spielhandlungen werden die interpersonalen oder intrapsychischen Konflikte des Patienten von innen nach außen in eine sichtbare, erlebbare Handlung transponiert. In diesen Handlungen erlebt das Kind sich selbst, wie es mit sich umgeht und welche Qualität und Bedeutung seine Beziehungen haben. In der Darstellung auf den analogen Ebenen verändern sich die Spielhandlungen von Stunde zu Stunde. Es kommt schließlich zu einer **Lösung des Konfliktes** auf der analogen Ebene. Zum Beispiel wird der Schwächere zum Stärkeren, der Gehemmte setzt sich durch, der Prügelknabe teilt nun selbst aus, der Ängstliche wird mutiger. Das Kind probiert also bereits in der Therapiestunde Lösungen seines Problems, übt gleichsam ein neues Verhalten ein, eignet sich das Vokabular an, das es braucht, um beispielsweise einen Angreifer einzuschüchtern. Zunächst wird also die Wirklichkeit in der Phantasie des Spiels verändert. Parallel dazu erfolgt die Veränderung des Verhaltens in der Realität, worüber die Beziehungspersonen dann berichten. Mit den Veränderungen der Handlungen werden auch die inneren Repräsentanzen dieses Erlebens, die inneren Programme und Bilder verändert.

Es läßt sich an der Mimik der Kinder während des Spiels ablesen, daß sie emotional mitgehen und doch die Emotionen entsprechend ihrer Angsttoleranz steuern können. So wird die vom Kind gewählte Veränderung des Realitätsbezuges auf der analogen Ebene zu einer wichtigen Bedingung für einen angstfreien Zugang zum Konflikt. Die analoge Ebene erlaubt es dem Kind, seine Konflikte überhaupt zu zeigen. Unser Vorgehen ließe sich auch in Begriffen des Modellernens beschreiben. In der Behandlung wacht das Kind darüber, daß die analoge Ebene vom Therapeuten eingehalten wird. Mitten im Spiel darf der Therapeut keine Verbindung zwischen den agierenden Figuren und dem Patienten und seinen Beziehungspersonen herstellen. Wenn er es tut, wird er aus den Reaktionen des Kindes belehrt, daß er eine Spielregel verletzt hat, indem er den **Angstschutz** des Kindes durchbrach. Auch nach Beendigung des Phantasiespiels reagieren die meisten Kinder unwillig, wenn der Therapeut versucht, Bedeutungen des Spiels nun auf die reale Ebene transponieren zu wollen. Die Darstellungen auf der analogen Ebene werden vom Kind als vertrauliche, schutzbedürftige Inhalte aufgefaßt, die nicht ohne weiteres auf die reale Person übertragen werden dürfen.

Die begleitende Psychotherapie der Beziehungspersonen

Parallel zu den Therapiesitzungen mit dem Kind finden reglmäßig, meist in der Relation 1:4, Gespräche mit den Eltern statt. Es werden mit ihnen die Konflikte besprochen und analysiert, die sie mit dem Kind haben, das Kind mit ihnen oder die Eltern miteinander. Die Eltern sind oft, trotz großer Bemühungen, aus Gründen eigener neurotischer Konflikte überfordert; sie können das Kind nicht so akzeptieren wie es ist; sie erwarten mehr, als es leisten kann; sie lehnen es ab aus unterschiedlichen Gründen; sie benützen es als Selbstobjekt oder als Ersatzpartner. Die Spannbreite der therapeutischen Möglichkeiten mit den Eltern reicht von der Beratung bis zur dynamischen Psychotherapie, die spezielle Foci gezielt bearbeitet. Die begleitende Psychotherapie ist unverzichtbar, da eine Veränderung der elterlichen Einstellungen zum Kind enorme Wirkungen erzielt. Ältere Jugendliche, die sich schon ablösen, wollen oft keine Einbeziehung der Eltern in die Therapie. Manche Eltern, die Therapie für sich ablehnen, kommen nicht oder selten, bringen aber ihre Kinder regelmäßig.

Stundenzahl und Dauer der Psychotherapie

variieren sehr stark. Bei einer Frequenz von in der Regel 2 Stunden pro Woche sind bei Kindern 90 bis 150 Sitzungen notwendig, bei Jugendlichen 120 bis 180, zuzüglich der Stunden für die begleitende Psychotherapie der Beziehungspersonen. Einzelne, umschriebene neurotische Konflikte können auch im Rahmen einer Kurzzeittherapie ausreichend behandelt werden. Die gutachterpflichtige Kinder-und Jugendlichen-Psychotherapie wird in der überwiegenden Mehrzahl der Fälle von Analytischen Kinder-und Jugendlichen-Psychotherapeuten durchgeführt.

Literatur

BISCHOF, N.: Das Rätsel Ödipus. Piper, München 1985

BLANCK, G.U.R.: Jenseits der Ich-Psychologie. Klett-Cotta, Stuttgart 1989

BÜRGIN, D.: Zur Indikation psychoanalytischer Psychotherapie bei Kindern und Jugendlichen. Zschr. Kinderanalyse Heft 0, Klett-Cotta, Stuttgart 1992

CREMERIUS, J.: Die hochfrequente Langzeitanalyse und die psychoanalytische Praxis. Utopie und Realität. Psyche, 44, 1990

DÜHRSSEN, A.: Psychotherapie bei Kindern und Jugendlichen, 6. Auflage, Vandenhoeck und Ruprecht, Göttingen 1980

FAHRIG, H.: Unterschiedliche Techniken in der Kindertherapie. Prax. Kinderpsych. 22, S. 81-84 1973

FAHRIG, H.: Dynamische Psychotherapie bei Kindern und Jugendlichen. Prax. Kinderpsych. 25 (1976) S. 33-42

FAHRIG, H.: Ängste im Kindesalter. Zur Differentialdiagnostik von Angstsymptomatik im Kindesalter in Rüger U. Hrsg. Neurotische und reale Angst. Vandehoeck und Ruprecht, Göttingen 1984

FAHRIG, H. UND HORN, H.: Der Traum in Diagnostik und Therapie bei Kindern. In Ermann M. (Hrsg.): Der Traum in Psychoanalyse und analytischer Psychotherapie. Springer, Heidelberg 1983

FAHRIG, H. UND HORN, H.: Wirkungsweisen der Kinderpsychotherapie. In: Lang H.(Hrsg.): Wirkfaktoren der Psychotherapie. Springer, Heidelberg 1990

FAHRIG, H.: Die verändernde Kraft der phantasierten Wirklichkeit. In: Lehmkuhl U. (Hrsg.): Therapeutische Aspekte und Möglichkeiten in der Kinder- und Jugendpsychiatrie. Springer, Heidelberg 1991

FREUD, A.: Einführung in die Technik der Kinderanalyse. 3. Auflage, Geist und Psyche, Kindler, München 1980

FRIJLING-SCHREUTER, E.C.M. (1967): Übertragung und Gegenübertragung in der psychoanalytischen Kindertherapie. Psyche 1,2,3, 7 (1979)

HASSENSTEIN, B.: Verhaltensbiologie des Kindes. 2. Auflage. Piper, München 1989

KELLER, H. (HRSG.): Handbuch der Kindheitsforschung. Springer, Heidelberg 1989

KERNBERG, O.F.: Innere Welt und äußere Realität. Verlag Internationale Psychoanalyse, München 1988

SANDLER, J. KENNEDY, H. UND TYSON, R.L.: Kinderanalyse, Fischer Stuttgart 1982

4.10 Psychotherapie älterer Patienten (S. Eckert)

Im Laufe soziokultureller Veränderungen und auch bedingt durch den medizinisch-technischen Fortschritt wächst der relative Anteil Älterer in den zivilisierten Gesellschaften (z.B. gesamte BRD: 34% der Bevölkerung über 50, 20% über 60 Jahre). 1986 betrug die Lebenserwartung einer 60-jährigen Frau 22 Jahre, eines ebenso alten Mannes 18 Jahre (Statistisches Jahrbuch 1991). Ältere fordern zunehmend eine Befreiung aus ihrer gesellschaftlich zugewiesenen randständigen Position, zeigen sich als "neue Alte" aktiv, vital, am Leben interessiert und keineswegs ausschließlich "abgeklärt auf den Tod wartend".
Die wissenschaftliche Beschäftigung mit der Psychotherapie Älterer begann - nach vereinzelten Fallberichten von Abraham und Ferenczi in den 20er Jahren dieses Jahrhunderts - in den 60er Jahren in den angloamerikanischen Ländern, während in der Bundesrepublik das Interesse an dieser Thematik erst ab den 80er Jahren in der Literatur erkennbar wird. Die zunehmende wissenschaftliche Beschäftigung mit der Psychotherapie Älterer zeigt sich derzeit noch wenig in der Umsetzung in die therapeutische Praxis, wissenschaftliche Arbeiten beziehen sich überwiegend auf Einzelfallstudien, klinische Studien mit größeren Fallzahlen liegen bislang kaum vor. Bekanntlich äußerte sich Sigmund Freud um die Jahrhundertwende ausgesprochen skeptisch über psychoanalytische Behandlungsmöglichkeiten für über 50-jährige Patienten. Psychotherapie Älterer meint auch in diesem Kapitel: Behandlung über das 50. Lebensjahr hinaus. Kasuistische Studien, die derzeit in der Literatur gegenüber klinischen - z.B. auch out-come-Studien - überwiegen, lassen erkennen, daß eine auch prognostisch günstig verlaufende psychotherapeutische Behandlung eines älteren Patienten kein Sonderfall ist.

Die angesprochenen soziohistorischen Veränderungen seit der Jahrhundertwende spielen in die allmählich positiv werdende Beurteilung von Therapiechancen mit hinein.

4.10.1 Psychogene Erkrankungen bei älteren Menschen

Auch wenn neurotische Erkrankungen eher im jüngeren Lebensalter auftreten (Prävalenz 26% nach Schepank 1990), sind entgegen landläufiger Meinung neurotische Erkrankungen im Alter keine Seltenheit. Feldstudien (Cooper, Sosna 1983; Dilling, Weyerer 1984) ergaben für über 65-jährige eine Prävalenz für Neurosen und neurotische Persönlichkeitsstörungen von 10 bis 11% gegenüber 3% für Psychosen, 5% für leichte und 6% für schwere organische Psychosyndrome.

Auch in der Gruppe Älterer überwiegen Patientinnen, die möglicherweise eher Hilfe suchen (90% der Therapiesuchenden sind Frauen) oder als therapiebedürftig anerkannt werden. Spezifisch in dieser Altersgruppe spielt die höhere Lebenserwartung von Frauen eine Rolle.

Psychogene Erkrankungen meint hier **reaktive, neurotische, funktionelle und psychosomatische Erkrankungen,** die auf einen konflikthaften, innerpsychischen, dem Verständnis prinzipiell zugänglichen Prozeß zurückzuführen sind. So läßt sich denken an

- erstmalige Manifestation einer psychogenen Symptomatik
- Wiedererkrankung nach einer Neurose bzw. psychosomatischen Störungen im jüngeren Lebensalter
- wellenförmiger Verlauf zwischen Gesundheit und neurotischer, psychosomatischer Beeinträchtigung in der Vergangenheit
- chronifizierte neurotische, psychosomatische Symptomatik bzw. Persönlichkeitsstörung.

Auf **Symptomebene** überwiegen bei Älteren depressive Beschwerden gegenüber z.B. Ängsten oder Zwängen; funktionelle sowie psychosomatische Körperbeschwerden treten selten erstmalig auf. Weniger leicht lassen sich körperliche Symptome auf die eine seelische Ursache zurückführen, vielfach bestehen verwickelte Dependenzen mit altersbedingten Veränderungen und/oder somatischen Erkrankungen, die wiederum selbst in ihrer subjektiven Bedeutsamkeit je verschieden besetzt werden und möglicherweise zu somato-psychischen Störungen führen können. Das monokausale Krankheitsverständnis der jüngeren Lebensjahre trifft gerade im Hinblick auf körperliche Beeinträchtigungen in dieser Altersgruppe nicht mehr zu. Bedeutsam im Hinblick auf Einschränkungen der Lebensführung sind insbesondere Veränderung und Beeinträchtigung basal wichtiger Ich-Funktionen, wie z.B. Seh- oder Gehörfunktion, daneben auch Einschränkungen der körperlichen Mobilität. Chronische, u.U. auch akut vital bedrohliche Erkrankungen sind nicht mehr unwahrscheinlich.

Bereits vorab bestehende neurotische Beschwerden bzw. Persönlichkeitszüge werden mit zunehmendem Alter moduliert (Müller 1981): Beschrieben ist eine Abschwächung ich-dystoner neurotischer Symptome mit der Ausnahme hypochondrischer Befürchtungen; dagegen eher keine positive Veränderung bei neurotischen Persönlichkeitsstrukturen, sondern Betonung vorab bestehender Charakterzüge (z.B. Eigensinn) im Sinne von immer notwendiger werdenden intensiven Abwehrleistungen bei möglicherweise zunehmenden regressiven Phänomenen mit deutlicherem Hervortreten von Triebbedürfnissen, wie beispielsweise betonter Oralität (z.B. Habgier) (vergl. Radebold 1986).

Aus **psychodynamischer** Sicht sind für den über 50-jährigen Patienten prinzipiell keine anderen oder neu hinzutretenden seelischen Bedürfnisse bzw. Funktionen relevant als bei den jüngeren Patienten. Es gilt, das Fortbestehen aggressiver und libidinöser Bedürfnisse sowie der entsprechenden Konflikte anzuerkennen, wobei offenbar insbesondere die Akzeptanz libidinöser Bedürfnisse Älterer sozial normiert wird, die Sexualität des Alters stellt ein überdauerndes gesellschaftliches Tabuthema dar.

Unter psychodynamischen und konfliktorientierten Aspekten erscheint eine Sicht des Alters als "abgeklärter Zustand hin zum Tod" eher eine aus Verleugnung geborene Wunschvorstellung der Jüngeren zu sein, was möglicherweise auf die Mehrheit (vor-) bewußter Einstellungen Älteren gegenüber zutrifft.

In Verbindung mit vielfältigen Voreinstellungen gegenüber Älteren scheint auch heute noch gelegentlich ein Rückgriff auf das durch umfangreiche Studien (Lehr 1972) widerlegte Defektmodell des Alterns zu erfolgen mit der möglichen Konsequenz eines Verlustes des individualpsychologischen Ansatzes zu Gunsten einer normativ generalisierenden Einstellung. Spezifische individuelle Konfliktlagen sowie deren mögliche neurosenpsychologische Relevanz scheinen bei älteren Patienten eher häufiger als bei jüngeren in ihrer Bedeutung vernachlässigt zu werden, was mit einem therapeutischen Nihilismus korrelieren könnte.

Lebenssituativ sehen sich Ältere häufiger mit bestimmten konfliktreichen, die seelische Stabilität möglicherweise bedrohenden Themen konfrontiert, wobei insbesondere die **Verlust- und Trennungsthematik** situativ im Lebenszyklus (Erikson 1950) bedeutsam erscheint. Verluste betreffen evtl. auch körperliche oder auch sozial bedeutsame Funktionen, so daß zusätzlich zur depressiven Verlustthematik häufiger die Problematik narzißtischer Kränkung hinzutritt (vergleiche Kapitel 2.3.2 Suizidalität). Beispielhaft seien die folgenden Situationen genannt:

- Bedrohung durch bzw. erforderliche Anpassung an immer wahrscheinlichere bzw. bereits eingetretene **körperliche Erkrankung** oder Funktionseinbußen.
- Bedeutsame **Objektverluste** in der eigenen Familie bzw. der wichtigen Gruppe der Gleichaltrigen.
- Ausscheiden aus dem je verschieden bedeutsamen **Arbeitsprozeß** (eher bei männlichen Patienten der gemeinten Generationen) bzw. veränderte Position und

Aufgabenstellung bei überwiegend im Haushalt tätigen Frauen.
- Umgang mit dem Verlust **sozialer Unterstützung** und der Möglichkeit sozialer Isolation
- Konfrontation mit **Erwartungen** der Mitmenschen im Hinblick auf Bedürfnisse, Pflichten, allgemeines Verhalten, wie sie älteren Menschen entgegengebracht werden.
- Einschränkungen in der realen **Lebenssituation**; zu denken ist auch an die häufige peinlich verschwiegene finanzielle Notlage.

Neben der genannten Prävalenz psychogener Erkrankungen um 10% weist nicht zuletzt der bekannte hohe Psychopharmakaverbrauch älterer Patienten auf einen beachtenswerten **Therapiebedarf** hin, Dilling (1981) schätzt den Bedarf an psycho- bzw. soziotherapeutischer Hilfe auf 19% bei 50 bis 64-jährigen, 7% bei über 65-jährigen.
Ältere Patienten wenden sich überwiegend an den in der Regel allgemeinmedizinischen Hausarzt, wobei möglicherweise auch im Sinne eines Lernprozesses der Kontakt über ein körperliches Beschwerdeangebot hergestellt wird; zudem sind körperliche Beschwerden auch für diese Patientengruppe subjektiv weniger kränkend und kommen auch gesellschaftlichen Erwartungen entgegen, pointiert: Ältere haben keine Konflikte. Konsultationen psychiatrischer, psycho- oder soziotherapeutischer Einrichtungen sind in der Minderzahl.
Behandlungsangebote verteilen sich somit überwiegend auf supportive Gespräche und Verordnung von Psychopharmaka durch den Hausarzt, seltener psychiatrischer Fachbehandlung (Cooper, Sosna 1983), während psychodynamisch orientierte Therapieverfahren bis heute selten erfolgen, bei über 60-jährigen die absolute Ausnahme darstellen. Eine Orientierung mag das Ergebnis einer Umfrage niedergelassener Psychotherapeuten geben (DGPPT - Praxisstudie 1989), wonach der Anteil an den Psychotherapiepatienten sich bei 50- bis 59-jährigen auf 4,85%, bei über 60-jährigen auf 0,9% beläuft.

4.10.2 Behandlungstechnische Spezifika

Anhand der genannten Daten fällt die diskussionswürdige Diskrepanz zwischen epidemiologischen Erkrankungshäufigkeiten einerseits und realisierten Psychotherapien Älterer andererseits auf. Ein vorläufiges Verständnis der Diskrepanz läßt die Einbeziehung dreier Sichtweisen notwendig erscheinen: 1. Die Sicht des gesellschaftlichen Umfeldes, 2. die Sicht der älteren Patienten selbst, 3. die Sicht des Psychotherapeuten. Die genannten drei Aspekte beeinflussen sich wechselseitig, sollen im folgenden dennoch zum Überblick getrennt werden.

Die gesellschaftliche Sicht

Altern - und damit auch der ältere Mensch - wird bis heute mit überwiegend negativen Stereotypen belegt, wie beispielsweise Tendenz zu Bequemlichkeit und mangelnder Beweglichkeit, Desinteressiertheit, Anspruchslosigkeit und ähnliches. Das Alter erscheint generell als das ungeliebteste Lebensalter, Ältere bilden sozial eine bislang eher ins Abseits gedrängte Quasi-Minorität. Diese Außenseiterposition steht auch im Zusammenhang mit gesellschaftlichen Wertpräferenzen wie Idealisierung von Jugendlichkeit, Gesundheit und Attraktivität, aber auch der hohen Bedeutung von Produktivität: diesbezüglich haben sich Ältere mit der Situation der Rolle der Rollenlosigkeit zu arrangieren. Erst in jüngerer Zeit scheint sich eine Lobby der Älteren - wie beispielsweise die "Grauen Panther" - zu bilden, die gelegentlich vehement für ein Reengagement der Älteren in der Sozietät votieren (s. auch Tews 1971).

Die Sicht des Patienten

Die genannten Stereotypien über Ältere werden oft von den Älteren selbst übernommen, erst ab dem 70. Lebensjahr besteht die Bereitschaft, sich selbst als älter zu bezeichnen, sich aber auch dann noch stark gegen noch ältere ("die Greise") abzugrenzen. Solche Übernahme von eher negativen Zuschreibungen begünstigt das auch für die seelische Gesundheit nicht ir-

relevante Phänomen des Disengagements (Tews 1971).
Auf diesem Hintergrund und unter Berücksichtigung der Tatsache, daß klassen- und bildungsabhängig Psychotherapie in der betreffenden Generation noch oft mit "Verrücktsein, Irrenarzt" konnotiert ist, wird die möglicherweise auch zurückhaltende Nachfrage nach Psychotherapie verständlicher.
In der psychotherapeutischen Behandlung Älterer ist häufiger eine Einflußnahme von Angehörigen mit zu berücksichtigen, die u.U. recht genaue Vorstellungen haben, in welche Richtung sich der Ältere verändern soll.
Auch im Kontext der zunehmend individualisierten Gesellschaft mit Auflösung familialer Strukturen leben Ältere, insbesondere bereits Verwitwete, sozial zunehmend zurückgezogener bis hin zum Extremfall der Isolation, was u.U. eine hohe Erwartungshaltung an den Therapeuten als möglicherweise einzig wichtige Bezugsperson mit sich bringt. Andererseits möchte der ältere Patient sich bzw. seine inneren Einstellungen oder Verhaltensweisen nur ungern von einem jüngeren, d.h. eben auch real lebensunerfahreneren Behandler in Frage gestellt sehen. Anregungen eines jüngeren Therapeuten können so leicht als narzißtisch kränkend erlebt werden.

Die Sicht des Therapeuten

Begrenzte Lebenszeiten und u.U. auch begrenzte Veränderungsmöglichkeiten - z.B. angesichts organischer Erkrankungen und Funktionseinschränkung - begünstigen Gefühle von therapeutischer Hoffnungslosigkeit und dadurch auch eventuelle Unterschätzungen der realisierbaren Therapieziele. Die Realität des Todes und dessen Verleugnung spielen zusätzlich eine u.U. gewichtige Rolle. Aufgrund der zunehmenden Multimorbidität älterer Menschen ist in der Behandlung eine komplexe Wechselwirkung zwischen psychogenen und "rein" organischen Körperbeschwerden mit einem potentiell bedeutsamen Agierfeld zu berücksichtigen. Unumgänglich ist deswegen häufiger eine u.U. engmaschige Kooperation mit einem organmedizinischen Mitbehandler, dessen Einstellung zur Psychotherapie des "gemeinsamen" Patienten wiederum in die Behandlung hineinspielen kann.
Um ein Verständnis der biographischen Genese des Patienten zu ermöglichen, ist die Beschäftigung mit historischen Gegebenheiten eine Notwendigkeit. In der Bundesrepublik beinhalten diese zur Zeit die Konfrontation mit der NS-Zeit, mit potentiellen Tätern und Opfern.
Bei der Frage psychotherapeutischer Behandlungsmöglichkeiten für Ältere, explizit Indikations- und Prognosestellung, scheinen gelegentlich recht schnell Entscheidungen gefällt zu werden, polarisiert dargestellt einerseits in einer generellen Ablehnung mit eventuellem Hinweis auf mögliche hirnorganische Komponenten und andererseits recht großzügigen Therapieangeboten. Diese gelegentliche Tendenz zu generalisierenden Beurteilungen scheint im Zusammenhang mit Besonderheiten der Beziehungsgestaltung zu stehen, die bei älteren Patienten offenbar klischeehafter erfolgt als bei jüngeren.

4.10.3 Die Beziehungsgestaltung oder Übertragungskonstellation

Die Behandlung eines älteren Patienten durch einen in der Regel jüngeren Therapeuten ist bei je unterschiedlicher Altersdifferenz zunächst ungewohnt, konfrontiert mit einer möglicherweise ebenso ungewohnten, initial umgekehrten Übertragungskonstellation. Die üblichere Übertragung einer Eltern- bzw. Geschwisterfigur auf den Therapeuten wird zu Beginn einer Behandlung nur von bereits sehr regredierten Älteren angeboten. Der Therapeut sieht sich in der Behandlung Älterer eher in die Position des Kindes oder auch Enkels gebracht, was auf seiten des Behandlers Gefühle von Verunsicherung begünstigt.
Heuft (1990) diskutiert diesbezüglich in Ergänzung zur therapeutisch nutzbaren Gegenübertragung die Notwendigkeit der Konzeption einer Eigenübertragung des Therapeuten, innerhalb derer der Behandler eigene, je biographisch verankerte Wünsche

auf den Älteren überträgt. Im Gegensatz zu Gegenübertragungsgefühlen kann die Eigenübertragung zunächst nicht in der Therapie nutzbar gemacht werden, was einer Begrenzung der therapeutischen Möglichkeiten gleichkommt.

Gefühlshafte Reaktionen des Therapeuten auf den Patienten in der jeweiligen Beziehungsgestaltung könnten beispielsweise sein: Wünsche nach weisen, anerkennenden, aber auch asexuellen Eltern; andererseits Aufkommen rachsüchtiger oder reglementierender Einstellungen (Radebold 1986, 1992).

Im Laufe längerer psychotherapeutischer Behandlung scheint sich die initial umgekehrte Übertragungskonstellation allmählich oszillierend in die gewohnte Übertragung einer Elternfigur auf den Therapeuten zu wandeln.

4.10.4 Diagnostik und Therapieplanung

Ausschlußkriterien für psychodynamisch orientierte Therapieverfahren im engeren Sinne sind hirnorganisch-demente sowie psychotische Erkrankungen, wobei die Differentialdiagnose zu neurotischen Pseudodemenzen und schweren regressiven Zuständen gelegentlich nicht einfach ist. Prognostisch negativ einzuschätzen sind eine chronifizierte jahrzehntelange neurotische Symptomatik mit häufig ebenso lange bestehendem sekundärem Krankheitsgewinn, des weiteren länger bestehende soziale Isolation ohne die Möglichkeit einer Reaktivierung von Beziehungen.

Die Erstinterviewdiagnostik eines älteren Patienten benötigt in der Regel mehrere Sitzungen Zeit. Der Zeitbedarf resultiert beispielsweise aus der zu überblickenden Materialfülle, gelegentlich auch aus der noch notwendigen Erarbeitung eines Psychogeneseverständnisses der oftmals somatisch orientierten Patienten. Einen weiteren altersspezifischen Schwerpunkt stellt die genaue Orientierung über den **körperlichen Gesundheitszustand** dar, Informationen über etwaige ärztliche Mitbehandler, gelegentlich auch einmal Empfehlung zur weiteren organmedizinischen Diagnostik. Zu beachten ist die Frage nach der Notwendigkeit bzw. subjektiven Bedeutung der oftmals notwendigen begleitenden Medikation, evtl. auch langzeitig bestehender psychopharmakologischer Behandlung.

Zur prognostischen Einschätzung und damit auch differentiellen Psychotherapieindikation ist die genaue Anamnese des Umganges des Patienten mit den vielfältigen vergangenen Konflikten, Verlusten, im weiteren Sinne auch Schwellensituationen (Erikson), wie Adoleszenz, Eintritt ins Berufsleben bzw. Partnerschaft und Generativität bedeutsam.

Wesentlich erscheint die ausführliche Exploration von Ich-Aktivitäten bzw. Ressourcen sowie die neurosenpsychologisch relevante Frage, welche konflikthaften Anforderungen aktuell bestehen, spezifisch in dieser Altersgruppe daneben die ausführliche Orientierung über die soziale Lebenssituation, in die die neurotische Entwicklung eingebettet ist.

In der Regel sind ältere Patienten, abgesehen von desolat anmutenden chronifizierten psychogenen Erkrankungen und unveränderlichen negativen sozialen Folgeerscheinung, zu einer fokussierten Konfliktbearbeitung ausgesprochen gut in der Lage und auch motiviert, verfügen in solchen Fällen über eine positiv zum Tragen kommende Lebenserfahrung z.B. in der Lösung von Konflikten bzw. akzeptierender Übernahme unveränderlicher Ereignisse.

Bei Planung einer Psychotherapie sind - wie bei jüngeren Patienten auch - genaue Absprachen über die Rahmenbedingungen notwendig, wobei gelegentlich die Phantasie entsteht, der ältere Patient werde etwa auf Urlaubsausfälle verständnisvoller reagieren. Die Beendigung einer möglicherweise auch längerfristigen Behandlung stellt gerade bei älteren Patienten eine intensivierte Belastung bzw. Bedrohung dar, bei einem 55-jährigen sicher wiederum anders als bei einem 80-jährigen Patienten. Der Beendigungsphase einer Psychotherapie sollte bei älteren Patienten eher mehr Zeit als bei jüngeren Patienten eingeräumt werden. Denkbar sind hier insbesondere Modifikationen wie beispielsweise ein explizites Angebot, sich nach Beendigung einer Therapie ggf. erneut an den Therapeuten im Rahmen einer Krisensituation wenden zu können.

4.10.5 Therapieverfahren

Bei erstmaliger Manifestation einer neurotischen Erkrankung im Rahmen einer klar umschriebenen Krisensituation bzw. nicht allein zu bewältigender Anforderungen ist am ehesten an eine **Kurzzeit- bzw. Fokaltherapie** zu denken. Eine analytische bzw. dynamische Psychotherapie bis zu zwei Jahren ist in der Regel indiziert bei einem über das Leben hinweg wellenförmigen Verlauf einer neurotischen Erkrankung bzw. Erstmanifestation einer klassischen Neurose im höheren Lebensalter. Erfahrungen mit hochfrequentem, klassischem psychoanalytischen Setting liegen dagegen bislang eher vereinzelt mit allerdings häufig günstigen Ergebnissen vor, Radebold (1992) versteht den Ausschluß einer klassischen Psychoanalyse im höheren Lebensalter von vornherein u.U. als Gegenübertragungsreaktion auf den älteren Patienten, der nicht mehr "so viel Behandlungszeit" brauche.

Bei Älteren stellt eine relative Vereinsamung eine bevorzugte Indikation zu einer **Gruppenbehandlung** mit nicht zu unterschätzendem Peergroup-Effekt dar. Paar- bzw. Familientherapien werden bei älteren Patienten derzeit selten realisiert, wiewohl vielfältige Beziehungskonflikte gerade in diesem Bereich liegen.

Generell sind die genannten Behandlungsverfahren in der Behandlungstechnik zunächst nicht different zur gewohnten Praxis mit Ausnahme der initial verändert erscheinenden Übertragungskonstellation. Eine besondere Akzentsetzung gilt der etwaigen Notwendigkeit einer Einbeziehung **sozialtherapeutischer Interventionen**, die nicht aus der psychotherapeutischen Behandlung ausgeklammert werden können. Als Grundsatz sollte eine flexible Handhabung der Technik gelten, damit bei positiver Neurosendiagnostik und somit Indikation zur psychotherapie nicht die letztlich unangemessene Situation entsteht, daß scheinbar der Patient nicht zur geplanten Therapieform "passe".

Bei stärker regredierten bzw. in den Ichfunktionen eingeschränkten, möglicherweise bereits hospitalisierten Patienten ist in der psychotherapeutischen Behandlung in erster Linie eine Stärkung vorhandener Ressourcen bzw. Wiederentdeckung scheinbar verloren gegangener Fähigkeit zur progressiven Restrukturierung wichtig, wobei bei hospitalisierten Patienten oft ein besonderer Widerstand gegen das Aufgeben einer passiv regressiven Versorgungshaltung zu beobachten ist. Anforderungen zu Selbständigkeit in Alltagsdingen durch das Behandlungsteam werden von diesen Patienten oft als besondere Härte erlebt.

Im Sinne der Reaktivierung verloren gegangener Ressourcen spielt auch ein Training kreativer Fähigkeiten eine wesentliche Rolle, wobei es nicht um das Erfinden von an sich sinnlosen "Beschäftigungen" geht, sondern einerseits um das Wiederanwenden ehemals gekonnter, auch kreativer Tätigkeiten, jedoch auch um möglicherweise im z.B. Stationsalltag sinnvolle Tätigkeiten, der ältere Patient somit wieder mit verantwortlich in einer Gemeinschaft wird.

Zu den modifizierten, jedoch auch psychodynamisch orientierten Therapieverfahren ist auch die Wiedererinnerungsarbeit z.B. der life-review-technic von Butler (1963) zu rechnen, wobei in diesem Modell über chronologische Sammlung und Durcharbeitung von Lebenserinnerungen beispielsweise anhand eines Foto- oder Familienalbums Klärung und affektive Entlastung angestrebt wird.

Literatur

Butler, R.N.: The life review: an interpretation of reminescence in the aged. Psychiatry 26 (1963) 65-76

Cooper, B., Sosna, U.: Psychogene Erkrankungen in der Altenbevölkerung. Nervenarzt 54 (1983) 239-249

DGPPT: Praxisstudie zur psychotherapeutischen Versorgung. Hamburg 1989

DILLING, H.: Zur Notwendigkeit psychotherapeutischer Interventionen zwischen dem 50. und 80. Lebensjahr. Vortrag Weltkongreß für Gerontologie, Hamburg 1981

DILLING, H., WEYERER, S.: Prävalenz und Behandlung psychischer Erkrankungen in der Allgemeinbevölkerung. Nervenarzt 55 (1984) 30-42

ERIKSON, E.H.: Childhood and Society. Norton & Camp, New York 1950 (deutsch: Kindheit und Gesellschaft. Klett, Stuttgart 1968)

FREUD, S.: Über Psychotherapie. (1905) GW V, 6. Aufl., Fischer, Frankfurt 1968

HÄFNER, H.: Psychische Gesundheit im Alter. Fischer, Stuttgart 1986

HEUFT, G.: Bedarf es eines Konzeptes der Eigenübertragung? Forum der Psychoanalyse 6 (1990) 299-315

HEUFT, G., RUDOLF, G., ÖRI, C.: Ältere Patienten in psychosomatisch-psychotherapeutischen Institutionen. Zschr.Psychosom.Med. 38 (1992) 358-370

HINZE, E.: (1987) Übertragung und Gegenübertragung in der psychoanalytischen Behandlung älterer Patienten. Psyche 41 (1987) 238-253

LEHR, U.: Psychologie des Alterns. Quelle & Meyer, Heidelberg 1972

MÜLLER, C.: Psychische Erkrankungen, ihr Verlauf und ihre Beeinflussung durch das Alter. Huber, Bern 1981

OESTERREICH, K.: Psychiatrie des Alterns. Quelle & Meyer, Heidelberg 1975

PETZOLD, H., BUBOLZ, E. (HRSG.): Psychotherapie mit alten Menschen. Junfermann, Paderborn 1979

RADEBOLD, H.: Die psychosomatische Sicht alternder Patienten. In: Uexküll von, T.: (Hrsg.) Psychosomatische Medizin. 3. Aufl. Urban &Schwarzenberg, München 1986, 1079-1105

RADEBOLD, H.: Psychodynamik und Psychotherapie Älterer. Springer, Berlin Heidelberg New York 1992

SCHEPANK, H. (HRSG.): Verläufe. Springer, Berlin Heidelberg New York 1990

TEWS, H.P.: Soziologie des Alterns. Quelle & Meyer, Heidelberg 1971

5 Institutionalisierung und Forschung

5.1 Zur Geschichte der Psychotherapie (P. Henningsen)

In der Heilkunst vieler außereuropäischer Kulturen ebenso wie in der europäischen Tradition von der griechischen Tempelmedizin bis zum 18. Jahrhundert finden sich viele Methoden, die bei Betrachtung ihrer gemeinsamen, durchaus rationalen Grundzüge als Vorläufer moderner psychotherapeutischer Techniken gelten können. Das gilt für magische Heilungsrituale von Schamanen ebenso wie für den Exorzismus, der noch bis weit ins 18. Jahrhundert als Behandlung der Besessenheit durchgeführt wurde. Diese Methoden wurden bei allen möglichen körperlich oder im Verhalten manifest werdenden Störungen angewandt und hatten eine spezifische Bedeutung im Rahmen der jeweiligen Mythen, Glaubenssysteme und metaphysischen Theorien. Gemeinsam war ihnen: das kathartische Element der Methoden, die als "Heilmittel" im Vergleich zur therapeutischen Technik grössere Bedeutung der Persönlichkeit des Heilers, Medizinmanns oder Priesters sowie seine lange und schwierige, oft mit Initiationsriten verbundene Ausbildung.

Zum Begriff: "Therapeia psyches" war bei Platon der erzieherische Dienst an der zerrütteten und desorientierten Seele, damit letztlich eine Form von Gottesdienst, zugleich auch ein Gegenbild zur Medizin, die sich um kranke Körper kümmert. Der Begriff "Psychotherapie" taucht dann erst im 19. Jahrhundert auf: 1811 erhält Heinroth den ersten Lehrstuhl für "psychische Therapie" in Leipzig, um 1890 gilt der Begriff als regelrecht in Mode gekommen. Charakteristisch für die ersten seit Ende des 18. Jahrhunderts entstehenden Konzepte von Psychotherapie ist der Schwerpunkt auf theoretischen Fragen (z.B. Streit zwischen "Psychikern" und "Somatikern" um die Erklärung psychischer Krankheiten) mit einem Anspruch auf rationale Erklärung ihrer Wirkungsweisen - "rational" vorwiegend im Sinne einer Einbettung in die Systeme der romantischen Naturphilosophie (Schelling). Johann Christian Reil (1759-1813), Professor für Medizin und Physiologie in Halle und Berlin, entwarf z.B. eine "allgemeine Therapie", in der die Psychotherapie neben Pharmazie und Chirurgie als dritte Säule galt - doch dieser Theorie entsprach keine eigene von Reil entwickelte psychotherapeutische Technik.

Die bislang praktisch bedeutsamste Entwicklungslinie moderner Psychotherapie von Mesmer über Freud bis zur heutigen psychoanalytischen Psychotherapie ging von empirischen Beobachtungen an Patienten aus und rückte zunehmend die individuelle Beziehung von Therapeut und Patient sowie die Annahme einer unbewußten Seelentätigkeit in den Vordergrund. Franz Anton Mesmer (1734-1815), der zunächst in Wien und später in Paris praktizierte, "entdeckte" um 1775 in Abgrenzung von den Verfahren des damals berühmten Exorzisten Pater Gassner den von ihm so genannten tierischen Magnetismus: durch Bestreichen des Patienten zunächst mit Magneten, später mit bloßen Händen gelang ihm in sogenannten "Krisen" das Hervorrufen und zugleich die Heilung von unterschiedlichen Krankheitssymptomen, wie Krämpfen, Hör- und Sehstörungen etc. Er nahm an, über den von ihm ausgehenden Magnetismus ein nicht meßbares physikalisches Fluidum (in Analogie zu damaligen Vorstellungen von Elektrizität und Gravitation) zu kanalisieren.

Schon der wichtigste Schüler Mesmers, der Marquis de Puységur (1751-1825), deutete die besondere Beziehung des Magnetiseurs zu seinem Patienten, den sogenannten Rapport, nicht mehr physikalisch, sondern als psychologisches Phänomen: die Wirksamkeit hänge vom Glauben des Magnetiseurs an seine Kraft und von seinem Willen ab - retrospektiv wurde deutlich, daß für die Heilkraft auch die Asymmetrie der Beziehung im sozialen Sinne bedeutsam war, behandelten doch überwiegend Adlige einfache Bauern. Der Marquis beobachtete an seinen

Patienten während des Magnetisierens Zustände, die er als "magnetischen Schlaf" oder "künstlichen Somnambulismus" bezeichnete und die sich durch übermäßige Wahrnehmungsfähigkeit und Suggestibilität einerseits, durch eine Amnesie für diese Zustände nach deren Ende andererseits auszeichneten. Ab 1840 kam dafür die Bezeichnung "Hypnotismus", später "Hypnose" auf. Ab 1880 wurde in Frankreich (Liébeault und Bernheim in der Schule von Nancy, vor allem aber J.-M. Charcot (1825-1893) und Pierre Janet (1859-1947) an der Salpêtrière in Paris) die Hypnose nach einer Phase der Vergessenheit wiederentdeckt, wobei u.a. die Ähnlichkeit hypnotischer Zustände mit hysterischen Symptomen auffiel. (Die eigenständige Weiterentwicklung einer psychodynamischen Psychotherapie aus diesen Arbeiten über Hypnose und Hysterie durch Janet blieb lange Zeit wenig beachtet; mittlerweile wird die Bedeutung seiner Konzepte zur Dissoziation "unterbewußter" Persönlichkeitsanteile nicht nur in der Diskussion um die Hysterie, sondern auch in einer modernen Selbstpsychologie wieder als hoch eingeschätzt.)
Diese französischen Quellen bildeten den Ausgangspunkt für Sigmund Freud (1856-1938) und Josef Breuer (1842-1925), die Hypnose erstmals dazu verwandten, sich vom Patienten die im normalen Wachbewußtsein der Amnesie verfallenen Erinnerungen an das sogenannte Schlüsselerlebnis, das zur hysterischen Symptomentstehung geführt habe, erzählen zu lassen; die klinische Bedeutung dieser "Abreaktion" eines "Erregungsstaues" steht in der Tradition der kathartischen Elemente vormoderner Psychotherapien, theoretisch hatte sie für Breuer und Freud Bezüge zu dem unter Vermittlung des Physikers und Sinnesphysiologen G.T. Fechner (1801-1887) aus der romantischen Naturphilosophie übernommenen Konstanzprinzips, das eine Tendenz zum Erregungsausgleich im Lebendigen formuliert.

Später verzichtete Freud auf das systematische Herbeiführen einer Hypnose; zwischenzeitlich legte er seinen Patienten die Hand auf die Stirn, danach bewahrte er Reste eines hypnotischen Elementes im mittlerweile klassischen psychoanalytischen Setting. Diese Veränderungen des Rahmens machten es ihm möglich, zunehmend die Hindernisse bei der Erinnerung der "vergessenen" biographischen Szenen in den Blick zu nehmen - sah er anfangs diese Hindernisse noch als Ausdruck seiner mangelnden Hypnotisierfähigkeit, konnte er sie jetzt als Ausdruck psychischer Mechanismen beim Patienten erkennen, die später als Widerstand und Übertragung zentrale Bedeutung in Theorie und Praxis der Psychoanalyse erlangten.

Die Weiterentwicklung der Psychotherapie seit Anfang dieses Jahrhunderts kann hier nicht detaillierter dargestellt werden - charakteristisch für die historisch von der Psychoanalyse beeinflußten modernen Verfahren, wie die dynamische Psychotherapie oder Formen der Kurzzeitpsychotherapie, ist der (auch im vorliegenden Buch dargelegte) Versuch, Elemente der Psychoanalyse, wie die systematische Reflexion der Therapeut-Patient-Beziehung, in einer weniger innerseelisch als interaktionell fokussierten Weise zu betrachten.

Auch für den praktisch derzeit zweitwichtigsten Traditionsstrang psychotherapeutischer Verfahren, die lerntheoretisch fundieren Verhaltenstherapien, läßt sich eine Weiterentwicklung hin zur interaktionellen Fokussierung erkennen: entstanden waren sie um die Jahrhundertwende aus physiologischen Experimenten und vergleichenden Tierbeobachtungen zur "konditionierten", d.h. gelernten Kopplung physiologischer Reaktionen (z.B. Magensaftsekretion) an einen ursprünglich unabhängigen Reiz (z.B. Klingel) durch den russischen Physiologen I.P. Pawlow (1849-1936). In der sog. "kognitiven Wende" der Verhaltenstherapien hat sich dann vor gut 10 Jahren die Erkenntnis durchgesetzt, daß differenzierte Lernstrategien psychotherapeutisch wirkungsvoller eingesetzt werden können, wenn die subjektiven Denkinhalte oder Kognitionen des Patienten mitberücksichtigt werden, deren Beachtung ursprünglich als nicht wissenschaftlich objektiv verpönt war. Inzwischen wird auch in den Verhaltenstherapien versucht, den konzeptuellen Rahmen so zu erweitern, daß die Therapeut-Patient-Beziehung interaktionell reflektiert werden kann.

Ob in Zukunft eine Theorie psychotherapeutischer Interaktionsformen entstehen wird, die als Referenzpunkt zur Differenzierung wie zur Integration auch der vielen anderen heute praktizierten Psychotherapieformen dienen kann, bleibt abzuwarten.

Literatur

ELLENBERGER, H.F.: Die Entdeckung des Unbewußten. Huber, Bern 1973

MARX, O.M.: German romantic psychiatry. Part 1. Hist. of Psychiatry 1 (1990) 351-381

SEIDMANN, P.: Religiöse und philosophische Wurzeln der Psychotherapie. In: Psychologie des 20. Jahrhunderts Bd. XV, pp 353-365. Kindler, Zürich 1979

SLOTERDIJK, P.: Der Zauberbaum. Die Entstehung der Psychoanalyse im Jahre 1785. Epischer Versuch zur Philosophie der Psychologie. Suhrkamp, Frankfurt 1985

5.2 Institutionalisierung und Weiterbildung

5.2.1 Entwicklung und aktuelle Berufsfelder in der psychotherapeutischen Medizin

In diesem Kapitel sollen stichwortartig einige Fakten zusammengestellt werden, welche Antworten auf folgende Fragen erlauben:

- Wer kann Psychotherapie ausüben?
- Welche Ausbildung ist dazu erforderlich?
- In welchen Institutionen sind Psychotherapeuten tätig?

Es geht also um das Berufsbild des Psychotherapeuten, seine Qualifikationen und seinen Ort im Gesundheitssystem.

Daß Psychotherapie überhaupt einen Platz im offiziellen System der Krankenbehandlung beansprucht und erhält, ist nicht selbstverständlich. Psychotherapie als Pflichtleistung der Krankenkasse gibt es in der Bundesrepublik Deutschland seit ca. 2 Jahrzehnten und in den meisten übrigen Staaten überhaupt nicht. Psychoanalyse war seit ihrer Frühzeit in privaten Instituten gelehrt worden und stieß in der universitären Medizin und Psychologie stets auf mehr oder weniger einhellige Ablehnung. In der Zeit des Nationalsozialismus waren viele Psychoanalytiker - Freud eingeschlossen - gezwungen, zu emigrieren; die Vereinigungen und Institute wurden zwangsweise aufgelöst. In Deutschland verbliebene Psychoanalytiker übten ihre Tätigkeit als Psychotherapeuten aus, ohne sich offiziell auf die Freudsche Psychoanalyse und Terminologie zu beziehen. Um die Frage, ob sie die Psychoanalyse gerettet oder verraten haben, wurde in späteren Jahrzehnten viel gestritten. Tatsache ist, daß diese Gruppe nach 1945 intensive therapeutische, wissenschaftliche und berufspolitische Aktivität entfaltete. Zugleich wurde nach dem Krieg von einzelnen (z.B. Mitscherlich) der Kontakt zu den emigrierten Psychoanalytikern und internationalen Verbänden wiederhergestellt, so daß die offizielle Psychoanalyse vor allem Unterstützung aus den USA erfuhr.

Die gesellschaftlichen Veränderungsprozesse der 60er und 70er Jahre bewirkten in der Reform des Medizinstudiums auch die Einführung psychosozialer Fächer, wie Psychotherapie, Psychosomatik, Medizinische Psychologie und Medizinische Soziologie als obligate Lehr- und Prüfungsgegenstände. Etwa zur gleichen Zeit gelang es mit Hilfe empirischer Untersuchungen über Ergebnisse der Psychotherapie (z.B. Dührssen 1962) die Krankenkassen von der Effizienz der Psychoanalyse als Methode der Krankenbehandlung zu überzeugen (1967). Fortan konnten Ärzte und Psychologen mit abgeschlossener Instituts-Weiterbildung an der kassenärztlichen Versorgung teilnehmen. Das führte dazu, daß sich die vorher sehr kleine Zahl der Weiterbildungsteilnehmer der Institute und die Zahl der niedergelassenen Psychotherapeuten stark vermehrte. Von den Ärztekammern wurde bei Abschluß einer anerkannten Institutsweiterbildung der Zusatztitel "Psychotherapie" verliehen, später erfolgte die Differenzierung der "großen" Weiterbildung ("Psychoanalyse") und der "kleinen" Weiterbildung ("Psychotherapie"). Mit der Einführung des "Facharztes für Psychotherapeutische Medizin" (1992) wurde für den ärztlichen Psychotherapeuten eine Qualifikation geschaffen, die nun nicht mehr in berufsbegleitenden Abendweiterbildungen, sondern analog zu allen anderen Facharztqualifikationen in Kliniken erworben werden kann.

Die Anwendung der Psychoanalyse als Krankenbehandlung, ihre Einbindung in die kassenärztliche Versorgung und in die offizielle universitäre Forschung fand und findet nicht den ungeteilten Beifall aller Psychoanalytiker. Ein Teil von ihnen fürchtet, daß der kulturkritische, emanzipatorische Ansatz, mit dem die Psychoanalyse angetreten ist, zwangsläufig verloren geht, wenn sie sich zu sehr in die Abhängigkeit von Institutionen begibt oder gar selbst Bestandteil von Institutionen wird, sie sieht ihre Disziplin weiterhin als Methode zur Erforschung des menschlichen Individuums und seiner sozialen Strukturen. Eine größere Gruppe verwendet aus der Psychoanalyse abgeleitete

Therapietechniken zur Behandlung psychischer und psychosomatischer Störungen.
Die zweite Berufsgruppe, von der heute Psychotherapie ausgeübt wird, die **Psychologen**, haben eine andere Entwicklung genommen. Bis zum Ende der 60er Jahre hatte die akademische Psychologie in Deutschland einen grundlagenwissenschaftlichen Akzent, die klinische Psychologie (1963 als Zweig der angewandten Psychologie gegründet) sah ihre Hauptaufgabe in der Psychodiagnostik. In den 70er Jahren verstärkte sich das Interesse für psychotherapeutische Themen, angeregt zunächst durch die klientzentrierte Psychotherapie (Rogers), später durch die Verhaltenstherapie (Wolpe, Eysenck). Durch die universitäre Einbindung erhielt die psychologische Psychotherapie einen ausgeprägten wissenschaftlich-empirischen Akzent, der in gewissem Kontrast zu dem praktisch therapeutischen Akzent der Psychoanalyse steht. Die Methode der Verhaltenstherapie wurde 1987 zusätzlich zu den psychoanalytisch fundierten Therapieverfahren als Leistungspflicht der Krankenkassen anerkannt. Psychologen können also, wenn sie eine psychotherapeutische Weiterbildung an einem anerkannten Institut abgeschlossen haben, im Rahmen des sogenannten Delegationsverfahrens (in Zusammenarbeit mit einem niedergelassenen Arzt) an der kassenärztlichen Versorgung teilnehmen. Da die Begriffe "Psychologe" und "Psychotherapeut" zur Zeit (1993) gesetzlich nicht geschützt sind und viele Psychologen, unabhängig von ihrer psychotherapeutischen Qualifikation Psychotherapie ausüben, ist die Situation unübersichtlich. Eine gesetzliche Regelung (Psychotherapeutengesetz) ist in Vorbereitung. Sie soll den Heilberuf des "psychologischen Psychotherapeuten" schaffen und die entsprechenden Voraussetzungen der Qualifikation und Berufsausübung regeln.
In der **Psychiatrie** findet sich die dritte Berufsgruppe, die an Psychotherapie interessiert ist. Durch Beschluß des Ärztetages 1992 wurde der Facharzt für Psychiatrie durch den Zusatz "und Psychotherapie" ergänzt. Damit wurde eine wichtige Änderung der grundsätzlichen Einstellung vollzogen. Die Psychiatrie, insbesondere im universitären Bereich, hatte in Deutschland generell ein geringes psychotherapeutisches Interesse (was natürlich nicht ausschließt, daß es einzelne psychotherapeutisch engagierte Psychiater oder Kliniken gab). Mit der Entwicklung der Psychopharmaka seit den 60er Jahren verstärkte sich der Trend zu einer biologisch verstandenen Psychiatrie, die ihre therapeutischen Hoffnungen vor allem auf eine medikamentöse Behandlung setzte. Nur etwa die Hälfte der niedergelassenen Psychiater hat eine psychotherapeutische Weiterbildung absolviert. Mit der neuen psychiatrischen Facharztregelung wird also auch offiziell ein stärkerer psychotherapeutischer Akzent gesetzt. In der Kinderpsychiatrie hat sich diese Wende schon vor einigen Jahren vollzogen.
Der kurze geschichtliche Abriß soll die unübersichtliche Situation der heutigen Psychotherapie verständlich werden lassen. Im Folgenden geben wir stichwortartig einen Überblick, wo und unter welchen Voraussetzungen Psychotherapie ausgeübt wird.

"Facharzt für Psychotherapeutische Medizin"

Die Weiterbildungszeit umfaßt 3 Jahre an einer psychosomatisch-psychotherapeutischen Einrichtung, ferner ein Jahr Psychiatrie und ein Jahr Innere Medizin. Ziel der Weiterbildung ist der Erwerb eingehender Kenntnisse und Erfahrungen sowie praktischer Fähigkeiten im Bereich der Diagnostik, Psychotherapie, Prävention und Rehabilitation von Störungen, an deren Verursachung psychosoziale Faktoren maßgeblich beteiligt sind. Die therapeutische Ausrichtung kann einen psychodynamischen oder einen verhaltenstherapeutischen Akzent haben, angestrebt wird jedoch vor allem Methodenvielfalt (Einzeltherapie, Gruppentherapie, Paar- und Familientherapie, Kurz- und Fokaltherapie; ferner übende, stützende Verfahren und solche der Krisenintervention).
Die Facharztweiterbildung wird künftig in ermächtigten Fachkliniken erfolgen.
Da die Einrichtungen des Facharztes erst 1992 erfolgte, liegen hinsichtlich seiner Realisierung noch keine Erfahrungen vor.

Arzt mit Zusatztitel "Psychoanalyse"

Die Weiterbildung erfolgt berufsbegleitend an einem anerkannten Institut. Die Inhalte der Weiterbildung erstrecken sich auf 400 Stunden Theorie, mindestens 250 Sitzungen Selbsterfahrung (Lehranalyse), mindestens 400 Sitzungen supervidierte Behandlungen. Die Weiterbildung qualifiziert zur Durchführung psychoanalytischer Therapien im Einzel- oder Gruppensetting. Die als Psychoanalytiker niedergelassenen Ärzte müssen die geplanten Therapien vorab von einem Gutachter der Krankenkassen prüfen lassen (Gutachterverfahren), ehe die Kassen die Kosten für die Behandlung übernehmen. Einzelheiten der Niederlassung regeln die Landesärztekammern.

Psychologe mit abgeschlossener psychoanalytischer Weiterbildung

Die Weiterbildung ist die gleiche wie bei den vorab genannten Ärzten. Der als Psychoanalytiker tätige Psychologe kann nicht direkt mit der Krankenkasse abrechnen, er muß dabei mit einem niedergelassenen Arzt zusammenarbeiten (Delegationsverfahren).

Psychologe mit abgeschlossener verhaltenstherapeutischer Weiterbildung

Nach Durchlaufen des Curriculums an einem anerkannten verhaltenstherapeutischen Institut kann der Psychologe im Delegationsverfahren an der kassenärztlichen Versorgung teilnehmen.

Arzt mit Zusatztitel "Psychotherapie"

Die Anerkennung des Zusatztitels erfolgt ebenfalls über die Landesärztekammern. Die Weiterbildungsvoraussetzungen sind geringer als im Zusatztitel "Psychoanalyse", sie umfassen 140 Stunden Theorie, Selbsterfahrung von mindestens 100 Einzelsitzungen oder 70 Gruppensitzungen, Teilnahme an 35 Sitzungen Balintgruppe, Durchführung von mindestens einer Einzelbehandlung von mindestens 40 supervidierten Sitzungen. Die Weiterbildung erfolgt entweder durch regionale Arbeitskreise oder im Baukastenprinzip durch Teilnahme an Weiterbildungsveranstaltungen; sie kann auch in einer Klinik erfolgen, deren Leiter für die Weiterbildung zum Zusatztitel ermächtigt ist. Durch die Einführungen des Facharztes für Psychotherapeutische Medizin wird der Zusatztitel "Psychotherapie" auf seine ursprüngliche Zielsetzung zurückgeführt, nämlich dem Arzt, der als Gynäkologe, Orthopäde, Internist usw. tätig ist, zusätzliche psychotherapeutische Kompetenzen zu vermitteln.

"Psychosomatische Grundversorgung" in der ärztlichen Praxis

Hierbei handelt es sich im Grunde um eine Gebührenziffer der Abrechnung, die es dem praktischen Arzt erlaubt, sogenannte zuwendungsorientierte Verfahren (ärztliches Gespräch, verbale Intervention, übende Verfahren) anzuwenden und abzurechnen. Als Qualifikationsvoraussetzung dafür genügt die Teilnahme an einer Balintgruppe und die mehrjährige Praxiserfahrung.

Psychotherapeutische Universitätsambulanzen

In Ergänzung zum ambulanten Versorgungssystem der niedergelassenen Ärzte bzw. Psychotherapeuten betreiben die Psychosomatischen Universitätskliniken Ambulanzen. Hier erfolgt die diagnostische Abklärung und Beratung der von niedergelassenen Ärzten überwiesenen Patienten. Es werden Therapiepläne aufgestellt, Therapievermittlungen durchgeführt und stationäre Behandlungen vorbereitet. In besonderen Fällen, z.B. bei krisenhaften Zuspitzungen, werden ambulante Behandlungen durchgeführt. Hier, wie in den folgenden Institutionen arbeiten die weiterzubildenden Ärzte und Psychologen unter Anleitung von Fachärzten und Psychoanalytikern.

Stationäre Fachpsychotherapie

Es gibt in Deutschland ca. 100 universitäre und außeruniversitäre Fachkliniken und Reha-Einrichtungen mit ca. 8000 Betten; hier werden schwer und chronisch Kranke mit psychosozialen Störungen in einem integrativen psychotherapeutischen Setting behandelt (vergleiche Kapitel 4.7 Stationäre Psychotherapie). Die Klinikleiter sind in unterschiedlichem Umfang zur Weiterbildung ermächtigt; die Institutionen haben daher neben der Versorgungs- (und im universitären Bereich der Forschungs-) Aufgabe vor allem auch Weiterbildungsfunktion.

Konsultations- und Liaisondienste

Diese Dienste gibt es an allen Universitätskliniken und vielen Allgemeinkrankenhäusern. Ihre Hauptaufgabe ist es, die Chronifizierung akuter Krankheiten durch frühe Interventionen zu verhindern und durch die Beratung von Ärzten und Pflegepersonen präventiv zu wirken (siehe Kapitel 5.4. Konsultations- und Liaisondienste).

Beratungsstellen

Es gibt in Deutschland eine große Zahl von Psychotherapeutischen oder Psychosozialen Beratungsstellen, die von universitären, kommunalen oder kirchlichen Trägern unterhalten werden und die sich an jeweils spezifische Gruppen wenden (Familienberatung, Studentenberatung, Suchtberatung, Erziehungsberatung usw.). Die Grenzen zwischen Beratung und Therapie sind nicht immer scharf zu ziehen; in den meisten Fällen ist die Beratung konfliktzentriert und ähnelt darin dem fokaltherapeutischen Vorgehen.

Das ohnehin farbige Bild psychotherapeutischer Tätigkeiten wird durch die Tatsache noch unübersichtlicher, daß im ambulanten Sektor vielfältige Psychotherapien angeboten werden, deren Kosten die Krankenkasse nicht übernehmen. Das gilt für angesehene Verfahren wie Familientherapie, Gesprächstherapie oder Gestaltungstherapie, aber auch für alle die wissenschaftlich weniger fundierten Verfahren des "Psychomarktes".

5.2.2 Psychotherapeutische Ausbildung und Weiterbildung

Der Unterricht in dem Fach Psychotherapie und Psychosomatische Medizin ist Bestandteil der Ausbildung von Medizinstudenten seit der Approbationsordnung von 1970. Im Mittelpunkt steht ein scheinpflichtiges Praktikum in kleinen Gruppen, ergänzt durch Vorlesungen, welche theoretische und klinische Aspekte des Faches vermitteln. Die Unterrichtsveranstaltungen finden ebenso wie jene der Psychiatrie am Ende des klinischen Studienabschnitts statt; zusammen mit der Medizinischen Psychologie und Medizinischen Soziologie am Anfang des Medizinstudiums bilden diese psychologisch-sozialwissenschaftlich getönten Fächer einen kleinen Akzent gegenüber den naturwissenschaftlich ausgerichteten Fächern, die etwa 90% des Medizinstudiums ausmachen. Es ist dem Erfindungsreichtum der meist sehr kleinen psychotherapeutischen Kliniken und Abteilungen überlassen, ihr Fachgebiet durch zusätzliche Veranstaltungen - z.B. Balintgruppen, Anamnesengruppen, Selbsterfahrungsgruppen usw. - an die Medizinstudenten heranzutragen.
Die psychotherapeutische Weiterbildung für Ärzte zielte bis vor kurzem auf den Erwerb der Zusatztitel "Psychotherapie" und "Psychoanalyse", seit 1992 gibt es den Facharzt für "Psychotherapeutische Medizin". Voraussetzung für den Erwerb des Zusatztitels "Psychoanalyse" ist die abgeschlossene berufsbegleitende Weiterbildung an einem psychoanalytischen Institut; der Zusatztitel "Psychotherapie" kann an Kliniken (durch dafür ermächtigte Ärzte) oder in Weiterbildungskreisen erworben werden. Der Erwerb des Facharztes wird an die Tätigkeit in psychosomatisch-psychotherapeutischen Facheinrichtungen gebunden sein. Alle diese Weiterbildungen ähneln einander, sie lassen Unterschiede in Umfang und Akzentsetzung erkennen. Facharzt und Zusatztitel können entweder einen psychoanalytischen oder verhaltenstherapeutischen Schwerpunkt haben. Die drei wesentlichen Elemente jeder Weiterbildung sind:

- der Erwerb von **Fachwissen** in Seminaren, Vorlesungen und Praktika
- das Erlernen von **praktischen Fähigkeiten** unter Anleitung (supervidierte Diagnostik, supervidierte Therapie)
- die **Selbsterfahrung** (Lehrtherapie,

Lehranalyse, einzeln oder in Gruppen)

Als konkretes Beispiel werden im folgenden die wichtigsten Weiterbildungsinhalte für den Facharzt "Psychotherapeutische Medizin" aufgeführt:

Theorie: 400 Stunden Seminare, Kurse und Praktika

- in den theoretischen Grundlagen insbesondere von Psychobiologie, Ethologie, Psychophysiologie, Entwicklungspsychologie, Persönlichkeitslehre, allgemeiner und spezieller Psychopathologie, psychiatrischer Nosologie einschließlich Klassifikation, allgemeiner und spezieller Neurosenlehre und Psychosomatik einschließlich der Diagnose, Differentialdiagnose, Pathogenese, Psychodynamik und des Verlaufs der Erkrankungen dieses Gebietes
- den theoretischen Grundlagen in der Sozial-Lernpsychologie und allgemeiner und spezieller Verhaltenslehre zur Pathogenese und Verlauf der Erkrankungen
- psychodiagnostische Testverfahren und Verhaltensdiagnostik
- Dynamik der Paarbeziehung der Familie und Gruppe
- den theoretischen Grundlagen der psychoanalytisch begründeten und kognitiv-behavioralen Psychotherapiemethoden einschließlich der Indikation für spezielle Therapieverfahren
- Prävention, Rehabilitation, Krisenintervention, Suicid- und Suchtprophylaxe, Organisationspsychologie und Familienberatung.

Diagnostik: Mindestens 120 diagnostische Untersuchungen unter qualifizierter Supervision

Die Untersuchungen (analytisches Erstinterview, biographische Anamnese bzw. Verhaltensanalyse) müssen auch Überlegungen zur Indikation und Differentialindikation hinsichtlich psychoanalytisch begründeter Psychotherapie und Verhaltenstherapie umfassen. Auch Kenntnisse und Erfahrungen in der somatischen Diagnostik und Differentialdiagnostik und somatotherapeutischen Behandlung sowie in der psychiatrischen Diagnostik und Differentialdiagnostik sowie Behandlung, soweit für psychosomatische Erkrankungen erforderlich, müssen umgesetzt und in der Dokumentation nachgewiesen werden.
Zur Durchführung qualifizierter Supervision muß der Supervisor 5 Jahre nach Abschluß der eigenen Weiterbildung hauptberuflich psychotherapeutisch im jeweiligen Schwerpunkt in Praxis und/ oder Klinik tätig gewesen sein und sich in der Weiterbildung als Dozent beteiligt haben.

Therapie

Insgesamt sind in der tiefenpsychologischen Psychotherapie bzw. der kognitiv-behavioralen Therapie (Verhaltenstherapie) mindestens 1500 dokumentierte Behandlungsstunden nachzuweisen und wenigstens 300 Stunden an qualifizierter Supervision und fallzentrierter Besprechung, davon in der Tiefenpsychologie ein Drittel in externer Supervision. In der tiefenpsychologischen Psychotherapie oder Verhaltenstherapie sollen mindestens 40 Patienten aus dem Gesamtspektrum der psychotherapeutischen Medizin, funktionelle und psychosomatische Erkrankungen, Neurosen, Persönlichkeitsstörungen, ggfs. auch Abhängigkeitserkrankungen behandelt werden. Bei 20 dieser 40 Patienten müssen psychosomatische Erkrankungen vorliegen, wie z.B. Herz- und Kreislaufsyndrome, gastrointestinale Syndrome, Schmerzsyndrome, Erkrankungen des Bewegungsapparates.

Die tiefenpsychologisch fundierte Psychotherapie umfaßt alle wissenschaftlich anerkannten **tiefenpsychologischen Psychotherapieverfahren** außer analytischer Psychotherapie (Psychoanalyse).

- 6 Einzeltherapien über 50-120 Stunden pro Behandlungsfall
- 6 Fokaltherapien über 25-50 Stunden pro Behandlungsfall

- 4 Kurzzeittherapien von 5-25 Stunden pro Behandlungsfall
- 2 Paartherapien von 10-40 Stunden
- 2 Familientherapien von 5-25 Doppelstunden
- Gruppenpsychotherapien mit 6-9 Patienten von insgesamt 100 Doppelstunden, davon 1/3 auch als Co-Therapie

Durchführung von **kognitiv-behavioralen Therapien** (Verhaltenstherapien)

- 10 Langzeit-Verhaltenstherapien mit je mindestens 50 Stunden
- 10 Kurzzeit-Verhaltenstherapien mit einem Gesamtumfang von 200 Stunden
- 4 Paar- oder Familientherapien
- 6 Gruppentherapien (differente Gruppen wie indikative Gruppen oder Problemlöse-Gruppen) davon 1/3 auch als Co-Therapie. Paar- Familien- und Gruppentherapie müssen zusammen mindestens 300 Stunden umfassen.
- Im jeweils anderen Hauptverfahren soll erfahrungsgeleitete Kenntnisse durch Teilnahme an einem Fallseminar von 50 Doppelstunden und durch Co-Therapien, Einzel- oder Gruppentherapie von insgesamt 80 Stunden erworben werden.

Suggestive und **entspannende** Verfahren (Dazu gehören anwendungsorientierte Kurse in Autogenem Training, progressiver Muskelentspannung

Durchführung der **supportiven Psychotherapie** und **Notfall-Psychotherapie** (Dazu gehören niederfrequente, auch längerfristige, haltgewährende und unterstützende therapeutische Beziehungen zur Stabilisierung eines psychischen Zustandes bei schweren psychischen Erkrankungen und bei somatischen Erkrankungen als begleitende Psychotherapie. Es sind mindestens 6 Behandlungen unter qualifizierter Supervision nachzuweisen).

Psychotherapeutische Intervention bei **akuten psychisch bedingten Krisen**, mindestens 10, sind unter qualifizierter Supervision nachzuweisen.

Weitere tiefenpsychologische Verfahren oder **erlebenisorientierte Verfahren** und averbale Verfahren (vorzugsweise im Rahmen stationärer Tätigkeit).

Psychosomatisch-psychotherapeutischer **Konsiliar- und Liaisiondienst** (Die Durchführung von mindestens 20 konsiliarischen Untersuchungen zur Diagnostik und Indikationsstellung oder mindestens 20 fallbezogene wie teambezogene psychotherapeutische Beratungen auf den Stationen somatischer Kliniken.

Dokumentation und Qualitätssicherung (Dokumentation von Befunden, ärztlichem Berichtswesen, einschlägigen Bestimmungen der Sozialgesetzgebung und für die Arzt-Patient-Beziehung wichtigen Rechtsnormen.

Selbsterfahrung und Balintgruppen

- Es soll an mindestens 50 Doppelstunden einer kontinuierlichen Balintgruppe teilgenommen werden. Zum Balintgruppenleiter sollen keine unmittelbaren dienstlichen Abhängigkeitsverhältnisse bestehen.
- Die Einzelselbsterfahrung und Gruppenselbsterfahrung ist je nach gewähltem Behandlungsschwerpunkt entweder tiefenpsychologisch-analytisch oder verhaltenstherapeutisch. Zum Lehrtherapeuten/Analytiker dürfen keine beruflichen, dienstlichen, privaten und wirtschaftlichen Abhängigkeitsverhältnisse bestehen. Der Lehrtherapeut/Analytiker muß mindestens 5 Jahre nach Abschluß der eigenen Weiterbildung hauptberuflich psychotherapeutisch/analytisch in Praxis oder Klinik tätig gewesen sein und sich an der Weiterbildung als Dozent beteiligt haben. Als Mindeststundenzahl gelten in der Tiefenpsychologie 150 Stunden Einzelselbsterfahrung und 70 Doppelstunden Gruppenselbsterfahrung, in der Verhaltenstherapie 70 Doppelstunden Selbsterfahrung einzeln oder in der Gruppe.

Psychosomatische **Begutachtung**

Hierzu gehören mindestens 5 wissenschaftlich begründete Gutachten

Die definitiven Weiterbildungsrichtlinien werden von den Landesärztekammern erlassen und können daher von Bundesland zu Bundesland geringfügig variieren.

Literatur

AHRENS, S. (HRSG.): Entwicklung und Perspektiven der Psychosomatik in der Bundesrepublik Deutschland. Springer, Berlin Heidelberg 1990

DÜHRSSEN, A.: Geschichtlicher Rückblick. In: Tress, W. (Hrsg.): Psychosomatische Medizin und Psychotherapie in Deutschland. Vandenhoeck & Ruprecht, Göttingen 1992

HÄFNER, H.: Hat die Psychosomatik als eigenes Fach eine Existenzberechtigung? Psychother. Med. Psychol. 40 (1990) 327-336

HOFFMANN, S.O.: Die realisierbare Utopie einer leistungsfähigen psychosomatischen Universitätsklinik. Erforderliche Zahlen, Kapazitäten und Mentalitäten. In: Ahrens, S. (Hrsg.): Entwicklungen und Perspektiven der Psychosomatik. Springer, Berlin Heidelberg 1990, S. 117-124

HOFFMANN, S.O., SCHEPANK, H.; SPEIDEL, H. (HRSG.): Denkschrift 90. Zur Lage der Psychosomatischen Medizin und Psychotherapie an den Hochschulen der Bundesrepublik. Konferenz der Leitenden Fachvertreter für Psychosomatische Medizin und Psychotherapie. Mainz 1990

JANSSEN, P.L.: Die psychotherapeutische Versorgung bis zum Jahr 2000. In: Tress, W. (Hrsg.): Psychosomatische Medizin und Psychotherapie in Deutschland. Vandenhoeck & Ruprecht, Göttingen 1992

JANSSEN, P.L.: Von der Zusatzbezeichnung "Psychotherapie" zur Gebietsbezeichnung "Psychotherapeutische Medizin". Zschr.Psychosom.Med. 39 (1993), S. 95-117

MEYER, A.E.: Die psychosomatische Gegenreformation: Sind die Hoffnungen erfüllt? In: Ahrens, S. (Hrsg.): Entwicklung und Perspektiven der Psychosomatik. Springer, Berlin Heidelberg 1990, S. 7-18

PAAR, G.H.: Psychosomatische Abteilungen an Universitätskrankenhäusern. In: Ahrens, S. (Hrsg.): Entwicklungen und Perspektiven der Psychosomatik. Springer, Berlin Heidelberg 1990, S. 81-90

V. RAD, M., SCHORS, R., FINKE, G.: Psychosomatische Medizin und stationäre Therapie in einem Allgemeinkrankenhaus - Ansprüche und Wirklichkeit. In: Tress, W. (Hrsg.): Psychosomatische Medizin und Psychotherapie in Deutschland. Vandenhoeck & Ruprecht, Göttingen 1992, S. 167-177

RICHTER, H.E.: Die Bedeutung der Psychologie in der Medizin. Psychother. Med. Psychol. 39 (1989) 51-57

RUDOLF, G., ESSEN, C. VON, PORSCH, U., GRANDE, T.: Psychotherapeutische Institutionen und ihre Patienten. Zschr. Psychosom. Med. 34 (1988) 19-31

RUDOLF, G.: Versorgungsforschung: Ergebnisse und Zukunftsperspektiven. In: Tress, W. (Hrsg.): Psychosomatische Medizin und Psychotherapie in Deutschland. Vandenhoeck & Ruprecht, Göttingen 1992, S. 83-94

RÜGER, U.: Entwicklungstendenzen in der Psychotherapie. Die Situation nach der Neufassung der Psychotherapierichtlinien. Deutsches Ärzteblatt 87/15 (1990) 865-869

STUHR, U., HAAG, A.: Eine Prävalenzstudie zum Bedarf an psychosomatischer Versorgung in den allgemeinen Krankenhäusern Hamburgs. Psychother. Med. Psychol. 39 (1989) 273-281

5.3 Epidemiologie psychoneurotischer und psychosomatischer Störungen (R. Manz)

Wie in nahezu allen medizinischen Fachbereichen, fungiert die Epidemiologie im Rahmen der psychotherapeutischen Medizin als Grundlagendisziplin: Neben die klassische Fragestellung der Epidemiologie, die nach der zeitlichen und räumlichen Verteilung von Merkmalen (etwa psychischen Erkrankungen) fragt, treten u. a. Fragen nach möglichen Krankheitsursachen, nach der Versorgungsrelevanz, aber auch nach der Gliederung und Funktion des von der Gesellschaft bereitgestellten Versorgungssystems.

Zur Beurteilung häufig veröffentlichter epidemiologischer Ergebnisse bezüglich psychischer Störungen ganz allgemein ist es notwendig, wichtige Krankheits- und Störungskonzepte, Untersuchungskonzepte, Instrumente und Designs sowie für das Fachgebiet wichtige Untersuchungsergebnisse zu referieren und, wo nötig, auch kommentierend zu erläutern.

5.3.1 Begriffsbestimmungen

Grundlage einer jeden Epidemiologie ist die Deskription von Häufigkeiten vorab definierter Krankheitsentitäten innerhalb definierter Zeiträume (Prävalenz), darüber hinaus aber auch des Neuauftretens zwischen vorgegebenen Zeitpunkten (Inzidenz). Zur Verfeinerung dieser deskriptiven Häufigkeiten werden diese in der Regel aufgeschlüsselt nach demographischen Variablen, wie etwa Alter, Geschlecht, Sozialstatus, Region etc. Die Frage nach wahrscheinlichen Mitursachen von Krankheiten und deren Verläufen stellt die analytische Epidemiologie, deren Untersuchungsinstrumentar daher weit über diagnostische Methoden der Fallidentifikation hinausreicht. Vermutete Ursachenvariablen für bestimmte Krankheitsgruppen müssen daher dezidiert genannt und diagnostische Methoden zu deren Bestimmung zusätzlich bereitgestellt werden. Ein noch komplexeres Vorgehen gestattet die experimentelle Epidemiologie, die im Rahmen von Präventiv- oder Interventionsstudien etwaige regelhafte Zusammenhänge zwischen Krankheitsursachen, den Erkrankungen selbst sowie deren Verlauf untersucht. Um bereits auf der Ebene der Deskription von Krankheitsentitäten wahre Prävalenz- und Inzidenzangaben zu erhalten, ist es notwendig, daß Untersuchungen an repräsentativen Stichproben zur Verfügung stehen. Der Gültigkeitsbereich einer Untersuchung wird durch die Art der Stichprobengewinnung festgelegt. So können epidemiologische Felduntersuchungen an zufällig aus den Einwohnermeldekarteien bestimmten Personen Aussagen über den Krankenstand etwa der erwachsenen Allgemeinbevölkerung einer bestimmten Region machen. Im Rahmen von administrativen Studien, die eine Analyse der von bestimmten Behörden und Institutionen erfaßten Erkrankungen erlauben, lassen sich lediglich Aussagen über Teilstichproben der Allgemeinbevölkerung machen, da diese häufig eine Selektion nach der sogen. Inanspruchnahmeklientel darstellen. Anders jedoch bei Todesursachenstatistiken, meldepflichtigen Erkrankungen oder dem im Land Bremen eingeführten Krebsregister. Bei diesen Datenquellen kann mit hoher Wahrscheinlichkeit davon ausgegangen werden, daß die Grundgesamtheit vollständig berücksichtigt ist. Während im Rahmen von Querschnittsuntersuchungen die sog. Punktprävalenz erfaßt wird, erlauben Längsschnittuntersuchungen die Erhebung von Periodenprävalenz, aber auch von Inzidenzraten. Hier werden in zeitlich aufeinanderfolgenden Querschnitten dieselben Personen mehrfach untersucht, so daß Veränderungen in der Morbidität erfaßt werden können. Die zu untersuchenden Krankheitsentitäten werden nach inhaltlichen Merkmalen festgelegt, die somit die sog. Falldefinition beschreiben. Die Fallidentifikation gibt dagegen diagnostische Methoden vor, die die jeweils in Frage stehenden Erkrankungen reliabel, valide, spezifisch und sensitiv von den nicht erkrankten Personen unterscheiden.

In der Regel berücksichtigen epidemiologische Studien nicht die Grundgesamtheit, sondern lediglich Stichproben. Hierbei ist es wichtig, daß diese Stichproben repräsentativ für die Grundgesamtheit sind, aber auch einen entsprechenden Umfang aufweisen, da die statistische Sicherheit, mit der eine sog. wahre Prävalenz festgehalten wird, von der Häufigkeit abhängt, mit der das Merkmal in der Grundgesamtheit tatsächlich auftritt. So kann etwa die Prävalenzrate schizophrener Erkrankungen mit ca. 1% der Gesamtbevölkerung erst an einer Stichprobe mit einem Umfang von einigen 10.000 Personen festgestellt werden.

5.3.2 Die Klassifikation psychosomatischer und psychoneurotischer Störungen

Epidemiologische Untersuchungen erfordern bereits im Vorfeld komplexe Entscheidungen bezüglich der sog. Falldefinition, aber auch der Fallidentifikation. Seit Jahren existieren umfangreiche Klassifikationsschemata (z. B. die International Classification of Diseases - (ICD) der Weltgesundheitsorganisation (WHO); z.Zt. 10. Rev. (dt. Dilling et al. 1991), oder das Diagnostic and Statistical Manual of Mental Disorders (DSM-III R) der American Psychiatric Association (dt. Wittchen et al. 1989). Beide Systeme beschreiben für den hier interessierenden Fall der psychoneurotischen und psychosomatischen Störungen mehr oder weniger dezidiert die einzelnen im Rahmen dieser Krankheitsgruppen zusammengefaßten Störungsbilder. Beide Systeme weichen weitestgehend von früher üblichen ätiologischen Störungskonzepten ab und orientieren sich an einer operational beschreibenden Klassifikation der psychischen Störungen. Dies hat etwa bei der neuesten Version der ICD 1O zu der Entscheidung geführt, depressive Erkrankungen nicht mehr nach endogenen und neurotischen zu trennen. Die Schwere einer jeweiligen psychischen Störung wird in der Regel an Hand der durch sie bedingten Beeinträchtigung des sozialen Funktionsniveaus einer Person definiert. Bezüglich der Falldidentifikation sind eine Reihe von Instrumenten entwickelt worden (z.B. CIDI Composite International Diagnostic Interview, WHO 1990; SKID Strukturiertes Klinisches Interview für DSM-III-R, Wittchen et al. 1990), die vorwiegend im Bereich der psychiatrischen Epidemiologie Verwendung finden. Diese Instrumentenpalette erstreckt sich von einfachen Selbstbeurteilungsinstrumenten für Screeningzwecke bis hin zu hochstrukturierten, standardisierten Interviews, die nur nach eingehendem Interviewertraining durchgeführt werden können. Während bezüglich der qualitativen Falldefinitionen noch ein weitgehender Konsens zwischen verschiedenen Berufsgruppen und Disziplinen bestehen dürfte, gehen die Meinungen hinsichtlich der Fallidentifikationsinstrumente und der Beurteilungen des Schweregrades einer Erkrankung offensichtlich weit auseinander. Dies schlägt sich auch in der Anlage und nicht zuletzt in den Ergebnissen der weiter unten referierten Studien nieder. Ein weiteres, häufig übersehenes Problem betrifft die große Spannweite möglicher Prävalenzabschnitte, für die Krankheitshäufigkeiten berichtet werden. Diese kann im Minimalfall als sog. Punktprävalenz (z. B. die letzten 7 Tage) bis hin zu einer lebenslangen Prävalenz reichen. Entsprechend schwer sind somit die in verschiedenen Studien erzielten Ergebnisse miteinander zu vergleichen. So kommen etwa Neugebauer und Dohrenwend (1980) in einer Übersichtsarbeit über nordamerikanische und europäische epidemiologische Studien für die Neurosen zu einer wahren Prävalenzangabe mit einem Median von 9,4% in der Gesamtbevölkerung, wobei die Maximalschwankungen von unter 1% bis über 60% reichen. Schepank (1986) identifiziert einige der Ursachen für solche extremen Schwankungsbreiten. Bei vielen Gesamtauflistungen fehlen Differenzierungen nach wichtigen epidemiologischen Kennwerten. So ergeben Inzidenzraten (z.B. Neuerkrankungen innerhalb 4 Wochen) sehr niedrige Kennwerte, lebenslange Prävalenzraten (Erkrankungswahrscheinlichkeit lebenslang) jedoch sehr hohe Kennwerte. Des weiteren werden unterschiedliche Fallidentifikationsinstrumente verwendet, über deren Sensitivität in der Regel sehr wenig bekannt ist. Falldefinitionen werden von Untersuchung zu Untersuchung unterschiedlich gehandhabt, auch weisen die Untersucher selbst oft sehr unterschiedliche Fachkompetenz auf. Die Spannweite reicht hier von Fragebogenuntersuchungen durch studentische Hilfskräfte bis hin zu umfangreichen Feldexplorationen durch ausgebildete Psychotherapeuten. Nicht zuletzt unterscheiden sich die Untersuchungsdesigns im Hinblick auf die Stichprobengewinnung oder etwa die untersuchten Altersgruppen. Wichtig ist, bei berichteten Häufigkeiten auch die jeweiligen Zusatzangaben (Inzidenz, Prävalenz, Zeitintervalle und Bezugsgruppe) zu berücksichtigen.

Selbst bei vergleichbaren repräsentativen Stichproben führen vor allem unterschiedliche Fallidentifikationsinstrumente zu verschiedenen Häufigkeitsangaben. So konnten wir nachweisen, daß ein psychiatrisches Interview (Goldberg et al 1970) vor allem psychosomatische und psychovegetativ-funktionelle Syndrome und Krankheitsbilder weit weniger sensibel erfaßte als der Beeinträchtigungs-Schwerescore von Schepank (1987) (Manz 1987).

Generell scheint die offensichtlich stufenlose Variation von Symptommanifestationen mit erheblichen Schwierigkeiten bezüglich der Falldefinition verbunden zu sein. So wird häufig immer noch das Krankheitsverhalten, d. h. die Tatsache, ob jemand wegen der Symptommanifestationen einen Arzt konsultierte oder gar arbeitsunfähig war, als globales Kriterium für Kranksein verwendet. Alternativ dazu gestatten eine Reihe von Schweregradeinteilungen, wie etwa der Beeinträchtigungs-Schwerescore (BSS) nach Schepank (vgl. Tress 1987), die Achse V des DSM III-R oder die Health-Sickness Rating Scale (HSRS) (Luborsky 1962, Armelius et al. 1991) eine kontinuierliche Skalierung von vollkommener Symptomfreiheit bis hin zu Symptombeeinträchtigungen von Krankheitswert, und zwar unabhängig von dem konkreten Krankheitsverhalten der untersuchten Person. Dabei werden in unterschiedlichstem Maße symptombedingte Einschränkungen der Leistungsfähigkeit und des sozialen Lebens berücksichtigt.

Gerade das Inanspruchnahmeverhalten psychoneurotisch oder psychosomatisch erkrankter Menschen zeichnet sich durch eine hohe Variabilität aus. Dies betrifft einmal die Latenzzeit von Krankheitsbeginn bis zur Inanspruchnahme, darüber hinaus ist die dann erfolgte Inanspruchnahme über weite medizinische und psychologische Disziplinen gestreut. Eine Folge hiervon dürfte eine erhebliche Diskrepanz zwischen der wahren Prävalenz und der administrativen Prävalenz dieser Störungsgruppen sein (vgl. zusf. Schepank 1990). U.a. konnte gezeigt werden, daß psychoneurotisch oder psychosomatisch erkrankte Männer keine höhere Wahrscheinlichkeit aufweisen, eine psychologische oder psychiatrische Beratung aufzusuchen als gesunde Männer. Die Wahrscheinlichkeit, einen praktischen Arzt aufzusuchen, liegt bei dieser Gruppe ebenfalls nur unwesentlich über der der gesunden Männer. Für Frauen dagegen konnte eine deutliche höhere Konsultationsrate bei einem Psychologen oder Psychiater vor allem für die Gruppe der psychosozial Erkrankten, festgestellt werden (Reister et. al. 1990).

Im folgenden werden exemplarisch einige epidemiologische Studien der jüngeren Zeit dargestellt. Wie bereits erwähnt, unterscheiden sich diese Studien teilweise recht deutlich hinsichtlich der Stichprobengewinnung, der Falldefinitionen und vor allem der Instrumente zur Fallidentifikation.

5.3.3 Exemplarische Studien zur Epidemiologie psychoneurotischer und psychosomatischer Störungen

Im deutschsprachigen Raum unternahmen Dilling und Weyerer in den Jahren 1975 - 1977 eine repräsentative Felduntersuchung an 1.536 Einwohnern ländlicher bzw. kleinstädtischer Gemeinden in Oberbayern. Die Studie wurde durchgeführt von psychiatrischen Assistenzärzten, als Fallidentifikationsinstrument wurde das Goldberg-Cooper-

Interview (Goldberg et al. 1970) sowie die Beschwerdenlisten nach von Zerssen (1976) verwendet. Qualitativ wurde nach der ICD 8 (Degkwitz et al. 1980) im Rahmen eines einstündigen Untersuchungsgesprächs die aktuelle (Punkt) Prävalenz diagnostiziert. Die Einzeldiagnosen wurden zu folgenden Gruppen zusammengefaßt: dementielle und psychotische Erkrankungen (ICD 290 - 299), Psychoneurosen (ICD 300), psychosomatische Syndrome (ICD 305, 306.4, 306.5 sowie 306.8), Persönlichkeitsstörungen (ICD 301, 302) sowie Süchte (ICD 303, 304). Am häufigsten wurde als Hauptdiagnose eine neurotische oder psychosomatische Erkrankung gestellt, so in 33,7% der erwachsenen Bevölkerung. Den Hauptanteil stellten hierbei mit 20,7% die Psychoneurosen, wovon in der Hälfte der Fälle ein depressives Syndrom diagnostiziert wurde. In 5,7% wurde eine psychosomatische Störung diagnostiziert, Persönlichkeitsstörungen einschl. sexueller Verhaltensabweichungen, Alkoholismus und Medikamentenabhängigkeit wurden in 7,3% diagnostiziert. Wie in den meisten anderen Studien überwogen auch hier Frauen bei den neurotischen und psychosomatischen Störungen, die Männer dagegen bei Alkoholproblemen. Als psychiatrisch-psychotherapeutisch behandlungsbedürftig (Einschätzung durch den Interviewer) wurden bei den Psychoneurosen 9,4% der Gesamtbevölkerung, bei den psychosomatischen Störungen 1,8% und den Persönlichkeitsstörungen 2,5% beurteilt. Obwohl diese Studie sehr sorgfältig geplant und durchgeführt wurde, ergeben sich bezüglich der Häufigkeitsangaben vor allem für psychosomatische Störungen doch Zweifel, da das verwendete Goldberg-Cooper-Interview (wie im vorigen Kapitel bereits beschrieben) diese Störungsgruppen mit einer relativ geringen Sensitivität erfaßt (zusf. Dilling, Weyerer u. Castell 1984).

Das National Institute of Mental Health (NIMH) legte 1984 erstmals Ergebnisse seines Epidemiologic Catchment Area-Programms (Regir et. al. 1984; Robins et. al. 1984; Myers et. al. 1984) vor. Bis dahin waren drei amerikanische Großstädte repräsentativ untersucht. Als Diagnostiker wurden sog. hochtrainierte Laienrater mit Hilfe des Diagnostic Interview Schedule (DIS; Robins et al. 1981) eingesetzt und insgesamt 9.543 Personen befragt. Das DIS erlaubte eine Zuordnung zum DSM III der American Psychiatric Association. Die Untersuchungsprävalenz wurde auf 6 Monate festgelegt und für diesen Prävalenzabschnitt wurden für sämtliche psychiatrisch relevanten Diagnosen zusammen zwischen 16 und 24%, für eine lebenslange Prävalenz dagegen zwischen 30 und 40% Erkrankungen diagnostiziert. Die 6-Monats-Prävalenzraten für Phobien liegen zwischen 5,4 und 13,4%, für affektive Störungen (wobei hier nicht zwischen neurotischen und psychotischen Störungen unterschieden wird) zwischen 4,6 und 6,5%, für Persönlichkeitsstörungen zwischen 0,6 - 1,3%, Panikstörungen 0,6 - 1% und Zwangserkrankungen 1,3 - 2%. Ein zunächst auffallendes Ergebnis stellen die Daten zu den sog. Somatisierungsstörungen dar, die durchweg bei 0,1% in dieser Studie für die Gesamtbevölkerung liegen. Hier offenbaren sich die Nachteile des DSM-III, das die klassischen psychosomatischen Störungen gar nicht enthält (!). Unter die Somatisierungsstörungen fallen lediglich das psychovegetative Erschöpfungssyndrom, Psychalgien und hysterische Funktionsstörungen, und selbst beim Erschöpfungssyndrom müssen 13 von 35 vorgegebenen Symptomen vorliegen, um als solches diagnostiziert zu werden. Es verwundert daher nicht, daß die genannte Studie bezüglich der psychosomatischen Erkrankungen deutlich von anderen Studienergebnissen abweicht. Auch unterscheidet das DSM-III nicht mehr zwischen neurotischen und psychotischen Affektstörungen, so daß die Prävalenzangaben kaum mehr mit denen anderer Studien verglichen werden können.

Das Somatisierungskonzept/-problem im Rahmen der Untersuchung psychischer Störungen wird offenbar sehr unterschiedlich gehandhabt. Wie die sog. Somatisierungsstudie in Manchester (Bridges and Goldberg 1985; Goldberg and Bridges 1988) zeigt, waren lediglich 5% der untersuchten Klientel von niedergelassenen Fachärzten, die eine affektive Störung aufwies, rein psychiatrisch, d. h., 95% dieser Klientel wies zusätzlich zu einer affektiven Störung auch eine sog. Somatisierung auf. Die Autoren weisen nach, daß je nach dem Verhalten des Interviewers die Probanden ihre Probleme psychologisierend oder somatisierend kommunizieren. Wenn in der Epidemiologic-Catchment-Area-Studie die Somatisierungsstörungen grundlegend anders konzipiert sind als in der oben genannten Studie, so legt dies den Verdacht nahe, daß mit der DSM-III mehr als nur die ätiologischen Krankheitskonzepte aufgegeben wurde.

Im Rahmen des Sonderforschungsbereichs 116 "Psychiatrische Epidemiologie" in Mannheim wurde von Schepank und Mitarbeitern (1987, 1990) eine umfangreiche epidemiologische Studie an 600 erwachsenen Bürgern durchgeführt. Die Hauptstudie erstreckte sich von 1979 mit einem Follow-up bis 1982. Von den Geburtsjahrgängen 1935, 1945 sowie 1955 wurden jeweils 200 Erwachsene zufällig aus der Kartei des Einwohnermeldeamtes ermittelt. Neben dem Goldberg-Cooper-Interview fanden der Beeinträchtigungs-Schwerescore von Schepank sowie die Beschwerdeliste von von Zerssen Anwendung. Prävalenzraten wurden sowohl in Form einer Punktprävalenz (letzte 7 Tage) als auch in Form einer 1-Jahres-, einer 3-Jahres- und einer lebenslangen Prävalenz erfaßt. Die Fallidentifikation wurde einmal auf qualitativer Ebene (Diagnose nach ICD 8), aber auch nach quantitativen Kriterien (Beeinträchtigungs-Schwerescore größer als 4 Punkte oder Goldberg-Cooper-Interview mehr als 20 Punkte) definiert. Der Cut-off für den Beeinträchtigungsschwerescore wurde an Hand der klinikinternen Basisdokumentation der Psychosomatischen Klinik des Zentralinstituts für Seelische Gesundheit in Mannheim ermittelt und festgelegt. Es ist daher also davon auszugehen, daß die als epidemiologische "Fälle" kategorisierten Personen hinsichtlich der Schwere ihrer Erkrankung einer psychotherapeutisch behandelten Klientel gleichzusetzen sind. Die mindestens 2-3-stündigen ausführlichen Explorationen wurden von psychotherapeutisch geschulten Interviewern durchgeführt.

Die erste Querschnittstudie ergab, daß 26% der untersuchten erwachsenen Bevölkerung bezüglich der Punktprävalenz (letzte 7 Tage) als epidemiologische Fälle im Sinne der oben beschriebenen Definition vorgefunden wurden. Diese verteilten sich auf die Psychoneurosen (ICD 300) mit 7,2%, die Persönlichkeitsstörungen (ICD 301) mit 5,7%, Süchte (ICD 303, 304) 1,5%, funktionelle und psychosomatische Störungen (ICD 305, 306) 11,6%. Wie in nahezu allen epidemiologischen Studien überwogen auch hier die Frauen unter den sog. Fällen (34%) gegenüber den Männern (18%). Anteilmäßig überwogen, ebenfalls wie in den meisten anderen Studien, bei den Persönlichkeitsstörungen einschl. Alkoholmißbrauch die Männer, dagegen bei den neurotischen und psychosomatischen sowie funktionellen Syndromen die Frauen. In der drei Jahre später erfolgten Nachuntersuchung ergaben sich ebenfalls wieder für die 7-Tage-Prävalenz für die Psychoneurosen 6,6%, für die Persönlichkeitsstörungen einschl. der Süchte 10,6% und für die psychosomatischen und funktionellen Erkrankungen 8,5%. Im Gesamt lag der Anteil der psychoneurotisch-psychosomatisch erkrankten Probanden, ähnlich wie in der Vorstudie, bei 25,8%. Wie auch in anderen Follow-up-Studien beobachtet, näherten sich die Fallraten zwischen Männern (22,5%) und Frauen (29,4%) an, so daß der Unterschied statistisch nicht mehr signifikant war. Zwischen den untersuchten Jahrgangskohorten ließen sich statistisch keine Unterschiede hinsichtlich der Prävalenzraten nachweisen.

Differenzierte Häufigkeitsangaben auf Diagnosenebene sollen hier nicht berichtet werden. Diese können der Originalliteratur entnommen werden, da sämtliche Studien eine zu geringe Stichprobe untersuchten, als daß diese Prozentangaben als statistisch gesichert angesehen werden könnten. Tress et. al. (1990) konnten als wichtiges Verlaufsergebnis von der Erst- zur Zweit-Untersuchung nachweisen, daß die qualitative Aus-

Gegenüberstellung von Ergebnissen epidemiologischer Studien zu den psychosomatischen, psychoneurotischen Erkrankungen (Prävalenzangaben)

Studien	Dilling et al 1984	NIMH 1984	Schepank 1987
Gesamt	33,7% (13,7%)[1]	25,1 - 32,4%	26,0%
Psychoneurosen	20,7% (9,4%)	17,8 - 23,8%[2]	7,2%
Persönlichkeitsstörungen incl. Alkohol/Drogen	7,3% (2,5%)	7,2 - 8,6%	7,2%
Psychosomatische und vegetative Erkrankungen	5,7% (1,8%)	0,1%	11,6%

[1] Behandlungsbedürftiger Schweregrad nach Einschätzung der Untersucher
[2] Hierin sind auch psychotische affektive Störungen enthalten

Tabelle 5.3.3

prägung, d. h., die Art der Störung, im zeitlichen Verlauf erheblich variiert. Sie kommen daher zu dem Schluß, daß es nützlich ist, von einem "übergeordneten Begriff der psychogenen Erkrankungen" auszugehen (S. 73). Offensichtlich scheinen der affektive und der somatische Anteil dieser Störungen im zeitlichen Verlauf einer großen Variabilität zu unterliegen, ohne daß von einer Neuerkrankung die Rede sein könnte. Zu diesem Schluß kommen auch Schepank und Manz (1990).

Abschließend sollen die Ergebnisse der hier referierten Studien, soweit möglich, in einer zusammengefaßten Tabelle noch einmal übersichtlich dargestellt werden.

5.3.4 Zur Versorgungsrelevanz psychoneurotischer und psychosomatischer Erkrankungen

Eine Reihe von Autoren machen dezidiert Aussagen zur Versorgungsrelevanz psychoneurotischer, psychosomatischer Erkrankungen.

Differenziert nach Art und Schwere der Erkrankung kommt Schepank (1987) zu dem Ergebnis, daß etwa 11% der untersuchten Population psychotherapeutische Hilfe benötigen und hierfür auch motiviert bzw. motivierbar sind. Studien an Patienten von Allgemeinarztpraxen (Strotzka et al. 1969, Dilling et al. 1978, Zintl-Wiegand et al. 1978) berichten, daß ca. 1/3 der Patienten psychoneurotische, vorwiegend vegetativ-funktionelle Beschwerden aufweisen. Goldberg u. Bridges (1988) gingen bei ihrer Studie über Patienten von Fachärzten davon aus, daß viele Patienten als Reaktionen auf Streß somatisierten und demzufolge einen Allgemeinarzt konsultierten. Sie fanden, daß 95% der Patienten, die eine psychiatrisch/psychoneurotische Diagnose aufwiesen ihre gleichzeit bestehenden körperlichen Beschwerden auch somatisch attribuierten. Es ist also davon auszugehen, daß die erste Anlaufstelle auch und gerade bei psychosomatisch/psychoneurotischen Störungsbildern der niedergelassene Allgemeinarzt ist. Aus diesem Grunde kann nicht nachhaltig genug betont werden, welch wichtige Rolle diesem für eine adäquate Versorgung dieser Störungsbilder zukommt.

In der neueren epidemiologischen Forschung setzt sich in wachsendem Maße die Erkenntnis durch, daß insbesondere psychische Gesundheit und Krankheit vor dem Hintergrund eines Wechselspiels zwischen individuellem Gesundheitsverhalten und sozioökonomisch mitbestimmten Verhaltensalternativen zu verstehen sind. Entsprechende Konzepte liegen - ausgehend von der Streßforschung - in Form der Life-event-, Coping- und Social-Support-Forschung vor, die sich schon seit geraumer Zeit nicht mehr nur mit klassischen psychosomatischen Störungen befassen.

Nach Auffassung der WHO (1986) befinden sich die industrialisierten Länder in einer 'post-medical' Ära, in der das psychische Wohlergehen durch unterschiedlichste individuelle Verhaltensweisen (z.B. Rauchen), Versäumnisse im sozialen Bereich (z.B. Vereinsamung), ökonomische Faktoren (z.B. Armut, Überernährung) und die physikalische Umwelt (z.B. Umweltverschmutzung) allmählich zerstört wird. Diesen Faktoren ist durch Weiterentwicklungen in der traditionellen Medizin jedoch nicht mehr wirkungsvoll zu begegnen. Das Lifestyle-Konzept beschreibt die generelle Lebensführung im Kontext von äußeren (z.B. sozioökonomischen) Faktoren und individuellen Verhaltensweisen, die ihrerseits durch Persönlichkeits- und soziokulturelle Faktoren mitbestimmt werden. Individuelle Lebensstile sind das Ergebnis der Sozialisation, gelernt durch soziale Interaktionen mit den Eltern, Geschwistern, Gleichaltrigen etc.. Dieser lebenslang andauernde Prozeß kann nur im Rahmen einer soziopsychosomatischen Konzeption von Krankheit und Gesundheit verstanden werden. Daß diese ganzheitliche Sichtweise des Individuums insbesondere der Psychosomatischen Medizin neue Perspektiven für ein wirkungsvolles Behandlungskonzept, das weit über den traditionellen Rahmen klassischer psychosomatisch-funktioneller Erkrankungen hinausreicht, eröffnet, ist evident. Hier sind alle Phasen von der präventiven über die kurative bis zur rehabilitativen Medizin berührt.

Literatur

ARMELIUS, B-A., GERIN, L., LUBORSKY, L. ALEXANDER, L.: Clinicians' Judgment of Mental Health: An International Validation of HSRS. Psychotherapy Research 1991, 1: 31-38.

BRIDGES, K.W., GOLDBERG, D.P.: Somatic presentation of DSM-III psychiatric disorders in primary care. Journal of Psychosomatic Research 1985, 29.6, 563-569.

DEGKWITZ, R., HELMCHEN, H., KOCKOTT, G., MOMBOUR, W. (HRSG.): Diagnosenschlüssel und Glossar psychiatrischer Krankheiten. 5. Auflage, korrigiert nach der 9. Revision der ICD. Springer, Berlin 1979.

DILLING, H., MOMBOUR, W., SCHMIDT, M.H.: Internationale Klassifikation psychischer Störungen: ICD-10 Kapitel V (F) Klinisch-diagnostische Leitlinien. Huber, Bern 1991.

DILLING, H., WEYERER, S., ENDERS, I.: Patienten mit psychischen Störungen in der Allgemeinpraxis und ihre psychiatrische Behandlungsbedürftigkeit. In Häfner H. (Hrsg.): Psychiatrische Epidemiologie. Springer, Berlin 1978 (S.135-160).

DILLING, H., WEYERER, S., CASTELL, R.: Psychiatrische Erkrankungen in der Bevölkerung. Enke, Stuttgart 1984.

GOLDBERG, D.P., COOPER, B., EASTWOOD, M.R., KEDWARD, H.B., SHEPHERD, M.: A standardized psychiatric interview for use in community surveys. Brit. J. prevent. soc. Med. 1970, 24, 18-23.

GOLDBERG, D.P., BRIDGES, K.: Invited review somatic presentation of psychiatric illness in primary care setting. J. psychosom. Res. 1988, 32, 137-144.

LUBORSKY, L.: Clinican's judgment of mental health: A proposed scale. Arch. Gen. Psychiatry 1962, 7, 407-417.

MANZ, R.: Gütekriterien der Instrumente zur Fallidentifikation. In Schepank H. (Hrsg.): Psychogene Erkrankungen der Stadtbevölkerung. Springer, Heidelberg 1987 (S. 235-238).

MYERS, K.J., WEISSMANN, M.M., TISCHLER, G.L., HOLZER, C.E., LEAF, P.J., ORVASCHEL, H., ANTHONY, J.C., BOYD, J.H., BURKE, J.D., KRAMER, M., STOLZMAN, R.: Six-month prevalencs of psychiatric disorders in tree communities: 1980 to 1982. Arch. Gen. Psychiatry, 1984, 41, 959-967.

NEUGEBAUER, R., DOHRENWEND, B.P., DOHRENWEND, B.S.: Formulation of hypotheses about the ntrue prevalence of functional psychiatric disorders among adults in the United States. In Dohrenwend B.P., Dohrenwend B.S., Schwartz-Gould M., Link B., Neugebauer R., Wunsch-Hitzig R. (Hrsg.): Mental Illness in the United States. Praeger, New York 1980 (S.45-94).

REGIR, D.A., MYERS, J.K., KRAMER, M., ROBINS, L.N., BLAZER, D.G., HOUGH, R.L., EATON, W.W., LOCKE, B.Z.: The NIMH epidemiologic catchment area program: Historical context, major objectives, and study population characteristics. Arch. Gen. Psychiatry, 1984, 41, 934-941.

REISTER, G., TRESS, W., SCHEPANK, H., MANZ, R., SOLLORS-MOSSLER, B.: The epidemiology of psychogenic disorders and consequences for prevention. Psychother. Psychosom 52 (1989) 10-20

ROBINS, L.N., HELZER, J.E., CROUGHAN, J., RATCLIFF, K.S.: National Institute of Mental Health diagnostic interview schedule: It's history, characteristics, and validity. Arch. Gen. Psychiatry 1981, 38, 381-389.

SCHEPANK, H.: Epidemiologie psychogener Störungen. In Kisker K.P., Lauter H., Meyer J.-E., Müller C., Strömgren E. (Hrsg.): Psychiatrie der Gegenwart 1. Springer, Berlin 1986 (S.1-28).

SCHEPANK, H. (HRSG.): Psychogene Erkrankungen der Stadtbevölkerung. Springer, Heidelberg 1987.

SCHEPANK, H. (HRSG.): Verläufe: Seelische Gesundheit und psychogene Erkrankungen heute. Springer, Heidelberg 1990.

SCHEPANK, H., MANZ, R.: Deskriptiv-epidemiologische Befunde der B-Studie. In Schepank H. (Hrsg.): Verläufe: Seelische Gesundheit und psychogene Erkrankungen heute. Springer, Heidelberg 1990 (S.30-45).

TRESS, W.: Schweregradkriterien für psychogene Erkrankungen. In Schepank H. (Hrsg.): Psychogene Erkrankungen der Stadtbevölkerung. Springer, Heidelberg 1987 (S.79-82).

TRESS, W., MANZ, R., SOLLORS-MOSSLER, B.: Epidemiologie in der psychosomatischen Medizin. In Uexküll Th.v. (Hrsg.): Psychosomatische Medizin. München, Urban & Schwarzenberg 1990 (S.63-74).

STROTZKA, H.: Kleinburg: Eine sozialpsychiatrische Feldstudie. Österreichischer Bundesverlag für Unterricht, Wissenschaft und Kunst, Wien 1969.

WHO: Composite International Diagnostic Interview (CIDI): Core Version 1.0. Geneva 1990.

WITTCHEN, H.U., ZAUDIG, M., SCHRAMM, E., SPENGLER, P., MOMBOUR, W., KLUG, J., HORN, R.: Strukturiertes klinisches Interview für DSM-III-R (SKID). Beltz, Weinheim 1990.

WITTCHEN, H.U., SAß, H., ZAUDIG, M., KOEHLER, K.: Diagnostisches und Statistisches Manual Psychischer Störungen DSM-III-R Revision. Beltz, Weinheim 1989.

ZERSSEN, D. V.: Klinische Selbstbeurteilungs-Skalen (KSb-S) aus dem Münchner Psychiatrischen Informations-System. Beltz, Weinheim 1976.

ZINTL-WIEGAND, A., SCHMIDT-MAUSHARDT, C., LEISNER, R., COOPER, B.: Psychische Erkrankungen in Mannheimer Allgemeinpraxen. Eine klinische und epidemiologische Untersuchung. In Häfner H. (Hrsg.): Psychiatrische Epidemiologie. Springer, Berlin 1978 (S.110-133).

5.4 Psychosomatische Konsiliar- und Liaisondienste (G. Rudolf, St. Wilke)

5.4.1 Psychosomatische Kooperationsformen

Medizinische Versorgung, Hygiene, Ernährung und andere Einflüsse der modernen Lebenswelt haben dazu geführt, daß die Letalität vieler Krankheiten vermindert wurde und die Lebenserwartung erheblich gestiegen ist. Damit wächst zugleich die Zahl der kranken Menschen. In der heutigen klinischen Medizin ist nur noch ein kleiner Teil der Patienten akut krank, die meisten sind Langzeitpatienten. Untersuchungen in Kliniken zeigen darüberhinaus, daß ein hoher Prozentsatz (ca. 40%) deutliche psychosoziale Probleme aufweist - was noch nicht heißt, daß alle diese Patienten sich dessen bewußt wären oder gar psychotherapeutische Unterstützung suchten. Die psychotherapeutische Arbeit in diesem Feld unterscheidet sich daher deutlich von den Psychotherapien, wie sie in den früheren Kapiteln beschrieben wurden.

Konsiliarische Anfragen kommen aus fast allen Bereichen der Medizin. Psychosomatiker werden am häufigsten von den Polikliniken oder Stationen der Inneren Medizin angefordert; es folgen Chirurgie, Neurologie, Gynäkologie, Dermatologie und Orthopädie (nach einer Umfrage von Herzog und Hartmann 1990). Vor allem für Spezialgebiete wie Onkologie, Intensiv- und Transplantationsmedizin, Dialyse und für sterbende Patienten entwickelte sich in den letzten Jahren ein zunehmender Bedarf an psychotherapeutisch-psychosomatischer Unterstützung. Als vorherrschendes Ziel wird zunächst allgemein eine Verbesserung der Patientenversorgung im Hinblick auf eine rechtzeitige und breite Diagnostik angestrebt, welche möglichst früh psychosomatische und soziale Gesichtspunkte berücksichtigt. Desweiteren geht es um die Integration psychosomatischer Aspekte über den Einzelpatienten hinaus; hier steht die Unterstützung des Behandlungsteams und der Angehörigen des Patienten im Vordergrund. Abgesehen von Versorgungsaspekten ist die Etablierung gemeinsamer Forschungsprojekte ein häufiges Thema der Zusammenarbeit.

Im wesentlichen lassen sich zwei Formen der Kooperation unterscheiden:

In dem **Konsiliarmodell** wird ein Psychosomatiker hinzugezogen, der den Patienten auf der Station besucht oder ihn in seiner eigenen Institution untersucht; von seiten der anfordernden Station steht eine diagnostische Fragestellung oder ein therapeutisches Anliegen im Vordergrund.

In dem **Liaisonmodell** wird ein psychosomatischer Mitarbeiter in eine klinische Einrichtung delegiert oder dort angestellt. So wird er nicht auf Einzelanfrage hin tätig, sondern ist in die Stationsarbeit integriert, nimmt an Visiten, Stationskonferenzen und Fallvorstellungen teil und steht auch dem Team zur Verfügung.

In beiden Organisationsformen begegnen sich zwei sehr unterschiedliche klinische Disziplinen, die sich in ihrem Arbeitsstil, in ihrem Krankheitsverständnis, manchmal auch in ihrer professionellen Herkunft (Ärzte und Psychologen) deutlich unterscheiden. Unter diesen Bedingungen eine fruchtbare Kooperation zu realisieren, gelingt am ehesten, wenn alle Beteiligten ihre wechselseitigen Erwartungen möglichst klar definieren, mit dem Denk- und Arbeitsstil des jeweils anderen vertraut machen und möglichst präzise Absprachen über die beiderseitigen Aufgaben treffen.

5.4.2 Aufgaben des Konsiliar-Liaisondienstes

Die konkreten Anforderungen an den psychosomatischen Konsiliarius oder Mitarbeiter eines Liaisondienstes sind institutionsabhängig sehr verschieden. Der psychotherapeutische Mitarbeiter in einer Dialyseabteilung steht vor anderen Problemen als derjenige in einer Kinderwunsch-Sprechstunde oder in einem Tumorzentrum. Dennoch lassen sich eine Reihe von typischen Aufgaben herausheben, mit denen Psychosomatiker in Kliniken konfrontiert sind.

Diagnostische Klärung unklarer Krankheitsbilder. Nach Abschluß der klinischen Diagnostik bleibt nicht selten ein Rest von Unklarheit, der vor allem der Beteiligung von psychischen und sozialen Faktoren am Krankheitsgeschehen gilt (z.B. bei Schmerzpatienten). In solchen Fällen soll der Psychosomatiker zur Klärung der Differentialdiagnose beitragen. Diese diagnostische Entscheidung hat häufig unmittelbare Handlungskonsequenzen in der Frage, ob der Patient operiert werden soll, ob und wohin er ggfs. verlegt wird und wer ihn weiterbehandelt. Oft ist es auch die Frage der Suizidalität, die den Kliniker zu einer konsiliarischen Anfrage veranlaßt.

Behandlungsvorschlag bei **neurotischen/psychosomatischen Störungen**. Das offensichtliche Vorliegen einer psychischen Störungen (etwa einer Depression oder Angstkrankheit), eine funktionelle psychosomatische Erkrankung (z.B. Herzangst-Neurose) oder eines psychosomatischen Bildes (z.B. Magersucht) bei einem Patienten in der Klinik wirft die Frage der Mitbehandlung oder Weiterbehandlung auf. Für den Konsiliarius stellt sich die Aufgabe, die Möglichkeiten psychotherapeutischer Behandlung prognostisch einzuschätzen und die evtl. ambulante oder stationäre Therapie nach der Krankenhausentlassung zu planen und zu organisieren.

Mitbehandlung **psychischer Störungen bei schweren oder chronischen körperlichen Erkrankungen**. Die psychotherapeutischen Fragen im engeren Sinne, die sich im Umgang mit somatopsychischen Störungen stellen, wurden bereits in Kapitel 2.12 (Somatopsychische Störungen) ausführlich erörtert. Wir beschränken uns hier auf die psychosoziale Dimension. Nach den Erfahrungen von Schwarz (1990, S. 128), der innerhalb der Heidelberger Chirurgischen Klinik eine Psychosoziale Nachsorgeeinrichtung leitet, ergeben sich folgende Hinweise auf eine psychosoziale Betreuungsbedürftigkeit.

"**Nach dem medizinischen Befund:** Rezidivierende Erkrankung; palliativ behandelte Patienten; therapiebedingte Funktionsbeeinträchtigungen (Amputationen, Anus praeter, äußerlich sichtbare Verstümmelungen, Impotenz, Sterilität, Stimmverlust etc.); aggressive Chemotherapie; Organtransplantationen; Pflegebedürftigkeit infolge Krebserkrankung.

Nach dem psychosozialen Status: Psychoneurotische, psychosomatische oder psychiatrische Vorgeschichte; Suchtprobleme in der Anamnese; Familienanamnese mit belastenden Karzinomerkrankungen; schwere Verlusterlebnisse in der nahen Vergangenheit; Verhaltensauffälligkeiten (Therapieabbruch, Therapieverweigerung, depressive oder aggressive Stimmungen); offene/versteckte Suizidankündigungen; Angstzustände oder überkompensatorische "Tapferkeit".

Nach der sozialen Situation: Labile soziale Beziehungen, familiäre Krisen oder Dekompensationen; alleinstehende Patienten; wirtschaftliche Notlage und soziale Krisen, z.B. Arbeitslosigkeit;

In **krankheitsbedingten Schwellensituationen:** Information über Diagnosen/Prognose ("Aufklärung"); Beendigung der onkologischen Therapie; Entlassung."

Die genannten Bedingungen machen es wahrscheinlich, daß der Patient in der Bewältigung seiner Krankheit und ihrer sozialen Auswirkungen Schwierigkeiten erlebt. Diese Schwierigkeiten können auf sehr unterschiedliche Weise zum Ausdruck kommen, sei es, daß der Patient unmittelbar und offensichtlich an dem Krankheitsgeschehen und der Behandlung leidet bzw. sich ängstigt, sei es, daß er mit psychischen oder psychovegetativen Symptomen reagiert, sei es, daß er in seiner sozialen Aufgabe und seiner Lebensbewältigung scheitert.
Entsprechen vielfältig sind die erforderlichen psychotherapeutischen Ansätze:

Psychotherapeutische Gespräche haben häufig das Ziel, den Patienten in seiner **Krankheitsbewältigung** zu unterstützen. Es geht dabei zunächst häufig um Angst und Schmerz, die im Zusammenhang mit belastenden medizinischen Behandlungen auftreten. Da Erwartungsangst wiederum die Schmerzbereitschaft vergrößert, kann es wichtig werden, in der Vorbereitung auf me-

dizinische Eingriffe deren Folgen antizipatorisch ins Auge zu fassen.
Zugleich gilt es aber auch, die Möglichkeiten und Grenzen der Selbstbeeinflussung von Krankheit aufzuzeigen. Manche Kranke glauben - und sie werden darin durch entsprechende Literatur unterstützt - daß sie sich bei ausreichend starkem Willen und durch die Anwendung bestimmter Techniken aus ihrer desolaten Lage herausbewegen könnten. Hier droht die Aufspaltung in eine Idealisierung alternativer Heilmethoden und eine Verteufelung der schulmedizinischen Techniken. Gelingt es dem Patienten nicht, aus eigener Kraft oder mit Hilfe alternativer Heilmethoden sein Befinden oder seine Befunde zu verbessern (was fast die Regel ist), reagiert er mit zusätzlichen Schuld- und Insuffizienzgefühlen. Die subjektiven Theorien des Patienten über die Heilung berühren seine subjektiven Theorien der Krankheitsentstehung, in der Selbstvorwürfe und Schuldgefühle häufig eine wichtige Rolle spielen. So wenig die meisten Patienten diese ihre subjektiven Krankheitstheorien direkt und ungefragt mitteilen, so wenig wagen sie es häufig, mit direkten Fragen an den behandelnden Arzt heranzutreten, um dessen Wissen und Meinung über die Krankheit, die Behandlung und den evtl. Verlauf kennenzulernen. Zu den Aufgaben des Psychosomatikers gehört es nicht nur, den Patienten in dieser Hinsicht zu ermutigen, sondern auch dessen Gesprächspartner - den behandelnden Arzt oder das Pflegeteam in ihrer kommunikativen Aktivität zu unterstützen und ihnen ggfs. Techniken der Gesprächsführung zu vermitteln.
Da psychotherapeutische Gespräche eine persönliche Bindung entstehen lassen, kann es notwendig werden, daß der Psychosomatiker den Kontakt zum Patienten auch im weiteren Krankheitsverlauf aufrechterhält, was nicht selten in eine **Sterbebegleitung** einmündet.
Es kann geschehen, daß die psychische Befindlichkeit des Patienten unter dem Eindruck der bedrohlichen oder schweren Erkrankung so stark belastet wird, daß er ausgeprägte psychische Symptomatik entwickelt. Seine affektiven Ausbrüche oder Suizidimpulse imponieren als **psychische Krisenzustände**, die eine psychotherapeutische Krisenintervention erforderlich machen. Manchmal erweist sich die affektive Erregung des Patienten bei genauerem Hinhören jedoch nicht als psychische Krankheit, sondern als Ausdruck einer durchaus verständlichen Verzweiflung, die vom Patienten unterdrückt wurde und sich nun, für alle überraschend, heftig Bahn bricht.

In diesem Zusammenhang lassen sich auch jene Situationen verstehen, die von den behandelnden Ärzten oder dem Pflegeteam als **Störungen der compliance** gesehen werden: Der Patient verweigert die Kooperation, er lehnt die diagnostischen Maßnahmen ab, er weist Medikamente zurück, lehnt die Verlegung auf eine andere Station oder die Entlassung nach Hause ab, er hält sich nicht an verordnete Diät, raucht oder trinkt Alkohol, obwohl das aus medizinischer Sicht mit seinem Krankheitszustand unvereinbar ist. Solche "unvernünftigen" Tendenzen des Patienten mobilisieren Hilflosigkeit oder Ärger im Behandlungsteam und lassen es nach rascher Abhilfe durch einen Experten rufen. In einer solchen Situation kann es für alle Beteiligten hilfreich sein, das Erleben des Patienten und seine Phantasien zu verstehen: Daß sich der Patient trotz gewisser Fortschritte ohnmächtig der Krankheit und der Behandlung ausgeliefert fühlt und sie depressiv oder aggressiv verarbeitet. Unter Umständen wehrt er sich gegen die als übermächtig erlebte medizinische Welt, indem er pseudoautonom agiert und ärztliche Anordnungen demonstrativ nicht befolgt. Die Beziehungskrise zwischen Patient und Behandlungsteam kann schon dadurch entschärft werden, daß der Psychosomatiker als ein Dritter hinzutritt und nach beiden Seiten vermittelt. Das gemeinsame Verständnis der "störenden" Verhaltensweisen und Affekte verringern auf beiden Seiten die Tendenzen der Ausgrenzung und Entwertung.

Eine spezielle Aufgabe des konsiliarischen Psychosomatikers stellt die **Unterstützung**

Beratungsinhalte bei 939 Patientenkontakten (nach Schwarz 1990)	
a) Gründe für psychologische Betreuung:	
Körperliches Leiden	71%
Eigene Persönlichkeit	40%
Familie (Partner, Kinder)	35%
Todesangst	18%
Rezidivangst	10%
Probleme mit Arzt/Pflegepersonal	8%
Beruf	7%
b) Gründe für sozialrechtliche Beratung und Unterstützung:	
Anschluß Heilbehandlung	12%
Vermittlung ambulanter Dienste	6%
Nach- und Festigungskuren	5%
Schwerbehindertenausweis	4%
Allgemeine Beratung	4%
(Mehrfachnennung, daher Gesamtsumme über 100%)	

Tabelle 5.4.2

der Angehörigen des Patienten dar. Auch hierbei handelt es sich häufig um eine vermittelnde Funktion, diesmal zwischen dem Patienten und seinen Angehörigen, oft auch zwischen den Angehörigen des Patienten und dem Pflegeteam. Die Partner eines schwerkranken Patienten oder, wenn der Patient ein Kind ist, seine Eltern und Geschwister, sind durch das Krankheitsgeschehen in der Regel ebenfalls schwer belastet und verunsichert. Sie wissen oft nicht, wie sie mit dem Patienten reden oder umgehen können, wieviel Verantwortung sie übernehmen sollen, inwieweit sie sich an der Erkrankung schuldig oder für die Genesung verantwortlich fühlen müssen. Die umgekehrten Bedenken bestehen auch auf seiten des Patienten gegenüber seinen Angehörigen. So kann die psychosomatische Aufgabe auch hier eine vermittelnde sein, die in Paar- oder Familiengesprächen realisiert oder in getrennten Gesprächen mit der Position des jeweiligen Gegenübers vertraut macht.

Als letzte Aufgabengruppe sei die **soziale Beratung** des Patienten erwähnt. Hier verschiebt sich der Akzent von der Psychotherapie zur Soziotherapie oder Sozialarbeit, wenn es um Informationen über Pflegegeld, Schwerbeschädigtenausweis, Kurmaßnahmen, Heimunterbringung, Reha-Einrichtungen oder um die Abklärung sozialrechtlicher Fragen geht. Stärkere therapeutische Akzente gewinnt die Bearbeitung dieses Themas dort, wo der Patient sozial nicht gut integriert ist, wo Partnerschwierigkeiten und familiäre Konflikte, Berufsprobleme, Geldnöte vorliegen. Alle diese Themen können durch Suchtzüge und ihre psychosozialen Folgen drastisch verschärft sein.
Einen Eindruck von den Beratungsinhalten bei 939 Patientenkontakten vermittelt eine weitere Aufstellung von Schwarz (1990, S. 130). (siehe Tabelle 5.4.2)

Diese Aktivitäten erfolgten bei Schwarz (1990) zur Hälfte in Einzelgesprächen mit den Patienten, zu 24% in Gesprächen mit Angehörigen und zu 13% im Gespräch mit Ärzten und Pflegepersonal.

Abschließend sei die **Arbeit mit dem therapeutischen Team** als Aufgabe des psychosomatischen Konsiliarius genannt. Dazu kann es gehören, daß er in den ärztlichen Fallkonferenzen psychosomatische Aspekte zum Verständnis der Erkrankung beiträgt. In Stations- oder Teamkonferenzen kann er darauf hinwirken, daß Stationskonflikte angesprochen werden können. Häufig sind es Inszenierungen der Patienten, die Spaltungen und Polarisierungen des Teams bewirken. Außerdem läßt sich vermitteln, daß widersprechende Wahrnehmungen eines Patienten durch unterschiedliche Teammitglieder gerade Chancen zum besseren Verstehen der Befindlichkeit und Psychodynamik des Patienten bringen.

Von besonderer Bedeutung für den Psychosomatiker ist die Zusammenarbeit mit dem Pflegepersonal. Dieses ist aufgrund des ständigen unmittelbaren Kontakts mit dem Patienten am stärksten affektiv belastet, was sich nicht selten auf das gesundheitliche Wohlbefinden auswirkt und dazu führt, daß Pflegepersonen häufig die Stelle wechseln. Inzwischen wurde deutlich, daß man dem Pflegenotstand u.a. dadurch begegnen kann, daß in regelmäßigen Stationsgruppen diese Themen der emotionalen Belastung durch die persönliche Anteilnahme am Leiden des Patienten, oder durch Spannungen und Mißverständnisse zwischen den Berufsgruppen bearbeiten werden können, was eine subjektive Entlastung der Mitarbeiter zur Folge hat. Konkrete Hilfe kann der Psychosomatiker den Teammitgliedern dadurch geben, daß er sich an ihrer Weiterbildung beteiligt, indem er sie über psychologische Zusammenhänge beim Patienten informiert oder ihre Kompetenzen in der Gesprächsführung und im Umgang mit schwierigen Patienten verbessert.

5.4.3 Spezifität der Arbeit in der psychosomatischen Kooperation und zu beachtende Schwierigkeiten

Der Psychosomatiker, der in einer psychotherapeutischen Institution seinen therapeutischen Interventionsstil entwickelt hat, stößt im Felde der Konsiliar-Liaisonmedizin auf eine neue und ungewohnte klinische Realität: Viele Patienten wollen primär nichts von ihm, sie werden ihm von den behandelnden Ärzten oder dem Pflegeteam zugewiesen; nicht selten erleben diese **wenig motivierten Patienten** die Hinzuziehung eines solchen Konsiliarius als kränkend und entwertend, sie fürchten, man werde sie für psychisch unzurechnungsfähig erklären und abschieben. Es ist also meistens nicht der Patient, der zum Psychotherapeuten kommt, sondern es ist dieser, der auf Wunsch der Klinik aktiv auf den Patienten zugeht, mit ihm Kontakt aufnimmt und ihm von sich aus ein Gesprächsangebot macht. Seine therapeutische Haltung ist weitaus weniger rezeptiv und stärker aktiv strukturierend und ratgebend. Dadurch wird er auch als Person stärker in die Beziehung zum Patienten hineingezogen als er es aus der eigentlichen Psychotherapie gewohnt ist.

Desweiteren beschränkt sich die therapeutische Arbeit nicht auf Themen des Intrapsychischen, sondern erstreckt sich auf die der äußeren sozialen Realität; in die psychotherapeutische Aktivität mischen sich starke sozialtherapeutische Akzente. Im Umgang mit diesen Patienten muß der Psychosomatiker seine gewohnte psychotherapeutische Haltung variieren und sich auf ungewohnte Situationen einstellen, die rasche Entscheidungen von ihm verlangen (was in der Psychotherapie eher selten der Fall ist).

Aber auch der Umgang mit den klinischen Kollegen einer somatischen Disziplin bringt Schwierigkeiten mit sich. Die **Berufsgruppen** haben einen **unterschiedlichen Stil** und sind verschiedenartige Atmosphäre gewohnt. Die psychosomatische Haltung, sich Zeit zu nehmen für ein ausführliches Gespräch mit dem Patienten und sich dabei nicht stören zu lassen, erscheint dem Somatiker als ein Luxus, den er sich meist nicht leisten kann. Das klinische Tempo, die Vielzahl gleichzeitiger Aktivitäten auf einer Station wirken auf den Psychosomatiker zunächst wie ein chaotisches Agieren. Es scheint, daß der **Umgang mit Zeit** einen großen Unterschied macht. Für beide Parteien ist es daher sehr wichtig, sich mit dem Denk- und Arbeitsstil des anderen vertraut zu machen, um ihn respektieren zu können. Die klinisch übliche Rotation der ärztlichen Mitarbeiter erschwert das Zustandekommen von Kooperationen; kaum haben sich die Mitarbeiter kennengelernt, werden sie auf eine andere Abteilung versetzt und die Arbeit beginnt von neuem mit Fremden. Daher verwundert es nicht, daß das **Pflegepersonal** auch aufgrund seiner größeren Konstanz den wichtigeren Gesprächspartner abgibt. Manchmal gelingen Kooperation und dort am besten, wo die Fachgebiete weit voneinander entfernt sind - z.B. zwischen Psychosomatiker und Transplantations-Chirurgen - wo keiner einen Anspruch auf das Arbeitsgebiet des anderen haben kann, gelingt die Arbeitsteilung relativ am besten.

Die Erfahrungen einiger Jahrzehnte haben gezeigt, welche Faktoren für das Zustandekommen einer fruchtbaren Kooperation wichtig sind (es sind, was nicht verwundert, ähnliche Faktoren wie jene, die eine gute psychotherapeutische Arbeitsbeziehung ausmachen). Es geht dabei um **Motivation** (wer will was von wem), um **Information** (wer weiß wieviel über die Arbeitsweise und Fragestellungen des anderen), um **Akzeptanz** (vor allem in der Hierarchie von Chefarzt, Oberärzten, Ärzten, Pflegepersonal ist ein gewisser Konsens notwendig; wenn das Pflegepersonal eine solche Zusammenarbeit sucht, ohne die leitenden Ärzte zu informieren oder wenn der Chef eine solche Zusammenarbeit verordnet, ohne die Mitarbeiter zu fragen, wird die Kooperation meist scheitern).

Es geht um **Kooperation** (wer macht mit und wer unterstützt durch Zugeständnis von Arbeitszeit, zur Verfügung-stellen von Räumen oder gar Personalstellen). Es geht um die Frage, wer welche **Ziele** verfolgt (z.B. die interdisziplinäre Bearbeitung einer wissenschaftlichen Frage oder eine Entlastung des Personals oder eine Absicherung der Diagnostik oder eine Unterstützung der Weiterbildung). Es geht letztlich auch um **Rechte und Pflichten** (damit die Verantwortungen geregelt sind und keiner sich als Wasserträger des anderen mißbraucht fühlt).

Je klarer die Absprachen in diesen verschiedenen Punkten auf den verschiedenen Ebenen getroffen wurden, je mehr auch ein Stück Interesse, Neugier oder Hoffnung auf die Mitarbeit des anderen vorhanden ist, desto größer sind die Chancen einer nützlichen Zusammenarbeit.

Literatur

Becker, S.: Kooperation aus der Sicht der Psychosomatik. In: Bräutigam, W. (Hrsg): Kooperationsformen somatischer und psychosomatischer Medizin. Springer, Berlin Heidelberg New York 1988, 43-51.

Bräutigam, W. (Hrsg): Kooperationsformen somatischer und psychosomatischer Medizin. Springer, Berlin Heidelberg New York, 1988.

Bundesminister für Jugend, Familie, Frauen und Gesundheit (Hrsg): Empfehlungen der Expertenkommission der Bundesregierung. Bonn, 1988.

Friedrich, H.: Soziologische Bemerkungen zur Liaisonpsychotherapie. In: Bräutigam, W. (Hrsg): Kooperationsformen somatischer und psychosomatischer Medizin. Berlin, Heidelberg, New York, 1988, 98-104.

Haag, A.: Psychosomatisch-internistische Kooperation in der Medizinischen Poliklinik - Erfahrungsbericht mit einer unselektierten Patientenstichprobe. Psychother. med. Psychol. 35, 1985, 236-242.

Haag, A., Pontzen, W., Wirsching, M.: Psychosomatik am Allgemeinkrankenhaus: seit langem gefordert, kaum realisiert. Dt. Ärztebl. 89, 1992, 23-24.

Herzog, T., Hartmann, A.: Psychiatrische, psychosomatische und medizinpsychologische Konsiliar- und Liaisontätigkeit in der Bundesrepublik Deutschland. Nervenarzt, 61, 1990, 281-293.

Köhle, K., Joraschky, P.: Die Institutionalisierung der Psychosomatischen Medizin im klinischen Bereich. In: Uexküll, Th. v. et al. (Hrsg): Psychosomatische Medizin. München, Wien, Baltimore, 1990, 415-460.

Köhle, K., Kubanek, B.: Zur Zusammenarbeit von Psychosomatikern und Internisten. Erfahrungen aus 12 Jahren. In: Uexküll, Th. v. (Hrsg): Integrierte Psychosomatische Medizin. Stuttgart 1981, 17-54.

Lachauer, R.: Zur Frage der Identität einer psychosomatischen Abteilung innerhalb einer Klinik. In: Studt, H.H. (Hrsg): Psychosomatik in Forschung und Praxis. München, Wien, Baltimore 1983, 53-64.

LIPOWSKI, Z.J.: Aktuelle Probleme des psychosomatisch-psychiatrischen Konsiliar- und Liaison-Dienstes. Psychother., med Psychol. 33, 1983, 3-14.

MEERWEIN, F.: Liaisonpsychiatrie auf einer Abteilung für Onkologie. In: Bräutigam. W. (Hg): op. cit., 9-16.

PETZOLD, D.: Kooperationserfahrungen aus der Sicht der Dermatologen. In: Bräutigam, W. (Hg), op. cit., 39-42.

PONTZEN, W., ET AL.: Probleme und Möglichkeiten der Zusammenarbeit zwischen internistischen Onkologen und Psychosomatikern. Prax Psychother Psychosom, 33, 1988, 35-41.

RIEHL, A., DIEDERICHS, P., ET AL.: Psychosomatische Konsiliartätigkeit in einem Großklinikum: Problem der Integration und die Patientencompliance. Psychother. med. Psychol. 35, 1985, 183-188.

SCHWARZ, R.: Bedarf an psychosozialer Betreuung von Krebskranken und Anforderungen an die psychosoziale Personalfortbildung. In: Koch, U., Potreck-Rose, F. (Hrsg.): Krebsrehabilitation und Psychoonkologie. Springer, Berlin Heidelberg 1990, S. 124-133

SCHWARZ, R., ZETTL, S. (HRSG.): Psychosoziale Krebsnachsorge in Deutschland: Eine Standortbestimmung. Verlag für Medizin, Heidelberg 1991

SCHWARZ, R.: Die Bedeutung der psychosozialen Onkologie in der Behandlung von Krebskranken. Zschr. Psychosom. Med. 39 (1993) 14-25

WIRSCHING, M., HERZOG, TH.: Aktuelle Entwicklung im Konsiliar-/Liaisonbereich. Informationen, Begriffsklärungen, Perspektiven. Psychother. med. Psychol. 39, 1989, 41-44

WISSENSCHAFTSRAT (HRSG): Empfehlungen zur klinischen Forschung an den Hochschulen. Köln, 1986.

5.5 Psychotherapieforschung (G. Rudolf, C. Öri)

5.5.1 Der Gegenstand und seine Schwierigkeiten

Zwei Fragen sind es, die von außen, z.B. von Studenten immer wieder aufgeworfen werden: "Gibt es Erfolge der Psychotherapie?" und "Wie kann man sie nachweisen?". Die erste Frage gründet in dem Zweifel, ob es "nur durch Reden" möglich ist, einen krankhaften Zustand in einen gesunden zu überführen; die Frage ist natürlich berechtigt und sie wird unten (Therapieergebnisforschung) aufgegriffen.
Die zweite Frage ist grundsätzlicher, sie zielt auf die Schwierigkeit, psychische Prozesse eines anderen Menschen zu erfassen und zwar auf eine wissenschaftlich verläßliche Weise. In der Medizin läßt sich, was "wirklich" ist, messen (bzw. es gilt als wirklich, was sich messen läßt), z.B. das Absinken eines auffälligen Laborwertes, das Kleinerwerden eines Tumors, die Verbesserung einer Überlebensrate, also objektivierbare Veränderungen von Befunden. Nur selten gelingt es in der Psychotherapie, solche harten Daten zu gewinnen. Der Nachweis einer signifikant erhöhten Überlebensdauer von Mammakarzinom-Patientinnen unter gruppentherapeutischer Behandlung ist ein solches Beispiel, es ist aber nur unter der Bedingung schwerer körperlicher Krankheit realisierbar (Spiegel 1989). Sobald, wie im Falle der meisten psychischen, psychoneurotischen, psychosomatischen Störungen keine somatischen Parameter verwendet werden können, entfällt die Möglichkeit, harte, d.h. objektivierbare z.B. somatische Befunde oder Befundveränderungen zu verwenden.

Worin besteht der Gegenstand des Psychischen, was sind psychische Prozesse, wie entstehen psychische Befunde? Das gesamte Buch beschäftigt sich mit unterschiedlichen Aspekten dieses Themas. Als Fazit der Erörterung läßt sich zusammenfassend festhalten:

- Das intrapsychische Erleben beinhaltet bewußte oder unbewußte Vorstellungen, Handlungsimpulse und Gefühlsregungen, die sich auf andere beziehen, sowie reflexive Vorstellungen und emotionale Bewertungen der eigenen Person.
- In der Begegnung mit anderen werden Teile intrapsychischen Erlebens verbal oder nonverbal mitgeteilt, wodurch in typischer Weise Beziehungen gestaltet werden.
- Die psychodynamischen Konzepte beschreiben vor allem Reifungs- und Regulationsvorgänge im intrapsychischen oder interpersonellen Raum (z.B. Wahrnehmungs-, Bedürfnis-, Gefühls, Beziehungsregulierung)
- Sie konzentrieren sich daher auf konflikthafte Dysregulationen und strukturelle Fehlentwicklungen im intrapsychischen und interpersonellen Bereich.

Der psychische "Gegenstand" durch die Brille psychodynamischer Konzeptbildung gesehen, beinhaltet somit

- Mitteilungen (direkt oder indirekt) über Handlungsimpulse, Gefühle, Vorstellungen, Beziehungserfahrungen, wobei der Blick mehr auf das eigene Selbst oder auf das Objekt gerichtet sein kann.
- Die Mitteilung kann durch verbale Sprache erfolgen oder die Sprache des Körpers (z.B. im Körpersymptom oder in der nonverbalen Kommunikation) oder durch die Sprache des Traumes und der Phantasie oder, alles einbeziehend durch die Sprache der Handlung, der sozialen Inszenierung.

Unser Forschungsgegenstand ist folglich das Selbst in körperlicher oder psychischer Aktion und es ist das von den Individuen gebildete Beziehungssystem mit seinen Kommunikations- und Regulationsvorgängen.
In diesem Rahmen kann der Psychotherapieforscher Fakten und Veränderungen zu erfassen versuchen, indem er, wie jeder Wissenschaftler, mit seinen Augen und Ohren beobachtet, Fragen an seinen Gegenstand richtet und - Besonderheit des psychodynamischen Vorgehens - sich selbst beob-

achtend und fragend als Bestandteil des untersuchten Systems mit reflektiert (z.B. durch die introspektive Erfassung seiner eigenen Antwort auf das Geschehen). Was er registrieren kann, sind

- gesprochene Worte (unmittelbar gehört, auf Video oder Tonband aufgezeichnet, als Text transkribiert)
- die unausgesprochenen nonverbalen Mitteilungen
- die spontanen oder durch Befragen (per Fragebogen) angeregten selbstreflexiven Mitteilungen des Patienten
- introspektiv gewonnene Daten (die emotionale Antwort des Therapeuten auf den Patienten, seine Phantasien, Theorien, Interpretationen).

So wird sehr verschiedenartiges **Material** (gesprochene Sprache, geschriebene Texte, Aufzeichnungen von Interaktionen, ausgefüllte Fragebögen, Produkte, wie Zeichnungen oder Plastiken, Protokolle der Selbstreflektion des Therapeuten) aus diagnostischen und therapeutischen Situationen gewonnen und es versteht sich, daß alle Materialien ganz unterschiedliche Auswertungsmethoden erfordern. Die psychotherapeutische Forschungssituation ist durch eine Reihe von Gegensatzpaaren auf unterschiedlichen Ebenen der Datengewinnung und Datenauswertung gekennzeichnet:

Naturalistisch versus experimentell

Die naturalistische, diagnostisch-therapeutische Situation soll möglichst wenig durch Forschungseinwirkungen verfälscht werden - versus - Elemente der diagnostisch-therapeutische Situation werden im Hinblick auf eine Hypothese experimentell variiert (z.B. durch randomisierte Zuweisung von Patienten in kontrollierten Therapiestudien).

Quantitativ versus qualitativ

Große Stichproben werden gruppenstatistisch auf Häufigkeitsunterschiede und Zusammenhangsmaße untersucht - versus - an einzelnen Situationen wird die Qualität des Geschehens exemplarisch festgehalten.

Gruppenstatistik versus Einzelfallstudie

Die Generalisierbarkeit der Aussagen wird durch einen großen repräsentativen Stichprobenumfang gesichert - versus - eine große Zahl von Messpunkten im Verlauf eines einzelnen Falles liefert die mathematische Grundlage für verläßliche Aussagen

Selbsteinschätzung versus Fremdeinschätzung

Die Informationen werden vom betroffenen Individuum selbst gegeben (z.B. Selbsteinschätzung therapiebedingter Veränderungen durch den Patienten) - versus - die Einschätzungen erfolgen durch das beteiligte Gegenüber (z.B. Beurteilung von therapiebedingten Strukturveränderungen durch den Therapeuten) - versus - Einschätzungen durch einen unbeteiligten Dritten (z.B. Rating von Abwehrmustern durch eine trainierte Rater-Gruppe anhand von Tonbandaufzeichnungen oder Texten).

Nomotethisch versus Ideographisch

Ein der Objektivierbarkeit bzw. Falsifizierbarkeit von Befunden verpflichtetes empirisch-wissenschaftliches Vorgehen - versus - ein an die einmalige Situation gebundenes Verständnis mittels hermeneutischer Schlußbildung.

Die Zeiten kämpferischer Polarisierung zwischen den jeweiligen Gegensatzpositionen scheinen vorüber, was nicht heißt, daß sie sich nicht aus berufspolitischen oder wissenschaftspolitischen Gründen jederzeit reaktivieren ließen. Der aktuelle Trend geht in Richtung einer Absicherung der Befunde durch eine möglichst multiperspektivische und multimethodale Vorgehensweise, in welcher die einzelnen Befunde nicht in der Luft hängen, sondern sich wechselseitig kommentieren und qualifizieren können.

5.5.2 Psychotherapie-Ergebnisforschung

Eine intensive Ergebnisforschung in der Psychotherapie setzte in den 60er Jahren ein. Sie stellte u.a. eine Reaktion dar auf die Äußerungen des englischen Psychologen Jürgen Eysenck, der die Wirksamkeit von Psychotherapie generell in Frage gestellt hatte. Nach seiner Meinung ließen die bis dahin vorliegenden Daten nicht erkennen, daß Psychotherapie wirksamer sei als der Spontanverlauf, der innerhalb von 5 Jahren bei 90% der Patienten die Symptome abklingen lasse. Eysencks Provokation machte darauf aufmerksam, daß in der Tat bis dahin wenig systematische und wissenschaftlich fundierte Untersuchungen an Psychotherapien in größeren Fallzahlen vorlagen.

In den folgenden Jahrzehnten erlebte die Psychotherapieforschung ihre Legitimationsphase, sie erbrachte eine große Zahl von Outcome-Studien über unterschiedliche Psychotherapien bei verschiedenartigen Krankheitsbildern. Eysencks Hypothese über die Spontanremission verlor ihre Bedeutung, als man feststellte, daß Psychotherapiepatienten bei Behandlungsbeginn im Mittel seit 8 Jahren an ihrem Symptom leiden, also keineswegs spontan genesen waren. In dem Versuch, ihre Wirksamkeit zu beweisen, kämpften Psychotherapien nicht nur gegen das Vorurteil ihrer Wirkungslosigkeit, sondern sie konkurrierten auch untereinander um den Rang der wirksamsten Behandlung. Das Bemühen, die "Güte" einer bestimmten Therapie zu belegen, entstammt nicht nur wissenschaftlichen, sondern auch berufspolitischen Motiven; insbesondere galt es, die Kostenträger von der Wirksamkeit dieses Vorgehens zu überzeugen.

In diesem Abschnitt der Psychotherapieforschung spielte die Frage eine große Rolle, welches Untersuchungsdesign geeignet sei, wissenschaftlich aussagekräftige Ergebnisse zu erzielen. In Anlehnung an kontrollierte Ergebnisstudien von Pharmaka-Behandlungen in der Medizin wurde auch für die Psychotherapie die **Randomisierung** gefordert, d.h. die zufällige Zuweisung von Patienten zu unterschiedlichen Therapien. Als Mindestvoraussetzung galt die Einbeziehung von **Kontrollgruppen**, die in der Regel aus unbehandelten Patienten in Wartegruppen gebildet wurden. Es zeigte sich allerdings, daß Randomisierung und Einbeziehung von Kontrollgruppen unter den Alltagsbedingungen von Psychotherapie in Praxen und Kliniken schwer verwirklicht werden können; dort, wo sie in einem quasi experimentellen Psychotherapiedesign berücksichtigt werden, bleibt stets der Zweifel, ob die unter solchen artifiziellen Bedingungen durchgeführten Therapien mit Behandlungen unter naturalistischen Bedingungen vergleichbar seien, ob es sich z.B. um Kranke oder nicht eher um Versuchspersonen handle.

Eine weitere Schwierigkeit, die einleitend schon angedeutet wurde, stellt die Wahl des geeigneten **Veränderungsmaßes** dar (In Kapitel 4.1.9 wird ausführlicher dargestellt, was unter psychodynamischen Gesichtspunkten als therapiebedingte Veränderung gelten darf). Es liegt auf der Hand, daß ein möglichst symptombezogenes Veränderungskriterium (z.B. die Stärkung des Selbstbewußtseins) bei einer symptomzentrierten Psychotherapie (z.B. einem verhaltenstherapeutischen Selbstsicherheitstraining) deutlichere Therapieeffekte zeigen kann, als allgemeinere Kriterien (Persönlichkeitsreifung) bei einer konfliktaufdekkenden Psychotherapie vom Typ Psychoanalyse.

Um empirische Studien miteinander vergleichen zu können, mußten gemeinsame Maße verwendet werden, z.B. die sogenannte Effektstärke (Mittelwertunterschiede eines Merkmals vor und nach der Therapie, relativiert durch die Standardabweichung des Merkmals vor der Behandlung). Dieses geschah in Meta-Analysen, die hunderte von Studien einbezogen. Ihr Ergebnis war insofern erfreulich, als es die prinzipielle Wirksamkeit der Behandlungen (im Vergleich zu Unbehandelten) nachwies. Gleichzeitig gibt das Ergebnis der Meta-Analysen dadurch Rätsel auf, daß fast alle Psychotherapien ähnliche Ergebnisquoten erzielen, d.h. daß es in diesem Wettbewerb nur Sieger oder zumindest keine eindeutigen Verlierer gibt (das sogenannte "Äquivalenzparadox"). Als Erklärung dieses Phänomens vermutet man, daß gemeinsame Prozeßfaktoren aller Psychotherapien eine wichtige Rolle spielen gegenüber den Spezifika der jeweils einzelnen Behandlungsverfahren. Andere nehmen an, daß die spezifischen Wirkungen der einzel-

Nachuntersuchung von 1004 Psychotherapiepatienten (Dührssen 1964)			
Psychotherapie-Egebnis		**Krankenhausaufenthalt pro Jahr**	
sehr gut gebessert gut gebessert	45,5%	vor Psychotherapie	5,3 Tage
befriedigend gebessert genügend gebessert kaum gebessert	39%	nach Psychotherapie	0,78 Tage
ungebessert	13%	durchschnittliche Versicherte	2,5 Tage
unklar	2,5%		

Tabelle 5.5.2a

nen Therapien, die sie bei Untergruppen der Gesamtklientel durchaus haben, in einer summarischen Gesamtbetrachtung verloren gehen (Grawe 1976). Möglicherweise greift auch jede Psychotherapie auf ihre Art verändernd in das System des Erlebens und Verhaltens eines Menschen ein und setzt so auf unterschiedliche Weise ähnliche Entwicklungsprozesse in Gang, die letztlich zu einer Symptomminderung und Strukturveränderung führen.

Die oben angedeuteten Fragen gaben Anlaß zu einer neuen Ausrichtung der Psychotherapieforschung; A.E. Meyer (1990) bezeichnet sie als differentielle Psychotherapie-Effizienz-Forschung. Hier geht es darum, den "Uniformitätsmythos" (Kiesler 1966) aufzulösen und die Frage zu beantworten: Welche Behandlungsmaßnahmen durch wen, zu welchem Zeitpunkt, führen bei diesem Individuum mit diesem spezifischen Problem unter welchen Bedingungen zu welchem Ergebnis in welcher Zeit? Diese Frage ist äußerst komplex, sie weist jedoch darauf hin, daß es nicht länger sinnvoll ist, einfach nach Therapieergebnissen zu fragen, sondern die Bedingungen ihres Zustandekommens zu untersuchen. Zu diesem Zweck wird die Therapieeffizienz in Abhängigkeit von dem untersucht, was an Therapieprozessen erfaßt werden kann. Hier setzt also eine Verknüpfung der Psychotherapie-Ergebnisforschung mit der Psychotherapie-Prozessforschung (s. 5.5.3) ein.
Eine weitere Entwicklung geht in die Richtung, daß die Effizienz von Psychotherapie gerade nicht unter Laborbedingungen geprüft wird, sondern unter Berücksichtigung der faktischen Versorgungssituation untersucht wird. Hier spielen die regional gegebenen Verhältnisse der psychotherapeutischen Versorgung durch Praxen, Kliniken oder Beratungsstellen eine wichtige Rolle, ferner das Inanspruchnahme-Verhalten bestimmter Bevölkerungs- oder Patientengruppen und schließlich die Indikationsentscheidung von Psychotherapeuten angesichts bestimmter Krankheitsbilder oder Versicherungssituationen ihrer Patienten. Psychotherapieforschung berührt auf dieser Ebene also die Epidemiologie und Versorgungsforschung ebenso wie die Indikationsforschung. Zur Veranschaulichung wollen wir abschließend zwei Beispiele der Psychotherapie-Ergebnisforschung im Bereich psychoanalytischer Therapie anführen:

In einer katamnestischen Studie untersuchte Dührssen (1962) 1004 Patienten 5 Jahre nach Abschluß der analytischen Einzelpsychotherapie. Was damals besonders überzeugend wirkte, war die Tatsache, daß Dührssen sich nicht allein auf die Ermittlung der Heilungsquote beschränkte, sondern daß sie als relativ hartes Kriterium die

Besserungsraten bei Patienten der Berliner Psychotherapiestudie (Rudolf 1991)				
Therapieform	Psychoanalyse		Stationäre Psychotherapie	
eingeschätzt durch	Pat.	Ther.	Pat.	Ther.
Skalen				
SOM (körperliche Beschwerden)	81%	62%	43%	42%
PSY (psychische Beschwerden)	48%	82%	30%	50%
BEZ (Beziehungsschwierigkeiten)	41%	61%	20%	28%

Tabelle 5.5.2b

Krankenhaus-Pflegetage heranzog; daran gemessen beanspruchten die psychotherapierten Patienten sehr viel seltener stationäre Behandlung als sie es vor der Psychotherapie taten. Die Häufigkeit ihrer Klinikaufenthalte lag zudem deutlich niedriger als die des Durchschnitts der Krankenversicherten. Ein zweites Ergebnisbeispiel stammt aus unserer Berliner Psychotherapiestudie, es betrifft die - selten untersuchten - psychoanalytischen Langzeitbehandlungen (N=40); ihr Ergebnis wird verglichen mit dem der stationären Psychotherapie (N=161). Als Ergebnismaße wird die Vorher-Nachher-Differenz in drei Skalen gewählt, die zusammenfassend körperliche, psychische oder interpersonelle Auffälligkeiten abbilden. Die Einschätzung der Auffälligkeiten erfolgte sowohl durch die Patienten wie durch die Therapeuten. Als gebessert galt ein Patient in einer Skala, wenn mindestens 50% der klinischen (d.h. der stark oder mittelstark ausgeprägten) Auffälligkeiten abgeklungen waren.

Die besten Ergebnisse haben die Psychoanalyse-Patienten nach ihrer eigenen Einschätzung im Bereich körperlicher Beschwerden, die zu 81% gebessert wurden; nach Meinung der Therapeuten liegt die deutlichste Veränderung im Bereich psychischer Symptome, die zu 82% gebessert wurden. Die Werte der stationär behandelten Patienten liegen vergleichsweise unter 50%. Das "bessere" Ergebnis der langen ambulanten Behandlung (im Mittel 265 Sitzungen, d.h. ca. 2 1/2 Jahre) gegenüber der kurzen stationären Therapie (im Mittel 2,6 Monate) braucht nicht zu verwundern: unabhängig von der unterschiedlichen Behandlungsdauer handelt es sich bei den stationären Patienten um ältere, sozial schwächere, körperlich "kränkere" Patienten - was plausibel ist, denn daraus resultiert ja die Indikation zur stationären Behandlung. Die Befunde sollen illustrieren, daß sich psychotherapiebedingte Veränderungen des psychischen Erlebens, des körperlichen Befindens und des interaktionellen Verhaltens mit solchen Instrumenten nachweisen lassen. Eines unserer Interessen war dabei der Vergleich der Patienten- und Therapeuteneinschätzung, der in seiner Unterschiedlichkeit hier durchaus zutage tritt.

Die oben beschriebenen Veränderungsprofile sind aus 140 Items (Patienteneinschätzung) und 84 Items (Therapeuteneinschätzung) zusammengesetzt. Beschränkt man sich in Ergebniseinschätzung (durch den Therapeuten) auf zwei Merkmale (Symptom gebessert, Struktur verändert), dann werden die Zahlen noch eindeutiger.

Besserungsraten bei Patienten der Berliner Psychotherapiestudie (Rudolf 1991)

	PSA	Stat
Symptom abgeklungen **und** positive Strukturentwicklung	81%	36%
Symptom gemildert **und** positive Strukturentwicklung	10,2%	16,8%
Symptom abgeklungen **und** ansatzweise Strukturlockerung	-	11,8%
	91,2%	64,6%

Tabelle 5.5.2c

Man sollte freilich solche Zahlen nicht für sich allein nehmen. Die aufwendige Bedingungsanalyse ihres Zustandekommens (welche Patienten mit welchen Krankheitsbildern in welchen Institutionen durch welche Therapeuten behandelt wurden) erfordert die Darlegung umfangreichen Datenmaterials (Rudolf 1991).

5.5.3 Psychotherapie-Prozessforschung

Nachdem Psychotherapieforschung lange Zeit bevorzugt auf den Nachweis therapeutischer Wirksamkeit ausgerichtet war, bemühte sie sich zunehmend um das Verständnis der therapeutischen Prozesse selbst. Hier war zunächst der Aufbau der therapeutischen Beziehung, das Zustandekommen der "helping alliance" Gegenstand des Interesses, ehe die sprachlichen und nonverbalen Austauschvorgänge zwischen Patienten und Therapeuten in den Mittelpunkt rückten. Der Gesamtvorgang der Psychotherapie wird als Sequenz von Prozessen verstanden, welche während, aber auch zwischen den Therapiesitzungen ablaufen. Auf die Struktur und Dynamik des gesamten Therapieablaufs bezogen spricht man von Makroprozessen, während zeitlich kurze Abschnitte in einzelnen Sitzungen, z.B. Interaktionsepisoden von Minuten oder Sekunden Dauer auf die darin enthaltenen Mikroprozesse der intrapsychischen und interaktionellen Regulation hin untersucht werden. Durch das Studium der mikroprozessualen Vorgänge in der therapeutischen Situation (dabei handelt es sich um die unbemerkt und meist sehr rasch ablaufenden Vorgänge im sprachlichen und nonverbalen Austausch) versucht man das Zusammenspiel der Patienten- und Therapeutenpersönlichkeit und vor allem die Wirkung der therapeutischen Interventionen auf den Patienten zu erfassen. Im Kontrast zu den gruppenstatistischen Untersuchungen der Therapie-Ergebnisforschung treten hier systematische, auf interaktionstheoretischen Konzepten basierende Analysen von Einzelfällen in den Vordergrund. Als Untersuchungsmaterial werden verschriftete Therapieprotokolle, Tonband- oder Videoaufzeichnungen verwendet. Während Ergebnisforschung auf die Person des Patienten und ihre therapiebedingten Veränderungen zentriert war, schließt Prozessforschung zwangsläufig den Therapeuten als Interaktionspartner in stärkerem Maße ein.

Ausgegangen wird von einem Modell, in welchem man sich den Kommunikationsprozeß als ein Multikanalgeschehen vorstellt, in dem sich die inneren Zustände des einen Interaktionspartners in körperlichen und sprachlichen Verhaltensweisen unterschiedlicher zeitlicher Dauer konkretisieren. Aufgrund seiner Beobachtungen an Mimik, Gestik, Blickverhalten, Stimme und verbalen Inhalten seines Gegenübers schließt der Interaktionspartner auf den inneren Zustand des Senders, auf dessen Wünsche, Gefühle und Intentionen. Die Arbeitsgruppe von Krause (1988) untersuchte z.B. das interaktionelle Verhalten im Hinblick auf die affektive Regulierung bzw. deren Störung bei bestimmten Patienten. So konnte durch die systematische Erfassung der Mimik, z.B. das distanzschaffende Interaktionsangebot schizophrener Patienten und seine Auswirkung auf das affektive Verhalten des Gesprächspartners analysiert werden.

In der psychoanalytischen Therapie-Prozessforschung läßt sich derzeit über verschiedene Forschungsansätze hinweg eine Konvergenz beobachten, die dahin geht, Theorien über die Charakteristika von sich in zwischenmenschlichen Beziehungen wiederholenden (sogenannten maladaptiven) Verhaltensstrukturen zu entwickeln. Diese repetitiven Verhaltensmuster werden z.B. verstanden als eine mögliche Operationalisierung des Übertragungsbegriffs. Dieser beinhaltet bekanntlich, daß Personen im Laufe ihres Lebens ein bestimmtes Spektrum an Beziehungsverhalten entwickeln, das seinen Ursprung in Beziehungserfahrungen der Kindheit hat und unbewußt repetitiv gegenüber Personen der Gegenwart aktualisiert wird. Es wurden Methoden entwickelt, um reliabel zu beschreiben, wie diese Beziehungsmuster gegenüber unterschiedlichen Personen der Gegenwart und Vergangenheit wiederholt und übereinstimmend auftauchen. Dabei kann als Person der Gegenwart natürlich auch der Therapeut verstanden werden und somit Aspekte der Übertragung unmittelbar bei ihrer Inszenierung innerhalb der therapeutischen Beziehung erfaßt werden. Ein verbreitetes Verfahren ist die von Luborsky et al (1984) entwickelte Methode des zentralen Beziehungskonflikt-Themas (ZBKT): Im Bericht des Patienten werden sogenannte Beziehungsepisoden (Schilderungen von Beziehungserfahrungen) identifiziert und auf drei Komponenten hin untersucht:

- eine Wunschkomponente, welche die Bedürfnisse und Absichten der Person im Hinblick auf sein Gegenüber beinhaltet,
- die in den Beziehungsschilderungen enthaltenen Reaktionen des Gegenübers auf den Wunsch der Person und
- die Reaktion der Person auf das Verhalten des Gegenübers

Über eine Anzahl von Beziehungsepisoden hinweg werden die drei Komponenten getrennt erfaßt und schließlich in ihrer Gemeinsamkeit zu einem zentralen Beziehungskonflikt-Thema zusammengefügt. Andere Verfahren wie z.B. die Methode der zyklisch mal-adaptiven Muster (CMP) von Strupp und Binder 1984) gehen von einer modifizierten Vorstellung über die Struktur von Beziehungsproblemen aus. In dem Ansatz des "Role-Relationship Model" von Horowitz 1989 wurde davon ausgegangen, daß es eine Unterscheidung von situationsabhängig verschiedenen Beziehungsmodellen geben muß, die gemeinsam eine Beziehungsmodell-Konfiguration (Role-Relationship Model Configuration) bilden.

Eine in der aktuellen Psychotherapie-Prozessforschung häufig angewandte Methode ist die strukturale Analyse sozialen Verhaltens (SASB, Benjamin 1974). Sie steht in der Tradition der interpersonalen Theorie von H.S. Sullivan und ging meßtheoretisch aus den zirkumplexen Modellen (z.B. Leary 1957) hervor. Mit dieser Methode wird soziale Interaktion auf drei Dimensionen geratet, auf Zuneigung - Abneigung (Affiliation), Kontrolle (Interdependenz) und Gerichtetheit der Interaktion (Fokus)). Auch mit dieser Methode können sich wiederholende Beziehungsmuster identifiziert werden. Der Vorteil der Methode liegt darin, daß sie theorieunabhängig und nahe am klinischen Geschehen arbeitet. Gleichwohl eignen sich diese Verfahren der Prozessforschung um zentrale Konzepte des Therapiegeschehens, Übertragung, Einsicht, Abwehr usw. zu untersuchen.

Das Fernziel solcher Forschungen ist es, die Prozesse von internalisierter Objektbeziehung und Interaktion, wie sie in dem Ablaufschema auf S. 79 dargestellt sind, in ihrer strukturellen Regelhaftigkeit zu verstehen. Für die Psychotherapie verbindet sich damit die Hoffnung, daß ein vertieftes Verständnis der Zusammenhänge von intrapsychischen und interpersonellen Prozessen (generell in der menschlichen Kommunikation und speziell in der Patient-Therapeut-Beziehung) eine Optimierung des psychotherapeutischen Vorgehens erlaubt.

Literatur

BENJAMIN, L.S.: Structural analysis of social behavior. Psychol. Review 81 (5) (1974) 392-425

BENJAMIN, L.S., FOSTER, S.,W., ROBERTO, L.G., ESTROFF, S.E.: Breaking the family code: Analysis of videotapes of family interactions by Structural Analysis of Social Behavior (SASB). In: Greenberg, L.S., Pinsof, W.M. (Hrsg.): The Psychotherapeutic Process: A Research Handbook. The Guilford press, New York 1986, S. 391-438

BEUTLER, L.E., CRAGO, M. (EDS.): Psychotherapy research. An Int. Review of programmatic studies. Am. Psychol. Assoc., Washington 1991

CZOGALIK, D., EHLERS, W., TEUFEL, R. (HRSG.): Perspektiven der Psychotherapieforschung: Einzelfall, Gruppe, Institution. Hochschulverlag Freiburg 1985

DÜHRSSEN, A.: Katamnestische Ergebnisse bei 1004 Patienten nach analytischer Psychotherapie. Zschr. Psychosom. Med. 8 (1962) 94-113

ENKE, H., TSCHUSCHKE, V., VOLK, W. (HRSG.): Psychotherapeutisches Handeln. Grundlagen, Methoden und Ergebnisse der Forschung. Kohlhammer, Stuttgart Berlin 1983

EYSENCK, H.J.: The effect of psychotherapy: An Evaluation. Jr. of Consulting Psychology 16 (1952) 319-327

GRAWE, K.: Differentielle Psychotherapie. Huber, Bern 1976

GURMAN, A.S., RAZIN, A.M.: Effective Psychotherapy. Pergamon Press, Oxford 1977

HOROWITZ, M.: Relationship schema formulation: Role-relationship models and intrapsychic conflict. Psychiatry 52 (1889) 260-274

KÄCHELE, H.: Aktuelle Trends der Ergebnisforschung in der Psychotherapie und deren Bedeutung für die Psychosomatik. Psychother. Med. Psychol. 36 (1986) 307-312

KIESLER, B.: Some myths of psychotherapy research and the search for a paradigm. Psychological Bulletin 65 (1966) 110-136

KRAUSE, R.: Eine Taxonomie der Affekte und ihre Anwendung auf das Verständnis der "frühen Störungen". Psychother. Med. Psychol. 38 (1988) 77-86

KRAUSE, R., LÜTOLF, P.: Mimische Indikatoren von Übertragungsvorgängen. Zschr. Klin. Psychol. XVIII (1989) 1-13

KUTTER, P.: Psychoanalytische Interpretation und empirische Methoden. Fachbuchhandlung für Psychologie, Frankfurt 1985

LANG, H. (HRSG.): Wirkfaktoren der Psychotherapie. Springer, Berlin Heidelberg 1990

LEARY, T.: Interpersonal diagnosis of personality. Wiley, New York 1957

LUBORSKY, L.: Einführung in die analytische Psychotherapie. Ein Lehrbuch. Springer, Berlin Heidelberg New York 1988 (engl. 1984)

LUBORSKY, L.: Helping alliances in psychotherapy. In: Claghorn, J.L. (Ed.): Successful psychotherapy. Brunner und Mazel, New York 1976 S. 92-116

LUBORSKY, L., CRITS-CHRISTOPH, P., MINTZ, J., AUERBACH, A.: Who will benefit from psychotherapy? Predicting therapeutic outcomes. Basic Books, New York 1988

MEYER, A.E.: Eine Taxonomie der bisherigen Psychotherapieforschung. Zschr. Klin. Psychol. XIX (1990) 287-291

ORLINSKY, D.E., HOWARD, K.I.: Process and

outcome in psychotherapy. In: Garfield, S.L., Bergin, A.E. (Eds.): Handbook of psychotherapy and behavior chance. 3rd Edn. Wiley & Sons, New York 1986 S. 311-384

RAD, M. VON, SENF, W.: Ergebnisforschung in der Psychosomatischen Medizin. In: Uexküll, Th. von (Hrsg.): Lehrbuch der Psychosomatischen Medizin. Urban & Schwarzenberg, München 1986 S. 361-378

ROHRMEYER, F.: Langzeiterfolge psychosomatischer Therapien. Springer, Berlin Heidelberg 1982

RUDOLF, G.: Die therapeutische Arbeitsbeziehung. Untersuchungen zum Zustandekommen, Verlauf und Ergebnis psychoanalytischer Therapien (unter Mitarbeit von T. Grande und U. Porsch), Springer, Berlin Heidelberg 1991

RUDOLF, G.: Die Beziehung zwischen Therapieforschung und psychotherapeutischer Praxis. In Buchheim, P., Cierpka, M., Seiffert, Th. (Hrsg.): Psychotherapie im Wandel. Lindauer Texte, Springer, Berlin Heidelberg 1990

RUDOLF, G., GRANDE, T., PORSCH, U.: Die initiale Patient-Therapeut-Beziehung als Prädiktor des Behandlungsverlaufs. Zschr. Psychosom. Med. 34 (1988) 32-49

SMITH, M.L., GLASS, V.G.: Meta-Analysis of psychotherapy outcome studies. Am. Psychol. 32 (1977) 752-760

SPIEGEL, D., KRAEMER, H.C.; BLOOM, J.R.; GOTTHEIL, E.: Effect of psychosocial treatment on survival of patients with metastatic breast cancer. The Lancet (1989) 888-891

STEIMER-KRAUSE, E., KRAUSE, R., WAGNER, G.: Prozesse der Interaktionsregulierung bei Schizophrenen und psychosomatisch erkrankten Patienten. Studien zum mimischen Verhalten in dyadischen Interaktionen. Zschr. Klin. Psych. 19 (1990) 32-49

STRUPP, H., BINDER, J.: Psychotherapy in a new key: A guide to time-limited dynamic psychotherapy. Basic Books, New York 1984

TSCHUSCHKE, V., CZOGALIK, D. (HRSG.): Psychotherapie - welche Effekte verändern? Zur Frage der Wirkmechanismen therapeutischer Prozesse. Springer, Berlin Heidelberg 1990

WITTMANN, W., MATT, G.: Meta-Analyse als Integration von Forschungsergebnissen am Beispiel deutsprachiger Arbeiten zur Effektivität von Psychotherapie. Psychologische Rundschau 37 (1986) 20-40

Anhang

Entsprechungen zwischen GK 3 (Gegenstandskatalog 3 für den schriftlichen Teil des zweiten Abschnitts der ärztlichen Prüfung) mit den Kapiteln des vorliegenden Buches.

GK (Nervenheilkundliches Stoffgebiet)		**Kapitel in "Psychotherapeutische Medizin"**	
14	Abhängigkeit (Sucht)	2.3.3	Abhängigkeit und Sucht
15.1	Erlebnisreaktionen	2.9	Posttraumatische Störungen
15.2	Neurosentheorie	13.6	Störungen der Frühgenese und ihre Folgen
		1.4	Struktur der Persönlichkeit
		2.1	Krankheitsdisposition und Symptombildung
15.3.1	Angstneurose	2.5	Angstkrankheiten
15.3.2	neurotische Depression	2.2	Der depressive Grundkonflikt
		2.3	Krankheitsbilder in der Folge des depressiven Grundkonflikts
15.3.3	Zwangsneurose	2.6	Zwangsneurose
15.3.4	Phobie	2.5.4	Angst als Symptom
15.3.5	Konversion	2.7	Hysterie
		2.13.2	Die Konversionsstörung
15.3.6	Hypochondrie	2.7.2	Die schizoide Verarbeitung des depressiven Grundkonflikts
15.3.7	Somatopsychische Störungen	2.12	Somatopsychische Störungen
15.4	Persönlichkeitsstörung	2.4	Persönlichkeitsstörung
17.1	Sexuelle Funktionsstörungen	2.14	Sexuelle Funktionsstörungen
1.8	Suizidalität	2.3.2	Suizidalität
19.1	Arzt-Patient-Beziehung und Psychotherapie,	2.3.4	Die Patient-Therapeut-Beziehung
		4.1	Allgemeine Prinzipien der Psychotherapie
19.2	Psychoanalytische Verfahren	4.2	Dynamische Psychotherapie
		4.3	Interaktionelle Psychotherapie
		4.4	Psychotherapeutische Krisenintervention
		4.5	Psychoanalyse
		4.9	Psychotherapie bei Kindern und Jugendlichen
		4.11	Psychotherapie bei älteren Patienten
19.8	Gruppenpsychotherapie	4.6	Psychoanalytische Gruppenpsychotherapie
19.9	Paar- u.Familientherapie	4.8	Paar- und Familientherapie
19.10	Nonverbale, körperbezogene und andere Psychotherapien	2.11.3	Körperorientierte Psychotherapie
		2.7	Stationäre Psychotherapie

GK (Innere Medizin, Abschnitt 10, Psychosomatische Krankheiten)		Kapitel in "Psychotherapeutische Medizin"	
2.1	Psychovegetative Allgemeinstörungen	2.3.4	Die depressive Somatisierung
2.2	Funktionelle Herzbeschwerden	2.12.4	Angst als Symptom
2.3	Funktionelle Abdominalbeschwerden	1.10.2	Funktionelle Störungen im gastrointestinalen Bereich
3.1	Anorexie	2.8.1	Anorexia nervosa
3.2	Bulimie	3.8.6	Bulimia nervosa
3.7	Ulcus	2.10.3	Magen- und Duodenalulcus
3.8	Colitis	2.10.4	Colitis ulcerosa
3.10	Schmerz	2.3.4	Die depressive Somatisierung
		2.12.4	Der Schmerz
3.11	Posttraumatisches Stressyndrom	2.9	Posttraumatische Störungen
4	Chronisch Kranke	5.4	Psychosomatische Konsiliar- und Liaisondienste
		2.12	Somatopsychische Störungen

Sachregister

Abhängigkeit 141, 155
Abwehr 61 f
Abwehrmechanismen 63
ad gredi 34, 96
Adoleszenz 49 f
Affekt 26, 29
Affektsteuerung 59
Aggression, gesellschaftliche Aspekte 97
Aggressivität 34, 95 f, 157
Alkohol 141, 157, 185
Allmachtsphantasie 68
Altruistische Verarbeitung 128
Analität 95f
analoge Ebenen 382
Anamnese 284
-, biographische 289
Anfälle, psychogene 264
angeborene Verhaltensmuster 23 f
Angst, allgemeine 180
-, Bewältigung der 184
-, Entwicklungsgeschichte 177
-, Psychodynamik 181
Angstanfall 179
Angstkrankheiten 176
Angstlust 179
Anorexia nervosa 201
-, Ätiologie 206
-, Psychodynamik 203 f
-, Symptomatik 202
Anorgasmie 276
Antizipation 58
antisoziale Persönlichkeitsstörung 173
artifizielle Störung 172
Arzt-Patient-Beziehung 7, 285, 302
Attraktivität 78
Autoaggression 157
Autonomieabhängigkeitskonflikt 182
Autonomiesystem 33 f, 37
Autoaggressivität 157
Außenwahrnehmung 57

Balintgruppe 7
Bedürfnisse 84 f
Befundschema 293
Begutachtung 167 f
Beratungsinhalte 412
Berliner Psychotherapiestudie 420
Bewältigung 4, 17, 19, 116, 118, 125, 127
Bewältigungsmuster 118 f
Bewegungsstörungen 244
Beziehung, therapeutische 301
Beziehungsaufnahme 78
Beziehungserfahrung 5, 78, 80, 108
Beziehungskonflikt, zentraler 71, 116 f
Beziehungskonflikte 6, 114, 115
Beziehungsmodus, anal 73
-, oral 73
-, ödipal 74
-, phallisch narzißtisch 74
Beziehungsregulierung 77, 81
Beziehungsstörung 82
Beziehungssystem 5 f, 30, 81
Beziehungswünsche 86 f, 123
Bindung 30, 39, 76, 81
Bindungssystem 29 f, 86
Biologie 2
Biographie 289
Böse 92
Borderline Persönlichkeitsstörung 171
Briquet Syndrom 195
Bulimia nervosa 209
-, Ätiologie 213
-, Psychodynamik 210

Charakterneurose 170
Charakterologie 170
Chronic fatigue - Syndrom 269
Colitis ulcerosa 237
-, Psychodynamik 238
Compliance 16, 411
Coping 19

Deckerinnerung 122
Delegation 370
Denken 58
Depersonalisation 137
Depression 147 f
depressive Persönlichkeitsdisposition 147
-, Somatisierung 161
-, Symptomatik 148
depressiver Grundkonflikt 122 f
-, medial 124
-, objektal 125
-, Verarbeitung 126 f
-, -, altruistische 128 f
-, -, narzißtische 132 f
-, -, oral regressive 141
-, -, philobathische 142
-, -, schizoide 136 f
Derealisation 137
Diagnostik 230 f
-, ältere Patienten 387
diagnostische Klassifikation 292, 405
diagnostisches Gespräch, Ziele 287
-, Verlauf 290
-, Sexualität 280 f
dissoziative Störungen 195
Dysmorphophobie 138
Dystonien, fokale 268

Einfühlung 71, 84
Ejaculatio deficiens 276
-, praecox 275
Eltern-Kind-Beziehung 87
Emotion 7, 102 f
-, intrapsychische Aspekte 102
-, kommunikative Aspekte 103
Enttäuschung am Objekt 126

Entwicklung, geschlechtsspezifische 45
-, gestörte 27, 30, 35, 39, 50
-, intrapsychische 26, 29, 33, 38
-, körperliche 26, 29, 33, 37
-, soziale 27, 30, 34, 38
Entwicklungsphasen 26
Entwicklungspsychologie 25
Entwicklungsstufen 52
Entwicklungszyklus 54
Epidemiologie 401
Epilepsie 271
episodic memory 71
errektile Dysfunktion 275
Erwachsenenalter 52
ethische Grundsätze 92
Eßstörungen 199
Explorationslust 34

Familie 50
Familienbindung 77
Familientherapie 368
-, psychoanalytische 368
-, strukturelle 368
-, systemische 369
Fokus 318
Fremdheit 31
frühe Störung 32
Frühgenese, gestörte 42
funktionelle Störungen 230
Funktionslust 55

Gedächtnis 58
gastro-enterologische Krankheitsbilder 229
Gegenübertragung 7, 122, 261, 284, 304, 325, 330, 345
Geschichte der Psychotherapie 316, 391
geschlechtsspezifische Entwicklung 45 f
geschlechtsspezifisches Verhalten 48, 68, 89
Geschlechtsidentität 40
Gespräch, diagnostisches 301
-, beratendes 302
-, stützendes 302
-, therapeutisches 301
Gesprächsführung 299
Gewalt 98
Gewissenskonflikt 114
Grundkonflikt, depressiver 122 f
Grundstörung 126, 161

Gruppenpsychotherapie 352
-, Geschichte 352
-, Indikation 355
-, Therapieziele 357
-, Techniken 358

Handlungsanweisung 104
Handlungsentwurf 102
Herzangstneurose 180
histrionisch 193
Humor 143
hypochondrische Entwicklung 138
Hysterie 192
hysterische Persönlichkeit 193
-, Psychose 196
-, Symptombildung 194

ICD-10 292
Ich, Mund- 55
-, Hand- 55
-, Regulationssystem 61
Ich-Entwicklung 55
Ich-Erfahrung 29, 33, 55
Ich-Erleben 55, 56
-, körperliches 56
-, psychisches 56
Ich-Funktionen 57
-, organisierende 60
Ich-Grenzen 56
Ich-Leistungen 57
-, kognitive 57
-, steuernde 59
Ich-Stärke 60
Ich-Störung 58
Ich-Struktur 55, 60
Idealobjekt 163
Identifizierungen 35, 39, 72
Identität 3, 37 f, 65 f
Immunabwehr 6
Impulssteuerung 59
Indikation 306, 318, 324, 349, 355, 363, 372
Innenwahrnehmung 57
Inszenierung 80
-, soziale 110
intentionale Abschaltung 139
Intentionalität 3, 22, 27, 28, 75, 78, 138
Interaktion 75 f, 79
interaktionszentrierte Sichtweise 7
Interaktionsrepräsentanzen 71
interpersonelle Ebene 5 f
Introjekt 72
Inzestschranke 88, 99

Kind-Eltern-Beziehung 86
Klageverhalten 162

Körper, Sprache des 109
-, als Objekt 138
Körpererleben 17 f
Körper-Ich 56
Körperlichkeit 14
körperorientierte Psychotherapie 72, 140, 247
kognitive Neurowissenschaften 22
Kollusion 77
Kommunikation 75, 103
Kommunikationssystem 20
Kompetenzen 60
Konflikt 84, 112, 123
-, Beziehungs- 115
-, bewußter 113
-, unbewußter 113
Konfliktlösung 77
Konsiliardienst 409
Kontaktaufnahme 75, 79
Kontaktstörung 75
Konversion 194, 265
Kopfschmerzen 270
Krankenkasse, Leistungspflicht 298
Krankheitsbewältigung 4, 19
Krankheitsdisposition 42, 112
Krankheitserleben 17, 20, 255
-, neurotisches 257

-, reaktives 256
-, traumatisches 257
Krankheitsbewältigung 4, 19
Krankheitsdisposition 113, 118, 119
Krankheitstheorie, subjektive 4, 17
kreative Prozesse 109
Krebserkrankung 255
Krisenintervention 331, 411
kulturelle Aspekte der Aggression 97
Kulturgeschichte 95
kulturspezifische Konflikte 9
Kulturtheorie 91

Latenzphase 79 f
Lebensgeschichte 25 f
Leib-Seele-Problem 11, 14,22
Liaisondienst 409
Life-Events 14
Loyalität 77
Lumboischialgie 270

Magen-und Duodenalulkus 233
Meditation 143
Milgram Experiment 93, 97
Minimalstrukturierung 353, 355
Morbus Crohn 239
-, Psychodynamik 239 f
Motorik, Entwicklung der 33
multiple Sklerose 271
Mutter-Kind-Beziehung 46

narzißtische Charakterabwehr 136
-, Interaktionsmuster 134
narzißtisches Größenselbst 68, 132
-, Kompensation 67
-, Kränkung 66, 68, 133
-, Persönlichkeitsstörung 172
-, Regulation 66
-, Verarbeitung 132 f
naturwissenschaftliche Medizin 2, 15, 21
Neonatologie 30
neurologische Krankheitsbilder 264
Neurosenstruktur 118
Nähe-Distanz-Regulierung 34, 71
Neubeginn 312, 321
Normensystem 34, 62

Objekt, frühes 125, 126
-, mediales 124, 125, 143
-, Attraktivität 78
Objektbeziehung 70 f
-, frühe Entwicklungsstufen 123
Objektenttäuschung, depressive 126
Objekthunger, depressiver 141
Objektkonstanz 71
Objektrepräsentanz 72, 81
Objektsehnsucht, depressive 123, 125
Objektverlust 152
Objektvorstellung 71, 76
Objektwahrnehmung 70
ödipal 39, 40, 74
Ödipuskomplex 45
Oralität, Entwicklungsstufen 94, 141
orale Fehlentwicklung 95
-, Lust 29, 94
oral-regressive Verarbeitung 141
Orgasmusstörungen 276

Paarbeziehung 77
Paardynamik 129
Paartherapie 368
Panikattacke 179
Partnerbeziehung 87
Passung 27, 31, 42
Patient-Therapeut-Beziehung 290
Persönlichkeit, Entwicklung 25 f
Persönlichkeitsstörung 170
Person 3
Person und Krankheit 254
phallisch-narzißtisch 69
Philobat 142
Phobie 180
Placebo 4, 16
posttraumatische Störung 218
Prävalenz 404
Primärprozess 107, 108
Prognose 306
-, interaktionelle Faktoren 308
-, motivationale Faktoren 307
-, strukturelle Faktoren 307
Projektion 63
protektive Faktoren 44
Psychoanalyse, Behandlungsverfahren 340
-, Entwicklung 338
-, Setting 341
-, Standardtechnik 341
psychoanalytische Behandlungstechnik 344
-, Grundregel 342
psychodynamische Interpretation 291
Psychoimmunologie 15
Psycho-Neuro-Immunologie 23
Psychopathie 170
Psychosomatik 6, 22
-, Perspektiven 1 f
-, interdisziplinär 10 f
-, klinische Konzepte 229
psychosomatische Bewegungsstörungen 244
-, Kooperation 413
-, Patienten 286
Psychotherapie, Ältere 384
-, Beendigung 311
-, dynamische 316
-, Ergebnisforschung 417
-, Gegenstand 297
-, Geschichte 391
-, interaktionelle 323
-, Kinder- und Jugendliche 376
-, Krisenintervention 331
-, Prozessforschung 421
-, nonverbale 164, 248
-, stationäre 361

-, Techniken 319, 326, 332, 358, 370
-, Gesichtspunkte bei
-, -, altruistischer Verarbeitung 130
-, -, Anorexia nervosa 207
-, -, Bewegungsstörungen 248
-, -, Bulimia nervosa 214
-, -, Depression 149
-, -, depressiver Somatisierung 163 f
-, -, entzündlicher Darmerkrankung 240
-, -, funktionellen Störungen 233
-, -, hysterischen Störungen 196
-, -, narzißtischer Verarbeitung 134
-, -, posttraumatischen Störungen 225
-, -, Sexualstörungen 278
-, -, somatopsychischen Störungen 259
-, -, schizoider Verarbeitung 139
-, -, Sucht 158
-, -, Suizidalität 154
-, -, Ulkuskrankheit 236
-, -, Zwangsneurose 191
-, Grundhaltung 303
-, Medizin 395
-, Prozess 310
-, Setting 197
-, Weiterbildung 397
Psychotherapieforschung 415
Pubertät 49

Randomisierung 418
Reaktionsbildung 63
Realangst 178
Realitätsprüfung 38, 57
Realitätsverleugnung 153
Regression 60, 126
Regressionssteuerung 59
Regulationsprozess 104
Risikofaktoren 30 f, 35, 39, 50
Ritual 110
Schmerz 258
Schmerzkrankheit, psychogene 162
schizoide Abschaltung 138
-, Verarbeitung 136 f
Schuldgefühl, depressives 130, 149
Selbst 64 f
-, Bedürfnisse des 89
-, Bewußtsein 38
-, Entwicklungsstufen 123
-, falsches 67
-, frühe Entwicklungsstufen 123
-, Größen- 68
-, Ideal- 66
-, Real- 66
-, Organisation 60
-, Struktur des 64 f
-, Verlust 137
Selbst-Bild 33, 65, 116
Selbst-Ideal 66
Selbst-Objekt-Differenzierung 33
Selbstrepräsentnaz 64
Selbstschädigung 172
Selbstschutz 21
Selbstverleugnung 128
Selbstvertrauen 68
Selbstverwirklichung 66
Selbstwert 33, 66 f, 90, 116
Selbstwert-Erleben 68
Selbstwert-Regulierung 67
Sexualität 99
Sexualstörung, funktionelle 100, 275
Sexualstörungen, Psychodynamik der 276
sexueller Mißbrauch 99
Signalangst 178
Sinnentnahme 256
Somatisierung, depressive 161
Somatisierungsstörung 161, 267
-, unfallreaktive 167
somatoforme autonome Funktionsstörung 230
somatopsychische Störungen 251
soziales System 38
-, Netzwerk 88
Sozialisation 34
Soziogenese 134
soziokulturelle Ebene 8 f
soziokulturelle Aspekte der Aggression 97
-, der Emotion 103
-, der Eßstörung 200
-, der Sucht 159
Soziophobie 138
Spaltung 63, 171
Spielhandlung 379
Sprache 109
Sprachentwicklung 33
stationäre Krisenintervention 334
stationäre Psychotherapie, Geschichte 361
-, Indikation 363
-, Konzepte 362
-, Realität 364
Sterbebegleitung 260
Stress, life- 14
Stresskonzept 6, 14
Struktur des Ich 55 f, 60
Struktur, prämorbide 147
strukturelle Vulnerabilität 117
Subjekt 3, 15, 16
subjektive Krankheitstheorie 4
Sucht 155 f
Suchtbehandlung 159
Suizidalität 151
Symbolbildung 108
symptomauslösende Konfliktsituation 287
Symptombildung 5, 112, 117, 119, 120 f, 129, 133, 137

Tagtraum 109
Therapeutische Arbeitsbeziehung 304
-, Beziehung 302
-, Haltung 325, 331
-, Veränderungsprozesse 309
Therapieeffekte 311
Therapieziele 311
Tic 268

Traum 109, 348
Trauma, Psychodynamik 221
traumatische Ereignisse 226
-, Neurose 220
Trennungsangst 177
Triangulierung 39, 47
Trieb 92 f, 114
Triebdynamik 73
triebhafte Ausrichtung 94, 99
Triebkonflikt 114
Triebwünsche 62, 85, 90, 99, 115

Überfürsorglichkeit 129
Überich 34, 63, 73
Übersteuerung 59
Übertragung 72, 304, 339, 344, 379, 387
Ulkuskrankheit 234
unbewußte Konflikte 112 f
Unbewußtes, Ausdrucksformen 108
-, dynamisches 107
-, Gestaltungsprinzipien 108
-, Inhalte des 106
-, Logik des 107
Unbewußtheit 107
unfallreaktive Somatisierungsstörung 167
urteilen 58

Vaginismus 275
Vaterbeziehung 47
Veränderungskriterien 312
Veränderungsmaße 418
Veränderungsprozess, therapeutischer 309
Verdichtung 108
Verdrängung 63, 108
Verleugnung 21, 63
Verständigung 31
Verstehen 84, 104
Versuchung 62, 115, 288
Vertrauen 30
Vulnerabilität, strukturelle 117, 147

Wahrnehmung 57
Weiblichkeit 46 f
Weiterbildung 394
Wertsystem 37
Wertüberzeugungen 8
Wiederholungszwang 72, 81, 113
Wiederstand 339
Wiederstandsanalyse 346
Wissenschaftstheorie 2
Würde des Menschen 10
Wunsch, verdrängter 114
Wunschwelt 84

Zwangsbefürchtungen 181
Zwangsneurose 189
zwangsneurotische Persönlichkeitsstruktur 190